Gustav Könnecke

Bilderatlas zur Geschichte der deutschen Nationalliteratur

Gustav Könnecke

Bilderatlas zur Geschichte der deutschen Nationalliteratur

ISBN/EAN: 9783743625969

Hergestellt in Europa, USA, Kanada, Australien, Japan

Cover: Foto ©Andreas Hilbeck / pixelio.de

Weitere Bücher finden Sie auf **www.hansebooks.com**

Her walther vō der vogelweide.

Walther von der Vogelweide.

Miniatur aus der Pariser Liederhandschrift

Bilderatlas

zur

Geschichte der Deutschen Nationallitteratur.

Eine Ergänzung zu jeder Deutschen Litteraturgeschichte.

Enthaltend 1675 Abbildungen.

Nach den Quellen bearbeitet

von

Dr. Gustav Könnecke,

königlichem Archivrathe.

Marburg.

N. G. Elwert'sche Verlagsbuchhandlung.

1887.

Druck von Adolf Holzhausen in Wien,

k. k. Hof- und Universitäts-Buchdrucker

Papier der Ebenfurther Papierfabrik in Wien.

Vorderseite von Schadow's Goethemedaille 1816

Vorwort.

Der „Bilderatlas zur Geschichte der Deutschen Nationallitteratur" will keine neue Litteraturgeschichte sein; er ist eine nach den Quellen gearbeitete Sammlung von gleichzeitigen Abbildungen, welche eine Ergänzung zu jeder Litteraturgeschichte bilden soll. Daher beschränkt sich der beigegebene Text nur auf die nothwendigsten Angaben, um die Benutzer des Bilderatlas nicht zu zwingen, ihre Litteraturgeschichte immer zum Nachschlagen bei der Hand zu haben. Vom Texte sind daher auch weder ausführliche biographische noch vollständige bibliographische Angaben zu erwarten.

Die Anordnung des Stoffes ist eine möglichst chronologische und schließt sich keinem der von den zahlreich vorhandenen Litteraturgeschichten angewendeten Systeme an. Daß sachlich zusammengehörige Gruppen innerhalb dieser Anordnung gebildet sind, daß der bedeutende Persönlichkeiten betreffende Stoff zusammenbleiben mußte, ist selbstverständlich. Die chronologische Ordnung scheint durch das Einschneiden solcher, zum Theil sehr umfangreichen Gruppen öfter durchbrochen zu sein; ein anderes Verfahren würde aber den durchaus zusammengehörigen Stoff nur unnatürlich zerrissen haben.

Der „Bilderatlas" zerfällt in zwei Abtheilungen: in der ersten sind die Bildnisse der bedeutendsten verstorbenen Deutschen Sprachforscher und Litterarhistoriker zusammengestellt; die zweite, die Hauptabtheilung, bringt die eigentliche Sammlung von Abbildungen zur Geschichte der Deutschen Litteratur.

Die Abbildungen erläutern die gesammte Deutsche Litteraturgeschichte von dem ältesten Auftreten der Nachrichten über Deutschen Gesang bis auf unsere Tage. Aus dem Mittelalter werden Nachbildungen der die Texte uns überliefernden Handschriften und Drucke der bedeutendsten Litteraturdenkmäler gebracht; Miniaturen aus den Handschriften zeigen, wie man im Mittelalter sich die Persönlichkeit der Dichter dachte, wie man Scenen aus ihren Werken darstellte. Die gebrachten mittelalterlichen Texte erforderten dem Zwecke des „Bilderatlas" gemäß, welcher nicht für den Fachgelehrten und Germanisten allein bestimmt ist, eine Übertragung in unsere Schrift; diese Übertragung mußte übersetzt oder erklärt werden. Absichtlich sind die Übertragungen genau nach den Handschriften gemacht; eine Ausgleichung der Unebenheiten der Orthographie, der Sprache, des Reims hat absichtlich nicht stattgefunden. Die zwischenzeiligen Übersetzungen sind wörtliche, sie müssen daher, namentlich in Bezug auf Wortstellung und Construction, ungelenk ausfallen, da sie sich genau den Vorlagen anschließen. Die bei verständlicheren Texten des späteren Mittelalters unter die Texte gesetzten Worterklärungen sind gleichfalls für den Fachmann überflüssig, welcher sich auch nicht darüber verwundern möge, daß von allen Auseinandersetzungen über Flexion, Wortbildung, Construction abgesehen ist, und daß manchmal anscheinend Selbstverständliches erklärt ist. Hierzu gehört namentlich die Erklärung solcher den Formen unserer heutigen Sprache nahestehenden Wörter, welche der Laie nur deshalb nicht erkennt, weil die Schreibart eine von der heutigen gebräuchlichen verschiedene ist. — Ferner wolle man beachten, daß es in der Abtheilung Mittelalter nicht möglich war, eine kritische Handschriftenkunde der wichtigsten Deutschen Handschriften des Mittelalters überhaupt zu geben: diese rein fachwissenschaftliche Arbeit liegt weit über der Aufgabe des „Bilderatlas" hinaus.

Im Übergange vom Mittelalter zur neueren Zeit ist besonderer Werth darauf gelegt, zu zeigen, wie sich der alles umgestaltende Buchdruck vom rohen Blockdrucke aus entwickelt, und wie gerade das Jahrhundert, in welchem er erfunden wurde, und die ersten Jahrzehnte des sechzehnten Jahrhunderts die schönsten Erzeugnisse dieser Kunst hervorgebracht haben.

Mit dem Ausgange des XV. Jahrhunderts treten die Bildnisse unserer Dichter und Schriftsteller in den Vordergrund. Wenn das gekrönte lockige Haupt auf dem Grabsteine Frauenlobs (Seite 48) dessen Portrait ist, so würde es das älteste erhaltene eines Deutschen Dichters sein; sonst hat Oswald von Wolkenstein (S. 52) das Recht, hierauf Anspruch zu machen.

Die Auswahl der Bildnisse gehört zu den schwierigsten Aufgaben, welche der „Bilderatlas" zu lösen hatte. Wir haben gar keine Vorarbeiten zu einer kritischen Deutschen Ikonographie: der erste beste manirierte späte Stich, welcher weitab von seinem Vorbilde liegt, wird von den Meisten immer noch für ein echtes gutes Bild der dargestellten Persönlichkeit gehalten. Erschwert wird die Möglichkeit, vergleichende Porträtstudien zu machen, namentlich noch dadurch, daß unsere meisten Kupferstichkabinete keine Kataloge der Porträts anfertigen und man immer erst den Stecher angeben muß, um ein Porträt zu erhalten. Rühmliche Ausnahmen machen fast nur die Pariser Nationalbibliothek und das Münchener Kupferstichkabinet; die großen Sammlungen der k. k. Familienfideicommiß-Bibliothek in Wien mit ihren mehr als 200.000 Porträts und die große Sammlung der alphabetisch geordneten Porträts des Germanischen Museums in Nürnberg sind jetzt für diese Studien die nützlichsten und in Folge des großen Entgegenkommens ihrer Herren Beamten die zugänglichsten wissenschaftlichen Sammlungen für kritische Porträtstudien. Die Methode, welche bei Feststellung der Quelle dieser Bildnisse befolgt werden mußte, ist die einfach kritisch-historische, wie sie bei jeder historischen Quellenarbeit anzuwenden ist; die Arbeit wird dadurch erschwert, daß man das zur kritischen Vergleichung erforderliche Material nicht immer neben einander haben kann. Neben den Bildnissen der Schriftsteller sind auch namentlich die Titel der ersten Ausgaben ihrer Hauptwerke gebracht; auch einzelne Seiten aus denselben, Nachbildungen der Titel sonstiger wichtiger Werke, namentlich von Volksbüchern, Liedern, Flugschriften, reihen sich ein. Es ist hierdurch nicht nur die Entwickelung des Buchdruckes und des Geschmacks, welcher bei Ausstattung der Druckwerke herrschend war, zur Anschauung gebracht, es sollte auch auf die Hauptwerke unserer Litteratur überhaupt dadurch aufmerksam gemacht werden. Wie wenig vollständig unsere öffentlichen Bibliotheken in dieser Beziehung sind, zeigt der zu den einzelnen Nachbildungen angegebene Ort der Aufbewahrung der seltenen Ausgaben. Auch die Bücherillustration ist in geziemender Weise berücksichtigt: von den Miniaturen des XII. bis zum Ausgange des XVIII. Jahrhunderts ist die Entwickelung der Deutschen Kunst an den wiedergegebenen zahlreichen Buchillustrationen zu verfolgen.

Ferner sind zahlreiche Nachbildungen von Handschriften der Schriftsteller gebracht. Eine Namensunterschrift wurde nachgebildet, wenn sie zu erreichen war. Die älteste sichere ist die Unterschrift König Konradins unter einer Pisaer Urkunde vom Jahre 1258 (Seite 43); wären die Heidelberger und Wiener Handschrift des Otfried (siehe Seite 8 und 9) unzweifelhaft von ihm selbst geschrieben, so würden wir die eigenhändige Namensschrift eines Dichters schon aus dem IX. Jahrhundert bringen können. Unter den größeren Nachbildungen von eigenhändigen Schriftstücken neuerer Dichter ist Manches noch ungedruckt.

Schließlich ist noch der litterarhistorischen Alterthümer und Denkmale zu gedenken, welche nach vorsichtiger Auswahl gebracht werden. Es sind namentlich Grabmäler und Dichterstätten.

So bietet der „Bilderatlas" mit seinen 1675 quellenmäßigen Abbildungen allen, welche Freude an der Geschichte unserer Litteratur haben, reiches Material. Die Züge der einzelnen Dichter und Schriftsteller treten lebendig vor die Augen der Betrachtenden, ihre Werke werden erst verständlich, daß man auch ein treues Bild ihrer äußeren Erscheinung bekommt. Die Litteraturgeschichte erhält ferner auch dadurch Leben, daß man Gelegenheit hat, zu erfahren, wie die berühmten, so oft genannten alten Handschriften aussehen, welche uns die Meisterwerke der alten Zeit überliefern, wenn man die Originaldrucke der epochemachenden Hauptwerke unserer Litteratur in ihrer Titelnachbildung vor sich sieht. Die lebendige Anschauung dessen, was hier geboten ist, wird namentlich für pädagogische Zwecke, für Alle, welche Litteraturgeschichte lehren und lernen, von großer Bedeutung sein.

Ein Umstand erleichterte die Herstellung des „Bilderatlas" wesentlich, ja sie ermöglichte ihn erst: die neuerfundenen rein mechanischen Reproductionsverfahren von Schrift- und Bildwerken. So sehr es vom Standpunkte der Kunst zu beklagen ist, daß durch die Photographie und die mechanisch vervielfältigenden Künste die Kunst des Porträtmalens, der Holzschnitt und Kupferstich leider immer mehr und mehr herunterkommen, so wichtige Dienste leisten diese mechanischen Künste doch da, wo es sich um getreue, nicht manierierte Wiedergabe von Handschriften, Drucken, Kupferstichen, Holzschnitten, Gemälden, Photographieen handelt. Der „Bilderatlas" ist ein Beweis davon. Nur in den allerwenigsten Fällen war eine Umzeichnung der Bilder nöthig; bei weitem die meisten Stücke konnten genau nach den Vorlagen, ohne nachbessernde, d. h. verändernde Hand wiedergegeben werden. Hierbei ist vor allem zu bemerken: wie die Vorlage, so auch die Nachbildung. Äußere gleichmäßige, d. h. verfälschte Glätte war daher nicht zu erreichen, ja ist absichtlich nicht erstrebt. Wenn namentlich bei den Handschriftennachbildungen manche dunkle Stelle ist, so wolle man bedenken, daß im einzelnen Falle die Originale so sind, wie die Nachbildungen es zeigen.

Zu jedem einzelnen Stücke ist über die Art der Wiedergabe genaue Rechenschaft gegeben. Die Vorlagen, wozu nichts bemerkt ist, sind rein mechanisch in der Größe der Originale nachgebildet. Da aber die Originale an so vielen Orten Europas aufbewahrt werden, und die Aufnahmen nach den Originalen oft von Photographen gemacht werden mußten, welche nicht immer die zu solchen Arbeiten erforderlichen Instrumente, noch die nöthige Übung hatten, so kann es vorgekommen sein, daß geringe Abweichungen von den Originalgrößen der Vorlagen vorkommen, welche nicht in jedem einzelnen Falle bemerkt werden konnten. Diese etwaigen minimalen Unterschiede können aber umsoweniger in Betracht kommen — wenngleich sie natürlich besser vermieden wären — als der Charakter der Vorlagen doch immer genau und unverfälscht wiedergegeben ist. Die Lebensdata der meisten neueren Schriftsteller sind nach Kirchenbüchern, Grabmälern, Leichenpredigten und sonstigem actenmäßigem gleichzeitigem Materiale nachgeprüft und haben sich vielfach neue Resultate ergeben. Der Zweck des Bilderatlas verbietet es jedoch, ausführlich diese Ergebnisse, sei es, daß sie mit den bisherigen Annahmen übereinstimmen oder davon abweichen, einzeln hervorzuheben. Dies wird s. Z. an anderer Stelle geschehen, wo dann auch Mittheilung über die Ergebnisse der quellenmäßigen Porträtforschungen gemacht wird.

Die meisten der im Texte vorgekommenen und bemerkten Druckfehler und sonstigen Irrthümer sind in dem Inhaltsverzeichnisse berichtet; weitere Verbesserungen sind am Schlusse angefügt, wo auch die benutzten öffentlichen und Privatsammlungen zusammengestellt sind. Ausdrücklich wird hiermit allen den in der Zusammenstellung genannten Herren Beamten öffentlicher Sammlungen, welche in so bereitwilliger, freundlicher Weise die Benutzung ihrer Anstalten ermöglichten, sowie allen den Privatbesitzern, welche in gleicher Weise ihre Sammlungen dem Herausgeber zur Verfügung stellten, dessen herzlichster, aufrichtigster Dank wiederholt ausgesprochen.

Noch erübrigt es, speciell einiger Herren zu gedenken, denen ich zu besonderem Danke verpflichtet bin. Es sind dies Herr Professor von Drach in Marburg, welcher namentlich bei der kritischen Bestimmung der Bildnisse mir hilfreich zur Seite stand, Herr Archivar Dr. Zimmermann in Wolfenbüttel und Herr Dr. Karl von Knoblauch in Marburg, welche sich der mühsamen Correctur des Druckes mit unterzogen. Herr Professor Crecelius in Elberfeld hat das Werk fortwährend mit hilfbereitem Interesse begleitet; Herr Professor Zarncke in Leipzig ertheilte bereitwilligst seinen Rath bei den Goethebildnissen. Zum Gelingen des ganzen Werkes trugen aber namentlich die Herren Angerer und Göschl in Wien und Herr Meisenbach in München bei, welche die bei weitem größte Anzahl der Clichés anfertigten, und der k. k. Hof- und Universitätsbuchdrucker Herr Adolf Holzhausen, welcher den in mehr als einer Beziehung schwierigen Druck ausgeführt hat. Die Zeichnung zu dem Einbande hat der Conservator des Hessischen Geschichtsvereins Herr Ludwig Bickell angefertigt, welchem unser Kunsthandwerk schon so manche stilgemäße Arbeit verdankt. Gern erfülle ich noch die Pflicht, dankbar des Verlegers Herrn W. Braun zu gedenken. Er ermöglichte es, daß der Bearbeiter in den hauptsächlichsten in Betracht kommenden Bibliotheken und Sammlungen umfassende Studien machen konnte und daß diese Arbeiten wesentlich unterstützt werden konnten durch Anlegung einer großen Sammlung von Bildnissen und eigenhändigen Handschriften unserer bedeutendsten Schriftsteller. Auch dafür bin ich dem Herrn Verleger zu lebhaftem Danke verpflichtet, daß er meinem Bestreben, nur kritisch sichergestelltes Material in bester Nachbildung zu bringen, durchaus zustimmte; daß bei diesem kritischen Bestreben manche schon fertige Platte wieder verworfen und durch neue, bessere ersetzt werden mußte, war unvermeidlich.

Zum Schlusse noch eine Bitte an alle diejenigen, welchen der im „Bilderatlas" gebotene Stoff Freude macht, namentlich an die Sammler und Vorsteher von Sammlungen: es ist dem Bearbeiter gewiß noch manches Bildnis, manche Handschrift, manches Buch entgangen, welches Aufnahme verdient hätte, es ist auch gewiß Manches im „Bilderatlas" zu verbessern und zu ändern. Der Bearbeiter des „Bilderatlas" wird alle ihm gütigst mitgetheilten Nachweise, Wünsche und Winke dankbarst entgegennehmen und benutzen.

Marburg, den 27. October 1886.

Könnecke.

Verzeichnis der Abbildungen.

I. Abtheilung.

Deutsche Sprachforscher und Litterarhistoriker.

Seite

1. Konrad Gesner, Bildnis, nach Vorlage gez. von Chr. Maurer, gestch. von Ludwig Frig . . . XIX
2. Franciscus Junius, Bildnis, Holzschnitt von Jacob von der Heyden XIX
3. Justus Georg Schottelius, Bildnis, nach einem Originalölgemälde umgezeichnet von Th. Mayerhofer . . . XIX
4. — — Namensunterschrift . . . XIX
5. Michael Huber, Bildnis, gem. von A. Graff, gest. von Geyser, 1776 XX
6. Johann Christoph Adelung, Bildnis, gem. von A. Graff, gest. von Geyser XX
7. — — Namensunterschrift . . . XX
8. Joseph Freiherr von Laßberg, Bildnis, Lithographie von J. Bauer XX
9. — — Namensunterschrift . . . XX
10. Heinrich von der Hagen, Bildnis, anonymer Holzschnitt . . . XX
11. — — Namensunterschrift . . . XX
12. Jakob Grimm, Bildnis, nach Originalphotographie umgezeichnet von Th. Mayerhofer . . . XXI
13. — — Namensunterschrift . . . XXI
14. — — aus einem eigenhändigen Briefe . . . XXI
15. Wilhelm Grimm, Bildnis, anonyme Tuschzeichnung . . . XXI
16. — — Namensunterschrift . . . XXI
17. George Friedrich Benecke, Bildnis, radiert von L. Grimm, 1823 . XXII
18. — — Namensunterschrift . . . XXII
19. Andreas Schmeller, Bildnis, anonyme Lithographie nach einem Ölgemälde von J. Bernhard, 1849, umgez. von Th. Mayerhofer XXII
20. — — Namensunterschrift . . . XXII
21. Rasmus Rask, Bildnis, anonymer Kupferstich, 1818, umgez. von Th. Mayerhofer . . . XXII
22. — — Namensunterschrift . . . XXII
23. Franz Bopp, Bildnis, Holzschnitt nach einer Orig.-Phot., 1867 . XXII
24. — — Namensunterschrift . . . XXII
25. Karl Lachmann, Bildnis, photographiert von Biow, gest. von A. Teichel XXIII
26. — — Namensunterschrift . . . XXIII
27. August Koberstein, Bildnis, Holzschnitt nach einer Orig.-Phot., 1870 XXIII
28. — — Namensunterschrift . . . XXIII
29. Heinrich Hoffmann von Fallersleben, Bildnis, Holzschnitt nach Originalphotographie . . . XXIII
30. — — Namensunterschrift . . . XXIII
31. August Vilmar, Bildnis, Lithographie von Hanfstängl nach Orig.-Phot. XXIV
32. — — Namensunterschrift . . . XXIV
33. Karl Simrock, Bildnis, anonymer Kupferstich . . . XXIV
34. — — Namensunterschrift . . . XXIV
35. Georg Gottfried Gervinus, Bildnis, gem. von Osterley, lith. von Eichens XXIV
36. — — Namensunterschrift . . . XXIV
37. Wilhelm Wackernagel, Bildnis, nach Orig.-Phot. gez. von Th. Mayerhofer XXV
38. — — Namensunterschrift . . . XXV
39. Moriz Haupt, Bildnis, gezchn. von A. Neumann nach Orig.-Phot. . XXV
40. — — Namensunterschrift . . . XXV
41. Adolf Holtzmann, Bildnis, nach Orig.-Phot. gez. von Th. Mayerhofer XXV
42. — — Namensunterschrift . . . XXV
43. Franz Pfeiffer, Bildnis, anonymer Holzschnitt nach Orig.-Phot., 1868 XXVI
44. — — Namensunterschrift . . . XXVI
45. Karl Müllenhoff, Bildnis, nach Orig.-Phot. gez. von Th. Mayerhofer XXVI
46. — — Namensunterschrift . . . XXVI
47. Wilhelm Scherer, Bildnis, nach Orig.-Phot., 1874, gez. von Mayerhofer XXVI
48. — — Namensunterschrift . . . XXVI

II. Abtheilung.

Abbildungen zur Geschichte der Deutschen Litteratur.

Seite

49, 50. Tacitus, „Germania“, aus der besten, Vatikanischen Handschrift des XV. Jahrhunderts . . . 1

51. — — Annalen, aus der einzigen Florentiner Handschrift des X. Jahrhunderts . . . 1

52. Deutsche Runen, Inschrift des goldenen Horns von Tondern, aus der ältesten erhaltenen Abbildung 1734 . . . 1

53. — — Inschrift der Nordendorfer Spange . . . 1

54. Ulfilas, Gothische Bibelübersetzung, Seite aus dem Codex argenteus des V. Jahrhunderts zu Upsala . . . 2

55. (— —) — aus dem Codex Ambrosianus A des VI.–VII. Jahrhunderts zu Mailand . . . 3

56. (— —) — aus dem Codex Carolinus des V. Jahrhunderts zu Wolfenbüttel . . . 3

57. „Beowulf“, Angelsächsisches Heldengedicht, erste Seite, aus der einzigen Londoner Handschrift des X. Jahrhunderts . . . 3

58, 59. Ältere „Edda“, Sammlung altnordischer Heldenlieder, 2 Seiten aus der ältesten, Kopenhagener Handschrift des XIII. Jahrhunderts . . . 4

60. „Merseburger Zaubersprüche“, Handschrift des X. Jahrhunderts . . . 5

61, 62. „Wessobrunner Gebet“, Münchener Handschrift des IX. Jahrhunderts 5

63, 64. „Hildebrandslied“, Casseler Handschrift des IX. Jahrhunderts . . 6, 7

65. — verschiedene, jetzt unlesbare Stellen aus der 1830 von W. Grimm herausgegebenen Lithographie des Hildebrandsliedes . . . 6, 7

66, 67. „Sächsisches Taufgelöbde“, aus der Vatikanischen Handschrift des VIII. Jahrhunderts . . . 8

68. „Exhortatio ad plebem Christianam“, aus der Casseler Handschrift des VIII. und IX. Jahrhunderts . . . 8

Verzeichnis der Abbildungen zur Geschichte der Deutschen Litteratur.

Seite

69. „**Salisches Recht**“, Stück aus dem Trierer Bruchstücke des IX. Jahrhunderts . . 9
70. „**Monatsnamen**“ Karls d. Gr., aus einer Wiener Handschrift des X. Jahrhunderts . . 9
71. Deutsche Übersetzung der „Evangelienharmonie“ des **Tatian**, aus der St. Galler Handschrift des IX. Jahrhunderts . . 9
72, 73. **Heliand**, Stück und Seite aus der Cottonianischen Handschrift in London, IX. (X.) Jahrhunderts . . 10
74. — aus der Münchener Handschrift des IX. (X.) Jahrhunderts . . 10
75, 76. „**Straßburger Eide**“ von 842, aus der Pariser Handschrift des X. Jahrhunderts . . 11
77. „**Muspilli**“, Stück aus der Münchener Handschrift des X. Jahrhunderts 11
78. „**Ludwigslied**“ von 882, Anfang, aus der Handschrift zu Valenciennes 11
79. **Otfried**, Seite aus der Heidelberger Handschrift des IX. Jahrhunderts 12
80. — Seite aus der Wiener Handschrift des IX. Jahrhunderts . . 13
81. Lateinisches „**Waltharilied**“, erste Seite der Karlsruher Handschrift des XII. Jahrhunderts . . 14
82. **Roswitha**, Stück aus der Lateinischen Comödie „Abraham“, aus der Münchener Handschrift des XII. Jahrhunderts . . 14
83. — Holzschnitt zum „Abraham“, aus der ersten Ausgabe von 1501 . 14
84. „**Ruodlieb**“, Lateinisches Gedicht, Stück aus den Bruchstücken der Münchener Handschrift des XII. Jahrhunderts . . 15
85. **Willirams** „Hohes Lied“, Stück aus der Münchener Handschrift (Cgm 77) des XI. Jahrhunderts . . 15
86, 87. „Rolandslied“ des **Pfaffen Konrad**, Text und Miniatur aus der Heidelberger Handschrift des XII. Jahrhunderts . . 16
88. „Alexanderlied“ des **Pfaffen Lamprecht**, Anfang der Vorauer Handschrift des XII. Jahrhunderts . . 16
89, 90. „**Annolied**“, 2 Stücke aus der ersten, Opitzschen Ausgabe von 1639 16
91. „**Kaiserchronik**“, aus der Vorauer Handschrift des XII. Jahrhunderts 17
92. „**König Rother**“, Seite aus der Heidelberger Handschrift des XIII. Jahrhunderts . . 17
93, 94. „**Physiologus**“, prosaischer, aus der Wiener Handschrift des XII. Jahrhunderts . . 17
95—97. „**Genesis**“, gereimte, Miniaturen mit Text aus der Millstätter Handschrift des XII. Jahrhunderts . . 18
98, 99. „**Physiologus**“ in Reimprosa, Miniaturen und Text aus der Millstätter Handschrift des XII. Jahrhunderts . . 18
100. **Heinrich der Glichesaere**, „Isengrimes Not“, aus den Casseler Bruchstücken des XII. Jahrhunderts . . 19
101. „**Flos und Blanscheflur**“, aus den Trierer Bruchstücken des XII. Jahrhunderts 19
102. „**Herzog Ernst**“, Seite der Wiener Handschrift des XV. Jahrhunderts . 19
103. „**Salman und Morolf**“, Miniatur aus der Stuttgarter Handschrift des XIV. Jahrhunderts . . 19
104—106. „**Orendel**“, Titelseite, Schlußseite, Holzschnitt und Text aus der älteren Ausgabe von 1512 . . 19
107. „**Marienklage**“ aus dem Benediktbeurener Osterspiele, Münchener Handschrift des XIII. Jahrhunderts . . 20
108. Deutsches **Volkslied** (Spielmannslied) aus derselben Handschrift . . 20
109. Deutsch-lateinisches **Volkslied** (Spielmannslied) aus derselben Handschrift 20
110. **Volkslied** aus der Briefsammlung des Wernher von Tegernsee, aus der Münchener Handschrift des XII. Jahrhunderts . . 20
111. **Spervogel**, Miniatur aus der Pariser Liederhandschrift des XIV. Jahrhunderts . . 20
112. — Lied aus der Heidelberger Liederhandschrift des XIII. Jahrhunderts 20
113. **Dietmar von Aist**, Miniatur aus der Pariser Liederhandschrift . . 21
114. — — 3 Strophen aus derselben Handschrift . . 21
115. Der **Kürenberger**, Miniatur aus der Pariser Liederhandschrift . . 21
116. — — 3 Strophen aus derselben Handschrift . . 21
117. — — 2 Strophen aus derselben Handschrift . . 21
118. **Friedrich von Hausen**, Miniatur aus der Weingartner Liederhandschrift des XIII. Jahrhunderts . . 22
119. — — Miniatur aus der Pariser Liederhandschrift . . 22
120. — — 2 Strophen aus der Weingartner Liederhandschrift . . 22
121. **Reinmar** (d. ä.) **von Hagenau**, Miniatur aus der Pariser Liederhandschrift 22
122. — — Strophe aus der Heidelberger Liederhandschrift . . 22
123. **Nibelungenlied**, Anfang aus der Hohenems-Münchener Handschrift (A) des XIII. Jahrhunderts . . 23
124. — Schluß aus derselben Handschrift . . 23
125—127. — Anfang und 2 Stücke aus der St. Galler Handschrift (B) des XIII. Jahrhunderts . . 23
128. — — „Klage“, aus derselben Handschrift (B) . . 24
129. — — Seite aus der Hohenems-Laßbergischen (Donaueschinger) Handschrift (C) des XIII. Jahrhunderts . . 24
130. — — „Klage“, aus derselben Handschrift (C) . . 24
131. — — Seite aus der Prunn-Münchener Handschrift (D) des XIV. Jahrhunderts . . 25
132—134. — — 4 Strophen und 2 Miniaturen aus der Hundeshagen-Berliner Handschrift (b) des XV. Jahrhunderts . . 25
135. „**Gudrun**“, Anfang der einzigen, Ambraser Handschrift des XVI. Jahrhunderts . . 26
136. „**Laurin**“, erste Seite der Kopenhagener Handschrift des XIV. Jahrhunderts 27
137. „**Alphart**“, Text aus der einzigen Hundeshagen-Berliner Handschrift des XV. Jahrhunderts . . 27
138. „**Dietrichs Flucht**“, aus der fürstl. Starhembergischen Handschrift des XIII. Jahrhunderts . . 28
139. „**Rabenschlacht**“, aus derselben Handschrift . . 28
140. „**Rosengarten**“, älteste Recension, Anfang der älteren, Frankfurter Handschrift des XIV. Jahrhunderts . . 28
141, 142. — jüngere Recension, Anfang der Heidelberger Handschrift des XV. Jahrhunderts und eine Miniatur daraus . . 28
143. **Albrecht von Kemenaten**, „Virginal“, Miniatur aus der Heidelberger Handschrift des XV. Jahrhunderts . . 29
144. „**Sigenot**“, Miniatur und Text aus der Heidelberger Handschrift des XV. Jahrhunderts . . 29
145. — die beiden Anfangsstrophen aus der ältesten Recension in der Wasserburger (Donaueschinger) Handschrift des XIII. Jahrhunderts 29
146. „**Eckenlied**“, die beiden Anfangsstrophen aus derselben Handschrift (älteste Überlieferung) . . 29
147. „**Ortnit**“, Anfang der Wiener Handschrift des XIV. Jahrhunderts . . 30
148. „**Wolfdietrich**“ A, Anfang der Ambraser Handschrift von 1517 . . 30
149. — B, Anfang der Wiener Handschrift des XV. Jahrhunderts . . 30
150. — D, 3 Strophen aus der Heidelberger Handschrift des XV. Jahrhunderts . . 30
151. **Eilhard von Oberge**, aus dem Bruchstücke der Donaueschinger „Tristan“-Handschrift des XII. Jahrhunderts . . 31
152. **Heinrich von Veldeke**, Miniatur der Weingartner Liederhandschrift . 31
153. — aus der „Eneide“, Berliner Handschrift des XII.—XIII. Jahrhunderts . . 31
154. — — 6 Miniaturen aus der Wiener Handschrift der „Eneide“, XV. Jahrhundert . . 31
155. — — 2 Strophen aus der Weingartner Liederhandschrift . . 32
156. **Heinrich von Morungen**, Miniatur der Weingartner Liederhandschrift 32
157. — — Strophe aus derselben Handschrift . . 32
158. „**Athis und Prophilias**“, aus dem Bruchstücke einer Handschrift des Herausgebers, XIV. Jahrhundert . . 32
159. **Konrad von Fußesbrunnen**, Schluß der „Kindheit Jesu“, aus der Wasserburger (Donaueschinger) Handschrift des XIV. Jahrhunderts . . 32
160. **Konrad von Heimesfurt**, Anfang des Gedichtes „Von unserer Frauen Hinfahrt“, aus derselben Handschrift . . 32
161. **Hartmann von Aue**, Miniatur der Weingartner Liederhandschrift . 33
162. — — Anfang des „Gregorius“, Vaticanische Handschrift des XIII. Jahrhunderts . . 33
163, 164. — — Anfang des „Armen Heinrich“, Heidelberger Handschrift des XIII.—XIV. Jahrhunderts . . 33
165. — — „Iwein“, aus der Heidelberger Handschrift des XIII. Jahrhunderts . . 33
166. — — Strophe eines Liedes aus der Weingartner Handschrift . . 34
167. **Gottfried von Straßburg**, Miniatur aus der Pariser Liederhandschrift 34
168, 169. — — „Tristan und Isolde“, Text und Miniatur aus der Münchener Handschrift des XIII. Jahrhunderts . . 34
170. **Wolfram von Eschenbach**, Miniatur aus der Pariser Liederhandschrift 35
171, 172. — — „Parzival“, Text und Miniatur aus der Münchener Handschrift des XIII. Jahrhunderts . . 35
173. — — — Text aus der St. Galler Handschrift des XIII. Jahrhunderts 36
174, 175. — — — Miniaturen aus der Heidelberger Handschrift des XV. Jahrhunderts . . 36
176, 177. — — — Anfang und Ende des ersten Druckes von 1477 . 36
178. — — „Titurel“, aus der Münchener Handschrift des XIII. Jahrhunderts 36
179. — — „Willehalm“, aus der St. Galler Handschrift des XIII. Jahrhunderts . . 36
180. — — — aus den Bruchstücken einer Marburger Handschrift des XIV. Jahrhunderts . . 37
181. — — 2 Strophen aus einem „Wächterliede“, aus der Münchener Handschrift des XIII. Jahrhunderts . . 37
182. **Walther von der Vogelweide**, wahrscheinliche Geburtsstätte (Vogelweidhof) 37
183. — — Eintrag über ihn aus einer Reiserechnung des Bischofs Wolfger von Passau, XII.—XIII. Jahrhundert . . 38
184. — — eine Seite aus der Heidelberger Liederhandschrift . . 38
185. — — eine Seite aus der Weingartner Liederhandschrift . . 38
186. — — Strophe aus der Pariser Liederhandschrift . . 39
187, 188. — — Lied „Owê war sint verswunden“ aus der Pariser Liederhandschrift . . 39
189. — — Miniatur aus der Weingartner Liederhandschrift . . 39
190. — — farbige Miniatur aus der Pariser Liederhandschrift . . Titelbild.
191—193. — — mutmaßliche Grabstätte in Würzburg . . 40
194. **Windsbeke**, Strophe aus der Weingartner Liederhandschrift . . 40
195. „**Windsbekin**“, Strophe aus derselben Handschrift . . 40
196, 197. **Thomasin von Zirclaria**, aus dem „Welschen Gaste“, Text mit 7 Miniaturen (die sieben freien Künste), aus der Heidelberger Handschrift des XIII. Jahrhunderts . . 40

Verzeichnis der Abbildungen zur Geschichte der Deutschen Litteratur.

Seite

198, 199. **Freidank**, aus der Heidelberger Handschrift des XIII. Jahrhunderts 41
200. **Neidhart von Reuenthal**, Miniatur der Pariser Liederhandschrift . . 42
201. — — Tanzlied aus derselben Handschrift 42
202. **Reinmar von Zweter**, Miniatur aus der Pariser Liederhandschrift . . 42
203. — — Spruch aus dem Bruchstücke einer Marburger Handschrift des XIV. Jahrhunderts 42
204. **Gottfried von Neifen**, Miniatur aus der Pariser Liederhandschrift . 42
205. **Ulrich von Lichtenstein**, Miniatur aus derselben Handschrift 43
206. — — Grabstein in der Pfarrkirche St. Jacob, gegenüber der Lichtensteiner Burg Frauenburg 43
207. — — Strophe aus dem „Frauenbuche“, aus der einzigen Ambraser Handschrift des XVI. Jahrhunderts 43
208. **König Konradin**, Miniatur aus der Pariser Liederhandschrift . . . 43
209. — — eigenhändige Namensunterschrift von einer Pisaer Urkunde 1268 43
210. — — Minnelied aus der Pariser Handschrift 43
211, 212. **Stricker**, „Pfaff Amis“, aus der Starhembergischen Handschrift des XIII. Jahrhunderts 44
213. — — „Karl der Große“, Anfang der Vatikanischen Handschrift des XIII. Jahrhunderts 44
214. Der **Marner**, Miniatur der Pariser Liederhandschrift 44
215. Der **Tannhäuser**, Miniatur der Pariser Liederhandschrift 44
216. **Rudolf von Ems**, „Der gute Gerhard“, aus der Wiener Handschrift des XIII. Jahrhunderts 45
217. — — „Barlaam und Josaphat“, aus der Donaueschinger Handschrift des XIII. (XIV.) Jahrhunderts 45
218. — — „Wilhelm von Orlens“, aus der Wasserburger (Donaueschinger) Handschrift des XIII. Jahrhunderts 45
219. — — „Weltchronik“, aus der Heidelberger Handschrift des XIII. Jahrhunderts 45
220. **Konrad von Würzburg**, Miniatur aus der Pariser Liederhandschrift . 46
221. — — „Trojanerkrieg“, aus dem Bruchstücke der Münchener Handschrift des XIII. Jahrhunderts 46
222. — — „Goldene Schmiede“, aus der Heidelberger Handschrift des XIV. Jahrhunderts 46
223. — — „Engelhard“, Titel des Druckes von 1573 46
224. — — Brosamerscher Holzschnitt aus diesem Drucke 46
225. — — Anfang des „Partenopier“, aus der einzigen Starhembergischen Handschrift des XV. Jahrhunderts 46
226, 227. **Albrechts** „Titurel“, Anfang und Schluß des Gedichtes, ältester Druck von 1477 47
228. „**Sängerkrieg auf der Wartburg**“, Miniatur aus der Pariser Liederhandschrift 47
229. „**Lohengrin**“, Anfang der Heidelberger Handschrift des XIV. Jahrhunderts 47
230. „**Weinschwelg**“, Anfang der Wiener Handschrift des XIII. (XIV.) Jahrhunderts 48
231. **Süßkind von Trimberg**, Miniatur aus der Pariser Liederhandschrift . 48
232. **Frauenlob** (Heinrich von Meißen), Grabmal im Domkreuzgange zu Mainz 48
233. **Tauler**, Grabstein in der Neuen Kirche zu Straßburg 49
234. — eigenhändige Buchinschrift 49
235. — „geistliches Lied“, aus einer Berliner Handschrift des XV. Jahrhunderts 49
236, 237. — Titel und Schlußschrift des ersten Druckes der „Sermonen“, 1498 49
238. **Berthold von Regensburg** predigend, Miniatur von 1447 aus einer Wiener Handschrift 49
239. „**Sächsische Weltchronik**“, aus der ältesten Gothaer Handschrift des XIII. Jahrhunderts 50
240. „**Sachsenspiegel**“, Miniatur aus der Heidelberger Handschrift des XIII. Jahrhunderts 50
241. Anfang des „**Schwabenspiegel**“, aus der ältesten Wiener Handschrift des XIV. Jahrhunderts 50
242. **Hugo von Trimberg**, „Renner“ ältere Recension, aus dem Bruchstücke der ältesten, Idstein-Wiesbadener Handschrift des XIV. Jahrhunderts 51
243. — — — jüngere Recension, aus der Erlanger Handschrift von 1347 51
244, 245. **Ulrich Boner**, „Edelstein“, Seite mit Holzschnitt und die Schlußschrift des ersten Druckes von 1461 51
246. **Hadamar von Laber**, die „Jagd“, Anfang der Wiener Handschrift des XIV. Jahrhunderts 51
247. **Oswald von Wolkenstein**, Denkstein im Brixener Dome, mit Bildnis, 1408 52
248. — — „Lied“ (eigenhändig?), aus der Wiener Handschrift vom Jahre 1425 52
249. **Hugo von Montfort**, Seite aus der Heidelberger Handschrift des XV. Jahrhunderts 53
250. „**Theophilus**“, Seite aus der Trierer Handschrift des XV. Jahrhunderts 54
251, 252. „**Passionsspiel**“, Seite aus der Donaueschinger Handschrift des XV. Jahrhunderts und Scenerie dazu aus dem XVI. Jahrhundert . 54
253, 254. — aus der **Scenerie** des Luzerner Osterspieles von 1583 . . 55
255. „Lied“ des Spielmanns **Jeckel Rebitz**, aus einer Münchener Handschrift des XV. Jahrhunderts 56
256. „**Volkslied**“ aus einer Münchener Handschrift des XV. Jahrhunderts . 56
257. „**Rätsel**“ aus einer Weimarer Handschrift des XV. Jahrhunderts . 56
258. „**Klopfan**“, aus derselben Handschrift 56
259. „**Priamel**“ aus einer Dresdener Handschrift des XV. Jahrhunderts 56
260. „**Weinsegen**“, aus derselben Handschrift 57
261. „**Sprichwörter**“, Niederrheinisch-Lateinische des XV. Jahrhunderts, erste Seite eines der ältesten Drucke derselben 57
262—266. „**Narrendarstellungen**“, Blockdrucke 58, 59
267. „**Mahnung wider die Türken**“, Deutscher Druck von Gutenberg, 1454, erste Seite 59
268. **Hans Rosenplüt**, Anfang eines „Fastnachtsspiels“, aus einer Münchener Handschrift des XV. Jahrhunderts 60
269. **Hans Folz**, Bildnis, Kreidezeichnung von Hans Schwartz, aus dem Berliner Kupferstichkabinette 60
270, 271. — — Namensunterschrift und Anfang eines eigenhändigen Gedichtes aus der Hadel-Conradischen Sammlung in Miltenberg . 60
272. — — Meistergesang „wider den pösen rauch“ (um 1480), Titel mit Holzschnitt 61
273. — — ein Vers daraus 61
274. — — „Fastnachtsspiel“ (um 1480), Titel mit Holzschnitt 61
275. — — Disputation: „Krieg wider einen Juden“, 1480 von Folz selbst gedruckt, Titel mit Holzschnitt 61
276. — — Titel mit Holzschnitt des Liedes: „der pös rauch“ (um 1480) 61
277. Ein „**Meistergesang**“: „wye die gross unnd mechtig Stat Troja zerstört wardt“, Titel mit Holzschnitt (um 1500) 61
278, 279. **Michael Beheim**, Wappen mit eigenhändiger Namensschrift und eine Seite, enthaltend ein eigenhändiges Gedicht mit Singnoten, aus einer Münchener Handschrift des XV. Jahrhunderts . . . 62
280. **Heinrich von Laufenberg**, Miniatur nach einer 1870 verbrannten Straßburger Handschrift des XV. Jahrhunderts 63
281, 282. Aus einer „**Deutschen Passion**“, Text Blockdruck, Bild Metallschnitt, Mitte des XV. Jahrhunderts 63
283—285. „**Erste gedruckte Deutsche Bibel**“, Anfang der Einleitung, des alten und des neuen Testaments, 1466 63
286. **Johannes Hartlieb**, „Chiromantie“, zweiter Titel, Holzschnitt mit Text, Blockdruck, 1448 64
287. **Albrecht von Eybe** in seinem Studierzimmer, Holzschnitt, 1511 . . . 65
288. **Hans Neithart**, Übersetzung des „Eunuch“ von Terenz, Kupferstich mit Text, 1486 65
289, 290. „**Äsopus**“, Holzschnitt und eine Seite Text aus der ersten Ausgabe, 1483 66
291, 292. „Gesta Romanorum“, Titel (Blockdruck) und Schlußschrift der ersten Ausgabe, 1489 66
293, 294. **Philipp Frankfurter**, „Pfarrer vom Kalenberg“, älteste Ausgabe, Titel (Blockdruck) und Holzschnitt (um 1500) 66
295. — — dieselbe Illustration, umgearbeitet in der Frankfurter Ausgabe von 1560 66
296. **Marco Polo**, erste Deutsche Ausgabe seines „Reisebuches“, ein Stück des Textes (um 1470) 67
297. **Montevilla**, erste datierte Ausgabe der Deutschen von Otto von Diemeringen verfaßten Übersetzung seines „Reisebuches“, Text mit Holzschnitt, 1481 67
298. „**Erste Deutsche gedruckte Weltgeschichte**“, verfaßt von Heinrich Steinhoewel, erste Seite, 1473 67
299, 300. „**Erstes Deutsches populäres medicinisches Lehrbuch**“ (Regimen sanitatis), Text und Schlußschrift, 1472 67
301—307. Volkslied „**Der edle Hildebrant**“, Titel mit Holzschnitt und 6 Seiten Text, gedruckt um 1500 68
308, 309. **Kaspar von der Roen**, Sammlung von Heldenliedern („Heldenbuch“), eine Seite und Schlußschrift aus der Dresdner Handschrift 1472 68
310—311 (Straßburger) „**Heldenbuch**“, ältester bekannter Druck (um 1477?), 4 Holzschnitte und Textprobe 69
315. Volksbuch „**Schöne Melusine**“, Holzschnitt aus der ältesten Ausgabe (vor 1480) 70
316—318. Volksbuch „**Reinke de Vos**“, älteste Ausgabe, Titelholzschnitt, Seite mit Holzschnitt und Schlußseite, 1498 70
319, 320. Volksbuch „**Eulenspiegel**“, älteste erhaltene Ausgabe, Titel mit Holzschnitt, Seite mit Holzschnitt, 1515 71
321, 322. — zweite erhaltene Ausgabe, Titelüberschrift und eine Seite mit Holzschnitt, 1519 71
323. Volksbuch „**Fortunatus**“, erste Ausgabe, Titel mit Holzschnitt, 1509 . 71
324. „Insignien der **gekrönten Dichter**“, Holzschnitt von Hans Burgkmair, 1505 72
325. **Konrad Celtes** überreicht dem Kurfürsten Friedrich von Sachsen die Werke der Roswitha, Holzschnitt, 1501 72
326. **Sebastian Brant**, Bildnis, Holzschnitt aus Reußners „Icones“, 1590 . 73
327. — — Namensunterschrift 73
328, 329. — — „Narrenschiff“, Titel und eine Seite der ersten Ausgabe, 1494 73
330. — — „Freidank“, Titel der ersten Ausgabe, 1508 73
331. **Johann Geiler von Kaisersberg**, Bildnis, Holzschnitt aus der „Postill“, 1522 74
332. — — Eigenhändiger Brief an Berthold Offenburg, 1499 74

Verzeichnis der Abbildungen zur Geschichte der Deutschen Litteratur.

Seite

333, 334. **Johannes Pauli**, „Schimpf und Ernst“, Titel der ersten Ausgabe, 1522, und ein Schwank aus derselben . . . 75
335. — — Holzschnitt von Hans Schäufelein aus der Ausgabe des „Schimpf und Ernst“, 1534 . . . 75
336—342. **Öglins** „Liederbuch“, erstes Deutsches Liederbuch mit Musiknoten, 1512, Titel der Altstimme, Diskantstimme, Tenorstimme, Baßstimme, Schlußschrift mit Buchdruckerzeichen, ein weltliches Lied aus der Tenorstimme, Text und Musik dazu . . . 76
343—348. Volkslied vom „**Tannhäuser**“, 1515, Titel und 5 Seiten . . . 77
349. Titel der **ersten gedruckten „Neuen Zeitung“** (Zeitung aus Brasilien), 1505 . . . 77
350. **Tunicius**, „Niederdeutsch-lateinische Sprichwörtersammlung“, Titel der zweiten Ausgabe, 1514 . . . 77
351. **Kaiser Maximilian**, Bildnis gemalt von Lukas von Leyden, gestochen von Sunderhoef . . . 78
352. **Melchior Pfinzing**, Porträtmedaille, 1519 . . . 78
353—355. — — „Theuerdank“, Titel, Schlußschrift und eine Seite (mit Holzschnitt von H. Schäufelein) der ersten Ausgabe, 1517 . . . 79
356. **Thomas Murner**, Bildnis, Holzschnitt aus dem Titelbilde der Defensio Germaniae Wimphelings, 1502 . . . 80
357. — — Namensunterschrift, 1530 . . . 80
358. — — Seite mit Holzschnitt aus der ersten Ausgabe der „Gauchmat“ von 1519 mit Murners Bildnisse . . . 80
359. — — Seite mit Holzschnitt aus der ersten Ausgabe der „Badenfart“ von 1514 mit Murners Bildnisse . . . 80
360. — — „Schelmenzunft“, Titel mit Holzschnitt der ersten Ausgabe, 1512 . . . 80
361, 362. — — „Lutherische Narr“, Titel mit Holzschnitt der ersten Ausgabe von 1522 und Bild mit Überschrift von einer Seite daraus . . . 81
363, 364. „**Epistolae obscurorum virorum**“, Titel und Schlußschrift der ersten Ausgabe, 1515 . . . 81
365. — — Titel der ersten Ausgabe der zweiten Sammlung, 1517 . . . 81
366. **Ortvinus Gratius**, Titelbild der „Lamentationes obscurorum virorum“, 1518 . . . 81
367. **Ulrich von Hutten**, Bildnis, Holzschnitt, 1517 . . . 82
368. — — Namensunterschrift . . . 82
369. — — Bildnis, Holzschnitt, 1523 . . . 82
370. — — eigenhändiger Lateinischer Brief, 1520 . . . 82
371. — — „Gesprächbüchlein“, Titel der ersten Deutschen Ausgabe, 1521 . . . 82
372. — — Bildnis, Holzschnitt, 1520 . . . 83
373. — — Bildnis, Holzschnitt, 1521 . . . 83
374. — — Lied: „Ich habs gewagt mit Sinnen“, 1521 . . . 83
375. **Nicolaus Manuel**, Selbstbildnis nach Umzeichnung von Th. Meyer-Hofer . . . 83
376. — — Namensunterschrift . . . 83
377. **Martin Luther als Mönch**, Holzschnitt von Lucas Cranach d. Ä., 1520 . . . 84
378. — — in späteren Jahren, Holzschnitt nach Lucas Cranach d. Ä., 1551 . . . 84
379. — — Namensunterschrift . . . 84
380. **Philipp Melanchthon**, Kupferstich von Dürer, 1526 . . . 84
381. — — Namensunterschrift . . . 84
382. **Ulrich Zwingli**, Holzschnitt von Vogtherr, 1542 . . . 84
383. — — Namensunterschrift . . . 84
384. **Martin Luther**, „Von der Freiheit eynis Christen menschen“, Titel der ersten Ausgabe, 1520 . . . 85
385, 386. — — Titel der ersten Ausgabe der ersten und zweiten Bearbeitung der Reformationsschrift: „An den christlichen Adel . . .“, 1520 . . . 85
387. — — Titel der ersten Ausgabe der Übersetzung des Neuen Testaments („Septemberbibel“), 1522 . . . 85
388. (— —) Titel der ersten Ausgabe des ersten Lutherischen Gesangbuches („Etlich Cristlich lider . . .“) 1524 . . . 86
389, 390. — — Erster erhaltener Druck des Reformationsliedes: „Ein feste Burg ist unser Gott“ (1528) . . . 86
391, 392. — — aus der eigenhändigen Psalmenübersetzung . . . 86
393, 394. — — Titel der ersten Ausgabe der vollständigen „Bibelübersetzung“ und eine Seite daraus mit Holzschnitt von L. Cranach d. Ä., 1534 . . . 87
395—401. „Lied auf die Schlacht von Pavia“ (nach 1525), Titel mit Holzschnitt und Text . . . 88
402. Erste Volksliedersammlung: „Bergkreyen“, Titel der Ausgabe von 1536 . . . 88
403, 404. Das Volkslied „Ich stund an einem Morgen“ aus diesem Drucke der Bergkreyen . . . 88
405, 406. Das Volkslied „Von deinet wegen bin ich hie“ aus einer späteren Ausgabe der Bergkreyen . . . 89
407. Aus dem Titel der ersten Ausgabe der Tenorstimme von **Georg Forsters** Liedersammlung: „Ein außzug guter alter . . Teutscher liedlein“, 1539 . . . 89
408. Das Volkslied „Inspruck ich muß dich lassen“ aus der Tenorstimme dieser Sammlung, 1539. Musik von H. Isaac. Erster erhaltener Druck dieses Reiseliedes . . . 89
409. Das Fastnachtslied: „Die faßnacht ist ein schöne zeit“ aus der ersten Ausgabe der „Newen Teutschen Liedlein . . .“ von **Orlando di Lassus**, 1567 . . . 89
410. Volksbuch „**Die schön Magelona**“, Titel der ersten Ausgabe, 1536 . . . 89
411. **Johannes Agricola**, Bildnis, gestochen von B. Jenichen, 1565 . . . 90
412. **Johannes Agricola**, Namensunterschrift . . . 90
413. — — „Sprichwörter“, Titel der ersten Niederdeutschen Ausgabe (1528) . . . 90
414, 415. **Burkhard Waldis**, 2 Namensunterschriften von 1543 und 1548 . . . 90
416, 417. — — „Esopus“, Titel und eine Seite der ersten Ausgabe, 1548 . . . 90
418. **Erasmus Alberus**, Namensunterschrift, 1545 . . . 91
419. — — „Fabeln“, Titel der ersten Ausgabe, 1534 . . . 91
420. — — Holzschnitt von L. Cranach d. J., aus der Fabelausgabe 1550 . . . 91
421, 422. — — Holzschnitt und Text aus derselben Ausgabe . . . 91
423. **Johannes Aventinus**, Bildnis, Holzschnitt von H. S. Lautensack . . . 92
424. **Sebastian Münster**, Bildnis, Holzschnitt, 1550 . . . 92
425. **Johannes Sleidanus**, Bildnis, gestochen von Jacob von der Heyden . . . 92
426. — — Namensunterschrift . . . 92
427. **Hans Sachs**, Bildnis, Holzschnitt von Hans Brosamer, 1545 . . . 93
428. — — Bildnis, Kupferstich von B. Jenichen, 1567 . . . 93
429, 430. — — Namensunterschriften . . . 93
431. — — Wohnhaus in Nürnberg, Radierung von J. F. Klein, 1822 . . . 93
432. — — „Die Wittembergisch Nachtigall“, Titel einer der ersten Ausgaben, 1523 . . . 94
433. — — „Disputation zwischen einem Chorherren und Schuchmacher“, Titel einer der ersten Ausgaben dieses Dialogs, 1524 . . . 94
434. — — „Ein Kampffgesprech zwischen einer Frawen und jrer Haußmaydt“, Titel einer Ausgabe von 1553 . . . 94
435. — — „Der Teuffel leßt kein Landsknecht mehr in die Helle farn“, Titel einer Ausgabe dieses Schwanks von 1556 . . . 94
436. — — Fliegendes Blatt: „Ein nuplicher rath den jungen gsellen, So sich verheyraten wöllen“, mit Holzschnitt von Virgil Solis, 1549 . . . 95
437—441. — — eigenhändiges Gedicht: „Sant Peter mit der Gaiß“, 1557 . . . 96, 97
442. — — Bildnis, gem. von Andreas Herneysen, 1575, gest. von Jost Amman, 1576 . . . 97
443. — — eigenhändige Verse von **Hans Puschmann**, zu diesem Bildnisse passend . . . 97
444—446. — — Drei Seiten aus „Eygentliche Beschreibung aller Stände . . .“, 1568, mit Holzschnitten von Jost Amman . . . 98
447. Einladungszettel zur Abhaltung einer **Meistersingschule** in der Katharinenkirche zu Nürnberg mit H. Sachsens Bildnisse, um 1600 . . . 98
448. Silbernes Kleinod der **Meistersinger** von Nördlingen (XV. und XVI. Jahrhundert) . . . 99
449. **Adam Puschmann**, Bildnis nach Zeichnung von 1586 . . . 99
450. — — Namensunterschrift . . . 99
451. — — Seite aus seinem eigenhändigen „Meistergesangbuche“, 1583 . . . 99
452. **Jörg Wickram**, aus seiner eigenhändigen „Tabulatur“ . . . 100
453. **Nicodemus Frischlin**, Bildnis, Holzschnitt von Hieron. Reich, 1578 . . . 100
454. — — Namensunterschrift . . . 100
455. **Ambrosius Lobwasser**, Bildnis, Kupferstich von Konrad Meyer, 1675 . . . 100
456. **Paulus Melissus**, Bildnis, radiert von Jacob Granthomme . . . 100
457. — — Namensunterschrift . . . 100
458. **Hans Wilhelm Kirchhof**, Namensunterschrift, 1569 . . . 101
459, 460. — — „Wendunmuth“, Titel und Seite der ersten Ausgabe, 1563 . . . 101
461. **Friedrich Dedekind**, Namensunterschrift, 1551 . . . 101
462. — — „**Grobianus**“ des Kaspar Scheidt, Titel der ersten Ausgabe der Übersetzung, 1551 . . . 101
463. **Jacob Frey**, „Gartengesellschaft“, Titel der ersten Ausgabe (1556) . . . 101
464. **Johann Fischart**, Bildnis, Holzschnitt von Christoph Maurer, 1607 . . . 102
465. — — Namensunterschrift . . . 102
466. — — „Aller Practick Großmutter“, Titel der ersten Ausgabe, 1572 . . . 102
467. — — Titel der ersten Ausgabe 1573 der „Flöh Hatz, Weiber Tratz“ . . . 102
468. — — eigenhändiges Stammbuchblatt, 1580 . . . 102
469. — — „Das Glückhafft Schiff von Zürich“, Titel einer der ersten Ausgaben, um 1578 . . . 103
470. — — „Binenkorb“, Titel der ersten Ausgabe, 1579 . . . 103
471. — — „Geschichtsschrift“, Titel der ersten Ausgabe, 1575 . . . 103
472. — — „Geschichtklitterung“, Titel der ersten Ausgabe, 1582 . . . 103
473. — — „Jesuiterhütlein“, Titel der ersten Ausgabe, 1580 . . . 104
474, 475. Johann Fischarts Gegner **Johann Nas**, Titel und Holzschnitt der gegen Fischart gerichteten Schrift: „Die vierte Centurie“, 1570 . . . 104
476. **Johann Fischart**, Fliegendes Blatt: „Der Barfüser Secten und Kuttenstreit“, 1577 . . . 105
477. **Sigmund Feyerabend**, Bildnis, Holzschnitt von Tobias Stimmer . . . 106
478. — — Namensunterschrift, 1567 . . . 106
479—483. Holzschnitte von **Hans Brosamer** in Frankfurter Drucken der Volksbücher: „Herzog Ernst“, „Schöne Magelone“, „Engelhart“, um 1560 . . . 106
484, 485. „**Erster Frankfurter Meßkatalog**“, 1564, Titel und eine Seite . . . 106
486—488. „**Amadis aus Frankreich**“, 1., Titel der ersten Übersetzung, 1569, und 2 Seiten mit Holzschnitten von Virgil Solis . . . 107
489. **Wolfgang Büttners** Volksbuch von „**Claus Narren**“, Titel der ersten Ausgabe, 1572 . . . 107
490. **Claus Narr**, Bildnis, Kupferstich von Jacob von der Heyden . . . 107
491, 492. Das älteste „**Faustbuch**“, Titel des ersten Druckes, 1587, und des zweiten Druckes, 1589 (von Johann Spieß) . . . 108

Verzeichnis der Abbildungen zur Geschichte der Deutschen Litteratur.

Seite

493. Faust verschreibt sich dem Teufel; aus dem Tübinger Faustbuche, 1587 . 108
494. „Faustbuch“, Titel der Bearbeitung von G. R. Widmann, 1599 . . . 109
495. Volksbuch „Der Finken Ritter“, Titel einer der ersten Ausgaben (um 1560—1570) 109
496. Volksbuch „Die Schildbürger“, Titel der ersten Ausgabe, 1598 . . . 109
497—502. Jahrmarktsdruck von Volksliedern: „Zwey schöne newe Lieder“: „Es steht ein Lind in jenem Thal“, „Ich muss von hinnen scheiden“, um 1560 110
503. „Liederbüchlein“ (Ambraser Liederbuch), Titel, Frankfurt, 1582 . . . 111
504, 505. — — Landsknechtslied und Liebeslied daraus 111
506. Niederdeutsches Liebeslied aus Uhlands Liederbuche, um 1620 . . . 111
507. Trommellied aus dem Erfurter Liederbuche, um 1618 111
508. Trinklied aus dem „Vulcanus“ des Otto Sigfrieden Harnisch, 1605 . 111
509. Heinrich Julius, Herzog von Braunschweig, Bildnis, Kupfer von E. Ulrich 112
510. — — Namensunterschrift, 1594 112
511. — — aus der eigenhändigen Niederschrift der Tragica-Comedia „Der Ehebrecher“, 1593 112
512, 513. „Englische Comedien und Tragedien“, Titel der ersten Sammlung, 1620, und des andern Theils: „Liebeskampff“, 1630 112
514. Georg Rollenhagen, Bildnis, Kupferstich aus Seidel, 1671 113
515. — — Namensunterschrift, 1576 113
516—518. — — „Froschmäuseler“, Titel und Holzschnitt der ersten Ausgabe, 1595, und eigenhändiges Gedicht von 1560 113
519. Georg Rud. Weckherlin, Bildnis, gem. von Mytens, gest. von Faithorne 114
520. — — „Oden und Gesänge“, I. Theil, Titel der ersten Ausgabe, 1618 114
521. — — — II. Theil, Titel der ersten Ausgabe, 1619 114
522, 523. — — Gesang daraus 114
524. Ägidius Albertinus, „Der Landstörtzer“, Titel der ersten Ausgabe, 1615 114
525. — — Bildnis, Kupferstich von Lucas Kilian, 1639 115
526. — — Namensunterschrift 115
527, 528. — — Kupfer der ersten Ausgabe des „Hirnschleifer“, 1618 . 115
529. Jacob Böhme, Bildnis, Kupferstich des XVII. Jahrhunderts 115
530. — — Titel eines eigenhändigen Gebetbüchleins 115
531, 532. Erste erhaltene periodische „Zeitung“, Titel und Seite, 1609 . . 116
533. Zeitungsverkäufer, 1631 116
534. Satirisch-politisches „Flugblatt“, 1632 117
535. Symbol der Fruchtbringenden Gesellschaft, gest. von M. Merian, 1636 118
536. Fürst Ludwig von Anhalt-Cöthen, Bildnis, Kupferstich von A. Bauer, 1658 118
537. — — Namensunterschrift 118
538. — — Namensunterschrift als „Der Nehrende“ 118
539. — — Emblem, Kupferstich von M. Merian, 1636 118
540. Dietrich von dem Werder, Namensunterschrift, 1620 118
541. — — eigenhändiges Gedicht, 1628 119
542. — — Namensunterschrift als „Der Vielgekörnte“ 119
543. Georg Neumark, Bildnis, anonymer gleichzeitiger Kupferstich . . . 119
544, 545. — — Namensunterschrift und eigenhändiges Gedicht, 1653 . 119
546, 547. — — Kupfer und Text aus „Der Lieb-erkrankte Filamon“, 1666 119
548. Martin Opitz, Bildnis, Kupferstich von Jacob von der Heyden, 1631 120
549. — — Namensunterschrift, 1623 120
550. — — Bildnis, gest. von Zinfang nach Ölgemälde (1638) 120
551—553. — — Namensunterschrift, 1637, und eigenh. Gedicht, 1638 120
554. — — Namensunterschrift als „Der Gekrönte“, 1628 120
555. — — „Teutsche Poemata“, Titel der ersten Ausgabe, 1624 . . . 121
556. — — „Acht Bücher Teutscher Poematum“, Titel der ersten Ausgabe, 1625 121
557. — — „Buch von der Deutschen Poeterey“, Titel der ersten Ausgabe, 1624 121
558. — — „Dafne“, Titel, 1627 121
559. Paulus Flemming, Bildnis, rad. der A. M. Schurmann, 1644 . . . 122
560. — — Namensunterschrift, 1633 122
561. — — „Poetischer Gedichten ... Prodromus“, Titel, 1641 . . . 122
562. — — „Teutsche Poemata“, Titel der ersten Ausgabe, 1642 . . . 122
563, 564. — — Lied daraus: „Ein getrewes Hertze wissen“ 122
565. Friedrich von Logau, Namensunterschrift, 1626 123
566. — — eigenhändiges Stammbuchblatt, 1653 123
567. — — „Erstes Hundert Teutscher Reimen-Sprüche“, Titel, 1638 . 123
568, 569. — — „Deutscher Sinn-Getichte Drey Tausend“, Kupfertitel und Drucktitel der ersten Ausgabe, 1654 123
570. Simon Dach, Bildnis, gem. von Ph. Westphal, gez. von Th. Mayerhofer 124
571. — — Namensunterschrift, 1635 124
572. — — Lied „Anke von Tharaw“, erster erhaltener Druck aus Albertus' „Lustwäldlein“, 1644 124
573, 574. Robert Roberthin, Namensunterschrift, 1639, und eigenhändiger Vers 124
575. Philipp von Zesen, Bildnis, rad. von A. M. Schurmann gez. von C. v. Hagen 125
576, 577. — — Namensunterschrift und eigenh. Stammbuchblatt, 1656 125
578. — — Namensunterschrift als „Der Wohlsetzende“ 125
579. (— —) Sinnbild der Deutschgesinnten Genossenschaft, 1669 . . . 125
580. (— —) Nachricht über deren Gründung, 1643 (1669) 125
581, 582. — — 2 Kupfer aus „Lysander und Kalliste“, 1650 125
583. Georg Ph. Harsdörffer, Bildnis, gez. von G. Strauch, gest. von A. Khol 126
584. — — Namensunterschrift 126
585. — — Namensunterschrift als „Der Spielende“ 126
586. — — „Poetischer Trichter“, I., Titel der ersten Ausgabe, 1647 . 126
587. Johannes Klajus, Namensunterschrift 126
588. Sigmund von Birken, Bildnis, Kupfer von Jacob Sandrart 126
589. — — Namensunterschrift 126
590. Pegnitzschäfer, Symbol, Holzschnitt, 1641 126
591. — Figuriertes Gedicht von Harsdörffer, 1645 126
592. — Symbol, Kupferstich, 1744 126
593. Joh. Rist, Bildnis, gemalt von Merian 1662, gest. von B. Kilian . 127
594. — — Namensunterschrift 127
595. — — Namensunterschrift als „Der Rüstige“ 127
596. — — „Friedewünschendes Teutschland“, Kupfertitel, 1647 . . . 127
597, 598. (— —) Zimberiman, Kupfertitel und Schlußschrift der Ordensschrift, 1669 127
599. Friedrich von Spee, Bildnis, Ölgemälde umgez. von Th. Mayerhofer 128
600. — — „Trutz Nachtigall“, Titel der ersten Ausgabe, 1649 128
601, 602. — — eigenhändiges Gedicht daraus 128
603. Johannes Scheffler, Bildnis, Kupfertitel einer Schmähschrift, 1664 . 128
604. — — Namensunterschrift 128
605. Paulus Gerhardt, Bildnis, Kupfer von K. Buchhorn 129
606. — — Namensunterschrift 129
607—611. — — Erster erhaltener Druck des Liedes: „Befiehl du deine Wege“, 1656, nebst dessen Melodie 129
612. Joh. Michael Moscherosch, Bildnis, Kupfer von Pet. Aubry, 1652 . 130
613. — — Namensunterschrift 130
614. — — „Gesichte Philanders von Sittewalt“, Titel des ersten Theiles der ersten datierten Ausgabe, 1642 130
615. — — Kupfer aus der Ausgabe der „Gesichte“ von 1645 . . . 130
616. — — Kupfer aus der Ausgabe der „Gesichte“ von 1650 130
617. Johann Balth. Schupp, Bildnis, gest. von H. M. Winterstein, 1659 131
618. — — Namensunterschrift 131
619. — — „Freund in der Noth“, Titel der ersten Ausgabe, 1657 . 131
620. Joh. Lauremberg, Namensunterschrift, 1610 131
621, 622. — — „Veer Schertz-Gedichte“, Titel der ersten Ausgabe, 1652 und erste Textseite derselben 131
623, 624. Joachim Rachel, „Teutsche Satyrische Gedichte“, Titel der ersten Ausgabe, 1664, und erste Textseite derselben 131
625, 626. H. J. Christoffel von Grimmelshausen, „Abenteuerlicher Simplicissimus“, Drucktitel und Titelkupfer der ersten Ausgabe, 1669 . 132
627, 628. — — Drucktitel und Titelkupfer der zweiten Ausgabe („Neueingerichteter Simplicissimus“), 1669 132
629. — — Titelkupfer zur Ausgabe von 1670 133
630, 631. — — Kupfer aus der Ausgabe von 1671 133
632—634. — — Kupfer aus der Ausgabe von 1684 133
635. Andreas Gryphius, Bildnis, Kupfer von Philipp Kilian 134
636. — — Namensunterschrift, 1633 134
637. — — eigenhändiges Stammbuchblatt (mit Sonett), 1640 134
638. — — „Verliebtes Gespenste“, Titel der ersten Ausgabe, 1660 . . 134
639. — — „Horribilicribrifax“, Titel der ersten Ausgabe, 1663 . . . 134
640. — — „Herr Peter Squentz“, Titel der ersten Ausgabe (1657) . . 134
641. — — eine Seite aus dem zweiten Druck des „Peter Squentz“ . . 134
642. Christian Gryphius, Bildnis, Kupfer von Joh. Tscherning 135
643. — — Namensunterschrift 135
644, 645. — — Anfang eines eigenhändigen Trauergedichtes 135
646. Christian Hofmann von Hofmannswaldau, Bildnis, gem. von Georg Schultze, gest. von Ph. Kilian 135
647, 648. — — Namensunterschrift, 1670, und eigenhändiger Vers, 1658 135
649. Daniel Caspar von Lohenstein, Bildnis, Kupfer von Tscherning . . 136
650. — — Namensunterschrift 136
651. — — Kupfertitel (gest. von Sandrart), zum ersten Theile von „Arminius und Thusnelda“, 1689 136
652, 653. — — Titelkupfer zur ersten Ausgabe der „Epicharis“, 1665, und eine Seite dazu gehöriger Text daraus 136
654. — — aus der eigenh. Niederschrift des „Ibrahim Sultan“, 1673 137
655. Anton Ulrich Herzog von Braunschweig, Bildnis, Kupfer von Ph. Kilian 137
656. — — Namensunterschrift 137
657. Andreas Heinrich Bucholtz, Bildnis, Kupfer von Ph. Kilian, 1661 . 137
658. — — Namensunterschrift 137
659. — — Kupfertitel zu „Hercules und Valisca“, 1659 137
660. Heinrich Anselm von Ziegler und Kliphausen, Namensunterschrift, 1687 138
661—665. — — „Asiatische Banise“, Titel, Illustration und Banisens Schwanenlied aus der ersten Ausgabe, 1689 138
666. Christian Thomasius, Bildnis, Kupfer von M. Bernigeroth 139
667. — — Namensunterschrift 139
668. Gottfried Wilhelm von Leibniz, Bildnis, Kupfer von Ficquet . . . 139
669. — — Namensunterschrift 139
670. Christian von Wolff, Bildnis, Kupfer von J. G. Wille 139
671. — — Namensunterschrift 139

Verzeichnis der Abbildungen zur Geschichte der Deutschen Litteratur.

Seite

672, 673. **Christian Weise**, aus der eigenhändigen Handschrift des Dramas „Simson", 1703 140
674. — — Bildnis, Kupfer von J. C. Böcklin 140
675. — — Namensunterschrift, 1699 141
676. — — Bildnis, Kupfer von Grosser, 1710 141
677. **Christian Reuter**, Namensunterschrift, 1700 141
678. — — „Schelmuffsky", Titel der ersten Ausgabe, 1696 141
679. **Christian Wernicke**, Namensunterschrift, 1702 141
680. — — „Überschriffte", Titel der ersten Ausgabe, 1697 141
681. **Abraham a Sancta Clara**, Bildnis, Radierung von J. H. Persoy, 1693 142
682. — — Namensunterschrift, 1695 142
683. **Johann von Besser**, Bildnis, Kupfer von Bernigroth 142
684. — — Namensunterschrift, 1721 142
685. **Friedrich Rudolf Ludwig von Canitz**, Bildnis, gem. von Clerck, gest. von Beyendorf 142
686. — — Namensunterschrift, 1697 142
687. **Johann Christian Günther**, Bildnis, gem. von E. G. Herzog, gest. von J. P. Sysang, 1736 143
688—690. — — Namensunterschrift und eigenhändige Ode 143
691. **Johann Gottfried Schnabel**, Namensunterschrift, 1739 143
692. — — „Wunderliche Fata einiger See-Fahrer", 1. Band, Titel der ersten Ausgabe, 1731 143
693. **Berthold Heinrich Brockes**, Bildnis, gem. von B. Denner, gest. von J. G. Wolfgang 144
694. — — eigenhändiges Stammbuchblatt 144
695. — — „Irdisches Vergnügen in Gott", Titel der ersten Ausgabe, 1721 144
696. — — Illustration dazu, gez. von Pfeffer, gest. von Fritzsch (1738) 144
697. **Albrecht von Haller**, Bildnis, gem. von E. J. Handmann, gest. von P. F. Tardieu, 1757 145
698. — — Namensunterschrift 145
699. — — „Versuch Schweizerischer Gedichten", Titel der ersten Ausgabe, 1732 145
700. **Friedrich von Hagedorn**, Bildnis, gem. von B. Denner (1744), gest. von J. Canale 145
701. — — Namensunterschrift 145
702. **Christian Ludwig Liscow**, Bildnis, Kupfer von Penninger 145
703. — — Namensunterschrift 145
704. **Johann Christoph Gottsched**, Bildnis, gem. von J. F. Reiff, gest. von J. M. Bernigroth 146
705. — — Namensunterschrift 146
706. — — „Versuch einer Critischen Dichtkunst", Titel der ersten Ausgabe, 1730 146
707. **Luise Adelgunde Viktoria Gottsched**, Bildnis, gem. von E. G. Haußmann, gest. von J. M. Bernigroth 146
708. — — Namensunterschrift 146
709. **Johann Jacob Bodmer**, Bildnis, gem. von J. C. Füeßli, gest. von Bause, 1758 146
710. — — Namensunterschrift 146
711. — — Bildnis, gem. von A. Graff, gest. von J. F. Bause, 1784 147
712. — — „Critische Abhandlung von dem Wunderbaren in der Poesie", Titel der ersten Ausgabe, 1740 147
713. **Johann Jacob Breitinger**, Bildnis, gem. von J. C. Füeßli, geschabt von B. D. Preisler, 1741 147
714. — — Namensunterschrift 147
715. — — „Critische Dichtkunst", Titel der ersten Ausgabe, 1740 147
716. „**Neue (Bremer) Beiträge**", IV, 4, 5 von 1748, Titel 148
717. **Johann Adolf Schlegel**, Bildnis, gez. von C. Rehbergin, gest. von Riemann 148
718. — Namensunterschrift 148
719. **Johann Elias Schlegel**, Namensunterschrift 148
720. **Johann Arnold Ebert**, Bildnis, Kupfer von Liebe 148
721. — — Namensunterschrift 148
722. **Joh. Friedr. von Cronegk**, Bildnis, gest. von Bernigroth, 1760 148
723. **Justus Friedrich Wilhelm Zachariä**, Bildnis, Kupfer von J. Bause, 1759 149
724. — — Namensunterschrift 149
725. — — Illustration zum „Renommist" von A. Bock, 1754 149
726. **Gottlieb Wilhelm Rabener**, Bildnis, gem. von A. Graff, gest. von J. F. Bause 149
727. — — Namensunterschrift 149
728. — — Kupfer von Bernigroth nach P. Hutin zum IV. Band der „Satyren", 1755 149
729. **Christian Fürchtegott Gellert**, Bildnis, gem. von A. F. Oeser, gest. von J. F. Bause, 1767 150
730. — — Bildnis, gem. von A. Graff (1769), gest. von Scinla (1819) 150
731. — — Namensunterschrift 150
732—737. — — 6 Kupferstiche von Chodowiecki zu den Fabeln, 1777 150
738. — — Kupferstich von Meil zur Fabel „Der grüne Esel" 151
739. — — „Geistliche Oden und Lieder", Titel der ersten Ausgabe, 1757 151
740. **Johann Peter Uz**, Bildnis, gest. von Bause, 1776 151
741. — — Namensunterschrift 151
742. **Johann Wilhelm Ludwig Gleim**, eigenhändiges Gedicht 151
743. **Johann Wilhelm Ludwig Gleim**, Bildnis, gem. von H. Ramberg, gest. von F. W. Schetter 152
744, 745. — — Namensunterschrift und Unterschrift, passend zum Bildnisse 152
746. — — 4 Verse eines späteren Kriegsliedes, 1778 152
747, 748. — — Illustrationen von Chodowiecki, 1783, 1791 152
749. **Magnus Gottfr. Lichtwer**, Bildnis, gem. von Calau, 1770, gest. von Geyser 153
750. — — Namensunterschrift 153
751. **Anna Louise Karsch**, Bildnis, Radierung von G. F. Schmidt, 1762 153
752. — — Namensunterschrift 153
753. **Johann Georg Jacobi**, Bildnis, gem. von J. Zoll, gest. von Fr. Müller 153
754, 755. — — Namensunterschrift und eigenhändiges Gedicht 153
756. **Christian Ewald von Kleist**, Bildnis, gem. von Clare, gest. von Füeßli 154
757—760. — — Namensunterschrift und eigenhändiges Gedicht 154, 155
761. — — „Der Frühling", Titel der ersten Ausgabe, 1749 154
762. **Salomon Geßner**, Bildnis, gem. von Graff, gest. von Bause, 1771 155
763. — — Namensunterschrift 155
764. — — „Idyllen", Titel der ersten Ausgabe, 1756 155
765. — — Illustration zur Prachtausgabe seiner „Idyllen", eigenhändige Radierung, 1771 155
766. — — Vignette, eigenhändige Radierung aus derselben Ausgabe V
767. **Friedrich der Große**, Bildnis, gem. von Pesne, gest. von J. G. Wille 156
768. — — eigenhändiger Deutscher Brief, 1757 156
769. **Voltaire**, Bildnis, gem. von de la Tour, 1736, gest. von Demautort 156
770. — — Namensunterschrift 156
771. — — eigenhändiges Gedicht auf Friedrich den Großen, 1740 156
772. **Friedrich Gottlieb Klopstock**, Bildnis, gest. von J. M. Bernigroth, 1757 157
773. — Bildnis, gem. von Juel, 1780, gest. von A. W. Böhm 157
774. — — Bildnis, gem. von A. Hickel, 1780, geschabt von J. G. Haid 157
775, 776. — — Namensunterschriften 157
777. — — seine **Mutter** Anna Maria geborne Schmidt, Bildnis, gem. von Calau, 1770, gez. von Th. Mayerhofer 158
778. — — erste Frau **Meta**, Bildnis, gem. von M. J. Quadal, gez. von W. Mayerhofer 158
779. — — „Der Messias", erste Seite des ersten Druckes in den „Bremer Beiträgen", 1748 158
780. — — „Der Messias", Titel der ersten Separatausgabe, 1749 158
781. — — eigenhändiger Brief, mit dem Anfange des dritten Buches des „Messias", 1747 159
782. — — **Friedrich V.**, Bildnis, gem. von C. G. Pilo, gest. von J. M. Preisler, 1748 159
783. — — — Namensunterschrift Friedrichs V. 159
784. — — **Joh. Hartw. Ernst Graf von Bernstorff**, Bildnis, gest. von J. C. Schlotterbeck 159
785. — — — Namensunterschrift Bernstorffs 159
786. — — „Oden", Titel der ersten Ausgabe, 1771 160
787—789. — — eigenhändige Ode, 1772 160, 161
790. **Karl Wilhelm Ramler**, Bildnis, gez. von B. Rode, gest. von E. Henne 162
791. — — Namensunterschrift 162
792. — — Seite aus der Prachtausgabe der „Poetischen Werke", 1800 162
793. — — Seite mit eigenhändigen Correcturen aus den „Lyrischen Gedichten", 1772 162
794. — — Kupfertitel von E. Henne nach B. Rode, zur Prachtausgabe der „Poetischen Werke", 1800 162
795. — — Vignette daraus, gez. und gest. von denselben Titel
796. **Joh. Joachim Winckelmann**, Bildnis, gem. von Ang. Kaufmann, 1764, geschnitten von A. Neumann 163
797. — — Namensunterschrift 163
798. — — „Geschichte der Kunst des Alterthums", I., Titel der ersten Ausgabe, 1764 163
799. **Gotthold Ephraim Lessing**, Geburtshaus in Kamenz, gez. von H. Frölich 164
800. — — Kinderbildnis, gem. von Ch. G. Haberkorn, 1735 164
801. — — Bildnis, gem. von Joh. Heinr. Tischbein, 1760 165
802. — — Bildnis, gem. von May, um 1766, gez. von Th. Mayerhofer 165
803. — — Bildnis, gem. von Graff, 1771, gest. von Bause 165
804. — — Totenmaske, 1781 165
805. — — Namensunterschrift 165
806. — — Frau **Eva** geb. König, Bildnis, nach einem Original-Ölgemälde gez. von A. Mayerhofer 165
807. — — **Herzog Karl** Wilhelm Ferdinand von Braunschweig, Bildnis, gem. von P. J. Battoni, gez. von Th. Mayerhofer 166
808. — — Christian Adolf **Klotz**, Bildnis, Kupfer von Krüger 166
809. — — — Namensunterschrift Klotzens 166
810. — — H. S. **Reimarus**, Bildnis, rad. von Fritzsch, 1752 166
811. — — — Namensunterschrift von Reimarus 166
812. — — J. M. **Goeze**, Bildnis, Kupfer von Fritzsch, 1767 166
813. — — — Namensunterschrift Goezes 166
814. — „Fabeln", Titel der ersten Ausgabe, 1759 167
815—817. — — eigenhändige Fabel 167
818. — — „Minna von Barnhelm", Titel der ersten Ausgabe, 1767 168
819—830. — — 12 Kupferstiche von Chodowiecki, 1769 168, 169

Verzeichnis der Abbildungen zur Geschichte der Deutschen Litteratur.

Seite

831. Lessing, „Minna von Barnhelm", Seite der eigenhändigen Niederschrift . . . 169
832. — — „Laokoon", Seite der eigenhändigen Niederschrift . . . 170
833. — — — Titel der ersten Ausgabe, 1766 . . . 171
834. — — „Hamburgische Dramaturgie", Titel der ersten Ausgabe, 1767 . . . 171
835. — — „Emilia Galotti", Titel der ersten Ausgabe, 1772 . . . 171
836. — — — Titel der zweiten Ausgabe . . . 171
837. — — „Nathan der Weise", Titel der ersten Ausgabe, 1779 . . . 171
838. Johann Georg von Zimmermann, Bildnis, gest. von Bause . . . 172
839. — — Namensunterschrift . . . 172
840. Thomas Abbt, Bildnis, gest. von Schleuen . . . 172
841. — — Namensunterschrift . . . 172
842. M. Mendelssohn, Bildnis, gem. von J. C. Frisch, gest. von J. G. Müller . . . 172
843. — — Namensunterschrift . . . 172
844. Karl Friedrich Bahrdt, Bildnis, gez. und gest. von einem Bruder der Deutschen XXII. Union, 1789 . . . 172
845. — — Namensunterschrift . . . 172
846. Friedrich Nicolai, Bildnis, gez. von Chodowiecki, gest. von C. Geyser . . . 173
847. — — Namensunterschrift . . . 173
848, 849. — — „Eyn feyner kleyner Almanach" I., Titel und Vorrede der ersten Ausgabe, 1777 . . . 173
850, 851. — — Kupferstiche von Chodowiecki zu „Sebaldus Nothanker" . . . 173
852. Christoph Martin Wieland, Bildnis, gez. von Goethe, 1782 . . . 174
853. — — Bildnis, gem. von May, gest. von Bause, 1782 . . . 174
854. — — Bildnis, gem. von A. Graff, gest. von Bause, 1797 . . . 174
855. — — Bildnis, gem. von F. Jagemann, gest. von Fr. Wagner . . . 174
856, 857. — — Namensunterschriften . . . 174
858. — — Familienbild, gem. von G. M. Kraus, um 1776 . . . 175
859. — — „Agathon", Titel der ersten (?) Ausgabe, 1766 . . . 176
860. — — „Musarion", Titel der ersten Ausgabe, 1768 . . . 176
861. — — „Oberon", Titel der ersten Separatausgabe, 1780 . . . 176
862. — — „Oberon", Seite aus der Prachtausgabe . . . 176
863, 864. — — Illustrationen zu den „Abderiten", gez. von H. Ramberg, gest. von H. Lips und J. M. Schwarzer . . . 177
865. Johann Georg Hamann, Bildnis, rad. von H. Lips 1776 . . . 178
866. — — Namensunterschrift . . . 178
867. Johann Gottfried Herder, Bildnis, Kupferstich aus Lavater (1776) . . . 179
868. — — Bildnis, gem. von A. Graff, 1785, gest. von Sichling . . . 179
869. — — Namensunterschrift . . . 179
870. — — Bildnis seiner Frau Caroline, geb. Flachsland, nach einem Originalgemälde gez. von Th. Mauerhofer . . . 179
871. — — — Namensunterschrift derselben . . . 179
872. — — „Kritische Wälder" I., Titel der ersten Ausgabe, 1769 . . . 179
873. — — Bildnis, gem. von Kügelgen um 1794, gest. von Anderloni . . . 180
874. — — „Auszug aus einem Briefwechsel über Ossian", Titel, 1773 . . . 180
875. — — Seite 57 daraus . . . 180
876. — — „Volkslieder" I., Titel der ersten Ausgabe, 1778 . . . 181
877, 878. — — eigenhändiges Volkslied . . . 181
879. — — „Ideen zur Philosophie der Geschichte der Menschheit" I., Titel der ersten Ausgabe, 1784 . . . 181
880, 881. — — eigenhändige Gedichte . . . 181
882. — — „Der Cid", Titel der ersten Separatausgabe, 1806 . . . 182
883, 884. — — „Der Cid", eigenhändiger Titel und erste Seite . . . 182
885. — — Büste von A. Trippel, gez. von Th. Mauerhofer . . . 182
886. Johann Kaspar Lavater, Bildnis, Kreidezeichnung von Tischbein . . . 183
887, 888. — — Namensunterschrift und eigenhändige Verse . . . 183
889. — — eigenhändiges Gedicht . . . 183
890. Johann Heinrich Jung-Stilling, Bildnis, gez. von J. Glaubach, gest. von E. Kesse, 1789 . . . 183
891. — — Namensunterschrift . . . 183
892. — — „Heinrich Stillings Jugend", Titel der ersten Ausgabe, 1777 . . . 183
893. — — Titelkupfer von Chodowiecki zur Ausgabe von 1778 . . . 183
894. Jean Jacques Rousseau, Bildnis, gest. von J. B. Michel, 1761 . . . 184
895. — — Namensunterschrift . . . 184
896. Joh. Bernhard Basedow, Bildnis, gest. von Chodowiecki, 1774 . . . 184
897. — — Namensunterschrift . . . 184
898. Friedr. Maximilian von Klinger, Bildnis, gez. von Goethe, 1775 . . . 184
899. — — Namensunterschrift . . . 184
900, 901. — — „Sturm und Drang", Titel und erste Seite der ersten Ausgabe, 1776 . . . 184
902. Joh. Heinrich Merck, Bildnis, Kupfer aus Lavater, 1778 . . . 185
903. — — Namensunterschrift . . . 185
904. Joh. Mich. Reinhold Lenz, Bildnis, gez. von Pfenninger . . . 185
905. — — Namensunterschrift . . . 185
906. Heinr. Leop. Wagner, Bildnis, Silhouette . . . 185
907. — — Namensunterschrift . . . 185
908. Joh. Jac. Wilhelm Heinse, Bildnis, gest. von Heß . . . 185
909, 910. — — Namensunterschrift und eigenhändiges Gedicht . . . 185
911. Friedrich Müller (Maler Müller), Bildnis, rad. von L. Grimm, 1816 . . . 186
912. — — als Faun, Carricatur, gez. von Genelli . . . 186
913, 914. — — Namensunterschrift und eigenhändiger Vers . . . 186
915. Ch. Fr. D. Schubart, Bildnis, gem. von Oelenhainz, gest. von Morace . . . 186
916. — — Namensunterschrift . . . 186
917. „Almanach des muses", Titel des ersten Französischen, 1765 . . . 187
918. „Musenalmanach", Titel des ersten Deutschen, 1770 . . . 187
919. Heinrich Christian Boie, Bildnis, Silhouette von Henning, 1782 . . . 187
920, 921. — — Namensunterschrift und eigenhändiges Gedicht . . . 187
922. Ludwig Christoph Heinrich Hölty, Bildnis, gest. von Chodowiecki, 1778 . . . 187
923–925. — — Namensunterschrift und eigenhändiges Gedicht . . . 187
926. Friedrich Leopold Graf zu Stolberg, Jugendbildnis, anonyme Handzeichnung . . . 188
927. — — Bildnis aus späteren Jahren, gem. von J. C. Rincklake, gest. von J. G. von Müller . . . 188
928, 929. — — Namensunterschrift und Anfang eines eigenh. Gedichtes . . . 188
930. Christian Graf zu Stolberg, Jugendbildnis, anonyme Handzeichnung
931. — — Namensunterschrift . . . 188
932. Gottfried August Bürger, Bildnis, gem. von Fiorillo, gez. von Th. Mauerhofer . . . 189
933, 934. — — Namensunterschrift und Anfang eines eigenh. Gedichtes . . . 189
935–937. — — Illustrationen zu Bürger'schen Balladen, Kupfer von Chodowiecki . . . 189
938. Johann Heinrich Voß, Bildnis, gem. von Wilhelm Tischbein, lith. von W. Unger, 1826 . . . 190
939. — — Namensunterschrift . . . 190
940. — — „Homers Odüßee übersetzt", Titel der ersten Ausgabe, 1781 . . . 190
941–946. — — Illustrationen zu „Luise", gest. von Chodowiecki, 1798 . . . 190, 191
947. — — „Luise", Titel der ersten Ausgabe mit Kupfer von Kohl, nach Chodowiecki, 1784 . . . 191
948. — — aus der eigenhändigen Reinschrift der „Luise" . . . 191
949. Joh. Ant. Leisewitz, Bildnis, gez. von Ramberg, gest. von Uhlmann . . . 192
950. — — Namensunterschrift . . . 192
951. — — „Julius von Tarent", Titel der ersten Ausgabe, 1776 . . . 192
952. Johann Martin Miller, Wachsbildnis von Bücke, 1776 . . . 192
953. — — Namensunterschrift . . . 192
954. — — „Siegwart", I., Titel der ersten Ausgabe, 1776 . . . 192
955. Matthias Claudius, Bildnis, gem. von Leisching, lith. von O. Speckter . . . 193
956. — — Namensunterschrift . . . 193
957. Leop. Friedr. Günther von Goeckingk, Bildnis, gem. von Graff, gest. von Bause, 1797 . . . 193
958, 959. — — Namensunterschrift und eigenhändiges Gedicht . . . 193
960. Goethes Vater Joh. Kaspar, Bildnis, anonyme Zeichnung . . . 194
961. — — Namensunterschrift . . . 194
962. — — Mutter Kath. Elisabeth, geb. Textor, Bildnis, anonyme Zeichnung . . . 194
963. — — — Namensunterschrift . . . 194
964. Johann Wolfgang Goethe, Geburtshaus, Kupferstich . . . 194
965. — — Schwester Cornelia, Handzeichnung Goethes, 1773 . . . 194
966. — — Puppentheater der Geschwister, 1753, 1756 . . . 195
967. — — eigenhändige Namensunterschrift, 1757 . . . 195
968. — — eigenhändige Deutsche Übersetzung des Knaben, 1758 . . . 195
969. — — Bildnis, Silhouette, 1762 (?) . . . 195
970. — — angebliches Bildnis Gretchens (?), der Jugendfreundin (angebliche Tuschzeichnung Goethes) . . . 195
971. — — Käthchen Schönkopf, Bildnis, nach Lithographie . . . 196
972. — — Oesers Vorhang des Leipziger Stadttheaters, 1766, Holzschnitt nach Copie von Chr. Fr. Wiegand . . . 196
973. — — Friederike Oeser, Bildnis, gem. von ihrem Vater A. F. Oeser, rad. von Bause, 1777 . . . 196
974. — — — Namensunterschrift derselben . . . 196
975. — — erstes gedrucktes Gedicht (an Corona Schröter), 1767 . . . 196
976. — — aus eigenhändiger Handschrift der „Mitschuldigen", 1769 . . . 197
977. — — Susanna Kath. von Klettenberg, Bildnis, gem. von Verbold . . . 197
978. — — Friederike Brion, Namensunterschrift . . . 197
979. — — — Pfarrhaus in Sesenheim, Ölgemälde . . . 197
980. — — Bildnis, Ölgemälde, 1773 . . . 197
981. — — Charlotte Sophie Henr. Buff, Pastellbildnis . . . 198
982. — — — Bildnis, Silhouette . . . 198
983. — — — Namensunterschrift derselben . . . 198
984. — — Bildnis, Silhouette, 1774 . . . 198
985. — — Joh. Christian Kestner, Bildnis, Nachbildung einer Photographie von Oterr nach einem Ölgemälde . . . 198
986. — — — Namensunterschrift Kestners . . . 198
987. — — Carl Wilhelm Jerusalem, Knabenbildnis, Kreidezeichnung . . . 198
988. — — — Namensunterschrift Jerusalems . . . 198
989, 990. — — „Die Leiden des jungen Werthers", I., II., Titel der ersten Ausgabe, 1774 . . . 199
991. — — Nicolai, „Freuden des jungen Werthers", 1775, Titel . . . 199
992. — — (von Bretschneider) „Eine entsetzliche Mordgeschichte von dem jungen Werther", Titel, 1774 . . . 199
993, 994. — — Werther und Lotte, gez. von Chodowiecki, gest. von D. Berger, 1775 . . . 199

Verzeichnis der Abbildungen zur Geschichte der Deutschen Litteratur.

Seite

995 Goethe, „Götz von Berlichingen", Titel der ersten Ausgabe, 1773 . 200
996. — — „Clavigo", Titel der ersten Ausgabe, 1774 . 200
997. — — Lili (Anna Elisabeth Schönemann), Bildnis, nach einem Originalgemälde gez. von Th. Mayerhofer . 200
998. — — „Stella", Titel der ersten Ausgabe, 1776 . 200
999–1001 — — „Prometheus", eigenhändige Niederschrift, 1774 . 201
1002, 1003. — — Illustrationen zum „Clavigo" und zu „Erwin und Elmire", gez. von Chodowiecki, gest. von Berger, 1775 . 201
1004 — — Bildnis, Gipsmedaillon von Melchior, 1775 . 202
1005. — — Bildnis, gem. von G. M. Kraus, gest. von Chodowiecki, 1776 . 202
1006. — — Charlotte von Stein, Bildnis, Silhouette aus Lavater, 1783 . 203
1007. — — mit Fritz Stein, Silhouette aus Lavater, 1783 . 203
1008. — — Bildnis, gem. von G. L. May, 1779 . 203
1009. — — Charlotte von Stein, Selbstbildnis, gez. 1790 . 203
1010. — — — Namensunterschrift derselben . 203
1011. — — Bildnis, Silhouette um 1780 . 204
1012. — — Namensunterschrift . 204
1013, 1014. — — Maria Antonia Gräfin Branconi, Bildnis, Zeichnung von Gabr. Freisinger und Namensunterschrift . 204
1015, 1016. — — Jagdhäuschen auf dem Gickelhahn und „Wanderers Nachtlied", eigenhändig angeschrieben an eine der Bretterwände desselben, 1780 . 204
1017. — — Gartenhaus in Weimar, gez. von Otto Wagner, 1827, gest. von L. Schütze, mit Goethes eigenhändigen Versen, 1828 . 205
1018. — — Büste von Trippel, 1787 . 205
1019 — — Namensunterschrift, 1788 . 205
1020. — — „Iphigenie auf Tauris", Titel der ersten Ausgabe, 1787 . 205
1021. — — „Klärchens Lied" aus der eigenhändigen Handschrift des „Egmont" . 206
1022. — — „Egmont", Titel der ersten Ausgabe, 1788 . 206
1023. — — Christiane Vulpius, Ölgemälde von Raabe, 1810 . 206
1024 — — „Torquato Tasso", Titel der ersten Ausgabe, 1790 . 206
1025. — — „Faust. Ein Fragment", Titel der ersten Ausgabe, 1790 . 207
1026. — — „Metamorphose der Pflanze", Titel der ersten Ausgabe, 1790 . 207
1027. — — Wohnhaus in Weimar, gez. von Otto Wagner, 1827, gest. von L. Schütze, mit Goethes eigenhändigen Versen . 207
1028. — — Bildnis, Kreidezeichnung von J. H. Lips, 1791 . 208
1029. — — aus der eigenhändigen Xenienhandschrift, 1796 . 208
1030. — — „Herrmann und Dorothea", Titel der ersten Ausgabe, 1797 . 209
1031, 1032 — — — Illustrationen dazu, Kupfer von Chodowiecki . 209
1033, 1034. — — „Trost in Thränen", eigenhändige Niederschrift von 1803 . 209
1035 — — Bildnis, Ölgemälde von F. Jagemann, 1806 . 210
1036. — — Namensunterschrift . 210
1037. — — Minchen Herzlieb, Bildnis, gem. von L. Seidler, gez. von Th. Mayerhofer . 210
1038 — — „Die Wahlverwandtschaften", I., Titel der ersten Ausgabe, 1809 . 210
1039. — — Bettina von Arnim, Bildnis, rad. von L. Grimm, 1809 . 210
1040. — — — Namensunterschrift derselben . 210
1041 — — „Faust, eine Tragödie", Titel der ersten Ausgabe, 1808 . 211
1042. — — — aus der Valentinscene, eigenhändige Niederschrift, 1800 . 211
1043. — — „Aus meinem Leben", I., Titel der ersten Ausgabe, 1811 . 211
1044 — — Gesichtsmaske, angefertigt von K. G. Weißer, 1807 . 211
1045. — — Porträtmedaille von Schadow . 111
1046. — — Ulrike von Levetzow, Bildnis, Pastellgemälde . 212
1047, 1048. — — „Westöstlicher Divan", Drucktitel und Kupfertitel der ersten Ausgabe, 1819 . 212
1049. — — Marianne von Willemer, Bildnis, Miniaturgemälde von 1809, radiert von D. Raab, 1878 . 212
1050. — — — Namensunterschrift derselben . 212
1051. — — Bildnis, Zeichnung von F. Jagemann, 1817 . 212
1052 — — Namensunterschrift, 1819 . 212
1053 — — Büste von Ch. D. Rauch, 1820 . 213
1054 — — Büste von Ch. F. Tieck, 1820 . 213
1055. — — „Wilhelm Meisters Wanderjahre", I., Titel der ersten Ausgabe, 1821 . 213
1056 — — mit John in seinem Arbeitszimmer, gezchn. bei R. v. Waldheim, 1882, gem. von J. J. Schmeller, 1831 . 213
1057 — — Festschmuck des Stadthaussaales zu Weimar zum Jubiläum 1825, Kupferstich von C. Ermer, 1825 . 213
1058. — — Bildnis, von Sebbers, 1826, gez. von Th. Mayerhofer . 214
1059. — — Bildnis, Lithographie von Dan. Maclise, 1832 . 214
1060. — — eigenhändiges Stammbuchblatt (Gedicht), 1829 . 214
1061 — — Bildnis, Ölgemälde von J. K. Stieler, 1828 . 215
1062. — — „Faust. Eine Tragödie, Zweiter Theil", Titel der ersten Separatausgabe, 1833 . 215
1063. — — Bildnis, Kreidezeichnung von K. A. Schwerdgeburth, 1832 . 215
1064 — — Bildnis, im Tode, Zeichnung von Fr. Preller, 1832 . 215

Seite

1065. Johann Christoph Friedrich Schiller, Geburtshaus in Marbach . 216
1066, 1067 — — Vater Johann Kaspar und Mutter Elisabeth Dorothea, geb. Kodweis, Bildnisse, gem. von L. Simanowiz, 1793, gez. von Th. Mayerhofer . 216
1068. — — Schwester Elisabeth Christophine, gem. von derselben, gez. von demselben . 216
1069 — — Schwester Luise Dor. Kath., nach einem Kupferstich von W. Helmann, gez. von Th. Mayerhofer . 217
1070 — — Schwester Nanette (Karoline Christiane), nach einem Ölgemälde von L. Simanowiz, 1791, gez. von demselben . 217
1071, 1072 — — eigenhändiges Neujahrsgedicht, 1769 . 217
1073 — — Bildnis, Silhouette, 1772–1773 . 217
1074 — — Karl Eugen Herzog von Württemberg, Bildnis, gem. von C. J. Schlotterbeck, gest. von J. F. Leybold, 1782 . 218
1075. — — Franziska von Hohenheim, Bildnis, nach einem Pastellgemälde gestochen von A. Neumann . 218
1076–1080. — — Illustrationen zu den „Räubern", Kupfer von Chodowiecki, 1783 . 218
1081. — — „Die Räuber", Titel der ersten Ausgabe, 1781 . 219
1082. — — — Personenverzeichnis aus der Mannheimer Bühnenausgabe, 1782 . 219
1083, 1084 — — — Titel der beiden Löfflerschen Ausgaben, 1782 . 219
1085 — — Wolfgang Heribert von Dalberg, Bildnis, lith. von Schertle . 220
1086 — — — Namensunterschrift Dalbergs . 220
1087 — — das Mannheimer Nationaltheater, gez. von J. F. von Schlichten, gest. von Klauber, 1782 . 220
1088 — — „Anthologie", Titel der ersten Ausgabe, 1782 . 220
1089 — — Schillerhaus in Bauerbach, aus dem Schillerbuche 1859 . 220
1090 — — Henriette Freifrau von Wolzogen, Bildnis, anonymes Kupfer . 221
1091 — — Charlotte von Wolzogen, Bildnis, anonymes Kupfer . 221
1092 — — Wilhelm Fried. Herm. Reinwald, Bildnis, nach einer Aquarelle gez. von Th. Mayerhofer . 221
1093. — — — Namensunterschrift Reinwalds . 221
1094 — — „Die Verschwörung des Fiesko", Titel der ersten Ausgabe, 1783 . 221
1095 — — Margarethe Schwan, Bildnis, lith. nach Miniaturgemälde . 222
1096 — — „Kabale und Liebe", Titel der ersten Ausgabe, 1784 . 222
1097–1108 — — Illustrationen zu „Kabale und Liebe", Kupferstiche von Chodowiecki, 1784 . 222, 223
1109 — Charlotte von Kalb, Bildnis, gem. von J. Tischbein, 1785, gez. von Th. Mayerhofer . 223
1110. — — — Namensunterschrift derselben . 223
1111 — — Bildnis, gez. von Doris Stock, gest. von M. Schreuer . 223
1112 — — Namensunterschrift . 223
1113. — — „Rheinische Thalia", I., Titel, 1785 . 223
1114 — — Schillerhaus in Gohlis, aus dem Schillerbuche 1859 . 224
1115. — — Pavillon auf Körners Weinberg, gest. von Nemetschek, 1825 . 224
1116 — — Christian Gottfried Körner, Bildnis, gem. von A. Graff, gest. von L. Sichling . 224
1117 — — — Namensunterschrift Körners . 224
1118. — — Gustel von Blasewitz, Bildnis, Silhouette . 224
1119, 1120 — — Tuschzeichnungen Schillers, Karrikaturen auf Körner, 1786 . 224
1121. — — aus dem eigenhändigen Concepte zu „Don Carlos", 1784 . 225
1122 — — „Dom Karlos", Titel der ersten Ausgabe, 1787 . 225
1123. — — Bildnis, Ölgemälde von Reinhard (?), um 1785 . 225
1124 — — Louise Charlotte Antoinette von Lengefeld, Schillers Frau, Bildnis, Ölgemälde von L. Simanowiz . 226
1125 — — — Bildnis, Silhouette 1781 . 226
1126 — — — Namensunterschrift derselben . 226
1127. — — Caroline von Lengefeld, Schillers Schwägerin, Bildnis, nach einer Elfenbeinminiatur gez. von Th. Mayerhofer . 226
1128 — — — Namensunterschrift derselben . 226
1129 — — Garten bei Jena, gez. von F. Stark, gest. von G. Nemetschek, 1828 . 226
1130 — — Bildnis, gem. von A. Graff, 1786–1791, gest. von J. G. Müller, 1794 . 227
1131 — — Friedrich Christian Herzog von Schleswig, Bildnis, Ölgemälde von A. Graff (?) . 228
1132. — — — Namensunterschrift des Herzogs Friedrich . 228
1133 — — Ernst Heinrich Graf Schimmelmann, Bildnis, Ölgemälde von Baslien . 228
1134 — — — Namensunterschrift Schimmelmanns . 228
1135. — — Karl Theodor von Dalberg, Bildnis, gest. von P. Berger, 1790 . 228
1136. — — — Namensunterschrift Dalbergs . 228
1137. — — „Historischer Calender für Damen", Titel, 1791 . 228
1138 — — Titelkupfer dazu, gez. von H. Lips, gest. von Geyser . 228
1139 — — Illustration daraus, gez. von Chodowiecki, gest. von J. Nagel . 228
1140. — — Büste von Dannecker, 1794, gez. von Th. Mayerhofer . 229

Verzeichnis der Abbildungen zur Geschichte der Deutschen Litteratur.

Seite

1111. **Schiller**, Bildnis, gem. von L. Simanowiz, 1794, gest. von Steinla . 229
1112. — — Bildnis, Silhouette, um 1795 . 230
1113. — — „Die Horen", I., Titel, 1795 . 230
1114. — — aus der eigenhändigen Xenienhandschrift, 1796 . 230
1115. — — „Wallenstein", I., Titel der ersten Ausgabe, 1800 . 231
1116. — — „Maria Stuart", Titel der ersten Ausgabe, 1801 . 231
1117. — — „Musen-Almanach für 1798", Titel . 231
1118. — — Schillers Haus in Weimar, gez. von F. Stark, 1828, gest. von G. Remetschek . 231
1119. — — „Die Jungfrau von Orleans", Titel der ersten Ausgabe, 1802 . 232
1150. — — Seite aus dem eigenhändigen Entwurfe der „Malteser", 1803 . 232
1151. — — „Hero und Leander", Anfang der eigenhändigen Reinschrift . 232
1152–1156. — — „Berglied", eigenhändige Niederschrift, 1804 . 233
1157. — — Familienbild, gez. von Franz Catel, gest. von F. Bolt, 1797 . 234
1158. — — „Die Braut von Messina", Titel der ersten Ausgabe, 1803 . 234
1159. — — „Wilhelm Tell", eigenhändiges Lied, aus dem Weimarer Inspectionsbuche, 1804 . 234
1160, 1161. — — Stücke aus der eigenhändigen Handschrift des „Tell" . 234
1162. — — „Wilhelm Tell", Titel der ersten Ausgabe, 1804 . 235
1163. — — aus der eigenhändigen Handschrift der „Phaedra", 1804 . 235
1164. — — **Emilie Schiller**, vermählte Freifrau von Gleichen-Rußwurm, nach einer Originalphotographie gez. von Th. Mayerhofer . 235
1165. — — — Namensunterschrift derselben . 235
1166. — — Bildnis, auf dem Todtenbette, Kreidezeichnung von F. Jagemann, 1805 . 236
1167–1169. — — Begräbnisstätten: 1. Kassengewölbe, 2. Grundriß der Fürstengruft, 3. Ansicht des Friedhofs mit der Fürstengruft, gest. von G. Remetschek, gez. von C. Stark, 1828 . 236
1170. Gesellschaft bei der Herzogin Amalia, Aquarelle von Kraus, um 1795 . 237
1171. Herzogin **Anna Amalia** von Weimar, Bildnis, nach einem Pastellgemälde gez. von Th. Mayerhofer . 238
1172. — — Namensunterschrift . 238
1173. Herzog **Karl August** von Weimar, Bildnis, Zeichnung von J. H. Lips . 238
1174. — — nach Gemälde von Bernal, 1817, gez. von Th. Mayerhofer . 238
1175. — — Namensunterschrift . 239
1176. Herzogin **Luise** von Weimar, Büste . 238
1177. — — Namensunterschrift . 238
1178. **Karl Ludwig von Knebel**, gez. von J. Roux, lith. von C. F. Müller . 239
1179. — — Namensunterschrift . 239
1180. **Friedr. Hildebrand Freiherr von Einsiedel**, nach Ölgemälde gez. von Th. Mayerhofer . 239
1181. — — Namensunterschrift . 239
1182. **Joh. Karl August Musäus**, gest. von J. H. Lips . 239
1183. — — Namensunterschrift . 239
1184. **Joh. Joach. Christoph Bode**, Kupferstich (von John?) . 239
1185. — — Namensunterschrift . 239
1186. **Fried. Karoline Neuberin**, gem. von Hausmann, lith. von Lödel . 240
1187. — — Namensunterschrift . 240
1188. **Hans Konrad Dietr. Ekhof**, gem. von A. Graff, gest. von F. Müller . 240
1189. — — Namensunterschrift . 240
1190. **Corona El. Wilh. Schröter**, gem. von A. Graff, gez. von Th. Mayerhofer . 240
1191. — — **Friedr. Ulr. Ludwig Schröder**, Bildnis, gez. von Eckert, gest. von Mansfeld . 240
1192. — — Namensunterschrift . 240
1193. **August Wilhelm Iffland**, gez. von M. Klotz, gest. von A. Karcher, 1795 . 241
1194. — — Namensunterschrift . 241
1195–1197. — — Illustrationen zu den „Jägern", Kupfer von Chodowiecki, 1787 . 241
1198. **August Friedr. Ferd. von Kotzebue**, gem. von Fr. Tischbein, gest. von J. P. Bittheuser, 1809 . 241
1199. — — Namensunterschrift . 241
1200. **Joachim Heinrich Campe**, Bildnis, gem. von J. H. Schröder, gest. von F. Müller . 242
1201. — — Namensunterschrift . 242
1202. — — „Robinson der Jüngere", Titel der ersten Ausgabe, 1779 . 242
1203. **Christian Felix Weiße**, Bildnis, gem. von A. Graff, gest. von Bause, 1771 . 242
1204. — — Namensunterschrift . 242
1205. — — Illustration zu dem Schauspiele: „Ehrlich währt am längsten", Kupfer von Chodowiecki, 1784 . 242
1206. **Joh. Georg Sulzer**, Bildnis, gem. von A. Graff, gest. von Bause, 1773 . 243
1207. — — Namensunterschrift . 243
1208. **Friedrich Heinrich Jacobi**, anonymes Kupfer nach Zeichnung von Hemsterhuis, 1781 . 243
1209. — — Namensunterschrift . 243
1210. **Johann Jakob Engel**, Bildnis, Kupfer von Chodowiecki, 1779 . 243
1211. — — Namensunterschrift . 243
1212. **Christian Garve**, gem. von A. Graff, gest. von Geyser . 243
1213. — — Namensunterschrift . 243
1214. **Immanuel Kant**, gez. von H. Schnorr von Karolsfeld, 1789, lith. 1824 . 244
1215. **Immanuel Kant**, Namensunterschrift . 244
1216. — — „Critik der reinen Vernunft", Titel der ersten Ausgabe, 1781 . 244
1217. — — aus der eigenhändigen Niederschrift der Abhandlung „Zum ewigen Frieden" . 244
1218. **Heinrich Pestalozzi**, gez. von Diogg . 245
1219. — — Namensunterschrift . 245
1220. — — Illustration, Kupfer von Chodowiecki, zu „Lienhard und Gertrud", 1783 . 245
1221. **Wilhelm von Humboldt**, gez. von Fr. Krüger, gest. von E. Eichens . 245
1222. — — Namensunterschrift . 245
1223. **Johann Gottlieb Christian Fichte**, gez. von Bury, gest. von A. Schultheiß . 245
1224. — — Namensunterschrift . 245
1225. **Friedr. Wilh. Joseph Schelling**, Bildnis, gem. von J. Stieler, lith. von C. Mittag, 1842 . 246
1226. — — Namensunterschrift . 246
1227. **Friedrich Ernst Dan. Schleiermacher**, Bildnis, gez. von Fr. Krüger, lith. von Gentili . 246
1228. — — Namensunterschrift . 246
1229. **Karoline Schelling**, gest. von A. Weger . 246
1230. — — Namensunterschrift . 246
1231. **Ludwig Timotheus Freiherr von Spittler**, Bildnis, Handzeichnung von Pfenninger . 247
1232. — — Namensunterschrift . 247
1233. **Joh. Wilh. von Archenholz**, Bildnis, gez. von Graff, gest. von Geyser . 247
1234. — — Namensunterschrift . 247
1235. **Joh. von Müller**, Bildnis, gez. von Heinzinger, rad. von Pfeiffer, 1802 . 247
1236. — — Namensunterschrift . 247
1237. **Justus Möser**, Bildnis, nach einem Schabkunstblatt von J. G. Huck gez. von Th. Mayerhofer . 247
1238. — — Namensunterschrift . 247
1239. **Johann Timotheus Hermes**, Bildnis, Kupfer aus Lavater, 1777 . 248
1240. — — Namensunterschrift . 248
1241, 1242. — — Illustrationen zu „Sophiens Reise von Memel nach Sachsen", Kupfer von Chodowiecki, 1778 . 248
1243. **Adolf Freiherr von Knigge**, Bildnis, Kupfer von W. Arndt . 248
1244. — — Namensunterschrift . 248
1245. — — Illustration, Holzschnitt zu „Journal aus Urfstädt", 1786 . 248
1246. **Theodor Gottlieb von Hippel**, Bildnis, Kupfer von F. Bolt, 1802 . 248
1247. — — Namensunterschrift . 248
1248–1250. — — Illustrationen zum Buche „Über die Ehe" und zu den „Lebensläufen", Kupfer von Chodowiecki . 249
1251. **Moriz Aug. von Thümmel**, Bildnis, gem. von A. Graff, gest. von Gottschick . 249
1252. **Marie Sophie la Roche**, Bildnis, Kupfer von C. Schule, 1787 . 249
1253. **C. Heinrich Spieß**, Namensunterschrift . 250
1254. — — Illustration zu den „Selbstmördern", 1785, Kupfer von G. Berke . 250
1255. **Christian August Vulpius**, nach Original-Ölgemälde gez. von Th. Mayerhofer . 250
1256. — — Namensunterschrift . 250
1257. **Forster**, Vater und Sohn, Medaillonbild geätzt von D. Berger, 1782 . 251
1258, 1259. — — deren Namensunterschriften . 250
1260. **Joh. Kos. Michael Denis**, Bildnis, gem. von C. Caspar, 1780, gest. von C. Kohl, 1782 . 251
1261. — — Namensunterschrift . 251
1262. **Heinr. Wilhelm von Gerstenberg**, Bildnis, Kupfer von Schreyer . 251
1263. — — Namensunterschrift . 251
1264. **Karl Friedrich Kretschmann**, Bildnis, Kupfer von F. Bolt, 1804 . 251
1265. — — Namensunterschrift . 251
1266. **Joh. Aloisius Blumauer**, Stammbuchblatt mit Silhouette, eigenhändigem Verse und Namensunterschrift, 1782 . 251
1267, 1268. — — Illustr. zu: „Aeneis", Kupfer von Chodowiecki, 1789 . 251
1269. **Abraham Gotthelf Kästner**, Bildnis, gez. und gest. von J. G. Tischbein jun., 1771 . 252
1270. — — Namensunterschrift . 252
1271. **Georg Christoph Lichtenberg**, Bildnis, gez. und gest. von H. Schwenterley, 1791 . 252
1272. — — Namensunterschrift . 252
1273. **Karl Arnold Kortum**, Bildnis, gez. von Korf, gest. von Endner . 252
1274. — — Namensunterschrift . 252
1275, 1276. — — „Jobsiade", Titel und Seite der ersten Ausgabe, 1784 . 252
1277. **Johann Gottfried Seume**, Bildnis, gez. von Veit Schnorr von Karolsfeld, gest. von Schwerdgeburth . 253
1278. — — Namensunterschrift . 253
1279. **Konrad Gottlieb Pfeffel**, Bildnis, gez. von Karoff, gest. von Autenrieth, 1805 . 253
1280. — — Namensunterschrift . 253
1281. **Joh. Mart. Usteri**, Bildnis, gez. von H. Meyer, lith. von J. Brodtmann . 253
1282. — — Namensunterschrift . 253
1283. **Jens Immanuel Baggesen**, Bildnis, Kupfer von Lahde . 253
1284. — — Namensunterschrift . 253

Verzeichnis der Abbildungen zur Geschichte der Deutschen Litteratur.

Seite

1285. **Friedrich Hölderlin**, Bildnis, gez. von Hiemer, 1792, gest. von L. Keller 254
1286. — — Namensunterschrift . . . 254
1287. — — „Hyperion“, 1. Titel der ersten Ausgabe, 1797 . . . 254
1288, 1289. — — „Mainzerjubel“, eigenhändiges Gedicht, 1788 . . . 254
1290. **Friedrich von Matthisson**, Bildnis, gem. von Tischbein, gest. von W. Arndt, 1798 . . . 255
1291, 1292. — — Namensunterschrift und Anfang eines eigenh. Gedichtes 255
1293. **Johann Gaudenz Gubert Freiherr von Salis-Seewis**, Bildnis, gez. und lith. von Brodtmann . . . 255
1294. — — Namensunterschrift . . . 255
1295. **Friedrich Wilhelm August Schmidt** (von Werneuchen), Bildnis, nach einem Ölgemälde gez. von Th. Meyerhofer . . . 255
1296. **Friedr. Wilh. August Schmidt** v. Werneuchen, Namensunterschrift 255
1297. **Christoph August Tiedge**, Bildnis, gem. von Fr. Weitsch, gest. von Gottschick . . . 256
1298, 1299. — — Namensunterschrift und eigenhändiges Gedicht . . . 256
1300. **Elise von der Recke**, Bildnis, gem. von J. Tardes, 1781, gest. von C. W. Bock . . . 256
1301. — — Namensunterschrift . . . 256
1302. **Johann Christoph Friedrich Haug**, Bildnis, Basrelief von Dannecker, gest. von A. Duttenhofer . . . 256
1303, 1304. — — Namensunterschrift und eigenhändiges Epigramm 256
1305. **Rudolf Zacharias Becker**, gem. von J. Tischbein, gest. von Schwitterbeck 257
1306. — — Namensunterschrift . . . 257
1307. **Georg Joachim Göschen**, Bildnis, Lithographie nach J. Gebricher . 257
1308. — — Namensunterschrift . . . 257
1309. **Friedrich Christoph Perthes**, Bildnis, gez. von O. Speckter, gest. von J. Thaeter . . . 257
1310. **Johann Friedrich Cotta**, Bildnis, anonyme Lithographie . . . 257
1311. **Johann Peter Hebel**, Bildnis, gez. und gest. von Fr. Müller . . . 258
1312. — — Namensunterschrift . . . 258
1313. — — Anfang des eigenhändigen alemannischen Gedichtes „Der Nachtwächter“, 1808 . . . 258
1314. **Jean Paul Friedrich Richter**, Bildnis, Kreidezeichnung von E. Forster 258
1315. — — Namensunterschrift . . . 258
1316. **Adolf Friedrich Krummacher**, Bildnis, anonymer Kupferstich, 1810 259
1317. — — Namensunterschrift . . . 259
1318. **Heinrich Joseph von Collin**, Bildnis, gem. von Lange, gest. von John 259
1319. — — Namensunterschrift . . . 259
1320. **Christian Franz Ernst Joseph Graf von Bentzel-Sternau**, Bildnis, gem. von A. Graff, 1793, gest. von Nordheim . . . 259
1321. — — Namensunterschrift . . . 259
1322. **Karl Julius Weber**, Bildnis, gez. von Mena 1811, gest. von G. Teis, umgez. von Th. Mayerhofer . . . 259
1323. — — Namensunterschrift . . . 259
1324. **August Wilhelm von Schlegel**, Bildnis, gem. von Hohneck, gest. von E. Genzenbach . . . 260
1325. — — Namensunterschrift . . . 260
1326. — — Seite aus der eigenhändigen Shakespeare-Übersetzung . . . 260
1327. **Friedrich von Schlegel**, Namensunterschrift . . . 261
1328. — — Bildnis, gez. von A. von Battler, gest. von J. Axmann 261
1329. **G. Ph. Friedrich von Hardenberg (Novalis)**, Bildnis, gest. von E. Eichens, 1845 . . . 261
1330. **J. Ludwig Tieck**, Bildnis, gem. von C. Vogel, gest. von E. Eichens 261
1331. — — Namensunterschrift . . . 261
1332. **B. Heinrich W. von Kleist**, Bildnis, nach einem Miniaturbildnisse gest. von H. Sagert, 1848 . . . 261
1333. — — Namensunterschrift . . . 261
1334. **L. Joachim von Arnim**, Bildnis, gem. von C. H. Ströhling, gest. von C. Funke, 1837 . . . 262
1335. — — Namensunterschrift . . . 262
1336. **Ernst Fr. K. Schulze**, Bildnis, gez. von Osth, gest. von Coupé . . . 262
1337. — — Namensunterschrift . . . 262
1338. **Friedrich Baron de la Motte Fouqué**, Bildnis, gem. von W. Hensel, 1818, gest. von Fr. Fleischmann . . . 262
1339. — — Namensunterschrift . . . 262
1340. **Clemens Brentano**, Bildnis, rad. von L. Grimm, 1837 . . . 262
1341. — — Namensunterschrift . . . 262
1342. **Josef Freiherr von Eichendorff**, Bildnis, nach Originalphotographie einer Zeichnung umgezeichnet von Th. Mayerhofer . . . 263
1343. — — Namensunterschrift . . . 263
1344. **E. Th. Amadeus Hoffmann**, Bildnis, von W. Hensel, gest. von Passini 263
1345. — — und Devrient am Weintische, Federzeichnung von Hoffmann 263
1346. — — Namensunterschrift . . . 263
1347. **Zacharias Werner**, Bildnis, rad. von J. Ender . . . 263
1348. — — Namensunterschrift . . . 263
1349. **Adolf Müllner**, Bildnis, lith. bei R. Weber . . . 263
1350. — — Namensunterschrift . . . 263
1351. **Adam Oehlenschläger**, Bildnis, gem. von J. V. Gertner 1840, lith. von J. W. Tegner . . . 264
1352. **Ernst Freiherr von Houwald**, Bildnis, lith. von Krüger . . . 264
1353. — — Namensunterschrift . . . 264
1354. **Christian Grabbe**, Bildnis, gez. von W. Pero, gest. von W. Severin 264
1355. — — Namensunterschrift . . . 264
1356. **Ernst Raupach**, Bildnis, Holzschnitt . . . 265
1357. — — Namensunterschrift . . . 265
1358. **Amalie Heiter**, Bildnis (Amalie Herzogin zu Sachsen), anonymer Kupferstich . . . 265
1359. **Michael Beer**, Bildnis, Lithographie von Hanfstängl . . . 265
1360. — — Namensunterschrift . . . 265
1361. **Louis Angely** als Maurerpolier Kluck, lith. bei Sachse, umgez. von Th. Mayerhofer . . . 265
1362. — — Namensunterschrift . . . 265
1363. **Theodor Körner**, Bildnis, Kreidezeichnung von Emma Körner, umgez. von Th. Mayerhofer . . . 266
1364. — — Bildnis im Tode, nach jetzt verschollenem Originale von Fr. von Olivier, 1813, gez. von Professor Tonner . . . 266
1365. — — Geburtshaus, anonyme Lithographie . . . 266
1366. — — Theodor Körners Braut **Antonie Adamberger**, Bildnis, gest. von Weger nach einem Pastellgemälde . . . 266
1367. — — eigenhändiges Gedicht . . . 267
1368. — — „Leier und Schwert“, Titel der ersten Ausgabe 1814 . 267
1369. **Max von Schenkendorf**, Bildnis, anonymer Stahlstich . . . 267
1370. — — Namensunterschrift . . . 267
1371. **Ernst Moritz Arndt**, Bildnis, gest. von J. H. Lips . . . 268
1372–1375. — — 2 Namensunterschriften und eigenhändiges Gedicht 268
1376. — — Bildnis, lith. von G. Engelbach . . . 268
1377. **Heinrich Steffens**, Bildnis, gez. von Fr. Krüger, lith. von Jentzen 269
1378. **Heinrich Zschokke**, gez. von J. Kopp 1825, gest. von M. Ehlinger 269
1379. — — Namensunterschrift . . . 269
1380. **H. Clauren** (K. G. S. Heun), Bildnis, anonyme Lithographie . . . 269
1381. — — Namensunterschrift . . . 269
1382. **Christoph von Schmid**, Bildnis, lith. von M. Fertsche 1847 . . . 269
1383. **Wilhelm Hegel**, Bildnis, gem. von Xeller, gest. von Bollinger 270
1384. — — Namensunterschrift . . . 270
1385. **Friedrich Herbart**, Bildnis, gez. von C. H. Steffens, gest. von B. Geyer, 1850 . . . 270
1386. — — Namensunterschrift . . . 270
1387. **Arthur Schopenhauer**, Bildnis, rad. von W. Lämmel . . . 270
1388. — — Namensunterschrift . . . 270
1389. **David Friedrich Strauß**, Bildnis, lith. von Rohrbach nach Photographie 270
1390. — — Namensunterschrift . . . 270
1391. **Friedrich Christoph Schlosser**, Bildnis, gem. von Oberlen, gez. von D. Baumgärtner, lith. von H. Eichens . . . 271
1392. — — Namensunterschrift . . . 271
1393. **Barthold Georg Niebuhr**, gez. von J. Schnorr von Carolsfeld, 1821, gest. von Reidenweigh, 1831 . . . 271
1394. — — Namensunterschrift . . . 271
1395. **Friedrich Christian Dahlmann**, Bildnis, nach einer Originalphotographie gez. von Th. Mayerhofer . . . 271
1396. — — Namensunterschrift . . . 271
1397. **Karl Ritter**, Bildnis, nach einer Photographie gest. von J. Thaeter . 271
1398. — — Namensunterschrift . . . 271
1399. **Friedrich Rückert**, Bildnis, Kreidezeichnung von Barth . . . 272
1400, 1401. — — eigenhändige Gedichte . . . 272
1402. — — Bildnis, gem. von Bertha Froriep, 1864 . . . 273
1403–1405. — — Namensunterschrift und eigenhändige Gedichte . . . 273
1406. **Graf August von Platen**, Bildnis, Stahlstich von C. Barth . . . 274
1407, 1408. — — Namensunterschrift und eigenhändiges Gedicht, 1821 274
1409. König **Ludwig I.** von Bayern, Bildnis, gem. von J. Stieler, gest. von F. Fortner . . . 274
1410. — — Namensunterschrift . . . 274
1411. **Karl Immermann**, Bildnis, gem. von Th. Hildebrandt, 1830, gest. von J. Keller . . . 275
1412, 1413. — — Namensunterschrift und eigenhändiges Gedicht, 1832 275
1414. **Wilhelm Müller**, Bildnis, gem. von Hensel . . . 275
1415, 1416. — — Namensunterschrift und eigenhändiges Gedicht . . . 275
1417. **Adalbert von Chamisso**, Bildnis, gez. von Reichel, lith. von Oldermann 276
1418–1420. — — Namensunterschrift und eigenhändiges Gedicht . . . 276
1421. **Franz Freiherr von Gaudy**, Bildnis, gem. von D. Kretschmer, 1830, lith. von Rohrbach . . . 277
1422. — — Namensunterschrift . . . 277
1423. **Franz Kugler**, Bildnis, gez. von A. Menzel, gest. von E. Mandel . 277
1424. — — Namensunterschrift . . . 277
1425. **Robert Reinick**, Bildnis, gez. und rad. von Fr. Kugler, 1828 . . . 277
1426. — — Namensunterschrift . . . 277
1427. **August Kopisch**, Bildnis, nach Orig. Bild. gez. von Th. Mayerhofer 277
1428. — — Namensunterschrift . . . 277
1429. **Ludwig Uhland**, Bildnis, gem. von Morff, 1818, gest. von J. Mandel 278
1430. — — Bildnis, rad. von C. Schuler . . . 278

Verzeichnis der Abbildungen zur Geschichte der Deutschen Litteratur.

Seite

1431–1433. **Ludwig Uhland**, Namensunterschrift und eigenhändiges Gedicht 278
1434. **Justinus Kerner**, Bildnis, gez. und gest. von A. Duttenhofer 279
1435–1437. — — Namensunterschrift und eigenhändige Gedichte 279
1438. **Karl Mayer**, Bildnis, nach Originalphotographie gez. von Th. Mayerhofer 279
1439. — — Namensunterschrift 279
1440. **Wilhelm Hauff**, Bildnis, Originalkreidezeichnung 280
1441, 1442. — — eigenhändiges Stammbuchblatt, 1821 280
1443. **Gustav Schwab**, Bildnis, lith. von C. Pfann, 1850 280
1444. — — Namensunterschrift 280
1445. **Albert Knapp**, Bildnis, nach Originalphotographie gez. von Th. Mayerhofer 280
1446. — — Namensunterschrift 280
1447. **Eduard Mörike**, Bildnis, nach Originalphotographie gez. von Th. Mayerhofer 281
1448, 1449. — — Namensunterschrift und eigenhändiges Gedicht, 1828 281
1450. **Ottilie Luise Wildermuth**, Bildnis, nach Originalphotographie gez. von Th. Mayerhofer 281
1451, 1452. — — Namensunterschrift und eigenhändiges Gedicht 281
1453. **Franz Grillparzer**, Bildnis, gez. und lith. von Kriehuber, 1841 282
1454. — — Namensunterschrift 282
1455. **Josef Christian Freiherr von Zedlitz**, Bildnis, lith. von Kriehuber, 1840 282
1456. — — Namensunterschrift 282
1457. **Anastasius Grün** (Anton Graf Auersperg), Bildnis, lith. von Kriehuber, 1842 282
1458–1460. — — Namensunterschrift und eigenhändiges Gedicht 282
1461. **Johann Gabriel Seidl**, Bildnis, gez. von M. Greilhofer, gest. von C. Kotterba 283
1462–1464. — — Namensunterschrift und eigenhändiges Gedicht 283
1465. **Nikolaus Lenau**, Bildnis, gez. und lith. von Kriehuber, 1841 283
1466. — — Namensunterschrift 283
1467. **Ignaz Friedrich Castelli**, Bildnis, gez. und lith. von Kriehuber, 1842 284
1468. — — Namensunterschrift 284
1469. **Johann Nepomuk Vogl**, Bildnis, gez. von Strixner, gest. von C. Kotterba 284
1470. — — Namensunterschrift 284
1471. **Karl Herloßsohn**, Bildnis, gez. von A. Richter, gest. von W. C. Wrankmore, 1849, umgez. von Th. Mayerhofer 284
1472. — — Namensunterschrift 284
1473. **Ernst Freiherr von Feuchtersleben**, Bildnis, gez. von J. Danhauser, gest. von F. Stöber, 1840 284
1474. — — Namensunterschrift 284
1475. **Johann Nepomuk Nestroy**, Bildnis, gez. und lith. von Kriehuber 285
1476. — — Namensunterschrift 285
1477. **Ferdinand Raimund**, Bildnis, gez. und lith. von Kriehuber, 1829 285
1478. — — Namensunterschrift 285
1479. **Johann Ladislaus Pyrker**, Bildnis, lith. von Kriehuber, 1834 285
1480. — — Namensunterschrift 285
1481. **Friedrich Halm** (Eligius Franz Joseph Freiherr von Münch-Bellinghausen), Bildnis, gez. von J. Danhauser, gest. von F. Stöber, 1840 285
1482, 1483. — — Namensunterschriften 285
1484. **Heinrich Heine**, Bildnis, rad. von L. Grimm, 1827 286
1485. — — Bildnis, gem. von M. Oppenheim, 1831, lith. von Vogel 286
1486. — — Bildnis, Medaillon von David d'Angers, 1851 286
1487–1490. — — Namensunterschrift und die Gedichte „Tragödie", eigenhändig 286
1491. **Ludwig Börne**, Bildnis, gem. von M. Oppenheim, lith. von F. C. Vogel 287
1492. — — Namensunterschrift 287
1493. **Moritz Saphir**, Bildnis, Federzeichnung von Fr. Kaiser 287
1494. — — Namensunterschrift 287
1495. **Karl Gutzkow**, Bildnis, gez. von Lautenschütz, gest. von A. Weger 287
1496. — — Bildnis, Holzschnitt nach Originalphotographie 287
1497. — — Namensunterschrift 287
1498. **Heinrich Laube**, Bildnis, gez. und lith. von Kriehuber, 1848 288
1499. — — Bildnis, nach Originalphotographie umgez. von Th. Mayerhofer 288
1500. **Georg Herwegh**, Bildnis, gem. von C. Hitz, gest. von C. Gonzenbach 288
1501. — — Bildnis, Holzschnitt von A. Neumann nach einer Originalphotographie 288
1502. — — Namensunterschrift 288
1503. **August Heinrich Hoffmann** (von Fallersleben), eigenhändiges Gedicht 289
1504. **Franz Ferdinand Freiherr von Dingelstedt**, Bildnis, nach Originalphotographie gez. von Th. Mayerhofer 289
1505. — — Namensunterschrift 289
1506. **Robert Ed. Prutz**, Bildnis, gez. von A. Richter, gest. von L. Sichling 289
1507. — — Bildnis, nach Originalphotographie gez. von Th. Mayerhofer 289
1508. — — Namensunterschrift 289
1509. **Joh. Gottfried Kinkel**, Bildnis, Holzschnitt nach Originalphotographie 290
1510, 1511. — — Namensunterschrift und eigenhändiges Gedicht 290
1512. **Ferdinand Freiligrath**, Bildnis, anonyme Lithographie 290
1513. — — Bildnis, nach Originalphotographie gez. von Th. Mayerhofer 290
1514, 1515. — — Namensunterschrift und eigenhändiger Vers, 1844 290, 291
1516. **Moritz Hartmann**, Bildnis, Holzschnitt nach Originalphotographie, 1872 291
1517. — — Namensunterschrift 291
1518. **Alfred Ed. Genst von Meißner**, Bildnis, nach Originalphotographie gez. von Th. Mayerhofer 291
1519. — — Namensunterschrift 291
1520. **Friedrich A. G. W. von Sallet**, Bildnis, Lithographie nach Zeichnung von Raich 292
1521, 1522. — — Namensunterschrift und eigenhändiges Gedicht, 1835 292
1523. **G. Leopold J. Schefer**, Bildnis, nach Originalphotographie gez. von Th. Mayerhofer 292
1524. — — Namensunterschrift 292
1525. **Joh. K. Philipp Spitta**, Bildnis, anonymer Stahlstich 292
1526. — — Namensunterschrift 292
1527. König **Johann** von Sachsen, Bildnis, phot. von Albert, gestoch. von Bürkner 293
1528. — — Namensunterschrift 293
1529. — — Anfang der eigenhändigen Dante-Übersetzung 293
1530. **Annette von Droste-Hülshoff**, Bildnis, nach einem Originalölgemälde gez. von Th. Mayerhofer 293
1531. — — Namensunterschrift 293
1532. **Karl von Holtei**, Bildnis, nach Ölgemälde von C. Kretzer gez. von Th. Mayerhofer 294
1533, 1534. — — Namensunterschrift und eigenhändiges Gedicht 294
1535. **Julius Aug. Mosen**, Bildnis, gem. von K. J. Bähr, 1838, lith. von Hanfstängl 294
1536, 1537. — — Namensunterschrift und eigenhändiger Vers 294
1538. **Chr. Friedrich Hebbel**, Bildnis, Holzschnitt aus Westermanns Illust. Monatsheften, 1860 295
1539. — — Namensunterschrift 295
1540. **Otto Ludwig**, Bildnis, gez. und rad. von Th. Langer, 1841 295
1541. — — Namensunterschrift 295
1542. **Roderich Jos. Benedix**, Bildnis, Lithographie nach einer Zeichnung von C. A. Zoegen, 1852 295
1543. — — Namensunterschrift 295
1544. **Salomon Herm. Ritter von Mosenthal**, Bildnis, gez. von Kriehuber, 1850, gest. von J. Axmann 295
1545. — — Namensunterschrift 295
1546. **Gotthilf Heinrich von Schubert**, Bildnis, gez. von Schnorr, lith. von Schreiner 296
1547. — — Namensunterschrift 296
1548. **Fr. Wilh. Heinr. Alexander von Humboldt**, Bildnis, gem. von C. Gaggiotti-Richards, gest. von P. Habelmann 296
1549. — — Namensunterschrift 296
1550. **Justus von Liebig**, Bildnis, Holzschnitt nach Originalphotographie 296
1551. — — Namensunterschrift 296
1552. **Jeremias Gotthelf** (Albert Bitzius), Bildnis, gem. von Dietler, gest. von Gonzenbach 297
1553. — — Namensunterschrift 297
1554. **Hans Christian Andersen**, Bildnis, Kupfer nach Lautenschap 297
1555. — — Namensunterschrift 297
1556. **Berthold Auerbach**, Bildnis, Kupfer nach Skizze von F. Pecht, 1844 297
1557. — — nach einer Originalphotographie gez. von Th. Mayerhofer 297
1558. — — Namensunterschrift 297
1559. **Ida Gräfin Hahn-Hahn**, Bildnis, gez. von Frl. von Meyern-Hohenberg, gest. von A. Teichel 298
1560. — — Bildnis, Holzschnitt nach Originalphotographie 298
1561. — — Namensunterschrift 298
1562. **Marie von Nathusius**, Bildnis, nach Originalphotographie gez. von Th. Mayerhofer 298
1563. **Adalbert Stifter**, Bildnis, gem. von B. Szekely, gest. von J. Axmann, 1863 298
1564. — — Namensunterschrift 298
1565. **Alban Stolz**, Bildnis, Originalphotographie 298
1566. — — Namensunterschrift 298
1567. **W. O. von Horn** (Wilhelm Oertel), Bildnis, Stahlstich bei G. Manz 298
1568. — — Namensunterschrift 298
1569. **Andreas Franz Edmund Höfer**, Bildnis, Holzschnitt nach Originalphotographie 299
1570. — — Namensunterschrift 299
1571. **Willibald Alexis** (W. Häring), Bildnis, Holzschnitt nach Orig.-Phot. 299
1572. — — Namensunterschrift 299

Verzeichnis der Abbildungen zur Geschichte der Deutschen Litteratur.

Seite

1573. **Friedrich W. Ch. Gerstäcker**, Bildnis, Stahlstich von Weger und Singer . . 299
1574. — — Namensunterschrift 299
1575. **Fr. Wilhelm von Hackländer**, Bildnis, nach Originalphotographie gez. von Th. Mayerhofer 299
1576. — — Namensunterschrift 299
1577. **Melchior Meyr**, Bildnis, nach Originalphotographie gez. von Th. Mayerhofer 300
1578. — — Namensunterschrift 300
1579. **Fritz Reuter**, Bildnis, nach Originalphotographie gez. von Mayerhofer 300
1580. — — Namensunterschrift 300
1581. **Karl L. F. Egon Ebert**, Bildnis, gest. von Kotterba 300
1582. — — Namensunterschrift 300
1583. **Ch. B. Levin Schücking**, Bildnis, nach Originalphotographie gez. von Th. Mayerhofer 300
1584. — — Namensunterschrift 300
1585. **Franz W. von Kobell**, Bildnis, Holzschnitt nach Originalphotographie 301
1586. — — Namensunterschrift 301
1587. **Emanuel Geibel**, Bildnis, anonymer Kupferstich 301
1588. — — Namensunterschrift 301
1589. **Klaus J. Groth**, Bildnis, nach Originalphotographie gez. von Th. Mayerhofer 301
1590. — — Namensunterschrift 301
1591. **J. Victor von Scheffel**, Bildnis, Originalphotographie, 1883 . . . 301
1592. — — Namensunterschrift 301
1593. **Adolf Friedrich Graf von Schack**, nach Originalphotographie gez. von Th. Mayerhofer 302
1594. — — Namensunterschrift 302
1595. **Julius L. Rodenberg**, nach Originalphotographie gez. von Th. Mayerhofer 302
1596. — — Namensunterschrift 302
1597. **K. A. Julius Sturm**, nach Originalphotographie gez. von Mayerhofer 302
1598. — — Namensunterschrift 302
1599. **Friedrich M. von Bodenstedt**, nach Originalphotographie gez. von Th. Mayerhofer 302
1600. — — Namensunterschrift 302
1601. **Karl von Gerok**, nach Originalphotographie gez. von Th. Mayerhofer 303
1602. — — Namensunterschrift 303
1603. **Konrad Ferdinand Meyer**, nach Originalphotographie gez. von Th. Mayerhofer 303
1604. — — Namensunterschrift 303
1605. **Hermann Lingg**, nach Originalphotographie gez. von Th. Mayerhofer 303
1606. — — Namensunterschrift 303
1607. **Otto W. Roquette**, nach Originalphotographie gez. von Th. Mayerhofer 303
1608. — — Namensunterschrift 303
1609. **O. F. Oskar Freiherr von Redwitz**, gezchn. von M. Schubert . . 304
1610. — — Namensunterschrift 304
1611. **Robert Hamerling**, nach Originalphotographie gez. von Th. Mayerhofer 304
1612. — — Namensunterschrift 304
1613. **J. Julius Wolff**, nach Originalphotographie gez. von Th. Mayerhofer 304
1614. — — Namensunterschrift 304
1615. **Eduard von Bauernfeld**, nach Originalphotographie gez. von Th. Mayerhofer 304
1616. — — Namensunterschrift 304
1617. **Richard Wagner**, Bildnis, Zeichnung von A. Stukti 305
1618. — — Namensunterschrift 305
1619. **Gustav Edler zu Putlitz**, Bildnis, nach Originalphotographie gez. von Th. Mayerhofer 305
1620. — — Namensunterschrift 305
1621. **Adolf Wilbrandt**, Bildnis, nach Originalphotographie gez. von Th. Mayerhofer 306
1622. — — Namensunterschrift 305
1623. **Heinrich Kruse**, Bildnis, nach Originalphotographie von Th. Mayerhofer 305
1624. — — Namensunterschrift 305
1625. **Gustav Freytag**, Bildnis, nach Originalphotographie gez. von Th. Mayerhofer 306
1626. — — Namensunterschrift 306
1627. **Rudolf von Gottschall**, Bildnis, nach Originalphotographie gez. von Th. Mayerhofer 306
1628. — — Namensunterschrift 306
1629. **Paul Heyse**, Bildnis, nach Originalphotographie von Th. Mayerhofer 306
1630. — — Namensunterschrift 306
1631. **Ernst von Wildenbruch**, Bildnis, Originalphotographie 306
1632. — — Namensunterschrift 306
1633. **Friedrich Spielhagen**, Bildnis, nach Originalphotographie gez. von Th. Mayerhofer 307
1634. — — Namensunterschrift 307
1635. **Felix Dahn**, Bildnis, nach Originalphotographie gez. von Th. Mayerhofer 307
1636. — — Namensunterschrift 307
1637. **Georg Ebers**, Bildnis, nach Originalphotographie gez. von Th. Mayerhofer 307
1638. — — Namensunterschrift 307
1639. **Gottfried Keller**, Bildnis, nach Originalphotographie gez. von Th. Mayerhofer 307
1640. — — Namensunterschrift 307
1641. **Wilhelm Raabe** (Jakob Corvinus), Bildnis, nach Originalphotographie gez. von Th. Mayerhofer 307
1642. — — Namensunterschrift 307
1643. **Leopold von Ranke**, Bildnis, gem. von Julius Schrader 308
1644. — — Bildnis, Originalphotographie 308
1645. — — Namensunterschrift 308
1646. **Georg Waitz**, Bildnis, gem. von L. Knaus, rad. von Hans Meyer 309
1647. — — Namensunterschrift 309
1648. **Max Duncker**, Bildnis, nach Kreidezeichnung gez. von Th. Mayerhofer 309
1649. — — Namensunterschrift 309
1650. **Heinrich von Sybel**, Bildnis, Originalphotographie 309
1651. — — Namensunterschrift 309
1652. **Johann Gustav Droysen**, Bildnis, Originalphotographie 309
1653. — — Namensunterschrift 309
1654. **Theodor Mommsen**, Bildnis, nach Originalphotographie gez. von Th. Mayerhofer 310
1655. — — Namensunterschrift 310
1656. **Wilhelm von Giesebrecht**, Bildnis, Originalphotographie 310
1657. — — Namensunterschrift 310
1658. **Heinrich von Treitschke**, Bildnis, nach Originalphotographie gez. von Th. Mayerhofer 310
1659. — — Namensunterschrift 310
1660. **Heinrich von Riehl**, Bildnis, nach Originalphotographie gez. von Th. Mayerhofer 310
1661. — — Namensunterschrift 310
1662. **Anton Springer**, Bildnis, nach Originalphotographie gez. von Th. Mayerhofer 311
1663. — — Namensunterschrift 311
1664. **Wilhelm Lübke**, Bildnis, rad. von D. Raab 311
1665. — — Namensunterschrift 311
1666. **Alfred Woltmann**, Bildnis, anonymer Holzschnitt 311
1667. — — Namensunterschrift 311
1668. **Wilhelm Roscher**, Bildnis, nach Originalphotographie gez. von Th. Mayerhofer 311
1669. — — Namensunterschrift 311
1670. **Friedrich von Vischer**, Bildnis, nach Ölgemälde gez. von Th. Mayerhofer 312
1671. — — Namensunterschrift 312
1672. **Kuno Fischer**, Bildnis, nach Originalphotographie gez. von Th. Mayerhofer 312
1673. — — Namensunterschrift 312
1674. **Eduard von Hartmann**, Bildnis, Originalphotographie 312
1675. — — Namensunterschrift 312

I. Abtheilung.

Deutsche Sprachforscher und Litterarhistoriker.

Deutsche Sprachforscher und Litterarhistoriker.

Konrad Geßner (1516—1565); **Franciscus Junius** (1589—1677); **Justus Georg Schottelius** (1612—1676).

CONRADVS GESNERVS TIGVRINVS·ME
DICVS ET PHILOSOPHIÆ·INTERPRES
ANÕ ÆTATIS SVÆ·XLVIII·ANOSALVTIS
·M·D·LXIIII·NONIS MARTIS·

Konrad Geßner.

Nach Vorlage vom 1564 gezeichnet von Chr. Maurer, geschnitten von Ludw. Frig. Nach dem Exemplare der Züricher Stadtbibliothek. Die Umrahmung ist fortgelassen; verkleinert

Franciscus Junius

Kupferstich von Jakob von der Heyden. Facsimile, verkleinert

Konrad Geßner, der erste Gelehrte, welcher sprachvergleichende Versuche machte, geb. in Zürich 26. März 1516. Als Lernender und Lehrer hat er, bevor er 1541 in Zürich Professor der Naturgeschichte wurde, in der Schweiz, im Elsaß, in Frankreich wechselnden Aufenthalt genommen; Theologie, klassische und orientalische Sprachen, Naturwissenschaften und Medicin waren Gegenstand seiner eifrigsten Studien. Er starb in Zürich den 13. December 1565. — Geßners polyhistorische Thätigkeit auf den Gebieten der Naturwissenschaften und der alten Sprachen ist eine erstaunlich erfolgreiche und fruchtbare. Für uns wichtig ist sein: „Mithridates, sive de differentiis linguarum . . .“ (1555). Den Pfarrer Josua Maaler (Pictorius) von Eglau regte er zu dem „Dictionarium Germanico latinum“ (1561) an, wozu er auch die Vorrede schrieb. Geßner ahnte die Bedeutung der älteren Deutschen Sprachstämme, von deren Litteratur er allerdings nur Bruchstücke kannte. Eine von ihm beabsichtigte Ausgabe des „Otfried“ kam nicht zu Stande.

Justus Georg Schottelius, der bedeutendste Deutsche Grammatiker des XVII. Jahrhunderts, geb. zu Einbeck 1612. Er studierte [illegible]—1636 in Leyden Rechtswissenschaft, daneben auch die schönen Wissenschaften, namentlich unter Daniel Heinsius. Nachdem er noch 1636—1638 in Wittenberg studiert hatte, wurde er 1638 Erzieher Anton Ulrichs von Braunschweig (siehe Seite 137), stieg im Braunschweigischen Staatsdienste bis zum Kammer- und Consistorialrathe, starb zu Wolfenbüttel 1676 (25. Oct.?, begraben den 23. Nov. 1676). Seit 1642 war er als der „Suchende“ Mitglied der Fruchtbringenden Gesellschaft (siehe Seite 118 und 119) und seit 1646 als „Fontano“ Mitglied der Pegnitzschäfer (siehe Seite 126). — Grammatikalische Schriften, Hauptwerk: „Ausführliche Arbeit von der Teutschen Haupt-Sprache“ (1663), „Teutsche Sprachkunst“ (1641); „Der Teutschen Sprach Einleitung“ (1643); „Horrendum bellum grammaticale Teutonum“ (1673); „Kurtze und gründliche Anleitung zu der Recht-Schreibung . . .“ (1676); „Teutsche Vers- oder Reimkunst“ (1656). — Andere Schriften: „Lamentatio Germaniae“ (1640); „Fruchtbringender Lustgarten . . .“ (1647); „Neu erfundenes Freuden-Spiel“ (1648); „Jesu Christi Namens Ehr“ (1666); „Eigentliche . . . Vorstellung des jüngsten Gerichts“ (1668); „Vorstellung der ewigen Seligkeit“ (1673); „Harmonia quatuor Evangelistarum“ (1675); „Vorstellung der Hölle“ (1678).

Justus Georgius Schottelius

Justus Georg Schottelius.

Nach Originalphotographie des im Besitze der Schottelius'schen Familie befindlichen gleichzeitigen Original-Ölgemälde ausgeführt

Franciscus Junius, der [illegible]
Grimm des XVII. Jahrhunderts, ge[illegible]
Heidelberg 1589. Schon 1592 gieng
Vater nach Leyden; als dieser 1602 [illegible]
erzog den jungen Franciscus name[illegible]
sein Schwager, der berühmte Phil[illegible]
Gerhard Vossius. Nachdem er in L[illegible]
Theologie und Philologie studiert, w[illegible]
1617—1619 Pfarrer in Hellegonsberg[illegible]
ner Pfarrei entsetzt, gieng er 1620 nach[illegible]
cis und von da als Erzieher beim G[illegible]
Arundel nach England. Später (seit 1[illegible]
war er Erzieher beim Grafen von O[illegible]
war mit seinem Zöglinge in der Zeit
1644—1646 wieder in den Niederla[illegible]
kehrte 1651 aus England zu dauer[illegible]
Aufenthalte nach Amsterdam und dem[illegible]
zurück und lebte ganz seinen germanist[illegible]
Studien, derentwegen er sogar zwei [illegible]
sich in einigen Westfriesischen Dörfern
hielt, wo noch altfriesisch gesprochen w[illegible]
1675 kehrte er, im 87. Jahre seines Le[illegible]
wieder nach England (Oxford) zurück
starb auf einem Landgute in der Nah[illegible]
Windsor bei seinem Neffen Isaac Vo[illegible]
den 19. November a. St. (29. n. St.)
Franciscus Junius ist der erste Her[illegible]
geber des Codex argenteus des U[illegible]
(siehe Seite 2), welchen sein Neffe [illegible]
Vossius 1654 aus Stockholm mitbr[illegible]
Von der Herausgabe des Ulfilas d[illegible]
eine neue Epoche der Sprachforschung.
Ausgabe erschien 1665 als: „Quatuo[illegible]
N. Jesu Christi Evangeliorum Vers[illegible]
perantiquae duae Gothica scil[illegible]
Anglo-Saxonica“ (letztere besorgte Th[illegible]
Mareschall; das gothische Glossar ist
Franciscus Junius). Außerdem gab [illegible]
nius heraus: „Observationes in Wille[illegible]
. . . Paraphrasin . . .“ (1655). Ebenso
tig wie seine Ausgaben ist aber sein l[illegible]
rarischer Nachlaß, welcher sich au[illegible]
Bodlejana in Oxford befindet, name[illegible]
für die etymologischen Arbeiten des näc[illegible]
Jahrhunderts. Auf diesem Nachlasse ber[illegible]
namentlich: 1. das „Etymologicum A[illegible]
canum“ von E. Lye (1743), 2. der „[illegible]
saurus linguarum veterum septentr[illegible]
lium“ von George Hickes (1705). —
1830 gab Jacob Grimm aus diesem N[illegible]
lasse 26 Altdeutsche Hymnen heraus
Vorrede zu dieser Ausgabe ist die g[illegible]
Würdigung der gelehrten Forschunge[illegible]
Fr. Junius.

Deutsche Sprachforscher und Litterarhistoriker.

Mich. Huber (1727—1804); **Joh. Christoph Adelung** (1732—1806); **Jos. Frh. v. Laßberg** (1770—1855); **Heinr. v. d. Hagen** (1780—1856).

J. C. Adelung

Johann Christoph Adelung.

Gemalt von A. Graff, gestochen von Geyser. Kupferstich.

Johann Christoph Adelung, geb. den 8. August 1732 zu Spantekow, hatte in Halle Theologie studiert, war 1759—1761 Professor am evangelischen Gymnasium zu Erfurt, lebte seitdem als Privatgelehrter in Leipzig, wurde 1787 Oberbibliothekar und Hofrath in Dresden, wo er den 10. September 1806 starb. — Unter den vielen Werken, welche Adelung vom Standpunkte der Aufklärung aus verfaßte, seien hier nur angeführt seine lexikalischen und grammatischen Arbeiten, welche in den Schulen lange Geltung hatten. „Versuch eines vollständigen grammatisch-kritischen Wörterbuches der hochdeutschen Mundart" (fünf Bände, 1774—1786); „Grammatisch-kritisches Wörterbuch der hochdeutschen Mundart" (vier Bände, 1793—1801); „Deutsche Sprachlehre. Zum Gebrauche der Schulen in den Königl. Preußischen Landen" (1781); „Umständliches Lehrgebäude der Deutschen Sprache" (1782); „Vollständige Anweisung zur Deutschen Orthographie" (1788); „Magazin für die Deutsche Sprache" (1782—1784). — Richtiges Hochdeutsch ist ihm die Sprache der oberen Stände in den Chursächsischen Landen; die Sprache selbst ist nach seiner Ansicht von einem rohen sinnlichen Volke nach dunkel empfundenen Ähnlichkeiten gebildet. — Erst später dämmert in ihm der historische Zusammenhang der Sprachen („Mithridates" 1806 ff.); ein Curiosum ist seine „Älteste Geschichte der Deutschen, ihrer Sprache und Litteratur bis zur Völkerwanderung" (1806).

Joseph von Laßberg

Joseph Freiherr von Laßberg.

Lithographie von J. Kauer aus dem Werke: „Briefwechsel zwischen Laßberg und Uhland", Wien 1870. W. Braumüller.

Joseph Maria Christoph Freiherr von Laßberg, geb. 10. April 1770 zu Donaueschingen. Nachdem er die militärische Laufbahn aufgegeben (1786), widmete er sich juristischen und nationalökonomischen Studien, trat in den Fürstenbergischen Forstdienst (1788), wurde 1792 Oberforstmeister in Schloß Heiligenberg, 1804 Landesoberforstmeister in Donaueschingen, 1806 Geh. Rath, 1813 Oberjägermeister. Von 1805—1817 stand er der Fürstin-Mutter Elisabeth, welche für ihren unmündigen Sohn die Regierung führte, sehr nahe; 1817 zog er sich von den Geschäften zurück und lebte meist auf seiner Herrschaft Eppishausen im Thurgau, seit 1838 auf der Meersburg am Bodensee, wo er am 15. März 1855 starb. — Laßberg hat eine reiche und wichtige Sammlung alter Handschriften (273) zusammengebracht, darunter die Nibelungen-Handschrift C, die nach ihm benannte Hohenems-Laßbergische. Diese Handschriften sind jetzt Eigenthum der fürstl. Fürstenbergischen Bibliothek zu Donaueschingen. — Laßberg hatte mit den bedeutendsten Germanisten seiner Zeit lebhaften wissenschaftlichen Verkehr. Er gab aus seinen reichen handschriftlichen Schätzen unter Anderem heraus: „Liedersaal, das ist: Sammelung altteutscher Gedichte aus ungedruckten Quellen" (vier Bände, 1820—1825).

Michael Huber.

Gemalt von A. Graff, gestochen von Geyser, 1776. Ausschnitt des Bildnisblattes.

Michael Huber, der Verfasser der ersten Deutschen Litteraturgeschichte, ist geb. 27. September 1727 zu Frankenhausen in Niederbaiern. Er war etwa seit 1742 in Paris, wo er namentlich Deutsche Werke ins Französische übersetzte. 1766 gieng er nach Leipzig, wo er als Lector der Französischen Sprache (mit dem Titel Professor) den 15. April 1804 starb. Er hat sich namentlich auch als Kunsthistoriker bekannt gemacht. — Im Jahre 1766 erschien in Paris bei Humblot sein „Choix des poésies allemandes" (vier Bände). Dem ersten Bande dieses Werkes ist vorangeschickt: „Discours préliminaire sur l'histoire de la poésie allemande". Dieses ist (wenn man von D. G. Morhofs kurzer Übersicht im „Unterricht von der Deutschen Sprache und Poesie, 1682" absieht) die erste Zusammenstellung einer Deutschen Litteraturgeschichte. Sie wurde von Ebeling im „Hannöverischen Magazine" 1767 und 1768 als: „Kurze Geschichte der deutschen Dichtkunst" in Deutscher Bearbeitung herausgegeben.

Hagen.

Heinrich von der Hagen.

Holzschnitt aus der „Illustrirten Zeitung" (Nr. 683 vom 2. August 1856), nach nicht bekannt gewordener Vorlage.

Friedrich Heinrich von der Hagen, geb. 19. Februar 1780 zu Schmiedeberg in der Ukermark, war ursprünglich Jurist, trat 1807 aus dem Staatsdienste, um sich ganz der Beschäftigung mit dem Deutschen Alterthume hingeben zu können. 1810 wurde er an der neu gegründeten Universität Berlin außerordentlicher Professor der Deutschen Sprache und Litteratur, gieng als solcher 1811 nach Breslau, wo er 1817 zum ordentlichen Professor ernannt wurde. Im Jahre 1824 kehrte er an die Universität nach Berlin zurück; hier starb er den 11. Juni 1856. Im Jahre 1841 war er Mitglied der Berliner Akademie geworden. — Hagen hat Bedeutung für die Germanistik durch den ungeheuren Eifer, mit welchem er Deutsche Texte durch den Druck zugänglich machte; wissenschaftliche Grundsätze sind in seinen zahlreichen Arbeiten nicht vertreten. — Ausgaben (und Übersetzungen): „Nibelungenlied" (1807 erneuernde Umgestaltung; 1810 in der Ursprache; 1816 und 1820 nach der St. Galler Handschrift). Zusammen mit Büsching: „Deutsche Gedichte des Mittelalters" I. 1808 („König Rother", „Herzog Ernst", „Wigamur", „St. Georg"), II. 1820 = „Heldenbuch" Band I. („Rosengarten", „Biterolf", „Gudrun" [zum ersten Male] zusammen mit Primisser), II. 1825 = „Heldenbuch" Band II („Kaspar von der Roens Heldenbuch" — siehe Seite 68 —, „Dietrichs Ahnen und Flucht, hürnen Seyfried"); — „Buch der Liebe" (1809; „Fierabras", „Tristan", „Pontus"); „Narrenbuch" (1811, „Schildbürger", „Salomon und Morolf", „Kalenberger", „Peter Leu"); „Edda" (1812); „Eddalieder von den Nibelungen" übersetzt (1814); „Altnordische Sagen und Lieder" (1814); „Nordische Heldenromane" (1814—1816, fünf Bände); „Gottfried von Straßburg" (nebst Fortsetzern, 1823); „Minnesinger" (vier Bände, seit 1838, gedruckt seit 1820, hierzu als Band V: „Bildersaal" 1856); „Gesammtabenteuer" (100 altdeutsche Erzählungen, drei Bände, 1850), „Landgraf Ludwigs Kreuzfahrt" (1854). — Zeitschriften: „Museum für altdeutsche Litteratur und Kunst" (I., II. 1, 1809, zusammen mit Docen); „Sammlung für altdeutsche Litteratur und Kunst" (I. 1, 1812, zusammen mit Büsching); „Germania"; „Neues Jahrbuch der Berliner Gesellschaft für Deutsche Sprache und Alterthumskunde" (10 Bände, 1835—1853). — „Grundriß zur Geschichte der Deutschen Poesie von der ältesten Zeit bis ins XVI. Jahrhundert" (1812, angeblich zusammen mit Büsching).

Deutsche Sprachforscher und Litterarhistoriker.

Jacob Grimm (1785—1863); Wilhelm Grimm (1786—1859).

Jacob Ludwig Carl Grimm.

Jacob Grimm

nach einer Originalphotographie, welche derselbe seinem Freunde, dem Prof. Wilhelm Arnold in Marburg geschenkt hatte, umgezeichnet.

Wilhelm Carl Grimm

Wilhelm Grimm

nach einer Zeichnung, welche Wilhelm Grimm seinem Freunde, dem Prof. Wilhelm Arnold in M geschenkt hatte, umgezeichnet.

Jacob Ludwig Karl Grimm, geb. 4. Januar 1785 zu Hanau, wuchs in Steinau a. d. Straße auf (seit 1791), besuchte seit 1798 das Lyceum Fridericianum zu Cassel, studierte 1802—1805 in Marburg, wo ihn namentlich Savigny anregte, welcher ihn auch nach Paris als Beihilfe zu seinen rechtshistorischen Arbeiten kommen ließ (Februar—September 1805). Am 16. Januar 1806 erhielt er den Acceß beim Secretariate des Kriegscollegiums in Cassel. Als in Westphälischer Zeit dieses Collegium in eine Truppenverpflegungs-Commission verändert wurde, nahm er seinen Abschied (Herbst 1807), erhielt durch Joh. von Müllers Vermittlung 1808 (5. Juli) die Verwaltung der Privatbibliothek des Königs Jerome in Wilhelmshöhe, wurde daneben 1809 (17. Februar) Auditor im Staatsrathe. Jacob Grimm hat bis zum Aufhören des Königreichs Westphalen (October 1813) in dieser Stellung fast seine ganze Arbeitszeit zu seinen germanistischen Studien verwenden können: ein merkwürdiges Geschick, daß der größte Germanist durch die Unterdrücker Deutschen Lebens und Wesens die Möglichkeit erhielt, sieben Jahre in Ruhe seine Deutschen grundlegenden Studien zu treiben! 1813 (23. December) wurde er zum Legationssecretär ernannt und gieng dann zum Hessischen Gesandten ins Hauptquartier und nach Paris; nachher war er mit auf dem Wiener Congresse (bis Juni 1815) und reiste nochmals nach Paris, um von dort Handschriften für Preußen zurückzuholen (bis December 1815). Im April 1816 erhielt er die Stelle eines zweiten Bibliothekars an der Bibliothek zu Cassel, sein Bruder Wilhelm war ein Jahr vorher schon als Secretär an derselben beschäftigt. Beide Brüder gaben diese Stellen 1829 auf, als sie die längst verdiente Beförderung an der Bibliothek nicht erhielten; beide siedelten nach Göttingen über: Jacob als ordentlicher Professor und Bibliothekar, Wilhelm als Unterbibliothekar. Neujahr 1830 traten sie diese Stellen an. Als Jacob und Wilhelm 1837 mit noch fünf anderen Göttinger Professoren gegen den Hannoverischen Verfassungsbruch Widerspruch erhoben, wurden sie ihres Amtes entsetzt (11. December); Jacob hatte außerdem binnen drei Tagen das Land zu verlassen. Er begab sich wieder nach Cassel; Wilhelm folgte 1838 im October ihm nach. 1841 berief König Friedrich Wilhelm IV. beide Brüder als besoldete Akademiker nach Berlin. 1848 war Jacob als Abgeordneter der Stadt Mühlheim Mitglied der Nationalversammlung in Frankfurt. Er starb den 20. September 1863 in Berlin. — Hauptwerke: „Deutsche Grammatik“, I. (1819, 1822), II. (1826), III. (1831), IV. (1837); „Deutsches Wörterbuch“ (mit Wilhelm Grimm zusammen, Jacob bearbeitete die Buchstaben A, B, C, E, F bis Frucht) (1852); „Geschichte der Deutschen Sprache“ (1848); „Deutsche Rechtsalterthümer“ (1828, 1854). — Andere Schriften: „Über den Altdeutschen Meistergesang“ (1811); „Kinder- und Hausmärchen“ (I. 1812, II. 1815; zweite Ausgabe I., II. 1819, III. 1822; zusammen mit W. G.); „Die beiden ältesten Deutschen Gedichte, das Lied vom Hildebrand und Hadubrand und das Weißobrunner Gebet“ (1812, mit W. G.); „Altdeutsche Wälder“ (Zeitschrift I. 1813, II. 1815, III. 1816, mit W. G.); „Der arme Heinrich von Hartmann von Aue“ (1815, mit W. G.); „Lieder der alten Edda“ (1815, mit W. G.); „Deutsche Sagen“ (I. 1816, II. 1818, mit W. G.); „Irische Elfenmärchen“ (1826, mit W. G.); „Hymnorum veterum XXVI interpret.“ (1830); „Reinhart Fuchs“ (1834); „Deutsche Mythologie“ (1835 u. ö.); „Über seine Entlassung“ (1838); „Lateinische Gedichte des X. und XI. Jahrhunderts“ (1838, mit A. Schmeller); „Sendschreiben an Karl Lachmann über Reinhart Fuchs“ (1840); „Weisthümer“ (I—IV 1840—1863, mit Dronke und Beyer); „Andreas und Elene“ (1840); „Über zwei entdeckte Gedichte aus der Zeit des Deutschen Heidenthums“ (1842); „Deutsche Grenzalterthümer“ (1843); „Gedichte des Mittelalters auf König Friedrich I. den Staufer“ (1844); „Italienische und scandinavische Eindrücke“; „Über das Pedantische in der Deutschen Sprache“ (1847); „Über Schule, Universität, Academie“ (1850); „Das Wort des Besitzes“ (1850); „Über den Liebesgott“ (1851); „Über den Ursprung der Sprache“ (1851); „Über eine Urkunde des XII. Jahrhunderts“ (1857); „Rede auf Schiller“ (1860); „Rede auf Wilhelm Grimm und über das Alter“ (1860). — „Kleinere Schriften“ I—VII (1864—1884).

Wilhelm Karl Grimm, Jacobs jüngerer Bruder, geb. 24. Februar 1786 zu Hanau, bezog mit Jacob 1798 das Casseler Lyceum Fridericianum, 1803 die Universität Marburg. 1806 legte er hier sein juristisches Facultätsexamen ab, während der Westphälischen Occupation Hessens war er ohne Amt, auch vielfach von Krankheit heimgesucht. Er lebte und studierte mit Jacob zusammen. 1814 (4. Februar) wurde er zum Secretär an der Casseler Bibliothek ernannt. Seit April 1816 ist auch Jacob an der Bibliothek angestellt. Wie beide Cassel verlassen, nach Göttingen (wo er im März 1831 zum außerordentlichen, im Juli 1835 zum ordentlichen Professor ernannt wurde) und nach Berlin berufen worden, ist bei der kurzen Lebensskizze Jacob Grimms schon erzählt. Von den beiden, durch ihr ganzes Leben innig verbundenen, die gleichen Ziele erstrebenden Brüdern wurde Wilhelm zuerst abberufen: er starb zu Berlin den 16. December 1859. Die mit Jacob verfaßten Schriften sind bei diesem angegeben; vom „Wörterbuch“ bearbeitete er den Buchstaben D. — „Altdänische Heldenlieder, Balladen und Märchen“ (1811); „Über deutsche Runen“ (1821); „Zur Litteratur der Runen“ (1828); „Grave Ruodolf“ (1828, 1844); „Die Deutsche Heldensage“ (1829); „De Hildebrando antiquissimi carminis teutonici fragmentum“ (1830; siehe Seite 6, und 7); „Vridankes Bescheidenheit“ (1834; „Freidank“ 1860); „Der Rosengarten“ (1836); „Ruolandes Liet“ (1838); „Wernher vom Niederrhein“ (1839); „Konrads von Würzburg goldene Schmiede“ (1840; in den „Altdeutschen Wäldern“, II. 1816); „Konrads von Würzburg Silvester“ (1841); „Athis und Prophilias“ (1846, Nachtrag 1852); „Exhortatio ad plebem Christianam. Glossae Cassellanae“ (1848, Nachtrag 1855); „Altdeutsche Gespräche“ (1851, Nachtrag 1852); „Zur Geschichte des Reims“ (1852); „Thierfabeln bei den Meistersängern“ (1855); „Marienlieder“ (1856).

Jacob Grimm über seine Grammatik

Aus einem Briefe an Pfarrer Bang in Goßfelden vom 8. October 1819. Jetzt ganz gedruckt in dem Werke: Stengel, „Private und amtliche Beziehungen der Brüder Grimm zu Hessen“, Marburg 1886, I. 62.

Das Feld ist überreich an Aufschlüssen, so daß man mit Fleiß und Arbeit weit kommt, ohne viel Geist dazu zu brauchen. Vielleicht geräth's desto besser und ich bin schon mit dem Gefühl zufrieden, daß die folgenden nicht neben mich bauen, sondern auf mich bauen werden, wenn sie auch so zu bauen, daß man mich nicht mehr zu sehen kriegen wird.

Deutsche Sprachforscher und Litterarhistoriker.

…rge Friedrich Benecke (1762—1844); Andreas Schmeller (1785—1852); Rasmus Rask (1787—1832); Franz Bopp (1791—1867).

Benecke

George Friedrich Benecke.

Radierung von Ludwig Grimm 1823. Verkleinerter Ausschnitt.

George Friedrich Benecke, geb. 10. Juni 1762 zu Mönchsroth im Öttingen. In Göttingen studierte er unter Heyne Philologie (seit 1780), gieng 1789 an ertige Bibliothek, wurde 1805 außerordentlicher, 1814 ordentlicher Professor, 1829 othekar, 1836 Oberbibliothekar, starb zu Göttingen den 21. August 1844. — Er der erste, welcher Germanistische Vorlesungen an einer Deutschen Universität hielt seinen Ausgaben mittelhochdeutscher Schriftsteller suchte er zuerst die bei der kritischen ndlung der Texte altklassischer Schriftsteller angewendeten Grundsätze einzuführen; erfaßte die ersten brauchbaren mittelhochdeutschen Wörterbücher, welche die Geschichte Bedeutung eines Wortes wissenschaftlich feststellen wollen. — Ausgaben: „Beiträge Kenntnis der altdeutschen Sprache und Litteratur" (I. 1810, II. 1832); — „Der stein gebildet von Bonerius" (1816, mit Wörterbuch); „Wigalois, der Ritter mit Rade, gedichtet von Wirnt von Gravenberch, nebst Anmerkungen und Wörterbuch, r Druck" (1819); „Iwein, der Ritter mit dem Lewen" (zusammen mit Lach-n 1827, 1843); „Wörterbuch zu Hartmanns Iwein" (1833). — Das große ittelhochdeutsche Wörterbuch", vollendet von Müller und Zarncke, ist von ihm be-ndet.

Schmeller

Andreas Schmeller.

Lithographie nach dem 1840 von J. Bernhardt gemalten Ölbilde. Aus dem Werke: Joh. Nicklas, „Johann Andreas Schmeller", München 1885, Bayerische Universitätsbuchhandlung. Unverkleinert.

Johann Andreas Schmeller, geb. 6 August 1785 zu Tirschenreuth in der Oberpfalz in ärmlichsten Verhältnissen. Vorgebildet auf den Gymnasien zu Ingolstadt und München, versuchte er 1804 bei Pestalozzi anzukommen, nimmt 1804 Spanische Kriegsdienste, wird Lehrer der Regimentsschule zu Tarragona, ist 1806—1808 Director einer nach Pestalozzis Grundsätzen eingerichteten Schule in Madrid, dann Lehrer bei Pestalozzi in Yverdon und bis 1813 Leiter einer Privatschule in Basel. 1814 war er Oberlieutenant im Baierischen Dienste, machte 1815 den Feldzug mit, wurde vom König Ludwig I. zur Erforschung der heimischen Dialecte unterstützt, erhielt 1827 die Stelle eines Lehrers am Münchener Cadettencorps, wurde 1828 außerordentlicher Professor der altdeutschen Sprache und Litteratur in München, 1829 erster Custos der dortigen Hof- und Staatsbibliothek, 1844 auch ordentlicher Professor. Am 27. Juli 1852 starb er in München an der Cholera. — Hauptwerk: „Bayerisches Wörterbuch" (1827—1837). — Ausgaben: „Heliand" (1830, 1840); „Muspilli" (1832); „Tatian" (1841); „Carmina Burana" (1847); „Lateinische Gedichte des X. und XI. Jahrhunderts" (1838, mit Jacob Grimm). — Eine wissenschaftliche Leistung ersten Ranges ist auch sein (ungedruckter) Katalog der Deutschen Handschriften der Münchener Bibliothek (gedruckt im Auszuge als Band V und VI des Catalogus Codicum bibl. reg. Mon. 1866).

R. Rask.

Rasmus Rask.

Kupferstich aus seiner Ausgabe der „Edda" (1818). Unverkleinert.

Franz Bopp, neben Rask und Jacob Grimm der Begründer der wissenschaftlichen Sprachvergleichung, geb. 14 September 1791 zu Mainz, studierte seit 1812 orientalische Sprachen, namentlich Sanskrit, in Paris, setzte seit 1817 seine Studien in London fort, wurde 1821 Professor der orientalischen Litteratur und allgemeinen Sprachkunde in Berlin, wo er den 23. October 1867 starb. — Hier sei in erster Linie dasjenige Werk genannt, mit welchem Bopp die wissenschaftliche Sprachvergleichung begründete: „Über das Conjugationssystem der Sanskritsprache, in Vergleichung mit jenem der griechischen, lateinischen, persischen und germanistischen Sprache" (1816). — „Ausführliches Lehrgebäude der Sanskrita-Sprache" (1824—1827), „Kritische Grammatik der Sanskrita-Sprache in kürzerer Fassung" (1834); „Vergleichende Grammatik des Sanskrit, Zend, Griechischen, Lateinischen, Litthauischen, Gothischen und Deutschen" (1833).

Rasmus Christian Rask, einer der Schöpfer der vergleichenden Sprachkunde, geb. 22. November 1787 zu Brandekilde auf der Insel Fühnen. 1807 studierte er in Kopenhagen, wurde 1812 Custos an der Kopenhagener Bibliothek, machte seit 1816—1823, um Material für seine sprachvergleichenden Arbeiten zu erhalten, große Reisen durch Schweden, Island, Finnland, Rußland und Centralasien, erhielt nach langem Warten 1829 eine Stelle als erster Universitätsbibliothekar und Professor für morgenländische Sprachen und Litteraturen in Kopenhagen, erlag aber daselbst schon am 14. November 1832 der Schwindsucht. — Von seinen vielen epochemachenden Arbeiten aus dem Gebiete der vergleichenden Sprachkunde sei hier nur die eine, die Germanischen Sprachen am meisten berührende wichtige Schrift genannt: „Undersøgelse om det gamle Nordiske eller Islandske Sprogs Oprindelse" (1818; „Untersuchungen über den Ursprung der alten nordischen oder isländischen Sprachen").

Bopp

Franz Bopp.

Holzschnitt von A. Neumann nach einer Originalphotographie (Illustrirte Zeitung, Nr. 1195 vom 26. Mai 1866). Verkleinerter Ausschnitt.

Deutsche Sprachforscher und Litterarhistoriker.

Karl Lachmann (1793—1851); **August Koberstein** (1797—1870); **Heinrich Hoffmann von Fallersleben** (1798—1874).

Karl Lachmann.

Nach H. Biows Lichtbilde gestochen von A. Teichel. Verkleinerter Ausschnitt.

August Karl Koberstein, geb. 10. Januar 1797 in Rügenwalde in Pommern, studierte seit 1816 in Berlin, kam 1820 als Adjunct an die Landesschule Pforte, wurde 1824 daselbst Professor, stieg bis zum ersten Professor, mußte 1870 seine Lehrthätigkeit wegen Kränklichkeit aufgeben, zog nach Kösen, wo er am 8. März 1870 starb. — Hauptwerk: „Grundriß zur Geschichte der Deutschen Nationallitteratur. Zum Gebrauch auf Gelehrten-Schulen“ (1827; vierte Auflage 1847 bis 1866 in drei Bänden, fünfte Auflage beendet 1873 von Bartsch, fünf Bände). — „Über das wahrscheinliche Alter und die Bedeutung des Gedichtes vom Wartburgkriege“ (1823); „Laut- und Flexionslehre der mittel- und neuhochdeutschen Sprache in ihren Grundzügen“ (1862). — Koberstein eroberte dem Studium der älteren Deutschen Grammatik und Litteratur eine Stellung im Gymnasialunterrichte: eine Errungenschaft, welche unsere Gymnasien leider größtentheils wieder aufzugeben gezwungen wurden.

August Koberstein.

Holzschnitt nach einer Photographie. (Leipziger Illustrierte Zeitung, Nr. 1400 vom 30. April 1870.) Verkleinerter Ausschnitt.

Karl Konrad Friedrich Wilhelm Lachmann, der Begründer der klaren kritischen Methode der Behandlung deutscher Texte, ist geb. 4. März 1793 zu Braunschweig, studierte 1809 in Leipzig Theologie, hörte auch bei Gottfried Hermann. Seit dem Wintersemester 1809 setzte er seine philologischen Studien in Göttingen namentlich bei Heyne fort, bei Benecke hörte er Englische und Altdeutsche Collegien. 1815 machte er das Ende des Feldzugs mit, habilitierte sich 1816 in Berlin mit der Schrift: „Über die ursprüngliche Gestalt des Gedichtes von der Nibelungen Noth“. Ohne in Berlin Vorlesungen gehalten zu haben übernahm er 1816 die Stelle eines Oberlehrers am Fridericianum zu Königsberg, wo er 1818 zum außerordentlichen Universitätsprofessor ernannt wurde. 1825 erfolgte sein Ruf nach Berlin als außerordentlicher Professor der klassischen und deutschen Philologie, 1827 wurde er ordentlicher Professor daselbst. Er starb dort 13. März 1851 an einer Beinoperation. — Deutsche Ausgaben: Mitarbeit an Rudolf von Ems' „Barlaam und Josaphat“, herausgegeben von F. Köpke (1818); „Auswahl aus hochdeutschen Dichtern des XIII. Jahrhunderts“ (1820); „Iwein, der Ritter mit dem Löwen, von Hartmann von Aue“ (1827, zusammen mit Benecke, welcher die erklärenden Anmerkungen verfaßte). Mit dieser Ausgabe beginnt die Epoche der kritischen Bearbeitungen altdeutscher Texte überhaupt: „Walther von der Vogelweide“ (1827); „Wolfram von Eschenbach“ (1833); „Ulrich von Lichtenstein“ (1841, mit Erklärungen von Karajan), „Lessing“ (1838—1840). — Ausgaben des Nibelungenliedes (der Nibelungenlieder) und Abhandlungen über dasselbe (dieselben): „Über die ursprüngliche Gestalt des Gedichtes von der Nibelungen Noth“ (1816); „Der Nibelunge Not mit der Klage in der ältesten Gestalt mit den Abweichungen der gemeinen Lesart“ (1826, 1841, 1851 u. ö.); „Kritik und Sage von den Nibelungen“ (1829); „Zu den Nibelungen und zur Klage“ (1836); „Über Singen und Sagen“ (1833). — Andere Abhandlungen: „Über Althochdeutsche Betonung und Verskunst“ (1834, grundlegendes Werk), „Über das Hildebrandslied“ (1833). — Kleinere Schriften, zwei Bände (1876).

Heinrich Hoffmann von Fallersleben.

Holzschnitt nach einer Originalphotographie. („Leipziger Illustrierte Zeitung“, Band 40, Seite 276.)

Aug. Heinrich Hoffmann (von Fallersleben), geb. den 2. April 1798 in Fallersleben in Hannover, durch Jacob Grimm 1818 für die Germanistik gewonnen, 1819 Bibliothekssecretär in Bonn, 1821 auf Studienreise in Holland, 1823 Custos der Central-Bibliothek in Breslau (bis 1838), 1830 auch außerordentlicher, 1835 ordentlicher Professor der Deutschen Sprache und Litteratur daselbst, wurde 1842 in Folge seiner politischen Gedichte aus dem Staatsdienste entlassen, führte ein Wanderleben, welches mit seinem Aufenthalte in Weimar (seit 1854) abschloß. Seit 1860 war er Bibliothekar des Herzogs Victor von Ratibor zu Corvey, wo er den 19. Januar 1874 starb. — „Althochdeutsche Glossen“ (1826); „Willeram“ (1827); „Fundgruben für Geschichte deutscher Sprache und Litteratur“ (I. 1830, II. 1837); „Horae belgicae“ (zwölf Bände, 1830—1862); „Geschichte des Deutschen Kirchenliedes bis auf Luther“ (1832, 1854); „Reineke Voß“ (1834); „Merigarto“ (1834); „Altdeutsche Blätter“ (I., II 1835—1840, zusammen mit Haupt); „Das Ludwigslied“ (in Mon. Elnonensia 1837); „Verzeichnis der altdeutschen Handschriften der k. k. Hofbibliothek zu Wien“ (1841); „Die Deutschen Gesellschaftslieder des XVI. und XVII. Jahrhunderts“ (1844); „Theophilus“ (1853, 1854); „Weimarisches Jahrbuch für Deutsche Sprache, Litteratur und Kunst“ (sechs Bände, 1854—1857, zusammen mit O. Schade); „Findlinge“ (1860); „Tunicius“ (1870). — „Die deutsche Philologie im Grundriß“ (1836). Hoffmanns eigene Dichtungen siehe Seite 2[illegible].

Deutsche Sprachforscher und Litterarhistoriker.

August Vilmar (1800—1868); **Karl Simrock** (1802—1876); **Georg Gottfried Gervinus** (1805—1871).

August Vilmar.

Lithographie von Hanfstängl nach einer Originalphotographie. Verkleinerte Handschrift.

Karl Simrock.

Anonymer Kupferstich. Verkleinerte Handschrift.

August Friedrich Christian Vilmar, geb. 21. November 1800 zu Solz bei Rotenburg an der Fulda, studierte 1818—1820 in Marburg Theologie, war Hauslehrer und Pfarrassistent seines Vaters, 1823 (December) bis 1827 (April) Lehrer an der Stadtschule zu Rotenburg, dann Gymnasiallehrer zu Hersfeld, gehörte 1831 und 1832 der Hessischen Ständeversammlung an, war seit October 1832 Hilfsreferent im Ministerium des Innern zu Cassel, welche Stelle er noch zeitweise beibehielt, als er 1833 zum Gymnasialdirector in Marburg ernannt war. Am 28. Februar 1850 wurde er vortragender Rath im Ministerium des Innern zu Cassel, am 27. October 1855 ordentlicher Professor der Theologie zu Marburg. Er starb daselbst den 30. Juli 1868. — Hauptwerk: „Geschichte der Deutschen Nationallitteratur“ (zuerst herausgegeben 1845 als „Vorlesungen über die Geschichte der Deutschen Nationallitteratur“; die zweiundzwanzigste, von Prof. Stern bis auf die Neuzeit fortgesetzte Auflage dieses in mehr als 100000 Exemplaren verbreiteten Buches erschien 1886); „Von der stete ampten“ (1835); „Die zwei Recensionen und die Handschriftenfamilien der Weltchronik Rudolfs von Ems“ (1839); „Anfangsgründe der Deutschen Grammatik“ (1840); „Deutsche Altertümer im altsächsischen Heliand“ (1845, 1862); „Zur Litteratur Johann Fischarts“ (1846); „Deutsches Namenbüchlein“ (1855); „Handbüchlein für Freunde des Deutschen Volksliedes“ (1867); „Idiotikon von Kurhessen“ (1868).

Georg Gottfried Gervinus, geb. 20. Mai 1805 zu Darmstadt, war 1819 in Bonn bei einem Buchhändler in der Lehre, 1819—1824 in einem Darmstädter Schnittwaarengeschäfte. 1825 studierte er in Gießen, 1825 bis 1827 in Heidelberg unter Schlosser. Diese Jahre sind die entscheidendsten für Gervinus. Nachdem er 1827—1829 an einer Frankfurter Erziehungsanstalt, 1830 in Heidelberg als Hauslehrer thätig gewesen, habilitierte er sich in demselben Jahre und nahm 1836 eine ordentliche Professur für Geschichte und Litteratur in Göttingen an. Er gehörte zu den Göttinger Sieben, welche am 11. December 1837 ihrer Stellen entsetzt wurden; er lebte seitdem meist in Heidelberg, wo ihm 1844 eine Honorarprofessur gegeben wurde. Im Jahre 1848 war er als Vertrauensmann zum Bundestag entsendet, war er Mitglied der Nationalversammlung, trat jedoch im Juli 1848 aus derselben aus. Am 18. März 1871 starb er in Heidelberg; er konnte es nicht begreifen, daß sich die Ereignisse anders entwickelt hatten, als er in seiner patriotisch gehaltenen „Deutschen Zeitung“ (1847 bis 1849), seinen politischen und historischen Schriften („Geschichte des XIX. Jahrhunderts“, acht Bde., 1855—1866) auch demonstriert hatte. Sein bedeutendstes litterar-historisches Werk ist seine „Geschichte der poetischen Nationallitteratur der Deutschen“ (fünf Bde., 1835 bis 1842; seit 1852 unter dem Titel „Geschichte der Deutschen Dichtung“), die erste pragmatische Geschichte unserer gesammten Litteratur von Bedeutung und bleibendem Werthe. — „Shakespeare“ (vier Bde., 1849—1850); „Händel und Shakespeare“ (1868).

Georg Gottfried Gervinus.

Gemalt von Oesterley, lithographiert von Hermann Eichens. Verkleinerte Handschrift.

Karl Joseph Simrock, geb. 28. August 1802 zu Bonn, studierte Rechtswissenschaft in Bonn (1818) und Berlin (1822), wo er aber auch bei Lachmann eifrigst germanistische Vorlesungen hörte. 1823—1826 war er Auskultator, bis 1830 Referendar am Kammergerichte zu Berlin. Wegen seiner Sympathien, die er für die Französische Julirevolution in einem Gedichte („Die drei Farben“) geäußert hatte, wurde er aus dem Staatsdienste entlassen und lebte nunmehr seinen germanistischen Studien. 1850 erhielt er die Professur für Deutsche Sprache und Litteratur in Bonn, wo er den 18. Juli 1876 starb. — Seine hauptsächlichsten Übersetzungen älterer Deutscher Schriften sind: „Nibelungen“ (1827); „Walther von der Vogelweide“ (1833); „Wolframs Parzival und Titurel“ (1842); „Deutsches Heldenbuch“ (1843—1849), enthält namentlich: „Gudrun“, „Walther und Hildegunde“, „Alphart“, „Rosengarten“, „Hildebrandslied“, „Ortnit“, „Hug- und Wolfdietrich“, „Wieland der Schmied“, „Ecken Ausfahrt“, „Rabenschlacht“); „Rudolf von Ems, der gute Gerhard“ (1847); „Die Edda“ (1851); „Gottfried von Straßburg: Tristan und Isolde“ (1855); „Heliand“ (1856); „Der Wartburgkrieg“ (1858); „Beowulf“ (1859); „Freidank“ (1867). Andere germanistische Werke: „Handbuch der Deutschen Mythologie“ (1853—1855); „Die geschichtlichen Deutschen Sagen“ (1850). Auch erneuerte er die „Deutschen Volksbücher“ (1839 ff.), gab „Volkslieder“ (1851), „Rätselbuch“ (1850) und andere volkstümliche Schriften heraus. — Unter seinen eigenen „Gedichten“ (1844, 1863, 1872) ist das Lied: „An den Rhein, an den Rhein, geh' nicht an den Rhein“ das bekannteste geblieben.

Deutsche Sprachforscher und Litterarhistoriker.

Wilhelm Wackernagel (1806—1869); **Moriz Haupt** (1808—1874); **Adolf Holtzmann** (1810—1870).

Wilhelm Wackernagel.

Nach einer Originalphotographie umgezeichnet.

Karl Heinrich Wilhelm Wackernagel, geb. 23. April 1806 zu Berlin, studierte daselbst unter Lachmann 1824—1827, wurde 1833 Professor der Deutschen Sprache und Litteratur am Pädagogium zu Basel, 1835 Professor der Deutschen Litteratur an der dortigen Universität, erhielt 1837 das Baseler Ehrenbürgerrecht und starb in seiner neuen Heimat den 21. December 1869. — Hauptwerk: „Deutsches Lesebuch", seit 1835; hierzu: ein „Wörterbuch" und das „Handbuch der deutschen Litteraturgeschichte" (1848—1855, unvollendet). — „Das Wessobrunner Gebet" (1827); „Geschichte des deutschen Hexameters und Pentameters bis auf Klopstock" (1831); „Das Landrecht des Schwabenspiegels in seiner ältesten Gestalt" (1840); „Vocabularius optimus" (1847); „Walther von der Vogelweide, nebst Ulrich von Singenberg und Leutold von Seven" (1862, zusammen mit M. Rieger); „Sprache und Sprachdenkmäler der Burgunden" (1868); „Johann Fischarts von Straßburg und Basels Antheil an ihm" (1870). Kleinere Abhandlungen im „Schweizerischen Museum für historische Wissenschaften" (1837—1839, namentlich: „Die epische Poesie", „Über die dramatische Poesie", „Die germanischen Personennamen"). — Der Deutschen Litteratur gehört Wackernagel durch eine Reihe launiger, gemüthvoller Gedichte an: „Gedichte eines fahrenden Schülers" (1828), „Proben" (1829), „Neuere Gedichte" (1842), „Zeitgedichte" (1843), „Weinbüchlein" (1845), „Gedichte" (1873).

Moriz Haupt.

Holzschnitt von A. Neumann nach Originalphotographie. Aus den bei S. Hirzel erschienene „Opuscula" Haupts. Verkleinerter Ausschnitt.

Moriz Haupt, geb. 27. Juli 1808 zu Zittau, studierte unter Gott Hermann in Leipzig 1826—1830, promovierte 1831, lebte dann bei se kranken Vater in Zittau, wo er sich in Muße seinen klassischen und ger stischen Studien hingeben konnte. 1837 habilitierte er sich in Leipzig, u daselbst 1841 außerordentlicher Professor der klassischen Philologie und ordentlicher Professor für Deutsche Sprache und Litteratur. In Leipzig hie Vorlesungen über klassische, altfranzösische und germanistische Fächer. 1851 w er wegen angeblicher Betheiligung an revolutionären Bestrebungen seines A entzogen; in Berlin erhielt er 1853 Lachmanns Lehrstuhl. Hier las er bis auch germanistische Collegia. 1861 war er Mitglied der Berliner Akademie ständiger Secretär ihrer philosop historischen Classe geworden. In B starb er den 5. Februar 1874. Haupt gleich nicht Lachmanns u rer Schüler, so ist er doch der seiner Nachfolger, welcher auf die gestaltung Deutscher Dichtungen strenge kritische Methode am schä sten anwandte. — Ausgaben: „ eine Erzählung von Hartmann Aue" (1839), kurze Berichtigungen Nachträge in Zeitschrift III, 2 273), „Der gute Gerhard, eine zählung von Rudolf von Ems" (1 „Die Lieder und Büchlein und arme Heinrich, von Hartmann Aue" (1842); „Engelhard, eine zählung von Konrad von Würz (1844); „Der Winsbeke und die beke" mit Anmerkungen (1845); Lieder Gottfrieds von Neifen" (1 „Des Minnesangs Frühling" (h gegeben von K. Lachmann un Haupt, 1857); „Neidhart von R thal" (1858); „Moriz von C eine Altdeutsche Erzählung" („Von dem übeln Weibe" (187 Ferner besorgte er die dritte gabe vom „Iwein", Lachmann-S (1868), die dritte von Lach „Wolfram" (1872), die dritte und vierte Ausgabe von Lach „Walther". — Zeitschriften: deutsche Blätter" (mit Hoffman Fallersleben), „Zeitschrift für sches Alterthum" (1841 ff., hieri Textausgaben und Abhandlunge Haupts).

Karl Adolf Wilhelm Holtzmann, geb. 2. Mai 1810 zu Karlsruhe, studierte in Halle (1828) und in Berlin (1829—1831) Theologie, war kurze Zeit Vikar in Kandern, studierte 1832 bis 1833 in München Orientalia und Germanistik, arbeitete hier auch unter Schmeller, setzte seine orientalischen Studien 1834 und 1835—1837 in Paris fort, wurde 1837 vom Großherzoge Leopold von Baden mit Charakter eines Lycealprofessors zum Erzieher seiner Söhne berufen, 1843 zum Hofrathe und unterm 24. April 1852 zum ordentlichen Professor der Deutschen Sprache und Litteratur in Heidelberg ernannt. Die dortige philosophische Facultät machte ihn zum Ehrendoctor; hier starb er den 3. Juli 1870. — Von Holtzmanns Arbeiten auf dem Gebiete der orientalischen Sprachen und von sprachvergleichenden Untersuchungen wird hier abgesehen. Als seine hauptsächlichsten germanistischen Arbeiten, welche von der Lachmann'schen Schule durchaus unabhängig sind, seien hier aufgeführt: „Über das Verhältnis der Malberger Glosse zum Texte der Salica" (1852), „Untersuchungen über das Nibelungenlied" (1854), „Kampf um der Nibelungen Hort gegen Lachmanns Nachtreter" (1855), „Kelten und Germanen" (1855), „Das Nibelungenlied" (1857 u. ö.), „Die Klage" (1859), „Der große Wolfdietrich" (1865), „Altdeutsche Grammatik" (unvollendet, 1870), „Germanische Alterthümer" (herausgegeben von Holder, 1873), „Deutsche Mythologie" (herausgegeben von Holder, 1874), „Die ältere Edda übersetzt und erklärt" (herausgegeben von Holder, 1875).

Adolf Holtzmann.

Nach einer Originalphotographie umgezeichnet.

Deutsche Sprachforscher und Litterarhistoriker.

Franz Pfeiffer (1815—1868); **Karl Müllenhoff** (1818—1884); **Wilhelm Scherer** (1841—1886).

Franz Pfeiffer.

Holzschnitt nach einer Originalphotographie. („Leipziger Illustrierte Zeitung" Nr. 1303 vom 20. Juni 1868.) Verkleinert.

Karl Müllenhoff.

Nach einer Originalphotographie umgezeichnet.

Franz Pfeiffer, geb. 27. Februar 1815 zu Solothurn, studierte 1834 bis 1840 in München, wurde 1843 Sekretär des litterarischen Vereines in Stuttgart, 1846 Professor und königl. Bibliothekar daselbst, 1857 Professor der Deutschen Sprache und Litteratur in Wien, 1860 Mitglied der dortigen k. k. Akademie, starb in Wien den 29. Mai 1868. — Ausgaben: „Die Weingartner Liederhandschrift" (1843); „Barlaam und Josaphat von Rudolf von Ems" (1843); „Die alte Heidelberger Liederhandschrift" (1844); „Der Edelstein von Ulrich Boner" (1844); „Livländische Reimchronik" (1844); „Deutsche Mystiker des XIV. Jahrhunderts" (I., II., 1845, 1857); „Wigalois, eine Erzählung von Wirnt von Gravenberg" (1847); „Mai und Beaflor, eine Erzählung aus dem XIII. Jahrhundert" (1848); „Theologia deutsch" (1851); „Heinzelin von Constanz" (1852); „Die Deutschordenschronik des Nicolaus von Jeroschin" (1854); „Berthold von Regensburg" (I. 1862, II. 1880 von J. Strobl); „Walther von der Vogelweide" (1864, in der von Pfeiffer begründeten Sammlung: „Deutsche Klassiker des Mittelalters"); „Altdeutsches Übungsbuch" (1866). — Abhandlungen: „Freie Forschung" (1867); „Zur Deutschen Litteraturgeschichte" (1855); „Über Wesen und Bildung der höfischen Sprache in mittelhochdeutscher Zeit" (1861); „Forschung und Kritik auf dem Gebiete des Deutschen Alterthums" (I. 1863, II. 1866). — Seit 1856 gab er heraus die „Germania", Vierteljahrsschrift für deutsche Alterthumskunde.

Wilhelm Scherer, geb. 26. April 1841 zu Schönborn in Niederösterreich, studierte in Wien und in Berlin (Schüler Haupts und Müllenhoffs), habilitierte sich in Wien, wurde hier 1868 Professor für Deutsche Sprache und Litteratur und als solcher 1872 nach Straßburg und 1877 nach Berlin berufen. 1884 wurde er Mitglied der Akademie, starb zu Berlin den 6. August 1886. — Hauptwerk: „Geschichte der Deutschen Litteratur" (1883). — Zusammen mit Müllenhoff: „Denkmäler Deutscher Poesie und Prosa" (1864). — „Leben Willirams Abtes von Ebersberg in Baiern" (1866); „Zur Geschichte der Deutschen Sprache" (1868); „Deutsche Studien" (1870—1878, I. Spervogel, II. Die Anfänge des Minnesanges, III. Dramen und Dramatiker), „Geschichte des Elsasses" (1871, zusammen mit O. Lorenz); „Vorträge und Aufsätze zur Geschichte des geistlichen Lebens in Deutschland und Österreich" (1874); „Emanuel Geibel" (1884), „Jacob Grimm" (1885). Seit 1874 gab er mit ten Brink, Steinmeyer und Martin heraus: „Quellen und Forschungen zur Sprache und Culturgeschichte der germanischen Völker"; hierin sind von ihm: „Geistliche Poeten der deutschen Kaiserzeit" (I. 1874, II. 1875); „Geschichte der deutschen Dichtung im XI. und XII. Jahrhundert" (1875); „Die Anfänge des deutschen Prosaromans und Jörg Wickram von Colmar" (1877); „Aus Goethes Frühzeit" (1879).

Wilhelm Scherer.

Nach einer Originalphotographie aus dem Jahre 1874 umgezeichnet.

Karl Victor Müllenhoff, geb. zu Marne im Süderdithmarschen den 8. September 1818, studierte in Kiel (1837), Leipzig (1838) und Berlin (1839—1841), hier namentlich unter Lachmann, dessen Unterricht für seine wissenschaftliche Richtung entscheidend wurde. 1842 promovierte er in Kiel, wo er seit 1843 als Docent wirkte. Hier wurde er 1846 außerordentlicher, 1854 ordentlicher Professor für Deutsche Sprache, Litteratur und Alterthumskunde. 1858 erhielt er die ordentliche Professur für Germanistik in Berlin, wurde 1864 Mitglied der Akademie, später Geh. Regierungsrath, und starb zu Berlin den 19. Februar 1884. — Hauptwerk: „Deutsche Alterthumskunde" (I. 1870, V. 1 1883, beides unvollendet). — Andere Werke: „Sagen, Märchen und Lieder der Herzogthümer Schleswig, Holstein und Lauenburg" (1845); „Kudrun" (1845, Lachmanns Nibelungentheorie auf Gudrun angewendet); „Zur Runenlehre" (1852); „Zur Geschichte der Nibelunge Not" (1855); „Denkmäler Deutscher Poesie und Prosa aus dem VIII. bis XII. Jahrhundert" (1864, zusammen mit W. Scherer). Viele Aufsätze in der Zeitschrift für Deutsches Alterthum (namentlich die „Zeugnisse und Excurse zur deutschen Heldensage"). Müllenhoff veranlaßte und leitete die Herausgabe des „Deutschen Heldenbuches" (fünf Bände, Berlin, 1866 bis 1873; der „Laurin" ist von ihm bearbeitet).

II. Abtheilung.

Abbildungen zur Geschichte der Deutschen Litteratur.

Celebrāt carminibus antiquis (quod unū apud illos memorie et annaliū genus est) Tvistonē deū terra editum. & filiū mannū originē gentis conditoresq.

a.

Sunt illis hec quoque carmina, quorū relatu quem barditū uocant, accendunt animos futureq pugne fortunā ipso cantu augurant. Terrent enī trepidant ue, prout sonuit acies. nec tam uoces ille q̄ uirtutis concentus uidentur. Affectatur precipue asperitas soni, et fractū murmur, obiectis ad os scutis, quo plenior et grauior uox repercussu intumescat.

b.

a. b. Die Handschrift der „Germania" des Tacitus, welcher diese beiden Stellen entnommen sind, wird in der Vatikanischen Bibliothek zu Rom unter Nr. 1862 aufbewahrt. Sie gehört erst der Mitte des XV. Jahrhunderts an und ist in italienischer Kursivschrift geschrieben; sie ist noch die beste der erhaltenen Handschriften, wenngleich sie nicht ohne viele Schreibfehler ist.

Septem & triginta annorum etas duodecim potentie expleuit. caniturq. adhuc barbaras apud gentes,

c.

c. Stelle aus den „Annalen" des Tacitus (Buch II, 88, Ende des zweiten Buches), aus welcher hervorgeht, daß der Germanen Held Arminius (gestorben 21 n. Chr. im Alter von 37 Jahren) um das Jahr 116, als Tacitus dieses Buch der Annalen schrieb, in Liedern fortlebte. — Aus der einzigen, Mediceischen Handschrift (Medicaeus 68, 1), welche die ersten Bücher (und sonst nur in Bruchstücken) überliefert. Sie gehört dem X. Jahrhundert an und wurde im Kloster Corvey in Westfalen durch Angelo Arcimboldo aufgefunden und an Leo X. geschickt. Nach dessen Tode (1521) kam sie nach Florenz.

Abdruck a

Celebrant carminibus antiquis (quod unum apud illos memoriae et annalium genus est) Tuisconem[1] deum terra editum, et filium Mannum originem gentis conditoresque.[2]

[1] so ist zu lesen statt Tvistonem; an dem Rand ist von der Hand des Schreibers gesetzt: Tuistonem
[2] so ist zu lesen statt conditoresq.

Übersetzung a.

Sie (die Germanen) feiern in alten Liedern (was bei ihnen die einzige Art von geschichtlicher Erinnerung und Jahrbüchern ist) den erdgeborenen Gott Tuisco und seinen Sohn Mannus als Stammväter und Gründer ihres Volkes.

Abdruck b.

Sunt illis haec quoque carmina quorum relatu, quem barditum vocant, accendunt animos futuraeque pugnae fortunam ipso cantu augurantur. Terrent enim trepidantve, prout sonuit acies, nec tam voces[1] illae quam virtutis concentus videntur. Affectatur praecipue asperitas soni et fractum murmur objectis ad os scutis quo plenior et gravior vox repercussu intumescat.

[1] so ist zu lesen statt uoces — videntur.

Übersetzung b.

Sie (die Germanen) haben auch solche Gesänge, durch deren Absingen, welches sie Barditus nennen, sie den Mut entflammen und aus deren Klange selbst sie die Entscheidung einer Schlacht vorhersagen; denn sie jagen entweder Furcht ein oder geraten selbst in Schrecken, je nachdem die Schlachtreihe ertönte, und der Barditus[1] scheint nicht sowohl ein Zusammentönen der Stimmen, als ein Ausdruck der Tapferkeit zu sein. Es wird namentlich eine Rauhheit des Klanges erstrebt und ein gebrochenes Murmeln, zu welchem Zwecke die Schilde an den Mund gehalten werden, damit durch den Widerhall die Stimme desto voller und kräftiger anschwelle.

[1] Das Wort „Barditus" ist ein verhängnisvolles geworden. Klopstock und seine Nachfolger ([illegible]) machten daraus Bardengesänge, eine ganz [illegible] Dichtungsart, die Barden [illegible], eine ganz neue Bardenschule entstand, und noch heute lesen wir mit Claudius Deutschland als „der alten Barden Vaterland". Barditus ist „Bartgesang", [illegible] „Barritus" oder „Schildgesang"?)

Nebenstehend:

a. b. c. „Zeugnisse aus Tacitus über Heldenlieder und Schlachtgesänge der alten Germanen."*

Cajus Cornelius Tacitus, welchem wir die wichtigsten [illegible] Nachrichten über das alte Deutschland verdanken, ist gegen 54 n. Chr. wahrscheinlich in Interamna (Umbrien) geboren, war 78 unter Vespasian Quästor, 88 unter Domitian Prätor, 97 unter Nerva Consul suffectus. Er starb wahrscheinlich 117 oder 119. Seine für uns wichtigste Schrift, die „Germania", verfaßte er im Winter 98 auf 99. Seine „Annalen" umfassen die Geschichte der Jahre 14—68; erhalten sind nur Buch I—IV, VI und XI—XVI, [illegible] von Buch V [illegible], auch wegen seiner Nachrichten über Deutschland wichtigen Werkes. Auch seine „Historiae" sind nicht vollständig erhalten; nur Buch I—IV und einige Kapitel von Buch V, umfassend die Jahre 69—70. — Ein echtes Bildnis dieses größten römischen Geschichtschreibers ist nicht erhalten; die Büsten und Bilder, welche in der Neuzeit seinen Namen tragen, sind nur Nachbildungen einer falschen Gemme.

Deutsche Runen von der Nordendorfer Spange, aufgefunden 1843

ᛚᛟᚷᚨᚦᛟᚱᛖ
ᚹᛟᛞᚨᚾ
ᚹᛁᚷᛁᚦᛟᚾᚨᚱ

ᛚᛟᚷᚨᚦᛟᚱᛖ
ᚹᛟᛞᚨᚾ
ᚹᛁᚷᛁᚦᛟᚾᚨᚱ

Nach [illegible] (Marburg) ist diese Inschrift so zu lesen und zu deuten:

Loga	thore
[illegible]	[illegible]
Vodan	
Wodan	
[illegible]	[illegible]
[illegible]	[illegible]

(Aus der Zeitschrift für Deutsches Altertum, neue Folge, Band II.)

Abdruck und Übersetzung c.

(Arminius) septem et triginta annos vitae, duodecim potentiae explevit, caniturque adhuc barbaras apud gentes.

Arminius hat sein Leben auf 37 Jahre gebracht und war 12 Jahre Herrscher; er wird noch bei den barbarischen Völkern besungen.

EKHLEVAGASTIM HOLTINGAM HORNA TAVIDO

Runeninschrift des goldenen Horns von Tondern.

Ulfilas (oder wie die Gothische Form seines Namens lautet: Wulfila, während die gebräuchliche Form Ulfilas die Griechische Umschreibung seines Namens ist), der Bibelübersetzer, ist 310 oder 311 geboren. Wahrscheinlich gehört er einer christlichen Familie aus Sadagolthina bei Parnassus in Cappadocien an, welche um 267 von Gothen gefangen fortgeführt wurde. Jedenfalls wurde er unter den Gothen geboren und wuchs unter ihnen auf. Im Jahre 341 wurde er auf der Synode zu Antiochia von Eusebius von Nikomedien zum ersten Bischofe der Westgothen geweiht. Diese, meist Arianische Christen, wohnten damals nördlich von der Donau, von wo sie Ulfilas im Jahre 348, als sie ihres Glaubens wegen von Athanarich verfolgt wurden, über die Donau nach Mösien (bei Nikopolis am Hämus) führte, wo ihnen Constantius neue Wohnsitze angewiesen hatte. Im Jahre 360 war er auf einer Synode zu Constantinopel, wo er im Anfange des Jahres 381 (oder Ende 380) auch starb, als er dorthin auf Aufforderung des Kaisers Theodosius sich begeben hatte. — Ulfilas soll die ganze Bibel mit Ausnahme der Bücher der Könige ins Gothische übersetzt haben. Ob dies wirklich der Fall ist, muß zweifelhaft bleiben; jedenfalls gehört aber die Hauptmasse der jetzt noch erhaltenen Gothischen Bibelübersetzung ihm an. — Ihm gebührt auch das Verdienst, aus den in seinem Volke gebräuchlichen Germanischen Runen und aus Griechischen Buchstaben ein Alphabet geschaffen zu haben, in welchem er seine Übersetzung niederschrieb.

Photolithographie von C. Angerer & Göschl in Wien.

Eine Seite aus dem Codex argenteus des Ulfilas, welcher jetzt auf der Universitätsbibliothek zu Upsala aufbewahrt wird.

Diese ehrwürdigste aller Handschriften der Germanischen Stämme ist auf Purpurpergament mit silbernen und goldenen Buchstaben geschrieben und gehört wohl noch dem V. Jahrhundert an. Ursprünglich zählte sie 330 Blatt, jetzt sind nur noch 187 vorhanden, nachdem 10 Blatt, welche in der Zeit von 1821–1834 [illegible] 1857 [illegible] — Im XVI. Jahrhundert war die Handschrift noch im Kloster Werden an der Ruhr, befand sich im XVII. im Besitze Kaiser Rudolfs II. in Prag, wurde 1648 von den Schweden [illegible] und kam in den Besitz der Königin Christine von Schweden, welche sie dem Niederländischen Gelehrten Isaak Vossius überließ. [illegible] 1662 [illegible] (daher der Name Codex argenteus) [illegible] Universität Upsala überwies. — Der erste Abdruck des Codex argenteus wurde 1665 durch Franciscus Junius besorgt (siehe Seite 31).

Ulfilas' Übersetzung des Evangeliums des Marcus, Kapitel 7, Vers 3—7.

[iþ Fareisaieis jah allai]
[denn (die) Pharisäer und alle]
Iudaieis, nibai ufta þwahand han-
Juden, wenn nicht oft (sie) waschen (die) Hän-
duns, ni matjand, habandans
de, nicht (sie) essen, haltend
anafilh þize sinistane. jah
(die) Vorschrift der Ältesten und
af maþla nibai daupjand, ni mat-
von (dem) Markte wenn nicht sie sich waschen, nicht (sie) es-
jand. jah anþar ist managata þa-
sen, und anderes ist manches das
tei andnemun du haban, daupei-
sie annahmen zu halten, Waschungen
ns stikle jah aurkje jah ka-
(der) Becher und (der) Krüge und (der) Kes-
tile jah ligre. þaþroh þan fre-
sel und (der) Lager. darauf dann frag-
hun ina þai Fareisaieis jah þai
ten ihn die Pharisäer und die
bokarjos: duhwe þai siponjos
Schriftgelehrten: warum die Jünger
þeinai ni gaggand bi þammei
deine nicht gehen (wandeln) nach dem, was überliefert
anafulhun þai sinistans, ak un-
haben die Ältesten, sondern mit un-
þwahanaim handum matjand
gewaschenen Händen essen (sie)
hlaif? iþ is andhafjands qaþ
Brot? Aber er antwortend sprach
du im: þatei waila praufetida
zu ihnen: daß wohl prophezeite
Esaias bi izwis þans liutans,
Esaias über euch die Heuchler,
swe gameliþ ist: so managei
wie geschrieben ist: dieses Volk
wairilom mik sweraiþ, iþ hair-
(mit) Lippen mich ehrt, aber das Herz
to ize fairra habaiþ sik mis.
ihr fern hält sich von mir.
iþ sware mik blotand, laisjandans
vergeblich aber mich verehren sie, lehrend

Quī ascenderas in templum orare testante evangelio

Anfang der Gothischen Übersetzung des Epheserbriefes aus dem Codex Ambrosianus A.

[illegible]

Abdruck und Übersetzung aus dem Gothischen Codex Ambrosianus A.

A. F.

Aipistaule Pawlaus du Aifaisium
Epistel Pauli an die Epheser

anastodeiþ
beginnt

Pawlus apaustaulus Xristaus
Paulus Apostel Christi

Iesuis þairh wiljan gudis þai[m]
Jesu durch den Willen Gottes den

weihaim þaim wisandam in Aifai-
heiligen den seienden in Ephe-

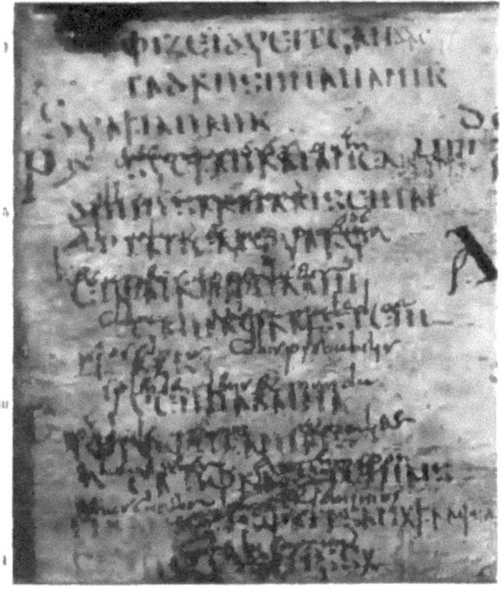

Ein Stück aus den Wolfenbütteler Bruchstücken der Gothischen Übersetzung des Römerbriefes, Capitel 15, Vers 3, 4, 5.

[illegible]

Abdruck und Übersetzung aus den Wolfenbütteler Gothischen Fragmenten des Römerbriefes.

1 þize idweitjandane þuk
der Schmähenden dich

gadrusun ana mik
fielen auf mich

Swa filu auk
So viel auch

swe faura gamelid warþ,
wie vorher geschrieben ward,

5 du unsarai laiseinai
zu unserer Lehre

gamelid warþ,
geschrieben ward,

ei þairh þulain
damit durch Geduld

jah gaþrafstein
und Trost

boko
der Bücher

10 wen habaima.
Hoffnung wir haben

iþ guþ þulainais
Aber Gott der Geduld

jah þrafsteinais
und des Trostes

gibai izwis þata samo fraþj[an]
gebe euch das selbe denken

14 in izwis misso
in euch einander

HWÆT WE GARDE
na in gear dagum þeod cyninga
þrym ge frunon hu ða æþelingas ell
en fremedon. oft scyld scefing sceaþe
na þreatum monegū mægþum meodo setl
of teah egsode eorl syððan ærest wear
fea sceaft funden he þæs frofre gebad
weox under wolcnum weorð myndum þah
oð þ him æghwylc þara ymb sittendra
ofer hron rade hyran scolde gomban
gyldan þ wæs god cyning. ðæm eafera wæs
æfter cenned geong in geardum þone god
sende folce to frofre fyren ðearfe on
geat þe hie ær drugon aldor[lea]se. lange
hwile him þæs lif frea wuldres wealdo
worold are for geaf. beowulf wæs breme
blæd wide sprang scyldes eafera scede
landum in. Swa sceal [illegible]
ge wyrcean fromum feoh giftum on fæder [illegible]

Erste Seite der einzigen Handschrift des „Beowulf“

[illegible]

Anfang des angelsächsischen Epos „Beowulf“.

Hwæt! we Gar-Dena[1] in geardagum
Fürwahr wir (der) Ger-Dänen in (den) Tagen der Vorzeit

þeodcyninga þrym gefrunon:[2]
(der) Volkskönige Ruhm erfahren:

hu ða æþelingas ellen fremedon!
wie (damals) die Edelinge Heldenthaten ausübten!

Oft Scyld Scefing[3] sceaþe[na] þreatum,
oft Scyld (der) Scefing (den) Feinde Schaaren

monegum mægþum meodosetl[a] ofteah
manchen Magschaften (den) Metsitz verwehrte

egsode eorl, syððan ærest wea[rð]
(er) ängstete den Adelgeborenen, seitdem zuerst (er) ward

feasceaft funden; he þæs frofre gebá[d]
hülflos gefunden; er dafür Trost erlebte

weox under wolcnum weorðmyndum þah
(er) wuchs unter (den) Wolken durch Würde

oð þæt him æghwylc þara ymbsittendra
bis daß ihm jeder der Umsitzenden (Nachbaren)

ofer hronrade hyran scolde
über die Wallfischstraße (das Meer) gehorchen mußte

gomban gyldan: þæt wæs god cyning!
(und) Zins zahlen: das war (ein) guter König!

ðæm eafera wæs æfter cenned
dem (ein) Sohn war nachher geboren

geong in geardum þone god sende
jung in (den) Wohnungen (im Hause) den Gott sandte

folce to frofre; fyrenðearfe ongeat
dem Volke zu Troste; Jammernoth er gesehen hatte

þæt hie ær drugon aldorlea[se][4]
die sie eher ertragen die Fürsten-los

lange hwile. him þæs liffrea,
lange Weile (her): ihm dafür der Herr des Lebens [illegible]

wuldres[5] wealdend[5] woroldare forgeaf:
der Herrlichkeit waltende, Weltruhm gab

Beowulf wæs brem[e] blæd wide sprang
Beowulf war berühmt — sein Ruhm weit sprang —

Scyldes eafera Scedelandum in.
Scyldes Sohn in den Schedelanden.

Swa sceal geong [gu]ma[6] gode gewyrcean
So soll junger Mann mit Gut erwirken

fromum feohgiftum on fæ[der]
mit trefflichen Geldgeschenken in (des) Vaters [illegible]

Erklärende Bemerkungen zu nebenstehendem Abdruck des „Beowulf“

1 Gar-Dena = Lanzen-Dänen; die beiden Schildinge als Unterthanen Scyld's und seiner Nachfolger. 2 Verse 1, 2 = Ehedem, wir erfuhren den Ruhm der Volkskönige, der Ger-Dänen aus den Tagen der Vorzeit. 3 Scyld, der Sohn Scef's, der Vater Beowulfs, Herrscher der Dänen [illegible] 4 [illegible] 5 [illegible] 6 [illegible] = ein junger Mann.

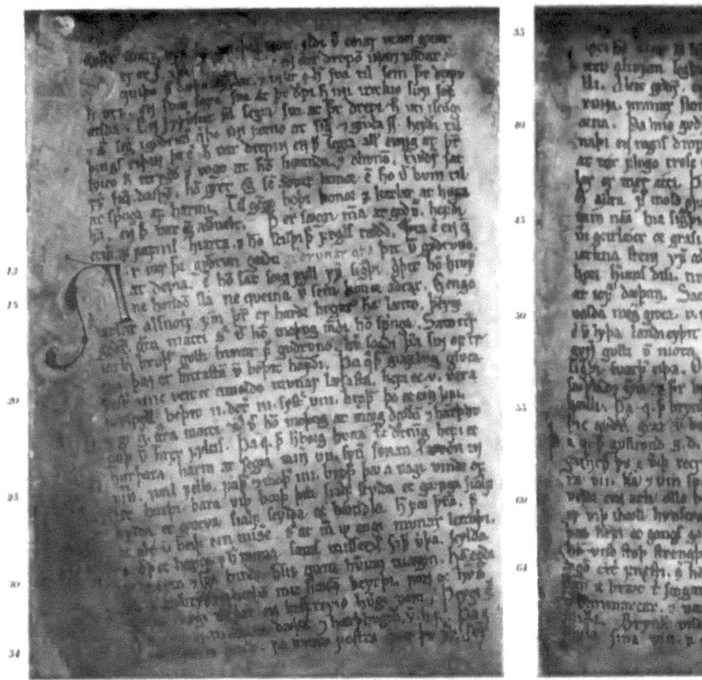

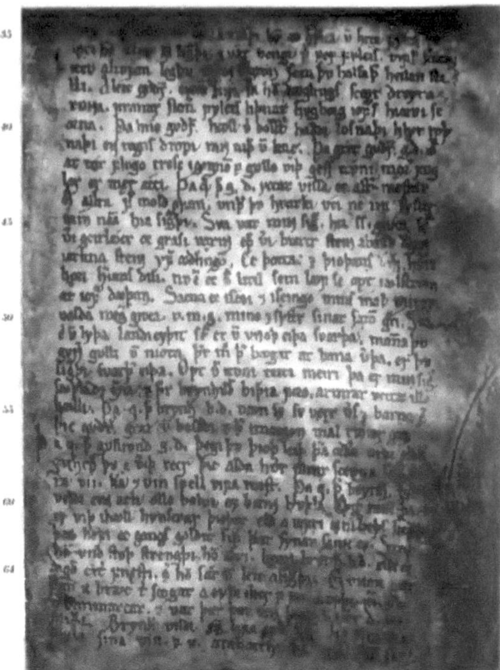

Zwei Seiten aus der ältesten Handschrift der älteren „Edda“, dem Codex regius der königl. Bibliothek zu Kopenhagen (Nr. 2365), XIV. Jahrhundert.

(Zeile 13.) 1. Ár var þat er Gudrun gørdiz at deyja, er hon sat sorgfull yfir Sigurþi: gerþit hon hiufra né hondom sla né queina um sem konor aðrar. (Zeile 15.) 2. Gengo iarlar alsnotrir fram, þeir er harðz hugar hana lattu; þeygi Gudrun grata matti, sva var hon móþug, at mundi hon springa. (Zeile 17.) 3. Sato itrar iarla bruþir gulli bunar fyr Gudruno, hver sagði þeirra sin oftrega, þann er bitrastan um beþit hafði. (Zeile 19.) 4. Þa quaþ þat Giaflaug, Giuca systir: „mik veit ek a moldo munarlausasta; hefi ek fimm vera forspell beþit, tveggia dotra, þriggia systra, atta bruþra, þo ek ein lifi.“ (Zeile 22.) 5. Þeygi Gudrun grata matti, sva var hon móþug at mog dauþan ok harþhugup um hrer fylkis. (Zeile 23.) 6. Þa quaþ þat Herborg Hunalanz drotning: „hefi ek harþara harm at segja: minir siau synir sunnanlandz ver in atti i val fello. (Zeile 25.) 7. Faþir ok moþir, fiorir broþr, þau a vagi vindr of lec, barþi bara viþ borþþili. (Zeile 26.) 8. Sialf scylda ec gaufga, sialf scylda ec haunda helfor þeirra; þat ec alt um beiþ ein misseri, sva at mer mannr engi munar leitaþi. (Zeile 28.) 9. Þa varþ ec hapta ok hernuma sams misseris siþan verþa; scylda ec scryþa ok scua binda hersis quan hverjan morgin. (Zeile 30.) 10. Hon ogði mer af afbryþi ok hoþom mik haugum barþi; fan ek husguma hvergi in betra en husfreyjo hvergi verri.“ (Zeile 32.) 11. Þeygi Gudrun grata matti, sva var hon móþug at mog dauþan ok harþhugud um hrer fylkis. (Zeile 33.) 12. Þa quaþ þat Gullrond Giuka dottir: „fa kantu, fostra! þot þu froþ ser, ungo vifi andsvor bera“. Varþi hon at hylja um hrer fylkis. (Zeile 35.) 13. Svipti hon blæjo af Sigurþi ok vaf vengi fyr vifs knean: „litto a liufan, legþu munn við grön, sem þu halsaþir heilan stilli“. (Zeile 38.) 14. A leit Gudrun eino sinni, sa hon doglings scaur dreyra runna, fránar sionir fylkis liþnar, hugborg iofurs hiorvi scorna. (Zeile 40.) 15. Þa hne Gudrun haull við bolstri, haddr losnaþi, hlyr roþnaþi, en regns dropi rann niþr um kne. (Zeile 41.) 16. Þa gret Gudrun Giuka dottir, sva at tár flugo tresc i gognum, ok gullo viþ gæs i túni mærir fuglar er mer atti. (Zeile 43.) 17. Þa quaþ þat Gullrond Giuka dottir: „ycrar vissa ec astir mestar manna allra fyr mold ofan; unþir þu hvarki uti ne ini, systir min, nema hia Sigurþi“. (Zeile 45.) 18. „Sva var minn Sigurþr hia sonum Giuca, sem væri geirlaukr or grasi vaxinn, eþa væri biartr steinn a band dreginn, iarknasteinn yfir oþlingom! (Zeile 47.) 19. Ec þotta oc þioþans reccom hverri hæri Herjans disi; nu em ec sva litil sem lauf sé opt i aulstrum at iofur dauþan. (Zeile 49.) 20. Sacna ec i sessi ok i sængo mins malvinar, valda megir Giuka, valda megir Giuka minu bolvi ok systur sinar sarum greti. (Zeile 50.) 21. Sva er … lyþa landi eyþit sem er um unnoþ eiþa svarþa. Munaþu, Gunnar, gullz um niota, þeir muno þer baugar at bana verþa, er þu Sigurþi svarþir eiþa.“ (Zeile 53.) 22. Opt var i túni teiti meiri, þa er minn Sigurþr saþlaþi Grana, ok þeir Brynhildar biþja foro, armrar vettar, illo heilli“. (Zeile 55.) 23. Þa quaþ þat Brynhildr Buðla dottir: „vonn sé su vettr vera ok barna, er þic, Gudrun, grats um beiddi, ok þer i morgun malrunar gaf!“ (Zeile 57.) 24. Þa quaþ þat Gullrond Giuka dottir: „þegi þu, þioþleiþ! þeira orþa; urþr oþlinga hefir þu æ verit; rekr þic alda hverr illrar scepno, sorg sara siau konunga ok vinspell vifa mest“. (Zeile 59.) 25. Þa quaþ þat Brynhildr Buðla dottir: „veldr ein Atli ollo bolvi, of borinn Buþla, broþir minn. (Zeile 60.) 26. Þa er viþ inni i hauli hunscrar þioþar eld a iofri ormbeþs litom; þess hefi ec gangs goldit siþan, þeirar sionar sakna ec.“ (Zeile 62.) 27. Stoþ hon und staþ, strengþi hon afl, brann Brynhildi Buðla dottur eldr or augom, eitri fnæsti, er hon sar um leit a Sigurþi.

Abdruck und Übersetzung des „Gudrunliedes“, Zeile 13—64 der obigen beiden Seiten der Edda-Handschrift, 27 Strophen, deren Beginnen durch Striche abgeteilt sind.

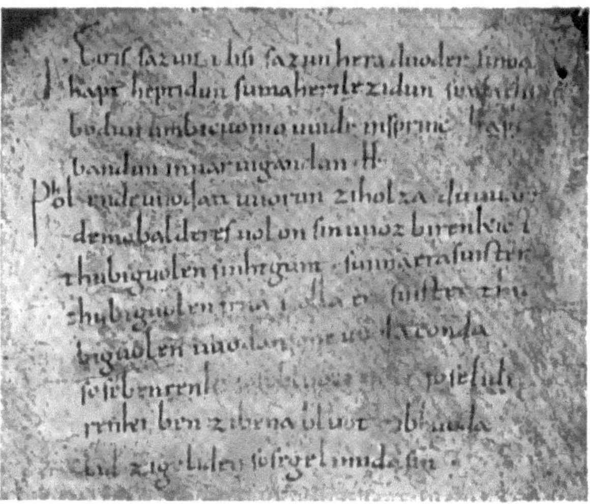

Eiris sazun idisi sazun hera duoder suma
hapt heptidun sumaheri lezidun sumaclu
bodun umbicuonio uuidi insprinc hapt
bandun inuar uigandun. H.
Phol ende uuodan uuorun ziholza. du uuart
demobalderes uolon sinuuoz birenkict.
thubiguolen sinhtgunt. sunna erasuister
thubiguolen friia uolla era suister thu
biguolen uuodan so he uuola conda
sosebenrenki sosebluotrenki soselidi
renki. ben zibena bluot zibluoda
lid zigeliden sosegelimida sin.

Die beiden Merseburger Zaubersprüche.

Sie sind enthalten auf Blatt 84 der aus verschiedenen Stücken zusammengehefteten Handschrift Nr. 58 der Merseburger Dombibliothek. Sie sind auf den Platz, welcher auf dieser Seite der Meßhandschrift noch unbeschrieben war, von einer Hand des X. Jahrhunderts nachträglich geschrieben. — Georg Waitz entdeckte diese, noch in das Deutsche Heidentum zurückreichenden Sprüche im Jahre 1841. Jakob Grimm gab sie zuerst heraus 1842. (Müllenhoff und Scherer, Denkmäler IV, 1.)

Erster Merseburger Zauberspruch

(Auf die Lösung eines Kriegsgefangenen.)

Eiris sazun idisi, sazun hera duoder,
Einst setzten sich Idise,[1] setzten sich hierher dorthin.

suma hapt heptidun, suma heri lezidun,
einige Haft hefteten, einige (das) Heer aufhielten,

suma clubodun umbi cuoniouuidi:[2]
einige klaubten umgürteten Fesseln:

„Insprinc haptbandun, inuar uigandun".
„entspring (den) Haftbanden, entfahre (den) Feinden".

[1] Walküren. [2] Etymologisch noch nicht erklärt.

Zweiter Merseburger Zauberspruch

(Auf den verrenkten Fuß eines Pferdes.)

Phol ende Uuodan uuorun zi holza.
Vohl und Wodan fuhren (ritten) zu Holze (Walde).

du uuart demo Balderes uolon sin uuoz birenkict.
da ward dem Balders Fohlen sein Fuß verrenkt.

thu biguolen Sinhtgunt, Sunna era suister,
da besprachen Sinthgunt, Sunna ihre Schwester.

thu biguolen Friia, Uolla era suister,
da besprachen Freia, Volla ihre Schwester,

thu biguolen Uuodan, — so he uuola conda, —
da besprach Wodan, — so (wie) er wohl konnte verstand —

sose benrenki, sose bluotrenki, sose lidirenki:
so Beinverrenkung, so Blutverrenkung, so Gliederverrenkung:

„ben zi bena, bluot zi bluoda,
„Bein zu Beine, Blut zu Blute

lid zi geliden" sose gelimida sin.
Glied zu Gliedern" als ob (sie) zusammengeleimt seien.

DE POETA.

Dat * fregin ih mit firahim
firi uuizzo meista. Dat ero ni
uuas. noh uf himil. noh paum
noh pereg ni uuas. ni noh heinig
noh sunna ni stein. noh mano
ni liuhta. noh der mareo seo.
Do dar niuuiht ni uuas enteo
ni uuenteo. ⁊ do uuas der eino
almahtico cot. manno miltisto.
⁊ dar uuarun auh manake mit
inan. cootlihhe geista. ⁊ cot
heilac. Cot almahtico du
himil ⁊ erda * uuorahtos.
⁊ du mannun so manac coot
for*pi. forgipmir indino
ganada rehta galaupa.
⁊ cotan uuilleon. uuistom
enti spahida. ⁊ craft. tiufl
za uuidar stantanne. ⁊ arc
za pi uuisanne. ⁊ dinan uui
leon za * uurchanne.

Das Wessobrunner Gebet

Es steht in der aus dem Oberbayrischen Kloster Wessobrunn stammenden, jetzt in der Münchener Bibliothek befindlichen Handschrift (Codex 20, Blatt 65 und 66). Der Schrift nach gehört es in den Anfang des 9. Jahrhunderts, sein Inhalt jedoch zeigt Merkmale auch in heidnische Zeit. Es zerfällt in drei Theile: 1. Abschnitt Zeile 1–4, 2. Zeile 5–9, 3. Zeile 9–13. Die beiden ersten Theile sind in alliterierenden Versen abgefaßt. Der erste Theil vereint noch durchweg heidnische Anschauungen vom Uranfange der Dinge (vergl. Völuspa), welche im zweiten Theile in christlicher Anschauung ihre Lösung finden. Der dritte Theil ist ein christliches Gebet, welches an noch erhaltene Deutsche Gebets- und Beichtformeln anklingt. Müllenhoff und Scherer finden sich in diesem Gebete, welches als Prosa [illegible] ist, [illegible] es sich nicht verkennen läßt, daß der Schreiber der dem Gebete vorausgehenden Verse auch ein Gedicht niederschreiben wollte. Aber die Wiederherstellung dieses Gebetes als Gedicht würde doch wohl sehr schwierig und ebenso gewagt sein wie die verschiedenartigen Versuche, den arg zerstörten Text der beiden ersten Theile des Wessobrunner Gebetes wieder herzustellen. (Müllenhoff und Scherer, Denkmäler I.)

Erklärendes zur „Edda" auf nebenstehender Seite 4

Die ältere oder Sämundische Edda ist die in Island entstandene und aufgezeichnete Sammlung von [illegible] altnordischen Götter- und Heldenliedern. Ihren Namen hat die Sämundische Edda erhalten durch den Bischof Brynjolf Sveinsson in Island (1639–1674), welcher auf [illegible]

Das Wessobrunner Gebet

De Poeta.[1]
Vom Dichter.

Dat gafregin[2] ih mit firahim firiuuizzo meista
Das erfuhr ich mit (den) Menschen (als der) [illegible] größte (gro[illegible])

dat ero ni uuas noh ufhimil noh paum noh pereg uuas
daß Erde nicht war noch der Himmel oben noch Baum noch Berg war

ni noh heinig[3] noh sunna ni scein
nicht noch einziger noch Sonne nicht schien

noh mano ni liuhta noh der mareo seo:
noch Mond nicht leuchtete noch der herrliche See:

Do dar niuuiht ni uuas enteo ni uuenteo:
Da (als) da nichts nicht war (der) Enden und (der) Wenden:

enti do uuas der eino almahtico cot,
und da war der eine allmächtige Gott,

manno miltisto enti dar uuarun auh manake mit inan,
der Männer mildester und da waren auch manche mit ihm

cootlihhe geista enti cot heilac.
göttliche Geister und Gott (der) heilige.

Cot almahtico, du himil enti erda gauuorahtos enti du
Gott allmächtiger, (der) du Himmel und Erde wirktest (schufst) und (der)

mannun so manac coot forgapi, forgip mir in dino
Menschen so manches Gut gabst, gib mir in (deiner) deiner

ganada rehta galaupa enti cotan uuilleon uuistom enti spahida
Gnade rechten Glauben und guten Willen Weisheit und Klugheit

enti craft tiuflun za uuidarstantanne enti arc za piuuisanne
und Kraft Teufeln zu widerstehen und Arg zu vermeiden

enti dinan uuilleon za gauurchanne.
und deinen Willen zu wirken (thun).

„Hildebrandslied."

Einzelne Worte aus W. Grimms Lithographie von 1830.

hina — Zu Zeile 15. heraa — Zu Zeile 18.

miner. — Zu Zeile 19. uleop. — Zu Zeile 22.

prutt — Zu Zeile 21.

Das „Hildebrandslied"

ist der einzige Rest deutscher Heldensage, welcher noch in derjenigen Form überliefert ist, welche sie in heidnischer Zeit erhielt. Vom Liede fehlt der Schluß. Überliefert ist es in einer aus Fulda stammenden, jetzt auf der Landesbibliothek in Cassel aufbewahrten Handschrift. Es ist von zwei Händen auf das erste und letzte leere Blatt einer Handschrift theologischen Inhalts (cod. theol. 54) im IX. Jahrhundert geschrieben. Da die kostbaren Blätter, seit Wilhelm Grimm 1830 sein lithographisches Facsimile herausgab, in unverantwortlicher Weise durch Reagentien an einigen Stellen für immer verdorben sind, so sind diese so verdorbenen Worte, sowie einige schon früher verblaßte noch außerdem in Nachbildung nach der Grimmschen Lithographie gegeben. Da das zweite Blatt etwa in der Mitte eine von unten nach oben gehende Falte im Pergamente hat, welche bei der Aufnahme der Photographie nicht glatt gemacht werden konnte, wenn man nicht das Pergament noch mehr schädigen wollte, so sind ferner alle Worte, welche auf dieser Falte stehen, aus dem Grimmschen Facsimile hier nochmals nachgebildet. — Die Sage vom Kampfe zwischen Vater und Sohn ist auch noch in anderen indogermanischen Heldenliedern besungen. — Hildebrand und Dietrich sind vor Odoaker zum Hunnenkönige Etzel geflohen. Nach langen Jahren kehrt Hildebrand in seine Heimat zurück; sein Sohn Hadubrand, den er bei der Flucht als unerwachsenes Kind zurückließ, will ihm an der Landesmarke den Eintritt verwehren. Sie kämpfen; Hadubrand wird vom Vater erschlagen. So muß der Ausgang unseres heidnischen Gedichtes gewesen sein. Die spätere [illegible] Bearbeitung des XV. Jahrhunderts (siehe Seite 64) hat eine den milderen Anschauungen des [illegible] — Die Textüberlieferung des „Hildebrandsliedes" ist keine gute. Die beiden Schreiber (Fuldaer Mönche?) schrieben das Lied aus dem Gedächtnisse auf; sie ließen daher Halbverse und ganze Verse aus, vereinigten mehrere Verse zu einem, schoben Worte und Sätze ein, [illegible] Einzelne Worte und [illegible] des Liedes, welches damals, als sie es niederschrieben, schon mehrere hundert Jahre alt war, und das sich durch Überlieferung von Mund zu Mund erhalten hatte, waren den Schreibern damals schon selbst nicht mehr klar. Es ist daher nicht zu verwundern, daß das Hildebrandslied eines derjenigen ältesten deutschen Sprachdenkmäler ist, an welchem die verschiedensten Wiederherstellungsversuche und Erklärungen von Berufenen und Unberufenen gemacht sind, und daß die Meinungen über das Richtige sehr auseinandergehen. — Der gegenwärtige Abdruck, welcher hier notwendig war, hält sich streng an den überlieferten Text und giebt über jede Abweichung, welche erforderlich erschien, genau Rechenschaft. Daß die Übersetzung nicht wörtlich sein kann, ist selbstverständlich. (Müllenhoff und Scherer, Denkmäler I.)

Erklärende Bemerkungen zum „Hildebrandslied"

1 Hier fehlt die zweite Halbzeile. 2 Bedeutung nicht erklärbar. 3 vom Schreiber zur Erklärung eingeschoben. 4 hier fehlt der Übergang zur direkten Frage, welche Hildebrand stellt, sowie der Anfang seiner Frage. 5 im Texte steht [illegible] 6 steht ma? 7 hier müssen wieder ein Vers oder mehrere fehlen. 8 darba gistuontun ist offenbar aus Zeile 19, 27 irrtümlich hier nochmals wiederholt. 9 Statt: was quid er Deotrichhe [illegible] Müllenhoff und Scherer diesen zweiten Teil des Verses so: was er Deotrichhe. [illegible] so scheint dieser Vers ist entschieden verderbt, und ist die Rede Hadubrands nicht vollständig. 11 auch diese Verse sind verderbt, und die Rede Hildebrands ist mit [illegible] noch nicht zu Ende. Müllenhoff und Scherer gestalten hier den Text so:

dat du neo dana halt dinc ni gileitos
mit sus sippan man — —

Ik gihorta dat seggen[1]
Ich hörte das sagen

dat sih urhettun ænon muotin
daß sich Herausforderer (zu) einer Begegnung (Kampfe) (im Einzelkampfe)

Hiltibraht enti Hadubrant untar heriun tuem
Hildebrand und Hadubrand zwischen Heeren zweien

sunufatarungo[2] iro saro rihtun,
Sohn und Vater ihre Rüstung richteten,

garutun se iro gudhamun, gurtun sih iro suert ana,
bereiteten sie ihr Kampfkleid, gürteten sich ihre Schwerter an,

helidos, ubar ringa, do sie to dero hiltiu ritun.
(die) Helden über (die Panzer) Ringe, da sie zu dem Kampfe ritten.

Hiltibraht gimahalta: [Heribrantes sunu][3] her uuas heroro man
Hildebrand sprach: Heribrands Sohn er war (der) hehrere Mann

ferahes frotoro; her fragen gistuont
(des) Geistes weiser; er (zu) fragen [illegible] anfing,

fohem uuortum, wer sin fater wari
mit wenigen Worten, wer sein Vater wäre

fireo in folche[4]
der Menschen im Volke

. . . . eddo welihhes cnuosles[5] du sis
oder welches Geschlechtes du seist

ibu du mi enan sages, ik mi de odre uuet,
wenn du mir einen sagst, ich mir die andern weiß,

chind, in chunincriche: chud ist mir[6] al irmindeot!
Kind, im Königreiche: kund ist mir alles große Volk (Menschenvolk)!

Hadubraht gimahalta, Hiltibrantes sunu:
Hadubrand sprach, Hildebrands Sohn:

„dat sagetun mi usere liuti,
„Das sagten mir unsere Leute,

alte anti frote dea erhina warun,
alte und weise die ehedem (vordem) waren,

dat Hiltibrant hætti min fater: ih heittu Hadubrant.[7]
daß Hildebrand heiße mein Vater: ich heiße Hadubrand.

„forn her ostar giweit, floh her Otachres nid
„vormals er ostwärts ging, floh er Odoakers Haß

hina miti Theotrihhe, enti sinero degano filu.
von hinnen mit Dietrich, und seiner Degen (Helden) viel.

her furlaet in lante luttila sitten
er verließ im Lande (die) kleine sitzen

prut in bure, barn unwahsan,
(Braut) Frau in (der) Wohnung, (ein) Kind unerwachsen,

arbeo laosa: her raet ostar hina.
(Erbe) los: er ritt ostwärts von hinnen.

det sid Detrihhe darba gistuontun
seither Dietrich Darben (Mangel) [illegible]

fater[er]s mines. dat uuas so friuntlaos man:
Vaters meines. das war so freundloser Mann:

her was Otachre ummet irri,
er war dem Odoaker unmäßig zornig,

degano dechisto miti Deotrichhe; [darba gistontun][8]
(der) Degen (Helden) liebster mit dem Dietrich;

her was eo folches at ente: imo was eo fehta ti leop
er war immer des Volkes an (Ende) an der Spitze; ihm war immer Gefecht zu lieb

chud was her[9] chonnem mannum.
kund war er kühnen Männern.

ni waniu ih iu lib habbe[10]
nicht wähne ich noch (mehr) daß er Leben habe.

wettu irmingot, quad
wahrlich, großer Gott, sprach

„Hildebrandslied.“

Zu Zeile 30 · Zu Zeile 32 · Zu Zeile 46 · Zu Zeile 51

Einzelne Worte aus W. Grimms Lithographie von 1830.

Die auf der Falte des Pergamentes der zweiten Seite des „Hildebrandsliedes“ stehenden Worte aus W. Grimms Lithographie von 1830.

Letzte Zeile des „Hildebrandsliedes“ aus W. Grimms Lithographie von 1830.

Erklärende Bemerkungen zum „Hildebrandslied.“

10 Der Anfang der Erzählung, von dem ... fehlt. 11 ... in der Handschrift nicht deutlich. 14 Hier fehlen mehrere Silben. 15 In der Handschrift ... 16 Hier ... 17 Sechzig Sommer und sechzig Winter = sechzig Jahre. 18 Chunde = Hunnen. 19 ... [illegible] ... 23 ... [illegible] ... 25 ... [illegible]

Hiltibraht[1] obana ab heuane,
Hildebrand oben vom Himmel,
dat du neo dana halt mit sus sippan
daß du nie dann (fortan) mehr mit so gesippten
dinc ni gileitos ...“[11] [man / Mann]
Kampf nicht geleitest (führtest) ...“
want[12] her do ar arme wuntane bauga,[13]
Wand er da vom Arme gewundene Ringe,
cheisuringu gitan, so imo se der chuning gap,
von Kaisermünzen gemacht, so ihm sie der König gab,
Huneo truhtin: „dat ih dir it nu bi huldi gibu“.
der Hunnen Herr: „daß ich dir es nun mit Hulden gebe“.
Hadubraht gimalta, Hiltibrantes sunu,
Hadubrand sprach, Hildebrands Sohn,
„mit geru scal man geba infahan,
„mit Gere (Wurfspeere) soll man Gabe empfangen,
ort widar orte du bist dir, alter Hun,
Spitze wider (gegen) Spitze. Du bist dir, alter Hunne,
ummet spaher, spenis mih[14]
unmäßig (sehr) schlau, lockest mich
mit dinem wortun, wili mih dinu speru werpan.
mit deinen Worten, willst mich (mit) deinem Speere werfen.
pist also gialtet man, so du ewin inwit fortos.
bist so gealterter Mann, als du ewigen Betrug führtest.

westar ubar wentilseo dat inan[15] wic furnam:
westwärts über (den) Wendelsee (Ocean) daß ihn Krieg fortnahm:
tot is Hiltibrant, Heribrantes suno“.
todt ist Hildebrand, Heribrands Sohn“.
Hiltibraht gimahalta, Heribrantes suno:
Hildebrand sprach, Heribrands Sohn:
„wela gisihu ih in dinem hrustim,
„Wohl sehe ich an deinen Rüstung,
dat du habes heme herron goten,
daß du habest daheim Herren guten,
dat du noh bi desemo riche reccheo ni wurti“.[16]
daß du noch bei diesem Reiche Verbannter nicht wurdest“.
„welaga nu, waltant got, [quad Hiltibrant][3] wewurt skihit.
„Wehe nun, waltender Gott, [sprach Hildebrand] Wehgeschick geschieht.
ih wallota sumaro enti wintro sehstic[17]
ich wallte der Sommer und der Winter sechzig
ur lante, dar man mih eo scerita in folc sceotantero,
außer Lande, da man mich immer einordnete in das Volk der Schießenden.
so man mir at burc enigeru banun ni gifasta:
so man mir an Burg irgend einer Tod nicht befestigte (bereitete);
nu scal mih suasat chind suertu hauwan,
nun soll mich (das) traute Kind (mit) Schwerte hauen,
breton mit sinu billiu, eddo ih imo ti banin werdan.
zerschmettern mit seinem Beile, oder ich ihm zu Verderben werden.

in sus heremo man hrusti giwinnan,
an so hehrem Manne Rüstung gewinnen,
rauba birahanen, ibu du dar enic reht habes“.
Raub erbeuten, wenn du da einiges Recht hast“.
„der si doh nu argosto [quad Hiltibrant][8] ostarliuto[19]
„der sei doch nun der ärgste (feigste) [sprach Hildebrand] der Ostleute
der dir nu wiges warne, nu dih es so wel lustit,
der dich nun vom Kampfe warnte, nun dich es so wohl gelüstet,
gudea gimeinun. niuse de motti,
(nach) Kampf gemeinsamen. Versuche die Begegnung des Kampfes,
werdar sih dero[20] hiutu[21] hregilo hrumen[22] muotti,
welcher von beiden sich der heute Panzer rühmen mag,
erdo desero brunnono bedero waltan“.
oder dieser Brünnen beider walten“.
do lettun se erist asckim scritan,[23]
da ließen sie zuerst mit den Eschen (Lanzen) schreiten,
scarpen scurim: dat in dem sciltim stont.
mit scharfen Schauern: daß in den Schilden (es) fest (steckte).
do stoptun tosamane staim[24] bort[25] chludun,[26]
da schritten zusammen Steinharte [illegible]
hewun harmlicco huitte scilti,
sie hieben ingrimmig weiße Schilde,
unti im iro lintun luttilo wurtun,
bis ihnen ihre Lindenschilde klein wurden.

„Sächsisches Taufgelübde" (um 772—777); „Exhortatio ad plebem Christianam" (802?).

Forsachistu diobolae. & respondeat. ec forsacho diabolae end allum diobol
gelde respondeat. end ec forsacho allum diobolgeldae end allum dioboles uuercum
respondeat. end ec forsacho allum dioboles uuercum und uuordum thunaer
ende uuoden ende saxnote ende allum them unholdum the hira genotas
sint.

gelobistu in got alamehtigan fadaer ec gelobo in got alamehtigan fa
daer. gelobistu in crist godes suno ec gelobo in crist gotes suno. gelobis
tu in halogan gast ec gelobo in halogan gast.

„Das Sächsische Taufgelübde."

[illegible]

Abdruck und wörtliche Übersetzung

Forsachistu diobolae?
Entsagst du dem Teufel?

et respondeat: ec forsacho diobolae end allum diobolgelde?
und er soll antworten: ich entsage dem Teufel und allen Teufelsopfern?

respondeat: end ec forsacho allum diobolgeldae end allum dioboles werkum?
er soll antworten: und ich entsage allen Teufelsopfern und allen Teufels Werken?

respondeat: end ec forsacho allum dioboles werkum and wordum, Thunaer ende
und er soll antworten: und ich entsage allen Teufels Werken und Worten, dem Donar und

Woden ende Saxnote ende allum them unholdum the hira genotas sint.
dem Wodan und dem Saxnot und allen den Unholden die ihre Genossen sind.

gelobistu in got alamehtigan fadaer?
glaubst du an Gott den allmächtigen Vater?

ec gelobo in got alamehtigan fadaer.
ich glaube an Gott den allmächtigen Vater.

gelobistu in Crist, godes suno?
glaubst du an Christus, Gottes Sohn?

ec gelobo in Crist, godes suno.
ich glaube an Christus, Gottes Sohn.

gelobistu in halogan gast?
glaubst du an den heiligen Geist?

ec gelobo in halogan gast.
ich glaube an den heiligen Geist.

Ita dictauit uerba / tali breuitate / ut quod omnibus cre / dendum est xpianis / semperque profitendum / omnes possent intellegere / et memoriter retinere / quomodo enim se / xpianum dicit / qui pauca uerba fidei / qui saluandus / est / etiam et orationis do / minice quae ipse / dominus adorationem / constituit

desiu uuort thictota sar / libero churtnassi / daz du allen christanen / za galaupenne ist / ia auh simplun za pigehanne / daz alle farstantan mahtin / ia in hucti cahapen / in huueo quidit sih der man / christanan der desiu foun / uuort dera calaupa / dera er caheilit scal sin / ia dera er ca neran scal / ia auh dei uuort des frono / capetes dei der truhtin / selpo zagapa / casaztta,

Ein Stück aus der „Exhortatio ad plebem Christianam" (Ermahnung an das christliche Volk, das Glaubensbekenntnis und das Vaterunser auswendig zu lernen).

[illegible]

Abdruck und wörtliche Übersetzung

	der heilige Geist
Ita dictavit verba	deisu wort thictota sar- diese Worte dichtete (er) so-
tali brevitate	libera churtnassi, der Kürze,
et, quod omnibus cre-	daz, thaz allem Christianem daß, was allen Christen
dendum est Christianis	za galaupenne ist, zu glauben ist,
& semperque profitendum,	ja auh simplum za pigehanne, und auch immer zu bekennen,
omnes possent intellegere	daz alle farstantan mahtin daß alle verstehen könnten
et memoriter retinere.	ja in hucti cahapen. und im Gedächtnisse behalten.
Quomodo enim se	In hueo quidit sih der man Denn wie nennt sich der Mann
Christianum dicit,	Christanan, der deisu foun einen Christen, der diese wenigen
quia pauca verba fidei,	wort dera calaupa, Worte des Glaubens,
qui salvandus	dera er caheilit scal sin durch den er geheilt werden soll
est,	ja dera er caneran scal, und durch den er genesen soll,
etiam et orationis do-	ja auh dei wort des frono und auch die Worte des Herrn
minice, que ipse	capetes, dei der truhtin Gebetes, die der Herr
dominus adorationem	selpo za gapeta selbst zu Gebet
constituit	casazta einsetzte … (nicht lernen will?)

ondiubiu suino · sohuer
so sugantá farah forstilit ·
fonderu furistun stigu ;
erdo inmetalostun · intides
giuunnan uuirdit · geltesolid iii ·
foruzan haubitgelt · inti
uuirdriun · ibuthanne indrit
tiunstigu forstolanuuirdit
gelte solid xv · foruzanhau
pitgelt intiuuirdriun ; sohuer
sofarah forstilit · fondemo
sulage der slozhaftist · gel
tesol · xlv · foruzanhaupit
gelt intiuuirdriun · sohuerso
farah infelde daarhirti
mit ist · forstilit gel sol xv ;

Ein Stück aus der Übersetzung des „Salischen Rechtes" (Lex Salica).

Diese Übersetzung entstand wahrscheinlich in Folge eines Capitulares vom October 802. Von der Übersetzung ist nur ein Bruchstück, ein Doppelblatt in Octav aus dem IX. Jahrhundert erhalten, welches die Stadtbibliothek in Trier aufbewahrt (Müllenhoff und Scherer, Denkmäler LXV).

Erklärender Abdruck zum „Salischen Rechte".

(Fon diubju suino.)
Von Diebstahl (der) Schweine.

So hwer so sugandi farah forstilit fon deru
Wer auch immer saugendes Ferkel stiehlt von dem

furistun(?) stigu erdo in metalostun, inti
ersten Stalle oder im mittelsten und

des giwunnan wirdit gelte solidus III,
dessen überführt wird entgelte (zahle) Schilling 3,

foruzan haubitgelt inti wirdrjun: ibu
außer Hauptgeld und Ersatz[1]; (ob) wenn

thanne in drittjun stigu forstolan wirdit,
(dann) aber im dritten Stalle gestohlen wird,

gelte solidos XV, foruzan haupitgelt inti wirdrjun
entgelte (zahle) Schilling 15, außer Hauptgeld und Ersatz.[1]

So hwer so farah forstilit fon demo sulage
Wer auch immer Ferkel stiehlt von dem Saustalle

der slozhaft ist, gelte solidos XLV, foruzan
der verschließbar ist, entgelte (zahle) Schilling 45, außer

haupitgelt inti wirdrjun.
Hauptgeld und Ersatz.[1]

So hwer so farah in felde, daar hirti mit
Wer auch immer Ferkel im Felde, wo (der) Hirt mit (dabei)

ist, forstilit, gelte solidos XV
ist, stiehlt, entgelte (zahle) Schilling 15.

[1] Ersatz für gestörte Nutznießung.

& de mensibus quidē
Ianuarium uuintar manoth' februarium hor
nung' martium lentzin manoth' Aprilem ostar
manoth' Maius uuinne manoth' Iunium brach
manoth' Iulium heuui manoth' Augustum
aran manoth' Semtemprem uuitu manoth'
Octobrem uuindume manoth' Nouembrem
herbist manoth' Decembrem heilag manoth' ap
pellauit ;

Die Monatsnamen Karls d. Gr. Aus Einhard: „Leben Karls d. Gr.", Capitel 29.

Handschrift 510 der Wiener Hofbibliothek, Blatt 40a und 40b. Dies ist die älteste der Wiener Handschriften, welche alle zwölf Monatsnamen enthält; sie gehört dem X. Jahrhundert an.

Erklärender Abdruck zu den Monatsnamen Karls d. Gr.

Et de mensibus quidem Ianuarium Wintarmanoth, Februarium Hornung, Martium Lentzinmanoth, Aprilem Ostarmanoth, Maius Winnemanoth,[1] Iunium Brachmanoth, Iulium Hewimanoth, Augustum Aranmanoth, Semptemprem Witumanoth, Octobrem Windumemanoth, Novembrem Herbistmanoth, Decembrem Heilagmanoth appellavit.

Und von den Monaten hat er den Januar Wintermonat, den Februar Hornung(monat), den März Lenzmonat, den April Ostermonat, den Mai Wonnemonat, den Juni Brachmonat, den Juli Heumonat, den August Erntemonat, den September Holz(fäll)monat, den October Windmonat, den November Herbstmonat, den December Heiligmonat genannt.

[1] statt Wunnemanoth.

Thoquad her in thanne ir betot
thanne quedet sus fater unser
thu thar bist inhimile
sigiheilagot thin namo
queme thin rihhi
sithin uuillo
sóher inhimileist sósiher inerdu
unsar brot tagalihhaz
gib uns hiutu
inti furlaz uns unsara sculdi
souuir furlazemes unsaren sculdigon
inti nigileitest unsih incostunga
úzouh arlosi unsih fon ubile

Aus der Übersetzung der „Evangelienharmonie" des Tatian (Ammonius).

Diese Übersetzung entstand in Fulda (um 820?), wahrscheinlich auf Veranlassung des Hrabanus Maurus, welcher seit 804 die Fuldaer Klosterschule leitete und 822–842 Abt von Fulda war. Die lateinische Handschrift des Victor von Capua, welche der Deutsche Übersetzer benutzte, befindet sich noch in Fulda; die Handschrift, welche die Deutsche Übersetzung enthält, kam von Fulda in die St. Galler Stiftsbibliothek (sie ist die einzige Handschrift). — Der Dialekt ist der ostfränkische.

Erklärender Abdruck zur „Evangelienharmonie" des Tatian

Tho quad her in: „thanne ir betot,
Da sprach er ihnen: „Wenn ihr betet,

thanne quedet sus: fater unser,
dann sprechet so: Vater unser,

thu thar bist in himile,
du da bist im Himmel,

si giheilagot thin namo,
(es) sei geheiligt dein Name,

queme thin rihhi,
(es) komme dein Reich,

si thin willo,
(es) sei dein Wille,

so her in himile ist, so si her in erdu;
wie er im Himmel ist, so sei er auf Erden;

unsar brot tagalihhaz
unser Brot tägliches

gib uns hiutu,
gieb uns heute,

inti furlaz uns unsara sculdi,
und erlaß uns unsere Schuld,

so wir furlazemes unsaren sculdigon;
wie wir erlassen unseren Schuldnern;

inti ni gileitest unsih in costunga,
und nicht geleitest (du) (führest du) uns in Versuchung,

uz ouh arlosi unsih fon ubile."
sondern auch erlöse uns vom Übel."

Thuo uuarth thiu tid cuman the thar gitald habdun uuisa man mid uuordun that scolda thena uuih godas zacharias bisehan thuo uuarth thar gisamnod filo thar ti hierusalem iudeo liudo uuerodes te them uuihe thar sea uualdand god suithe thiulico thiggean scoldun herron is huldi that sea heban cuning lethes aletti. Thea liudi stuodun umbi that helaga hus endi giens im thie gierodo man an thena uuih innan that uuerod oder bed umbi thena alah utan hebreo liudi huan er thie fruodo man gifrumid habdi uualdandes uuilleon. Sohie thuo thena uuihrog drog ald after them alahe endi umbi thena altari giens mid is rok faton rikeon theonon. frumida ferehtlico frohon sinas godes iunger scipi gerno surtho. Midi hlutro hugiu soman herren scal georno fulgangan grurio quamun im egison an them alahe hie gisah thar after thiu enna engil godes an them uuihe innan hie sprak im mid is uuordon tuo. hiet that fruod gumo forohtt niuuari hiet that hie im niun driede. Thina dadi sind quat hie uualdande uuertha endi thin uuord soself. Thin theonoft is im

Nebenstehend:

Aus dem Codex Cottonianus des Heljand (Seite 13ª, 13ᵇ).

[illegible]

Abdruck und wörtliche Übersetzung. (Heyne's Ausgabe, Vers 94—118.)

Thuo warth thiu tid cuman, the thar gitald habdun
[illegible]

wisa man mid wordun, that scolda thena wih godas
[illegible]

Zacharias bisehan. Thuo warth thar gisamnod filo
[illegible]

thar ti Hierusalem Judeo liudo,
[illegible]

werodes te them wihe, thar sea waldand-god
[illegible]

suithe thiulico thiggean scoldun,
[illegible]

herron is huldi, that sea heben-cuning
[illegible]

lethes aleti. Thea liudi stuodun
[illegible]

umbi that helaga hus endi gieng im thie gierodo man
[illegible]

an thena wih innan. That werod ofer bed
[illegible]

umbi thena alah utan, Hebreo-liudi,
[illegible]

hwaner thie fruodo man gifrumid habdi
[illegible]

waldandes willeon. So hie thuo thena wihrog drog
[illegible]

ald after them alahe endi umbi thena altari giewg
[illegible]

mid is rok-faton rikeon theonon,
[illegible]

frumida ferehtlico frohon sinas
[illegible]

godes jungerscipi gerno swithe
[illegible]

midi hlutro hugiu, so man herren scal
[illegible]

georno fulgangan: grurio quamun im
[illegible]

egison an them alahe; hie gisah thar after thiu enna engil godes
[illegible]

an them wihe innan, hie sprak im mid is wordon tuo,
[illegible]

hiet that fruod gumo forht ni wari
[illegible]

hiet that hie im ni andriede: „thina dadi sind",
[illegible]

quat hie,
[illegible]

„waldande wertha, endi thin word so self,
[illegible]

thin theonost is im [an thanke]
[illegible]

[illegible]

Tho uuard thiu tid cuman that thar gitald habdun uuisa man mid uuordun. that scolda thana uuih godes zacharias bisehan. Tho uuard thar gisamnod filu thar te hierusalem iudeono liudio uuerodes te them uuiha thar sie uualdand god suuido theolico thiggean scoldun herron is huldi. that sie heuan cuning ledes aleti. Thea liudi stodun umbi that helaga hus endi geng im the giherodo man an thana uuih innan. that uuerod othar bed umbi thana alah utan ebreo liudi. huan er the frodo man gifrumid habdi uualdandes uuilleon. So he tho thana uuiroc drog al after them alaha. endi umbi thana altari geng mid is rocfatun rikiun thionon fremida ferhtlico fraon sines godes iungarskepi gerno suuido mid hlutru hugi

Nebenstehend:

Aus der Münchener Handschrift des Heljand (Cgm 25).

[illegible]

„Straßburger Eide" (842); „Muspilli" (um 860?); „Ludwigslied" (881).

In godes minna ind in thes xpanes folches
ind unser bedhero gealnissi · fon thesemo
dage frammordes so framso mir got
geuuizci indi mahd furgibit so haldih tesan
minan bruodher soso man mit rehtu
sinan bruher scal · in thiu thaz er mig so
sama duo · indi mit ludheren in nohheiniu
thing ne gegango · the minan uuillon imo
ce scadhen uuerhen ·

a.

Oba karl then eid then er sinemo bruodher
ludhuuuige gesuor geleistit · indi ludhuu
uuig min herro then er imo gesuor forbrih
chit · ob ih inan es iruuenden ne mag · noh
ih noh thero nohhein then ih es iruuenden mag
uuidhar karle imo ce follusti ne uuirdhit ·

b.

a. b. Die Straßburger Eide vom 14. Februar 842.

[illegible]

Abdruck und wörtliche Übersetzung der „Straßburger Eide".

In godes minna ind in thes christianes folches ind unser
Aus Gottes Liebe und zu des christlichen Volkes und unser

bedhero gealtnissi, fon thesemo dage frammordes, so fram so
beider Heile, von diesem Tage vorwärts, so fern wenn

mir got gewizci indi madh furgibit, so hald ih tesan minan
mir Gott Verstand und Macht gibt, so halte ich diesen meinen

bruodher, soso man mit rehtu sinan bruher scal, in thiu thaz
Bruder, als man mit Recht seinen Bruder soll, damit

er mig so soma duo indi mit Luheren in nohheiniu thing
er mir so ebenso thue und mit Lothar in keine Sachen

ne gegango, the[1] minan willon imo ce scadhen werhen.
nicht eingehe, welche (mit) meinem Willen ihm zu Schaden werden.

Oba Karl then eid, then er sinemo bruodher Ludhuwige
Wenn Karl den Eid, den er seinem Bruder Ludwig

gesvor, geleistit, indi Ludhuwig min herro, then er imo gesvor,
schwur, hält, und Ludwig mein Herr, den er ihm schwur,

forbrihchit: ob ih inan es irwenden ne mag, noh ih noh
bricht: wenn ich ihn davon abwenden nicht kann, noch[2] ich noch

thero nohhein, then ih es irwenden mag, widhar Karle
deren irgendeiner, den ich davon abwenden kann, wider (gegen) Karl

imo ce follusti ne wirdhit.
ihm zu Hilfe nicht wird.

[1] [illegible] [2] d. h.: weder ich, noch [illegible] zu Hilfe wird.

daz in es rinmuot · kirpane
daz er koter uuillun · kerno tuo
enti · hella fuir · harto uuise ·
pehhes pinadar piutit der satanaz ·
altist · heizzan lauc

Ein Stück aus dem Gedichte „Muspilli"

[illegible]

Abdruck und wörtliche Übersetzung des Stückes aus dem Gedichte „Muspilli".

[pidiu ist durft mihhil
darum ist Bedürfnis großes

allero manno welihemo,] daz in es sin muot kispane,
aller Menschen jeglichem,] daß ihn dazu sein Sinn antreibe,

daz er kotes willun kerno tuo
daß er Gottes Willen gerne thue

enti hella fuir harto wise,
und (der) Hölle Feuer streng vermeide,

pehhes pina; dar piutit der satanas altist heizzan lauc
des Pechs (der Hölle) Pein; da bietet der Satan (der) uralte, heiße Lohe

RITH MUS TEUTONICUS DE PIE MEMORIE HLUDUICO REG
FILIO HLUDUICI AEQ. REGIS.
Einan kuning uueiz ih. Heizsit her hluduig.
Ther gerno gode thionot. Ih uueiz her imos lonot.
Kind uuarth her faterlos. Thes uuarth imo sar buoz.
Holoda inan truhtin. Magaczogo uuarth her sin.
Gab her imo dugidi. fronisc githigini.

Die ersten vier Zeilen des „Ludwigsliedes".

[illegible]

Abdruck und wörtliche Übersetzung des Anfangs vom „Ludwigsliede"

Rithmus Teutonicus de piae memoriae Hludvico rege, filio Hludvici aeque regis.
Deutsches Lied von seligem König Ludwig, dem Sohne Ludwigs (welcher) gleichfalls König (war).

Einan kuning weiz ih, heizsit her Hludvig.
Einen König weiß ich, (es) heißt (der) Herr Ludwig.

ther gerno gode thionot, ih weiz her imos lonot.
der gerne Gott dient, ich weiß, er ihm es lohnt.

kind warth her faterlos, thes warth imo sar buoz:
(als) Kind ward er vaterlos, dessen ward ihm alsbald Entgelt:

holoda inan truhtin, magaczogo warth her sin.
(es) holte ihn der (Herr) Gott, Erzieher (Pfleger) ward er sein.

gab her imo dugidi, fronisc githigini.
gab er ihm Tugend (Tapferkeit), herrliche Dienerschaft.

[1] König Ludwig III. war beim Tode seines Vaters Ludwigs des Stammlers, † 10. April 879, 14–16 Jahre alt.

Otfrid, der Verfasser des gereimten Evangelienbuches („Krist"), ist gegen 790 in der Gegend von Weißenburg im Elsaß geboren. Er kam früh nach Fulda, wo er Rhabans Schüler wurde; um 823 war er in St. Gallen, um 830 in Weißenburg. Nach wiederholtem Aufenthalte in St. Gallen (um 840 bis um 847, um 854) war er um 854 oder bald darauf Presbyter und Lehrer an der Klosterschule zu Weißenburg; er starb gegen 875. — Sein Evangelienbuch verfaßte er um die Jahre 854—868. Zuerst wurde Buch I fertig (gewidmet an Bischof Salomo von Constanz), dann Theile von Buch V (das jüngste Gericht) und Buch V (gewidmet seinen Freunden Hartmuot und Werinbert von St. Gallen); von den übrigen Büchern entstanden dann IV, II, III. Das ganze Werk war um 868 (870) fertig und wurde König Ludwig dem Deutschen gewidmet (Deutsche gereimte Vorrede an ihn von 96 Versen). Das Werk hat außerdem noch eine Lateinische Vorrede an Erzbischof Luitbert von Mainz und ein Deutsches Widmungsgedicht von 48 Versen an Bischof Salomo von Constanz. Das Gedicht ist in Langzeilen abgefaßt, welche in zwei sich reimende Vershälften zerfallen, von denen jede zwei (accentuierte) Hebungen hat. — Otfrieds Quellen waren neben der Lateinischen Übersetzung der Evangelien (Vulgata) namentlich der Commentar Rhabans zum Matthäusevangelium. Ein Vergleich mit dem Heljand fällt bei Freunden Otfrieds zu Gunsten Otfrieds, bei Freunden des Heljand zu Gunsten des Heljand aus. Vergessen darf aber nicht werden, daß die vielen Kapitel mystischer und geistlicher Betrachtungen, welche die Erzählung bei Otfried so häufig unterbrechen, beim Heljand fehlen. Uns gefällt heute in Otfrieds Evangelienbuche am meisten wohl die patriotische Schilderung seiner Stammesgenossen, der Franken, und das erste Kapitel, worin er auseinandersetzt, warum er sein Buch Deutsch gedichtet habe. — Die handschriftliche Überlieferung des Otfried'schen Textes ist eine sehr günstige. In der Wiener und in der Heidelberger Handschrift liegen uns wahrscheinlich Otfrieds eigenhändige Niederschriften vor. Fragmente einer dritten Handschrift, deren schöne Ausfertigung den Schluß zuläßt, sie sei zum Widmungsexemplare für König Ludwig den Deutschen bestimmt gewesen, befinden sich in Bonn, Berlin, Wolfenbüttel. Eine vierte vollständige Handschrift, welche ein Presbyter Sigehart um 902—906 auf Anordnung des Bischofs Waldo von Freising abschrieb, ist in der Münchener Bibliothek. — Die erste Ausgabe des „Otfried" gab 1571 der Arzt Achilles P. Gassar zu Basel heraus.

Blatt 200ª der Heidelberger Otfried-Handschrift (Pal. 52).

Nach Piper [illegible] ein Theil des [illegible] Handschrift [illegible] Piper's große Ausgabe [illegible] — Die Schlußschrift [illegible] an die Hartmuot von St. Gallen [illegible] und den [illegible] Werinbert von St. Gallen [illegible] Die Anfangsbuchstaben der ungeraden Verse [illegible] und die Endbuchstaben der geraden Verse [illegible] in großen Buchstaben geschrieben [illegible] die Widmungsworte: [illegible] HARTMUATE ET UUERINBERTO SANCTI GALLI MONASTERII MONACHIS. Die hier wiedergegebene Seite enthält [illegible] Zeilen [illegible]

[evangelion, die Evangelien.]

gibietent uns zi wäre, wir unsih minnon herte
[illegible]

Redinot er[1] sundar then selben jungoron thar
[illegible] den selben Jüngern da

fon thero minnu managaz er, selbo druhtin unser
von der Liebe manches früher, selber Herr unser

In naht, tho er wolta in morgan bi unsih selbo irsterban,
in der Nacht, da er wollte am Morgen für uns selber sterben;

duat uns thaz gimuati bi sines selbes guati
[illegible] uns die [illegible] durch sein selbes (seine eigene) Güte

In gibot er harto sines selbes worto,
denen gebot er sehr (mit) seinem selbes (seinem eigenen) Worte,

thaz man sih minnoti, so er uns iz bilidoti
daß man sich liebte, wie er uns es [illegible]

Mit caritate ih fergon, so bruaderscaf ist giwon,
Mit Liebe ich bitte, wie Bruderschaft ist gewohnt,

thiu unsih scono so giran, fon selben satanase nam,
[illegible] vom selben Satanas nahm,

Offono thin guati, ioh duet mir thaz gimuati,
[illegible]

[1] redinota

in gibete thrato iuer selbes datt
[illegible]

Ni lazet, mir gihugget, ioh mir giuuada thigget
nicht lasset, meiner gedenket, und mir Gnade erbittet

mit minnu, thiu follen zi selben seraft follen
[illegible]

Afur thara widari thin mines selbes nidiri
[illegible]

duat in gihugt, in wari, thaz ir bimidet sal,
[illegible]

Ci selben seuehe Petre ther so giang in then se,
[illegible] Petrus [illegible]

thaz er si nan gimadie, thoh ih es ni si wirdig,
[illegible]

Hohi er uns thes himiles, ioh munzin freuuen unsih thes,
[illegible]

insp[ero], thara gileite mih, ioh thar gifreuue mih iuh
[illegible]

In [himilisc]e [sc]oni, thaz wir thaz seltsani
im himmlischen [illegible] das Seltsame [illegible]

[scowun thar in wari]
[illegible] in Wahrheit]

Apparuit angelus dni ioseph dicens fuge in aegyptum:

so bist. guato liober. ni intratist scadon niamer

XVIII DE FUGA IOSEPH CUM MATRE IN AEGYPTUM

Ioseph io thes sinthes. er hutta thes kindes
uuas thionostman guater. bisuorgata ouh thia muater
Ther engil sprah imo zua. thu scalt thih heffen filu frua
fliuh in antheraz lant. bimid ouh thesan fiant
In aegypto uuis thu sar. unz ih thir zeigo auur thar
uuanne thu bigines thes thines heiminges
Ni lazit nu untar mari. thia muater thara fuari
thaz kind ouh io gilicho. bisuorgaes herlicho
Ther kuning uuilit sliumo. inan suachen in giriuno
mit bizenten suerton. ni las mit then uuorton
Hugi filu harto. thero minero uuorto
in herzen giuuaro uuartes. thaz thu uns thia fruma haltes
Er fuar sar thera ferti. nahtes mit giuuurti
thaz iz ni uuurti mari. ioh baz firholan uuari
Er ouh baz ingiangi. siu uuafan ni bifiangi
bi thiu uuas er so eracar. ioh harto filu uuachar
Sia fuarta er noh ni dualta. in lant thaz ih nu zalta
thar uuas ther sin guato. unz starb ther gotewuoto
Tho uuard thar irfullit. thaz forasago singit

Futurum est enim ut herodes querat puerum ad perdendum

Qui consurgens accepit puerum

erat ibi usque ad obitum herodis

Ut impleretur quod dictum est per prophetam

Seite 31ᵃ der Wiener Otfried-Handschrift. (Handschrift 2687 der k. k. Hofbibliothek.)

Der erste Vers ist der Schlußvers von Buch I, Cap. XVII, Biblische Auslegung der Erzählung vom Sterne und der Ankunft der heil. drei Könige; die übrigen Zeilen der Seite sind Buch I, Cap. XIX, Vers 1—19, von der Erzählung der Flucht nach Ägypten. (Pipers große Ausgabe von 1884, Seite [illegible].) Die Worte [illegible], sowie die von einer dritten Hand an den Rand geschriebenen lateinischen Verse sind aus der Vulgata entnommen und geben die Stelle der Deutschen Darstellung an. 1. zu Zeile 1—5: Apparuit angelus domini Joseph dicens: fuge in Aegyptum. 2. zu Zeile 11—12: Futurum est enim ut Herodes quaerat puerum ad perdendum. 3. zu Zeile 15—17: Qui consurgens accepit puerum. 4. zu Zeile 19—20: erat ibi usque ad obitum Herodis. 5. zu Zeile 21—22: ut impleretur quod dictum est per prophetam.

Erklärender Abdruck

[Nu thu thera héimwisti nimahst mit gilúti]
[illegible]

so bistu guato liober, niintratist scadon niamer
so (bist du) dem Gotte (ein) lieber, nicht fürchtest Schaden nimmer

XVIII De fuga Joseph cum matre in Aegyptum
Von der Flucht Josephs mit (Christi) Mutter nach Ägypten

Jóseph io thes sinthes er hútta thes kindes
Joseph immer (der Wege =) beständig er hütete des Kindes

was thionostman guater, bisúorgata ouh thia múatar
er war Dienstmann guter, besorgte (= pflegte) auch die Mutter

Ther engil sprah imo zua: „thu scalt thih heffen filu frua:
der Engel sprach ihm zu: „Du sollst dich erheben viel (sehr) früh

fliuh in antheraz lant, bimid ouh thesan fiant
fliehe in anderes Land, vermeide auch diesen Feind.

In Aegýpto wis thu sar, unz ih thir zeigo avur thar,
In Ägypten sei du sogleich, bis ich dir (es) zeige wiederum dort,

wanne thu biginnes thes thines héiminges
wenn du beginnst (den deinen) deine (Heimat-) Heimkehr

Ni lazit nu untarmari, thia muater thara fuari;
nicht laß es nun ?, die Mutter dorthin (zu fahren);

thaz kind ouh io gilicho bisuorgae hérlicho
das Kind auch immer gleich (ebenso) behüte herrlich

Ther kúning wilit sliumo inan suachen in giriuno
Der König will schleunig ihn suchen in Begierde

mit bizenten suérton, nálas mit then wórton,
mit beißenden Schwertern, nicht mit den Worten

Hugi filu harto thero mínero wórto,
Gedenke viel sehr der meinen Worte,

in hérzen giwaro wártes, thaz thu uns thia fruma haltes."
im Herzen sorgfältig merke (bewahre) sie, daß du uns den Nutzen (das Heil) erhaltest."

Er fuar sar théra ferti náhtes mit giwúrti,
Er fuhr sofort der (die) Fahrt (Reise) nachts mit Hast,

thaz iz ni wurti mári ioh baz firholan wari;
daß es nicht würde bekannt und desto verhohlen wäre;

Er ouh baz ingiangi, siu wafan ni bifiangi:
er auch desto entginge, (daß) sie Waffe nicht fingen;

bi thiu was er so éracar ioh harto filu wachar
darum war er so wachsam und sehr viel munter

Sia fúart er, noh ni dualta, in lant thaz ih nu zalta;
Sie führte er, nicht zauderte (er), in (das) Land, das ich nun sagte;

thar was ther sin guato, unz starb ther gotewuoto
da war der Herr gute, bis starb der Gottesmann

Thó ward thar irfullit, thaz forasago singit
Da ward es erfüllt, das (der) Weissager (Prophet) singt

Hystoria waltarii

Tercia pars orbis fratres europa uocat.
Moribus ac linguis uarias & nomine gentes
distinguens cultu . tum religione sequestrans.
Inter quas gens pannonie residere probatur.
Quam tamen & hunos plerumque uocare solemus.
Hic populus fortis uirtute uigebat & armis.
Non circum positas solum domitans regiones.
Litoris oceani sed pertransiuerat oras.
Federa supplicibus donans sternensque rebelles.
Ultra millenos fertur dominarier annos.
Attila rex quodam tulit illud tempore regnum.
Impiger antiquos sibimet renouare triumphos.
Qui sua castra mouens mandauit uisere francos.
Quorum rex gibicho solio pollebat in alto.
Prole recens orta gaudens quam postea narro.
Namque marem genuit quem guntharium uocitauit.
Fama uolans pauidi regis transuerberat aures.
Dicens hostilem cuneum transire per histrum.
Vincentem numero stellas atque amnis arenas.
Qui non confidens armis & robore plebis.
Concilium cogit quae sint facienda requirit.
Consensere omnes foedus debere precari.
Et dextras si forte darent coniungere dextris.
Obsidibusque datis censum persoluere iussum.
Hoc melius fore quam uitam simul ac regionem
Perdiderint natosque suos pariterque maritas.
Nobilis hoc hagano fuerat sub tempore tyro.
Indolis egregie ueniens de germine troie.
Hunc quia guntharius nondum peruenit ad euum.
Ut sine matre queat uitam retinere tenellam.

Erste Seite der Karlsruher Handschrift des lateinisch abgefaßten Heldenliedes von Walther und Hildegund, „Waltharius manu fortis". (Barack, Seite 219.)

Diese Handschrift ist in der Benediktinerabtei Hirschau um die Mitte des XII. Jahrhunderts aus einem [illegible] verschollenen Codex abgeschrieben. Sie hat die Signatur „Durlacher Handschr. 101"; das „Waltharilied" steht auf Blatt 184—[illegible]. — Das „Waltharilied" wurde zwischen 920—940 von Ekkehard I. (gest. 14. Januar 973) als Klosterschüler von St. Gallen verfaßt. [illegible] Ekkehards I. [illegible] Magister [illegible] von St. Gallen, [illegible] — Der St. Galler Geschichtschreiber Ekkehard IV. (um 980 bis um 1060) unterzog den Waltharius einer nochmaligen Bearbeitung.

Abraham abraham. quid pateris. cur plus licito con
tristaris. numquam fuit fas heremicole conturbari
secularium more. A. Incomparabilis luctus mihi con
tigit. intolerabilis dolor me afficit. E. Ne fatiga me
longa uerborum circuitione. sed quid pateris expone.
A. Maria mi optiua filia. quam plus bis bina lustra sum
ma diligentia nutriui. summa solertia instruxi.
E. Quid illa. A. Ei mihi periit. E. Qualiter. A. Misera
biliter. deinde euasit latenter. E. Quibus insidiis cir
cumuenit eam fraus antiqui serpentis.

Ein Stück aus Roswithas Comödie „Abraham" der Münchener Handschrift (Cod. lat. 14485) des XII. Jahrhunderts.

Das ausgewählte Stück ist aus dem ersten Akt. — Im „Abraham" wird dargestellt, wie der Einsiedler Abraham seine Nichte, welche in üble Gesellschaft geraten, aus ihrer unlauteren Umgebung zu bußfertigem Leben zurückführt. — Roswitha schrieb sechs lateinische Stücke: 1. „Abraham", 2. „Callimachus", 3. „Dulcitius", 4. „Fides et Spes", 5. „Gallicanus", 6. „Paphnutius". Terenz war ihr Vorbild; ihre Stoffe sind Legenden.

Erklärender Abdruck zur Comödie „Abraham".

Ephrem: Abraham, Abraham, quid pateris? cur plus licito contristaris? numquam fuit fas heremicolae conturbari secularium more.

Abraham: Incomparabilis luctus mihi contigit, intolerabilis dolor me afficit.

Ephrem: Ne fatiga me longa verborum circuitione, sed quid patiaris expone.

Abraham: Maria mia optiva filia, quam per bis bina lustra summa diligentia nutrivi, summa solertia instruxi.

Ephrem: Quid illa?

Abraham: Ei, mihi periit!

Ephrem: Qualiter?

Abraham: Miserabiliter; deinde evasit latenter.

Ephrem: Quibus insidiis circumvenit eam fraus antiqui serpentis?

Ephrem: Abraham, Abraham, was duldest du? Warum bist du über Gebühr betrübt? Niemals war es einem Einsiedler gestattet sich verwirren zu lassen nach Art der Weltkinder.

Abraham: Eine unvergleichliche Trauer hat mich getroffen, ein unerträglicher Schmerz quält mich.

Ephrem: Ermüde mich nicht mit langem Wortumschweifen, sondern setze mir auseinander, was du leidest.

Abraham: Maria, meine liebe Adoptivtochter, welche ich zwanzig Jahre hindurch mit größter Sorgsamkeit erzog, mit größtem Fleiße unterrichtete.

Ephrem: Was ist mit ihr?

Abraham: Ach, sie gieng mir verloren!

Ephrem: Wie?

Abraham: Elendiglich. Nachher entfloh sie heimlich.

Ephrem: Mit welchen Listen umstrickte sie der Betrug der alten Schlange?

Erklärender Abdruck zum „Waltharitiede".

Tercia pars orbis, fratres, Europa vocatur,
Moribus ac linguis varias et nomine gentes
Distinguens cultu, tum religione sequestrans.
Inter quas gens Pannoniae residere probatur,
Quam tamen et Hunos plerumque vocare solemus.
Hic populus fortis virtute vigebat et armis,
Non circum positas solum domitans regiones,
Litoris Oceani sed pertransiverat oras,
Foedera supplicibus donans sternensque rebelles
Ultra millenos fertur dominarier annos.
Attila rex quondam tulit illud tempore regnum,
Impiger antiquos sibimet renovare triumphos.
Qui sua castra movens mandavit visere Francos,
Quorum rex Gibicho solio pollebat in alto,
Prole recens orta gaudens, quam postea narro:
Namque marem genuit, quem Guntharium vocitavit.
Fama volans pavidi regis transverberat aures,
Dicens hostilem cuneum transire per Histrum,
Vincentem numero stellas atque amnis arenas.
Qui non confidens armis vel robore plebis,
Concilium cogit, quae sint facienda requirit.
Consensere omnes: foedus debere precari,
Et dextras, si forte darent, coniungere dextris,
Obsidibusque datis censum persolvere iussum;
Hoc melius fore, quam vitam simul ac regionem
Perdiderint, natosque suos pariterque maritas.
Nobilis hoc Hagano fuerat sub tempore tyro,
Indolis egregiae, veniens de germine Troiae;
Hunc quia Guntharius nondum pervenit ad aevum,
Ut sine matre queat vitam retinere, tenellum.

Viktor Scheffels freie Übersetzung von Vers 10—30 des „Waltharitiedes".

Die Verse 1–9 enthalten allgemeine Einleitung; der Verfasser geht von den drei damals bekannten Erdteilen auf Europa und Pannonien, den Sitz der Hunnen und diese selbst über.

Das war der König Etzel im fröhlichen Hunnenreich,
Der ließ das Heerhorn blasen: „Ihr Männer rüstet euch!
Wohlauf zu Roß, zu Felde, nach Franken geht der Zug,
Wir machen zu Worms am Rheine uneingeladen Besuch!"

Der Frankenkönig Gibich saß dort auf hohem Thron,
Sein Herze wollt' sich freuen, ihm war geboren ein Sohn;
Da kam unfrohe Kunde geraunt an Gibichs Ohr:
Es wälzt ein Schwarm von Feinden sich von der Donau vor,
Es steht auf fränkischer Erde der Hunnen reisig Heer,
Zahllos wie Stern' am Himmel, zahllos wie Sand am Meer.

Da blaßten Gibichs Wangen. Die Seinen rief er bei
Und pflog mit ihnen Rathes, was zu beginnen sei.
Da stimmten all' die Mannen: Ein Bündnis nur uns frommt,
Wir müssen Handschlag bieten dem Hunnen, wenn er kommt;
Wir müssen Geiseln stellen und zahlen den Königszins,
Deß freuen wir noch immer uns größeren Gewinns,
Als daß, ungleiche Kämpfer, wir Land zugleich und Leben
Und Weib und Kind und Alles dem Feind zu Handen geben.

Des Königs Söhnlein Gunther war noch zu schwach und klein,
Noch lag's an Mutterbrüsten, das mocht nicht Geisel sein;
Doch war des Königs Vetter, Herr Hagen hochgemuth
Vom Trojer Heldenstamm ein adlich junges Blut.

Holzschnitt zu Roswithas „Abraham", aus der ersten, 1501 von Celtes besorgten, Ausgabe ihrer Werke.

Abraham hat seine Nichte in der Gestalt eines [illegible] Jünglings besucht und führt sie [illegible] zurück. — Dieser Holzschnitt ist [illegible] „Abraham" [illegible]

Über das Leben der Roswitha (Hrosvitha) ist wenig bekannt. Sie war Nonne des Stifts Gandersheim im Braunschweigischen, des Familienklosters der Sächsischen Herzöge (Ludolfinger). Sie mag gegen 940 geboren sein und wird Otto I. († 973) überlebt haben. Nach Köpkes Untersuchungen begann ihre schriftstellerische Thätigkeit mit den Legenden, zwischen 950 und 962; ihre Dramen sind zwischen 962 und 967 entstanden, ihre „Gesta Oddonis" 967/968, und die „Primordia coenobii Gandersheimensis" nach Ottos I. Tode abgeschlossen.

Aus den Bruchstücken des in sich reimenden (leoninischen) Lateinischen Hexametern abgefaßten Gedichtes „Ruodlieb“. Handschrift der Münchener Bibliothek aus dem XII. Jahrhundert (Cod. lat. 19486).

Ein Bruchstück des Gedichtes befindet sich noch in der Bibliothek von St. Florian. — Das in lateinischen Hexametern um 1050 in Baiern (Kloster Tegernsee) verfaßte Gedicht von Ruodlieb ist nur in Bruchstücken erhalten. Es ist der älteste erhaltene Roman des Mittelalters, der erste bekannte Ritterroman. — Ruodlieb tritt zu einem Könige, erlebt in dessen Diensten manches Abenteuer und kehrt zu seiner Mutter zurück. Der König giebt ihm zwölf Lehren auf den Weg mit. — Das mitgetheilte Stück ist aus dem zweiten Fragmente, Vers 6—18 (Seite 23) der Ausgabe von Grimm und Schmeller. Der große König, in dessen Diensten sich Ruodlieb befindet, hat einen kleineren König besiegt und schickt dessen Boten an den Besiegten zurück, um ihn zum Friedens- und Freundschaftsbunde einzuladen.

Williram gehörte dem fränkischen Geschlechte der Grafen von Rotenburg an, hatte in Paris theologische Studien getrieben, wurde Mönch des Klosters Fulda, Scholasticus zu Bamberg und durch Heinrich III. Abt zu Ebersberg 1048. Er starb den 5. Januar 1085. — Seine Umschreibung des „Hohenliedes“ entstand um 1050—1060; er benutzte namentlich den Commentar des Bischofs Haimo von Halberstadt. Dieses halbweltliche Werk fand, wie die zahlreichen Handschriften beweisen, einen weiten Leserkreis.

Erklärender Abdruck zum Gedichte „Ruodlieb“.

Inde petunt summum, velut est dignum, vicedomnum;
A quo donati sunt valde „vale“ benefacti.
Et jussu regis provisorem dedit illis,
Qui procuraret quod opus sit eis, ut haberent.
Quod studio summo complevit cordeque fido,
Donec pacifice eos perduxit honeste
Extra clausuras fines regni dirimentem.
Quem bene donatum vel verbis gratificatum
Poscunt, inclinet regi. „faciam“ quibus inquit.
A se divisi sunt ad patriamque reversi.
Utque domum redeunt regem properando revisunt.

Von da besuchten sie, wie es sich gehörte, den obersten Vogt,
von welchem sie reich beschenkt und mit „Lebewohl“ beglückt wurden.
Nach dem Befehle des Königs gab dieser ihnen einen Fürsorger,
welcher dafür zu sorgen hatte, daß sie erhielten, was ihnen nöthig war.
Dieser erfüllte alles mit größtem Eifer und treuem Herzen,
bis er sie in Frieden und in allen Ehren führte
hinaus aus dem Verschlusse, welcher die Grenzen des Reiches bezeichnet.
Nachdem sie ihn wohl beschenkt und auch mit Worten sich dankbar gezeigt,
baten sie ihn, daß er sie dem Könige empfehle. „Ich werde es thun“, antwortete dieser ihnen.
Sie trennten sich und kehrten in ihr Vaterland zurück,
und sobald sie nach Hause zurückgekehrt waren, suchten sie eiligst ihren König wieder auf.

Aus der Münchener Handschrift des XI. Jahrhunderts (Cgm 77) von Willirams Umschreibung des „Hohenliedes“.

Erklärender Abdruck zu Willirams Umschreibung des „Hohenliedes“.

Cusse er mih mit demo cusse sines mundes. Dicco gehiezzer
Küsse er mich mit dem Kusse seines Mundes. Oft verhieß er

mir sine cuonft per prophetas. Nu cume er selbo unte cusse
mir seine Ankunft durch die Propheten. Nun komme er selber und küsse

mih mit dero suoze sines evangelii
mich mit der Süße seines Evangeliums.

Wanta bezzer sint dine spunne demo wine; sie stinchente
Denn besser sind deine Brüste als Wein; sie duften

mit den bezzesten salbon. Diu suoze dinero gnade ist
mit (nach) den besten Salben. Die Süße deiner Gnade ist

bezzera danne diu scarfe dero legis, als iz quit: lex per
besser als die Schärfe des Gesetzes, wenn es sagt: das Gesetz durch

Moysen data est, gratia et veritas per Jesum Christum facta
Moses gegeben ist, Gnade und Wahrheit durch Jesus Christus geworden

est. Diu selba gnada ist gemisket mit variis donis spiritus
ist. Die selbe Gnade ist gemischt mit verschiedenen Gaben des heiligen

sancti, mit den du machost ex peccatoribus justos, ex damnandis remunerandos
Geistes, mit denen du machst aus Sündern Gerechte, aus Verdammenswerthen der Belohnung Würdige

Din namo ist uzgegozzenaz ole: Din namo ist witeno gebreitet,
Dein Name ist ausgegossenes Öl. Dein Name ist weithin ausgebreitet,

wanta vone dir, Christo, heizen wir Christiani
denn von dir, dem Christus, heißen wir Christen

Marsilie antwirt im des. ia du chune cenubiles. chor mir rolanten gewinnen. so han ich allen minin willen. im ne gefristet nieman daz leben. des han ich mine truwe gegebin. ane urist lare ich

in gesunt. karl virgiltet mir drie stunt. swaz er des mines da hin füret. swa er sich rümet. daz er scadin unt lastir hat. vil güt ist der din rat. machmet spar din ere. ich ne getruwe niemen so verre. nu underwinde dich der scaz daz her füre du daz. unt hantel iz mit sinnen. unt enlaz ir nehainen hinnen. ich gibe dir lop unt die ere. unt lone dir sin iemir mere.

Dih lit dah wir hi wurchen. dah sult ir rehte merchen. sin genüge ist vil reht. iz tihte der phaffe lambret. er tate uns gerne ze mare. wer alexander ware. alexander was ein wise man. vil manec riche er gewan. er zestorte vil manec lant. philippus was sin vater genant. Vh mugit ir wol horen. in libro machabeorum. alberih von bisinzo. der brahte uns diz liet zu. er hetez in walhisken gerihtet. nu sol ich es euh in diutisken berihten. ni man inshulde sin mich. louc er so leuge ich.

Anfang des „Alexanderliedes" des Pfaffen Lamprecht.

Aus der Handschrift des Stiftes Vorau (XII. Jahrhundert). — [illegible]

Worterklärung zum „Alexanderliede".

[illegible]

Nebenstehend:

Aus dem „Rolandsliede" des Pfaffen Konrad.

Heidelberger Handschrift 112, welche dem Ende des XII. Jahrhunderts angehört. [illegible]

Erklärender Abdruck zum „Rolandsliede".

Marsilie antwirt im dos:
„ja du chune Cenubiles,
chor mir Rolanten gewinnen,
so han ich allen minin willen.
im ne gefristet nieman daz leben:
des han ich mine truwe gegebin.
aine vrist lare ich in gesunt.
Karl virgiltet mir drie stunt,
swaz er des mines da hin füret,
swa er sich rümet,
daz er scadin unt lastir hat
vil güt ist der din rat.
Machmet spar din ere:
ich ne getruwe niemen so verre.
nu underwinde dich der scaz:
daz her füre du daz
unt hantel iz mit sinnen
unt enlaz ir nehainen hinnen
ich gibe dir lop unt die ere
unt lone dir sin iemir mere.

[illegible]

RHYTHMUS DE S. ANNONE COLONIENSI ARCHIEPISCOPO.

I.

VVIr horten ie dikke singen Von alten
dingen, Wi snelle helide vuhten, Wi
si veste burge brechen, Wi sich lieben vuini-
scefte scieden, Wi riche Künige al zegien-
gen. Nu ist ciht daz wir denken Wi wir sel- a.
ve sülin enden. Crist der vnser hêro güt Wi
manige ceichen her vns vure düt, Alser uffin
Sigeberg havit gedan Durch den diurlichen
man Den heiligen biscof Annen Durch den
sinin willen, Dabi wir uns sülin bewarin
Wante wir noch sülin varin Von disime ellen-
din libe hin cin ewin Da wir imer sülin sin.

III.

DU sich Lucifer du ce ubile gevieng, Vnt
Adam diu Godis Wort ubirgieng, Dü
balch sigis Got desti mer, Daz her andere sini
werch sach rechte gen. Den Manen unten
sunnen die gebin ire liht mit wunnen: Die
sterrin bihaltent ire vart, Si geberent vrost
unte hizze so starc: Daz fuir havit ufwert
sinin zug; Dunnir unte wint irin vlug. Di b.
wolken dragint den regin uz: Nidir wendint
wazzer irin vluz: Mit blümin cierint sich
diu lant: Mit loube dekkit sich der walt: Daz
wilt havit den sinin ganc: Scone ist der vü-
gilsanc. Ein iwelich ding diu ê noch havit
Di emi Got van erist virgab, Ne were die
zuei gescephte, Di her gescuph die bezziste:
Die virkerten sich in dia dolcheit, Dannin
hubin sich diu leiht.

a. b. Zwei Abschnitte aus der ersten, von Opitz 1638 besorgten Ausgabe des „Annoliedes".

[illegible]

Erklärende Bemerkungen zum „Annoliede".

[illegible]

Erklärender Abdruck zum „Alexanderliede".

[illegible]

Alse div frowe daz uerstunt, daz si an dem libe was gesunt, si uil im zerôten. herre sprac si daz ih den kint sehen muse. er ist warlich der sun min. nu kunde du mir e sprac er den namen sin. owi liber herre. ih sage dir z ungerne. min iungester sun clemens hiz. den ih ze rome liz. nu gehabe dih wol sprac er liebe. den zeige ih dir sciere. er nam div frowe bi der hant. er wiste si da si clementem uant.

Aus der Vorauer, dem zweiten Drittel des XII. Jahrhunderts angehörigen Handschrift der „Kaiserchronik“.

[illegible]

Erklärender Abdruck zur „Kaiserchronik“

Also[1] diu[2] frôwe[3] daz verstunt,
daz si an dem libe[4] was[5] gesunt,
si vil[6] im[7] zu[8] rôten[9]
„herre“, sprac[9] si, „daz ih[10] den[11] kint[12] sehen muse;[13]
er ist warlich der sun[13] min.“[14]
„nu kunde[15] du mir ê“,[16] sprac[9] er, „den namen sin.“[17]
„owi liber herre,
ih sage dir z[18] ungerne:
min jungester sun[13] Clemens hiz,[19]
den ih[10] ze[20] Rome liz.“[21]
„nu gehabe dih wol,“ sprac er liebe,
„den zeige ih dir sciere.“[23]
er nam[10] diu[2] frowe[3] bi[24] der hant,
er wiste[25] si da si Clementem vant.[26]

1 als 2 die 3 Frau 4 Leibe 5 war 6 fiel 7 ihm 8 zu [illegible] 9 sprach 10 ich 11 den Knaben 12 [illegible] 13 Sohn 14 mein 15 künde 16 [illegible] 17 sein 18 [illegible] 19 hieß 20 zu 21 ließ 22 bald 23 nahm 24 bei 25 wies 26 fand

Die heidenen un die ualewen wichin uon deme galgin. Durch die micheln not. Dar lach manich helet dot. Arnolt der wigant gaf daz zechen uner hant. unde zoch ein swert daz hera mal iz inwas negein stal. So hart noch so uast. Iz ne moste bresté Des namen uon sinen henden. Der koninge sere ir ende. Swaz he der andren ane quam den tode he sicherliche sam. Biz he in den herren benam. unde berkeren uon meran. unde luppoldin. Den si dar han woldin. Die boch newille uns misse sagen. In nemochte ire nieman aethe hauen. Die dar waren schadehaft. Si hahen iz dade die godes craft. Also rother gesach. Daz arnolt bi ime was. Do sprach die koninc riche. Harde uromeliche. Smit a cone uvigant. Al die bande uon der hant. unde geblas ich min horin. Ir wirt michil me uerlorn. Dan ir noch si getan. uns kumit der helet asprian. Do die recken daz uernamen wie uro si alle warin. In was zo deme storme uile lief.

Eîn vogil heizit caradrius. indem bûche deutronomio daz ist gescriben. daz man in ezzen ne scule. Dannen zellet phisiologus unt chuit. daz er aller wiz si. Ein mist der uon ime uert. der ist ze den tunchelen ougen uile gût. Mit disme uogile mach man bechennen ob der sieche man irsterben oder genesen scol. Ob er sterben scol. so cheret sich der caradrius uon ime. Ob er aue genesen scol. so cheret sich der uogel zu deme manne unt tût sinen snabel uber des mannes munt. unt nimit des mannes unchraft an sich. sa uert er uf zu der sunnen. unte lutterit sich da. so ist der man sa genesen.

Aus dem „Physiologus“. Handschrift der k. k. Hofbibliothek zu Wien aus der Mitte des XII. Jahrhunderts, Nr. 2721.

Zeile 1—6 von Blatt 156 ᵃ, die übrigen Zeilen vom Blatt 156 ᵇ. [illegible] „Physiologus“ [illegible] „Ecclesia“ [illegible] „Physiologus“, [illegible] (siehe folgende Seite).

Erklärender Abdruck zum „Physiologus“

Ein vogil[1] heizit[2] caradrius. In dem bûche deutronomio da ist gescriben,[3] daz man in[4] ezzen[5] ne[6] scule.[6] Dannen zellet[7] phisiologus unt chuit,[8] daz er aller[9] wiz[9] si.[10] Ein[11] mist, der von ime[11] vert,[12] der ist ze[14] den tunchelen[15] ougen[16] vile[16] gût. Mit disme[17] vogile[1] mach[18] man bechennen,[19] ob der sieche man irsterben[20] oder genesen scol.[21] Ob[22] er sterben scol, so cheret[23] sich der caradrius von ime;[13] ob[22] er ave[24] genesen scol, so cheret[23] sich der vogel zû deme manne, unt tût sinen snabel[25] uber[26] des mannes munt, unt nimit[27] des mannes unchraft[28] an sich; sa[29] vert[12] er uf[30] zû der sunnen,[31] unte lutterit[32] sich da; so ist der man sa[29] genesen.

1 Vogel 2 heißt 3 geschrieben 4 ihn 5 essen 6 [illegible] 7 erzählt 8 spricht 9 ganz weiß 10 sei 11 [illegible] 12 fährt 13 ihm 14 zu, für 15 verdunkelten, kranken Augen 16 sehr 17 diesem 18 kann 19 erkennen 20 sterben 21 soll 22 wenn 23 kehrt 24 aber 25 Schnabel 26 über 27 nimmt 28 Krankheit, Schwäche 29 alsbald 30 auf 31 Sonne 32 läutert

Erklärender Abdruck zum „König Rother“.

Die heidenen und die Valewen[1]
wichin von deme galgin
durch[2] die micheln[3] not.
dar[4] lach[5] manich helet[6] dot
Arnolt, der wigant,[7]
gaf[1] daz zechen[8] uzer[9] hant
unde zoch[10] ein swert[11] daz hera Mal
iz[12] inwas[13] negein[14] stal
so hart noch so vast,[15]
iz ne moste bresten.[16]
des[18] namen[19] von sinen henden
der koninge manic[15] ir[18] ende.
swaz he der andren ane quam,[19]
den[20] tode[21] he[22] sicherliche nam,[23]
biz he[22] in[24] den herren[25] benam[26]
unde Berkeren von Meran
unde Luppoldin,
den si dar[27] han[28] woldin.[29]
die boch newille uns missesagen.[30]
in[31] nemochte[32] ire[33] nieman aethe[34]
die dar[4] waren schadehaft.[35] [havin[36]
si jahen:[38] iz dade[37] die godes craft
(Als der[38] Rother gesach,[39]
daz[40] Arnolt bi[41] ime[42] was,[43]
do sprach die[44] koninc riche[45]
harde[46] vromeliche:[47]
„smita,[48] cone[49] wigant,[8]
al die bande von der hant!
unde geblas[50] ich min horin,[51]
ir[52] wirt michil[53] me[53] verlorn,[54]
dan ir noch si getan.[55]
uns kumit der helet Asprian.“
do die recken daz vernamen,
wie vro[56] si alle waren
in[24] was[57] zo deme storme[58] vile lief . . .

Die Schöpfung der Eva

Von Blatt 9a der Milstätter Handschrift der „Genesis“

Jagd auf den Dorcon, Steingeiß

Vom Blatt 101a der Milstätter Handschrift des „Physiologus“ (Karajan, Deutsch. Denkmale Tafel [illegible]).

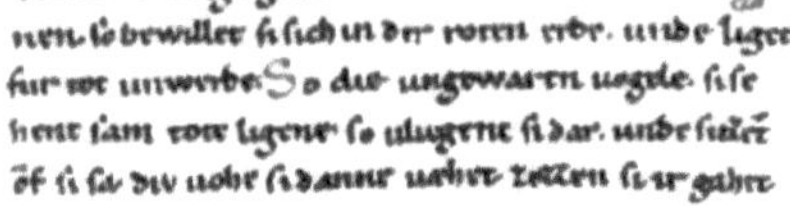

Vom Fuchse

Vom Blatt 94a der Milstätter Handschrift des „Physiologus“ (Karajan, Deutsch. Denkmale Seite 89).

Diu vohe[1] ist unchustich[2]
ein tier ubillistich[3]
so[4] si hungiren[5] beginnet
unde si zeren[6] niht[7] mege[7] gewinnen,
so bewillet[9] si sich in der roten erde
unde liget[9] fur tot unwerde.[10]
so[4] die ungewaren[11] vogele[12]
si sehent[13] sam[14] tote ligene,[15]
so vliegent[16] si dar[17]
unde sitzent ûf[18] si sa.[19]
diu vohe[1] si danne[20] vahet,[21]
zezen[6] si ir[22] gahet.[23]

1 der Fuchs 2 häßlich 3 boshaftig 4 sobald 5 hungern 6 zu essen 7 nicht kann 8 [illegible] 9 legt 10 unwerth, verächtlich 11 unvorsichtig 12 Vögel 13 sehen 14 wie 15 liegen 16 fliegen 17 dahin 18 auf 19 für uns – [illegible] 20 dann 21 fängt 22 [illegible] 23 [illegible]

Jakobs Auszug.

Von Blatt 45a der Milstätter Handschrift der „Genesis“

von danne[1] fûr[2] verholne[3]
Jacob got enpholhene[4]
mit wiben[5] und mit chinden[6]
mit vihe[7] mit allem gesinde

1 herzen 2 fuhr 3 heimlich 4 empfohlen 5 Weibern 6 Kindern 7 Vieh

Fünf Stücke aus einer ehemals der Kärntenischen Benedictiner-Abtei Milstatt angehörigen, noch im XII. Jahrhundert geschriebenen Bilderhandschrift, welche jetzt dem Kärntenischen Geschichtsvereine zu Klagenfurt gehört. Diese, namentlich wegen ihrer Bilder wichtige Handschrift enthält auf Blatt 1—84a, 101b—135 eine gereimte Übersetzung der „Genesis“, dazwischen geschoben, Blatt 84b—101a, einen „Physiologus“. — Beide Gedichte sind um die Mitte (vor der Mitte?) des XII. Jahrhunderts verfaßt.

Erklärender Abdruck des nebenstehenden Stückes:

a) über dem Bilde:

Joseph sach[1] Benjamin,
vor jamer gie[2] er von im[3]

b) unter dem Bilde:

Also[4] Joseph Benjamin gesach,[1]
ze den anderen er sprach:
„bi[5] iur[6] warheit ir[7] mir saget,[8]
ist diz[9] iur[6] bruder von dem ir[7] mir gesaget habet?
nu muzze[10] im[3] got genaden“[11]
er lief von im[3] in allen gahen[12]
der jamir in begunde mugen:[13]
niht langir[14] mohte er gedoln,[15]
die zaeher[16] runnen[17] im[3] lange
ubir[18] sinin[19] wange.

Erklärender Abdruck zu „Isengrims Noth"

Reinhart, der vil hat gelogin,[1]
der wirt nohe[2] hitte[3] betrogin;
doch[4] gehalf imo[5] sin[6] kundicheit[7]
von notlicher[8] arbeit.[9]
zu einer cellin[10] er sih hůb,[11]
da wiste[12] er inne hûner[13] genůc,
daz inhalf in[14] niht,[15] weiz got;
sie was[15] wol umbemurot.[16]
Reinhart begunde[17] umbe gan,[18]
vor dem tor[19] sach[20] er stan[21]
einen sot[22] dief und wit,[23]
da sach[24] er in, daz geruwin[25] sit,[26]
einen scutin[26] er drinne gesach:[27]
ein michel[27] wunder im gesach,[28]
daz der[29] ergiechete[30] hie,
der mit listen wunders vil begie.[30]

[illegible]

Aus dem Thierepos „Isengrims Noth".

[illegible]

Erklärender Abdruck zu „Flos und Blanchefloß".

. . . Cloyris gesag,[1]
do wart dia vrowe[1] here[3]
irverit[4] vil[5] sere[5]
lute[6] dat[7] sie do riep[8]
die juncheren[9] nider viel[10]
ende deckete sin vil tiegere[11]
mit den blomen[12] widere.[13]
do dahte[14] vro[15] Cloyris:
„dit[16] is[17] Blanscefluros amis"[18]
hastlike[19] do[20] quamen[20]
die vrowen die dar[22] waren
ende[23] tragelen wat[24] er[24] were,[26]
dat[7] sie riepe[28] so sere.[29]
Cloyris swerie[27] der warheit,
unde si dahte[28] an ir hovisheit,[29]
sie sprenc en[30] to[30] mit minnen:[31]
„mig[32] sprang an min[33] kinne[34]
uter disen blomen
ein pampilion[35] scone;[36]
des[37] wart ic[38] harte sere[3] intan[41]
die vrowen die do waren dar,
die hatten is[39] irem spot gt. . . .[41]

Stück aus den Fragmenten einer dem letzten Drittel des XII. Jahrhunderts angehörigen Handschrift der Trierer Stadtbibliothek: „Flos und Blanchefloß",

[illegible]

[illegible]

Miniatur zu dem um 1190 verfaßten Spielmannsgedichte „Salman und Morolf", darstellend Salome und Morolf am Schachbrette. Von Blatt 309 b der Stuttgarter Handschrift des XIV. Jahrhunderts.

[illegible]

Ein hübsche Histori zu lesen von unsers herrē rock wie der wunderbarlich einem künig (Orendel genant) worden ist. Der in gen Trier pracht hat, und da selbst in ein sarch verschlossen. Der yetz bey kayser Maximilians zeit erfunden ist.

a.

¶ Getruckt zů Augspurg vonn Hannsen Froschauer Anno dñi. M.ccccc.xij.

b.

Wie fraw Breyd den künig Orendel in seinem grawen rock hieß wilkummen sein.

Sind wilkum ir grawer rock
Ich kan euch nit anders nennen weiß got
Ob ich euch aber nun erkante
Wie gern ich euch anders nante
Also sprach das schöne megrein
Doch sollent ir mein herre sein
Ir sollent wesen kunig und herre
Ober die landt und burg zů Jerusalem

c.

a. Titelzeilen, b. Schlußzeilen und c. ein Stück des ältesten Druckes vom „Orendel".

[illegible]

Anfang des „Herzog Ernst" nach der Handschrift der Wiener k. k. Hofbibliothek Nr. 3028.

[illegible]

Erklärender Abdruck zu „Herzog Ernst".

Nun vernemet[1] alle gesunder;[2]
ich sag ew[3] michel[4] wunder
von ainem gueten chnecht.
das schult[5] ir[6] merckchen recht.
es ist so horn[7] guet,[8]
es geit[9] manigem hochen můt,
wo man von degenhait[10] sait.[11]
den[12] ist es von herzen laid,
si habent[17] chain[18] nôt nicht gelîten
und wirt auch gar vermiten,[19]
wan[20] sy dar czů nicht[21] entugen[22]
und velschen[23] dy red wo sy mügen.[23]
si streiten vast[24] da wider
und trukchent[25] die red nider,
als[26] es mit all ein lug[27] sey:
den[12] want[28] nicht tugent pey.

Erklärungen zu nebenstehendem Abdrucke „Herzog Ernst".

„Marienklage" aus dem ältesten erhaltenen, Deutsch-lateinisch geschriebenen Osterspiele

[illegible]

Erklärender Abdruck der „Marienklage".

Tunc veniat mater domini lamentando cum Johanne ewangelista et ipsa accedens crucem respicit crucifixum.[1]

A we,[2] a we,[2] mich hiht unde immer we![3]
a we, wie sihe[4] ich nu[5] an
daz liebeste[6] chint,[7] daz ie gewan
ze[7] dirre[7] werlde[7] ie deheinic[8] wip![9]
owe mines shonen chindes lip![9]
Item:[10] Den sihe[4] ich jemerlichen an
lat[11] iuch[12] erbarmen wip unde man!
lat[11] iwer ougen[13] sehen dar,[14]
unde nemet[15] der marter rehte war![16]
Item:[10] Wart[16] marter ie so jemerlich
unde also[17] rehte[18] angestlich?[19]
nu merchet[20] marter not unde tot
unde al den lip von blůte rot.
Item Lat[11] leben mir daz chindel[22] min[23]
unde toetet mich, die muter sin
Mariam, mich ehd[23] armez wip!
zwiu[24] sol mir leben unde lip?

Item mater domini omni planctu exhibens multos planctus clamat ad mulieres flentes, et conquerendo valde.

Flete, fideles anime,
flete, sorores optime!
ut sint multiplices dolores[25]

[illegible]

Deutsches (Spielmanns-) Lied aus der Benediktbeurer Handschrift,

[illegible]

Erklärender Abdruck des Deutschen Spielmannsliedes.

Were[1] diu werlt[2] alle min[3]
von deme mere[4] unze[5] an den Rin,[6]
des wolt ih mih darben,[7]
daz diu chünegin[8] von Engellant
lege an[9] minen armen.

Zu nebenstehend erklärendem Abdrucke des Deutschen Spielmannsliedes:

[illegible]

Volkslied des XII. Jahrhunderts

[illegible]

Erklärender Abdruck des Volksliedes

Du bist min,[1]
ih bin din:[1]
des solt du gewis sin.[2]
du bist beslozzen[3]
in minem herzen:
verloren ist daz sluzzelin:[4]
du must och[5] immer dar inne sin.[6]

[illegible]

Deutsch-Lateinisches (Spielmanns-) Lied aus der Benediktbeurer Handschrift

Erklärender Abdruck derselben

Floret silva undique,[1]
nah[2] mine[3] gesellen ist mir we.[4]
grunet der walt allenthalben,
wa[5] ist min geselle alse[6] lange?
der ist geriten hinnen.[7]
owi wer sol mich minnen?

[illegible]

Strophe Spervogels aus der Heidelberger Liederhandschrift.

[illegible]

Erklärender Abdruck derselben

Wurze[1] des waldes
unde erze[2] des gebirges
unde elliu[3] apgrunde[4]
diu[5] sint dir, herre, kunde;[6]
diu[7] stant[8] in diner hende
allez himelischez her[8]
daz enmohte[9] dich niht[9] volle[10] loben
an[11] ein ende.

[illegible]

Spervogel.

[illegible]

Dietmar von Aist († um 1170); Der von Kürenberg.

Dietmar von Aist.
Miniatur der Pariser Liederhandschrift. Verkleinert.

Dietmar von Aist stammt aus der Gegend von Ried (Baiern) und ist ritterlichen Standes; sein Name kommt 1143—1170 in Urkunden vor; 1171 wird er als todt bezeichnet.

Erklärender Abdruck der nebenstehenden drei Strophen des Dietmar von Aist

Uf[1] der linden obene[2]
da sanc ein kleines vogellin[3]
vor dem walde wart es lut:[4]
do hub sich aber[5] das herze min[6]
an eine stat[7] da[8] es e[9] da was[10]
ich sach[11] da rosebluomen stan:
die manent mich der gedanke vil,
die ich hin zeiner frouwen han.

„Es dunket mich wol tusent jar,
daz ich an liebes arme lag
sunder ane mine schulde
fremdet er mich mangen tag
sit ich bluomen niht ensach
noch horte kleiner vogel sanc,
sit was al min fröide kurz
unde ouch der jamer alzelanc."

1 auf 2 oben 3 Vöglein 4 laut 5 wieder 6 mein 7 Stelle 8 wo 9 früher 10 war 11 sah 12 stehen 13 mahnen 14 viel 15 zu einer 16 Frau [illegible]

Es stuont ein frouwe alleine
unde warte über heide,
unde warte ir liebes
so gesach si valken fliegen.
„so wol dir, valke, daz du bist!
du fliugest swar dir liep ist:
du erkiusest dir in dem walde
einen boum der dir gevalle.
also han ouch ich getan:
ich erkos mir selbe einen man,
den erwelten miniu ougen
daz nident schoene frouwen.
owe wan lant si mir min liep?
joh engerte ich ir dekeines trutes niet."

1 stand 2 Frau 3 schaute aus 4 erwartete 5 da 6 sah 7 fliegt [illegible] 12 auch [illegible] 16 neiden [illegible]

Vf der linden obene da sanc ein klei-
nes vogellin. vor dem walde wart es
lut do hůb sich aber de hrze min. an eine
stat da es e da was ich sach da rosebl-
men stan. die manent mich der gedanke
vil die ich hin zeiner frowen han.
Es dunket mich wol tusent iar de ich
an liebes arme lag. sunder ane mi-
ne schulde fromder er mich manigē tag.
sit ich blůmē niht en sach noch horte
kleiner vogel sanc. sit was al min frŏi-
de kurz vn̄ ŏch der iamer alzelanc.
Es stůnt ein frŏwe alleine. vn̄ war-
te vber heide. vn̄ warte ir liebes so
gesach si valken fliegen. so wol dir val-
ke dc dv bist. dv flugest swar dir lieb
ist. dv erkůsest dir in dem walde. eine
bŏm der dir gevalle. also han ŏch ich
getan. ich erkos mir selbe eine man. dē
erwelton miniu ŏgen. dc nident schone
frŏwē. owe wan lant si mir min lieb ioh
engerte ich ir dekeines trutes niet.

Drei Strophen vom Dietmar von Aist.
Aus der Pariser Liederhandschrift.

Der tunkel sterne der birget sich. als tů
dv frŏwe schone so dv sehest mich.
so la dv diniu ŏgen gen an eine andern
man. son weis doch lutzel ieman wies vn
der vns zwein ist getan.
Aller wibe wunne diu get noch mege-
tin. als ich an si gesende den liebē bo-
ten min. so wurbe ichs gerne selbe. wer es
ir schade niet. in weis wies ir gevalle.
mir wart nie wib als lieb.
Wib vn̄ vederspil die werdent lihte zam.
swer si ze rehte lucket so sůchent si dē
man. als warb eine schone ritter vmbe
eine frŏwē gůt. als ich dar an gedenke so
stet wol hohe min můt.

Drei Strophen des von Kürenberg.
Aus der Pariser Liederhandschrift.

Erklärender Abdruck dieser drei Strophen

Der tunkel[1] sterne[2] der birget sich
als[3] tu[4] du, frouwe schone so[5] du sehest mich,
so[6] la[7] du dinu[8] ougen[9] gen[10] an[11] einen andern man:
son[12] weis[13] doch lutzel[14] ieman[15] wies[16] under uns zwein ist getan.[17]

Aller wibe wunne diu[18] get noch megetin.
als ich an si gesende den lieben botten min,
so wurbe ichs gerne selbe, wer es ir schade niet:
in weis wies ir gevalle: mir wart nie wib als lieb.

Wib unde vederspil die werdent lihte zam:
swer si ze rehte luket, so suochent si den man.
als warb eine schöne ritter umbe eine frouwen guot.
als ich daran gedenke, so stet wol hohe min muot.

1 Abendstern 2 also, so 3 thue 4 sobald 5 lasse 6 laß 7 deine 8 Augen 9 gehen 10 zu 11 so weiß Niemand 12 leicht 13 wie es 14 geschehn, besteht 15—16 die geht noch einher als Mädchen, Jungfrau 17 sende 18 [illegible] 20 wäre 21 [illegible] 22 ich weiß nicht 23 [illegible] 24 ward 25 Weiber 26 Jagdvögel, Falke 27 leicht 28 zahm 29 jeder der 30 richtig 31 lockt 32 suchen 33 um 34 Frau 35 steht 36 hoch, fröhlich

Ich zoch mir eine valken mere danne ein
iar. do ich in gezamete als ich in wolte
han. vn̄ ich im sin gevidere mit golde wol
bewant. er hůb sich vf vil hohe vn̄ flog
in anderiv lant.
Sit sach ich den valken schone fliegē.
er fůrte an sinem fůsse sidine riemē.

Zwei Strophen des von Kürenberg.
Aus der Pariser Liederhandschrift.

Der von Kürenberg.
Miniatur aus der Pariser Liederhandschrift. Verkleinert.

Der von Kürenberg gehört einem österreichischen Rittergeschlechte an, welches bei Linz an der Donau seinen Burgsitz hatte. Ob einem der urkundlich im XII. Jahrhundert vorkommenden Angehörigen dieser Familie die unter diesem Namen gehenden Lieder zuzuschreiben sind, ist nicht nachzuweisen. Diese Lieder gehören in die letzten Jahrzehnte des XII. Jahrhunderts. Da „in des Kürenbergers Weise" das Nibelungenlied abgefaßt ist, so ist die Ansicht aufgestellt, daß er der Dichter desselben sei.

Erklärender Abdruck nebenstehender Strophen des von Kürenberg

Ich zoch mir einen valken mere[1] danne[2] ein jar.
do ich in gezamete[3] als ich in wolte han
unde ich im sin gevidere mit golde wol bewant,
er hub sich uf vil hohe unde flog in anderiu lant.

Sit sach ich den valken schone fliegen:
er furte an sinem fuose sidine riemen,
unde was im sin gevidere al rot guldin
got sende si zesamene die gelieb wellen gerne sin.

Friedrich von Hausen († 1190); Reinmar von Hagenau († um 1207?).

Friedrich von Hausen.
Miniatur aus der Weingartner Liederhandschrift.

Friedrich von Hausen.
Verkleinerte Miniatur aus der Pariser Liederhandschrift.

Beide Miniaturen sind hier neben einandergestellt, um zu zeigen, daß die Miniaturen der Weingartner und der Pariser Liederhandschrift nach verwandter Vorlage gearbeitet sind (siehe Seite 29, 30).

Friedrich von Hausen ist der erste der ritterlichen (Minne-) Sänger, über dessen Leben Näheres nachweisbar ist. Er ist ein Sohn Walthers von Hausen, stammt aus der Pfalz, kommt zuerst 1171 in einer Urkunde vor, stand Heinrich VI. und Friedrich I. nahe, zog mit diesen nach Italien, machte mit Friedrich den Kreuzzug 1189 mit, starb vor Philomelium in Kleinasien in Folge eines Sturzes vom Pferde den 6. Mai 1190. Von seinen Kriegsfahrten aus sendet er seiner geliebten Frau seine Lieder. Er folgt provençalischen Lyrikern und ist als der erste bedeutende Vertreter der höfischen Kunstlyrik (des Minnesanges) anzusehen.

Wol mich das ich ze vrowen han ain wip · so schône vñ
och so raine · kan mich das and' niht vervan · iedoch vrôwe
ich mich des aine · das ir lip ist wol getan · es wart nie
wandel also claine · si ensi ze vor gotte erlan · zuht vñ ere
Owe das ich si ie gesach · dv mir ist ir gemaine ·
das herze hat betwungen · von d' so lide ich vngemach · d' ich
dikke han gesungen · das sol si mich geniessen lan · wil
si trûwe an mir ertzaigen · ich was ir ie vil vndertan · wi
bitte mich der vil schônan ze aigen ·

Zwei Strophen vom Friedrich von Hausen aus der Weingartner Handschrift
(Von Seite 13.)

Erklärender Abdruck

Wol mich, das ich ze[1] vrowen[2] han[3]	Owe das ich si ie gesach,[17]
ain wip, so schône unde och[4] so raine!	dû[18] mir das herze hat betwungen,[19]
kan mich das andern niht vervan.[5]	von der so lîde[20] ich ungemach,
ie doch vrôwe[6] ich mich des aine,[7]	der ich dikke[21] han[3] gesungen.
das ir lip[8] ist wolgetan;[9]	des[22] sol si mich geniesen lan,[23]
es wart nie wandel[10] also claine[11]	wil[24] si trûwe[25] an mir ertzaigen.
si[12] ensi[12] vor gotte erlan;[13]	ich was[26] ir ie[27] vil undertan
zuht[14] unde ere[15] ist ir[16] gemaine.[16]	unde bâte[28] mich der vil schônen ze[29] aigen

1 zu, als 2 Frau 3 habe 4 auch 5 kann mir das andere nichts nützen 6 freue 7 allein 8 Leib, Persönlichkeit 9 schön 10 Makel 11 klein, gering 12 daß sie nicht davon frei sei 13 erlassen, frei 14 Sittsamkeit 15 Ehre 16 ist ihr eigen 17 sah 18 die 19 bezwungen 20 leide 21 oft 22 dafür 23 lassen 24 will 25 Treue 26 war 27 immer 28 bitte 29 zu

---

Min hertze ist swere zaller zit · swenne ich der schônen niht ensihe ·
si mugen es lazen ane nit · obe ich der warheit ime vergihe · wan si mir wonet
in minem sinne · vñ ich die lieben ane maze minne · nahet danne ime hertzen
min · sine mohte von ir güte mir niht langer fremede sin.

Strophe vom Reinmar von Hagenau aus der Heidelberger Liederhandschrift.
(Vom Blatt 2v.)

Erklärender Abdruck.

Min herze ist swere[1] zaller[2] zit,[3]
swenne[4] ich der schônen niht ensihe;[5]
si mugen[6] es lazen[7] ane[8] nit,[9]
obe ich der warheit ime[10] vergihe;[11]
wan[12] si mir wonet in minem sinne
unde ich die lieben ane[8] maze[13] minne,
nahet[14] danne ime[15] herzin min,
sine[16] mohte[16] von ir[17] güte[18] mir niht langer fremede sin.[19]

1 schwer, bekümmert 2 zu aller 3 Zeit 4 so oft als 5 nicht sehe 6 können 7 [illegible] lassen 8 ohne 9 Neid 10 ihm (= dem Herzen) 11 sage 12 denn 13 Maßen 14 [illegible] 15 im Herzen 16 sie könnte nicht 17 ihre 18 Güte 19 sein

Reinmar von Hagenau

der Alte genannt, zum Unterschiede von Reinmar dem Fiedler, dem Mägetin (siehe Seite 47). Miniatur der Pariser Liederhandschrift, verkleinert.

Reinmar von Hagenau, der „melancholische Sänger unerhörter Liebe“, vielleicht aus dem Straßburgischen Geschlechte dieses Namens stammend, ist ein Nachahmer Friedrichs von Hausen. Er war am Österreichischen Hofe gleichzeitig mit Walther von der Vogelweide, welcher ihn seinen Lehrer nennt, machte mit Leopold V. 1190 den Kreuzzug mit, und beklagt dessen Tod (1194). Er starb wahrscheinlich um 1207.

a. Anfang der Nibelungenhandschrift A (Hohenems-Münchener Handschrift).

Erklärender Abdruck zu a

Uns ist in alten maren[1] wunders vil geseit[2]
von heleden lobebarn,[3] von grozer chunheit,
von freuden,[4] hochgeziten;[5] von weinen unde von klagen
von chüener[6] recken[6] strite[7] muget[8] ir[9] nu wunder hören
Ez wuhs[10] in Burgonden ein schöne magedin,[11]
daz in allen landen niht schöners mohte sin;[12]
Chriemhilt was[13] si geheizzen unde was[13] ein schöne wip,[14]
darumbe musen[15] degene[16] vil verliesen[17] den lip.[18]
Der minneclichen meide[19] truten[20] wol gezam[21]
in müte[22] küner[6] recken;[6] niemen[23] was[13] ir[9] gram.
ane[24] mazen schöne so was[13] ir[9] edel lip,[18]
der junchfrowen[19] tugende zierten andeiu[25] wip.[26]
Ir[17] phlagen[27] dri[28] kunige edel unde rich,[29]
Gunthere unde Gernot die recken lobelich
unde Giselher der junge ein üzerwelter[31] degen,[16]
diu frowe[31] was[13] ir[32] swester; die fursten heten[33] in ir phlegen.

[illegible]

b. Ende der Nibelungenhandschrift A (Hohenems-München Handschrift).

Erklärender Abdruck zu b.

Diu[1] vil[2] michel[3] ere[4] was[5] da gelegen tot
die liute[6] heten alle jamer und not,
mit leide[8] was[9] verendet[10] des kuniges hohzit,[11]
als[11] ie[12] diu liebe leide ze[13] aller[13] jungiste git.[14]
Ich enchan[15] iu[16] niht bescheiden, waz sider[17] da geschach
wan[18] riter unde vrowen[19] weinen[20] man da sach,[21]
darzü die edeln chnehte ir[22] lieben friunde[23] tot.
hie hat daz mer[24] ein ende: ditze[25] ist der Nybelunge not.

[illegible]

d. Aus der Nibelungenhandschrift B (St. Galler Handschrift).
Zarncke 3, 2—7

Erklärender Abdruck zu d

Nu was[1] er in der sterche,[2] daz er wol wafen[3] trüch;[4]
swes[5] er dar zü[5] bedorfte, des lag an im[6] genüch
er begunde[7] mit sinnen[8] werben[9] schönin[10] wip,
di truten[11] wol mit eren[12] des chünen Sivrides lip.[13]
Do hiez sin vater Sigmunt chunden[14] sinen[15] man,[16]
er wolde hohgezite[17] mit lieben vriwenden[18] han.[19]
diu maere[20] man do fürte[21] in ander chunege[22] lant
den vremden und den chunden[23] gab er ros und güt gewant.
Swa[24] man vant[25] deheinen,[26] der riter solte sin[27]
von art[28] der sinen mage,[29] diu[30] edeln kindelin
diu[30] ladet man zü dem lande durh[31] hohgezit:[17]
mit dem jungen kunege swert genamen[32] si sit.[33]
Von der hohgezite man mohte wunder sagn
Sigmunt unde Siglint di mohten wol bejagn[34]
mit güte[35] michel[36] ere:[37] des teilte vil ir[38] hant.
des[39] sach[40] man vil der vremden[41] zu zin[42] riten[43] in daz lant.
Vier hundert swertdegene[44] di solden tragn[45] chleit[46]
mit samt[47] Sivride vil manech schönin meit[47]
von werche[48] was[49] vnmüzech,[50] wan[51] si im[52] waren holt.
vil der edelen steine die frowen[53] leiten[54] in daz golt,
Die si mit porten[55] wolten warchen[56] üf ir wat[57]
den jungen stolzen recken: des[57] newas[58] niht[59] rat.[60]
der wirt der hiez do sidelm[61] vil manegn[62] chünen man,
ze[63] einem sunewenden[62] da[63] sin[64] sun[65] Sivrid wol riters
namn[66] gewan

[illegible]

Das Epos von den Nibelungen ist uns in zehn vollständigen Handschriften erhalten; von achtzehn anderen sind Bruchstücke vorhanden. Die bedeutendsten der Handschriften sind die von Lachmann mit A, B, C bezeichneten; um sie gruppieren sich im wesentlichen die anderen.

A („Nibelungen-Not") ist die Hohenems-Münchener Handschrift, Pergament, Folio, zweispaltig, von zwei Händen, nach Schmeller um 1280 geschrieben, seit 1810 in München (Cgm 34). — B („Nibelungen-Not") ist die St Galler Handschrift, Pergament, in Folio, zweispaltig, von einer (?) Hand um die Mitte des XIII. Jahrhunderts geschrieben. Sie kam in der Mitte des XVI. Jahrhunderts aus dem Besitze des Geschichtschreibers Äg. Tschudi in die Stiftsbibliothek zu St. Gallen (Nr. 857). — C („Nibelungenlied") ist die Hohenems-Laßbergische Handschrift, Quart, Pergament, ohne Absetzung der Verse, von einer Hand gegen den Anfang des XIII. Jahrhunderts geschrieben. Diese älteste, bis auf sechs Blätter vollständige Handschrift ist seit 1855 auf der fürstl. Fürstenbergischen Bibliothek zu Donaueschingen (Nr. 63). — Karl Lachmann nahm an („Über die ursprüngliche Gestalt des Gedichtes von der Nibelungen-Noth", 1816), A biete den ältesten, weil kürzesten Text, und schälte aus A zwanzig einzelne Lieder heraus, welche er für die echten Lieder von der Nibelungen Not erklärte. — A. Holtzmann („Untersuchungen über das Nibelungenlied", 1854) erklärte C als die älteste Handschrift, auch für diejenige, welche den ältesten und ursprünglichsten Text böte. B sei verkürzender Auszug aus C, A wieder überarbeiteter Auszug aus B. — Unabhängig von Holtzmann kam Friedr. Zarncke zu denselben Ergebnissen („Litter. Centralblatt", 1854, Seite 155; „Zur Nibelungenfrage", 1854). — Der Handschrift B wird der Vorzug eingeräumt von K. Bartsch („Untersuchungen über das Nibelungenlied", 1865); er kommt zu seinen Resultaten namentlich durch Untersuchung der Reime. Nach ihm ist das Nibelungenlied gegen 1150 verfaßt, gegen 1170 zum ersten Male umgearbeitet. Diese beiden Fassungen sind verloren. Unabhängig von einander unterwarfen um 1190—1200 zwei Dichter die verloren gegangene Fassung einer Umarbeitung: diese beiden Gestaltungen sind uns erhalten in B und C. Zur Gruppe C gehört auch die auf keinem selbständigen, freilich wichtigen Texte beruhende Handschrift A. C steht der ursprünglichen Fassung ferner, B näher. — Die Ansichten, ob man einen Verfasser oder mehrere annimmt, ebenso die Meinungen über die Zeit der Abfassung sind abhängig von dem Werthe, welchen man den einzelnen Handschriften beilegt. — Der von Kürenberg (siehe Seite 21) ist von verschiedenen für den Verfasser des Nibelungenliedes gehalten; aus der Sprache der älteren Handschriften ist wohl als sicher anzunehmen, daß die Heimat des Verfassers Österreich (Steiermark) ist. — In den Handschriften ist ein in paarzeiligen Reimen abgefaßtes Gedicht den „Nibelungen" angehängt: die „Klage". In diesem Gedichte werden die gefallenen Helden von den überlebenden nach Art der altgermanischen Todtenklagen beklagt. Auch über dieses Gedicht, seine Entstehung und Zusammenhang mit dem Nibelungenliede gehen die Ansichten sehr auseinander. — Einzelne Stellen des Nibelungenliedes wurden zuerst von Bodmer herausgegeben: „Chriemhilden Rache und die Klage", 1757. Die erste vollständige Ausgabe veranstaltete der Professor am Joachimsthalischen Gymnasium zu Berlin, C. H. Müller 1782: „Der Nibelungen Liet".

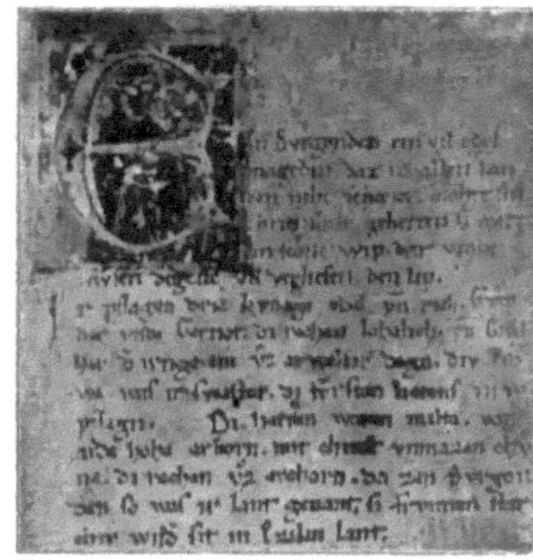

c. Anfang der Nibelungenhandschrift B (St. Galler Handschrift).

Erklärender Abdruck zu c.

Es wühs[1] in Burgonden ein vil edel magedin,[2]
daz in allen landen niht schoners mohte sin.
Chriemhilt geheizen: si wart ein scöne wip.
dar umbe muosen degene vil verliesen den lip.
Ir pflagen drie kunege edel unde rich,
Günther unde Gernot, di recken lobelich,
unde Giselher der junge, ein uzerwelter degn
diu frowe was ir swester: di fursten hetens in ir pflegn
Di herren waren milte,[3] von arde[4] hohe erborn,[5]
mit chraft unmazen[6] chüne, di recken uzerchorn.[7]
da zen[8] Burgonden so was[9] ir[10] lant genant
si framten[11] starchiv wunder sit[12] in Ezelen lant.

[illegible]

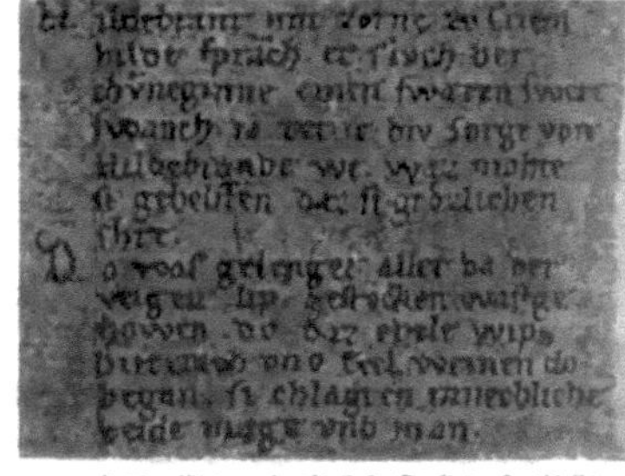

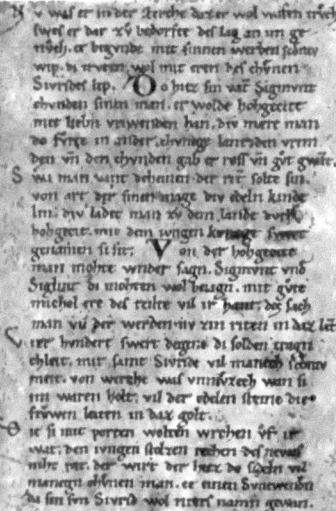

e. Aus der Nibelungenhandschrift B (St. Galler Handschrift).
Zarncke 343, 2 [illegible]

Erklärender Abdruck zu e.

Hildebrant mit zorne zu Criemhilde spranch:[1]
er sluch[2] der chüneginne einen swaeren[3] swertswanch.[4]
ja[5] tet[6] ir[7] diu[8] sorge von Hildebrande we;[9]
waz mohte si gehelfen[10] daz si grözlichen[11] shre?[12]
Do was[13] gelenget[14] aller da der veigen[15] lip;[16]
ze stucken was[13] gehouwen[17] do daz edele wip
Dietrich und Ezel weinen do began,
si chlageten innechliche beide mage[18] und man.[19]

[illegible]

Do sprach meister hildebrant.
herre deist der neve min. vnt der
burgrave din. sun des chvnen Neren.
ni heit so gar vnheren. ich geschach
bi miner zit. so ich seht wi den fluz
git. daz plvt von sinen wnden. der
recke wart ni fvnden. an deheiner
zagheit. in disem sturm er bi streit.
wol einem degene gelich. do sluch
in der kvnech rich. Giselher der iunge.
vogt der Nibelunge. der sluch ouh
Netgere. der edel vnt der here.
do er si ervalte beide. er tet vns
vil ce leide.

Aus der St. Galler Handschrift (B) der „Klage"

[illegible]

Erklärender Abdruck zur „Klage" aus der St. Galler Handschrift (B).

Do sprach meister Hildebrant:
„herre, deist[1] der neve[2] min
unt der burgrave din,
sun des chünen[3] Neren.
ni heit so gar unheren[4]
ich geschach[5] bi miner zit,[6]
so ich seht, wi den fluz git[7]
daz plüt von sinen wunden.
der recke wart ni funden[8]
an deheiner[9] zagheit.[10]
in disem sturm er bi streit[11]
wol einem degene[12] gelich.[13]
do sluch in[14] der künech rich,[15]
Giselher der junge,
vogt der Nibelunge.
der sluch ouh[16] Netgeren.
der edel unt der here,
do er si ervalte[17] beide,
er tet[18] uns vil ce leide...

[illegible]

Erklärender Abdruck der nebenstehenden Seite aus der Donaueschinger Handschrift der „Nibelungen" (C).

Nu daht[1] ouch[2] alle[3] zite[3] daz Gunthers wip:[4]
„wie treit[5] ez[6] also hohe Chriemhilt den lip?[7]
nu ist doch unser eigen Sivrit ir[8] man:
daz er uns niht[9] endienet,[9] des wolde ich gerne ein ende han."[12]

Diz trüch si in ir herzen, und wart doch wol verdeit.[13]
daz si ir so vremde waren, daz was[10] der frowen[13] leit:
daz si niht zinses hete[14] von des fursten lant,
wa von daz chomen waere, daz het si gerne bechant.[15]

Si versuchtez[16] manigen ende,[17] ob chunde[18] daz geschehn,
daz si Chriemhilte mohte noch gesehn.[19]
si reitez[20] heinliche, des si da hete[21] müt:
done[22] duht[23] den chunic riche der frowen[13] bete[23] niht[23] ze[24] güt

„Wie chunden[25] wir si bringen" — sprach der lobes[26] rich[26] —
„her zü disen landen? daz waere unmugelich.[27]
si sint uns gar ze verre."[28] ich getar[29] sis[30] niht gebiten."[31]
des[32] antwurt[33] im[34] Prunhilt in vil listigen siten:[35]

„Swie hohe riche waere[36] deheines[37] kuniges man,[38]
swaz im[39] gebute[39] sin herre, wie torster[40] daz verlan?"[41]
des[42] ersmielte[43] Gunther, do si daz gesprach:
ern jach sin niht ze dienste[44] swie[45] dick[46] er Sivriden sach.

Si sprach: „vil lieber herre, durch den willen min[47]
so hilf mir, daz noch Sivrit mit der swester din
chom zu disem lande, daz wir si hie gesehn:
wne chunde mir zer werlde[51] nimmer lieber geschehn.

Diner swester güte, und ir vil zuhtich[48] müt,[49]
als[50] ih[51] daran gedenche, wie saufte mir daz tüt
und ir vil wert enpfahen,[52] do ich chom[53] in daz lant,
ez enwart nie antphanc richer[53] zer welde[54] niemen[55] bechant.

Si gertes[56] also lange, unz[57] daz der chunic sprach:
„ir muget[58] mich saufte[59] vlegen,[60] wand[61] ich gerner nie gesach[62]
deheiner[63] slahte[63] geste in den landen min:
ich wil[63] in[64] boten senden, daz si zuns[65] komen an den Rin."

Do sprach diu chuniginne: „nu sult ir mir sagn,
wenne[66] ir si welt besenden, oder in welhen tagn
suln unser friunde[67] chomen in daz lant?
die ir dar[68] senden wellet, die lat[69] werden mir bechant."

„Daz tun ich" — sprach do Gunther — „drizech[70] miner man
wil ich dar[71] lazen riten."[72] die hiez er fur sich gan,[73]
bi[73] den enbot[74] er maere[75] in Sivrides lant:
ze liebe gab in[84] Prunhilt vil harte[78] zierlich gewant.

Do sprach do Gunther: „ir recken, ir sult sagn,
swaz ich bi[79] in[77] enbiete, des sult ir niht verdagen[78]
Sivrit, mine friunde, und ouch[2] die swester min,
daz enchan[79] in[80] der werlde[81] niemen[82] holder gesin.[83]

„Und bite si von uns beiden leisten[84] ane strit,[85]
daz si chomen ruchen[86] zunser[87] hochgezit.[88]
gein[89] disen sunewenden[90] sol er mit einen man[91]
sehen hie vil manigen, der im[92] vil grozer eren gan.[93]

„Sime[93] vater Sigemunde sagt ouch[2] den dienest[94] min,
daz ich mit minen magen[95] im[96] immer waege[96] sin:[97]
und saget ouch[1] miner swester, daz si niht laze[98] daz,
sine chom zir friunde.[99] irn[100] gezam[100] nie[100] hochgeziten baz."[101]

Frô Ûte und al die frowen die man . . . .

[illegible]

[illegible]

Eine Seite aus der Hohenems-Laßbergischen Donaueschinger Handschrift der „Nibelungen" (C).

[illegible]

[illegible]

Aus der Donaueschinger Handschrift (C) der „Klage".

[illegible]

Erklärender Abdruck zur „Klage" aus der Donaueschinger Handschrift (C).

Der kunec do balde daz bevalch[1]
von Rine uoben[1] marschalch,
daz man den helt zum andern trüe.
do weinte lûte da genûe,
die den helt tragen sahen
sich hûp[2] in[4] allen[5] gahen[6]
ein itenûwez[3] rûfen,[3]
vil gemeinliche[7] wûfen[8]
daz volch do begunde[9]
mit jamer zü der stunde.
do sprach man und wip:
„der tuon[11] Blodeline den lip."
den schal[11] der kunec horte,[12]
sint truber[13] herre im[14] storte
dirre[15] wûfen[1] und klagen.
ia[16] chunde[17] niemen[18] wol gesagen[19]
diu[20] not diu wider in[21] da was,[22]
do si chomen[23] in den palas,[24]
da si die helde güte
tragen[25] uz[26] dem blüte,
mit man[27] si si nanden,[28]
die si darinne erchanden,[29]
und sageten Ezeln diu maere,
wer jener und dirre[30] waere . . .

Erklärungen zum nebenstehenden erklärenden Abdruck der „Klage" aus der Donaueschinger Handschrift (C).

[illegible]

Eine Seite aus der Prünn-Münchener Handschrift (D) der „Nibelunge Not".

Schluß der Aventiure (IV.): „Wie Siegfried mit den Sachsen stritt", und Anfang der Aventiure (V.): „Wie Siegfried Kriemhilden zu allererst sah" [illegible] Diese, in Kloster Prüfening geschriebene Pergamenthandschrift gelangte durch den [illegible] 1575 in die herzoglich Bairische Bibliothek; sie gehört dem ersten Drittel des XIV. Jahrhunderts an [illegible]

Erklärender Abdruck

die woll hiez er[1] scheiden[2] vor Wurmez uf[3] den sant[4]
den,[5] di im[6] komen solden zu der Burgunden lant.

In denselben ziten, do si nu solden komen,
do hette[7] die vrouwe[8] Chrimhilt die mere[9] wol vernomen,
er wolt hochgeziten[10] mit magen[11] und mit man.[12]
do ward vil michel flizen[13] von schonen vrouwen getan.[14]

Mit waete[15] und mit gebende,[16] daz si solden tragen.
Ute die vil[18] riche[17] die mere[1] euch[19] horte sagen
von den stoltzen degnen,[23] di da solden komen.
do ward uz[20] der valde[21] guter waete[15] vil genomen.

Durch[22] ir chinde liebe[23] hiez si bereiten chleit:[25]
damit ward getzieret vil vrouwen und manich meit[24]
und vil der guten recken zu Burgunden lant.
do ward ouch[25] den vremden[26] bereitet herlich gewant

Aventiwer wie Sivrit Chrimhilden von[21] aller[11] erz[27] irsah[28]

Man sach[28] si taegelichen[29] reiten zu den Rein,
die bi der hochgetzite gern wolden sin.
die durch[22] der chunige liebe[23] quamen[31] in die lant.[24]
den[32] gab man sumelichen[33] beide[34] ros und ouch[25] gewant.[13]

In[35] was ir gesinde[36] allen wol bereit.[37]
den hochsten und den besten, als uns daz ist geseit,[38]
tzwen und drizzick[39] fursten quamen[30] zu der hochgetzit:
da zierte sich enekegene[40] vil manich schone vrouwe[3] sit.[41]

Ez was vil[16] unmuzic[42] Gyselher daz kint:
die vremden[26] und ir[43] mage[11] vil[18] gutlichen sint[47]
enpfie[44] er und Gernot und ouch ir beider man.[12]
ja[43] gruzten si die degen,[10] als ez nach ern[44] was[26] getan.

Die goltvarwen[47] saetel si brachten in daz lant
die zierlichen schilde und herlich gewant[13]
durch[22] des wirtes liebe[23] zu der hochgetzit.

1 König Gunther 2 [illegible] 3 auf 4 [illegible] 5 [illegible] 6 ihm 7 hatte 8 Frau 9 Nachricht 10 Hochzeit halten 11 Verwandten 12 Mannen, Vasallen 13 [illegible] 14 [illegible] 15 [illegible] 16 sehr 17 [illegible] 18 sehr 19 [illegible] 20 aus 21 [illegible] 22 durch [illegible] 23 [illegible] 24 Jungfrau 25 auch 26 Fremden 27 [illegible] 28 sah 29 täglich 30 kamen 31 [illegible] 32 denen 33 manchen 34 beides 35 ihnen 36 [illegible] 37 bereiten 38 gesagt 39 zweiunddreißig 40 entgegen 41 [illegible] 42 geschäftig 43 ihre 44 empfieng 45 [illegible] 46 Ehren, [illegible] 47 goldfarbenen

Aus der Hundeshagenschen, seit 1867 auf der Berliner Bibliothek aufbewahrten Nibelungenhandschrift (b*).

[illegible]

Erklärender Abdruck

Aventeur wie Seifrid Prunhilden gewan

In denselben zeiten da was[1] daz schif gegan[1]
der Burg also nahent:[2] da sach[3] der kunig stan,[4]
oben in dem venster vil manig schone maid,
daz er ir[4] nicht erchante,[5] daz was[1] Gunthern laid.

Er fragt Seyfriden den gesellen sein:
„ist ew[8] daz nicht chund[9] umb das magetein,[10]
die dort her gen[11] uns schauent[12] her nider auf die fluot,
wie si herre hayssen[?] sy sind vil[18] hoch[13] gemuot."[15]

Do sprach der herre Seifrid: „nun sult ir taugen[17] spehen[18]
under den junckfrawen, und sult mir[19] dann[20] jehen,[21]
welhe ir nemen wolltet, und hett irs gewalt."[22]
„daz tun ich", sprach Gunther, ein ritter chun[23] und pald[24]

„Da sich[25] ich aine in ainem venster stan,[3]
in schneweysser wate:[26] die ist so wolgetan.
die wellent[28] meine augen durch[27] ir schonen leip,
ob ich gewalt des[29] hete,[30] sy muz werden mein weip."

[illegible]

„Wie Kriemhilde zu König Etzel geführt ward.“

Miniatur aus Hundeshagens Nibelungenhandschrift. (Handschrift des XV. Jahrhunderts, jetzt in Berlin, die einzige mit Bildern versehene.)

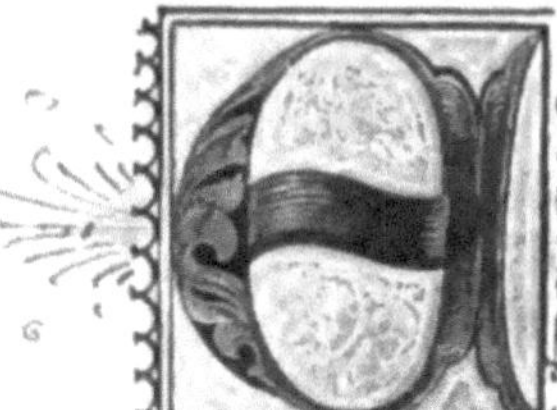

s wuchs in
Eyerlanndt·
ein reicher
kunig her·
gehayssen
was er Ser-
sein muter
die hiess Ute·
und was ein
kunigunne· durch ir hohe tugende
so getzam dem reichen wol ir mynne·
Der dem reichen kunige das ist
wol erkannt· dienten vil der burge·
Er hette siben fursten lanndt· dar
ynne het er recken· viertausent oder
oder mere· damit er taglichen moch
te erwerben baide gut und ere· Dem
jungen Sygebande man gen hofe ge
pot· da er solte lernen ob im des
wurde not· mit dem sper reiten·
schirmen und schiessen· so er zu den
veinden kame das er es desterbas moch
te geniessen

Anfang der „Gudrun“, aus der einzigen Handschrift, in welcher das Gedicht überliefert ist, der Ambraser Nr. 73 zu Wien, wo es von Blatt 140ᵃ—167 aufgezeichnet ist.

Kaiser Maximilian I. (siehe Seite 7?) ließ in den Jahren 1502—1515 durch Hans Ried, Zöllner am Eisack bei Bozen, das „Heldenbuch“ oder „Ambraser“ [illegible]

Erklärender Abdruck zur „Gudrun“.

Ditz puech ist von Chautrun
Dez buoch ist von Gûdrûn.

Es wuchs in Eyerlanndt ein reicher kunig her
Ez wuohs in Îrlande ein rîcher künic hêr
— — — — — gehayssen was er Sige-
geheizen was er Sigebant ein vater der hiez Gêr
sein muter die hiess Ute und was ein kunigunne
sîn muoter diu hiez Ute und was ein küneginne.
durch ir hohe tugende so getzam dem reichen wol ir mynne
durch ir hôhe tugende so gezam dem rîchen wol ir minne.
Der dem reichen kunige das ist wol erkannt
Dere dem rîchen künige daz ist wol erkant
dienten vil der burge er hette siben fürsten lanndt
dienten vil der bürge er het siben fürsten lant
dar ynne het er recken vier tausent oder oder mere
dar inne het er recken vier tûsent oder mêr
damit er täglichen mochte erwerben baide gut und ere
da mite er tegelichen mohte erwerben beide guot und êre
Dem jungen Sygebande man gen hofe gepot
Dem jungen Sigebande man ze hove gebôt,
da er solte lernen ob im des wurde not
dâ er solde lernen, ob im des wurde nôt,
mit dem sper reiten schirmen und schiessen
mit dem sper rîten schirmen unde schiezen
so er zu den veinden kame das er es desterbas möchte geniessen
so er zuo den vinden kæme daz erz deste baz mohte geniezen.

[illegible]

„Wie die Nibelungen nach Bechlaren kommen“.

Miniatur aus Hundeshagens Nibelungenhandschrift.

Gothischer Sagenkreis (Dietrich von Bern); „Laurin"; „Alpharts Tod".

Ez was zu pern gesessen
Ein ritter gar unformessen
Der was geheissen dietreich
Hundert wond man sein geleich
Pey den selben zeiten
In sturmen noch in streiten
Torst in nieman bestan
Er was ain furst gar lobesam
Er lebt an alle sunde
Die fursten in dem lande
Die warn im alle untertan
Er was ain furst gar lobsam
Die seinz lands pflagen
Wie selten sye derlagen
Eer und frumheyt
Schant und laster was im lait
Und woe sye gesassen
Wie selten sye sein vergassen
Sye preysten in fur alle man
Den edlen perner lobesam
Do sprach wielandez sun
Ein ritter pyder und frum
Den ich wayss in allen landen
Der do lebt an alle schanden
Als der edel herr dietreych

Anfang des „Laurin". Erste Seite der ältesten, auf der Kopenhagener Bibliothek (Ms. Arnamagn. Nr. 32) aufbewahrten Pergamenthandschrift.

Geschrieben um die Mitte des XIV. Jahrhunderts. Berliner Heldenbuch I., Seite 206. — Der „Walberan" schließt sich in dieser Handschrift direkt dem „Laurin" auf Blatt 36 a. an, als Buch II. des „Laurin", nur von ihm getrennt durch die Worte: Explicit liber primus - Incipit secundus. (Es schließt das erste Buch. Es beginnt das zweite.) „Laurin" und „Walberan" sind von einer Hand geschrieben. Das Gedicht vom Tiroler Zwergkönige „Laurin" behandelt dessen Kampf mit Dietrich. [illegible] von 1311. Der „Laurin" ist nicht nur die anmutigste und glücklichste Schöpfung der freien Spielmannsdichtung, sondern in der Reihe unserer Volkspoesie eines der wichtigsten und interessantesten wegen seines Einflusses auf die [illegible] (siehe Seite 29), den „Wolfdietrich D" (siehe Seite 31) und den „Rosengarten" (siehe Seite 28). — Der „Walberan" ist eine dem Ende des XIII. oder Anfange des XIV. Jahrhunderts angehörige gelehrte Fortsetzung des „Laurin" (siehe Einleitung zum Berliner Heldenbuche I.). Eine längere Bearbeitung ist im sogenannten Straßburger Heldenbuche (siehe Seite 46, Blatt 257—283) erhalten, außerdem wurde das erweiterte Gedicht im XVI. Jahrhundert noch öfter gedruckt (1509, 1509, 1560, 1590).

Erklärender Abdruck zum „Laurin"

Ez was[1] zu Pern[2] gesessen
ein ritter gar unformessen
der was[1] geheissen Dietreich
hundert[3] wond[4] man sein geleich
pey[5] den selben zeiten
in sturmen[6] noch in streiten
torst[7] in nieman bestan[8]
er was ain furst gar lobsam
er lebt an[9] alle sunde.[10]
die fursten in dem lande
die warn im alle untertan
er was[1] ein furst gar lobsam
die seinz lands[11] pflagen
wie selten sye derlagen[12]
eer[13] und frumheyt.[14]
schant und laster was[1] im lait[15]
und woe[16] sye gesassen
wie selten sye sein vergassen
sye preysten in[17] fur alle man
den edlen Perner[18] lobesam
do sprach Wielandes sun[19]
ein ritter pyder[20] und frum:
„den ich wayss in allen landen
der do lebt an[9] alle schanden
als der edel herr Dietreych ..

1 war 2 Bern 3 [illegible] 4 kaum 5 bei, zu 6 Kämpfen 7 wagte 8 bestehen 9 ohne 10 Schande 11 seines Landes 12 [illegible] 13 Ehre 14 Tapferkeit 15 leid 16 wo 17 ihn 18 Berner 19 Sohn 20 bieder

Erklärender Abdruck zu „Alpharts Tod".

Alpart der junge springen da began.
in eyns lewen[1] zorn lyeff er Hen weder an.
zwae[2] dieff ferchwonden[3] er im[4] danoch slug
myt synem guden swert, das er in der hende drug
Da ryff der helt Hen Wytdichen weder an:
„no hylff myr uss[5] der not, bystu[6] eyn fromer[7] man
düstu[8] das nit schyer, so gylt ys[9] myn leben."
da sprach Wytdich: „ich wel[10] dar myn helff[11] geben."
An lieffent sye in[12] bede[13] als sye dadent[14] ee.[15]
da geryet sych[16] verben[16] grass und der grune clee.
Wytdiche gesmyde wart nye[17] so gût,
Alpart der junge im[4] eyn dyeff[18] wonden[19] dar dorch slûg
Also leden[19] sye alle dry[20] das krefftig ungemach.
dorch dye lyechten[21] rynge das blût man flyssen sach.[22]
er mocht gar lycht[23] han[24] gehabt helffe[11] der ryter untercseyt,
das er dye recht mere[25] gein[26] Bern het selber geseyt[27]

1 Löwen 2 zwei 3 tödliche Wunden 4 ihm 5 aus 6 bist du 7 tapferer, braver 8 thust du 9 es 10 will 11 Hülfe 12 ihn 13 beide 14 thaten 15 vorher 16 begann sich zu färben 17 nie 18 tiefe Wunde 19 litten 20 drei 21 lichten 22 sah 23 leicht 24 haben 25 Nachricht 26 gen 27 gesagt

Nv get ez an ein ahten
ich sag iv daz betrahten
Daz Tydas tet vnd sine man
er sprach ir helt nv griffet wid' an
Vnd ratet hie zv alle
ob iz iv wolgevalle
Daz hort ich von iv g'ne
wen sende wir gegen B'ne
Zv minē herren Dietrich
der im sage warlich
Daz wir an in cheret han
mit der stat ze Meilan
Vnd im sage endelichen gar
welle er wir chomen dar
Trahtet wer d' bote mvge sin
der dem liebem h'ren min
Div mær tv chvnt alzehant
ez ist nieman baz denne Volchnant
Sprach d' herzoge Friderich
daz dovht si gvt al gelich
Volchnant der v'nomen
wart schire dar gewnnen
Im wart div botschaft geseit
des was Volchnant bereit
Wan erreit er vil g'ne
die reise gegen B'ne

Vers 5737—5762 aus „Dietrichs Flucht" (Berliner Heldenbuch II, Seite 145).

Aus der [illegible] Pergamenthandschrift [illegible] Jahrhunderts [illegible] „Rabenschlacht" [illegible]

Erklärender Abdruck zur „Dietrichs Flucht".

Nu get[1] ez an ein ahten.[2]
ich sag[3] iu[4] daz betrahten.
daz Tydas tet[5] und sine man.[6]
er sprach: „ir held, nu griffet[7] wider
und ratet hie[8] zu[8] alle: [an
ob iz[9] iu[4] wol gevalle.
daz hort ich von iu[4] gerne.
wen sende wir gegen Berne
zu minem herren Dietrich,
der im[10] sage waerlich,[11]
daz wir an[12] in[12] cheret[12] han[13]
mit der stat ze Meilan,
und im[14] sage endelichen[15] gar,
welle[16] er, wir chomen dar.[17]
trahtet, wer der bote muge[18] sin,[19]
der dem liebem herren min
diu maer[20] tu[21] chunt[21] alzehant."[22]
„ez ist nieman[23] baz[24] danne Volchnant"[25]
sprach der herzoge Friderich.
das dowht[27] si gut al gelich.
Volchnant der vernomen[26]
wart schire[27] dar gewonnen.
im[14] wart diu[28] botschaft geseit,[29]
des[30] was[31] Volchnant bereit,
wan[32] er reit[33] et vil gerne
die reise gegen Berne.

1 geht 2 [illegible] 3 sage 4 euch 5 that 6 Mannen 7 greifet 8 hierzu 9 es 10 ihm 11 wahrhaftig 12 uns zu ihm gewendet 13 haben 14 ihm 15 [illegible] 16 wolle 17 dahin 18 möge 19 sein 20 die Nachricht 21 thue kund 22 alsbald 23 Niemand 24 besser 25 [illegible] 26 [illegible] 27 sogleich 28 die 29 gesagt 30 dess 31 war 32 denn 33 ritt

Hie hebet sich der grosze rosen garte von Wormse
Vnd heizzet der grozze rosen garte
Was man v' richen kunegen gesinget vn geseit
Die hie vor hant geworben nach grozz' werdekeit
Sie striden frumecliche vm pris vnd auch vm ere
Vn furtē keiserlichen ir schilt vnd ire spere
Dorch die schonē frauwē sie liden vngemach
Sie konden schilde v'hauwē vn liehte helme dach
Mit yrē scharphē swerten die sie furtē in d' hant
Des muste vō yn engelden manec kun' wygant
Eine stat lyt an dem rine die ist so wunnesam
Vn ist geheizzē Wormeshe die weiz noch manec man
Dar inne saz ein recke d' hatte stoltzen mut
Er was geheizzē Gybeche vn was ein kunec gut

Anfang der ältesten erhaltenen Recension des „Rosengarten".

Handschrift der Stadtbibliothek zu Frankfurt a. M. [illegible] XIV. Jahrhunderts [illegible]

Erklärender Abdruck zur ältesten Recension des „Rosengarten".

Hie hebet sich der grosze rosengarte von Wormse
und heizzet[1] der grozze rosengarte.

Was man von richen[2] kunegen,[3] gesinget und geseit,[4]
die hie[5] vor[1] hant[6] geworben, nach grozer werdekeit:[7]
sie striden[8] frumecliche[9] um pris[10] und auch um ere,[11]
und furten[12] keiserlichen[13] ir schilt und ire spere.
Dorch[14] die schonen frauwen, sie liden[15] ungemach;
sie konden schilde verhauwen, und lichter helme dach
mit yren scharphen swerten, die sie furten[12] in der hant;
des muste von yn[16] engelden manec[17] kuner[17] wygant.
Eyne stat lyt[18] an dem Rine,[19] die ist so wunnesam,
und ist geheizzen Wormesse; die weiz noch manec[20] man;
dar inne saz[21] ein recke, der hatte stolzen mut,[22]
er was[23] geheizzen Gybeche, und was ein kunec gut.

1 heißt 2 reichen 3 Königen 4 sagt 5 [illegible] 6 haben 7 Würdigkeit 8 stritten 9 tapfer 10 Preis 11 Ehre 12 führten 13 kaiserlich, stattlich 14 wegen 15 litten 16 ihnen 17 mancher kühne Held 18 liegt 19 Rheine 20 mancher 21 saß 22 Muth, Sinn 23 war

(W) Als man vō riche kunige singet vn seit
Wie sy by irē zite wurbent noch werdekeit
Sy strittent mit ein and' vb' pris noch beg'
Vnd furtet ritterliche ir schilt vn sper
Vō den selben helden hant wir vil v'nome
Wie sy by irē zite zu strite sint bekome
Sollich obentura seit man von in das
Wie sy ein ander bestruendent vil dick an allen has

Anfang einer späteren Recension des „Rosengarten".

Aus der Heidelberger [illegible] XV. Jahrhunderts [illegible] XIV. Jahrhunderts [illegible]

Erklärender Abdruck zur späteren Recension des „Rosengarten".

[1]Was man von richen kunigen, singet unde seit,
wie sy by iren ziten wurbent noch[2] wirdkeit:
sy strittent mit einander umb pris noch beger,[3]
und furtent ritterliche ir schilt unde sper.
Von den selben helden hant[4] wir vil vernomen,
wie sy by iren ziten zu stritte sint bekomen
solliche obenture[5] seit[6] man von in,[7] das
wie sy einander bestruendent vil dick[8] an[9] allen has.

1 Siehe auch die Erklärungen zur Recension I. des Rosengartens 2 [illegible] 3 nach Begehren 4 haben 5 Abenteuer 6 sagt 7 ihnen 8 sehr oft 9 ohne

Nv ist endeliche
daz mær ze ende chomen
Die ivngen chvnige riche
hant nv den tot genomen
O we nv riwent si mich sere
nv vber windet ez vro Helche nimmer
Aventiure wie div her mit ein ander striten da
Nv laze wir daz mære
mit disen dingen stan
Ir wizzet wol svnderbere
wie ez vmbe die h'ren ist ergan
Welt ir nv erbiten
so sag ich iv von storm vn von striten
Nv wil ich sicherliche
heben wider an
Den strit von Ermriche
als ich fvr war v'nomen han
Vnd ovch von dem von B'ne
disen strit den svlt ir horen g'ne

Drei Strophen (164—166) aus der „Rabenschlacht", Bd. II, Seite 262—263 des Berliner Heldenbuches.

Aus der [illegible] Handschrift. „Dietrichs Flucht" und „Rabenschlacht" [illegible] Heinrich der Vogler [illegible] „Rabenschlacht" [illegible] „Dietrichs Flucht" [illegible] Die „Rabenschlacht" schildert die Kämpfe zwischen Dietrich und Ermenrich bei Ravenna.

Erklärender Abdruck zur „Rabenschlacht".

Nu[1] ist endeliche[2]
daz maer[3] ze[4] ende chomen.[5]
die jungen chunige[6] riche[7]
hant[8] nu den tot genomen.
o we, nu riwent[9] si mich sere;[10]
nu uberwindet ez vro[11] Helche niemmer
[mere.[12]

Aventiure[13] wie diu[14] her mit einander
striten da.
Nu laze[15] wir daz maere[3]
mit disen dingen stan[16]
ir wizzet[17] wol sunderbaere,[18]
wie ez umbe die herren ist ergan:[19]
welt[20] ir[21] nu erbiten,[22]
so sag ich iu von sturm unde von striten.

Nu wil ich sicherliche
heben wider an
den strit von Ermriche,
als ich fur war[23] vernomen han,[24]
und ouch[25] von dem von Berne:
disen strit den sult[26] ir[27] horen gerne.

1 Nun 2 endlich [illegible] 11 Frau [illegible]

Gothischer Sagenkreis (Dietrich von Bern): „Rosengarten“; „Virginal“; „Sigenot“; „Eggenlied“.

Verkleinerte Miniatur aus der Heidelberger Handschrift des „Rosengartens“ Nr. 359, Blatt 1ᵇ.

Die Helden reiten in Worms ein, um im Rosengarten zu kämpfen.

Verkleinerte Miniatur aus der dem XV. Jahrhundert angehörigen, auf Papier in Folio geschriebenen Heidelberger Handschrift der „Virginal“ (Nr. 324).

„Wie Dietrich zu dem von Berne geschickt ward von der Königin, und wie er ihr half, und Herr Hildebrant mit dem Heidenen stritt.“ — Die „Virginal“ [illegible]

Nebenstehend:

Text und Bild aus der Heidelberger Handschrift des „Sigenot“.

Diese Bilderhandschrift ist in Schwaben im XV. Jahrhundert geschrieben und enthält eine zu drei Strophen erweiterte Bearbeitung des alten Liedes. — In dieser Miniatur ist dargestellt, wie Hildebrands Gefolge, welches ihm, als er im Kampfe gegen Sigenot anlag, das Geleite gegeben, nach Bern zurückkehrt und für seinen Herrn Gott und Maria anruft.

Sy herten wider in die stat,
Als sind gesind gut für in bat,
Das er den herren gesunde
Sante wider gen Berne haim.
Schönen frowen alle gemain
Sy batten got zu stunden,
Maria müter raine magt,
behüt uns unsern herren.

Erklärender Abdruck.

Sy herten wider in die stat,
als sind¹ gesind got² für in³ bat,
das er den herren gesunde
sante⁴ wider gen Berne haim.
schönen frowen alle gemain
sy baiten got⁵ zü⁵ stunden:⁵
„Maria, müter raine magt,
behüt uns unseren herren.“

1 für uns = sein 2 Gott 3 ihn 4 sendete 5 noch in derselben Zeit, sogleich

[illegible]

Die beiden ersten Strophen der ältesten Fassung des „Sigenot“ (Berliner Heldenbuch V 207).

[illegible]

Die beiden ersten Strophen des „Eggenliedes“ (Berliner Heldenbuch V 219).

[illegible]

Erklärender Abdruck zu „Sigenot“.

Woltent ir,¹ herren, nu gedagen,²
ich wolt ü³ vrömdiu⁴ maere sagen
von grossen ungeferte.⁵
das her Dietrich nie mait⁶
von Bern, vil mengen strit er strait;⁷
und das in⁸ got ernerte,⁹
do kund¹⁰ er niemer¹¹ ein¹² ergan.¹³
er rait¹⁴ dik¹⁵ aine von Berne
durch mengen¹⁶ ungefügen¹⁶ tan.¹⁷
das mugt¹⁸ ir hören gerne:
hep¹⁹ und lait im²⁰ do geschach.
er sluk²¹ vil mengen²² degen²³ tot;
dar nach er Eggen stach.
Ain schilt den fürt²⁴ er vor der hant.
do vant²⁵ er ainen wigant²⁶
slafent²⁶ in dem walte;
der was²⁷ der aller küeste²⁸ man,
der das leben ie gewan.²⁹
do erkaint³⁰ der degen³¹ balde,
als er im³² ferrest³³ sach,³⁴ schant³⁴
ein hut³⁵ im³⁶ sere³⁶ glaste,³⁷
einen velu³⁸ er sere bant
ze³⁹ ainen bomes⁴⁰ aste,
als er in⁴¹ under ögen⁴² sach.
er wacht⁴³ in⁴¹ hart⁴⁴ unsanfte:
des im⁴⁴ das mare⁴⁵ jach.⁴⁶

Erklärender Abdruck zum „Eggenliede“.

Nu¹ hebt sich² Eggenliet

Ain laut das hört sich Gripiar,
das ich ü³ sag das ist war,⁴
bi⁵ haidenschen ziten.⁶
do wart verkeret⁷ sit⁸ das lant.
dü hobstat⁹ drin was¹⁰ Köln genant,
des¹¹ lobte man es witen.¹²
swer¹³ das für aine lüge¹⁴ hat,¹⁵
der fragt es wise lüte;¹⁶
won¹⁷ es wol geriben stat,¹⁸
als ich üch¹⁹ hie betüte.²⁰
dü stat dem Rine²¹ nahe lit²²
und ist gar wol erbuwen²³
des¹¹ ist ir²⁴ name wit.²⁵
Es sassen held in ainem sal,
si rettent²⁶ wunder ane²⁷ zal
von userwelten²⁸ rekken.
das aine was¹⁰ sich her²⁹ Vasolt,
dem warent³⁰ schöne vrowen³¹ holt,
das ander was¹⁰ her²⁹ Egge,
das dritte der wild Ebenrot.
si rettent²⁶ al geliche³²
das nieman³³ küner³⁴ wär ze not,³⁵
dem³⁶ von Bern her²⁹ Diethcriche;
der wär ain helt über allü³⁷ lant.
so wär mit listen küne³⁸
der alte Hiltebrant.

Gothisch-lombardischer Sagenkreis: „Ortnit"; „Hugdietrich"; „Wolfdietrich".

Nebenstehend, (links): Anfang des „Ortnit"

Von Blatt 1 der Handschrift der k. k. Hofbibliothek in Wien Nr. 2779. Sie ist in Folio, zweispaltig, auf Pergament, um 1300 geschrieben, stammt aus Südtirol und ist die älteste erhaltene Ortnithandschrift. König Ortnit von Lamparten entführt, unterstützt von seinem Vater, dem Zwerge Alberich, die schöne Tochter des heidnischen Königs Machorel von [illegible]. Dieser sendet hierauf dem Könige Ortnit Drachen in sein Land; Ortnit unterliegt im Kampfe mit diesen. Der „Ortnit" ist von einem Tiroler oder Österreicher verfasst um 1225—1226 (Zeit der Reichsacht [illegible]).

Erklärender Abdruck zum „Ortnit".

Es wart ein puech[1] funden[2] ze Suderz in der stat,
daz het geschrift[3] wunder,[3] dar[4] an[4] lach[5] manich plat[6]
die haiden durch ir erge[7] die heten daz begraben
nu sul wir von dem puече guet chuertzweile haben
Swer[8] in vreuden welle[9] und in churzweile wesen,[10]
der lazz[11] im[11] von dem puече singen unde lesen
von einem chunichreiche,[12] daz hat Lamparten namen
daz endarf[13] vor alle chronen[14] sich des namen nicht[15] enschamen[15]

1 Buch 2 gefunden 3 wunderbare Schrift 4 darin 5 lag 6 Blatt 7 Bosheit 8 jeder der 9 will 10 sein 11 lasse sich 12 Königreiche 13 darf, braucht nicht 14 Kronen 15 nicht zu schämen

Anfang des „Wolfdietrich" B, aus der besten erhaltenen Handschrift, derjenigen der k. k. Hofbibliothek in Wien Nr. 2947.

Diese Handschrift gehört dem Ende des XV. Jahrhunderts an und ist auf Papier in Folio geschrieben.

Erklärender Abdruck zum „Wolfdietrich" B.

Es wuchs in Constantinopel ain junger künig reich,
gewaltig und piderb,[1] der hiess Hochditerreich.
auf von chindes[2] jugent chunt[3] der held wol leben,
durch got und durch er[4] paide[5] lechen und geben.
Er was[6] an dem leibe wol geschaffen uberall,
gedrat[7] als[8] ain kertze uber die huffe[9] hin ze[10] tal.[10]
sein har was[11] im[12] raid,[13] darzu lanngk und fal;[14]
es giеng im[12] uber die schsel auf die hüff[9] hin tal.[10]
Sein vater was[11] gehaissen der künig Antzius,
ain künig in Kriechenlande.[15] das püch sagt uns alsus.[16]
der het auf seinem hoff ertzogen, das ist war,[17]
ainen alten hertzogen, der lebt vil manig jar
Das was[3] hertzog Perchtung, geporen von Meran.
der künig Antzius der hies in[18] fur sich gan.[19]
er sprach: „ich han ertzogen dich in wirdikait;
des[20] lasz mich geniessen,[21] ich enphilich[22] dir auf meinen ayd
[Hugdieterichen . . .]

1 bieder 2 Kindes 3 konnte 4 Ehre 5 beides 6 war 7 gedreht, drall 8 wie 9 Hüfte 10 herab 11 war 12 ihm 13 gelockt 14 blond 15 Griechenland 16 also 17 wahr 18 ihn 19 gehen 20 dessen 21 Nutzen haben 22 empfehle

„Wolfdietrich" A, Ambraser Handschrift 78 E I, Blatt 205[b].

1517 auf Veranlassung Maximilians gesammelt, jetzt in Wien. Strophe 3, 4 bis Strophe 7.

Erklärender Abdruck zum „Wolfdietrich" A

[der] was[1] sein rat getrewer[2] von recht er mit im für.
Da wolt er seinem freunde einem kunige laid tun,
von Tennemarche[3] Fruten seiner swester sun[4]
da sprach der künig reiche ze Berchtunge von Meran:
„wem sol ich meine leute und meine purge lan?[5]
Mein lant und mein erbe, auch mein kunigreich
und mein liebe frawen?"[6] sprach Hugo Dietreich[7]
da sprach der vil[8] getrewe: „Wer mochte bas[9] behaben?[10]
bevilch[11] es meinem gesellen, dem hertzogen Saben."

1 war 2 getreuer Rath 3 Dänemark 4 Sohn 5 überlassen 6 Frau 7 Hugdietrich 8 sehr 9 besser 10 behaupten 11 befiehl, vertraue.

Erklärender Abdruck zum „Wolfdietrich" (D) der Heidelberger Handschrift

Man lerte die drij[1] fursten manig ritterspil:
schirmen und vechten und schiessen zü dem zil,
springen nach der wite[2] und schutten[3] wol den schafft,[4]
uff sattel rehte siczen. des[5] wurdent sie dicke[6] sighafft;
Man lerte die junge fürsten ir schilt noch rehte tragen,
mit scharpfen geren schiessen durch halsberg[7] und durch kragen,
das man in herten[8] sturmen[9] sol gen[10] den finden[12] stan[13]
ir helme zü rehte binden lerte man die junge man
Man lerte sie wie sie zü rehte solten werffen einen stein,
das sie den pris[14] behielten: ir krafft was [illegible] mit kleın
einen stein ungefügen[15] Wolffdieterich fassen do begant
er warff in fur sie alle sehs cläftern[16] dort [illegible] hindan[17]

[illegible]

Drei Strophen aus der Heidelberger Handschrift des „Wolfdietrich" (D)

[illegible]

Eilhard von Oberge; Heinrich von Veldeke.

Erklärender Abdruck

Der truchsatze[1] manete[2]
den chunich des er habite[3]
gelobet mit siner warheit:
im[4] was[5] inmechliche leit,[6]
daz er iz[7] so lange vriste,[8]
nu vernemet,[9] mit welhen listen
vrowe[10] Ysalde do ervure,[11]
ob er den trachen[12] sluge.[13]
sie sprach zu Peronise,
daz er brehte[14] lise[15]
driu[16] pharith[17] als iz tagete.[18]
Brangenen si do sagete,
einer ir[19] junchvrowen,
si wold selbe schowen,[20]
wie der wurm gewunt[21] waere.

1 Truchseß 2 mahnte, erinnerte 3 hatte 4 ihm 5 war 6 leid 7 es 8 aufschob 9 vernehmet 10 Frau 11 erfuhr 12 Drachen 13 erschlug 14 brachte 15 leise 16 drei 17 Pferde 18 sobald es tagte 19 ihrer 20 schauen 21 verwundet

Der truchsâze manete· den chunich des er habite ge
lobet mit siner warheit· im was unechliche leit·
daz er iz so lange vriste· nu vernemet mit welhen listen·
vrowe ysalde do ervûrt· ober den trachen slûge· si sprach
ze peronise daz er brehte lise driu phariech als iz tage
te· Brangenen si do sagte· einer ir iunchvrôwen· si wold
selbe schôwen· wie der wurm gewnt wære·

Nebenstehend:

Aus der ältesten Bearbeitung von Eilhards von Oberge „Tristan“

Vom Donaueschinger Pergamentblatte des XII. Jahrhunderts (Nr. 69 der Donaueschinger Handschriften). In Lichtensteins Ausgabe (Quellen und Forschungen XIX: III, 83—88, gleich Vers 1762—1775 der a. Bearbeitung.

Eilhard von Oberge, als Ministeriale Heinrichs des Löwen und [seiner] Söhne 1189—1207 nachweisbar, dichtete gegen 1175 nach französischer Q[uelle] seinen „Tristan“. Die Reimanlage hat bei ihm noch eine einfachere Gestalt. Er ist als Vorläufer Heinrichs von Veldeke anzusehen, welcher seinen „Tri[stan]“ kannte und benutzte. Die ältere Gestalt des Gedichtes ist uns in Bruchstücken erha[lten]; es wurde im XIV. Jahrhundert überarbeitet.

Heinrich von Veldeke.
Miniatur aus der Weingartner Liederhandschrift.

Dach himelze was obine
gimachet wol ze lobenne·
Vol gemachet mit golde
da inne er ligen solde·
Ammitten stunt der sarche·
pallas der starche·
Vf vier pilaren di von porfier waren
mislichen gevar·
Si warn verre chomen dar·
sie warn veste unt starch·
Der stein dar uf gileget wart·
dar in pallas der chune·
Daz was ein prassin grune·
Ergraben wol mit sinne·
bume stunden drinne·
Zwei vaz vil gefuge·
vnd ez der chunich wolde·
Der eine was von golde·
daz sulet ir wizzen ane wan·
vnt was vol balsamen gitan·
Der ander was ein edel stein·
Vil wol daz dar an schein·
daz der helt pallas
des kunges lieber sun was·

Nebenstehend, links:

Vers 8291—8316 (der Behaghel'schen Ausgabe) der „Eneide“ Heinrichs von Veldeke.

Aus der ältesten Handschrift, welche sich jetzt noch in der Berliner Bibliothek befindet (Ms. germ. fol. 282) und gegen Ende des XII. oder Anfang des XIII. Jahrhunderts geschrieben ist. Die Handschrift ist vierspaltig und am Ende unvollständig. Heinrich von Veldekes „Eneide“, nach dem französischen des Benoit de St. More gedichtet, ist für die Entwicklung der höfischen Kunstdichtung von allergrößter Bedeutung. [illegible] „Eneide“. [illegible] gegen 1174, spätestens 1180; erst nach neun Jahren erhielt er die Handschrift [illegible] (nach 1184 und vor 1190) in Neuenburg an der Unstrut.

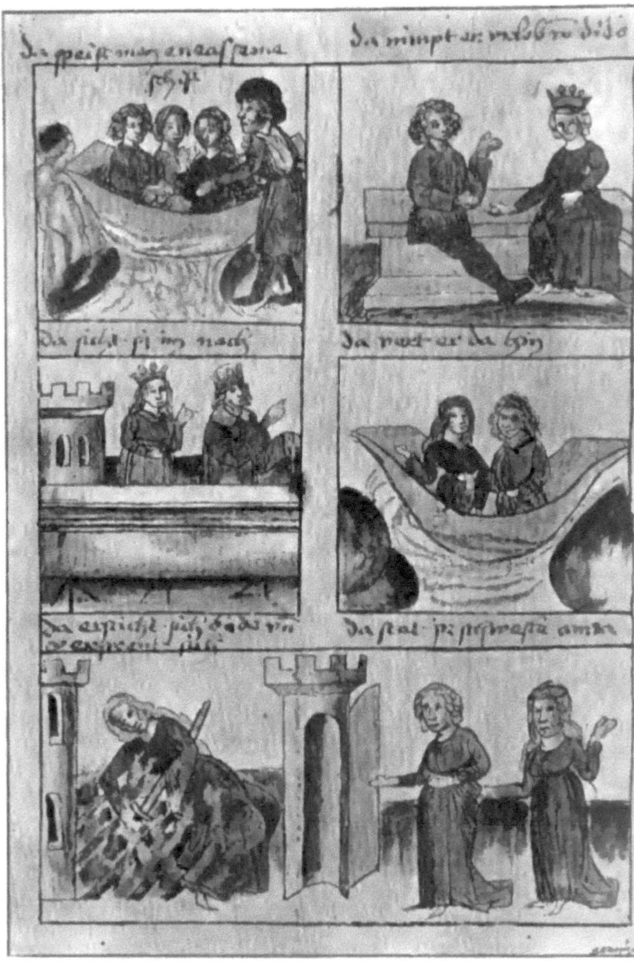

Miniatur zur „Eneide“ aus der Handschrift Nr. 2186 der k. k. Wiener Hofbibliothek

1. Da fährt nun Eneas in seinem Schiffe 2. Eneas nimmt Abschied von Dido 3. Dido sieht dem abfahrenden Eneas nach 4. Eneas fährt dahin 5. Da ersticht sich Dido verzweifelnd 6. Da steht Didos Schwester Anna

Heinrich von Veldeke, der Vater der höfischen Dichtkunst, gehörte einem ritterlichen Geschlechte an; sein Heimatsdorf Veldek[e liegt] bei Maestricht. Er hat nicht näher bekannte Beziehungen zum geistlichen Stande (am Servatiusstifte zu Maestricht?) gehabt, seine [Bil]dung verräth auch den Geistlichen. Es läßt sich nachweisen, daß er am Harze (in Quedlinburg und Goslar) sich aufhielt; zu Pfingsten 1[184] war er auch auf dem Hoffeste Friedrichs I. in Mainz. Später (1186—1189?) weilte er in Neuenburg an der Unstrut, wo er seine „Ene[ide]“ vollendete. — Außer diesem seinem Hauptwerke dichtete er die Legende vom heil. Servatius und anmuthige, lyrische Lieder.

Erklärender Abdruck

Daz himelze[1] was[2] obine[3]
gemachet wol ze lobenne,[4]
wol gemachet mit golde
da inne er legen solde.[5]
Pallas der starche[6]
mitten stunt der sarche[7]
uf vier philaren[8]
di von porfier waren,
mislichen[9] gevar[10]
si waren verre[11] chomen dar[11]
sie waren veste unde starch
der stein, dar uf gileget wart
dar in Pallas der chune,
daz was[2] ein prasin[12] grüne,[13]
ergraben[14] wol mit sinne,[15]
bume[16] stünden drinne
zwei vaz[17] vil[18] gefüge,[19]
als[20] zwene[21] wenige[22] crüge,[23]
wand[24] ez der chunig wolde.
der eine was[2] von golde,
daz sult ir[25] wizen[26] ane[27] wan,[28]
unde was[2] vol balsame gitan.[29]
der ander was[2] ein edelstein.
vil[30] wol[31] daz dar an schein.[32]
daz der helt Pallas
des kuniges lieber sun[33] was.[34]

1 Baldachin 2 war 3 oben 4 zu l[oben] 5 sollte 6 starke 7 Sarg 8 Pfeilern [illegible]

In dem aberellen so die blůmen springen.
so lôbent die linden · vñ grůnen die bůchen · so singē
die vogele vñ heben iren willen · wan sů minne vindē
al da si sûchen · an ir genos · wan ir blideschaft ist gros.
der mich nie verdrôs · wan sů swigen al den winter stille.
Si ist so schone vñ ist so gůt · die ich nu lange han ge
lobet · solt ich ze rome tragen die krone · ich sazte es uf
ir hobet · maniger spreche sehent er lobet · got gebe
das si mir lone · wan ich gete ich was wol wie · lebt
si noch als ich si lie · so ist si dort vñ ich bin hie ·

Zwei Strophen von Heinrich von Veldeke
Von Seite 34 der Weingartner Liederhandschrift

Heinrich von Morungen, in seinen lyrischen Gedichten ein Schüler Heinrichs von Veldeke, ist ein Thüringer, zu dem bei Sangerhausen angesessenen Geschlechte der Herren von Morungen gehörig, und kommt 1213—1221 in Urkunden vor. Neben Heinrichs von Veldeke Liedern dienten ihm noch namentlich die Lieder provençalischer Troubadours zum Vorbilde.

Heinrich von Morungen.
Miniatur von Seite 80 der Weingartner Liederhandschrift

Zwei Strophen von Heinrich von Veldeke.

In dem aberellen,[1]
so die blůmen springen,
so lôbent[2] die linden
und grůnen[3] die bůchen,
so singent die vogele,
unde heben iren willen,
wan sů[4] minne vinden,
al da si sůchen
an ir genos,[5]
wan[6] ir blideschaft[7] ist gros;
der mich nie verdros,
wan[6] sů[4] swigen al den winter stille.

Si ist so schone[8] unde ist so gůt,
die ich nu lange han[9] gelobet
solt ich ze Rome tragen die krone,
ich saste[10] es uf ir hobet,[11]
maniger spreche: „sehent, er lôbet“.[12]
got gebe, das si mir lone,
wan ich tete ich was wol wie,
lebt si noch, als ich si lie,[13]
so ist si dort unde ich bin hie.

1 April 2 belaubt 3 grünen 4 sie 5 Genossen 6 denn 7 Fröhlichkeit 8 schön 9 habe 10 setzte 11 Haupt 12 statt lobet = lobt 13 ließ.

Aus „Athis und Prophilias“.

[illegible]

„Atys, saget, hat ir[1] gere[2]
miner tochter, eyner mager?[3]
de ist iw[4] twaren[5] untersaget.“
Atis sprach zu stunden
mit lachendem munde:
„sint[6] ich wart verstoten,[7]
unde verdreven[8] von minen genozen,[9]
so nekunde[10] ich nu komen,
dar mir ere[11] oder vromen[12]
in[13] so vil würde irbuden.[14]
ich danken[15] gerne den goden,[16]
datt[17] se min[18] nicht vergezen[19] hat.“[20]

1 habt ihr 2 Begier (begehrt ihr) 3 Jungfrau 4 euch 5 gewiß 6 seit 7 verstoßen 8 vertrieben 9 Genossen 10 konnte nicht 11 Ehre 12 Nutzen 13 je 14 dargeboten 15 danke es 16 Göttern 17 daß 18 meiner 19 vergessen 20 statt hant = haben

manich Romere rike[1]
in eynen hof, dar her Evas
hadde eyn schone palas[2]
heluwet[3] erlike.[4]
Portilias der rike[1]
nam sinen geverden an de hant
unde vorde[5] ene,[6] das her[7] vant[8]
de[9] schonen[10] Kardionesen,
de[9] sin wif[11] solde wesen,[12]
de[9] he[13] durch kumpanje[14] le,[15]
darvon her[16] grotes[16] kummer je[17]
de[9] vurfene[18] ene[20] lieflike. . . .“

1 reich 2 Palast 3 erbaut 4 herrlich 5 führte 6 ihn 7 er 8 fand 9 die 10 schöne 11 Weib 12 sein, werden 13 er 14 durch Kompanie = aus Freundschaft 15 ließ 16 großer 17 je statt sie = empfing 18 empfing 19 ihn 20 lieblich

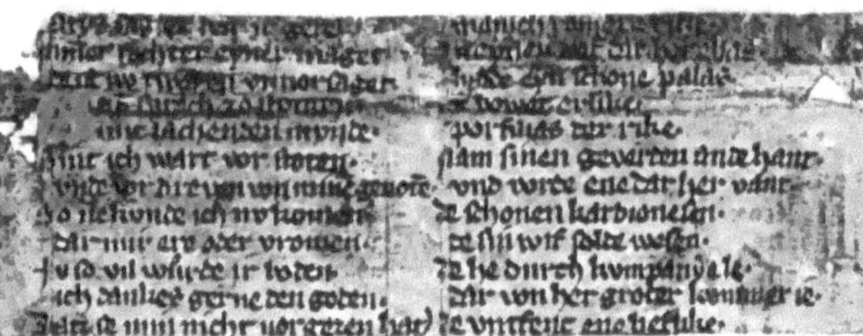

Aus dem noch dem Ende des XII. Jahrhunderts angehörigen, nach französischer Quelle des Alexander von Bernay verfaßten Gedichte: „Athis und Prophilias“
Aus Halberstadt stammendes, im XIV. Jahrhundert geschriebenes Fragment, im Besitze des Herausgebers

Strophe Heinrichs von Morungen.

Ich han[1] si für allů wip[2]
mir ze[3] vrowen[4] unde ze liebe erkorn
minneclich ist ir der lip,[5]
seht, durch das[6] so hab ich des gesworn,[7]
das mir in der welt niemen[8] lieber sin
swenne[9] aber sie min ouge[10] ansiht,[11]
seht, so tagt es in dem herzen min.

1 habe 2 vor allen Weibern 3 zur 4 Herrin 5 Leib 6 durch das = deswegen 7 geschworen 8 niemand 9 so oft wie 10 Auge 11 ansieht

Ich han si für allů wip · mir ze vrowen vñ ze liebe
erkorn · minneclich ist ir der lip · sêht durch das so h[an]
ich des gesworn · das mir in der welt niemen lieb sin
swenne als si min ǒge ansihe · sêht so tagt es in dem h[er]
zen min ·

Strophe Heinrichs von Morungen.
Aus der Weingartner Liederhandschrift (von Seite 80)

Aus Konrads von Fußesbrunnen „Kindheit Jesu“.

Der ir[1] begunde[2] das bin ich,
von Fûzesbrunnen Chůnrat,
und si[3] ôch[3] vollendet hat
swelch min frûnt[4] mich ane[5] has
an meldet, dem enphahe ich das
ze gute,[6] ob er mir etwas
zaiget daran ich ich[7] gelas[8]
gewesen bin, und ich vergas
der maze[9] und si[1] unrehte mas,[10]
so schöner[11] ich gerne ain anderes bas;[12]
dis buch hat ain ende,
got hab es in siner hende. Amen.

1 ihr, d. i. der Erzählung von der Kindheit Jesu 2 begann 3 auch 4 wer als mein Freund 5 ohne 6 dem halte ich es zu gute 7 ich für ichs = eingest 8 zu lässig 9 Maß 10 maß 11 verschönere 12 besser

Der ir begunde d. bin ich ·
Von fůzis brunnen cůnrat ·
Vnd si ich vollendet hat ·
Welch min frůnt mich ane has ·
An melden dem enphahe ich d. ·
Ze gůte ob er mir etwas ·
Zaigen dar an ich ich gelas ·
Gewesen bin vnd ich vergas ·
Maze vnd si vnrehte mas ·
So schöner ich gerne ain anders bas ·
Dis bůch hat ain ende ·
Got hab es in siner hende · Amen ·

Schluß des Gedichtes „Die Kindheit Jesu“ von Konrad von Fußesbrunnen.

[illegible]

Aus Konrads von Heimesfurt „Himmelfahrt“.

Ain jeger ane gejägdes list,[1]
der doch an jagende stetig[2] ist,
der wolget[3] dem wilde
walt und gewilde,[4]
ich wäne, er wenig schihe[5]
schlihte[6] oder rühe,[7]
ebini,[8] berg oder tal,
ain kriegen machet[9] vieres val[10]
das jenen vil lihte vergat[10]
der kunst und muoren[11] willen hat
als[12] ist ein iegelich kunst:
hat si swatzen[13] begunst,[13]
das doch vil[14] lihte[15] geschiht[15]
durch[16] das[16] gelobe[17] man sich ir niht.

1 Erfahrung des Jagens 2 fortdauernd (jagdbegierig) 3 folgt 4 Wildnis 5 scheue 6 ebenes Land 7 unebenes Land 8 Ebene 9 bewirkt im Fallen 10 vergeht 11 geringeren 12 so 13 schwarzen Anfang 14 sehr leicht 15 geschieht 16 deshalb 17 glaube, verspricht

Ain jeger ane gejägdes list ·
der doch an jagene stete ist ·
der wolgot dem wilde ·
Walt vnd gewilde ·
Ich wene e wenig schihe ·
Schlihte oder rühe
Ebini berg oder tal ·
Ain kriegen machet vieres val ·
Das ienen vil lihte uergat ·
Der kunst vnd můren willen hat ·
Als ist ain iegelich kunst ·
Hat si swatzen begunst ·
Das doch vil lihte geschihet ·
Durch das gelobe man sich ir nihet ·

Anfang des von Konrad von Heimesfurt nach lateinischer Quelle verfaßten Gedichtes: „von unserer Frauen Hinfahrt“ (Himmelfahrt Mariä).

[illegible]

Hartmann von Aue († um 1220).

Hartmann von Aue.
Miniatur von Seite 83 der Weingartner Liederhandschrift.

Hartmann von Aue, von Geburt ein Schwabe, nennt sich selbst „Dienstmann von Aue“. Er hat eine gelehrte Bildung erhalten, machte den Kreuzzug von 1197 mit (auch denjenigen von 1189?), wird um 1207 noch als lebend, um 1220 als verstorben erwähnt. Als hauptsächlichste Zeit seiner dichterischen Wirksamkeit sind das letzte Jahrzehnt des XII. und die ersten Jahre des XIII. Jahrhunderts anzunehmen. — Er bildet den von Heinrich von Veldeke eingeführten Stil der höfischen Kunstpoesie weiter und eröffnet die Reihe unserer großen klassischen höfischen Kunstdichter: Hartmann, Wolfram, Gottfried, Walther. Erhaltene Werke: 1. Lieder (Minnelieder, Kreuzfahrtlieder), 2. Büchlein = poetischer Liebesbrief (eins oder zwei?), 3. der Artusroman „Erek“, 4. die Legende „Gregorius“, 5. die fromme Erzählung „Der arme Heinrich“, 6. der Artusroman „Iwein“.

Hie hebet sich gregorius an.
Der dise rede berihte
in tusche hat getihte
daz was von owe hartman
hie hebent sich von erste an
die seltsanen mere
von einem guten sundere
Ez ist ein welschez lant
Equitania genant
leit von dem mere unverre
des selben sein richer herre
gewan bi einem wibe
zwei chint di an ir libe
niht schoner mohten sin
einen sun vnd ein tochterlin
der chinde muter starp
da si in daz leben wol erwarp

Anfang von Hartmanns Legende „Gregorius“.
Aus der dem XIII. Jahrhundert angehörigen Handschrift der Vatikanischen Bibliothek zu Rom (Pal. Christ. Nr. 1354, Blatt 149a). — Dem „Gregorius“ liegt ein französisches Gedicht zu Grunde.

Anfang des „Gregorius“.

Hie hebet sich Gregorius an.

Der dise rede berihte,[1]
in tusche[2] hat getihte,[3]
daz was[4] von Owe[5] Hartman.
hie hebent sich von erste[6] an
die seltsamen mere[7]
von einem güten sündere.[8]
Es ist ein waehsche[9] lant,
Equitania genant,
leit[10] von dem mere[11] unverre;[12]
des selben [sin richer[13] herre]
gewan bi sinem wibe[14]
zwei chint,[15] diu an ir[16] libe[16]
niht schoner mohten sin,[17]
einen sun unde ein tochterlin.
der kinde muter starp,
da[18] si[19] in[20] daz leben wol erwarp.

1 berichtet 2 Deutsch 3 gedichtet 4 war 5 Aue 6 von Anfang 7 Erzählung 8 Sünder 9 welsches 10 liegt 11 Meere 12 unfern 13 mächtiger 14 Weibe 15 Kinder 16 ihrem Leibe 17 sein 18 da, als 19 sie 20 ihnen

Man sagete von siner vromecheit: Iz ne wurde nie ritere vor seit: Swes her in ie gebede: Sin ere sin unstete. Demer wol gevalle: diz bagen horten alle. Die von der tabelrunde: Sie sprachen mit einem munde. Here ir habet missetan weltir den riter aldus lan. Weme habet ir ez ir virseit: Lat iz an sine hovischeit her gelichet sich wol einen man der herliche biten kan. Sceidet er von hinnen. Mit sulchen unminnen. her ne sprechet nimmer mere. Nechein uwer ere.

Vers 4561–4578 aus Hartmanns Artusroman „Iwein, der Ritter mit dem Löwen“.
Heidelberger Handschrift des XIII. Jahrhunderts, Nr. 397, Blatt 47. — Der „Iwein“ ist Hartmanns vollendetstes Werk; Quelle war [illegible]

Aus dem „Iwein“.

Man sagete von siner vromecheit,[1]
Iz[2] ne wurde nie ritere vorseit
Swes[3] her[4] in[5] ie gebede.[6]
Sin ere[7] sin unstete,
Dem er wol gevalle.
diz bagen[8] horten alle
Die von der tabelrunde.
Sie sprachen mit einem munde:
„Here, ir habit[9] missetan.[10]
welt[11] ir den riter aldus[12] lan.[13]
Weme[14] habt ir oh[15] iz[16] virseit?[17]
Lat iz[18] an sine hovischeit.[19]
her gelichet sih[20] wol einen man
der heteliche biten[21] kan.
Sceidet[22] er von hinnen
Mit sulchen unminnen,[23]
her[4] ne sprechet nimmer mere[24]
Nechein uwer ere.“[25]

1 Tüchtigkeit 2 es 3 was man immer 4 er 5 ihn 6 bat 7 Ehre 8 Zanken 9 habt 10 Unrecht gehandelt 11 wollt 12 also 13 lassen 14 Wem 15 auch 16 etwas 17 versagt 18 gewährt es 19 höfisches Benehmen 20 er gleicht 21 höflich bitten 22 Scheidet 23 Verdruß 24 nicht 25 = er wird die Ehre im Übeln [illegible]

D itz ist der arme heinrich
Got mach vns im gelich
Ein Ritter so gelerot was
Daz er an den buchen las
Was er dar an geschriben vant
Der was hartman genant
Vn was ein dinstman von owe
Der nam im eine schowe
An einem leslichen buche
Dar an begond er suche
Ob er icht des vunde
Da mit er swere stunde
Senfter mochte machen
Mit so gewerren sachen
Daz zv gotes eren tochte
Da mit er sich mochte
Gelieben den leuten
hie beginnet er vns deuten
Ein rede die er geschriben vant
dar vmbe hat er sich genant
Daz er siner arebeit
die er an ditz buch hat gelait
Ane lon icht belibe
Swer iz nach sinem libe
hore sagen oder lese
daz er bitende wese
Der sele heiles hin zv gote
Er giehet er sei sin selbes bote
Vn lose sich selber da mite
Swer vor des andern sunde bite

Anfang von Hartmanns Erzählung „Der arme Heinrich“.
Aus der Heidelberger Handschrift des XIII.–XIV. Jahrhunderts, Nr. 341, Blatt 249c. — Die Handschrift ist zweispaltig, aus der Mitte des XIV. Jahrhunderts. Vers 1–21 stehen in der einen, Vers 22–30 auf der anderen Spalte.

Anfang des „Armen Heinrich“.

Ditz ist der arme Heinrich
Got mach uns im[1] gelich.[2]

Ein Ritter so geleret was,[3]
daz er an[4] den buchen[5] las,
was er dar an geschriben vant:
der was[3] Hartman genant
unde was ein dienstman von Owe.[6]
der nam im[7] eine schowe[8]
an einem leslichen[9] buche,
dar an begund er suche,
ob er iht des[10] vunde
da mit er swere[11] stunde
senfter[12] mochte machen,
mit so gewerren[13] sachen,
daz zu gotes eren[14] tochte,[15]
da mit er sich mochte
Gelieben[16] den leuten.
hie beginnet er uns deuten
ein rede, die er geschriben vant.
dar umbe hat er sich genant
daz er siner[17] arebeit,
die er an diez buch hat geleit,[18]
ane[19] lon[20] iht[21] belibe.
swer iz nach sinem libe[22]
höre sagen oder lese,
daz er bitende wese[23]
der sele heiles hin zu gote.[24]
er giht[25] er sei sin selbes[26] bote,
unde löse sich selber da mite
swer[27] vor des andern sunde[28] bite.

1 ihm 2 gleich 3 war 4 in 5 Büchern 6 Aue 7 sich 8 Umschau 9 lesbaren 10 wie etwas von dem 11 schwere 12 leichter 13 Beschaffenheit 14 Ehren 15 taugte 16 beliebt machen 17 seiner 18 gelegt, verwendet 19 ohne 20 Lohn 21 nicht 22 Leben 23 sei 24 Heil 25 sagt 26 sin selbes = seines Leibs, sein eigener 27 wer 28 Sünde

Hartmann von Aue († um 1210); Gottfried von Straßburg († um 1210).

Strophe eines Liedes von Hartmann von Aue.

Swas vröde an güoten wiben lit. d' sol in sprechen wol.
vñ wesen in vndertan das ist min sitte vñ och min rat.
als er mit trúwen sol. das mich doch nihe vervat. an
sine stat. da ich doch genaden hat. swas si mir tůt. ich hā
mich ir gegeben. vñ wil ir iemer leben.

Aus der Weingartner Liederhandschrift, Seite 36.

Swes[1] vröude[2] an güten wiben[3] stat,[4]
der sol in[5] sprechen wol
unde wesen[6] in undertan.
das ist min[7] sitte unde och[8] min[7] rat,
als er mit trúwen[9] sol.
das mich doch niht vervat[10]
an sine[r] stat[11]
da ich doch genaden[12] hat.
swas si mir tůt, ich han[13] mich ir ergeben
unde wil er iemer[14] leben.

1 Wessen, jedes dessen 2 Freude 3 Weibern 4 liegt 5 ihnen, von ihnen 6 sein 7 meine 8 auch 9 Treue 10 nützt 11 Stelle 12 Gnade 13 habe 14 immer.

Riwalin in den Banden von Blanchefleur, Markes Schwester, wie ein auf der Leimruthe gefangener Vogel | Der Knabe Tristan harft und singt vor König Marke von Cornwallis

Miniatur aus der Münchener Tristanhandschrift Cgm 51, XIII. Jahrhundert

Gottfried von Straßburg.

Verkleinerte Miniatur aus der Pariser Liederhandschrift.

Über das Leben Gottfrieds von Straßburg, des Dichters von „Tristan und Isolde", ist nichts bekannt. Er war bürgerlichen Standes, Zeitgenosse unserer großen klassischen Dichter Wolfram und Walther. Sein Gedicht blieb unvollendet; sein (um 1210?) eingetretener Tod soll die Vollendung verhindert haben.

Erklärender Abdruck

Si satzte nach unde vor[1]
unde choom[2] reht uf des namen spor[3]
si vant ir ursoche dar an,
fur sich so las si: Tristran,
her wider so las si: Tantris.
hie mite was si des namen gewis
ja ja, sprach aber diu schoene do,
ist disen maeren dane so?
disen valsch unde dise trugeheit,[4]
hat mir min herze wol geseit.[5]
wie wol ich weste[6] alle dise vart,[7]
sit[8] ich in[9] merkende wart,
sit ich an im[10] lip unde gebar[11]
unde sin[12] dinch allez also gar[13]
besunder in min herze las,
daz er geburte[13] ein herre was.[15]
wer het och[16] diz getan, wan[17] er,
daz er von Curnewale her
ze[18] sinen totvinden[19] vert,[20]
unde wir in[9] zwir[21] haben ernert,
ernert, erst[22] nu vil ungenesen[23]
daz swert daz muos sin ende wesen.[24]
nu ile[25] unde rich[26] din leit Ysot!
gelit[27] er von dem swerte tot,
damit er dinen oheim slüch,[28]
so ist der rache genüch.[29]
si nam daz swert zehanden,
si gieng uber Tristranden,
da er in einem bade saz.[30]
„ja", sprach si, „Tristrant bist du daz?"
„Nein, frouwe, ich bins, Tantris."
„So bistu, des bin ich gewis,
Tandris unde Tristran
die zwene[32] sint ein veiger[33] man."

1 nämlich die Silben des aus Tris 2 kam 3 Spur 4 Trug 5 gesagt 6 wußte 7 Gebaren? 8 seit 9 ihn 10 das 11 Gebaren 12 sein 13 vollkommen 14 auch 15 war 16 auch 17 außer 18 zu 19 Todfeinden 20 [illegible] 21 zweimal 22 erst 23 genesen 24 werden 25 eile 26 räche 27 Leid 28 [illegible] 29 schlug 30 [illegible] 31 [illegible] 32 zwei 33 zum Tode bestimmt

Si satzte nach vñ vor.
vñ chom rehte vf des namen spor.
si vant ir vrsache dar an.
fur sich so las si tristran.
her wider so las si tantris.
Die mite was si des namen gewis.
Ja ia sprach aber dur schone do.
ist disen maeren dane so.
disen valsch vñ dise trugeheit.
hat mir min herze wol geseit.
wie wol ich weste alle dise vart.
Sit ich in merkende wart.
Sit ich an im lip vñ gebar.
vnde sin dinch allez also gar.
besunder in min herze las.
daz er geburte ein herre was.
wer het ouch daz getan wan er.
daz er von curnewale her.
ze sinen totvinden vert.
vnde wir in zwir haben ernert.
ernert ernest nv vil vngenesen.
daz swert daz můz sin ende wesen.
Nv ile vñ rich dinen leit ysot.
Gelit er von dem swerte tot.
da mite er dinen oheim slůch.
so ist der rache genůch.
si nam daz swert zehanden.
si gieng vber tristranden.
da er in einem bade saz.
Ja sprach si tristrant bistu daz.
Nein frowe ich bin tandris.
So bistu des bin ich gewis.
Tandris vñ tristran.
die zwene sint ein veiger man.

Vers 10121—10154 der ältesten Handschrift von Gottfrieds „Tristan und Isolde"

Diese Handschrift befindet sich auf der Bibliothek in München (Cgm 51), ist dreispaltig auf Pergament geschrieben, XIII. Jahrhundert. — Gottfrieds Tristan ist wie die ritterliche Gesellschaft des XIII. Jahrhunderts der geistige Erbe aller ritterlichen Sitte. — Gottfried vollendete sein Werk nicht; Ulrich von Türheim setzte den „Tristan" um die Mitte, Heinrich von Freiberg zu Ende des XIII. Jahrhunderts fort.

Wolfram von Eschenbach († um 1220).

Miniatur aus der Münchener Parcivalhandschrift (Cgm 19, XIII. Jahrhundert) mit den Hauptpersonen des Gedichtes.

Wolframs vollendetstes Werk, der „Parcival“, das bedeutendste höfische Kunstepos des Mittelalters überhaupt, ist gegen 1205 begonnen und gegen 1215 beendet; es ist jedenfalls das Werk des gereiften ernsten Mannes. Quelle war ihm der Französische Roman vom Grale des Chrestien de Troyes (geschrieben vor 1170) und ein verloren gegangenes Werk des Guiot de Provence. — Wolframs Gedicht ist nicht nur Übersetzung, es ist seine freie poetische Schöpfung, in welcher er die höchsten Fragen seiner Zeit behandelt. Parcival selbst, der Held des Gedichtes, ist das Ideal eines vollendeten Ritters.

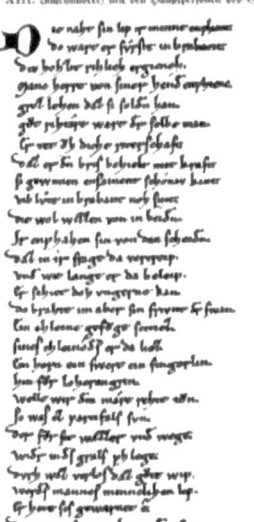

Wolfram von Eschenbach.
Verkleinerte Miniatur aus der Pariser Liederhandschrift.

Wolfram, neben Walther der größte Deutsche Dichter des Mittelalters, war ritterlichen Standes; der Ort Eschenbach, nach welchem sich sein Geschlecht benannte, liegt in Baiern bei Ansbach. Er hat längere Zeit gastliche Aufnahme beim Landgrafen Hermann von Thüringen gefunden; auch auf Burg Haidstein im Bairischen Walde bei der Markgräfin von Vohburg, Schwester Ludwigs des Baiern, genoß er Gastfreundschaft. Auf der Burg Wildenberg (wahrscheinlich Wehlenburg bei Ansbach), welche vielleicht ein gräfl. Wertheimisches Lehen war, hatte er, namentlich nachdem er den Thüringer Hof verlassen (1216), mit Weib und Kind seinen dauernden Wohnsitz; in allzu günstigen äußeren Verhältnissen hat er nicht gelebt. Er muß gegen 1220 gestorben sein und wurde in der Liebfrauenkirche seines Heimatsortes Eschenbach beigesetzt, wo sein Grabmal noch zu Anfang des XVII. Jahrhunderts vorhanden war. — Ihrer Entstehungszeit nach folgen seine drei großen Epen wohl so auf einander: 1. „Parcival“, 2. „Titurel“, 3. „Willehalm“. Außer diesen Epen haben wir von ihm noch Lieder (Wächterlieder).

Vers 826, 1—27 aus der ältesten, in München aufbewahrten Handschrift von Wolframs „Parcival“,

welche wohl noch dem zweiten Drittel des XIII. Jahrhunderts angehört und von drei verschiedenen Händen, zweispaltig, in Folio geschrieben ist (Cgm 19, Lachmann bezeichnete sie mit G). Das mitgetheilte Stück enthält den Schluß der Lohengrinsage, dessen Geschichte hier am Schluße des „Parcival“ in kurzen Zügen angedeutet ist (siehe unten Vers 17).

Frô Cunneware de Lalant:
greif an die gesterten hant:
al da frô Ginover saz.
div ane den kunec mit ir az.
keie ich vor dem tisse stunt:
al da im diu mare wart chunt:
der widersaz im ein teil.
des wart frô Cunneware geil.
Do sprach frôwe dirre man.
swaz der hat gein iu getan.
des ist er vast underzogen.
doch waene ich des er ist uf gelogen.
Ich tetz durch hoflichen site.
un wolt iuch han gebezzert mite.
dar umbe han ich iweren haz.
idoch wil ich iv raten daz.
heizet entwapen disen gevangen.
in mach hie stens erlangen.
in hat diu junchfrôwe sere.
ab nemin helm unz hersnier:
do mane von im strôfte und bant.
Chlamide wart seiere erchant.
kingrun sach diche:
an in chumtliche bliche.
do wrden an den stunden.
sine hende also gewnden.
daz si begunden chrachen.
als die durren spachen.
Den tise stiez von im zehant.
Chlamides scenescalt.
sinen herren vraget maere.
den vand er friden laere.
der sprach ich pin ze schaden geborn.
ich han so wirdich her verlorn.
daz muter nie gebot ir brust.
dem der erchante hoher vlust.
mich enrimet niht mins hers tot.
da gegen minne mangels not.
lestet uf mich solhen last.
mir ist fride gestin hohmut gast.

Vers 218, 13—219, 22 der St. Galler Handschrift des „Parcival“ (Nr. 857).

Sie ist auf Pergament in Folio, zweispaltig, gegen das letzte Drittel des XIII. Jahrhunderts an. (Lachmann bezeichnete sie mit D.) Dieser Codex enthält auch die Handschrift B des Nibelungenliedes.

Erklärender Abdruck des Stückes aus der Münchener Handschrift des „Parcival“.

Die naht[1] sin lip[2] ir minne enphant:
do wart er fürste in Brabant.
diu hohzit richlich[3] ergienc,[4]
manc[5] herre von siner hende enphienc
grôz lehen, daz si solden han.[6]
gût rihtaere[7] wart der selbe man:
er tet[8] ôh dicke[9] ritterschaft,
daz er den bris[10] behielt mit kraft.
si gewunnen ensament[11] schoeniu kint.
vil liute[12] in Brabant noh sint,
die wol wizzen von in beiden,
ir enphahen,[13] sin von dan scheiden,[14]
daz in[15] ir frage da vertreip,
unde wie lange er da beleip.[16]
er schiet doh[17] ungerne dan:[18]
do brahte im aber sin friunt[19] der swan[20]
ein chleine gefüege[21] seitiez,[22]
sines kleinodes[23] er da liez
ein horn, ein swert, ein fingerlin.[24]
hin für[25] Loherangrin.
welle wir[26] dem maere[27] rehte tuon,
so was[28] er Parzifals sun
der för[29] sit[29] wazzer unde wege,
wider[30] in des grals pflege.
durh waz verlôs[31] daz güte wip
werdes mannes minneclichen lip?
er hete sis gewarnet e,[32]
do er vur si gienc von dem se.[33]
hie sol Erech nu sprechen:
der kund mit rede si rechen.

1 Nacht 2 Leib 3 reichlich 4 ergieng, fand statt 5 manchen 6 haben 7 Richter 8 that 9 oft 10 Preis 11 zusammen 12 Leute 13 ihr Empfangen 14 sein von dannen Scheiden 15 ihn 16 blieb 17 doch 18 von dannen 19 Freund 20 Schwan 21 [illegible] 22 Schreiben 23 von seinem Kleinode 24 Ringlein 25 fuhr 26 wollen wir 27 der Erzählung 28 nun 29 [illegible] 30 zurück 31 verlor 32 ehe, welcher 33 See

Erklärender Abdruck des Stückes aus der St. Galler Handschrift des „Parcival“.

Frô[1] Cunneware de Lalant
greif[2] an die gesterten[3] hant.
alda frô[1] Ginover saz.
diu une[4] den kunec mit ir az.
Keie ich vor dem tisere stunt,
al da im[5] diu maere wart chunt:[6]
der widersaz im[7] ein teil;[8]
des wart frô[1] Cunneware geil.[9]
Do sprach ter: „frowe,[1] dirre[10] man,
swaz[11] der hat gein[12] iu[13] getan,
des ist er vast[14] underzogen[15]
doch waene ich des, er ist uf gelogen.[16]
ich tetz[17] durch hufliehen[18] site
und wolt iuch[19] han[20] gebezzert mite:[21]
dar umbe han[22] ich iweren[23] haz.[24]
idoch wil ich iu[25] raten daz,
heizet entwapen[26] disen gevangen;[27]
in mach hie stens[28] erlangen.[29]
in hat diu junchfrôwe sere
ab nemin helm unts[30] hersnier[31]
do mane von im ströfte[32] und bant.
Chlamide wart seiere erchant.
Kingrun sach diche
en in chumtliche bliche[33]
do wurden an den stunden
sine hende also gewunden,
daz si begunden chrachen[34]
als die durren spachen.[35]
den tise stiez von im[36] zehant[37]
Chlamides scenescalt.
sinen herren vragete[38] maere:
den vand er friden laere[39]
der sprach: „ich pin ze schaden geborn.
ich han so wirdich her[40] verlorn.
daz müter nie gebot ir brust
dem der erchante hoher vlust.[41]
mich enrimet niht[42] mins hers tot
da gegen: minne mangels not
lestet[43] uf mich solhen last.
mir ist fride gestin.[44] hohmut[45] gast.

[illegible]

Wolfram von Eschenbach († um 1220).

a.

b.

Zwei Miniaturen aus der dem späteren XIV. Jahrhundert angehörigen Heidelberger Bilderhandschrift des „Parcifal“ (Nr. 339); verkleinert.

a. Der junge Parcifal entfernt sich mit Ring und Halsschmuck von der Jeschute (zu III, 133). b. Parcifal läßt die Gefangenen aus Clamide's Heer wohl verpflegen (zu IV, 206).

Se zweiffel bertzen nachgebur
Das muß der selen werden sur
Geschmehet vnd gezieret
Ist wo sy parieret
In eines verzagten mannes mut
Also agelaster varbe thut
Der mag darnach wesen gail
Wañ an im sein baide tail
Des himels vnd der hellen
Der vnstendige gesellen
Het die schwartze varbe gar
Vnd ist nach der vinsteruar
So hebent sich an die blancken
Der mit steten gedancken
Diß fliegende beispel
Ist tummen leüten gar schnel
Die mügen es nit erdencken
Wann es kan vor im wencken
Recht als ein erschelter hase
Zu anderthalb dem glase
Gleichet vnd des blinden trom
Die gebent alle antlütz rom
Doch mag mit stete nit gesein
Diser trübelechte schein

c.

Wo diser auenteüre endes zil
Nicht me do von sprechen wil
Ich wolffram von eschenbach
Wañ als dort der maister sprach
Sein kint sein hoch geschlechte
Han ich benennet rechte
Herr partzifal den ich han bracht
Dar sein doch selde hat gedacht
Wes leben sich so verendet
Das got nit wirt gepfendet
Der selen durch des leibes schulde
Vñ der doch der welte hulde
Behalten kan mit wirdikeit
Das ist ein nütze erbeit
Güte weib hont den sin
Dester werder ich in bin
Ob mir keine gütes gan
Seit ich dise mer volsprochen han
Ist das durch ein weib beschehen
Die muß mir süsser worte iehen

M·CCCC·LXXVII·

d.

c. Anfang, d. Ende des Parcifaldruckes vom Jahre 1477.

[illegible]

swer ritterschefte wil rehte phlegen.
der sol witewen vñ weisen.
beschirmen von ir vreisen.
daz wirt sin endelos gewin.
er mach sin herce doch eheren hin.
uf dienst nach der wibe lon.
da man lernet solhen don.
wie sper durch schilde brechen.
wie div wip darvmbe lachen.
wie vriunden vriwende vnsenftecheit
senftet. zwei lon vns sint bereit.
der himel vñ werder wibe grůz.
bin ich so frvm da nach ich můz.
uf Alisantz nv werben.
od ich wil drvmbe ersterben.

Aus Wolframs „Willehalm“ der St. Galler Handschrift, 857, Vers 299, 15—30.

[illegible]

Aus dem St. Galler „Willehalm“.

swer[1] riterschefte wil rehte phlegen,
der sol witwen unde weisen
beschirmen von ir vreisen:[2]
daz wirt sin endelos gewin.[3]
er mach sin herze doch eheren[4] hin
uf dienst nach der wibe lon,
da man lernet sölhen don,[5]
wie sper durch schilde brachen,
wie diu wip dar umbe lachen,
wie vriunden vriwende unsenftecheit[6]
senftet.[7] zwei lon[8] uns sint bereit,
der himel unde werder[9] wibe gruz:[10]
bin ich so frum, da nach ich muz
uf Alisanz nu werben,
oder ich wil drumbe ersterben

1 Wer 2 Nöthen [illegible]

ſ [illegible]

Strophe 136—138 aus Wolframs „Titurel“ der Münchener Handschrift (Cgm 19).

[illegible]

Aus dem Münchener „Titurel“.

[Nun kam jagende[1]]
1. Des fursten brache,[2] dem er enphior[3] an[4] der hende
do ernider uf die strâlenitch[5] mal[6] das si immer
kunt mere[7] gerende,[8]
die in[9] dem groz geniten[9] sande,[10]
von dem er jagte unde[11] uf den stolzen Grahardeis,
daz dem vil lit[12] fröiden sit[13] erwande.[14]
2. Dô'er dur[15] die dicke[16] alsus[17] brach uf der verte,[18]
sin halse was[19] arabensch[20] ein borte geslagen
mit der driben[21] vil herte,[22]
der ufe chos[23] man tiure[24] unde liecht gesteine;
die glesten[25] durh den walt sam[26] diu sunne, alda
vienc[27] er den brachen niht eine.
3. Was er mit dem brachen begreif,[28] lat[29] ez in[30] nennen.
gefurrieten chamber[31] mit arbeit er muse[32] unverzagetliche erchennen,
unde immer mere groz kriegen er[33] nach strite[34]
das brachenseil was rehte im[35] ein urlap[36] fröiden
flustbaerer[37] zite.[37]

[illegible]

Die beiden Schlußstrophen von Wolframs Wächterliede: „Sine klauen durch die Wolken sint geslagen"

Vom letzten Blatte der Münchener Wolfram-Handschrift. Cgm 19

Ey fyuianz beas amys·
Dinen dvrchlvhtigen bris·
Wie den die werlt beginet clagē·
Wie moht der tot an dir betagen·
Dv bist benamen der eine·
Den ich vor vz so meine·
Daz ich enphahe nymmer not·
Dev mir geliche dinen tot·
Ich mvz ymmer iamer erben·
Wan scholt ich fvr dich sterben
Vnd fvr ander vrivnde min
Die gein den hayden taten schin
Manige ritterliche tat
Daz der darbt vnd mangel hat·

Aus einem dem XIV. Jahrhunderte angehörigen, im Staatsarchive zu Marburg aufgefundenen Fragmente von Wolframs „Willehalm".

Enthaltend Vers 101, 27—102, 10: Aus Gyburc's Klage um den verwundeten Markgrafen Vivianz.

Aus dem Marburger Bruchstücke von Wolframs „Willehalm"

Ey Fyvianz beas amys,[1]
dinen durchluhtigen bris,[2]
wie den die werlt[3] beginnet clagen,
wie mohte der tôt an dir betagen?[4]
du bist benamen[5] der eine,
den ich vor ûz so meine,
daz ich enpfahe nymmer not
deu[6] mir geliche[7] dinen tot;
ich mûz ymmer jamer erben.
wan scholt ich für dich sterben!
und für ander vreunde min,
die gein[8] den haeyden taten schin[9]
manige ritterliche tat,
daz der darbt und mangel hat

1 Wolfram liebt es, französische Worte und ganze Zeilen zu gebrauchen: Ah, Vivianz, schöner Freund! 2 Preis 3 Welt 4 erscheinen 5 wirklich 6 die 7 gleiche 8 gegen 9 taten schin: = bewiesen

Aus Wolframs „Wächterliede"

„Swa[1] dir gevalle,
wahtaer,[2] sinch, und la[3] den hie,
der minne brach[4] und minne enphie
von dine(m) schalle
ist er und ih erschrocken hie:
so ninder[5] der morgenstern uf gien
uf in, der her nach minne ist chom
noh ninder[6] luhte[7] tages lieht,[8]
du hast in dicke[9] mir benomen
von blanchen armen, und uz herzen ni

Von den blicken,
die der tach tet[10] durch diu[11] glas,
und do wahtaere warnen sanch,
si muse[12] erschricken[13]
durh[14] den, der da bi ir was[15]
ir brustlin an brust si dwanch[16]
der riter ellens[17] niht vergaz
(des wold in wenden wahtaers don):
urlaub nah und naher baz[18]
mit kusse unde anders gab in minne l

1 ohne was 2 Wächter 3 laß 4 Voll brachte – brachte 5 Scheidungsgruß 6 aufgang 7 leuchtete 8 Tag 9 jetzt 10 That 11 die 12 mußte 13 erschrecken 14 wegen 15 war 16 zwang, drückte 17 Männerkühnheit 18 Tun 19 besser, mehr 20 Lohn

Walther von der Vogelweide († um 1230).

Walthers von der Vogelweide Heimat ist, wie jetzt fast allgemein angenommen wird, der obere der Vogelweidhöfe bei Botzen. Er gehörte dem niederen Adel an. Sein Geburtsjahr wird um 1170 anzusetzen sein. In Österreich hatte er „singen und sagen" gelernt, am Hofe Herzogs Friedrich I. in Wien; Reinmar von Hagenau mag sein Lehrer in der Sangeskunst gewesen sein. Nach Kaiser Heinrich VI. Tode (1197) war er entschieden auf Seiten von dessen Bruder Philipp von Schwaben, und auch in dessen persönlicher Umgebung. In den traurigen Wirren, in welche damals Deutschland durch die Politik Innocenz III. gestürzt war, ließ Walther unerschrocken seine gewaltigen Sprüche für die von Philipp vertretene nationale Sache ertönen. Nach Philipps Ermordung (1208) hielt er zu Otto IV., dann (1214—1215) trat er wieder auf Friedrichs II. Seite, weil sein Herz und sein Lied demjenigen gehört hat, welcher in einer Zeit der Verwirrung und des Bürgerkrieges die Deutsche Sache am kräftigsten vertrat. Walther hat, nachdem er den Wiener Hof verließ (1198), „der lande vil gesehen", er hat ein Wanderleben geführt. Daß er bei König Philipp war, ist schon erwähnt; er war später wahrscheinlich bei Herzog Bernhard von Kärnten, dann wieder in Österreich (?), am Thüringer Hofe bei Landgraf Hermann, wo er wahrscheinlich persönlich mit Wolfram von Eschenbach zusammentraf, dann bei Markgraf Dietrich von Meißen (1212, 1213), Otto IV. Nähere Beziehungen hatte er darauf zu Friedrich II. Dieser verlieh ihm ein in der Nähe von Würzburg belegenes (allerdings wenig einträgliches) Lehen; Walther scheint auch kurze Zeit der Erzieher von Friedrichs Sohn Heinrich gewesen zu sein (um 1220). 1228 nahm er an Friedrichs Kreuzzuge Theil; gegen 1230 ist er wohl gestorben, und zwar wahrscheinlich in Würzburg, wo er die letzten Jahre (etwa seit 1218?) auf einem Lehen, dem nach ihm später genannten Vogelweider Hofe (?) meist gelebt zu haben scheint. Er wurde in Würzburg im Laurengarten des Neumünsters bestattet. — Walther ist der größte Deutsche Lyriker vor Goethe.

[illegible]

[illegible]

a. Zeile 1—17. Teutschlands Ruhm.

[Ir sult sprechen willekomen:]¹
der iuch² maere³ bringet, daz bin ich.
allez daz ir habt vernomen,
dest⁴ gar ein wint: nu vraget mich
ich wil aber miete:⁵
wirt min lon⁶ iht⁷ gût,
ich sage vil lihte daz iuch⁸ sanfte⁹ tût
seht, waz⁸ man mir eren⁹ biete.

Ich wil Tiuschen¹⁰ vrowen¹¹ sagen
solichiu¹² maere,⁴ daz si deste baz
al der welte suln behagen:
ane¹³ grôze miete¹ tûn¹⁴ ich daz.
waz wolde ich ze lone?¹⁵
si sint mir ze her:¹⁶
so bin ich gevüge,¹⁷ unde bitte si nihtes mer
wan¹⁸ daz si mich grüezen¹⁹ schône.

Ich han²⁰ lande vil gesehen
unde nam²¹ der besten gerne war:²²
übel müeze²³ mir geschehen,
künde ich ie min herze bringe(n) dar²⁴
daz ime wolte wol gevallen
fremeder site.
waz hulfe mich, ob ich vil rehte stritte?
Tiuschiu²⁵ zuht gat²⁶ vor in²⁷ allen.

Von der Elbe unz²⁸ an den Rin
her wider unz²⁸ an der Unger lant
da mugen wol die besten sin,
daz ich in der welte han²⁹ erkant.
kan ich rehte schowen³⁰
gût gelaz³¹ unde lip,³²
so swer³³ ich wol daz hie diu wip³⁴
bezzer sint danne ander frowen.¹¹

Tiusche¹⁰ man sint wol gezogen,
rehte als engel sint diu wip³⁴ getan.³⁵
swer si schiltet, derst³⁶ gar betrogen:
ich enkan³⁷ sin anders niht³⁸ verstan.³⁹
tugent unde reine minne,
swer die suochen⁴⁰ wil,
der sol komen in unser lant: da ist wunne⁴¹ vil:
lange müeze⁴² ich leben darinne!

[illegible]

a. Zeile 18—23. Spruch an Herzog Leopold von Österreich (1207?).

In nomine¹ domini¹ ich wil beginnen: sprechent² amen,
daz ist gût vür³ ungelucke und vür³ tievels⁴ samen,
daz ich gesinge⁵ in dirre⁶ wis⁷ also,
swer⁸ hovelichen sanc und freude störe, daz der
 werde unfro.
ich han⁹ wol und hovelichen her¹⁰ gesungen:
mit der hovescheit¹¹ bin ich nu verdrungen,¹²
daz die unhoveschen nu ze hove genaemer¹³ sint
 danne¹⁴ ich.
daz mich eren¹⁵ solte, daz unert¹⁶ mich.
herzoge uz Österriche furste,¹⁷ nu sprich:
din¹⁸ enwendes¹⁹ mich ez allein, so²⁰ verkere²¹
 ich mine zunge.

[illegible]

a. Zeile 24—31. Spruch an Herzog Leopold von Österreich (1207?).

Nu wil ich mich¹ des scharpfen sanges ouch² ge-
 nieten:³
da⁴ ich ie mit forhten bat, da⁴ wil ich nu gebieten.
ich sihe wol, daz man herren gût⁵ und wibes grüez⁵
gewalteclich und ungezogenlich⁶ erwerben müez.
singe ich minen hovelichen⁷ sanc, so klagent siz
 Stollen.⁷
deswar⁸ ich gewinne⁹ ouch lihte¹⁰ knollen:¹¹
sit¹² si die schalkeit wellen,¹³ ich gemache in vollen
ze Österrich lernt ich singen und sagen: [erwagen.¹⁴
da wil ich mich allerest beklagen:
vind ich an Liupolt hovelichen¹⁵ trost,
so ist mir min mût entswollen.¹⁶

[illegible]

a. Zeile 31—38. Spruch über „Gut und Ehre".

Ich han¹ gemerket² von der Seine unz³ an die Mûre,⁴
von dem Phade⁵ unz³ an den Trabe⁶ erkenne ich
 al ir vûre:⁷
diu meiste menege⁸ enrüchet⁹ wie si gewinnet gût.
sol ich ez also gewinnen, so ganc¹⁰ slafen hovescher¹¹
 mût.
gût was ¹² ie¹³ gemeine, iedoch so¹⁴ gie¹⁵ diu ere¹⁶
vor dem gûte: nu ist daz gût so here,¹⁷
daz ez gewalteclichen vor ir zuo den frowen¹⁸ gat,¹⁹
zuo den fursten zuo den kunegen an ir rat.²⁰
so we²¹ dir gût! wie Rômesch riche²² stat!²³
du enbist²⁴ niht²⁵ gût: du habest²⁶ dich an die
 schande ein teil ze²⁷ sere.²⁸

[illegible]

a. Zeile 39, 40. Anfang des Spruches auf den Herzog Bernhard von Kärnten (1209?).

Ich han des Kärndaeres¹ gabe dicke² enphangen:
wie er dur³ ein vermissen⁴ bieten mir also dar⁵
er wenet lihte daz ich zurne: . . . (wanken?⁶

[illegible]

b. Zeile 3—13. Spruch auf die Magdeburger Weihnacht 1199.

Es gieng, eines tages als unser herre wart geborn
von einer megde¹ die er im² ze muoter³ hat erkorn,
ze Megdeburc⁴ der künig Philippe schone.
er ist baide⁵ kaisers bruoder und ist kaisers kint
in einer wete,⁶ swie⁷ doch der namen zwene⁸ sint:
er trûg den zepter⁹ und des riches¹⁰ krone.
er trat gemach,¹¹ im¹² was¹³ niht gah,¹⁴
im sliched¹⁵ ain hochgeborne küneginne¹⁶ nah,¹⁷
ros¹⁸ ane¹⁹ dorn, ain tube²⁰ sunder²¹ gallen.
diu vröide was²² da²³ nien²⁴ anderswa:
die Düringen²⁵ und die Sahsen²⁶ dienden²⁷ also da,
das ez den wisen²⁸ muoste wol gevallen.

[illegible]

b. Zeile 14—23. Spruch auf den Waisen 1198.

Diu kron ist elter¹ danne der künig Philippe si:²
da mugint³ ir merken und schowen⁴ wunder bi,
wie si der smit⁵ so ebene⁶ hab gemachet
sin kaiserliches hobet⁷ zimet der krone wol,
ze⁸ reht⁹ sû⁸ nieman von ainander schaiden sol:
ietwederz tugende niht des andern swachet.¹⁰
sû⁸ lûhtent¹¹ baide ain ander an,
das edelgestaine und der tugenthafte man:
ir ougenwaide sehent¹² die fürsten gerne.
swer¹³ des riches irre¹⁴ ge,¹⁵
der schowe wem der waise¹⁶ ob sinem nake¹⁷ ste:¹⁸
der stain ist aller fürsten laite sterne.¹⁹

[illegible]

b. Zeile 24—28. Anfang des Spruches an König Philipp: Ermahnung zur Freigebigkeit.

Künig Phylippe, die ane sehenden¹ zihent² dich,
diu³ sant⁴ danke⁵ niht so milt:⁶ des dunket mich
so ane⁷ dank dir ist niht kunt umbe ere
du möhtest dankes⁸ gerner⁹ geben tusent pfunt,
danne drizig tusent ane⁷ dank: dir ist niht kunt
wie [gebende hant erwerbet lop und ere.]
[denk an den milten Salatin.]

[illegible]

a. Seite 16 aus der ältesten Liederhandschrift, der Heidelberger (Nr. 357 der Deutschen Handschriften).

[illegible]

b. Seite 169 aus der Weingartner Liederhandschrift, welche sich jetzt in der öffentlichen königl. Bibliothek zu Stuttgart befindet.

[illegible]

Walther von der Vogelweide († um 1230).

Die nebenstehende Miniatur, Walther von der Vogelweide darstellend, ist der Weingartner Liederhandschrift entnommen. Walther ist dargestellt, wie er in seinem Liede (Uhland'sche Ausgabe I, 8) heißt:

Ich saz uf eime steine
und dahte (deckte) bein mit beine;
dar uf satzt ich den ellenbogen;
ich hete in mine hand gesmogen (geschmiegt)
daz kin und ein min wange . . .

Das diesem Werke beigegebene Titelbild giebt dieselbe Darstellung aus der Pariser Liederhandschrift.

Die auf dieser Seite gegebenen Schriftnachbildungen sind der Pariser Liederhandschrift, der ersten der bedeutenden älteren Liedersammlungen, entnommen. Zeile 14–39 des Liedes „Owe war sint verswunden" (von den Worten: alse [illegible] an) bilden gerade die letzte Zeile einer Seite der in zwei Spalten geschriebenen Handschrift. Sie gehört dem zweiten Drittel des XIV. Jahrhunderts an, ist auf Pergament geschrieben und ist die inhaltreichste der Liederhandschriften, da sie auf 429 Blättern die Lieder von 140 Dichtern enthält. Von der Pracht ihrer 137 farbigen, fast blattgroßen Miniaturen giebt das Titelbild des Bilderatlas: „Walther von der Vogelweide" Zeugnis. Diese Handschrift ist, seit Bodmer's 1758 erschienenen „Proben der alten schwäbischen Poesie des XIII. Jahrhunderts aus der Manessischen Sammlung" unter dem Namen der Manessischen allgemein bekannt. Diesen Namen gab ihr Bodmer auf die Angabe des späteren Züricher Minnesängers Johann Hadlaub hin, welcher in einem Liede Herrn Rüdiger Manesse und dessen Sohn preist, weil sie Deutsche Lieder sammelten. Seit 1622 ist sie in der Pariser Bibliothek, nachdem sie mit den Handschriften der Heidelberger Palatina [illegible]. Jetzt führt sie die Bezeichnung [illegible] 7266. Die ersten Veröffentlichungen aus der Pariser Liederhandschrift machte Melchior Goldast (1576–1635) 1601 in dem Werke: „B. Valeriani . . . de bono disciplinae sermo", und namentlich in seinem Buche: „Paraeneticorum vet. pars I. 1604". Damals war diese Handschrift noch im Besitze des Freiherrn Johann Philipp von Hohensax.

Nebenstehend (links):

a.

Erste Strophe des Minneliedes: „So die blůmen us dem grase dringent".

Aus der Pariser Liederhandschrift.

So die blůmē vſ dem graſe dringēt.
ſam ſi lachen gegen dem ſpilnden
ſvnnen. in einem meien an dem morgē
frů. vn̄ die kleinē vogellin wol ſingēt.
in ir beſten wiſe die ſi kvnnē. wūne
kan ſich da gelichē zů. es iſt wol halb
ein himelriche. nv ſprechēt alle was ſich
dem geliche. ſo ſage ich we mir dike be.
ī minen ŏgen hat getan vn̄ tete ŏch noh
geſehe ich das.

Erklärender Abdruck a.

So die blůmen us[1] dem grase dringent,
same[2] si lachen gegen dem[3] spilnden[4] sunnen,
in einem meien[5] an dem morgen frů,
und die kleinen vogellin wol singent
in ir besten wise[6] die si kunnen,[7]
[8]wunne kan sich da gelichen[9] zů?
es ist wol halb ein himelriche.
nu sprechent alle was sich dem geliche,[9]
so sage ich, waz mir dike[10] baz[11]
in minen ŏgen[12] hat getan
und tete ŏch noh, gesehe[13] ich daz.

1 aus 2 wie ferne 3 Bzw.: der 4 leuchtende 5 Mai 6 Weise 7 können 8 zu ergänzen: was = was 9 gleichen 10 oft 11 besser 12 Augen 13 sähe

b. Walthers von der Vogelweide Lied: „Owe war sint verswunden".

Aus der Pariser Liederhandschrift. Es gehört wohl in die Zeit 1227–1228.

Owe war ſint verſwunden alle min
iar iſt min leben mir getrŏmet oder
iſt es war. das ich ie wande das iht we
was das iht. darnach han ich geſlaf
fen vn̄ enweis es niht. nv bin ich erwa
chet vn̄ iſt mir vnbekant. das mir hi
vor was kündic als min ander hant.
liute vn̄ lant dannā ich von kinde bin
geborn. die ſint mir frŏmde worden. reht
als es ob es ſi gelegen. die mine geſpiln
waren die ſint trege vnde alt. bereitet
iſt das velt. verhŏwen iſt der walt. wan
das der waſſer flüzet als es wilent
vlos. für war ich wande min vngelüke
wrde gros. mich grüzet maniger trage.
der bekande (mich) wol. dv welt iſt allent
halben vngnaden vol. als ich gedenke
an manigen wunneklichen tac. die mir
ſint enphallen als in das mer ein ſlac. ie
mer mere owe.
Owe wie iemerliche iunge liute tůnt.
den nv vil vnwekliche ir gemvte ſtant.
die kůnen nůwan ſorgen owe wie tůnt
ſi ſo. ſwar ich zer werlte kere. da iſt nie
man vro. tanzen ſingen zergat mit ſor
gen gar. nie kriſten man geſach ſo iemer
lichiv iar. nv merkent wie den frŏwen ir
gebende ſtat. die ſtolzen ritter tragent
dörpelliche wat. vns ſint vnſenfte brie
ve her von Rome komen. vns iſt erlobet
truren vn̄ frŏide gar benomen. das mvt
mich inneklichen ſere. wir lebten ie vil
wol. das ich nv für min lachen weinen
kieſen ſol. die wilden vogel betrůbet vn
ſer clage. was wunders iſt ob ich da von ver
zage. was ſpriche ich tumber man dvrch
minen bŏſen zorn. ſwer dirre wunne volget
der hat iene dort verlorn. iemer mer owe.
Owe wie vns mit ſüſſen
dingen iſt vergeben. ich ſihe die bit
tern gallen mitten in dem honige ſwe
ben. dv welt iſt vzzen ſchŏne wis grvn
vn̄ rot. vn̄ innan ſwarzer varwe vin
ſter ſam der tot. ſwen ſv verleitet ha
be der ſchŏwe ſinen troſt. er wirt mit
ſwacher bůze grozer ſünde erloſt. dar
an gedenkent ritter es iſt iwer dinc. ir
tragent die liehten helme vn̄
manigen herten rinc. dar zů die ve
ſten ſchilte vn̄ die gewihten ſwert.
wolte got wer ich der ſigenünfte wert.
ſo wolte ich notig man verdienen riche
ſolt. iech meine ich nit die hůben noch
der herren golt. ich wolte ſelbe crone
ewklichen tragen. die möhte ein ſolde
ner mit ſime ſper beiagen. möhte ich
die lieben reiſe gevarn vber ſe. ſo wol
te ich denne ſingen wol vnde nieme
mer owe.

Erklärender Abdruck b.

Owe war[1] sint verswunden alle mine jar!
ist min leben mir getroumet, oder ist ez war?[2]
daz ich ie wande[3] daz iht[4] were, was[5] daz iht?
darnach han[6] ich geslafen und enweiz es niht.[7]
nu bin ich erwachet und ist mir unbekant
daz mir hie vor was[8] kündic als min ander hant.[9]
liute[8] unde lant, dannan ich von kinde bin geborn,[10]
die sint mir frömde worden reht als ob ez si[11] gelogen.[12]
die mine gespiln waren, die sint trege[13] unde alt.
bereitet[13] ist daz velt, verhouwen[14] ist der walt:
wan[15] daz daz wasser fliuzet[16] als ez wilent[17] vloz,
für war[18] ich wande[3] min ungelücke wurde groz.
mich grüezet maniger trage,[19] der mich bekande[20] e[21] wol.
diu welt ist allenthalben ungnaden[22] vol.
als ich gedenke an manigen wunneclichen tac,[23]
die mir sint enphallen[24] gar als in daz mer[25] ein [slac.[26]
iemer mere[27] owe.

Owe wie jemerliche junge liute tunt,
den[28] nu[29] vil unwekliche[30] ir gemüete stant!
die kunnen[31] niuwan[31] sorgen: owe wie tuont si so?
swar[32] ich zer[33] werlte[34] kere,[35] da ist nieman vro;[36]
tanzen, singen, zergat[37] mit[38] sorgen gar:
nie kristen man[39] gesach[40] so jemerliche iar.[41]
nu merkent,[42] wie den frouwen ir gebende[43] stat;[44]
die stolzen ritter tragent dörpelliche wat.[45]
uns sint unsenfte brieve[46] her von Rome komen,
uns ist erloubet truren,[47] und fröide gar benomen.
daz müet[48] mich inneclichen sere, wir lebten ie vil wol,[49]
daz ich nu für min lachen weinen kiesen[50] sol.
die wilden vogel betrüebet unser clage:
waz wunders ist, ob ich da von verzage?
waz spriche ich tumber man durch[51] minen bœsen zorn?
swer[52] dirre[53] wunne volget, der hat jene dort verlorn
iemer mer owe.

Owe wie uns mit süezen dingen ist vergeben![54]
ich sihe[55] die bittern gallen mitten in dem honige[56] sweben:
diu Welt ist uzen[57] schœne, wiz[58] grüen unde rot,
und innan[59] swarzer varwe, vinster sam[60] der tot.
swen[61] si[62] nu verleitet habe, der schouwe[63] sinen trost:
er wirt mit swacher buoze[64] grozer sünde erlost.
dar an gedenkent, ritter, ez ist iuwer (iuwer) dinc.[65]
ir tragent die liehten[66] helme und manigen herten[67] rinc,
dar zuo die vesten schilte und die gewihten[68] swert.
wolte got, wer ich der sigenünfte[69] wert!
so wolte ich notig[70] man verdienen richen solt.
joch[71] meine ich niht die huoben[72] noch der herren golt:
ich wolte selbe crone eweclichen tragen:
die möhte[13] ein soldener mit sime sper bejagen.[74]
möhte[13] ich die lieben reise gevaren[75] über se,[76]
so wolte ich denne singen wol, unde niemer mer owe.

1 wohin 2 Wahr 3 wähnte 4 etwas 5 war 6 habe 7 weiß es nicht 8 Leute 9 Hand 10 Volk geboren; gelogen [illegible] 11 [illegible] 12 träge 13 bebaut 14 gehauen 15 nur 16 fließet 17 weiland 18 fürwahr 19 [illegible] 20 kannte 21 [illegible] 22 Zag 23 [illegible] 24 entfallen, verfangen 25 Meer [illegible] 27 mehr [illegible] 30 kennen 31 nichts als [illegible] 33 zur 34 Welt [illegible] 40 sah [illegible] 43 Kopf[illegible] [illegible] 70 arme 71 doch 72 Hufen, Güter 73 könnte 74 erjagen 75 fahren 76 See

Die 1883 wieder freigelegten romanischen Arcaden des Kreuzganges am Lusemgarten des Neumünsters zu Würzburg, **wo Walther begraben wurde**, und der im Lusemgarten 1883 gefundene Steinsarg

Holzschnitte aus Nr. 2085 der „Leipziger Illustrirten Zeitung“ vom 23. Juni 1883. Verkleinert.

Swer sich selben eren wil. d' nime getriuwes ra-
tes war. man erwirbet guoter ritter vil. an aine hoe
tugenden bar. siner diener vn ritter dar. Das manes ere
gote niht vhar. d' vlise sinen willen gar. swas frim
de stjune geraten mag. er welle selbe stvren sich. es
ist in aine lach ain slag.

Eine Strophe aus dem Lehrgedichte „Der Windsbeke“, von Seite 213 der Weingartner Liederhandschrift.

Tiver wer du solt sin hochgemut. daz wirt doch niht
zühten leben. so ist den lop den werden gut. vnd
star dir rosen cxareg dur eben. den entgerenden solt ge
ben. ze rehte dinem werden griz. vnd laz in dinem her
zen swebent scham vnd mace vf rehtem sin. sehrig wil d'
blibe w nut gerel. sind lose wer ber ln dur sin.

Eine Strophe aus dem Lehrgedichte „Die Windsbekin“, von Seite 221 der Weingartner Liederhandschrift.

Das Lehrgedicht „Der Windsbeke“ behandelt in 56 Strophen die ritterliche Tugendlehre zur Zeit der höchsten Blüte der Deutschen ritterlichen Gesellschaft. Verfasser ist vielleicht ein zu Anfang des XIII. Jahrhunderts zu Windsbach (bei Ansbach) lebender Ritter gleichen Namens. — Dieses Lehrgedicht ist in der alten Form der Lehren eines Vaters an seinen Sohn abgefaßt. — Die unter dem Namen „Die Windsbekin“ überlieferten (37 resp. 39) ähnlichen Strophen, enthaltend Ratschläge einer Mutter an ihre Tochter, sind wahrscheinlich von einem späteren Dichter des XIII. Jahrhunderts, welchem die Lehrsprüche des Windsbeke zum Vorbilde dienten.

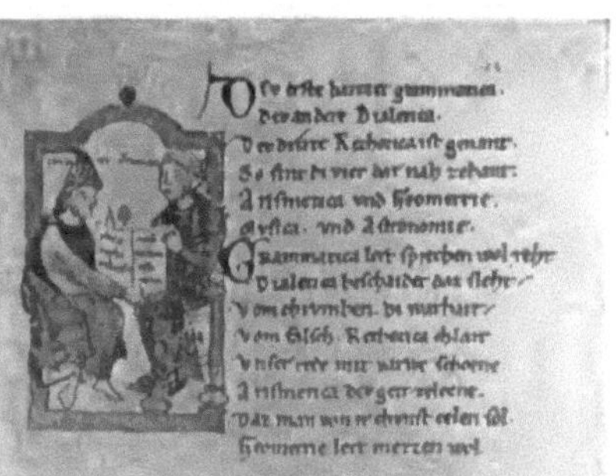

Die erste heizzet grammatica.
Der ander dialectica.
Der dritte Rethorica ist genant.
So sint di vier dar nah zehant:
Arismetica vnd Geometrie.
Musica. vnd Astronomie.
Grammatica lert sprechen wol rehte
Dialectica beschaidet daz slehte
vom chrumben. daz warhaft
vom falsch. Rethorica chlar
vnser rede mit varbe schoene
Arismetica der gar zelene.
Daz man wie ze chunst zelen sol.
Geometrie lert mezzen wol.

Musica mir weist schoene
Har viur wassen an di doene
Astronomie lert ane wanch
Der sterne nature vnd ir ganch.
Wir ennahden niht geschriben.
daz beham man chvme di siben.
Noch der aume list gar.
Daz solt ir wizzen wol fvrwar
Di besten di wir an grammaticam han
Daz was donatus vnd Priscian.
Aristoteles man von reht sol
vnder di besten zelen wol.
Dyalectica hat auch ir drei
Di sint die besten zu sagen:
Aristoteles. Boecius
Zeno vnde Porphirius
Rethorica der hat nit gar.
An Frome lerer brwist ir schar.
Di besten warn Tullius.
Quintilian. Sydonius.
An arismetica der beste was.
Crisippus vnde Pytagoras.
An musica Gregorius.
Milesius. Millesius.
An geometrie was Thales.
Der turnist vnd Euclydes.
Der astronomie schar.
was maister Albumasar.
Ptholomeus. waner was.
vnde wer vahrer Athlas.
Sehe der behainer mocht ni for war
Jeben er chvnde sin chunst gar

Thomasin von Zerclaere (Zirclaria), aus der edlen Familie der Cerchiarchi, war Canonicus von Aquileja, dichtete seinen „Welschen Gast" innerhalb von zehn Monaten der Jahre 1215—1216. Er war damals noch keine dreißig Jahre alt. Neben Freidank ist er der „Klassiker der mittelhochdeutschen Lehrdichtung".

Vom Leben des Meister Freidank, des bedeutendsten Spruchdichters des Mittelalters, ist wenig bekannt. Er wird als Fahrender (vagus) bezeichnet, war im Kaiser Friedrichs II. Kreuzzugsheere (1229), starb wahrscheinlich in Treviso vor 1240. Seine Sprüche haben vieles mit Walthers von der Vogelweide Lebensanschauungen gemein, aus dessen Gedichten er manches ebenso benutzte wie aus den Werken anderer Deutscher Dichter. — Seine Spruchsammlung „Bescheidenheit" (Verständigkeit, Anleitung zum verständigen Handeln) ist wohl allmählich in der Zeit nicht vor 1216 und nicht nach 1240 entstanden. Sie gehörte bis ins XVI. Jahrhundert hinein zu den gelesensten Büchern; 1508 ließ Seb. Brant seine Bearbeitung desselben in Straßburg drucken.

Erklärender Abdruck vom Spruche des „Winsbeke".

Sun,[1] swer[2] sich selben eren[3] wil
der nim getriwes[4] rates war
man ervarischet[5] guter rete vil
an nieman herren tugenden bar
swer[2] dienet unde ratet dar
da man ie güte niht verhat,[6]
der verfüret[7] sinen willen[8] gar.
swaz friunde[9] frümt geraten mag,
er welle selbe stüren[10] sich,
es ist in niemen loch ein slag.

1 Sohn 2 jeder, wer 3 ehren 4 getreues 5 erfährt; andere Lesart: vorliuset = verliert 6 verfälscht; andere Lesart: [illegible] 7 verliert 8 [illegible] 9 dem Freunde 10 steuern, lenken

Erklärender Abdruck vom Spruche der „Winsbekin".

Trut[1] kint, du solt sin hochgemüt,[2]
darunder doch mit zühten leben,
so ist din lop[3] den werden[4] güt
und stat din rosenkranz dir eben.
den ere gerenden[5] soltû geben
ze rehte[6] dinen werden gruz,
und laz[7] in dinem herzen swehen
scham und masse uf rehten[8] sin
schilt[9] wilder blicke nit ze vil,[10]
swa[11] kom merker[12] bi dir sin.

1 traute 2 hochsinnig 3 Lob 4 verständ. Leute 5 Ehre begehrenden 6 nach Rechte 7 laß 8 rechtem 9 [illegible] 10 zu viel 11 wo 12 Merkender

Erklärender Abdruck zum „Welschen Gast"

Deu[1] erste haizzet Grammatica,
deu[1] ander Dialetica,
deu[1] dritte Rethorica ist genant,
so sint di vier dar nah erkant;[3]
Arismetica und Geometrie,
Musica und Astronomie
Grammatica lert sprechen wol reht,
Dialetica beschaidet[3] das sleht[4]
vom chrumben,[5] di warhait
vom falsch: Rethorica chlait[6]
unser rede mit varwe[7] schoene.
Arismetica den[1] geit[8] ze loene,[9]
das man von ir chunst[10] ezlen[11] sol
Geometrie lert mezzen[12] wol.
Musica mit weise schoene
geit[8] uns weistum[13] an di doene.[14]
Astronomie lert uns wanch[15]
der sterne nature und ir ganch.[16]
wir envinden niht[17] geschriben,
das dehain[18] man chunne[19] di siben,
noch der ainne list gar[20]
das sult ir wizzen wol furwar.
di besten di wir an grammatica han[21]
daz was Donatus und Priscian,
Aristarcus man von reht sol
under di besten zelen[11] wol
Dyaletica hat auch ir diet;[22]
die sint die besten di si hiet:[23]
Aristotiles, Boecius,
Zeno unde Porphirius,
Rethorica den[1] hat niht gar
an frume leute beweist[24] ir schar;
die besten waren Tullius,
Quintilian, Sydonius
an Arismetica der beste was:
Crisippus unde Pytagoras;
an musica: Gregorius,
Micalus Milesius.[25]
an Geometrie was Thales
der tourist[26] und Euclydes.
der Astronomie schar
War maister Albumasar,
Ptholomeus vater[27] was
unde vorvehter[28] Athlas.
seht, der dehainer mocht ni furwar
jehen,[29] er chunde sein chunst gar.[30]

1 die 2 [illegible] 3 benennt 4 das Gerade 5 vom Krummen 6 [illegible] 7 Farbe 8 giebt 9 zu Lohne 10 ihrer Kunst 11 zählen 12 messen 13 Weisheit, Kunde 14 Töne 15 [illegible] 16 Gang 17 wir finden nicht = finden nicht 18 irgendein 19 verstehe 20 [illegible] 21 haben 22 Volk, Leute 23 [illegible] 24 [illegible] 25 [illegible] 26 [illegible] 27 [illegible] 28 Vorfechter 29 behaupten 30 völlig

Von minne vn von gewinne
Vf minne vn vf gewinne
Stant al d' werlte sinne
Noch suzer sint gewinne
Danne kein slahte minne
Vil liep sint wip vn kint
Gewinne michels lieb' sint
So d' man ie me gewinnet
So er daz gut ie serer minnet
Dez mannes sin ist sin gewin
Swar ie des mannes h'ze stat
Daz ist sin hort den er da hat
Nieman wolte sinen mut
Gerne wehselen umb gut
Sw' richet an me gute
D' armet an dem mute
Daz gut mac wol heizen gut
Da man mite rehte tut
Nieman d' zo h'ren zimt
D' sin gut zo herren nimt
Swelch man ist des gutes knet
D' ist iem'e schalkez reht
Nach gute wirbet manic man
Vn wirt dem dem erz ubel gan
Sanfte gewinnen gut
Machet ubrigen mut
Daz gut sich niht v'heln kan
Ez sprichet ofte vz dem man
Man eret daz gut an manige ma
D' tugent noch ere nie gewan
Man eret ouch leider riche kneht
Vor armen h'ren ane reht
Man vraget cleine an dirre zit
Wie manz gut gewinne ob manz git
Maniger rechent des andern gut
D' selten wol mit sinem tut
Nieman riet' wesen mac
Drizec iar vn einen tac
Im gebreste e gutes libes od' mutes
D' man ist ellende ane gut
Swaz er kan od' tut
Ne keines gutes ist ze viel
Mit dem man gut tun wil
Sw' gut mit not gewunnen hat
Deist wund' ob erz sanfte lat
Ze gute maniger witze hat
D' sich ze eren niht verstat
Man sol nach gute werben
Sam nieman sol ersterben
Vn sol ez danne mit wille gebn
Sam nieman solle eine woche lebn

Ein Abschnitt von Freidanks „Bescheidenheit" aus der dem Ende des XIII. Jahrhunderts angehörenden Heidelberger Handschrift 349.

(Vers 1—21 von Spalte I, 22—36 von Spalte II des Blattes 4ᵃ (S. 10 f. der Bezzenbergerschen Ausgabe).)

Erklärender Abdruck zum „Freidank".

Von minne und von gewinnen

Uf minne und uf gewinne
stant[1] al der werlte[2] sinne;
Noch süzer sint gewinne
danne keiner slahte[3] minne
Vil liep[4] sint wip und kint,
gewinne michels[5] lieber sint.
So der man ie me gewinnet,
so er daz gut ie serer[6] minnet.[7]
Des mannes sin[8]
ist sin[9] gewin.
Swar[10] ie des mannes herze stat,[11]
daz ist sin hort, den er hat.
Nieman wolte sinen müt,[12]
gerne wehselen umb güt.
Swer richet[13] ane güte,
der armet[14] an dem müte
Daz güt mac wol heizen gut,
da man mite rehte tüt
Nieman der ze herren zimt,[15]
der sin gut ze herren nimt
swelch[16] man ist des gutes kneht,[17]
der hat iemmer schalkes[18] reht.
Nach güte wirbet manic man,
und wirt dem, dem ers ubel gan.[19]
Sanfte[20] gewinnen gut
machet ubrigen[21] müt.[22]
Daz gut sich niht verheln kan,
ez sprichet ofte uz[22] dem man.
Man eret[23] daz gut an manigem man,
der tugent noch ere nie gewan.
Man eret ouch leider richen kneht,[17]
vor armen herren ane[24] reht.
Man vraget cleine an dirre zit,[25]
wie manz gut gewinne, ob manz git.[26]
Maniger rechent des andern güt,
der selten wol mit sinem tüt.
Nieman rieter wesen[27] mac
drizec iar und einen tac,[28]
im gebreste[29] e gutes,
libes oder mütes.
Der man ist ellende ane[30] gut,
swaz er kan oder tut.
Ne keines gutes ist ze viel,
mit dem man gut tun wil.
Swer gut mit not gewunnen hat,
deist[31] wunder,[32] ob ers sanfte lat.[33]
Ze güte maniger witze[34] hat,
der sich ze eren niht verstat.
Man sol nach güte werben,
sam[35] nieman sol ersterben,
und sol ez danne mit wille[36] gebn,
sam[35] nieman solle eine woche lebn.

1 steht 2 Welt 3 irgend einer Art : jeder Art 4 lieb 5 um vieles 6 mehr 7 liebt 8 Sinn 9 sein 10 wohin 11 steht 12 Gesinnung 13 reich wird 14 wird arm 15 ziemt, paßt 16 welcher 17 Knecht 18 Knechts, Knechte 19 gönnt 20 [illegible] 21 übermüthig 22 aus 23 ehrt 24 ohne 25 Zeit 26 giebt 27 [illegible] 28 [illegible] 29 mangelt 30 ohne 31 das ist 32 Wunder 33 gern läßt 34 Verstand 35 als ob 36 Lust

Erklärender Abdruck von Neidharts Tanzliede.

Ein alta dû[1] begunde springen
hoh[2] alsam[3] ein kitz[4] enbor,[5]
si wolde blůmen bringen
„tohter, reich mir min gewant,
ich můs[6] an des knappen hant,
der ist von Rûwental genant.“
Trarairetun, trarariruntundeie.

„Můter, ir hûtet[7] iwer[8] sinne,
er ist ein knappe so gemût,[9]
er pfliget[10] niht steter minne.“
„Tohter, lat[11] ir mich an[12] not,
ich weis wol was er mir enbot:[13]
nach siner minne so bin ich tot.“
Trarairetun.

1 Eine Alte die 2 hoch 3 als wie 4 Böcklein 5 empor 6 muß 7 hütet 8 euer 9 gesinnt 10 pflegt 11 laßt 12 ohne 13 entbot

Ein altu dů begunde springe hoh al
sam ein kitz enbor si wolde blůme
bringen tohter reich mir min gewāt
ich můs an des knappē hant der ist vō
riuwental genant Trarairetun trara
nvririt vn ete
Můter ir hůter iwer sine er ist ein
knappe so gemůt er pfliget niht
steter minne Tohter lat ir mich ane not
ich weis wol was er mir enbot nach
siner mīne so bin ich tot Trarairetun

Ein Tanzlied Neidharts von Reuenthal
Aus der Pariser Liederhandschrift. (Hagens Ausgabe Seite 1.)

Neidhart von Reuenthal inmitten seiner fröhlichen Bauern.
Verkleinerte Miniatur der Pariser Liederhandschrift.

Neidhart von Reuenthal, in seinen melodiösen Tanzliedern der Hauptvertreter der höfischen Dorfpoesie, hatte das bei Landshut belegene Dorf Reuenthal als Lehen von den Herzögen Ludwig und Otto von Baiern inne, wurde seines Lehens verlustig, gieng nach Österreich, erhielt von Herzog Friedrich dem Streitbaren ein Haus in Melk, wo er fortan mit Frau und Kindern lebte. Er ist zuletzt 1236—1237 nachweisbar. 1217—1219 hatte er die Kreuzfahrt Herzog Leopolds VII von Österreich mitgemacht. Den Beginn seiner Dichterzeit setzt man in das zweite Jahrzehnt des XIII. Jahrhunderts.

Uns ist von meren worden kunt wie
alexander fůr durch wunder an des
meres grunt und wie der imbis wart vō
Abacuc zu babilonie braht wie herzoge
ernst not erleit waz er und grafe wetzel
der wilden snabel diet vsneit wie sie di gri
fen furten do ir zu nar den iungen was ge
daht wie sie her wid durch den berg beka
men do sie der crone weisen inne name
seht daz was ein michel wunder doch so
wundert mich sin niht wid dem daz tege
lich geschiht nu merkent wie und geden
kent obe und under

Ein Spruch Reinmars von Zweter.
Aus den Bruchstücken einer im Staatsarchive zu Marburg vorhandenen Pergamenthandschrift des XIV. Jahrhunderts. — In dieser Strophe besingt Reinmar seine Sprüche etwa in der Zeit von 1235—1250

Erklärender Abdruck von Reinmars Spruche

Uns ist von meren[1] worden kunt,[2]
wie Alexander für[3] durch wunder an des meres grunt,
und wie der imbis wart von Abacuc zu Babilonie braht,[4]
was herzoge Ernst not erleit,
was er und grafe Wetzel der wilden snabeldiet[5] versneit,[6]
wie sie die grifen[7] furten,
do ir[8] zu nar[9] den iungen was gedaht,
wie sie her wider durch den berg bekamen,[10]
do sie der crone weisen[11] inne namen.
seht, daz was ein michel[12] wunder:
doch so wundert mich sin niht
wider dem, daz tegelich geschiht
nu merkent wie und gedenkent obe und under.[13]

1 Erzählungen 2 kund 3 fuhr 4 gebracht 5 Schnabelleute 6 verwundete, tötete 7 Greifen 8 ihnen 9 Nahrung 10 herauskamen 11 der größte Edelstein der deutschen Kaiserkrone 12 großes 13 u. s. w. das heißt: nach allen Seiten.

Gottfried von Neifen, der Minnesänger, gehört dem Schwäbischen Geschlechte der freien Herren von Neifen an und ist urkundlich in den Jahren 1234—1255 (1234 am Hofe Königs Heinrich VII.) nachweisbar. Er folgt namentlich der von Neidhart eingeschlagenen Richtung.

Reinmar von Zweter, der bedeutendste Fortsetzer der Spruchdichtung Walthers, dessen Schüler er war, ist wahrscheinlich dem Pfälzischen Rittergeschlechte derer von Zweiar entstammt, kam früh nach Österreich, war am Österreichischen und Böhmischen Hofe (bis 1240?) und begann dann ein Wanderleben. Die Zeit seiner dichterischen Thätigkeit umfaßt ungefähr die Jahre 1225—1250.

König Konradin (1252—1268); Ulrich von Lichtenstein ([um 1200] bis 1275 oder 1276).

Ulrich von Lichtenstein.

Miniatur aus der Pariser Liederhandschrift. Verkleinert.

Liebe frawe ir habt das war·
vnns ſwindet vbel hin das
jar· wir werden ſelten
freudenreich· wir leben lauder jam
merleich· trauren in des hertzen
grundt· vnns hat gehauſet daiſt
mir kunt· wir werden ſelten ym
mer fro· der mut vnns ſtet offt vnho·
man ſicht vnns offt in ſorgen leben·
traurens hort iſt vnns gegeben·
vnns ſicht nyemant wolgemut·

Eine Strophe aus Ulrichs von Lichtenstein „Frauenbuch“.

Ambraser Handschrift, fol. 220, zweite Spalte. (Lachmanns Ausgabe Seite 596.)

Erklärender Abdruck derselben.

Liebe frow, ir habt das war,[1]
unns swindet übel hin das jar,
wir werden selten freudenreich,
wir leben laider jaemmerleich,
trauren in des hertzen grundt
unns hat gehauset, daist[2] mir kunt,
wir werden selten ymmer fro,
der müt unns stet offt unho,[3]
man sicht[4] unns offt in sorgen leben,
traurens hort[5] ist unns gegeben,
unns sicht[4] nyemant wolgemut.

1 = habt Recht 2 das ist 3 unfroh 4 sieht 5 Fülle

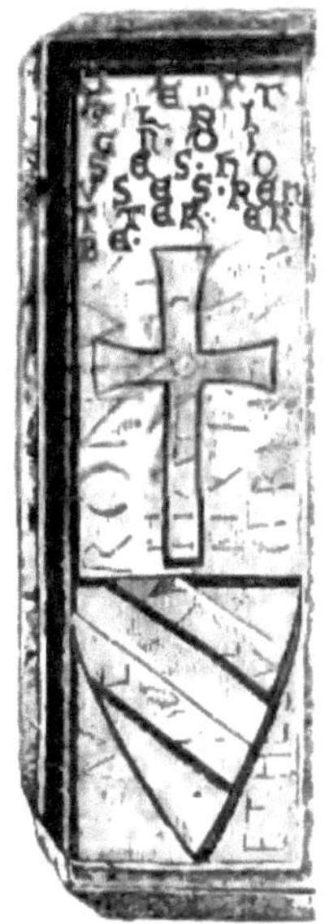

Grabstein Ulrichs von Lichtenstei

Inschrift: HIE LEIT VLRICH .
HONSES . REHTTER . E

Er wurde wieder aufgefunden im Jahre 1871 in der Pfarrkirche St. Jacob, welche der Lichtenstein [illegible]

Ulrich von Lichtenstein, der Don Quixote des höfischen Minnedienstes, ist gegen 1200 aus dem Steiermärkischen Geschlechte der Herren von Lichtenstein geboren, lernte dichten am Hofe des Markgrafen Heinrich von Istrien, wo er erzogen wurde, kehrte 1219 nach Steiermark zurück und ist im Laufe seines langen, am 26. Januar 1275 oder 1276 beschlossenen Lebens in seiner Heimat in sehr einflußreichen Stellungen in Krieg und Frieden thätig gewesen. Fast unglaublich klingt es daher, wenn der in weltlichen Geschäften erfahrene, nüchtern überlegt und entschlossen handelnde Mann die Ideale einer nur in den Büchern lebenden Ritterwelt zu verwirklichen und noch zu überbieten sich bemüht. So turniert und tjostiert er, kleidet sich als König Mai (1221), durchzieht als Frau Venus verkleidet (vom 25. April bis 30. Mai 1227) vom Venediger Gebiete aus die Lande und macht 1240 eine ähnliche Fahrt im Gewande des Königs Artus. Und das Alles unternimmt er, der Gatte und Vater, für eine ungenannte Herzenskönigin, die ihn schließlich schnöde abweist, worauf er sich in den Dienst einer andern Dame stellt. Was er sonst noch im Minnedienste leistete, wie er sich einen Finger abhauen, eine Hasenscharte operieren ließ, seiner Dame Waschwasser trank, ist in seinem 1255 verfaßten „Frauendienst“ von ihm wiedergegeben, in welchem aber auch einige wirklich schöne Minnelieder eingestreut sind. Ein anderes Werk ist sein 1257 geschriebenes Gedicht „Frauenbuch“.

Konradin, König Konrads IV. Sohn, geb. 25. März 1252 auf Schloß Wolfstein bei Landshut, König von Jerusalem und Sicilien, Herzog von Schwaben, wurde, nachdem er die Schlacht von Tagliacozzo (23. August 1268) gegen Karl von Anjou verloren und auf der Flucht (im September) in Gefangenschaft seines Gegners gerathen war, am 29. October 1268 in Neapel enthauptet. — Die Autorschaft der unter seinem Namen überlieferten Lieder ist ihm, wohl mit Unrecht, abgesprochen.

König Konradin.

Verkleinerte Miniatur der Pariser Liederhandschrift.

Ich fröwe mich manig' blůmē rot·
vns der meie bringē wil· die stůnd'e
in groſſer not· der winter tet in le
vil· der meie wil vns ergetzē wol
manigem wünneklichē tage des iſt
welt gar fröiden vol.
Was hilfet mich dv́ ſumer zit· v
die vil liehtē langen tage· mi
an einer frowē lit· dv́ ich groſſe
kvmber trage· wil ſi mir geben ho
mv̊t· da tůt ſi tugentlichē an vi
min frǒide wirdet gůt.
Swanne ich mich vō d' liebē ſche
ſo mvs min fröide ein ende han
ſo ſtirbe ich lihte von leide· de ich es
mit ir begūn· ich enweis niht frow
minne ſint· mich lat dv́ liebe ſere e
ten de ich d' iare bin ein kint

Minnelied König Konradins.

Aus der Pariser Liederhandschrift.

Eigenhändige Unterschrift König Konradins unter einer der Stadt Pisa verliehenen Urkunde vom 11. Juni 1268.

[illegible]

Erzählung: Der „Stricker"; „Wernher der Gärtner". Lyrik: Der „Marner"; Der „Tannhäuser".

Do der bischolf danne quam ·
d' phaffe sinen esel nam ·
Dem hiez er machen einen stal
da er die chunst wol verhal ·
Wie er in leren wolde
ein bösz buch er holde
Daz leit er rehte vur in ·
vn̄ schute im dar in ·
Zwischen islichen blat
vn̄ bez in nie werden sat
Diz tet d' phaffe vmbe daz ·
daz er die bletter deste baz
Gelernde werfen vmbe
als danne d' tvmbe
Zwischen einem blat nine want
so warf er vmbe zehant
Ein anderz vn̄ suhte da ·
vn̄ suhte aber and' swa ·
Als da nimer en was ·
so stůnt d' esel vn̄ las ·
In dem bůche vnz an die stůnt
daz im die liste werden chvnt ·
Wie er den habern so gewan ·
daz wolte er zallen ziten an ·
Beidiv vrv vn̄ spate
vnz er wol gelernet hete ·
Daz selbe blat werfen gar ·

Aus der fürstl. Starhembergischen, jetzt in Efferding (früher in Riedegg) aufbewahrten Handschrift von Strickers „Pfaff Amis".
Handschrift aus dem Ende des XIII. Jahrhunderts

Erklärender Abdruck zu Strickers „Pfaff Amis". (Amis lehrt seinen Esel lesen.)

Do[1] der bischolf danne[2] quam,[3]
der pfaffe sinen esel nam.[4]
Dem hiez er machen einen stal,
da er die chunst wol verhal.[5]
Wie er in leren wolde,
ein böse[6] buch er holde.[7]
Daz leit[8] er rehte vor im[9]
und schute[10] im[11] dar in
Zwischen islichem[11] blat,
und liez in nie werden sat.[13]
Ditz tet der phaffe umbe daz,
daz er die bletter deste baz[14]
Gelernde werfen umbe:[15]
als danne der tumbe
Zwischen einem blat nine[16] vant,
so warf er umbe zehant[17]
Ein anders, und suhte da,
und suhte aber[18] anderswa.[19]
Als da nimer enwas,[20]
so stüt[21] der esel und las
In dem buche uns[22] an die stünt
daz im[23] die liste[23] werden[24] chunt[25]
Wie er den habern da[26] gewan.
daz wolte er zallen ziten an
Beidiu vru und spate,[27]
uns[22] er wol gelernet hete
Daz selbe blat werfen gar.[28]

1 als 2 von bannen 3 kam 4 nahm 5 verhehlte, verbarg 6 schlecht erhalten 7 holte 8 legte 9 ihm 10 schüttete 11 ihm 12 jedem 13 satt 14 besser 15 [illegible] 16 nichts 17 alsbald 18 abermals 19 anderswo 20 nichts mehr 21 stand [illegible] 22 bis 23 [illegible] 24 wurden 25 kund 26 [illegible] 27 früh und spät 28 gänzlich

Der Stricker, unter welchem Namen sich ein österreichischer Dichter bürgerlichen Standes versteckt, über welchen nichts Näheres ermittelt ist, dichtete im zweiten Viertel des XIII. Jahrhunderts. Er verfaßte den Artusroman „Daniel von Blumenthal", die 12 Schwänke vom „Pfaffen Amis", dichtete das „Rolandslied des Pfaffen Konrad" (siehe Seite 16) in moderne Reimpaare um („Karl der Große"). Außerdem verfaßte er eine Reihe kleinerer Novellen, Fabeln (Beispiele), Satiren.

Der Marner.
Verkleinerte Miniatur der Pariser Liederhandschrift. Über die Person dieses vielseitigen, lateinisch und deutsch dichtenden Schwaben von Marner ist nichts Sicheres bekannt. Er dichtete etwa bis 1270 und ist einer der bedeutendsten Vertreter unter den Epigonen der höfischen Art.

[I]ch han gemerchet einen list.
swaz in des mannes herzen ist.
daz wir da haizzen den můt.
ez si vbil odir gut.
den tut er zetelicher stůnt
mit solhen dingen chunt.
daz man wol horet oder siecht.
waz lobes im sin herze giht.
Da bi bechenne ich diche wol.
wie ich den man haben sol.
sag ich von einem biderben man.
mit welhen dingen er gewan.
daz man in lobet so groze.

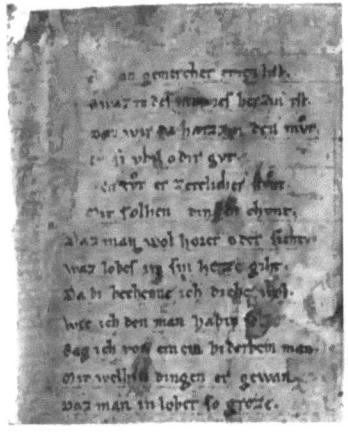

Anfang von dem Gedichte Strickers: „Karl der Große".
Nach der Gottsalischen, dem letzten Drittel des XIII. Jahrhunderts angehörenden Pergamenthandschrift (Cod. Christ. 1901).

Erklärender Abdruck zu Strickers Gedichte „Karl der Große".

Ich han gemerchet einen list:[1]
swaz[2] in des mannes herzin ist,
das wir da haizzin den můt,
er si ubil odir gut,
(d)en tůt er zetelicher[3] stůnt
mit solhen dingen chunt,
das man wol horet oder sicht,[4]
waz lobes im[5] sin herze giht[6]
da bi bechenne ich diche[7] wol,
wie ich den man haben sol
sag ich von einem biderbem man,
mit welhin dingen er gewan,
das man in lobet so grozze.

1 Weisheit 2 was 3 zu zeiten = in mancher 4 sieht 5 ihm 6 zuspricht, bringt 7 oft

Ein Mayr der hiess Helem-
precht · des Sun was derselbe
knecht · Von dem das
mare ist erhaben · sam den Vater
nennet man den knaben · So bede
hiessen Helmprecht · mit ainer kurtzen
rede schlecht · kunde ich euch das
mare · was auf der hauben ware
wunders erzeuget · das mare euch
nicht betreuget · ich sag es nicht
nach wane · hinden von dem spane
nach der schaitel gegen dem chopfe ·

Vers 21–34 aus dem „Meier Helmbrecht", der ältesten Deutschen Dorfgeschichte. Von Blatt 225[a], Spalte II der Ambraser Handschrift
Verfasser ist Wernher der Gärtner, ein Baier, welcher in der Mitte des XIII. Jahrhunderts dichtete. Über seine Person ist noch nichts Sicheres ermittelt.

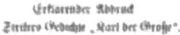

Erklärender Abdruck zum „Meier Helmbrecht"

Ein Mayr der hiess Helemprecht,
des sun[1] was derselbe knecht,
von dem das maere[2] ist erhaben[3]
sam[4] den vater nennet man den knaben;
sy bede[5] hiessen Helmprecht.
mit einer kurtzen rede schlecht
kunde[6] ich euch das maere,[2]
was auf der hauben[7] waere
wunders erzeuget.[8]
das maere euch nicht betreuget,
ich sag es nicht nach wane.[9]
hinden von dem spane[10]
nach der schaitel gegen dem chopfe, . . .

1 dessen Sohn 2 Erzählung 3 begonnen 4 wie 5 beide 6 künde 7 Haube, Kopfbedeckung (in der Erzählung folgt jetzt die Beschreibung der kostbar gestickten Haube des Bauernsohnes) 8 erzeugt 9 Wähnen, Vermuten 10 genannten Kopfbande

Der „Tannhäuser"
Verkleinerte Miniatur der Pariser Liederhandschrift. Der „Tannhäuser" gehörte dem Salzburgischen Geschlecht von Tannhausen an, nahm am [illegible] Kreuzzuge [illegible] teil, wurde [illegible] [illegible] Zeile [illegible]

„Der gute Gerhard von Köln"; „Barlaam und Josaphat"; „Wilhelm von Orlens"; „Weltchronik".

In waz diu weil niht ze lãk·
suzer druk senfter vmvãk·
Liblich kus suz angesiht
vnder in waz anderz niht
wan kusse kusse vñ kusse mich·
kusse lib ich kusse dich
So wol dez hertzen libez mih
daz ich lib han funden dich·
Hertzen lib so wol mich din
dv bist ein lib dez h'tze min
Geeret si der suze christ
in dez namen chomen ist
mir din seldenricher lip
geeret si daz reine wib born
von der din lib mir wart ge
owe lib ich waz verlorn
Do dv mich verlur an dir
din verlust diu schein an mir
Ich verloz do dv verlur
Swaz dv schaden ie an mir kur·
Der waz mit dir gemein min
dv min ich dein ich wil din sin
Jetwederz zartlichen bot
dem andern dar daz mũdel rot
Dem wart ein suzzer kus getã
daz muste fruntlich ergãn
Sin wengel an ir wẽgel lak
gedruket nahẽ ir minn wak
von rotem mund an rotẽ munt·
chus gegen kusse tusent stunt

Aus Rudolfs Erzählung: „Der gute Gerhard von Köln". (Wiener Handschrift des XIII. Jahrhunderts, Nr. 2699.)

Vers 1760—4794 der Haupt'schen Ausgabe „Liebesklage zwischen König und Königin". Der gute Gerhard ist ein Kaufmann in Köln, dessen selbstverleugnende Demut dem geistlichen Hochmute Königs Otto I. gegenübergestellt ist. Jedenfalls das bedeutendste Werk Rudolfs, etwa 1225 gedichtet.

Abram der gotes dienstman
viel fur got vñ betin an
vf sinem antlutze da·
do sprach got zv im sa·
Ich bin got daz gedinge min
sol immer stæte mit dir sin·
wis nihe me genant Abram·
dv solt heizen Abraham·
Vater maniger diet· wan ich
wil hohen vñ heizẽ wahsen dich
Mit chraft wahsende sere·
noch fvrbaz danne mere·
Solt dv sin wahsende· wan ich
wil in die diet setzen dich
Vñ wirt vil kunige noch von dir
geborn zwischen mir vñ dir·
Vñ her nach dem samen din
sol immer ein stæt gedinge sin·

Aus Rudolfs „Weltchronik". Von Blatt 27[b], zweite Spalte der dem Ende des XIII. Jahrhunderts angehörigen Heidelberger Handschrift 327.

Die „Weltchronik" ist Rudolfs letztes Werk, an dessen Vollendung ihn der Tod hinderte. Sie ist König Konrad IV. gewidmet und führt die Geschichte nur bis auf den Tod des Königs Salomo. Dieses Werk ist [illegible]

Rudolf von Ems (Hohenems), aus Rhätischem Adelsgeschlechte, ein Dienstmann zu Montfort, ist der bedeutendste, doch dabei selbständige Schüler Gottfrieds von Straßburg. Von seinen persönlichen Verhältnissen ist fast nichts bekannt; er starb in Italien 1251—1254, wohin er wahrscheinlich mit Konrad IV. gezogen war. — Von seinen Jugendwerken, welche er selbst „trügeliche maeren" nennt, ist nichts erhalten. Sein erstes bekanntes Werk ist „Der gute Gerhard" (um 1225); es folgen: „Barlaam und Josaphat" (um 1230), „Wilhelm von Orlens" (etwa seit 1231), die Legende „St. Eustachius" (verloren gegangen), „Alexander" (etwa 1240—1245; nicht vollständig und nur in später Abschrift vorhanden), „Buch von Troja" (verloren gegangen), „Weltchronik", letztes, unvollendet gebliebenes Werk.

Erklärender Abdruck zum „Guten Gerhard".

In[1] was[2] diu[3] weil nicht ze[4] lank.[5]
süezer druk, senfter umvank,[6]
liblich kus, süz angesicht,
under in[1] waz anders nicht
wan:[7] „kusse, küsse, und küsse mich,
küsse, lib, ich kusse dich.
so wol dez hertzenlibes mih,[8]
daz ich, lib, han[9] funden dich:
hertzenlib, so wol mich din,[10]
du bist ein lib des hertzen min.
geeret[11] si[12] der süeze Christ,
in dez namen chomen[13] ist
mir diu seldenricher[14] lip:[15]
geeret[11] si daz reine wib,
von der din lib[15] mir wart geborn
owe lib,[16] ich was verlorn,
do du mich verlur[17] an dir:
diu verlust diu schein an mir.
ich verlos[18] do du verlür:[17]
swaz du schaden ie an mir kür,[19]
der was mit dir gemein min.
du min, ich dein, ich wil din sin."
ietweders zartlichen bot
dem andern dar daz mundel rot.
dem wart ein süezer kus getan:
daz müste frwntlich ergan.[20]
sin wengel[21] an ir wengel lak[22]
gedrücket nahen,[23] ir minn wak[24]
von rotem mund an roten munt,
chus gegen kusse tusent stunt.[25]

1 ihnen 2 war 3 die 4 zu 5 lang 6 Umarmung 7 als 8 wohl war wegen der Herzensliebe 9 habe 10 wegen deiner 11 geehrt 12 sei 13 gekommen 14 reich an Segen 15 Leib 16 Liebe 17 verführst 18 verlor 19 [illegible] 20 ergehen 21 Wänglein 22 lag 23 nahe 24 bewegte sich 25 tausend Mal

Erklärender Abdruck zu „Barlaam und Josaphat".

„Du hast wol nach bescheidenheit[1]
Diz güt bispel mir geseit:[2]
Daz wil ich gerne[3] nahen[4] tragen."
Sprach Josaphat: „nu solt du sagen,
wie din[5] herre si genant,
Der dich hat alber gesant,
Der dich rede lerte,
und die ebenmaze[6] kerte
Der worte an des namen sin,
als ich von dir bewiset bin."
Der wise Barlaam do sprach:
„Den herren an den ich ie iach,[7]
wildu den erkennen,
so wil ich dir in nennen
und wisen sines namen sus:
Min herre *Jesus Cristus*,
Daz einborne gotes kint,
Nach des namen genennet sint
Ich und alle cristen.
Der hohe ob allen listen[8]
aller wisheit urhap[9] treit[10]
Mit endeloser wisheit,
In drin[11] namen eine,
heilich, eine reine,
gewaltich eine lebende,
ane[12] ende leben gebende,
aller kunge ein keiser groz,
ane geliches genoz . . . ."[13]

1 mit richtigem Verständnisse 2 gesagt 3 gerne 4 nahe 5 dein 6 Gleichheit, Beispiel 7 glaubte 8 Gottheit 9 Anfang 10 trägt 11 drei 12 ohne 13 gleichen Gewalten

Aus Rudolfs „Barlaam und Josaphat". Vers 49, 37—50, 24 der Pfeiffer'schen Ausgabe

Donaueschinger, aus Schloß Hohenems stammende Handschrift (Nr. 75), der Scheide des XIII./XIV. Jahrhunderts angehörig. [illegible] Die Münchener Handschrift (cgm 16, im Jahre 1284 geschrieben, ist älter als diese. — „Barlaam und Josaphat" ist um 1230 fertig geworden. Der indische Prinz Josaphat wird vom Einsiedler Barlaam zum Christentume bekehrt, macht auch seinen Vater zum Christen und wird selbst Einsiedler. — Der Stoff [illegible] den Sieg des Christentums über die heidnischen Religionen verherrlichenden [illegible] Erzählung stammt aus dem Indischen. Der [illegible] Inhalt wurde von Johannes Damascenus, dem Patriarchen von Antiochien (Ende des XI. Jahrhunderts) zu einem christlichen Romane verarbeitet; Rudolf benutzte eine lateinische Übersetzung desselben. — Diese Legende war im Mittelalter sehr verbreitet; im XIII. Jahrhundert wurde sie noch von zwei deutschen Dichtern bearbeitet; schon 1470 wurde sie in prosaischer Form gedruckt.

Erklärender Abdruck zur „Weltchronik"

Abram der gotes dienstman[1]
viel[2] fur got und bet[3] in[4] an
uf sinem antlutze da.
do sprach got (zu) zim sa:[5]
ich bin got; daz gedinge[6] min
sol immer staete mit dir sin.
wis[7] niht me genant Abram,
du solt heizen Abraham,
vater maniger diet,[8] wan[9] ich
wil hohen[10] und heizen wahsen dich
mit chraft wahsende sere
noch furbaz[12] danne[11] mere
solt du sin[13] wahsende, wan[9] ich
wil in die diet setzen dich.
und wirt vil kunige noch von dir
geborn; zwischen mir und dir
und her nach dem samen din
sol immer ein staet gedinge[6] sin.[13]

1 Diener 2 fiel 3 betete 4 ihn 5 zu ihm sogleich 6 Vertrag 7 sei 8 Volk 9 denn 10 loben 11 mehren 12 fortan 13 sein

Aus dem bisher noch nicht vollständig gedruckten halbhistorischen Ritterromane „Wilhelm von Orlens".

Aus der auf der Donaueschinger Bibliothek vorhandenen, dem Ende des XIII. Jahrhunderts angehörigen, in drei Spalten geschriebenen Pergamenthandschrift Nr. 11. — Mit diesem Gedichte, welches Konrad für den Schenk Konrad von Winterstetten nach einem von Johannes von Ravensburg aus Frankreich mitgebrachten französischen Buche [illegible], kehrt er wieder zu den [illegible] Stoffen zurück. Es umfaßt beinahe 16 000 Verse und erzählt, wie ein Wilhelm in ritterlicher Weise die Königstochter Amalie von England gewann und König von England ward.

Erklärender Abdruck zu „Wilhelm von Orlens".

Do[1] des edeln herren lip[2]
und sin[3] vil[4] herzelichez wip
wurdent[5] herlich begraben,
do wart da michel[6] clage erhaben.[7]
junge, alte, arm und rich[8]
riefent[9] alle gelich:[10]
Ey deus ki a feit,[11]
daz also grozes herzelait
dus vrödelosen[12] ist beschehen,
daz wir den niemer sölten[13] gesehen,[14]
der ane[15] valsh ain blüme was[16]
und staeter trüwe[17] ain adamas[18]
ay die Franzoise[19] triute[20] gent,[21]
wie diner[22] sälden[23] fundament
dar uf din ere[24] was[25] gesat[26]
gewichen ist von siner stat,
sit[27] ime der ist verdorben,
des tugent hat erworben,
daz der Franzoiser[28] werdekait[29]
von[30] siner wirde[31] crone trait,[32]
allen werden[33] schwen[34]
ist an im verhöwen[35]
der vrödin[36] sliht,[37] der saelden[38] cranz,
der welte lobes sunnen glanz
müst an im[39] erlöschen[40] sin,[41]
was[42] im[43] wart niht anders schin,[44]
wan[45] lobelich[46] allen wis[47]
swaz[48] prisen[49] sol der welte pris.[50]

[illegible]

Konrad von Würzburg, vermuthlich also ein aus dieser Stadt stammender Bürgerlicher, ist in Basel wohnend nachweisbar, kam von dort nach Straßburg, wo er am 1. Juni (nicht am 31. August) 1287 starb. Konrad schließt sich am meisten noch an Gottfried von Straßburg an. Er dichtete weltliche und geistliche Lieder, Fabeln, die Legenden „Alexius", „Silvester", bearbeitete die älteren Sagen „Engelhard", „Kaiser Otto", den „Schwanenritter". Das Gedicht „Die goldene Schmiede" feiert die Jungfrau Maria, „Der Welt Lohn" predigt Abwendung von der Frau Welt, die „Klage der Kunst" behandelt ein oft (noch von Hans Sachs) bearbeitetes Thema über die schlechte Belohnung, welche der wahren Kunst zu Theil wird. „Partenopier und Meliur" ist ein Ritterroman nach französischem Vorbilde; sein umfangreichstes Werk ist der fast [illegible] Verse enthaltende, namentlich nach dem Werke des Benoit de Sainte Mare bearbeitete „Trojanerkrieg".

Meister Konrad von Würzburg.

Verkleinerte Miniatur der Pariser Liederhandschrift.

Aus Konrads „Trojanerkrieg".

Vers [illegible]. Aus der Rede der Pallas an Paris, als er entscheiden soll, welche der drei Göttinnen den Apfel als Preis der Schönheit erhalten soll. — Aus den zwei Doppelblättern der einzigen jetzt noch erhaltenen aus dem XIII. Jahrhundert stammenden Handschrift (Cgm [illegible]) der Münchener Bibliothek.

Erklärender Abdruck zum „Trojanerkriege".

so nim von mîner[1] hende
ze lône wîsse[2] und edel kunst,
dar vinde (suoche) daz ich dînen gunst
ze helfe an mînem kriege habe.
du bist der jâre noch ein knabe,
des von bedarftu wîsse[3] wol,
der ich wunder[3] geben sol,
ob du mir rehtes hî gestast,[4]
swî du mich hie erwerben hast[5]
der hohen sigenunfte[6] prîs,[7]
ich mache dich so riche so wîs,[8]
daz nie kein man so wîse wart,
alt du bescheiden[9] bist von art.

1 Hall: mîner — meiner 2 Weisheit 3 Wunder 4 [illegible] 5 läßt 6 Siegen 7 Preis 8 weise 9 verständig

Ein schöne Histo-ria von Engelhart auß Burgunt/ Hertzog Dietherichen von Brabant/ seinem Gesellen/ vnnd Engeldrut/ deß Königs Tochter auß Dennmarck/ wie es jhnen ergangen/ vnd was jammers vnd not sie erlitten/ Gantz lustig vnd kurtzweilig zu läsen.

Vormals nie im Druck außgangen.

Gedruckt zu Franckfurt am Mayn/ M. D. LXXIII.

Titel von Konrads von Würzburg „Engelhard". Gedruckt in Frankfurt am Main durch Kilian Hahn 1573.

Nach dem Exemplare der Göttinger Bibliothek. — Diese Erzählung Konrads ist nur in diesem Druck erhalten.

Aus der „Goldenen Schmiede", einem Lobgedichte auf die Jungfrau Maria.

Heidelberger Pergamenthandschrift Nr. 341, zweispaltig in Folio, geschrieben um die Mitte des XIV. Jahrhunderts. — Vers 1769–1800 der zweiten Ausgabe von W. Grimm 1840.

Erklärender Abdruck zur „Goldenen Schmiede".

der ougen[1] wunne lac[2] an dir
mit lutterberens[3] wollen,
und schiet[4] doch unbewollen[5]
von dir ein iglich[6] gedanc,[7]
so daz er nie dar[8] nah[9] geranc.[9]
daz er din[10] begonde gern,[11]
unkuscher sin[12] must in[13] bewern[14]
durch din[13] glantzen[16] reinheit,[16]
die was[17] so lanc so tief so breit
und also gar unmazen[18] her,[19]
daz nieman dich getorste[20] mer,
gesliezen[21] in daz herze sin[22]
wan[23] got, der aller tugende schin[24]
mit hohen eren[25] uber ob[26]
der het im[27] selben[28] daz gelobt,
daz er dich wolte minnen
mit also reinen sinnen,
daz din[28] erwelte magetheit[29]
behielt ir hohen eren kleit[30]
durchluchtic[31] unde luter[32]

1 Augen 2 Wonne 3 lauteren 4 schied 5 rein 6 jegliche 7 Gedanke 8 dorthin 9 [illegible] 10 deiner 11 begehren 12 Sinn 13 ihn 14 [illegible] 15 deine 16 glänzende Reinheit 17 war 18 unermeßlich 19 hehr 20 wagte 21 [illegible] 22 sein 23 außer 24 Schein 25 Ehren 26 [illegible] 27 sich selbst 28 deine 29 Jungfrauschaft 30 Ehrenkleid 31 vollkommen 32 lauter

Holzschnitt von Hans Brosamer aus dem „Engelhard" von 1573.

[illegible] „Dietrich und Engelhard begegnen sich im Walde". — Dieser Holzschnitt paßt [illegible] zum Inhalt, da Dietrich und Engelhard [illegible]

Vers 1—33 von Konrads von Würzburg Ritterromane „Partenopier".

Nach dem einzig vollständigen Exemplare der Gräfl. Stolbergschen Bibliothek zu Wernigerode (früher in Nürnberg, Blatt 56a). Die zweispaltige Papierhandschrift ist [illegible] von H. Winkler in [illegible] herausgegeben. Sie giebt Sprache und Schrift Konrads durchaus modernisiert wieder und hat viele sinnentstellende Schreibfehler und Auslassungen. — Konrad schrieb sein Gedicht „Partenopier und Meliur" im Jahre 1277 ab; es ist nicht vollständig, ebenso wie es keine französische Quelle nicht ist, das im Anfang des XIII. Jahrhunderts verfaßte Gedicht „Partonopeus de Blois" des Denis Piramus. [illegible] der Basler Patrizier Peter der Schaler hatte ihn zu dieser [illegible] Arbeit veranlaßt.

Erklärender Abdruck zum „Partenopier".

Es ist gar vil nuez[1] dinc,
das ain peschaidner jungling
getichte gern höre
und er nyemant swëre,[2]
der singen und reden chan,[3]
do leit[4] vil hohes nuzes an
und ist auch guot fur furdrung[5]
ich sel euch dreir hande[6] nuez,
do[7] in[8] rede pringt und sanck,
das ain ist, das ir suesser klanck
das ore frawt[6] und gemacht,[9]
das ander ist[10] hoffreucht
ir lere einem herzen wirt;[11]
das dritte ist, das dij ewige wirt
gesprochen[12] sere von in[13] can[14]
ich pin des chomen uber ain,
das payde frewd und ere[15]
sanch und rede sere
den leyten pringen und gelernt,[16]
dij nach ir ewigz rate lebent
und in[17] paiden volge[17] mitte
sy leren hoffleiche sytte
und all tugentleich tate
wie sol der mir[18] weisen rate
in seinem mut geschliessen,
der sich des last[19] verdriessen,
das man singet oder sayt
von aller der peschaidenhait,
dij weyssat pflagen die,
der lieb[20] nach hochen eren[21] hije
mit fleize chunden werben?
sein wirde muez[22] verderben,
der guot getiecht smächen wil.

1 nützlich 2 [illegible] 3 kann 4 liegt 5 [illegible] 6 [illegible] 7 [illegible] 8 [illegible] 9 [illegible] 10 [illegible] 11 [illegible] 12 [illegible] 13 [illegible] 14 [illegible] 15 Ehre [illegible]

N anegenge vñ an
letze · Bist du got er
ewig lebende · Dein
kraft an vnder setze
Hymel vnd erde hal
tet enbor auff schwebende Dein
ye dem ymer ist gar vngephatet
Sam wirt dein höhe · Braite len
ge tieffe nimer mer betrachtet ·
Wie doch gedencke gahent ·
Schnelle vor allen dingen · Die
nymer dar genahent · Dz sy dei
nen gewalt mügent erschwin
gen · Dein herschaffe also vber
groß · Keiser aller künige · Bistu
got herre vñ niemãt dei genoß

a

Mit rimen schlecht drei gen
ge · Seint dise lider worden · Ge
messen m rechter lenge · Weise
vñ wort nach maisterlichem or
den · Zü kurtz zű lang em liet vil
wol smachet · Ich wolfram bin
vnschuldig · Ob schreiber recht
vnrichtig machet ·

·M·CCCC·LXXVII·

b

Nebenstehend:

a. b. Die beiden ersten und die letzte Strophe aus dem 1477 gedruckten „Titurel“.

Das Buch ist in Folio, zweispaltig — Nach dem Exemplare der Frankfurter Stadtbibliothek. — Der jüngere Titurel ist um 1260—1270 von einem Dichter Namens Albrecht verfaßt. Er ist eine Verbreiterung von Wolframs Titurel. Gehört er gleich einer an poetischer Productivität abnehmenden Epoche an, so ist er doch um so wichtiger für die Geschichte des Deutschen Geisteslebens. Er ist eines der ersten Deutschen Werke, in welchem die Mystik [illegible]. Lange stand der Titurel als eine Anweisung zur Erlangung der höchsten und edelsten Ausbildung in Ansehen, die vielen Handschriften, in welchen er verbreitet war, der frühe Druck, aus welchem Anfang und Ende mitgetheilt sind, beweisen die ihm gezollte Achtung. Lange galt er für ein echtes Werk Wolframs, dessen Namen durch dieses Gedicht bekannter blieb als durch die wirklich von ihm verfaßten (Siehe Zarncke, Der Graltempel, in Bd. VII. der Sächsischen Abhandlungen 1876).

Hie hebt sich an
lohengrin · daz bůch
Ein vater sinem kinde
rief · vor eines sches
tumme lac ez vnde
slief · nu wache kint
ia wecke ich dich durch truwe ·
fur war den wac den dringet wint ·
vnd kumt die naht vinster wacha
liebez kint · ver luse ich dich so wirt
min iamer nuwe · Dannoch daz kint
slafens pflac · hort wie der vater tete ·
er sleich im bi alda ez lac · mit der hant
gap er im einen besem slac · nu wache
kint ia wirt ez dir spete ·
Dem vater was von schulde zorn ·
Von sinem munde scheller er ein
hellez horn · er sprach nu la dich wec
ken tummer tore · Von rehter liebe
im daz gezam · daz er daz kint bi si
nem reiden hare nam · vnd gap ime
einen backen slac bi ore · Ist dir din
hertze also vermost ich muz mich din
en ziehen · kan dich min horn niht
fur getragen · noch der besem slac den
ich dir han geslagen · nach hilf ich
dir wilt du dem wag enpflihen ·

Anfang des um 1290 von einem Baierischen Dichter verfaßten Epos „Lohengrin“

Nach der Heidelberger Handschrift 364. Sie ist in Folio zweispaltig, gegen Ende des XIV. Jahrhunderts geschrieben. — Dieses Epos, ein Ausläufer der höfischen Epen, zeigt deutlich noch Wolframs von Eschenbach Einfluß. Wolfram hatte am Ende des Parzival die Lohengrinsage in kurzen Zügen angedeutet (siehe Seite 95); hier ist sie ausgeführt und zum Gegenstande eines breiten, häufig an gelehrter Weitschweifigkeit leidenden Gedichtes gemacht. Bemerkenswerth ist in dieser Bearbeitung des „Lohengrin“ die Einschaltung der Kaisergeschichte bis auf Heinrich II.

Erklärender Abdruck zu „Lohengrin“

Hie hebt sich an Lohengrin, daz buch.

Ein vater sinem kinde rief,
vor eines sehes[1] tumme[2] lac[3] ez unde slief:
„nu wache kint, ia wecke ich dich durch[4] truwe[5]
fur war, den wac[6] den dringet[7] wint,
und kumt die naht[8] vinster, wacha[9] liebez kint!
verluse[10] ich dich, so wirt min iamer nuwe.“[11]
dannoch daz kint slafens[12] pflac[13]
hort[13] wie der vater tete:[14]
er sleich[15] im bi,[16] alda ez lac[3]
mit der hant gap[18] er im[17] einen besemslac:[19]
„nu wache kint, ia wirt ez dir spete.“[20]

Dem vater was[21] von[22] schulden[23] zorn,
von sinem munde schellet[23] er ein hellez horn,
er sprach: „nu la[25] dich wecken, tummer tore!“[26]
von rehter liebe im[16] daz gezam,[27]
daz er daz kint bi sinem reiden[27] hare nam[28]
und gap[18] ime[17] einen backenslac bi ore.[29]
„ist dir din hertze also vermost,[30] ich muz mich din[31] enziehen.[32]
kan dich min horn niht fur getragen,
noch der besem slac,[33] den ich dir han[32] geslagen,
nach[34] hilf[35] ich dir, wilt du dem wage[6] enpflihen“

[illegible]

„Der Sängerkrieg auf der Wartburg“

Verkleinerte Nachbildung aus der Pariser Liederhandschrift. Oben links sitzt „die Landgräfin von Thüringen“, neben ihrem Gemahl „Landgraf Hermann von Thüringen“. Die Überschrift der unteren Abtheilung lautet [illegible]

Anfang des Gedichtes „Der Weinschwelg". (Handschrift der Wiener Hofbibl. 2705, Blatt 173.)

Drollige Schilderung eines unersättlichen Trinkers. Ein jeder Absatz des Gedichtes schließt mit den Worten: „Da hub er auf und trank" — Es gehört noch der zweiten Hälfte des XIII. Jahrhunderts an.

Anfang des „Weinschwelg".

Swas[1] ich trinchens[2] han[3] gesehen,
daz ist gar von chinden[4] geschehen
Ich han[3] einen swelch[5] gesehen,
dem wil[6] ich maisterschefte jehen[7]
Den deukten[8] becher gar erwiht,[9]
er wolde naepfe noch chophe[10] niht
Er tranch[11] uz[12] grozen channen,[13]
er ist vor allen mannen
Ein vorlouf[14] aller swelhen,
von owern[15] unt von elhen[16]
Wart solher slund[17] nie niht getan
ez muz[18] alle zit vor im stan[19]
Ein groze chanel[13] weins vol.
Er sprach: „wein, ich erchenne[20] dich wol,
Ich weiz wol daz du gut bist;
die wile din[21] in dem vazze[22] iht[23] ist,
So wil ich bowen[24] dise buch[25]
do hub er uf[26] unt tranch[11]

1 was immer 2 Trinkens 3 habe 4 Kindern 5 Schwelger 6 will 7 zusprechen 8 deutschen 9 [illegible] 10 Becher 11 trank 12 aus 13 Kannen 14 Vorlauf = Vortänzer 15 auern = Auerochsen 16 Elentieren 17 Schlund 18 muß 19 stehen 20 erkenne 21 dieweil, von dir 22 Fasse 23 etwas 24 bauen = seine Leben 25 Bauch 26 auf

Süßkind von Trimberg.

Verkleinerte Miniatur aus der Pariser Liederhandschrift

Süßkind, ein jüdischer Minnesänger, ein Landsmann des Hugo von Trimberg, lebte am Ende des XIII. und zu Anfang des XIV. Jahrhunderts. Er muß in sehr dürftigen Verhältnissen gelebt haben, welche oft Gegenstand seiner Dichtungen sind. Süßkind ist auf dieser Miniatur durch den typischen spitzen Hut als Jude bezeichnet. Dieses Bild wird hier gebracht, um darauf aufmerksam zu machen, wie die höfische Kunstlyrik am Ende des XIII. Jahrhunderts von allen Classen der Gesellschaft geübt wurde.

Heinrich von (aus) Meißen (oder dem Mainzer Geschlechte zur Meise angehörig?), genannt Frauenlob, lebte etwa seit 1275 als Fahrender an verschiedenen Deutschen Höfen, ist nach 1311 in Mainz ansäßig, wo er 1318 starb und den 29. November begraben wurde. — Bei ihm tritt an die Stelle früherer Einfachheit und rhythmischer Schönheit verworrene Dunkelheit und überkünstelter Strophenbau. Man hat ihn als den ersten Meistersänger bezeichnet; daß er in Mainz die erste regelrechte Meistersängerschule gegründet habe, ist nicht nachweisbar. Aber seine Gedichte waren nach Form und Inhalt ein willkommenes Vorbild der Meistersänger. — Den Namen „Frauenlob" erhielt er infolge seines Streites mit Barthel Regenbogen, ob der Name „Frau" oder „Weib" vorzuziehen sei.

Grabmal Frauenlobs im Kreuzgange des Domes zu Mainz.

Nach Originalphotographie. Der Grabstein ist in Wirklichkeit natürlich nicht [illegible], sondern rechtwinklig. Es war nur für den Photographen nicht möglich, im Kreuzgange eine [illegible] Stellung zu nehmen, daß der Grabstein ohne Verschiebungen auf die Platte kam. — Dieses Grabmal ist eine Wiederholung des ursprünglich [illegible]. Sollte das [illegible] Haupt das Bildnis Frauenlobs sein, so würde es das älteste erhaltene Porträt eines deutschen Dichters sein. Die Inschrift des Steines lautet: † anno domini mcccxviii . . . [illegible] dem got genade. (Im Jahre des Herrn 1318 . . . Heinrich Frauenlob, dem Gott Gnade schenke.) Auf dem unteren Teile des Grabsteines ist dargestellt, wie er in einem mit drei Kronen geschmückten Sarge von Frauen zu Grabe getragen wird.

Zu Seite 19.

Berthold von Regensburg ist wahrscheinlich in Regensburg geboren, wurde Franziskaner, begann seine Thätigkeit als Prediger gegen 1250, starb 13. December 1272 in Regensburg. Baiern, Elsaß, die Schweiz, Österreich waren der Schauplatz seiner Wirksamkeit. Er war der gewaltigste Prediger seiner Zeit. Von seinen wahrscheinlich durch seine Zuhörer aufgezeichneten Deutschen Predigten, welche zu den besten mittelalterlichen Prosaschriften gehören, sind etwa 70 auf uns gekommen.

Johannes Tauler, geb. 1290 zu Straßburg, trat in den Dominikanerorden (etwa 1308), studierte im Prediger-collegium zu Paris Theologie, stand, nach Straßburg zurückgekehrt, unter dem Einflusse der beiden Mystiker Meister Eckhart und Nicolaus von Straßburg, predigte Deutsch, starb den 16. Juni 1361 bei seiner Schwester, einer Nonne zu St. Claus in den Unden zu Straßburg.

Erklärender Abdruck des Tauler'schen Liedes.

Es kumpt ein schiff geladen
recht uff sin höchstes port,[1]
es bringt uns den sune[2] des vatters
das ewig wort.

Uff einem stillen wagen[3]
kumpt uns das schifflin,
es bringt uns riche gnade,
die herren kungein.[4]

Maria, du edler rose,
aller säldenn[5] ein zwy,[6]
du schöner zittelose,[7]
mach uns von sunden fry.

Daz schifflin daz gat[8] stille
und bringt uns richen last,
der segel ist die minne,
der heilig geist der mast.

1 Port 2 Sohn 3 Woge 4 [illegible] 5 Glück[illegible] 6 Zweig 7 [illegible] 8 geht

Bruder Berthold von Regensburg († 1272); Johannes Tauler (1290—1361).

Grabstein Taulers in der jetzigen neuen Kirche zu Straßburg.

Nach einer Originalaufnahme. — Dieser Grabstein befand sich früher im Kreuzgange des Predigerklosters zu Straßburg. Die Umschrift lautet (aufgelöst): „Anno domini 1361 XVI. Kalendas Junii Cirici et Julitte obiit frater Johannes Tauler"; auf deutsch: „Im Jahre des Herrn 1361 den 16. Juni (am Tage der heiligen Cyricus und der Julitta) starb Bruder Johannes Tauler." Zu bemerken ist, daß die förmliche Bezeichnung des Todestages (XVI. kal. Jun. = 17. Mai) nicht mit der christlichen Datierung nach den Festen der beiden Heiligen (= 16. Juni) übereinstimmt, daß aber dieser Tag als der richtige Todestag anzunehmen ist.

Bruder Berthold von Regensburg predigt vor einer Kirche.

Miniatur gezeichnet 1447, aus der Handschrift 2829 der k. k. Hofbibliothek zu Wien.

Iste lib' deputat' est pro
cōmuni usu et utilitate
omnium in eo legenciū et
eius pprietas est soli' dei
et eius ordinacō ptinet
ad fratrem Johānem dictum
Thaler

Eigenhändige Inschrift Taulers in dem Codex Nr. 582 der St. Galler Stiftsbibliothek, Seite 224.

Die einzig bekannte eigenhändige Aufzeichnung Taulers. Sie lautet: „Iste liber deputatus est pro communi usu et utilitate omnium in eo legentium et eius proprietas est solius dei et eius ordinatio pertinet ad fratrem Johannem dictum Thaler." (Dieses Buch ist zum gemeinschaftlichen Gebrauche und zum Nutzen aller darin Lesenden bestimmt, und das Eigentum davon steht allein Gott zu, und seine Verwaltung geht aus vom Bruder Johannes genannt Tauler.)

Sermon des grosz gelarten in gnadē erlauchtē doctoris Johannis Thauleri predigerr ordens. weisende auff den nehestē warren wegk. yn geiste czu wādern durch uberschwebēden syn. unuor acht vō geistes ynnigē vorwādelt i deutsch mächē meschē zu selikeit.

a.

Hie endet sich das buchlein von den andechtigen vnd gnadenreichen predigen vnd leren des beschawlichē lebens. Des begenabten vn̄ hochgelerten doctoris Johānis Thauleri Des heilgē ordens sancti Dominici Gedruckt in der furstlichen stat Leyptzk durch Cunradum Kachelouen vn̄ volendet. Am tag Gerdrudis ym acht vnd neuntzigistē iar.

b.

a Titel und b. Schlußschrift der ersten Ausgabe von Taulers Predigten. Leipzig 1498.

Das Werk ist in 4° gedruckt und enthält 84 Predigten.

Es kumpt ain schiff geladē recht
vff sin höchstes port / es bringt
vns den sun des vaters dz ewig wort
Vff aine stille wagen kumpt vns
das schifflin / es bringt vns riche
gābe die herre kungein
Maria du edler rose aller sälden
ain zwy / du schöner zitte rose
mach vns vō sunde fry
Dz schifflin dz gat stille vn̄ bringt
vn̄ riche last / der segel ist die mine
der hailig gaist der schatz

Lied Taulers aus der Handschrift der Berliner Bibliothek Ms. Germ. 8°, 224, Blatt 103.

Erklärender Abdruck auf nebenstehender Seite.

Sehr verderbte Aufzeichnung des XV. Jahrhunderts. — Siehe Ph. Wackernagel, Das Deutsche Kirchenlied II. Nr. 459.

Aus der ältesten Deutschen Prosadarstellung der Weltgeschichte, der „Sächsischen Weltchronik".

Sie ist vor 1251 und nach 1230 oder nach 1237 verfaßt. Sie ist in niederdeutscher Sprache geschrieben; das hier gegebene Stück behandelt die Jahre 1241, 1242. Es ist vom Blatt 124 der ältesten und besten in Gotha befindlichen Handschrift (90), welche noch in der Mitte des XIII. Jahrhunderts geschrieben ist.

Erklärender Abdruck

Des anderen iares[1] ward en tornei[2] to Misne,[3] dar belef[4] manich herre unde riddere dot ane[5] andere lude van hitten[6] unde van stove.[7] An deme selven iare starf bischop Ludolf van Halverstat unde ward gekoren[8] bischop Meinart unde ward gewiet[9] to Halverstat, dar waren vif[10] bischope. Des selven iares vorging der sunnen ere schin[11] van dem manen[12] an dem midden dage, des dat volk sere underquam.[13] Des selven iares starf du keiserinne, de van Engelant was, sin dridde echte wif. Des anderen iares de bischop van Megence[14] unde de van Colne[15] deden[16] den keiser to banne, unde orlogeden up ene.[17] Des[18] quam[19] de bischop van Colne to stride, unde ward gevangen van des keiseres helperen.[20] Des selven iares vieng de bischop van Havelberge den bischop van Brandenburch. Vor des starf de koning Heinric, des keiseres sone, an der vancnisse.[21] Des selven iares vor[22] de koning van Engelant mit groteme[23] here uppe[24] den koning van Vranrike mit helpe des greven[25] van der Marke unde des van Provent,[26] unde andere herren. Dar vor de koning van Vranrike iegen ene mit here unde verlos[27] wol achtehundert riddere. Dat seget men,[28] dat it[29] van overgiftnisse[30] queme,[31] unde ward dat orloge[32] gevredet.[33] He brande oc binnen deme iare der ioden boke[34] also vile to Paris also wol twintich vodere.[35] Du starf de paves Gregorius unde ward gekoren Celestinus, de starf an deme seventegeden[36] dage. Du stunt Rome ane paves an dat dridde iar.

1 1241 2 Turnier 3 Meißen (bei Kreß) 4 blieb 5 ohne 6 Hitze 7 Staub 8 gewählt 9 geweiht 10 fünf 11 ihr Schein 12 Monde 13 erschrak 14 Mainz 15 Köln 16 thaten 17 kriegten gegen ihn 18 deshalb 19 kam 20 Helfern 21 im Gefängnis 22 fuhr 23 großem 24 auf 25 Grafen 26 Provence 27 verlor 28 sagt man 29 es 30 Gift 31 käme 32 Krieg 33 geschlichtet 34 Judenbücher 35 zwanzig Fuder 36 siebenzehnten (Cölestin III. starb 10. November 1241.

Bild aus dem „Sachsenspiegel" (Heidelberger Handschrift 164 des XIII. Jahrhunderts), darstellend die Verleihung der Regalien an geistliche und weltliche Fürsten durch den Kaiser

Der „Sachsenspiegel" ist die um 1230 durch Eike von Repgow bewirkte Aufzeichnung des in Niedersachsen geltenden Deutschen Rechtes.

Anfang des „Schwabenspiegels", aus der Handschrift des XIV. Jahrhunderts Nr. 2695 der k. k. Hofbibliothek in Wien.

Der „Schwabenspiegel" entstand gegen 1275 nach dem Vorbilde des „Sachsenspiegels".

Erklärender Abdruck des Stückes aus dem „Schwabenspiegel".

Hie hebet sich an daz lantrecht buch

Herre got himelischer vater, durch dine milte güte geschüf[1] du den menschen in drivaltiger[2] werdichait.[3] Diu erste, daz er nach dir gebildet ist. Daz ist ouch[4] ein also hohiu[5] werdichait, der dir alles menschlich chunne[6] sunderlichen immer danchen[7] sol. Wan[8] des[9] haben wir gar michel[10] recht. Vil liber herre, himmelischer vater, sit[11] du uns tzu diner hohen gothait also werdichlichen gedelt hast. Diu ander werdichait, da du herregot, almahtich scheppfer, den menschen tzu geschaffen hast, daz ist diu, daz du alle dise wereld[12] die sunne und den

1 schufest 2 dreifacher 3 Würdigkeit 4 auch 5 hohe 6 Geschlecht 7 danken 8 denn 9 dessen 10 große 11 weil 12 Welt

Hugo von Trimberg (bis um 1313); **Ulrich Boner** (bis um 1340); **Hadamar von Laber** (um 1300 bis um 1355).

S wer nu liegen triegen
T anzen vehten kriegen
S chimpfen lachen singe
T anzen reyen springen
H elsen cussen tasten
B aden vnghe vasten
S tete wandeln vñ iustieren
K urtzwilen vñ turnyeren
Z wuliczen verben vnnutze klaffen
S chatzschauwen vñ vm sich kaffen
V nd dez fritzes gesindes vil

Ein Stück aus den Fragmenten der besten Handschrift der ersten Recension des Renner.

Diese Fragmente, Pergament, dem Anfange des XIV. Jahrhunderts angehörig, befinden sich jetzt im Königl. Staatsarchiv zu Wiesbaden.

Swer nv liegen triegen
Tantzen vehten kriegen
Tantzen ringẽ springen
Schimpfen lachen singen
Helsen küssen tasten
Baden vngern vasten
Stete wandeln vnd Justiern
Kürtzwilen vñ turniern
Zwirlitzen verben vnnützzes claffen
Schate schauwen vñ vmb sich kaffen
Vnd des fratzzes gesinde vil

Dasselbe Stück aus der besten Handschrift der zweiten Recension des Renner.

Diese vollständige Pergamenthandschrift besitzt die Erlanger Universitätsbibliothek, sie ist zweispaltig, beendet 1363.

Erklärender Abdruck.

Swer nu[1] liegen[2] triegen
Tantzen[3] vehten kriegen
Tantzen ringen[4] springen
Schimpfen lachen singen
Helsen[5] küssen tasten
Baden ungern vasten
Stete wandeln und justiern[6]
Kürtzwilen und turniern
Zwirliczen verben[7] vnnuczzen claffen[8]
Schate schawwen[9] und umb sich kaffen[10]
Und des frazzes[11] gesinde vil.

1 Die Wiesbadener Handschrift liest: swern = schwören 2 lügen 3 Die Wiesbadener Handschrift liest: tantzen = tanzen, reihen 4 die Wiesbadener Handschrift liest: reyen = den Reihen tanzen 5 umhalsen 6 tjostiren = turnieren 7 was heißt: zwirlitzen verben? 8 schwatzen 9 sich im Spiegel beschauen 10 gaffen 11 Schlemmerei. — Alle diese hier aufgezählten Beschäftigungen werden von Boner zu den unzüchtigen gerechnet.

Hugo von Trimberg, der Hauptvertreter des Lehrgedichtes seit Thomasin von Zerclaria und Freidank, ist um 1240 geboren und war von 1260—1309 Schulmeister der Bambergischen Vorstadt Theurstadt. Seine umfangreiche, fast 25.000 in kurzen Reimpaaren abgefaßte Verse enthaltende, auf kirchliche Autoritäten vielfach hinweisende Tugendlehre benannte er den Renner, „weil es soll rennen durch das land". Er ist von ihm verfaßt um 1300 (I. Recension) und vermehrt bis 1313 (II. Recension).

Nebenstehend:

Eine Seite (a) und Schlußschrift (b) des ältesten Druckes von Boners „Edelstein" 1461.

Nach dem einzigen, auf der herzogl. Bibliothek zu Wolfenbüttel befindlichen Exemplare. — Fälschlich wird dieses Druckwerk häufig als das „Älteste gedruckte Deutsche Buch" bezeichnet. Dieses ist nur insofern richtig, als es das erste deutschgedruckte Buch ist, welches mit einem Druckdatum versehen ist.

einẽ haufen gros · Dasselbe thun noch sein geno[ſ]
Des haufen nam menglich war · Frauẽ vnd mã
komẽ dar · Sie wũdrtten was das mocht wesen ·
Sie meintẽ es kũde nymãt genesẽ · Sie vorchtẽ da[ſ]
perg vnd wege · wolt uber gan wasser vnd stege ·
Sie stundẽ vnd sahẽ ímer vnde nu · Ir keins torst
nie hin zu · Den grosen wũder das was wol · Sie
stũden alle vorcht vol · Zu lezt kam der maulwurf
herausz · Ausz dem haufẽ als ein mausz · Do wart
ein lachen vnde ein spot · Do wart die vorcht ver
wãdlot · Sich hebt offt vil mãcher wint · Des regẽ
doch vil cleine sint · Nach grosẽ doner dick geschi
cht · Das man darnach gar cleine wetter sicht · Es
truget noch vil mãchẽ mã · Der doch wenig schin

a.

zu bamberg disz puchleỹ geendet ist · Nach der [ge]
purt vnsers herrẽ ihesu crist · Do mã zalt taus[ent]
vnde vierhundert iar · Vnd ym einundsechzig[k]
das ist war · An sant valenteins tag · Got beh[üt]
vns vor seiner plag · Amen ·

b.

Anfang von Hadamar von Labers „Jagd".

Swie[1] minn[2] ein anevahen[3]
sei fräuden aller maiste,
doch rat ich nicht vergahen[4]
sich allen den, den ich nu trewe laiste.
swer im[5] durch minn[2] ein liep ze fräuden chiese,[6]
der warti[7] es[8] wol und schawe,
das er sein pesten[9] zeit icht[10] da verliese.[11]

Ich main die stæten alle,
die da an[12] alles wencken[13]
gar ander pruche galle[14]
ir trewe durch niemant wellent[15] überdencken.[16]
Swa[17] sich der ainer mit unstæte wirret,
der tötet sich an fräuden[18]
und ist sein leben hie und dort verirret.

1 Obgleich 2 Minne 3 Anfang 4 übereilen 5 wer sich 6 erwählt 7 hüte sich 8 genau 9 beste 10 nicht 11 verliere 12 ohne 13 Wanken 14 ohne Bruchstelle von Falschheit (ohne falschen Treubruch?) 15 wollen 16 vergessen 17 wo 18 Freuden.

Swie minn ein [ane]vahen sei fräuden aller maiste · doch rat ich nicht vgahen · sich allen den · den ich nu trewe laiste · Swer im durch minn ein liep ze fräuden chiese · der wart er wol vnd schawe · daz er sein pestev zeit icht da verliese ·
Ich main die stæten alle · die da an alles wencken · gar ander prüche galle · ir trw durch niemant wellent über dencken · Swa sich d' ainr mit vnstæte wirret · Der totet sich an fräuden vnd ist sein leben hie vnd dort virret ·

Anfang von Hadamar von Labers „Jagd".

Aus der noch dem XIV. Jahrhundert angehörenden Pergamenthandschrift der Wiener k. k. Hofbibliothek 2720.

Ulrich Boner, aus Bern stammend, Dominikaner, ist in Urkunden 1324—13[49] nachweisbar. Er verfaßte um 1330 (vor 1[340]) das älteste Deutsche Fabelbuch, den Edelstei[n]. Quellen sind Avian und der sogenannte A[nonymus] von Neveler. Es sind 100 Fabeln, welch[e] und gemeinverständlich erzählt sind, in wel[chen] die Moral überwiegt.

Hadamar, aus dem Oberpfälzischen G[eschlechte] der Herren von Laber, ist um 1300 gebo[ren] als Anhänger Ludwigs des Baiern viel[e Be]ziehungen in persönlichen und politischen A[ngelegen]heiten zu diesem, war 1354 zum Rathe d[es] Oberbaiern ernannt, scheint bald darauf [gestorben] zu sein. Sein allegorisches Liebesgedicht „di[e Jagd"] verfaßte er um 1335—1340, sein Vorbild [war Wolfr]am von Eschenbach, in dessen etwas [veränderter] Titurelstrophe er auch sein unter den Dicht[ungen seiner] Zeitgenossen bedeutsam hervorragendes, [viel ge]schätztes und vielfach nachgeahmtes Werk [...]

Oswald von Wolkenstein (um 1367—1445).

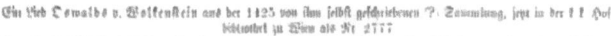

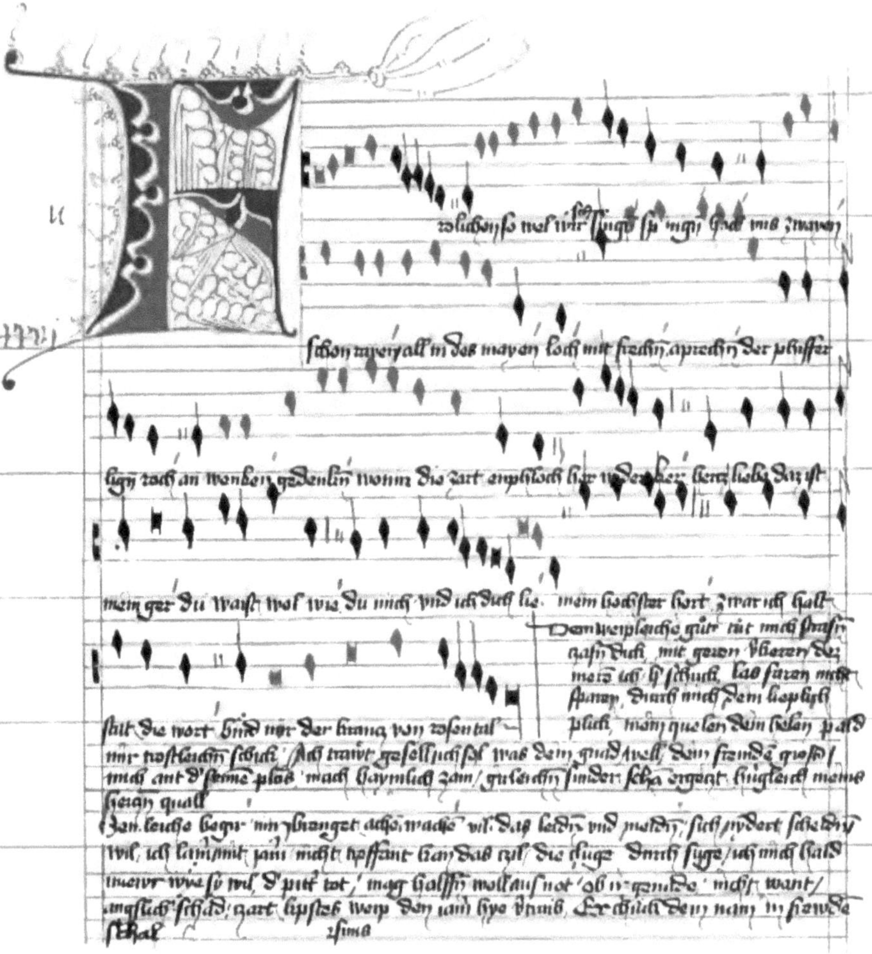

Ein Lied Oswalds v. Wolkenstein aus der 1425 von ihm selbst geschriebenen (?) Sammlung, jetzt in der k. k. Hofbibliothek zu Wien als Nr. 2777.

Eine andere Handschrift seiner Gedichte, welche 1443 vollendet wurde [illegible], ist im Besitze der jetzt gräflichen Familie Wolkenstein in Innsbruck, worin sich auch ein Bildnis Oswalds befindet [illegible].

Erklärender Abdruck.

Frölichen so wel wir singen, springen, hoch: uns zwayen, schon rayen, all in des mayen hoch, mit frechen sprechen der pfiffer-finger roch an wenken gedenken, wo mir die zart empfilhlich, her wider ker, hertz liebe, das ist mein ger; du waist wol, wie du mich, und ich dich lie, mein hochster hort, zwar ich halt stat die wort, würd mir der kranz von rosental.

Dein weiplich güt tut mich strafen [illegible] dick, mit gerern [illegible] des meren ich herschrick, las faren, nicht sparen, durch mich dein lieplich plick, mein quelen dein helen, pald mir trostleichen schick. Ach traut gesell, ich sol, was dein gnad well; dein freuden grosse mich auf der sunnen plos, mach haymlich zam girleichen sunder scham ergetzt kuglich meins hertzen quall.

Senleiche begir mir brenget achen wachen vil, das leiden und meiden sich wandert scheiden, wil ich lauer mit jamer nicht treffant kan das zil, die [illegible] ich mich bald mewr wye sy wil; der pitter tod mag helffen wol aus not, ob ir genade nicht want angstlicher schied, zart lipsten weip, dem iamer hye vertraib, erschick dem nam zu frewden schal.

Oswald v. Wolkenstein ist wahrscheinlich 1367 geboren. Sein bewegtes Leben führte ihn in fast alle Länder Europas: nach Rußland, der Türkei, ins heilige Land, nach Afrika, in den politischen Wirren seiner engeren Heimat Tirol spielte er eine einflußreiche Rolle, bei Kaiser Sigismund stand er in hohem Ansehen. Sein ganzes Leben ist voller Abenteuer und Gefährlichkeiten. Er starb am 2. August 1445. Die Harfe hatte den Zehnjährigen, als er als Knappe sich 1377 einer Preußenfahrt anschloß, begleitet. Saitenspiel und Lied ließ er schon damals ertönen, und noch in seinen letzten Lebensjahren sammelte er seine Lieder und dichtete neue hinzu. Seine Lieder sind wahr und ein treuer Ausdruck seiner Stimmungen und Erlebnisse. Nicht mit Unrecht hat man ihn „den letzten Minnesänger“ genannt.

Graf Hugo von Montfort (1357—1423).

Nebenstehend:

Die ersten vier Strophen eines Liedes des Grafen Hugo von Montfort.

Blatt 24b der Heidelberger Pergamenthandschrift 329, welche um 1414 auf Hugo's Veranlassung angelegt wurde und 38 von ihm verfaßte Gedichte enthält. Strophe 1 steht auf Blatt 23b.

Erklärender Abdruck.

Fraw, wilt du wissen was es ist
Glükch[1] er[2] und gůt auff erden,
Das sag ich dir in kürtzer frist,
Des solt du innen werden.
Got ist das glükcht[1] dein er[2] dein gůt,
Des tůt er alles walten;
Hast du dich selber denn in hůt,
So macht in eren alten.[3]

Got hat uns aigen willen geben[4]
Auff erden hie ze werben.[5]
Wir mugent[6] aber also leben,
Wir müssent[7] ewig sterben.
Und wirt auff erden dik[8] gebůsset,
Wer üppig löff[9] tůt treiben,
Und wirt im alter gar unsües,
Davon solt mans vermeiden.

Und stet[10] an gerechten sachen sein,
Sich frölich da bey halten,
Glükt[1] und seld[11] das gat[12] dir yn
Und macht in wirden alten.[3]
Wann[13] aller weyshait anefang
Ist götleich vorcht fürwar
Und vindt[14] sich an dem ausgang,[15]
Das velt[16] nicht umb ain har.

Der götleich vorcht in hertzen hat,
Dem laidet[17] all sünd auff erden,
Es sey frů oder spat:
Wie mag das mensch verderben?
Die vorcht die geit[18] dir steten můt,
Des macht[19] du wol geniessen,
Dabey bhaltst du er[2] und gůt
Des la[20] dich nicht verdriessen.

1 Glück 2 Ehre 3 alt werden 4 gegeben 5 handeln 6 können 7 müssen 8 oft 9 Stolz, Hoffart 10 beständig 11 Segen 12 geht 13 Denn 14 findet 15 Ende 16 verfehlt 17 ist zuwider 18 giebt 19 kannst 20 laß

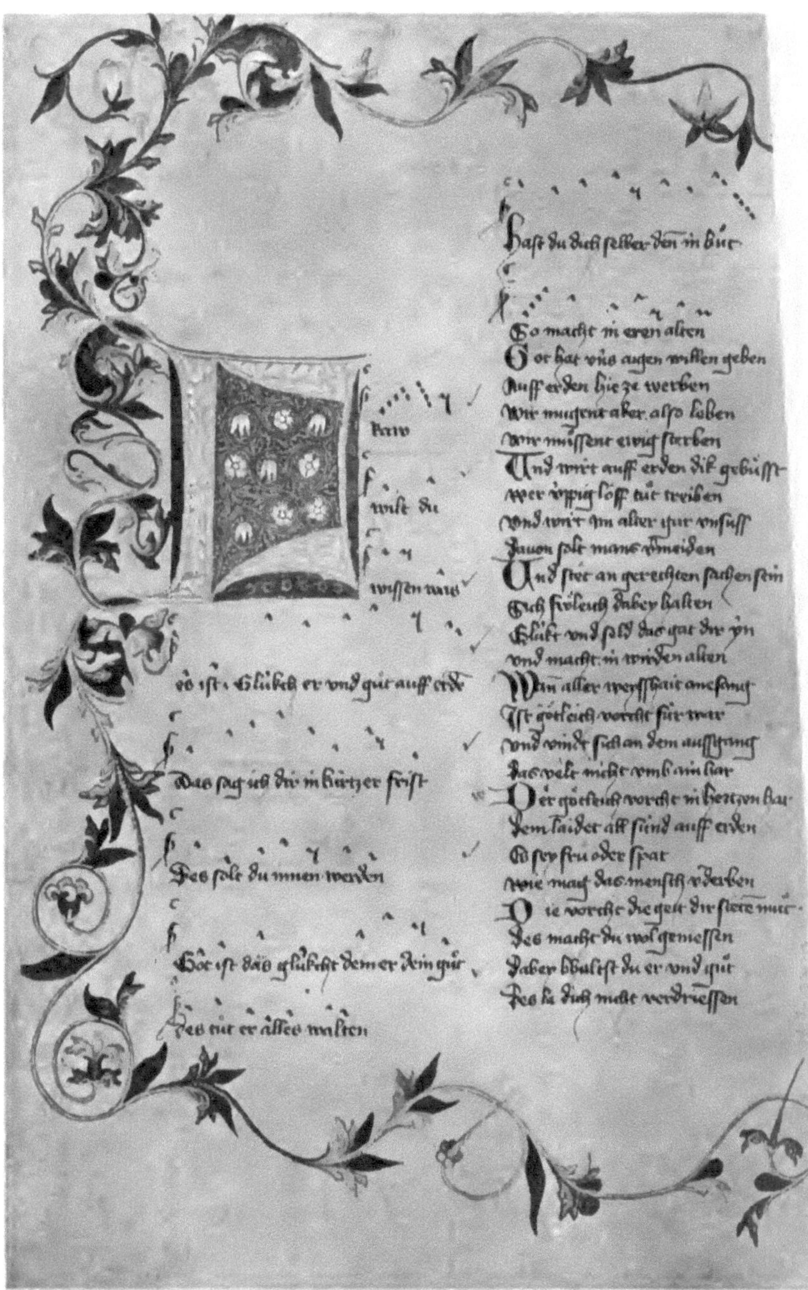
Fraw
wilt du
wissen was
es ist · Glückcht er und gůt auff erde
Das sag ich dir in kürtzer frist
Des solt du innen werden
Got ist das glückcht dein er dein gůt
Des tůt er alles walten
Hast du dich selber den in hůt
So macht in eren alten
Got hat uns aigen willen geben
Auff erden hie ze werben
Wir mugent aber also leben
Wir müssent ewig sterben
Und wirt auff erden dik gebůsst
Wer üppig löff tůt treiben
Und wirt im alter gar unsüss
Davon solt mans vermeiden
Und stet an gerechten sachen sein
Sich frölich dabey halten
Glück und seld das gat dir yn
Und macht in wirden alten
Wan aller weyshait anefang
Ist götleich vorcht für war
Und vindet sich an dem ausgang
Das velt nicht umb ain har
Der götleich vorcht in hertzen hat
Dem laidet all sünd auff erden
Es sey fru oder spat
Wie mag das mensch verderben
Die vorcht die geit dir stete můt
Des macht du wol geniessen
Daber bhaltst du er und gůt
Des la dich nicht verdriessen

Graf Hugo VIII. von Montfort, geb. 1357, nahm 1377, 1379—1382 und 1407 an verschiedenen Feldzügen Theil, wurde 1388 österreichischer Landvogt in Thurgau, Aargau und auf dem Schwarzwalde, 1397 Hofmeister Herzog Leopolds von Österreich, 1415 Landeshauptmann von Steiermark, stiftete 1422 in Bregenz ein Dominikanerkloster und starb den 4. April 1423. — Sein Bildnis, mit der Inschrift: „graf Hang von Montfort, ritter, herr zue Pregenz vnnd Pfannenberg" war noch 1575 in der Schloßcapelle zu Bregenz.

Eine Seite aus dem niederdeutschen Schauspiele „Theophilus". Handschrift des XV. Jahrhunderts in der Trierer Stadtbibliothek.

Dramatische Bearbeitung der Legende vom „Theophilus", dem mittelalterlichen Faust, welcher sich dem Teufel verschreibt, aber von der Jungfrau Maria erlöst wird

Erklärender Abdruck vom „Theophilus".

dat ich gerne nimmermere
umb geldes willen dyn[1] eegen[2] were.

Sathanas.

dyn[1] wille sall[3] dy[4] wal gescheyn,[5]
men[6] ich wil erst pand[7] und breyve[8] seyn.[9]

Theopholus.

Nu du my[10] dar to[11] wolt dryven,[12]
Dat ich dy[4] eynen breyff sal schryven,[13]
Dey[14] my an myne sele gheyt:[15]
Dar to[11] bin ich ghar bereyt.
Wat helpet,[16] dat ich dar weder saghe,
Went ich moet[17] doch all myn daghe
Ewelike̅n sin verloren?
Nu reket[19] my[6] her eyn ynkethoren,[18]
Eyne vederen und permynt,[20]
Dat is my recht so eyn wynt.
Ich wyl schryven eyn tractaet,
Dat nummer myr[21] sele werde raet.[22]

Sathanas.

Nu hoere, Theophole, nu hoere.
Ich wyl dy erst wat leggen voere,[23]
Noch er[24] du schryven [?] beghynnes,
Soe wyl ich, dat du menscap wynnes[25]
Myner,[25] und werden ouch[26] gesellle
Der ghenen,[27] dey syt[28] in der helle[29]
Du salt godis versaken[30] ghar
Vnd syner moder[31] de en ghebar. . . . .

1 dein 2 eigen 3 soll 4 dir 5 geschehen 6 weil 7 Pfand 8 Briefe 9 sehen 10 mich 11 dazu 12 treiben 13 schreiben 14 der 15 geht 16 hilft 17 muß 18 verachtet 19 Tintenfass (-faß) 20 Pergament 21 statt myner = meiner 22 Rath 23 vorlegen 24 ehe 25 Gemeinschaft gewinnest mit mir 26 auch 27 derjenigen 28 sind 29 Hölle 30 absagen 31 Mutter.

Aus einem Passionsspiele des XV. Jahrhunderts

Seite 34[a] aus Handschrift Nr. 137 der fürstlich Fürstenbergischen Bibliothek zu Donaueschingen

Erklärender Abdruck vom „Passionsspiel".

Nu nemend[1] die tüffel Judas und tragent in in[2] die hell[3] und den[4] kumpt Cayphas in sin stůl vnd spricht zů den Juden:

Was tůnd[5] ir Juden dise nacht,
hand[6] ir inn[7] noch nit us gemacht?
gand,[8] fürent den lesterer bald hinuss,
zům weltlichen richter Pilatus,
losend,[9] was er welle sagen,
er wirt inn[7] etwas nuws[10] fragen,
klagend im ouch dis ding und sachen,
wie er uns tůt all hie beschmachen,[11]
und was er vormaln hat getann,
so er gehört sin missetat
die er aun uns begangen hat.

Uff das ziehent die Juden aber[12] den salvator uffs unzimgenlich,[13] vnd facht[14] hie mit Mose an, und spricht:

Wolluff, du winckelprediger,
wie gefallent dir die nuwen mer,[15]
dez du můst für Pilatum gan?[16]
wir haund[17] dich zů lang hie ruwen[18] lan,[19]
stossent den verretter, daz er gang,[20]
er wil uns sumen[21] hie ze lang

Nu fachent sy den salvator an ze füren und erwüscht inn Yesse by dem har und spricht:

Züch aun dinne seil da vor!
so wil ich doch inn[7] ziechen by dem har,
er wil doch sunst nit nocher[22] gan[16]
Ir Juden, griffent den bösewicht an.

Uff das zücht[23] inn Israhel by dem bart und spricht

1 nehmen 2 ihn in 3 Hölle 4 dann 5 thut 6 habt 7 ihn 8 geht 9 hört 10 Neues 11 schmähen, lästern 12 abermals 13 [illegible] 14 fängt 15 Mären, Nachrichten 16 gehen 17 haben 18 ruhen 19 lassen 20 gehe 21 [illegible] 22 [illegible] 23 zieht

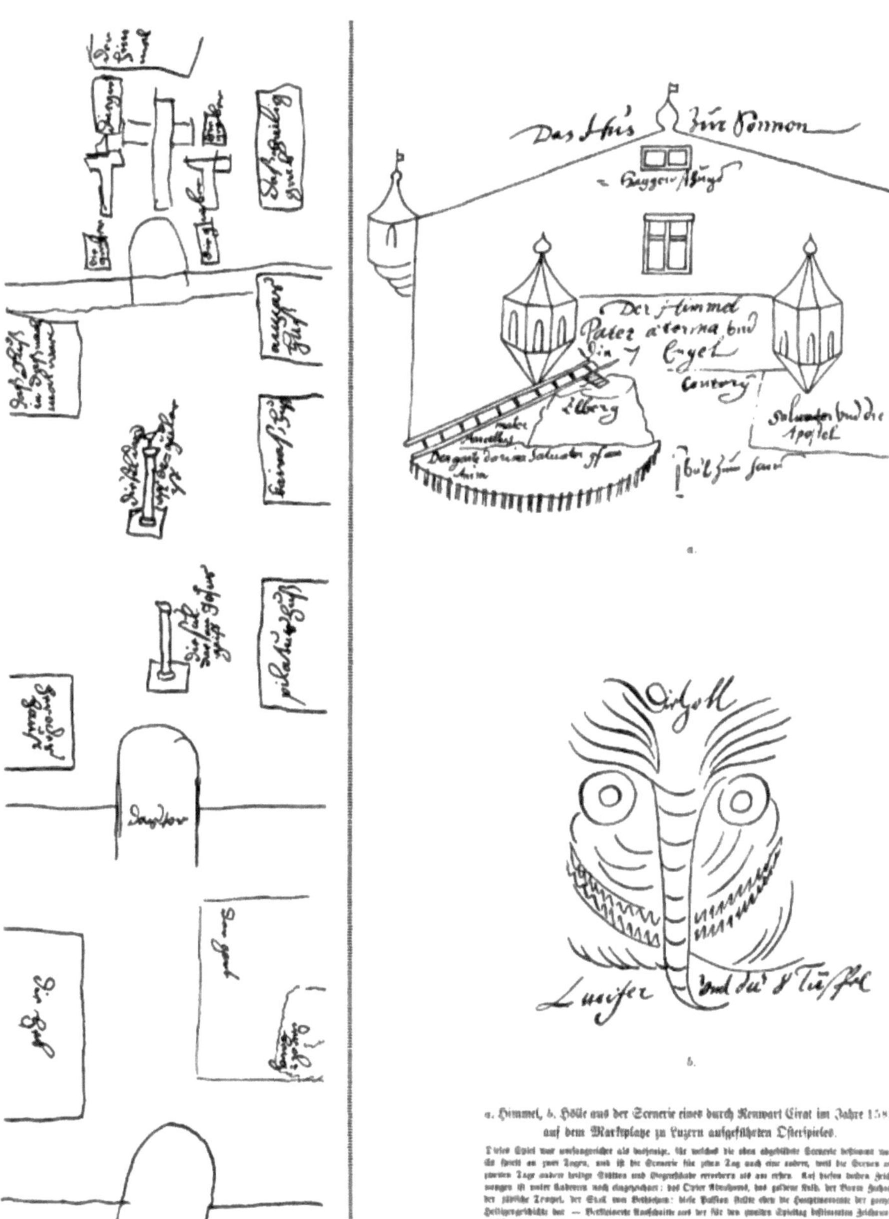

a. Himmel, b. Hölle aus der Scenerie eines durch Renwart Cirat im Jahre 1583 auf dem Marktplatze zu Luzern aufgeführten Osterspieles.

Dieses Spiel war umfangreicher als dasjenige, für welches die oben abgebildete Scenerie bestimmt war. Es spielt an zwei Tagen, und ist die Scenerie für jeden Tag auch eine andere, weil die Scenen am zweiten Tage andere heilige Stätten und Gegenstände erfordern als am ersten. Auf diesen beiden Zeichnungen ist unter Anderem noch eingezeichnet: das Opfer Abrahams, das goldene Kalb, der Baum Jschai, der jüdische Tempel, der Stall von Bethlehem; diese Passion stellt eben die Hauptmomente der ganzen Heiligengeschichte dar. — Verkleinerte Ausschnitte aus der für den zweiten Spieltag bestimmten Zeichnung, veröffentlicht mit einer Abhandlung vom verstorbenen Oberlehrer Dr. Franz Leibing, im Programme der Realschule I. Ordnung zu Elberfeld 18[illegible].

Grundriß
der Scenerie des Donaueschinger Passionsspieles.

Eine aus dem zweiten Drittel des XVI. Jahrhunderts stammende Zeichnung, welche der Handschrift dieses Passionsspieles beiliegt und in dieser Zeit für eine Aufführung entworfen wurde. Der Schauplatz ist der freie Markt einer Stadt. Vor einem der Häuser ist die Hauptscenerie aufgebaut, der Himmel (ganz oben auf der Zeichnung), die Gräber, das heilige Grab, das heilige Kreuz zwischen den beiden Kreuzen der Schächer. In der Mitte des Marktes stehen zwei Säulen; die eine „daruff der [illegible]“, über der Hahn Petri; eine andere, die Marterſäule. Die Häuser, welche auf dieser mittleren Abtheilung des Marktes rundlich stehen, sind bezeichnet als (links) das Haus, wo das Nachtmahl war; Herodes Haus; (rechts) Annas' Haus; Kaiphas' Haus; Pilati Haus. In der dritten, durch ein Thor zugänglichen Abtheilung des Marktes ist links die Hölle, rechts der Garten Gethsemane mit dem Ölberge. — Die Passionsspiele wurden nicht auf Bühnen im geschlossenen Raume aufgeführt, die einzelnen heiligen Stätten, Himmel und Hölle, bei größeren Stücken noch verschiedene in der Heiligengeschichte des alten und neuen Testamentes vorkommende Orte und Gegenstände waren an festen Punkten aufgebaut; die Häuser des Marktplatzes selbst dienten mit als Scenerie, da sie als die in der Passion vorkommenden Häuser bezeichnet waren. Die Schauspieler (Bürger und Bürgerfrauen) zogen, sobald eine Scene an einem Orte oder in einem Hause spielte, jedesmal dorthin. Sind diese Zeichnungen gleich erst aus dem XVI. Jahrhundert, so ist es doch sicher, daß auch die früheren Spiele in ähnlicher Weise aufgeführt wurden.

a. Lied aus Cgm Nr. 811 der Münchener Bibliothek der Sammlung eines durstigen Meistersängers oder Spielmanns Jakob (Jeckel) Kebicz,

welcher sich (um die Mitte des XV. Jahrhunderts) sein Buch, wie er auf Blatt 24 sagt, „mit der Federmerk“ zusammen schrieb. Er zeichnete sich auch Recepte auf, „daß einem kein Trunk schade, daß man eine gute Stimme gewinne.“

b. Volkslied aus der Münchener Handschrift Cgm 810, Blatt 146ᵃ, geschrieben 1461—1467.

Bei Uhland, „Alte hoch- und niederdeutsche Volkslieder“ Seite 94 aus nicht ersichtlichen Gründen nur unvollständig abgedruckt.

c. „Klopfan“, aus der Weimarer Handschrift des XV. Jahrhunderts, Q 565, Blatt 64ᵃ.

Die „Klopfan“ sind Neujahrswünsche, welche um die Mitte des XV. Jahrhunderts namentlich in Nürnberg üblich waren. Hans Folz und Hans Rosenblüt sind als Verfasser solcher Sprüche bezeugt und ist letzterer wahrscheinlich der Verfasser des hier wiedergegebenen.

c. Klopfan

Item: Klopffan,
dein lieb wolgetan,
die dir in deinem hertzen lyd[1]
tag und nacht zue aller zeyt,
und habe zu dir solichen verlangen,
und in deinem hertzen layt[1] gefanngen,
und sol zu dir komen schyer[2]
und leben nach deines hertzen begir,
das dein hertz erfrewt were,[3]
mit dem dw ye von ir begert hast:[4]
mit freuntlichen worten aus irem roten mund,
die do gien[5] aus hertzen grundt,
und das dich die lieb in freuden sech,[6]
und das in kurtz geschech[7]
Sprich amen, das es dir war wer[8]

1 liegt 2 schier 3 für: werd 4 [illegible] begert 5 gehen 6 sehe 7 geschehe 8 für: werde oder — wahr.

d. Ein Räthsel aus dem XV. Jahrhundert, aus der Weimarer Handschrift Q 42, Blatt 35ᵃ.

d. Räthsel.

Item: Rat was ist das?
Wie schön ist das prewhaus,
wie schön sind die falckenn darauff,
schon ist der man,
der der falckenn pflegenn kan
sprich also:
das prewhaus ist der himel,
die falckenn sind die enngell,
unnser herre ist der man,
der der falckenn warten kan
(das sind die enngell)

e. Priamel

Joghunt wildeswein und hasen,
Und fuchs und huner auf grunem wasen,[1]
Und frosch und storch, und eweln[2] und raben,
Und zwene gesellen die einen pulen[3] haben,
Und zwen hunt die da nagen an einem peyn:
Die sind auch gar selten ubereyn[4]

1 Rasen 2 Eulen 3 Buhlen 4 übereinstimmend

e. Priamel aus dem XV. Jahrhundert, aus der Dresdener Handschrift 5ⁿ⁴, Seite 299.

Die namentlich im XV. Jahrhunderte häufig vorkommenden Priameln (von Praeambulum, Vorspruch) sind kurze Spruchgedichte, in welchen eine Reihe, häufig auffallende Gegensätze bildender, Wörter oder Sätze lose hintereinander angereiht wird, deren gemeinsame Gleichartigkeit in einem die ähnlich zusammengehaltenen Gegensätze überraschend vereinigenden und erklärenden Nachsatze zusammengefaßt wird.

Weingruß; Sprichwörter.

Ein „Weinsegen“ aus der Dresdener Handschrift 58[d] Seite 285, XV. Jahrhundert.

„Weinsegen“, welche wesentlich aus dem XV. Jahrhundert bekannt sind, wurden nach dem Trinken, „Weingrüße“ vor dem Trinken gesprochen. Als Verfasser solcher Sprüche ist bekannt Hans Rosenblüt (Seite 60).

Wein Segen

Nu gesegen dich got du liebe reben bru
vmb dich hab ich groß erbeit vnd mw
Biß ich dich wider zu mir pringt
Du bist mir gar ein sueß gespringt
Doch wer zulang bey dir wil harren
Den zelen die weisen fur ein narren
Wem wer zuuil auf dich legt
Der hat sein synne wol halb vertzet
Wer dich nicht hubschlich trincken kan
Der kreyrt auf der narren plan
Wer dein zuuil an die oren hengt
Der hat sein weißheit awß geschenckt
Der ding wil ich keins an dir schewhen
vnd wil alle tag dein lob vernewen
Got mach selig alle man vnd frawen
Die dich am hohem perg erhawen
Vnd das in nymmer leyt geschech
Var hin vnd halt dich in der neh
Wann ich dich alle tag wil suchen
vnd solt mir weib vnd kint dorumb fluchen

Weinsegen.

Nu gesegen dich got du liebe reben bru,[1]
Umb dich hab ich grosz erbeit[2] und mw.[3]
Bisz ich dich wider zu mir pring;
Du bist mir gar ein suesz gespring.[4]
Doch wer zulang bey dir wil harren,
Den zelen die weisen für ein narren.
Wenn wer zuvil auf dich legt,
Der hat sein synne wol halb vertzet.[5]
Wer dich nicht hubschlich[6] trincken kan,
Der kreyirt[7] auf der narren plan.
Wer dein zuvil an die oren hengt,
Der hat sein weiszheit awsz geschenckt.
Der ding wil ich keins an dir schewhen,
Und wil alle tag dein lob vernewen.
Got mach selig alle man und frawen,
Die dich an hohem perg erhawen,[8]
Und das in[9] nymmer leyt geschech.
Var hin, und halt dich in der neh,
Wann[10] ich dich alle tag wil suchen,
Und solt mir weib und kint dorumb fluchen.

1 Braut 2 Arbeit 3 Mühe 4 Quell 5 verzehrt? 6 mit Anstand 7 erhebt den Schlachtruf, tummelt sich 8 gereinigt 9 ihnen 10 denn

Lied des Jeckel Kebiz (Seite 56, a).

Ich wayss nit recht wie es mir sol ergan,[1]
das ich mein lieb also verloren han,[2]
des[3] stom[4] ich hije[5] traurig zu aller zeyt.

nit wer mir mut und auch freuden,
das dw mir lieb so gancz und gar hast ab gesayt,[6]
daz ist mir innecklich von ganczem hertzen layd.

1 ergehen 2 habe 3 deshalb 4 stehe 5 hier Zeile 4 verderbt niedergeschrieben, etwa: ist wird mir mut und auch freudigkeyt 6 abgesagt

Volkslied von 1461—1467 (Seite 56, b).

Es ist ein schne gefallen
und ist es doch nit czeit,
man wurft[1] mich (mit)[2] den pallen
der weg ist mir verschneit.

Mein hausz hat keinen gibel
es ist mir worden alt
czerbrochen sin mir dye rigel
mein stublein ist mir kalt.

Ach lib, lasz dichs erparmen
das ich so elend pin,
und slusz[3] mich yn dein armen
so vert[4] der winter do hin.

Der winter wil unsz entschleichen
der summer vert[4] do her
mir libt ein seuberliche
wolt got, wer sie mein.[5]

Ich hat mir erkoren
ein minnigliches leut
an dem ich hab verloren
mein lib und auch mein trew.[7]

Das lidlein sein gesungen
von einem frewlein fein,
ein ander hat mich verdrungen[6]
das musz ich gut lan[7] sein.

1 werfe 2 mit ist ausgefallen 3 schließe 4 fährt 5 Hoffe: wolt got das mein si wer 6 verdrängt 7 lassen

Incipiūt prouerbia seriosa in theutonico prima. deinde in latino sibijnuicem consonantia. iudicio collis gentis pulcherrima. ac in hominū colloquijs cōmunia.

Chter rugghe leert men beest kennen
Dicitur absente me. quod non me residente.
Achter racts en ghebrach nye man
Scit vir concilia centum post facta dolende
Als der dranck kompt. so is die red vyß
Quādo venit potus cessat smo quasi totus.
Als die perdt vol sint so troeven sy
Stat equus z curat. cibus illum quando saturat
Als der buich vol is. so is dat heufft blijde
Tunc caput est letum dapt corpus quando repletus
Als der buich vp geit. so bricht dat spulgen vijs
Quando tumet venter produntur facta latenter.
Als der angst maist ist. so is gottes hulff aller nacst
Quando timor maior tunc deus est propior. aliud
Auxilium christi venit ad nos tempore tristi
Als eynen west dats guet. so wast im der moet.
Dum quis ditatur animosior esse probatur
Als der reghen kompt. so is der snee verderfft
Ymber quandoq; cadit nix tepenit z cito vadit.
Als die hoeren schelden so brijcht die schande vys.
Turpia culpantz produntur lite putarum
Als die hoeren spijn ten so is die naringhe cranck
Filat quando puta questus malus est ita puta.
Als men den kerll bydt. dan weygherh he maist
Villicus ingratus elatus fit rogitatus.
All verloren ist dats men den ontkenden doet
Ingrato quid agis hoc semper z vndiq; perdis
All lugcht der monde dats hertz en lugcht neit
Cor non nugatur licet os mendacia fatur
Als dats kind verdroncken is. dan stop men den putz
Sero fugatur aqua submersus erat puer aqua
Als der alde hondt bafft so sal man vyß syen.
Latrans annosus foris aspice queso molosus.
Als ir waill wil so is men volich
Omes letanter dum prosperitate beantur

Erste Seite einer der ältesten, dem Ende des XV. Jahrhunderts angehörigen gedruckten Deutsch-Lateinischen Sprichwörtersammlungen.

Dieser Druck ist die in kölnischem Dialekte abgefaßte, jedenfalls auch in Köln gedruckte Bearbeitung einer ursprünglich niederländisch abgefaßten Sammlung. — Nach dem Exemplare der Münchener Bibliothek (Vergl. Hoffmann v. Fallersleben, Horae Belgicae IX, wo diese Ausgabe nicht angeführt ist.)

Narrendarstellungen (um 1460—1470).

Text des Spruchbandes:

Hie stán (stehe) ich selb achtend (selb acht) geschriben
Unser noch vil in der wälte sind beliben.

Text des Spruchbandes:

Der ist ain narr der das ewig leben git (giebt)
Umb das zergenklich zit (zeit)

Text des Spruchbandes:

Der ist ain narr der schweret vil
Umb dz (das) man im (ihm) nit glöben (glauben) wil.

Text des Spruchbandes:

Der ist ain narr der wätlich (stattlich) uff der gassen gat (geht)
Und waist (zeigt) dz (dass) er nuenz (nur) da haimet (heimat) hat (hat).

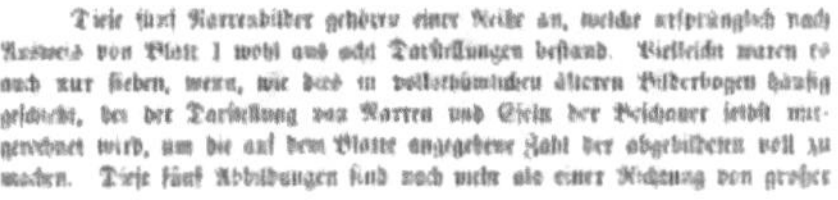

Diese fünf Narrenbilder gehören einer Reihe an, welche ursprünglich nach Ausweis von Blatt 1 wohl aus acht Darstellungen bestand. Vielleicht waren es auch nur sieben, wenn, wie dies in volksthümlichen älteren Bilderbogen häufig geschieht, bei der Darstellung von Narren und Eseln der Beschauer selbst mitgerechnet wird, um die auf dem Blatte angegebene Zahl der abgebildeten voll zu machen. Diese fünf Abbildungen sind nach mehr als einer Richtung von großer Wichtigkeit. Einmal sind sie bedeutend als Druckwerke. Es sind sogenannte Holztafeldrucke (Blockdrucke). Dieses Druckverfahren wurde vor Gutenbergs Erfindung, mit beweglichen Typen zu drucken, und einige Jahrzehnte nachher zur Verbreitung volksthümlicher kleinerer mit Bildern versehener Schriftwerke (z. B. Armenbibeln, Darstellungen der Passion — siehe Seite 63 — Illustrationswerken wie die Chiromantie — Seite 67 — Spielkarten) verwendet.

Auf Büchertiteln hielt sich dieser Blockdruck noch länger, weil es für eine Druckerei billiger war, sich die wenigen zu Titeln erforderlichen Zeilen in Holz schneiden zu lassen, als sich ganze Alphabete großer Buchstaben anzuschaffen (siehe den Titel „Der Pfaff vom Kalenberg“ auf Seite 66 und des „Bidpai“ auf Seite 67). Sodann sind diese Darstellungen wichtig als Repräsentanten und Überreste einer volksthümlichen Litteratur, von welcher deshalb nur noch wenige Reste übrig sind, weil solche Einzelblätter, ähnlich wie Flugschriften und Zeitungen, viel gelesen von einem zum anderen verborgt wurden, durch ähnliche neuere bald in Vergessenheit kamen, von Sammlern nicht aufgehoben wurden und schließlich verloren giengen. Ferner sind aber diese Narrendarstellungen nicht nur als Vorläufer des bedeutendsten Werkes dieser Litteraturgattung, von Seb. Brants „Narrenschiff“ (siehe Seite 73) zu betrachten, es ist sogar als sicher anzunehmen, daß Brant diese Holztafeldrucke kannte. Denn Brant hat in vielen seiner Kapitel den Anfang der Sprüche: Der ist ein Narr unverändert beibehalten (siehe Zarncke, Serapeum, Bd. 29, Seite 49—51). — Diese fünf Blätter gehören wohl noch in die Zeit von 1450—1470 und sind vielleicht in Ulm geschnitten. Sie sind nur in einem Exemplare bekannt, welches jetzt

Text des Spruchbandes:

Der ist ain nar der mit liegen vil
Die frommen lüt betriegen wil.

Herr Gutsbesitzer Dr. jur. Heinrich Apel in Ermlitz besitzt, welcher die Nachbildung für den Bilderatlas in zuvorkommendster Weise ermöglichte. Herr Dr. Apel erwarb diese kostbaren Blätter von der Weigelschen Buchhandlung in Leipzig, welche einst auch die 1872 öffentlich versteigerte bedeutendste Sammlung von deutschen Blockdrucken besaß. Jetzt giebt nur noch das monumentale Werk von „Weigel und Zestermann, die Anfänge der Druckerkunst, Leipzig 1866“ Zeugnis davon, welche Schätze der Art noch vor kurzer Zeit in Deutschland feil waren. Der Besitzer, T. O. Weigel, hatte vor dem Verkaufe die ganze Sammlung, welche so nie wieder zusammengebracht werden kann, der Berliner Bibliothek zu einem sehr mäßigen Preise wiederholt angeboten. Erst als sein Angebot wiederholt zurückgewiesen wurde, entschloß er sich dazu, diese Schätze einzeln zu versteigern. Er erhielt fast das Doppelte desjenigen Preises, welchen er in Berlin gefordert hatte. Natürlich giengen die Hauptstücke wieder ins Ausland, und Deutschland wurde wieder um eine Reihe seiner wichtigsten Culturdenkmäler ärmer, welche für Deutschland zu retten eine Ehrenpflicht aller Deutschen Bibliotheken und Kunstsammlungen gewesen wäre (vergl. Seite 96 zu Hans Sachs und Seite 220 zu Dalberg).

Eyn manūg d' cristēheit widd' die durkē

O Almechtig könig in himels tron
Der uff ertrich ein dorne crone Vñ
sin strijt baner vō blude roit Das heilge
crutze in sterbend' not Selb hat getragē
zu d' mart' grois Vñ dē bittn dot nacke
vñ blois Dar an umb menschlich heil
gelittē Vñ uns do mit erloist vñ erstrittē
Vñ den bosē fyant ub wūden Hilff uns
vorbas in allē stūden widd' unser fynde
durcken vñ heiden Mache en yren bosen
gewalt ledē Den sie zu cōstantinopel in
kriechē lant An manchē cristē menschē
begangē hant Mit fahen marcin vñ dot
slagē vñ ūsmehē Als den aposteln vor
zijtē ist geschehen Umb die xij stucke des
heilgen glaubē gut Halt xij die gulden
zale in hut Auch werden dis iar xij nu-
wer schim Visiteren die xij zeichē des him
mels din Als mā zelet noch dūi geburt
uffenbar M · cccc · lv · iar Siebē wochē

Erste Seite des ersten mit beweglichen Lettern gedruckten deutschen Buches: „Mahnung der Christenheit wider die Türken“, gedruckt von Gutenberg in Mainz 1454.

Flugschrift in Reimen auf das neue Jahr 1455, worin die geistlichen und weltlichen Fürsten auf die von den Türken drohende Gefahr aufmerksam gemacht werden. Nach dem einzig bekannten Exemplare der Münchener Bibliothek. — Der Drucker dieser neuen [illegible] Schrift ist nicht genannt, sie kann aber nur aus Gutenbergs Werkstatt hervorgegangen sein. (Siehe A. v. d. Linde, Gutenberg, Seite 46.47.) Trotzdem der Inhalt der Schrift klar beweist, daß sie nur für Neujahr 1455 im Jahre 1454 gedruckt sein kann, wurde zu beweisen versucht, daß sie zuerst 1472, und zwar nicht von Gutenberg, sondern von Pfister gedruckt sei. Wenn man jetzt [illegible] liest, kann man sich der Ansicht nicht verschließen, daß man diesen [illegible] aller Deutschen [illegible] der Münchener Bibliothek, der Königin aller Deutschen Bibliotheken, [illegible] gönnte und deshalb den Druck um fast zwanzig Jahre jünger machen wollte und ihn Gutenberg absprach. Bemerkt sei noch, daß der große runde Anfangsbuchstabe, sowie alle roten Striche vom Rubricator hineingemalt sind.

Ein Vaßnacht Spil der alt hannetanz
Der Jeck Schrollentrit ·
Hort yr herren yr schult verstan
Her kumpt auff disen plan
Von volck ain wild geschlechtt
Dorff mayd und Bawrenknechtt
Die wollen tantzen umb den han
Und von welhem Bawesman
Das pesstt wirt gethun on alle gefer
Es sey diser oder der
Dem wirt der han gegeben
Und der letzten ain pruch darneben
Darumb lieben herren seyt zuchtig an eym getreg
Und thut mir dem Bawrntanz nit zu eng :-
Der Bös ackertrapp ·
Pfeuff auff lieber spilman
Ich wil auch tantzen umb den han
Und wil den ersten reyen springen
Ich hoff mir schol gelingen heut gelingen
Das im die pruch und der han
Mit gewalt werd unnterthan :-

Anfang eines Fastnachtspieles: „Der alte Hahnentanz", welches im Index dieser Handschrift Cgm 714 dem Hans Rosenblüt zugeschrieben wird. (Vergl. übrigens: Keller, Fastnachtspiele, 1082.)

Über das Leben des Nürnberger Dichters Hans Rosenblüt (Hans Schnepperer) ist wenig Sicheres bekannt. Er ist wahrscheinlich in Nürnberg geboren, war dort Büchsenmeister und gieng vielleicht in späteren Lebensjahren in das Nürnberger Barfüßerkloster (wenn er mit dem gleichnamigen Prior desselben, welcher 1447 sich als Verfasser eines Spruches auf die Stadt Nürnberg nennt, identisch ist). Er dichtete im zweiten Drittel des XV. Jahrhunderts namentlich Fastnachtspiele, auch Wappensprüche, historische Sprüche, Erzählungen, moralische Betrachtungen, kleinere Gedichte (wie Klopfan, Priameln).

Erklärender Abdruck.

Vassnacht Spil der alt Hannentanez

Der Jeck Schrollentrit:

Hort yr herrn, yr schült[1] verstan,
Her kumpt auff disen plan
Van volck ain wild geschlechtt
Dorffmayd und Bawrnknecht,
Die wollen tanczen ümb den han
Und von welhem Baurssman
Das pesstt[2] wirt gethan an alle gefer,
Es sey diser oder der,
Dem wirt der han gegeben,
Und der leczten ain pruch[3] darneben
Darumb lieben herrn, seyt zuchtig an eynem ge-
Und thut mir dem Baurntanez nit zu eng (treng.[4]

Der böse Ackertrapp

Pfeuff[5] auff, lieber spilman,
Ich wil auch tanczen ümb den han,
Und wil den ersten reyen springen,
Ich hoff mir schol (gelingen) heut gelingen
Das mir die pruch und der han
Mit gewalt werd untterthan

1 sollt 2 beste 3 zuletzt eine Hose 4 Gedränge 5 pfeife

Hanns follcz von wurmß barwirer zu nürmbergh

Hans Folz.
Verkleinerte Nachbildung einer wahrscheinlich von Hans Schwarz gefertigten Zeichnung im Berliner Kupferstichkabinette. Hier zum ersten Male veröffentlicht. Die Unterschrift ist aus der Habelschen, jetzt Conradyschen Sammlung Folzischer Gedichte (Blatt 11a).

Das · a · b · c · im verporgen thon
Ich hab gehöret offt und vil
Von meystergsang wunder und tol
Das man es lopt fur alle spil
So man pey dem gemein folk hat
Und zwar es mag etwas dran sein
Wo durch wer kunstiger

Solich gesang wirt componiert
Durch schon geplumpt liplich wort
Und von ein meyster der die zirt
Auss worer schrifft vor nem den hort
Auch vil sunst het gehort dar pay
Dar durch offenbar wer

Anfang eines eigenhändigen Gedichtes von Hans Folz.
Aus dem Sammelbande meist von Folz selbst geschriebener Gedichte aus Habels Sammlung, jetzt im Besitze des Herrn Kreisrichters a. D. Conrady in Miltenberg (von Blatt 31a).

Erklärender Abdruck

Das a · b · c · im verporgen thon[1]

Ich hab gehöret offt und vil
Von meystergsang wunder und tol,
Das man es lopt fur alle spil,
So man pey dem gemein folk hat:
Und zwar es mag etwas dran sein,
Wo durch wer kunstiger.[2]

Solich gesang wirt componirt
Durch schon geplumpt[3] lipliche wort,
Und von ein[4] meyster, der die zirt[5]
Auss worer schrifft vor nem,[6] den hort
Auch vil sunst het gehort dar pay,
Dar durch offenbar wer

1 Verborgenen Tone 2 wodurch er (einer) mit Kunst begabt ist 3 geblümte 4 einem 5 Zierde 6 [illegible]

Hans Folz, der fruchtbare Nürnberger Dichter von Fastnachtspielen, Meistergesängen, Sprüchen und Schwänken, war gebürtig aus Worms und lebte in Nürnberg als Barbierer (Wundarzt). Über sein Leben ist wenig bekannt, seine Blüthezeit fällt in das letzte Viertel des XV. Jahrhundert; vor dem 6. September 1515 muß er gestorben sein. Hans Sachs zählt ihn unter die zwölf großen Meister der Singkunst.

wider dē pōsē rauch i der flam
weis ein liet von dem lob der ee
¶ hans folcz barwirer

a.

Man sagt recht was man wol dar von
ein gütig hausfraw ist ei kron
vñ zepter aller eren

ein frölich weib vñ tugenthafft
ist yres manes andre crafft
dar mit er sich mag weren

vor süchten wollen vñ vor pen
teüfflischer zaubereye
vñ ist vor alles fremd begern
sein ōberste erczneye
wan mit yrem freüntlichē gruß
ist sie d̄ edelst tiriack
d̄ ym dut alles kumers pus

b.

a. Titel, b. Vers aus dem in der „Flammenweiße“ von Hans Folz gedichteten Meistergesange: „Wider den bösen Rauch, ein Lied vom Lobe der Ehe“ (gedruckt etwa 1480).

Nach dem Exemplare der Wolfenbüttler Bibliothek.

Ein fasnacht spil vō den die sich
die weiber nern lossen
¶ Hans folcz barbirer

Titel eines Fastnachtspieles von Hans Folz (gedruckt etwa 1480).

Nach dem Exemplare der Wolfenbüttler Bibliothek. Das Büchlein ist, wie die meisten der gleichzeitigen Drucke solcher Fastnachtspiele, nur einen Bogen stark. Obgleich sich dabei wegen vieler Anfangs- und Schlußverse ein ganzes Fastnachtspiel zur Wiedergabe geeignet hätte, so mußte doch davon abgesehen werden, weil ihr Inhalt zu schmutzig ist.

Itē ei krieg dē der dichter dises spruchs gehapt hat wid einen iuden mit dē er wandret vñ wie er im all sei frag verātwurt vñ yn in seier eygen schrift überwāt vñ beschloß als das nachfolgēt gedicht clar erzelt vnd aus weyst

Gedruckt vō hansē volczē vō wurmß barwirer wōhafft zu nurmberg Jm M c c c c vñ lx x ix Jare

Titel eines Spruches von Hans Folz: „Krieg wider einen Juden“ (Disputation mit einem Juden). Gedruckt von Hans Folz von Worms, Barbierer, wohnhaft zu Nürnberg, 1479.

Diese Druckanzeige beweist, daß Folz aus Worms stammt und in Nürnberg eine Druckerei hatte. Er hat wahrscheinlich auch noch andere seiner Schriften selbst gedruckt. — Nach dem Exemplare der Münchener Bibliothek.

Eyn liet genant der pōß rauch
Jn der flam weis

Titel eines Meistergesanges von Hans Folz: „Der böse Rauch“, in der Flammenweiße gedichtet (gedruckt etwa 1480).

Nach dem Exemplare der Wolfenbüttler Bibliothek.

Ein schon Mayster g
sang: wye die groß vnnd mechtig S
Troya zerstört warde. Durch die Sch
nen Konigin Helena auß Kriechenla
Jn des Regenbogen langen thon.

Titel eines Meistergesanges von einem unbeka Meister: „Wie die große und mächtige Stadt T zerstört wurde durch (d. h. um) die schöne Königin H aus Griechenland. In des Regenbogen langem T verfaßt.

Druck aus dem Anfange des XVI. Jahrhunderts. — Original i Erlanger Universitätsbibliothek

Michel Behaim (1416 bis nach 1474).

cccix

Dise gedicht sten in michel pehams sleg weis und
sagt das erst in den noten von der anvechtung
die in ubte zu geticht als er zu tichten anving

Ich michel peham von weinsperg sultzbach
Lass mich geticht petzwingen was ich pegin in mein sach
So muss ich allzeit singen all mein pegir sein mir
Sein mir pekumert mit getichte

Das mich die torhait nit lassen wil des han ich
wider driesse wann es pekumert mich zu vil ich
welt das mich verliesse mein tumer sin darin so
pin ich gar verbichte

Eine Seite aus der eigenhändigen Gedichtsammlung Behaims, welche sich in der Münchener Bibliothek befindet. (Cgm 291.)

Erklärender Abdruck.

Dise geticht sten in Michel Pehams sleg weis, und sagt das erst in den noten von der anvechtung, die in ubte zu geticht, als er zu tichten anving

Ich Michel Peham von Weinsperg Sultzbach
Lass mich geticht betzwingen
Was ich pegin[1] in meinen sach,
So muss ich allzeit singen:
All mein pegir[2]
Sein[3] mir
Pekumert[4] mit getichte.
Das mich die torhait nit verlassen wil
Des[5] han ich widerdriesse,[6]
Wann es pekumert[4] mich zu vil
Ich welt[7] das mich verliesse
Mein tumer sin,
Darin
So pin ich gar verbichte[8]

1 beginne 2 Begierden 3 sind 4 bekümmert, eingenommen 5 deren 6 Überdruß 7 wollte 8 verpicht

Nebenstehend:

Wappen und Namen des Michel Behaim aus derselben Münchener Handschrift.

Michel Behaim (Peham), der an Fürstenhöfen herumfahrende Meistersänger, geb. 27. Sept. 1416 zu Sülzbach an der Sulm (bei Weinsberg). Er gab das Weberhandwerk auf, war von etwa 1439—1448 im Dienste Konrads von Weinsberg, dann namentlich bei Markgraf Albrecht Achilles von Brandenburg, Herzog Albrecht VI. von Österreich, König Ladislaus von Ungarn, Kaiser Friedrich III., Pfalzgraf Friedrich I. in Heidelberg. Nach einem bei Sülzbach stehenden Sühnkreuze wurde er als Schultheiß seiner Vaterstadt nach 1474 dort erschlagen. — Neben zahlreichen eigentlichen Meistergesängen verfaßte er namentlich Beschreibungen der historischen Ereignisse, welchen er in seinem bewegten Leben beigewohnt hatte. So besang er den Türkenkrieg von 1456, die Belagerung von Wien 1462 und verfaßte ein Leben Pfalzgraf Friedrichs I.

Heinrich von Laufenberg (bis um 1458); Deutsche Passion (Holztafeldruck um 1450); erste gedruckte Deutsche Bibel (1466).

Heinrich von Laufenberg.

Farbige Miniatur vom vorderen Blatt der Handschrift seines Werkes: „Buch von den Figuren". Die Inschrift auf dem Spruchbande lautet: Heinrich · ze · Friburg · dechan · Vohet · hie · ze · dichtende · xx. — Aus dem Werke von Ch. M. Engelhardt, Der Ritter von Staufenberg, Straßburg 1823 (Tafel 10).

Heinrich von Laufenberg, der bedeutendste Dichter geistlicher Lieder des XV. Jahrhunderts, aus Laufenberg am Rhein, ist zuerst 1434 als Dekan des Moritzstifts in Zofingen nachweisbar, war später Dekan in Freiburg, trat 1445 in das Johanniterkloster „zum grünen Werde" in Straßburg, starb 1458 oder kurz darauf. — Seine innigen geistlichen Lieder sind theilweise Umdichtungen von Volksliedern (z. B. das Lied: „Ich wölt, daß ich daheime wär"). Er verfaßte auch die mystischen Gedichte „Der Spiegel des menschlichen Heils" (1437) und das „Buch von den Figuren" (1441). Auch waren Predigten von ihm erhalten. Alle diese Handschriften giengen an dem verhängnißvollen 24. August 1870 bei der Beschießung Straßburgs mit anderen unersetzlichen Schätzen (z. B. Herrad von Landsberg und andere wichtige Handschriften, von denen einige an betreffender Stelle in diesem Werke namhaft gemacht sind) in Flammen auf, da sie nicht rechtzeitig vorher sicher geborgen wurden. Der jetzige Stadtarchivar Herr Brucker rettete sein Straßburger Stadtarchiv während des heftigsten Kugelregens, allerdings mit pflichtgemäßer Daransetzung seines Lebens.

Rûder Ambrosius d
hat vns bracht ein clei
ne gab. Do mit hat er
auch bracht die aller
süsten brieffe die võ dẽ
angang d fründtschaft
der glaubẽ prjund der
bewerten glaubens vñ
auch alter fründtschaft
hab wir aufgesprochẽ
Wañ worum das ist ein wore notturftikeit · vnd
ist zůsamen gefügt mit dẽ leym cristi · die nit heim-

Zu der non zeit
rufft ihus mit lawt
ter stym mein got
mein got wie has-
tu mich verlossen
vnd neygt sein ha-
ubt vnd enpfal
seinen gaist seinem
himelischen vater
herr kum vns zehilf

Zwei Blätter einer Deutschen Passion aus der Mitte des XV. Jahrhunderts.

Der Text ist Holztafeldruck, das Bild Metallschnitt. Aus einer Folge von 32 Blatt (16 Blatt Bilder in Metallschnitt, 16 Blatt Text in Holztafeldruck), welche sich im Besitze des Rittergutsbesitzers Herrn Dr. Jacobs Apel zu Ermlitz befinden. — Die Blätter sind nur auf einer Seite bedruckt und ermitteln den Passionsinhalt, primitiv graviert l. 50. Herr Dr. Apel besitzt noch 15 Blatt aus einer anderen, noch unbeschriebenen Deutschen Passion, welche etwa um 1400 geschnitten ist. — Die beiden Blätter sind hier als Beispiel volksthümlicher Deutscher Erbauungsschriften wiedergegeben. Diese Deutschen Passionen gehören zu den größten Seltenheiten.

In dẽ angang beschůff got
den hymel vñ die erde: wañ
die erde wz eytel vñ lere · vñ
vinster waren auff dem ant-
lütze des abgrundes: vñ der
geist gots ward getragẽ auf
die wasser. Vñ got d sprach
liecht werde gemacht. Vnd
das liecht ward gemacht · vñ got d sache dz liecht
das es ward gůt · vñ er teilt dz liecht von der vin

Erklärender Abdruck

Zu der non zeit (neunten Stunde des Tages, 2—3 Uhr) rufft *Jesus* mit lauter stym: mein got, mein got, wie hastu mich verlassen, und neigt sein haubt und empfal seinen gaist seinem himelischen vater, herr kum uns zehilfe.

Wie groß ist nicht der Unterschied gerade des gleichzeitigen Textes dieses Holztafeldruckes von den ersten Erzeugnissen Gutenbergs und seiner Nachfolger!

As bůch des geschlechts ihe-
su cristi des suns dauids: des
suns abrahams. Wañ abra-
ham gebar ysaac: wañ ysaac
gebar iacob. Wañ iacob ge-
bar iudas vñ sein brůd: wañ
iudas gebar phares vnd zarã
võ thamar. Wañ phares ge-
bar esrom. Wañ esrom gebar aram. Wañ aram
gebar ammmadab: wañ ammimadab gebar naasõ

Drei Stücke aus der ersten gedruckten Deutschen Bibel, und zwar Anfänge der Vorrede des Hieronymus, des alten und neuen Testamentes.

Es ist nachgewiesen, daß diese erste Bibel 1466 zu Straßburg bei Eggestein gedruckt ist. Sie ist zweispaltig in Folio gedruckt und gehört zu den höchsten Deutschen Incunabeln. Die anderen derselben bis zum Jahre 1518 erschienenen Drucke der Deutschen Bibel sind unter Zugrundelegung dieser ersten gedruckten Bibel hergestellt.

Johannes Hartlieb († 1471—1474).

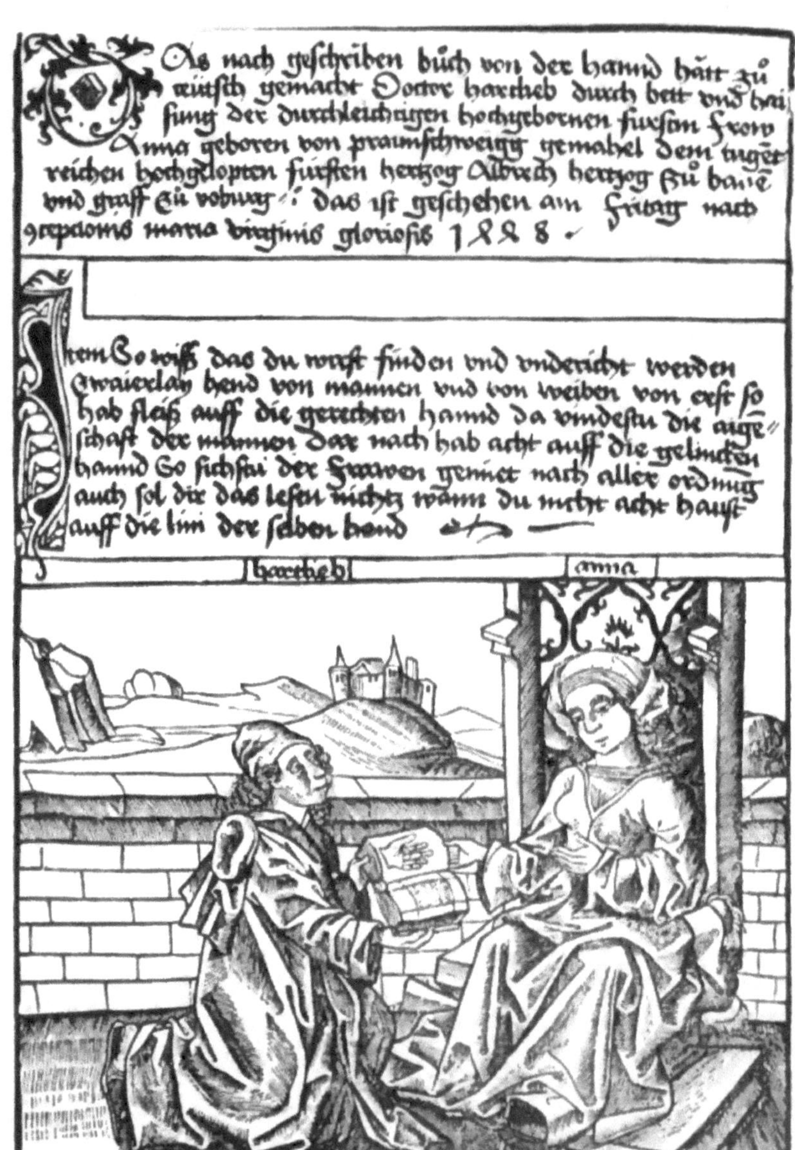

Zweiter Titel der Chiromantie des Johannes Hartlieb vom Jahre 1448.

Holzplattendruck, geschnitten von Jörg Schapff in Augsburg (um 1470 nicht gedruckt?). Vergl. über Holztafeldrucke oben Seite 50—56. — Nach dem Exemplare der Münchener Hofbibliothek.

Johannes Hartlieb, geboren wahrscheinlich zu Neuburg a. d. Donau, studierte in Wien, war am Hofe Albrechts VI. von Österreich, seit 1440 in München als Leibarzt des Herzogs Albrecht III. von München. Bei dessen Nachfolger Siegmund war er in derselben Stellung. Er starb zwischen 1471 und 18. Mai 1474. — Hartlieb übersetzte namentlich: die „histori von dem großen Alexander, wie di Eusebius beschriben hat“ (zuerst gedruckt 1472; Hartlieb's verbreitetstes Buch, wie die zahlreichen Handschriften und Drucke des XV. Jahrhunderts beweisen). Seine angeblichen Übersetzungen: „das buch Ovidii von der liebe zu erwerben auch die liebe zu verschmehen“ (zuerst gedruckt 1482) ist die Vereinigung zweier früheren Tractate, gleichfalls angeblicher Übersetzungen (Das puch von lieb und mine nach Andreas Capellanus, und: Das puch Alberiani von der laudigung der lieb und mine).

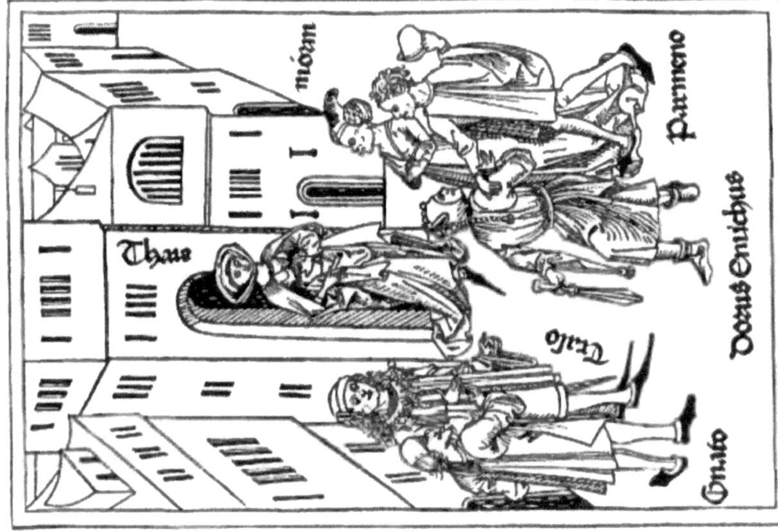
xxxi

Der ander tail deß dritten underschaides · Bracht Parmeno die gab von Phedria vor der Thais hauß als sie gan wolt mit dem Traso essen · Die befalch sie ir wol zebehalten und gieng · Do schickt Traso den gnato für das er hieß das nachtmal beraiten ·

Eine Seite mit Kupferstich aus der Übersetzung von Terenz' „Eunuchus" vom Jahre 1486.

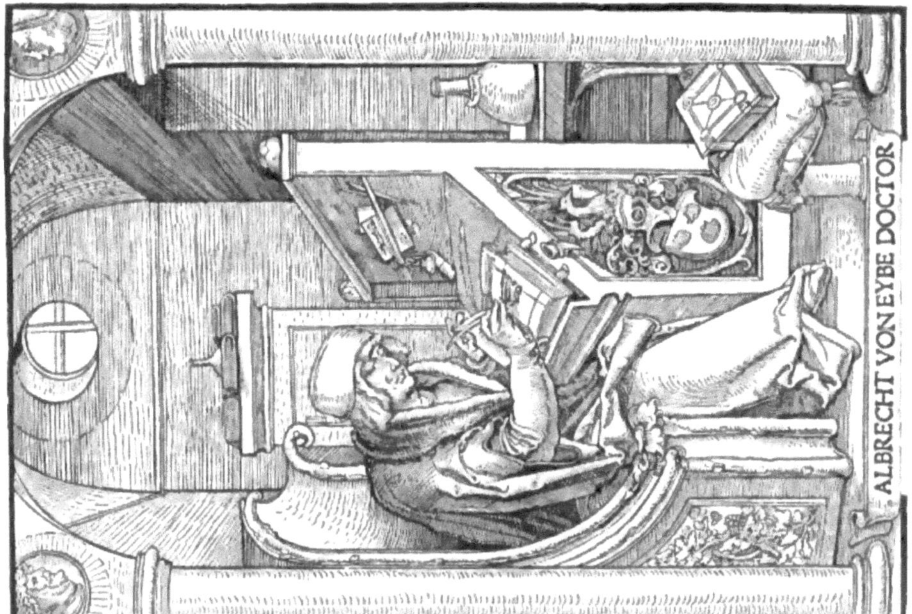

Albrecht von Eybe.

Holzschnitt aus dem „Spiegel der Sitten" 1511. — Nach dem Exemplare der Münchener Bibliothek.

Albrecht von Eybe, geb. 24. August 1420 auf Schloß Sommersdorf, studierte und promovierte zu Pavia als Jurist, war Archidiaconus zu Würzburg und Domherr zu Bamberg und Eichstätt, wo er den 24. Juli 1475 starb. — In seinem, erst 1511 zu Augsburg gedruckten „Spiegel der Sitten" sind die Plautinischen Comödien „Menächmi und Bacchides" bearbeitet, doch durchaus im Deutschen volkstümlichen Geiste, so daß sogar statt der Lateinischen Namen Deutsche eingesetzt sind. — Am verbreitetsten war sein 1472 zuerst gedrucktes, in vorzüglicher Prosa abgefaßtes, dem Rathe der Stadt Nürnberg gewidmetes Ehebuch: „Ob einem manne sei zu nemen ein eelich weibe oder nit."

a.

Jn sollicher mensch würdt recht gegleichet aim man der fioch einen lewen der yn iagt/vnd kam zů ainem dieffen brůnnen vñ ließ sich dar ein vnd hůb sich mit seinen henden an zway claine reislen·So bei ende deß galbrůnnen gewachsen warend/vnd sein fůß satzt er auff ain waltzenden stain/vnd sach vor ym her gan vier tiere die mit geduckten haubten vnd yn begertñ zůuerschlinden/vnd da er sein gesicht von ynen zů tal kórte da sach er ainen greuselichen trachen mit auff getanem můnd vnder ym im grůnde deß brůnnen/berait yn in seinen giel zů enpfachen/vnd nam war das bei den zwaien reisen daran er sich hůb ain schwartze vnd ain weisse mauß waren die ab zenagen nach irem vermügen· Dieser mensch da er in so grossen engsten stůnd vnd nit west wann sein end was da ersach er neben ym zwüschen zwaien stainen ein wenig hónigsams/dauon leckt er mit seiner zůngen/vnd durch entpfindung der clainen süssigkait vergaß er ym selber für zů sehen wy er von seiner angst geledigt werden móch biß das er viele vnd verdarb· Jch geleich den brůnnen diser welt/die vier tiere die vier element von den alle menschen zům tod gefordert werden/die zwai reiß das leben des menschen/die weiß mauß den tag/die schwartz maüß die nacht die stetz das leben deß menschen ab nagend/durch den trachen das grab deß menschen das sein alle stund wartet das wenig hónigsam der zergengklich wollust dieser welt durch den sich manig mensch in ewige vnrůw versenckt·

b.

Nebenstehend:

a. b. Holzschnitt und eine Seite Text aus der ersten Ausgabe des Deutschen „Bidpai“, gedruckt zu Ulm bei L. Holle 1483.

Nach dem Exemplare der Münchener Bibliothek. — Antonius von Pforr übersetzte dieses „Buch der Beispiele der alten Weisen“ aus dem Lateinischen oder Italienischen. Es ist eine Indische Fabelsammlung. [illegible] Deutschland fanden, ist daraus zu ersehen, daß sie im XV. und XVI. Jahrhundert in mehr als zwanzig Ausgaben gedruckt worden.

Das bůch Gesta Romanorū·der rómer·von den geschichtē·oder geschehen dingen gaistlichen·vnd weltlichē·

c.

Hie endet sich das bůch dz genant ist zů latein Gesta romanorum/zů teutsch dz bůch von den geschichten oð geschehen dingen der rómer/gedrucket von Hannsen schobser in der stat Augspurg Anno dñi M·cccc·lxxxix·jare am abend Mathie des heiligen czwelffpoten·

d.

c. d. Titel (Blockdruck) und Schlußschrift (Typensatz) der ersten Ausgabe der 1489 erschienenen Übersetzung der Lateinischen Sammlung fabelhafter Geschichten „Gesta Romanorum“, „der Römer Geschichten“.

Das Buch ist in Folio. — Nach dem Exemplare der Münchener Bibliothek.

Die geschicht des pfarrers vom Kalenberg·

e.

Hie will der pfarrer mit dem creütz gan vñ nam die pauch für einen fan

f.

e. f. Titel (Blockdruck), ein Holzschnitt aus der ersten Ausgabe der poetischen Schwanksammlung des Philipp Franckfürter aus Wien: „Geschichte des Pfarrers vom Kalenberg“.

Auf beiden Pfarrer, Weigand von Theben, sind, wie auf den Pfaffen Amis (siehe Seite 44) und Eulenspiegel (siehe Seite 51) verschiedene [illegible] Schwänke übertragen. Einige dieser Schwänke kommen auch in [illegible] Sammlungen vor. Die erste, nur in einem Exemplare der Hamburger Stadtbibliothek erhaltene Ausgabe erschien gegen Ende des XV. Jahrhunderts.

Dieselbe Illustration aus der Gülfferich'schen Ausgabe des „Pfarrherrn vom Kalenberg“ (Frankfurt a. M. 1550).

Sie zeigt, in welcher Weise im XVI. Jahrhundert die älteren illustrierten Werke für [illegible] bisher verändert wurden.

Von der edeln vnd grossen stat Ghanbalu·

Vor alten zeyten in dem landt zu cathay was eyn stat genāt Ghanbalu | das ist mit vns als vil gesprochē die stat des herñ· Dem keyser wart gesagt durch dy grossen meyster vnd astrology wie er die stat solt verliesen vñ wurdt im genumē | vō stund liess der herr die stat zuprechen | vñ liess die seczen auff dy anderñ seytē genhalb des wassers | vnd liess machen die mawer vmb dy stat von vier vnd zweynczig meylñ· Ich meyn welisch meylñ | der allweg fünf vnser eine ist· Dy stat ist viereckt | vñ allweg vō eyner eck zu der anderñ sein sex meylñ | dy mawer ist von ertrich gar hoch wol zchē schrit in dem ertrich vñ in der höch dreyssig schrit· Dy stat hat vierzehē portē vñ auff itlichē portē eyn schön pallast | vñ im itlichē eck ð mawer ein anð grosser pallast dar in der keyser helt harnysch vñ zeüg zu dem krieg·

Ein Stück aus der Deutschen Bearbeitung der „Reisen des Marco Polo“, von Seite 31ᵃ der ersten, 1470 von Fricz Creusner in Nürnberg gedruckten Ausgabe.

Nach dem Exemplare der Münchener Bibliothek. — Der Venetianer Marco Polo hatte 1271—1295 große Reisen in das Land des Großen Khans gemacht und ist der erste Abendländer, welcher von einem größeren Theile Asiens sichere Kenntniß erhielt. Er verfaßte seine Reisebeschreibung 1298 (1307) und starb 1323.

Wo ist ein andere insel do seid vnsauber lewt jnnen die habent nit häupter· vñ steend jnē die augē an dē achselen· vñ der mund stet in mitten an der prust. vnd ist in krum als ein hüffeysen· vnd habend gar grosse augen·

Stück (von Blatt 61ᵃ) aus der ersten datierten Ausgabe der vom Meyer Domherrn Otto von Diemeringen um 1470 verfaßten Deutschen Bearbeitung der Reisebeschreibung des „ritters herr hannsen von montevilla“, gedruckt von Anthoni Sorg in Augsburg 1481.

Nach dem Exemplare der Münchener Bibliothek. — Johannes Mandeville, geb. in St. Albans in England, gest. am 17 November 1372 zu Lüttich, hatte 1322—1356 namentlich Palästina und Syrien bereist. Sein Reisebuch ist voll phantastischer Geschichten, welche aber dem Volk mehr zusagten als die wissenschaftlichen, nüchternen Beschreibungen des Marco Polo. Es wurde daher in vielen Ausgaben gedruckt und wird noch jetzt als Volksbuch „gedruckt in diesem Jahr“ neu aufgelegt und vom Volke gekauft.

Hie hebt an ein tütsche. Cronica von anfang der welt vncz vff keiser fridrich.

Adam was des ersten alters der welt/ ein anfang.

Noe was deß andern alters anfang zů des zyten als man zelet vō anfang der welt· ii· tusend· vi^{c} lii· iar was die hinflůt

Archa noe hett an der lengē· iii^{c}· elenbogen. Ein elnbog hāt· x· schůch.

Cam noe sun/ ward zoroastres genēmet ein künig bactrianorum·

Belus der erst künig in Assiria/ fieng an ze regnieren von Adam· ii· tusend· vi^{c} liiii· iar· den ōch vil der alten/ ninum nemend.

Triel ward von Trebeta gebuwen/ zů den selben zyten als er syner můter vnküscheit geflohen was.

Ninus (als Orosius sagt) regnieret in assiria zů den zytē abrahe/ dz was vō adā· iii· tusent· i^{c} lxxxiiii· iar·

Deß nini wyb Semiramis geheissē/ regnieret nach im in gestalt ires sunes ninie.

Vō abrahā zů der geburt xp̄i warē· ii· tusent· xv· iar

Die geburt cristi was/ in dem zwei vnd fierczigisten iar/ der regierung des keisers Octauiani.

Plagen deren von Egipten waren· viii^{c}· iar vor dem anfang Rom der stat.

Pentapolis das rychest künigrych also genēmet vō den fünff stetten dar inn gelegen/ das ist Sodoma· Gomorra· Adaman· Sobaim· Segor· verbran/ als Orosius schrybt vor dē anfang rom tusent· i^{c} lx· iar

Der dürr bōm stat vnden an dem berg mambre/ vnder dem leret abraham/ die von Egipten die künstē des gestirns vnd der zal·

Nebenstehend:

Erste Seite der ersten Ausgabe der ersten gedruckten „Deutschen Weltgeschichte“, gedruckt in Ulm bei Johann Zainer 1473.

Nach dem Exemplare der Münchener Bibliothek. — Verfasser ist der Ulmer Arzt Heinrich Steinhöwel (geb. 1412, gest. 1482), welcher den Roman „Apollonius“ bearbeitete, Boccaccio's „Decamerone“ übersetzte und die Fabelsammlung „Äsopus“ verfaßte.

Von schaden der trunckenheyt

Auicēna spricht/ dz emsige trunckenheyt ein vil schedlichs böß ding sey/ sy zerstört die natur des leichnams vñ verderbt das geäder Also das ð mēsch lam würt vnd zyttrende gelider gewynet/ vnd kompt dar von apoplexia/ das ist der gäch tod/ vñ verlast die natür lich wyrme/ vnd ðdämpft vñ macht den mēschen/ ð ir pfligt/ ee zeyt gra/ alt vnd vngestalt/ vñ darumbe sol sich ein yegclich mensch dar vor hüten

Ein Stück der ersten Ausgabe (von Blatt 17ᵃ) des ersten gedruckten Deutschen populären medicinischen Lehrbuches „Regimen sanitatis, von ordnung (Regiment) der gesuntheyt“. Gedruckt 1482 zu Augsburg von Hanns Bämler.

Nach dem Exemplare der Münchener Bibliothek. — Bearbeitung des „Regimen sanitatis Salernitanum des Arnoldus de Villanova“.

Das nuczlich bůch vō ordnūg ð gesuntheyt/ hatt getruckt vñ vollēdet· Hanns Bämler zů Augspurg· an sant Jörgē awbēt· Anno ꝛc im· lxxxii· iar·

Schlußschrift des Deutschen „Regimen sanitatis“ 1482.

Nebenstehend:

a—g.

Das Volkslied von „Hildebrant"

Straßburger Druck aus dem Ende des XV. Jahrhunderts. Ein Blatt in 4°. — Nach dem Exemplare der Erlanger Universitätsbibliothek.

Der edle Hilte brant.

a.

ICh will zu land vß ritte sprach sich meister Hiltebrant. d mich die weg wise. gen Bern in die land. die synt mir gar vnkund gewesen vil mengen lieben tag. in zwey vnd trisig jaren fraw vten ich nye gesach.

¶ Wiltu zu lande ritte sprach sich hertz og amelung. was begegnet dir vff der heyde eyn schneller tegē iung. was begegnet dir vff der marck deyn sun her alebrāt. ia rittestu salb zwolff te von ym wurdestu an gerant.

¶ Ja renet er mich one in synē vber mut. ich zerhowe im syn grunē schilt es thut im nymer gut. ich zerhow im syn bringe mit eynem schirme schlag das er ein gantzes iar fraw vten hab zu clagen.

¶ Dz ensolm nit enthō sprach sich von bern her dietherich wan der sun her alebrant. ist mir in truwē lieb du solt im frunt sprechen zu durch deyn willen myn. das er dich laß ritten als lieb ich ym mog syn.

b.

¶ Do er zu dem roß garten vß reit wol in des berners marck. do kam er in groß arbeit von eynem heldē starck von eynem helden iunge ward er an gerant. nū sag an du vil alter wie stat es in dynem land.

¶ Du furest dyn harnesch luter vñ clar rech du syest eyns kuniges kint du wilt mich iungen helden mit gese hen ougen machē blind. du soltest do heyme bliben vnd haben gut gemach ob eyner heissen glute d alt lachet vñ sprach

¶ Solt ich do heyme bliben vñ ha ben gut huß gemach. mir ist by allen mynen tagen zu reisen vff gesatz. zu reisen vnd zu fechten. bis vff myn hy ne fart. das sag ich dir vil iunger dar vmb grawet mir myn bart.

¶ Dyn bart will ich dir vß roffen das sag ich dir vil alter man. das dir das rosen farbe blut vber die wangē muß ab gan. dyn harnesch vnd dyn gruner schilt den must du mir die vff

c.

gebē. dar zu biß myn gefangner wilt du behalten dyn leben.

¶ Myn harnesch vñ myn gruner schilt die hont mich dick ernert. Ich truwe wol crist von hymel ich wolle mich dyn erweren. sy liessen von den worten sy zugend bey d zwey scharffe schwert. was die zwen helden begerē ten das wurden sy gewert.

¶ Ich weiß nit wie der iunge dem alten gab ein schlag. das sich der alte hiltebrant von hertzen ser erschrack. er sprang hinder sich zu rucken woll siben claffter wyt. nun sag du vil iun ger den streich lert dich eyn wib

¶ Solt ich von wiben lernen daß wer mir ymer eyn schand. ich hon vil ritter vnnd knecht in mynes vatters land. ich hon vil ritter vnd knecht an mynes vatters hoff. was ich nit gelet net hon das lern ich aber noch.

¶ Er erwischet in by der mitten do er am schwechsten was. er schwang yn hinder sich zu rucken wol in daß

d.

grune graß. nun sag du mir vil iūger dyn bicht vatter will ich wesen. bistu eyn iunger wolffinger vō mir magst du wol genesen.

¶ Der sich an alte kessel ribet der em pfacht gern ram. als geschicht dir vil iunger wol von mir alten man. deyn bicht solt u vff geben vff disser heiden grien. das sag ich dir vil eben du iun ger helde kyn.

¶ Du sagst mir vil von wolffen sye louffen in dē holtz. ich byn eyn edler tegen vß kriechen lande stoltz meyn mutter heist fraw vte eyn gewaltige hertzogin. so ist hiltebrant der alte d liebste vatter myn.

¶ Heist dyn muter fraw vte eyn ge waltige hertzogin. so bin ich hiltbrāt der alte der liebe vatter din. er schloß ym vff syn guldin helm er kust yn an synen munt. nun muß es got gelobet syn mir synd noch beid gesund

¶ Ach vatter liebster vatter mi die wunden die ich dir hon geschlagen.

die wolt ich dryster lieber in minem houpt tragen. nun schwig lieber sun den wunden wurt noch gut rat. syt das vns got al beide zu samen gefu get hat

¶ Das weret von der none biß zu der vesper zyt. bis das der iunge ale brant gon bern yne reit. wz furt er vff synem helme von gold eyn krentzlin. was furt er an siner siten den liebsten vatter syn

¶ Er furt yn in syner muter huß er satz in oben an den tisch vber sich. dz ducht syn muter fraw vte gar vnbil lich. ach sun myn ist dir der erē nit zu vil. das du eyn gefangen man setzest oben an den tisch es wer nit myn wil

¶ Nun schwigen liebste muter vñ lond vch sagē. er hat mich vff der hey de gar nach erschlagen. vñ hörēt liebste muter kein gefangner sol er nit sin es ist hiltebrant der alte d liebste vat ter myn.

¶ Ach liebste muter nun hyt ym zucht vnd ere. als hiltebrant der alte mit ir lebt hyn fur mer. in synem huß vnd gemach. do mit hiltebrant der alte lebt hyn fur mit gemach

¶ Getruckt zu Straßburg.

g.

162

Seyfrid auss nider lande der ist euch wol be-
kant nach eren streit sein hende des sult ir
sein ermant das du solt mit im fechten wa
er ist ein kuner man [illegible] allen reynen mer
[illegible] so saltu in bestan
Pusolt wol zu der stunde den degen [illegible]
das thun ich wolfhart kunde der sol besten
den degen slug wolfhart in zu dode dem
[illegible] man des kam er mit in node [illegible]
[illegible] kein sunde dar an
Der wil uns den bestenne den ryssen ortwein
[illegible]
[illegible]
[illegible]
[illegible]
Der besten uns den ryssen der ist [illegible]
[illegible]
[illegible]
[illegible]
leben lat
[illegible]
[illegible]
[illegible]
funden han der rysse heim so reuchen der sol
uns den bestan

Blatt 162[b] der 1472 von Kaspar von der Roen für den Herzog Balthasar von Mecklenburg-Schwerin zusammen mit noch einem andern unbekannten Schreiber geschriebenen Sammlung Deutscher Heldengedichte.

Jetzt in der Dresdener Bibliothek. — Dieser Text ist aus dem „Rosengarten" (siehe oben Seite [illegible]).

Laudetur sancta trinitas deo dicamus gracias
Noch crist gepurt 1472 iar ist es ge-
schriben worden von mir kasper von der
Roen [illegible] von [illegible] in francken
In festum pasce das ist in der osterwuche [illegible]

Schlußschrift Kaspars von der Roen zu seiner Abschrift des „Rosengartens" Blatt 176[a].

Laudetur sancta trinitas deo dicamus gracias. Noch crist gepurt 1472 iar ist es geschriben worden von mir Kasper von der Roen [illegible] in francken. In festum pasce, das

Aus dem ältesten Drucke des „Heldenbuches" (1477?).

Bilder und Druckprobe aus dem ältesten Drucke des „Heldenbuches". Dieses ist wahrscheinlich zu Straßburg 1470—1480 gedruckt.

Es enthält auf Blatt 1ᵃ—44ᵇ den Ortnit, 45ᵃ—215ᵇ den Wolfdieterich [illegible], 217ᵃ—[illegible] den großen Rosengarten, [illegible] den kleinen Rosengarten (Laurin). Es ist in zwei Spalten in Folio gedruckt, jede Spalte enthält durchschnittlich 30 Zeilen. Der Druck ist weder foliiert noch [illegible] — [illegible] sind das [illegible] und das [illegible] Exemplar.

Die reüfft Elberich dem heidnischen künig den bart auß

a.

Die streit Wolfdieterich mit Baldemar dem risen in dem wald/der ein stehelin stang het/vnd über alle baum außgieng/vnd schlůg in zů tod/

b.

Die streit ein leo vnd ein lintwurm mit einander vnd kam wolfdieterich dem leo zů hilffe

c.

Die hencket münch ylsan die münch mit den berten über ein stang vngedultig waren/das er in die krentzlein in ir haube gerucket het

d

Erklärender Abdruck der Stelle „Rosengarten" aus Kaspar von der Rhöns Sammlung.

1. Saitfrid[1] aus Niderlande der ist euch wol bekant,
nach eren[2] streit sein hende. des solt ir sein ermant,[3]
das du solt mit im[4] fechten, wan[5] er ist ein kuner man,
mit allen deynen mechten so soltu[6] in bestan.[7]

2. Pusolt wol zu der stunde den degen[8] unverweggn,[9]
das thun ich Wolfhart kunde, der sol besten[7] den degen.[8]
slug[10] Wolfhart in zu dode, denn ungetauften man,
des[11] kein[12] er nit in note,[13] er thet[14] kein sund[15] daran

3. Wer wil uns den bestene[7] den rysen[16] Ortwein?
Segestraf nen[17] ich denne. der sol sein kempffer sein,
der wolt durch[18] streites willen streites nie gelan[19]
Segstraf sol Ortwein stallen[20] und sol in auch bestan.[7]

4. Wer besten[21] uns den rysen,[16] der ist gehaysenn Strutan?
der streit so ungewissen, und im[22] ist underthan
al recken untz[23] an das mere,[24] wen er zu streite gat[25]
mit seiner grossen were er keinen leben lat.[26]

5. Struthan mit seinem leibe bestunt[27] ein gantzes her
und thet es gar vertreibe mit aller irer wer.[28]
dem wil ich seinen geleichen gar pald gefunden han,
der[29] rysz Heim so reichen, der sol uns den bestan.

1 Siegfried 2 Ehren [illegible] 4 ihm 5 denn 6 sollst du 7 bestehen [illegible] 9 [illegible] [illegible]

a. Von Blatt 33ᵇ. „Elberich rauft dem heidnischen Könige den Bart aus."
(Aus Ortnit.)

b. Von Blatt 146ᵇ. „Wolfdieterich kämpft mit dem Riesen Baldemar."

Dieser Holzschnitt wird noch zweimal verwendet: 1 auf Blatt [illegible] „Ortnit tötet den Riesen [illegible]"; 2 auf Blatt [illegible] „[illegible] mit dem Riesen [illegible]"

c. Von Blatt 166ᵃ. „Wolfdieterich kommt dem mit einem Lindwurme streitenden Löwen zu Hilfe."

Dieser Holzschnitt ist noch zweimal verwendet: 1 auf Blatt [illegible] „[illegible]"; 2 auf Blatt [illegible] „Wolfdieterich kommt [illegible]"

d. Von Blatt 255ᵃ. „Mönch Ilsan hängt die Mönche an den Bärten über eine Stange."

Auf Blatt [illegible] ist derselbe Holzschnitt: „Wolfdieterich hängt Mönche über eine Stange."

Da werret sich
der iamer vnd
biß das der k
darumb müsc
wie im gesch
das hören ir
wer geren h
der sol gar s
Nu lassen
dencit den h
vnd wölle
mit hern
der ward
als ich s
nu wölle
den keis

Schluß

a.

CC xlii

¶ Dat and' boek begynnet vp dem̄ balde dar sodan tal steyt. C xxix. vn̄ heft ix capittele
¶ Dat drydde boek begynt vp dem̄ blade dar sodane tal steyt. C lvii. vn̄ heft xiiii ghesette
¶ Dat verde boek heft. viii capittel. vn̄ heuet syk an vp dem̄ blade dar sodane tal steyt CC vi. vn̄ is dat leste boek

Anno dn̄i. M CCCC xcviii. lübeck

Nebenstehend:

a. Holzschnitt aus der ältesten illustrierten Ausgabe des Volksbuches: „Die schöne Melusine". Gedruckt vor 1480.

Nach dem Exemplare der Donaueschinger Hofbibliothek. Melusine entflieht, als sie belauscht und als Meerweib erkannt war. — Dieser noch jetzt als Volksbuch in Jahrmarktsausgaben erscheinende Roman ist aus der prosaischen Bearbeitung eines 1387 von Jean d'Arras verfaßten französischen Gedichtes durch den als Schultheiß von Bern 1483 verstorbenen Thüring von Ringoltingen 1456 übersetzt.

Reynke de vos

b.

Dat drydde boek C lviii

¶ Wo reynke myt grymbart deme greuynge quemē in den hoff. vn̄ wo reynke syne worde makede vor dem̄ könynge. Dat erste capittel

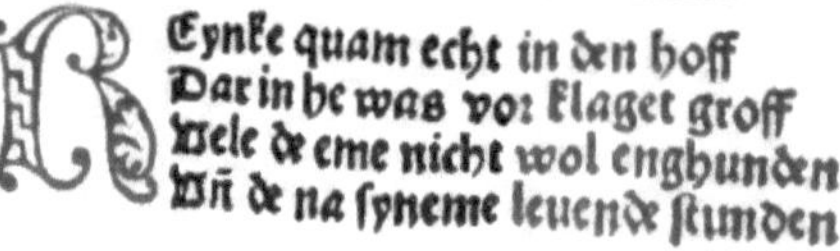

Reynke quam echt in den hoff
Dar in he was vorklaget groff
Vele de eme nicht wol enghunden
Vn̄ de na syneme leuende stunden

E i

c.

Ein kurtzweilig lesen von Dyl Vlenspiegel geborē vß dem land zů Brunßwick. Wie er sein leben volbracht hatt. xcvi. seiner geschichten.

a.

Von vlenspiegel

Un begab es sich dz Vlē spiegel kam an ein ort zů huß/ vñ fand die wirtin allein/ vñ da het die wirtin ein zôtigs hündlin/ den het sie gantz lieb/ vnd d' můßt alle zeit vff der schoß ligen wan er müßig was. Als nun vlenspiegel bei dem füer saß/ vñ trāck vß der kannen. Da het die fraw den hūd dartzů gewent wā sie

b.

a. b. Titel und eine Seite der ersten erhaltenen Ausgabe des „Eulenspiegel", gedruckt zu Straßburg durch Joh. Grieninger 1515

Nach dem einzigen bekannten Exemplare des Britischen Museums zu London

Ein kurtzweilig lesen von Dil Vlen spiegel geboren vß dē land zů Brunßwick. Wie er sei lebē volbracht hat. xcv. seiner geschichten.

c.

c. d. Titelüberschrift und eine Seite der zweiten bekannten Ausgabe des „Eulenspiegel" gedruckt zu Straßburg durch Joh. Grieninger 1519.

Nach dem einzigen bekannten Exemplare der Gothaer Bibliothek. Der Holzschnitt auf dem Titel dieser Ausgabe derselbe wie derjenige des Titels vom Jahre 1515 und daher fortgelassen. — Der „Eulenspiegel" ist ursprünglich (1483?) niederdeutsch abgefaßt und im Jahre 1500 oberdeutsch bearbeitet „mit zulegung etlicher fabulen pfaff Amis und des pfaffen von dem Kalenberg". Der Held Eulenspiegel, auf welchen die in diesem beliebten Volksbuche erzählten Schwänke übertragen werden, war ein Bauer aus Kneitlingen im Braunschweigischen und (nach einer chronikalischen Aufzeichnung) zu Mölln in Schleswig 1350.

Das xliii Blat

fro. Vnnd wa Vlenspiegel hin kam/ da predigt er/ vnd da durch ward er reich vnd die lüt hielten in für ein frū men prediger so wol kund er die büberei verhelen.

Die. xxxii. histori saget wie Vlenspiegel die scharwechter zů Nürnberg wacker macht dz ym nachfolgten vber ein steg vnd in das wasser fielen.

e. Titel der ersten Ausgabe des Volksbuches „Fortunatus", zu drucken verordnet durch Joh. Heybler, Apotheker in Augsburg, 1509

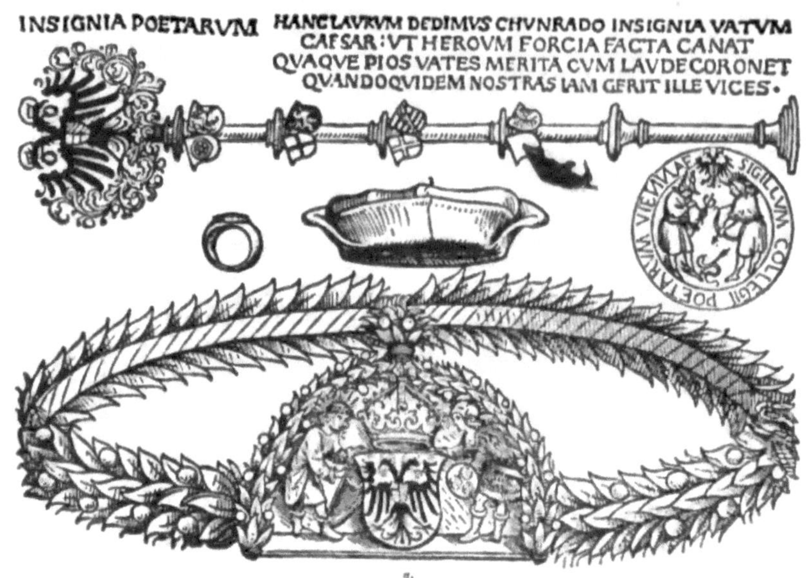

a.

INSIGNIA POETARVM
HANC LAVRVM DEDIMVS CHVNRADO INSIGNIA VATVM
CAESAR: VT HEROVM FORCIA FACTA CANAT
QVAQVE PIOS VATES MERITA CVM LAVDE CORONET
QVANDOQVIDEM NOSTRAS IAM GERIT ILLE VICES.
SIGILLVM COLLEGII POETARVM VIENNAE

a. Insignien

der gekrönten Dichter: Scepter, Ring, Barett, Siegel und Lorbeerkranz, welche von Kaiser Maximilian I. an Konrad Celtes als den Vorsteher des vom Kaiser am 31. October 1501 eingesetzten, am 1. Februar 1502 feierlich eröffneten Wiener poetischen Collegiums verliehen wurden, um es zu benutzen, wenn er an des Kaisers Stelle Dichter krönte. Holzschnitt von Hans Burgkmair aus dem Werke: Romanae Vetustatis Fragmenta in Augusta Vind. et ejus Dioecesi (1505). Nach dem Exemplare der Wiener Hofbibliothek.

b.

b. Konrad Celtes

(geb. 1. Februar 1459 zu Wipfeld bei Schweinfurt, gest. als Vorsteher der Dichtkunst und Beredsamkeit zu Wien den 4. Februar 1508), der erste gekrönte Deutsche Dichter, der Hauptvertreter des Deutschen Humanismus, überreicht dem Kurfürsten Friedrich von Sachsen die Schrift der Roswitha. — Verkleinerter Holzschnitt (von Dürer?) von der Rückseite des Titels der 1501 in Nürnberg von Celtes herausgegebenen Werke der Roswitha (siehe Seite 14).

Sebastian Brant (1456 oder 1457—1521).

Sebastian Brant, geb. 1456 oder 1457 zu Straßburg, studierte seit 1475 in Basel, wurde hier Doktor der Rechte, blieb hier bis 1500, durch Vermittlung Geilers von Kaisersberg (Facsimile eines in dieser Angelegenheit geschriebenen Briefes auf Seite 74) nach Straßburg als Syndikus zurückgerufen (1500), 1503 auch Stadtschreiber, starb daselbst den 10. Mai 1521, 64 Jahre alt. Humanist, Verfasser vieler lateinischer und deutscher gelehrter und volksthümlicher Schriften in Vers und Prosa. Hauptwerk: die Satyre „Das Narrenschiff" (1494).

Sebastian Brant, aus Reußners „Icones" (Straßburg 1590).
Autograph aus einem eigenhändigen Schreiben. Original im Stadtarchive zu Straßburg.

Der Freidanck

Den frydanck nüwe mit den figuren
Fügt pfaffen/adel leyen buren
Man hielt etwan vff kein spruch nicht
Den nit herr frydanck het gedicht

Titel der ersten Ausgabe von Brants „Freidank", gedruckt in Straßburg durch Joh. Grieninger 1508.
Nach dem Exemplare der Münchener Bibliothek.

Zů schyff Zů schyff brůder: Eß gat / eß gat

Titel der ersten Ausgabe von Brants „Narrenschiff", gedruckt Basel „vff die Vasenacht, die man der narren kirchweih nennet" 1494 durch Johannes Bergmann von Olpe
Nach dem Exemplare der Berliner Bibliothek. Das „Narrenschiff" wurde schon 1494 dreimal nachgedruckt.

Jr gesellen / kumen har noch ze hant
Wir faren jnn schluraffen landt
Vnd gstecken doch jm mür / vnd sandt

Das schluraffen schiff
Nit meyn / vns narren syn alleyn
Wir hant noch brůder groß / vnd kleyn
Jnn allen landen über al
On end / ist vnser narren zal

t .iiij.

Eine Seite aus der ersten Ausgabe des „Narrenschiff" von 1494
Die zahlreichen Bilder dieses Buches sind nach Brants eigenen Zeichnungen geschnitten. — Nach dem Exemplare der Münchener Bibliothek.

Johann Geiler von Kaisersberg (1445—1510).

Johann Geiler von Kaisersberg, vom Titelblatt der „Postill“ (Straßburg 1522).

Nach dem Exemplare der Münchener Bibliothek.

Johannes Geiler, genannt von Kaisersberg (nach dem Wohnorte seines Großvaters), geb. 16. März 1445 zu Schaffhausen, studierte und lehrte an den Universitäten Freiburg und Basel, seit 1489 Prediger in Straßburg an St. Lorenz und am Münster, starb 10. März 1510 zu Straßburg. Vom Humanismus ausgehend, erstrebte er in Kanzelrede und Schrift Verbesserung der Zustände; volksthümliche mystische Richtung; predigte auch über Brants „Narrenschiff“. „Predigten“ (1508); „Der Seelen Paradies“ (1510); „Das Buch Granatapfel“ (1510); „Die Passion“ (1513); „Die Emeis“ (1516); „Postill“ (1522).

Wisser lieber herr. Ich ward bericht daß man im willen sig, von der statt, einen andren doctor uffzenemmen, hab ich gedocht an doctor braudt der ein kind von der statt ist. vnd fast wijt berumt in allen landen fur ander, von der kunst, zeigen sijne geschrifften, was er kan in tütsch vnd latin, er möcht ouch alldag ein stund lesen den burgers sinen vnd sij hie leren. das sij in frömden landen mitt grossem kosten erholen müssen, vnd ging als in einem sold zu, dunckt mich ouch der statt erlich, daß sij einen sollichen vß iren burgeren hetten vnd vß irer statt bürtig vnd nitt einen frömden ouch imm mer zu vertriuwen wer. Mögend daß ouch andren wo üch das guet dunckt zu verston geben als von üch selbs

Joh Keiserspergk

Schreiben Geilers an Berthold Offenburg in Straßburg über die Berufung Sebastian Brants nach Straßburg (1499).

Aus der v. Radowitzschen Autographensammlung auf der Königlichen Bibliothek zu Berlin.

Schimpf vñ Ernst heiset das bůch mit namē durchlaufft es d' welt handlung mit ernstlichen vnd kurtzweiligen exempeln / parabolen vnd hystorien nützlich vnd gůt zů besserung der menschen.

Cum priuilegio Im.

Von schimpff das. xliii.

Es was ein mal ein burger der het drei döchter die alle zeitig waren zů versehen in den schweren orden der heiligen ee / vnd wůst der vatter doch nit welche er zů dem ersten versorgē solt / wā sie hetten alle drei werber. Er berůfft sie alle drei zůsamen vnd sprach / wolan liebē döchter / ich wil euch allen dreien mit einander wasser geben / vñ ir sollen die hend auch mit einander weschen / vnd sollen sy an kein důch trücknē / sunder selber lasen trucken werden / vnd welcher ire hend zů dem ersten trucken werden / deren wil ich zů dem ersten ein man geben. Der vatter goß inen allen dreien wasser vber die hend / da wůschen sie ire hend vnd liessen sie von inen selber wider trucken werden Aber das iüngst döchterlin dz weiet mit den henden hin vnd her / vnd sprach stetz Jch wil keinen man / ich wil keinen man / vnd von dem selbigen weien wurden im sein hend zů dē ersten trucken / vnd ward im zů dem ersten ein man / vnd můsten die ältesten noch me warten. E.

Ein Schwank aus der ersten Ausgabe von Paulis „Schimpf und Ernst" (von Blatt 4ᵃ).

Nebenstehend: Titel der ersten Ausgabe von Johann Paulis Schwanksammlung „Schimpf und Ernst" (beendet 1519), gedruckt zu Straßburg von Johann Grieninger 1522.

Nach dem Exemplare der Königlichen Bibliothek in Dresden.

Von Tantzen vnd Pfeyffen.

Johannes Pauli, geb. ca. 1455 zu Pfeddersheim, von jüdischer Abkunft, in Straßburg eifriger Zuhörer Geilers, starb als Lesemeister des Franziskanerklosters in Thann im Elsaß ca. 1530. Verfasser von „Schimpf und Ernst" (1519), einem der beliebtesten Schwankbücher des XVI. Jahrhunderts, welches von den Unflätereien späterer Schwanksammlungen frei ist und vieles aus Geilers Predigten entlehnt.

Nebenstehend: Holzschnitt von Hans Schäufelein aus der 1534 zu Augsburg bei Heinrich Steyner gedruckten Ausgabe von Paulis „Schimpf und Ernst" (auf Blatt 71ᵃ).

Nach dem Exemplare der gräflichen Bibliothek zu Wernigerode.

Altus

Discantus

Tenor·

Bassus

Titel der vier Stimmen des ersten gedruckten deutschen Liederbuchs (mit Musiknoten), im Druck vollendet Augsburg durch Erhard Öglin, 1512, 19. Juli

Aus sonderer küstlicher art/ vnd mit höchstem fleiss seind diss gesangk büecher/mit Tenor Discant Bass vñ Alt Corgiert worden/ in d Kayserlichen vnnd dess hailigen reichs Stat Augspurg/vñ durch Erhart öglin getruckt vnd volendt/ am newzehenden tag des Monats Julij von der geburt xpi vnnsers liebñ herren/ jn dem xv hunndertesten vnnd zwelften jare

Got sy lob

Schlußschrift aus dem Tenorbande, mit dem Buchdruckerzeichen (Signet) Öglins

Zwischen perg vnd tieffe tal/da ligt ain freie strassen/ wer seinen püll nit haben mag/ der müß yn faren lassen.

A iij

Ein weltliches Lied aus der Tenorstimme (Lied Nr. 3)

Tenorstimme zu dem weltlichen Liede

Nach dem Originale der Münchener Bibliothek

Das lyedt von dem Danheuser

Titel des Volksliedes vom „Tannhäuser“, gedruckt zu Nürnberg durch Jobst Gutknecht 1515
Nach dem Exemplare der Universitätsbibliothek zu Erlangen.

Nun wil ichs aber heben an
Von dem Danheüser zu singen
Vnd was er hat wunders gethan
Mit seiner fraw Venußinnen
¶ Danheüser was ein Ritter gut
Wann er wolt wunder schawen
Er wolt in fraw Venus berg
Zu andern schönen frawen
¶ Herr Danheüser ir seyt mir lieb
Daran solt ir mir gedencken
Ir habt mir einen aydt geschworen
Ir wölt von mir nit wencken
¶ Fraw Venus das enhab ich nit
Ich wil das wider sprechen
Wann redt das yemant mer dan ir
Got helff mirs an im rechen
¶ Herr Danheüser wie redt ir nun
Ir solt bey mir beleyben
Ich wil euch mein gespilen geben
Zu einem stetten weybe
¶ Vnd nem ich nun ein ander weyb
Ich hab in meynem sinnen

Seite 1.

So müst ich in der helle glut
Auch ewigklich verbrinnen
¶ Ir sagt mir vil von der helle glut
Vnd habt es nie empfunden
Gedenckt an meinen rotten mundt
Der lachet zu allen stunden
¶ Was hilffet mich ewer roter mundt
Er ist mir gar vnmere
Nun gebt mir vrlaub frewlein zart
Durch aller frawen ere
¶ Herr Danheüser wölt ir vrlaub han
Ich wil euch keinen geben
Nun beleybent edler Danheüser
Vnd fristet ewer leben
¶ Mein leben das ist worden kranck
Ich mag nit lenger bleyben
Nun gebt mir vrlaub frewlein zart
Von ewrem stoltzen leybe
¶ Herr Danheüser nit redet also
Ir thut euch nit wol besinnen
So geen wir in ein kemerlein
Vnd spilen der edlen minnen

Seite 2.

¶ Gebrauch ich nun ein fremdes weyb
Ich hab in meinem sinne
Fraw Venus edle frawe zart
Ir seyt ein Teüffelinne
¶ Herr Danheüser was redt ir nun
Das ir mich günnet schelten
Nun solt ir lenger hierinne sein
Ir müstent sein dick entgelten
¶ Fraw Venus vnd das wil ich nit
Ich mag nit lenger bleyben
Maria mutter reyne mayde
Nun hilff mir von den weyben
¶ Herr Danheüser ir solt vrlaub han
Mein lob das solt ir preysen
Wo ir do in dem landt vmbfart
Nembt vrlaub von dem Greysen
¶ Do schiedt er wider auß dem berg
In iamer vnd in rewen
Ich wil gen Rom wol in die stat
Auff eines Babstes trawen
¶ Nun far ich frölich auff die ban
Got müß sein ymmer walten

Seite 3.

Zu einem Babst der heyst Vrban
Ob er mich möcht behalten
¶ Ach Babst lieber herre mein
Ich klag euch meine sünde
Die ich mein tag begangen hab
Als ich euchs wil verkünde
¶ Ich bin gewesen auch ein jar
Bey Venus einer frawen
So wölt ich beycht vnd buß entpfahen
Ob ich möcht got anschawen
¶ Der Babst het ein steblein in der handt
Das was sich also dürre
Als wenig es begrünen mag
Kumpst du zu gottes hulde
¶ Nun solt ich leben nur ein jar
Ein jar auff diser erden
So wölt ich beycht vnd buß entpfahen
Vnd gottes trost erwerben
¶ Do zog er wider auß der stat
In iamer vnd in leyden
Maria mutter reyne mayde
Muß ich nun von dir scheyden

Seite 4.

¶ Er zog do wider in den berg
Vnd ewigklich on ende
Ich wil zu Venus meiner frawen zart
Wo mich got wil hin sende
¶ Seyt got wilkumen Danheüser
Ich hab ewer lang entporen
Seyt wilkumen mein lieber herr
Zu einem bulen außerkoren
¶ Das weret biß an den dritten tag
Der stab hub an zu grünen
Der Babst schicket auß in alle lande
Wo der Danheüser wer hin kumen
¶ Do was er wider in den berg
Vnd het sein lieb erkoren
Des must der vierte Babst Vrban
Auch ewigklich sein verloren

¶ Gedrückt zu Nürnberg
durch Jobst Gutknecht
M. CCCCC. XV.

Seite 5.

Copia der Newen eytung auß Presilg Landt

Titel der „Neuen Zeitung aus Presilg (Brasilien) Land“, gedruckt zu Augsburg durch Erhard Öglin 1505.

Die vier Blatt in Quartformat umfassende Zeitung ist die erste in Deutschland gedruckte, die gleichzeitigen Zeitungsnachrichten verbreitende Flugschrift, auf welcher die Bezeichnung „Zeitung“ vorkommt. — Nach dem Exemplare der Münchener Hofbibliothek.

Antonij Tunnicij Monasteriensis: in germanorum paroemias studiose iuuentuti perutiles Monastichà cum germanica interpretatione.

Eiusdem epigrammatum libellus.

Ad puerum latinitatis et honeste vite studiosum Joannis Murmellij Epigramma.

¶ Plena bone frugis si te prouerbia ducunt
Condirus salibus si tibi sermo placet
Hunc euolue librum, dulcis hos perlege versus
Nec edisce libens verba venusta puer
Hinc poteris linguamque tuam moresque polire
Conuictumque bonis exhilarare iocis
Que subiecta vides epigrammata, ni tibi virtus
Sordet, erunt vite non minus apta tue

Titel der ersten Ausgabe der niederdeutsch-lateinischen Sprichwörtersammlung des Antonius Tunicius von Münster, gedruckt in Köln durch Martinus de Werdena 1514.
Nach dem einzig bekannten Exemplare der Lübecker Stadtbibliothek.

Kaiser Maximilian I. (1459—1519), **Melchior Pfinzing** (1488 [?]—1535).

Kaiser Maximilian I.

Verkleinerter Ausschnitt aus dem Kupferstiche von J. Suyderhoef nach dem Gemälde des Lukas von Leyden. — Nach dem Exemplare der k. k. Familienfideicommiß-Bibliothek in Wien.

Kaiser Maximilian I., geb. 22. März 1459 zu Wiener-Neustadt, gest. 12. Januar 1519 zu Wels; „der letzte Ritter". Verfasser des allegorischen, sein eigenes Leben behandelnden, in Versen geschriebenen Ritterromans „Der Theuerdank", zuerst gedruckt 1517 (nach Überarbeitung von Marx Treitzsaurwein und Melchior Pfinzing), und des Prosaromans „Der Weißkunig" (gleichfalls bearbeitet von Marx Treitzsaurwein und erst erschienen 1775), welcher seines Vaters, Kaiser Friedrichs III., und Episoden seines eigenen Lebens behandelt.

Porträt-Goldmedaille mit der Umschrift:
MELCHIORIS · PFINCZING · PREP · (ositi) Æ(tatis) 30 · AN(no) 1518.
Nach dem Exemplare der Mainzer Stadtbibliothek.

Melchior Pfinzing, geb. 25. November 1488 (?) in Nürnberg, Inhaber verschiedener geistiger Würden (Pfründen) in Mainz, Nürnberg, Trient, Bamberg, Geheimschreiber und Rath Kaiser Maximilians, starb 24. November 1535 zu Mainz. Überarbeitete Kaiser Maximilians „Theuerdank" (1517).

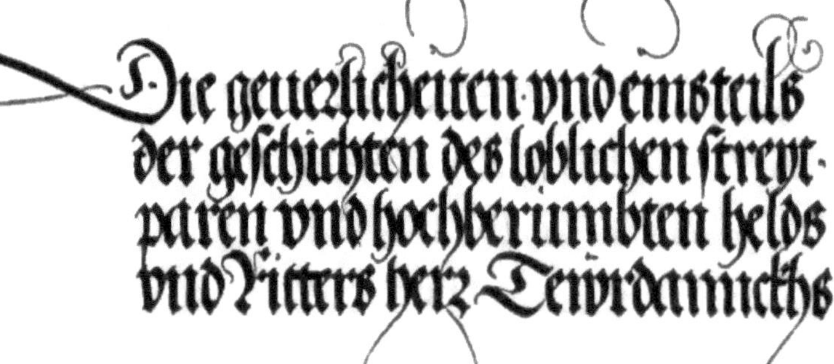

Die geuerlicheiten · vnd einsteils
der geschichten des loblichen streyt-
paren vnd hochberümbten helds
vnd Ritters herr Tewrdannckhs

Gedruckt in der Kayserlichen
Stat Nürnberg durch
den Eltern Hannsen
Schönsperger
Burger zu
Augspurg.

…el und Schlußschrift der ersten Aus…e von Maximilians „Theuerdank", …ruckt zu Nürnberg durch Hans Schönsperger 1517.

Nach dem Exemplare der k. k. Hofbibliothek in Wien. — Dieses Buch, zu dem die Typen und Zierschriften besonders geschnitten wurden, ist mit seinen prächtigen, nach Zeichnungen von Hans Schäufelein ausgeführten Holzschnitten das künstlerisch am schönsten ausgestattete Buch der deutschen Frührenaissance.

Tewrdannck der solt in einem kriegscheff durch die list Vnfalo von dem pulfer verdorben sein.

58

Vnfalo bey Im selbs ratschlage
Ein sach dauon Er nyemandes sage
Het darauf tag noch nacht kein ru
Bis Er ein kriegscheff richtet zu

Eine Seite aus der ersten Ausgabe des „Theuerdank“ von 1517.

Nach dem Exemplare der k. k. Hofbibliothek in Wien. — In der Mitte des Schiffes steht Maximilian (Theuerdank), links ist die allegorische Figur des Unfalo, des bösen Schalkes, welche ihn durch allerlei „Gefährlichkeiten“ verderben will; rechts auf dem Schiffe ist sein guter Engel, der ihn aus allen Gefahren glücklich hervorgehen läßt. Maximilian sollte durch Pulver, welches im Schiff in einem Sacke verborgen war, in die Luft gesprengt werden. Eine brennende Lunte war auf den Pulversack schon gefallen, schon glimmte der Sack, da wurde noch rechtzeitig die Gefahr bemerkt und das Unglück verhütet.

Thomas Murner (1475—1537 [1536?]).

Thomas Murner aus dem Titelbilde der „Defensio Germaniae" Wimphelings (Freiburg 1502).

Nach dem Exemplare der Münchener Bibliothek.

Thomas Murner, geb. (24?) Dezember 1475 zu Oberehnheim bei Straßburg, führte ein sehr unstätes Leben, fahrender Schüler, Priester, studierte in Paris Theologie, in Freiburg Rechtswissenschaft, gekrönter Dichter 1506; in Krakau, Rom, Venedig, Deutschland; 1523 bei König Heinrich VIII. in England, den er gegen Luther vertheidigt hatte. 1524 als Franziskaner in Straßburg ausgewiesen; 1526 als Prädikant nach Luzern, aus der Schweiz flüchtig (ca. 1530) nach Heidelberg; starb in seiner Vaterstadt im Jahre 1537 (1536?). Streitsüchtige, satyrisch angelegte Natur; bis zum Jahre 1520 sind seine zahlreichen derben, zum Theil unflätigen satyrischen Schriften (außer Gelehrtenzank) gegen allgemeine Übel der Zeit in vorreformatorischem Sinne gerichtet („Schelmenzunft" [1512]; „Badenfahrt" [1514]; „Geuchmat" [1519]); von da ab erbitterter Bekämpfer Luthers und der kirchlichen Reformation.

Thomas Murner
doctor

Unterschrift von Thomas Murner aus einem Briefe vom Jahre 1530.

Nach dem Originale des Straßburger Stadtarchivs.

O mors q̃ amara est mẽoria tu a.

Dem bader Dancken

Der ist rein/an sele/vnd leib
Wer sich hie bat wie ich das schreib
Ist er dan von sinnen weiß
So danckt dem bader er mit fleiß

Eine Seite (Blatt 71b) aus Murners 1514 in Straßburg bei Johann Grüninger gedrucktem Buche: „Ein andechtig geistlich Badenfart" mit Murners Bildnis.

Cantzler.

Welch im feld geuch fahen wellen
Die müssend geuch zů locken stellen
Darumb das ich wol locken kan
Handt sy mich gestellet vornan dran
Guck guck, sag ich zům ersten an

S iiij

[Ei]ne Seite (Blatt 8a) aus Murners 1519 in Basel durch Adam Petri von Langendorf gedruckten Buche „Die Geuchmat" mit Murners Bildnis als „Cantzler der geucheren".

[Nac]h dem Exemplare der Münchener Bibliothek. — [illegible]

der schelmen zunfft
Die schelmen zunfft hatt mich erwelt
Vnd für eyn schreyber har gestelt
Für sy alle vornan dran
Den ich eyn schelmen kenen kan

Titel der ersten Ausgabe von Murners „Schelmenzunfft" (gedruckt Frankfurt 1512).

Nach dem Exemplare der Münchener Bibliothek.

Von dem grossen Lutherischen Narren wie in doctor Murner beschworen hat. &c.

Titel von Murners „Lutherischen Narren", gedruckt Straßburg bei Johann Grieninger 1522.

Nach dem Exemplare der Berliner Bibliothek.

EPISTOLAE OBSCVRORVM VIRORVM AD VENERABI lem virum Magistrum Ortuinum Gratium Dauentriensem Coloniæ Agrippinæ bonas litteras docentem: varijs & locis & temporibus missæ: ac demum in volumen coactæ. 1

In Venetia impssum in impssoria Aldi Minutij: Anno q̄ su pra: etiã cautũ est vt in aliqu/ne qs audeat post nos imprimere p decenniũ per illustrissimũ p̄ncipem Venetianoꝝ. 2

Der lumpen troß.
Wer lutherisch wil sein der müß mit lügen vnd lumpenwerck mit dem troß vff land faren.

Seite 118 (erste Seite des Bogens O) aus Murners „Lutherischen Narren".

Die beiden Verszeilen, welche noch unten auf dieser Seite stehen, sind fortgelassen.

4

Die „Epistolae obscurorum virorum" (Briefe der Dunkelmänner), deren erste von C. Rubeanus verfaßte Sammlung (Titel nebenstehend unter 1, Schlußschrift unter 2) im Herbst 1515 bei Th. Anshelm in Tübingen in 4° gedruckt wurde, sind in ihrem, die Schreibart der unwissenden Mönche verspottenden Küchenlatein abgefaßt, eine vernichtende Satire gegen die Vertreter der Scholastik. Nr. 3 ist der Titel der ersten Ausgabe der zweiten Sammlung, gedruckt 1517, mitverfaßt von Hutten und Hermann v. Neuenar. Nr. 4 ist Titelbild der „Lamentationes obscurorum virorum" (1518) einer Gegenschrift, verfaßt von Ortwinus Gratius (lebte um 1491—1542), welcher in den Epist. obsc. vir. namentlich verspottet war.

Ulrich von Hutten (1488—1523).

U. Huttenus.

Ulrich von Hutten.

Holzschnitt, welcher zuerst 1517 in Huttens Schrift „Phalarismus“ vorkommt.

rich von Hutten, geb. 21. April 1488 auf der Burg Steckelberg bei n, entfloh, zum geistlichen Stande bestimmt, aus dem Kloster Fulda 1505, Leben eines fahrenden Schülers, die Universitäten Köln, Erfurt, Frank- zig, Greifswald, Rostock, Wien besuchend, humanistischen Studien er- 12—1514 in Italien, namentlich in Bologna, wo er Rechtswissenschaft dann im Dienste des Erzbischofs Albrecht von Mainz. Die Ermordung ters Hans von Hutten (1515) gab ihm Gelegenheit zu seinen Schriften ich von Württemberg („Phalarismus“); 1515—1517 wieder in Italien. Augsburg zum Dichter gekrönt, trat wieder in mainzische Dienste und n bis 1520, obgleich er seine heftige Polemik gegen Papst und Geistlich- ste und im Streite Reuchlins gegen die Dominikaner (Humanismus olastik) auf Seite des ersteren stand. Verfolgt fand er bei Sickingen r 1520) auf der Ebernburg Aufnahme (bis 1521), wo er eifrig für Luthers ieb; floh nach Sickingens tragischem Ende in die Schweiz; sein Streit mus veranlaßte seine Flucht aus Basel; er starb auf der Insel Ufnau im See 1523, 31. August oder 1. September. Seine publicistischen pole- schriften waren anfangs lateinisch abgefaßt; erst seit 1520 schreibt er sch oder übersetzt seine Schriften in die Muttersprache. Seine hauptsäch- istischen Schriften sind: „Gespräch Fieber“ (1519), „Clag und Vermanung nchristlichen Gewalt des Babstes“ (1520), „Anzeig wie allwegen sich die en den teutschen Kaysern gehalten haben“ (1520), „Vadiscus oder die reifaltigkeit“ (1521), „Beklagunge der Freistetter deutscher Nation“ (1522).

Martinus Lutherus. Vlrichus ab Hutten.

Veritatem meditabitur guttur meum.

Gespräch büchlin herr Vlrichs von Hutten.
Feber das Erst.
Feber das Ander.
Wadiscus. oder die Römische dreyfaltigkeit.
Die Anschawenden
*
Odivi ECCLESIAM malignantium.

Perrumpendum est tandem, perrumpendū est.

Titel von Huttens deutschem „Gesprächbüchlein“ (1521).

Nach dem Exemplare der Münchener Bibliothek. Das „Erste Gespräch über das Fieber“ erschien zuerst lateinisch 1519, das zweite gleichfalls lateinisch 1520, ebenso der „Vadiscus oder die Römische Dreifaltigkeit“ und „Die Anschauenden“ (Inspicientes). Hutten übersetzte diese vier gegen die römische Kirche gerichteten Dialoge bei Franz von Sickingen auf der Ebernburg und widmete sie ihm auch

Das auf Seite 83 oben befindliche Bild Huttens, umgeben vom Lorbeerkranze (Holzschnitt), kommt zuerst 1520 vor in der „Clag und vormanung“. — Somit sind hier alle gleichzeitigen Quellenbilder Huttens in Originalgröße wiedergegeben. — Huttens berühmtes Lied „Ich habs gewagt mit Sinnen“, gedruckt 1521, ist nach dem Exemplare der Berliner Bibliothek nachgebildet.

Huttenus Suo Philippo Furstenbergio. Salut. [illegible]

[illegible] Vale [illegible]

Moguntiae.

Ulrich von Hutten.

[illegible] in der ersten Ausgabe der nach seinem [illegible] (1523) herausgekommenen, gegen Erasmus gerichteten Schrift: „Ulrichi ab Hutten cum Erasmo expostulatio.“

Eigenhändiger lateinischer Brief Huttens an Philipp Fürstenberg in Frankfurt

(geschrieben Anfangs Juni 1520, abgedruckt Böcking, Hutten I, 354), worin er den ersucht, wie ihm bei einem Buchhändler mehrere Bücher zu kaufen. Original im Besitze des Herrn [illegible] in Leipzig.

Ulrich von Hutten (1488—1522), Nikolaus Manuel (1484—1530).

Ulrich von Hutten.

Holzschnitt, welcher zuerst 1521 in seinem „Gesprächbüchlein" verwendet ist.

¶Ain new lied herr Vlrichs von Hutten.

¶Ich habs gewagt mit sinnen
vnd trag des noch kain rew
Mag ich nit dran gewinnen
noch muß man spüren trew
Dar mit ich main
nit aim allain
Wen man es wolt erkennen
dem land zů gůt
Wie wol man thůt
ain pfaffen feyndt mich nennē

¶Da laß ich yeden liegen
vnd reden was er wil
Het warhait ich geschwigen
Mir weren hulder vil
Nun hab ichs gsagt
Bin drumb veriagt
Das klag ich allen frummen
Wie wol noch ich
Nit weyter fleich
Vileycht werd wyd̃ kůmen.

¶Vmb gnad wil ich nit bitten
Die weyl ich bin on schult
Ich het das recht gelitten
So hindert vngedult
Das man mich nit
Nach altem sit
Zů ghör hat kummen lassen
Vileycht wils got
Vnnd zwingt sie not
Zů handlen diser massen

¶Nun ist offt diser gleychen
Geschehen auch hie vor
Das ainer von den reychen
Ain gůtes spil verlor
Offt grosser flam
Von füncklin kam
Wer wais ob ichs werd rechen
Stat schon im lauff
So setz ich drauff
Můß gan oder brechen

¶Dar neben mich zů trösten
Mit gůtem gwissen hab
Das kainer von den bösten
Mir eer mag brechen ab
Noch sagen das
Vff ainig maß
Ich anders sey gegangen
Dan Eren nach
Hab dyse sach
In gůtem angefangen

¶Wil nun yr selbs nit raten
Dyß frumme Nation
Irs schadens sich ergatten
Als ich vermanet han
So ist mir layd
Hie mit ich schayd
Wil mengen baß die karten
Byn vnuerzagt
Ich habs gewagt
Vnd wil des ends erwartē.

¶Ob dā mir nach thůt denckē
Der Curtisanen list
Ain hertz last sich nit krencken
Das rechter maynung ist
Ich wais noch vil
Wöln auch yns spil
Vnd soltens drüber sterben
Auff landßknecht gůt
Vnd reutters můt
Last Hutten nit verderben.

¶Getruckt ym Jar. XXI.

Nikolaus Manuel (genannt Deutsch, Alemann), Maler, geb. um 1484 in Bern, bis 1522 dem litterarischen und politischen Leben fern, seiner Kunst lebend, verfaßte er die 1522 in Bern aufgeführten polemischen, gegen die katholische Kirche gerichteten Fastnachtspiele: „Vom Pabst und der Priesterschaft" (die Todtenfresser) und „Von Pabsts und Christi Gegensatz" (gedruckt 1524); 1528 Mitglied des kleinen Rathes und des kirchlichen reformatorischen Chorgerichtes, starb zu Bern 20. April 1530. Seine volksmäßigen satyrischen Schriften „Ablaßkrämer" (Schauspiel, 1525), „Barbeli" (Gespräch, 1526), „Ecks und Fabers Badenfahrt" (Spottlied, 1526), „Krankheit und Testament der Messe" (Dialog, 1528) leisteten der Einführung der Reformation wesentliche Dienste; sein „Elsli Tragdenknaben oder das Chorgericht" (1530) ist eine Perle volksthümlicher Lustspieldichtung; „Klagred der armen Götzen" (1528) wendet sich auch gegen Verderbtheit des Laienstandes.

Niclaus Ma

Nikolaus Manuel.

Selbstbildnis aus seinen letzten Lebensjahren. — Nach [illegible] Berner Kunstmuseum aufbewahrten Ölgemälde, [illegible] — Unterschrift ist von einem Originale [illegible]

Martin Luther (1483—1546), Philipp Melanchthon (1497—1560), Ulrich Zwingli (1484—1531).

tin Luther, geb. 10. November 1483 zu Eisleben als Sohn armer besuchte die Schule zu Mansfeld, Magdeburg (1497) und Eisenach g 1501 die Universität Erfurt, trat 1505 ins dortige Augustinerkloster, m, 1512 Doktor der Theologie in Wittenberg, 1517 den 31. Oktober eien, 1518 in Augsburg vor Cajetan; 1519 Leipziger Disputation mit Verbrennung der Bannbulle, 1521 (17. und 18. April) vor dem Reichs-orms. Geächtet, findet er als Junker Jörg Schutz auf der Wartburg, kehrt aber 1522 (6. März) zur Bekämpfung der Bilderstürmer nach Wittenberg zurück, wo er gleich seine Predigten wieder aufnimmt. Er verheiratete sich den 13. Juni 1525 mit Katharina von Bora; 1527—1529 die sächsischen Kirchenvisitationen. 1529 (1.—3. Oktober) Religionsgespräch zu Marburg. Er starb den 18. Februar 1546 zu Eisleben, wohin er sich begeben hatte, um Streitigkeiten zwischen seinen alten Landesherren, den Grafen von Mansfeld, beizulegen. Er ward den 22. Februar in der Schloßkirche zu Wittenberg begraben.

Martin Luther als Mönch.

Holzschnitt von Lukas Cranach d. Ä. aus dem Jahre 1520. — Nach einem Flugblatte der Gothaer Bibliothek.

Martinus Luther

Martin Luther in späteren Jahren.

Verkleinerter Holzschnitt nach einem gleichzeitigen Bilde von Lukas Cranach d. Ä., geschnitten 1551 vom Formschneider Jörg in Wittenberg. — Nach einem Flugblatte der Gothaer Bibliothek.

Philipp Melanchthon (Schwarzerd), geb. 16. Februar 1497 zu Bretten, besuchte die Schule zu Pforzheim, studierte in Heidelberg 1509 und Tübingen 1512; seit 1518 Professor in Wittenberg, wo er den 19. April 1560 starb. Er ist der „Praeceptor Germaniae" (Lehrer Deutschlands), besonders verdient um unsere Schulen, Luthers milder und versöhnlich gestimmter Helfer am Reformationswerke.

Ulrich (Huldreich) Zwingli, der Reformator der deutschen Schweiz, geb. 1. Januar 1484 zu Wildhaus in Toggenburg; auf den Schulen zu Basel und Bern 1494—1499, auf den Universitäten Wien und Basel 1499—1506, Pfarrer in Glarus und Einsiedeln 1506—1518, 1529 auf dem Religionsgespräche zu Marburg, wo der Bruch zwischen Lutheranern und Reformierten besiegelt wurde; fiel 11. Oktober 1531 in der Schlacht bei Cappel als Feldprediger der Züricher.

Philippus Melanchthon

Philipp Melanchthon.

Holzschnitt von Albrecht Dürer 1526.

Huldrychus Zuinglius

Ulrich Zwingli im 44. Lebensjahre.

Holzschnitt von [illegible]. — Nach dem Exemplare der [illegible] Bibliothek zu [illegible].

Die Unterschriften der Reformatoren sind aus dem [illegible] des Marburger Religionsgesprächs vom 3. Oktober 1529.

Von der Freyheyt
eynisz Christen
menschen.

Martinus Luther.

Vuittembergae.
Anno Domini
1 5 2 0.

Titel der ersten Ausgabe von Luthers Reformationsschrift „Von der Freiheit eines Christenmenschen" (Wittenberg 1520).
Nach dem Exemplare der Weimarer Bibliothek

An den Christlichenn
Adel deutscher Nation:
von des Christlichen
standes besserung:
D. Martinus
Luther.

Durch yhn selbs ge-
mehret vnd corrigirt.

Vuittemberg.

Titel der ersten Ausgabe der zweiten Bearbeitung von Luthers Reformationsschrift „An den christlichen Adel deutscher Nation: von der christlichen Standes Besserung" (Wittenberg 1520).
Nach dem Exemplare der Weimarer Bibliothek

An den Christlichen Adel
deutscher Nation: von des
Christlichen standes
besserung: D.
Martinus
Luther.

Vuittenberg.

Titel der ersten Ausgabe der ersten Bearbeitung von Luthers
mationsschrift „An den christlichen Adel deutscher Nation: von der
lichen Standes Besserung" (Wittenberg 1520)

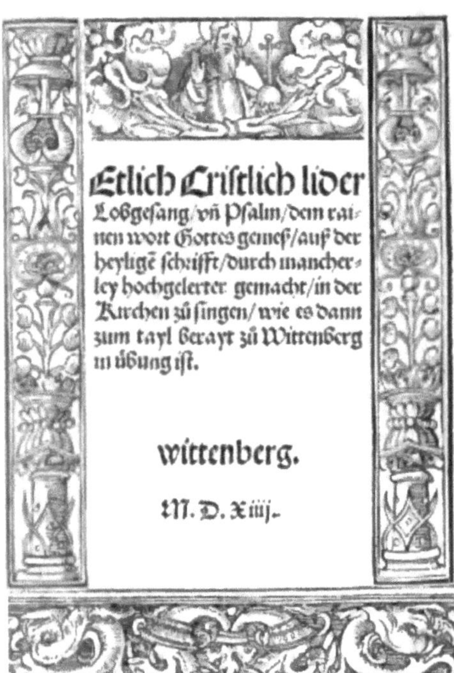

Etlich Cristlich lider
Lobgesang/vñ Psalm/dem rainen wort Gottes gemeß/auß der heyligẽ schrifft/durch mancherley hochgelerter gemacht/in der Kirchen zů singen/wie es dann zum tayl berayt zů Wittenberg in übung ist.
wittenberg.
M. D. Xiiij.

Titel der ersten Ausgabe des ersten Lutherischen Gesangbuches (Wittenberg, 1524).

Es wurde im [illegible] Jahre noch [illegible] gedruckt und enthält den ersten Drucken Lutherischer Lieder unter anderen: „Nun freut Euch lieben Christen gmein" und „Aus tiefer Noth schrei ich zu dir". — Nach dem Exemplare des Germanischen Museums zu Nürnberg.

¶ Der. 46. Ain trost Psalm.
In seiner aygnen weyß.

Ain feste burg ist vnnser Gott / ain gůte wör vnd waffen / Er hilfft vns frey auß aller nott / die vns yetz hatt betroffen / der alt böse feynde / mitt ernst ers yetzt meint / groß macht vnd vil list / sein grawsam rüstung ist / auff erd ist nicht seins gleichen.

¶ Mit vnnser macht ist nichts gethan / wir seind gar bald verloren / Es streyt für vns der rechte man / den Got hat selbs erkorñ / Fragst du wer der ist / er hayst Jesu Christ / der Herr Zebaoth / vnnd ist kain ander Gott / das feld můß er behalten.

¶ Vnd wenn die welt vol teüfel wer / vnd wolt vns gar verschlingen / So fürchten wir vnns nicht zů ser / es sol vns doch gelingẽ / Der Fürst diser welt / wie saur er sich stellt / thůt er vns doch nicht / das macht er ist gericht / ain wörtlin kan jn fellen.

¶ Das wort sy söllen lassen stan / vnnd kain danck darzů haben / Er ist bey vnns wol auff dem plan / mit seinem gayst vnd gabẽ / nemen sy den leyb / gůt ehr kind vnd weyb / laß faren dahin / sy habens kain gewin / das reych můß vns doch bleyben.

Erster erhaltener Druck von Luthers Reformationsliede „Eine feste Burg ist unser Gott" aus: „Form und ordnung Gayßtlicher Gesang und Psalmen" (Augsburg, wahrscheinlich 1529), Blatt 25ᵇ, und die drei letzten Zeilen auf Blatt 26ᵃ.

Nach dem einzig erhaltenen Exemplare der Stuttgarter Bibliothek. — Da das seit 17[illegible] verschollene Gesangbuch Luthers: „Geistliche Lieder aufs new gebessert zu Wittenberg 1529", welches den wahrscheinlich ersten Druck des Reformationsliedes enthält, noch nicht wieder aufgefunden ist, [illegible] Philipp Wackernagel, Das deutsche Kirchenlied III. [illegible], der hier gegebene Druck als der jetzt erhaltene älteste anzusehen, da andere neuere Behauptungen über den ersten Druck dieses Liedes nicht stichhaltig sind.

XXXiiij

amd. Da er seyn geberde verstellet fur Abime
ich der yhn von sich treyb und er ~~gieng~~ gieng
ch will den herrn loben allezeyt
eyn lob soll ~~allzeyt~~ ymerdar ynn meynem munde seyn
le soll sich rhumen des herrn
die elenden horen und sich frewen
mit myr den herrn
last uns miteynander seynen namen erhoben
herrn sucht, antwortet er myr
errettet mich aus ~~allem das ich furcht~~ aller meyner furcht
auff yhn sehen werden erleucht
yhr angesicht wird nicht zuschanden

6 Da dyser elende rufft. horet der herr.
und halff yhm aus allen seynen noten.
7 Der engel des herrn lagert sich umb die her so yhn furchten.
und hilfft yhn aus.
8 Schmeckt ~~sehet~~ und sehet wie freundlich der herr ist
wol dem man der auff yhn trawet.
9 furchtet yhn seyne heyligen
denn die yhn furchten. haben keynen mangel
10 Die reychen darben und hungern
aber die den herrn suchen haben keynen mangel an yrgent eynem gut
11 Herzu kinder horet myr zu
Ich will euch die furcht des herrn leren

Die Übersetzung der ersten eilf Verse des 34. Psalms in Luthers Originalniederschrift.

Auf der Königl. Bibliothek zu Berlin. — In dieser Nachbildung ist der Text, welcher im Originale auf einer Seite zusammenhängend [illegible], geteilt.

Abdruck von Luthers Übersetzung der ersten eilf Verse des 34. Psalms

Da er seyn geberde verstellet fur Abimelech, der yhn von sich treyb und er gieng
ll den herrn loben allezeyt, Seyn lob soll ymerdar ynn meynem munde seyn.
seele soll sich rhumen des herrn, das die elenden horen und sich frewen
: mit myr den herrn und last uns miteynander seynen namen erhoben
den herrn sucht, antwortet er myr und errettet mich aus aller meyner furcht.
auff yhn sehen werden erleucht und yhr angesicht wird nicht zuschanden

6. Da dyser elende rieff, horet der herr, und halff yhm aus allen seynen noten
7. Der engel des herrn lagert sich umb die her so yhn furchten und hilfft yhn aus
8 Schmeckt und sehet wie freundlich der herr ist, wol dem man der auff yhn trawet.
9 Furchtet yhn seyne heyligen denn die yhn furchten haben keynen mangel
10 Die reychen mussen darben und hungern, aber die den herrn suchen haben keynen mangel an yrgent eynem gut
11 Herzu, kinder, horet myr zu, ich will euch die furcht des herrn leren.

Gottes wort bleibt ewig.

Biblia/das ist/ die gantze Heilige Schrifft Deudsch.

Mart. Luth.

Wittemberg.

Begnadet mit Kürfurstlicher zu Sachsen freiheit.

Gedruckt durch Hans Lufft.

M. D. XXXIIII.

Der Psalter.

I.

Wol dem der nicht wandelt im rat der Gottlosen/noch trit auff den weg der sünder/Noch sitzt da die Spötter sitzen.

(Spötter) Die es fur eitel narheit halten/was Gott redet vnd thut.

Sondern hat lust zum Gesetz des HERRN/Vnd redet von seinem Gesetze tag vnd nacht.

Der ist wie ein bawm gepflantzet an den wasserbechen/der seine frucht bringet zu seiner zeit/

Vnd seine bletter verwelcken nicht/vnd was er machet/das gerett wol.

5 (Gerichte) Das ist/sie werden weder ampt haben/noch sonst jnn der Christen gemeine bleiben/ja sie verweben sich selb/wie

Aber so sind die Gottlosen nicht/Sondern wie sprew/die der wind verstrewet.

Darumb bleiben die Gottlosen nicht im gerichte/noch die sunder jnn der Gemeine der gerechten.

Denn der HERR kennet den weg der gerechten/Aber der gottlosen weg vergehet.

II.

Warumb toben die Heiden/Vnd die leute reden so vergeblich?

Die Könige im lande lehnen sich auff/vnd die Herrn ratschlahen miteinander/Wider den HERRN vnd seinen gesalbeten.

Lasset vns zureissen jre bande/vnd von vns werffen jre seile.

Aber der im Himel wonet/lachet jr/Vnd der HERR spottet jr.

Er wird einest mit jnen reden jnn seinem zorn/Vnd mit seinem grim wird er sie schrecken.

Aber ich

Ein schönes lied von der

schlacht vor Pauia geschehē / Gedicht vnd erstlich gesungen (durch Hansen võ Würtzburg) in einem newen thonn.

Was wöll wir aber heben ann / ein Newes lied zu singē / Woll võ dem König auß franckenreych / Maylandt das wolt er zwingen / Dz gschach da man zelt Tausennt funff hundertt jar / im funff vnnd zwaintzgsten ists geschehen / er zoch da her mitt herrs krafftt / hat mancher Lantzknecht gesehen.

Er zug für am Statt die haysst Maylandt / die selbig thet er zwingē / Dar nach für ein stat die hayst Pauia / er maynt er wolts gewinnen / Darin lag mancher Lantzknecht frisch / Das het d' König verschwort / Er sprach sie soltē die stat auff geben / sy wäre sunst schon verloren.

Wir hetten kürtzlich einen rhat / ainer fragt den anderen / Nun sücht der König nymer ab / dar nach stett sein verlangen / Nent sich ayner mit namenn Graff eytelfritz / Die Statt wöll wir nicht auff gebē / wir pawen zway polwerck die sein fest / es kost recht leyb vnd leben.

Sy sein mit mancher hand gemacht / zwai Polwerck wall erpawen / wir ligen die wintter lange nacht / zu Pauia auff der maurē da wöllen wir warten des külen weyn / thüt der König die maure zerprechenn / es kumbt ein Fürst auß Osterreych / den schaden wurdt er rechen.

Wir lagen die wintter lange nacht / vor kelt kundt wir nicht pleyben / wir kunden nit er warten des külen weyn / gar eylendt thet wir schreyben / Vnd schribē dem Fürsten auß Osterreich er sol nicht auß beleybē / Soll pringen manchē lantz knecht frisch / den König zu vertreyben.

Der Fürst het kurtzlich einen Radt / mit seinen Fürsten vnnd Herren / Wie paldt er nach herr Jögen schreyb / ehr war jhm nicht zu ferre Marx Sittig von Emß des selben gleych / er rüfft sy an in trewē / sy sollen jhm trewlich peystan / den König zu vertreyben.

Sy wurdenn kürtzlich vnderricht / zu Jnßpruckh auff dem tage / Würdt manigs Fenlin auf gericht / im Teütsch land hort mans sagē / Darunder zug mancher Lantzknecht frisch / thet in seinnem harnasch herklingē / wir zugen all gen Maylandt hen ein / Got wöll das vns gelinge.

Als paldt der König das vernam / thet sich nit lange besinnē / Wie paldt er die Statt zum Sturm beschoß / er maint er wolts gewinnen / daruor verlor er vill manchen man / das thett dem König zorenn / er sprach sy sollen die Stat auff geben / sie wär doch sunst verloren.

Der sturm hat er fünff gethon / vnnd hat sy all verlorenn / Da zug her Jörg Marx Sittig von Emß daher / die zwen herren auß erkoren / legtenn sich für Pauia in das feld / pauia thett sich des freyen / der König lag mit hörs krafft dauor / man kert sich nit an sein trewen.

Die Lantzknecht machten jhr ornung fest / ein Rhatt der wurdt beschlossen / eyn verlornē hauffenn man machenn soll / ein Hawptman auß geschossen / hawptman Edel ist er genant / man rüfft jm an mit trewen / nym den verlornē hauffen zu handt / laß dich dein leben nit rewen

An sant Matheys tag da der tag herbrach / da fieng wir an zu ziehen / Jch waiß wie den Schweytzern die sach gestell / sy begundtē gar pald fliehen / da zugen wir in Tyrgarten hinein / darnach stündt vnser verlangen / Sy hiessen vnnß all got willig kumen sein / Auß Karthawnen vnd mit Schlangen.

Valtein kop war auch darpey / mit manchem güten Schützen / Dar zu mancher frummer Lantzknecht / nach ehren thet ers nutzenn / das handgschütz het er gar bey jm / mit sampt zwayen knechtē / Schiest drein schiest drein jhr frumē lantzknecht / gar ritterlich wöl wir fechtē

Herr Jörg schrey valtein koppen an / sol jm das gschütz her pringen / Velta Kop thett wie ein Erlich man / vnd sich nit lang besynnen / er füerts daher mit gantzer macht / gantz woll thet er sich rüsten / wir schussen all zu halben man / wardt den Frantzosen verdriessen.

Herr Jörg ein Edler Ritter Fest / stünd da mit seyner Helleparten / Er sprach es kummen vns fremde gest / der selben wöll wir wartenn / gegen im zoch der Langenmantel da her / Herr Jörg versich dich ebenn / du müst hie meyn gefangner sein / ob du wilt fristen deyn leben.

Herr Jörg sprach müß ich dein gefangner sein / oder kost es mich mein lebenn / So hab ich getruncken des külenn wein / mein leyb will ich dir nicht auf geben / ich hab so manichen lantzknecht frisch / sten da in jren halben hosen / stecht drein stecht drein jr frumē lantzknecht das sein die rechten Frantzosen

Marx Sittig von Emß gryffs zum ersten an / mit sein frumē lantzknechten / wan er stünd selber fornen dran / gar ritterlich thet er fechten / die schlacht die werdt ein kleine weyl / da wardt sie schan verloren / wurde manch Frantzoß zu todt geschlagen / manch kürisser ausserkoren.

Ein graff genandt auß Teutschen landt / mit namē der võ Salmen / er gryff dē König selber an / die lantzknechte waren zerspalten / der Vicerege des selben gleych / manch spyer wurd in der mit zerspalten / da stach wir all mit freyden drein / der lieb Gott sol sein walten.

Die schlacht werdt anderhalbe stundt / da war sie schan vergangenn / wurdt mancher Schweitzer zu todt geschlagen / maniger wurt gefangen / die lantzknecht blibē da hinden stan / alß vill wil mich beduncken / die sunst man nit erzelen kan / die im wasser sein ertruncken.

Schweytzer du scheyst mir ein dreck auff naß / vnd fünfftzehen in knebelparte / jch mayn wir haben dich bar bezalt / zu Pauia im tiergarten / du sprichst ich berüm mich eyner schandt / das ist warlich erlogen / du hast dem Frantzoß verloren landt vnd leut / pist schentlich von jm gflochen.

Du hast geschriben in Teutsche landt / wie du die schlacht habest gewunen / du habest vns von vnseren geschütz gejagt / weren schendlich dauon entrunen das wöll Gott heut noch nymmer / kein lantzknecht ist geflohen / das dein hast du dahinden glan / da wir zusamen zogen.

Also habt jr vernummenn woll / wie es dem Schweytzern ist ergangen / sie hetten geschworen einen ayd / sie namen vnser kein gefangen / sie rufften Maria Gots müter an / das wir jr theten warten / jch mayn wir haben sie bar bezalt / zu Pauia im tiergarten.

Der vns das liedlein newes sang / von newem hat gesungē / das hat gethan ein lantzknecht güt / den reyen hat er gesprungē / wan er ist auff der kirchwey gewest / der pfeffer wardt versaltzen / man richt jn mit langen spiessenn an / mit heleparten gschmaltzen.

Allein Got die Eer.

Dies Lied auf die Paveser Schlacht, die [illegible] und tapferste Waffenthat der [illegible] deutschen Landsknechte, ist nach dem Exemplare der Berliner Bibliothek wiedergegeben. Dieser Druck ist jedenfalls später als 1525.

Bergkreyen

Etliche Schöne gesenge / newlich zusamen gebracht / gemehret vnd gebessert.

M. D. xlvj.

Ein Reye / Jch stund

an eynem morgen / ℞c.

25.

JCh stund an eynem morgen / heymlich an eynem ort / da het ich mich verporgen / ich hört klegliche wort / von eynem frewlein hübsch vnd fein / Das stund bey seynem bülen / es müst gescheyden seyn.

Hertz lieb ich hab vernomen / du wöllest von hinnen schier / Wenn wilt du wider kumen / das solt du sagen mir / So merck feyns lieb was ich dir sag / mein zükunfft thüst du fragen / ich weiß weder stund noch tag.

Das Frewleyn weynet sere / je hertz was vnmüts vol / nu gib mir weiß vnd lere / wie ich mich halten sol / ich setz für dich was ich vermag / Vnd wiltu hie bleiben / ich warter dich jar vnd tag.

Der knab der sprach auß müte / deyn willen ich wol spür / So verzerten wir deyn güte / ein jar wer bald hinfür / dennoch müst es gescheyden seyn / Jch wil dich freundtlich bitten / setz deynen willen dareyn.

Das frewlein das schrey mordte / mordt vber alles leyd / mich krencken deyne wortte / hertz lieb nicht von mir scheid / Für dich so setz ich gut vnd ehr / Vnd solt ich mit dir ziehen / keyn weg wer mir zu fer.

Der knab der sprach mit züchten / mein schatz ob allem güt / Jch wil dich freundtlich bitten / schlach dirs auß deynem müt / Gedenck wol an die freunde deyn / Die dir keyns argen günnen / vnd teglich bey dir seyn.

Do kert er sich hinumbe / er sprach nicht mer zu jr / Das Frewleyn das fiel vmbe / in eynen winckel schier / vnd weinet das es schier vergieng / Das hat ein Schlemmer gesungen / wie es eym Frewlein gieng.

Ein Bergkreye/Von

deinet wegen bin ich hie.

46.

UOn deynet wegen bin ich hie/ hertz lieb wenn nun mein woer/ All mein hoffnung sey ich zů dir/ darzů trawt ich deyn spot/ Laß mich dir trew genossen/ dem diener wil ich sein/ thů mir dein hertz auff schliessen/ schleuß mich hertz lieb darein.

Man hat vns beyde verlogen/ das weyst du hertz lieb wol/ Das haben die falschen klaffer gethan/ die sind vns beyden nicht hold/ Wir wöllens in wider vergelten/ rath zů du mein trewer schatz/ Erst wil ich dich lieb haben/ dem klaffer zů neyd vnd haß.

Bey meynes bůlen kopffen/ do stet ein gülden schrein/ Darin da leit verschlossen/ das junge hertze meyn/ Wolt Got ich het den schlüssel/ ich würff in in den Reyn/ wer ich bey meynem bůlen/ wie möcht mir baß geseyn.

Bey meynes bůlen füssen/ do fleußt ein prünnleyn kale/ Wer des prünleins thůt trincken/ der jungt vnd wirdt nicht alt/ Ich hab des prünnleyns getruncken/ vil manchen stoltzen trunck/ Vil lieber wolt ich mir wünschen/ meyns bůlen roten mundt.

In meynes bůlen garten/ do stehen vil edler plůt/ Wolt Got solt ich ir warten/ das wer meyner hertzen frewd/ Die edlen rößlein brechen/ deñ es ist an der zeyt/ Ich traw sie wol zů erwerben/ die mir im hertzen leyt.

In meynes bůlen garten/ do steen zwey bawmelyn/ Das ein das tregt Muschkaten/ das ander Negelein/ Die Muschkaten die sind süsse/ die Negelein die sind reß/ die gib ich meinem bůlen/ das er meyn nicht vergeß.

Zů dienst sey das gesungen/ der aller liebsten meyn/ Ir lieb hat mich bezwungen/ ich kan ir nit feind geseyn/ Dieweyl ich hab das leben/ das glaub sie mir fürwar/ wil ich sie mir auff geben/ vnd lebt ich tausent jar.

Vnd der vns disen Reyen sang/ so wol gesungen hat/ Das haben gethan zwen hawer/ zu Freyburg in der Stat/ Sie haben so wol gesungen/ bey met vnd külem wein/ dar bey da ist gesessen/ der Wirtin töchterlein.

Der Titel „Bergkreien“ auf Seite 88 gehört dem ältesten erhaltenen deutschen Volksliederbuche an, in welchem Lieder ohne Melodien gesammelt sind. Es stammt aus dem Jahre 1531 und gehört der Königl. Bibliothek zu Berlin. Das Lied „Ich stund an einem Morgen“ ist dieser Sammlung entnommen; es steht dort nicht auf einer Seite, wie hier, sondern auf zwei Seiten. Dieses Volkslied ist eines der vielgesungensten des XVI. und XVII. Jahrhunderts, das auch geistlich umgebildet wurde. — Das nebenstehende Volkslied ist aus einer etwas späteren, der Weimarer Bibliothek angehörenden Ausgabe der „Bergkreien“ entnommen. Es steht im Originale gleichfalls auf zwei Seiten. Die Verse 3—8: „Bei meines Bulen Kopfe“ (Haupte), waren als selbständiges Volkslied gleichfalls weit verbreitet. Es läßt sich [illegible] nachweisen, daß beide Ausgaben der „Bergkreien“ in Nürnberg bei Kunigund Hergotin gedruckt sind.

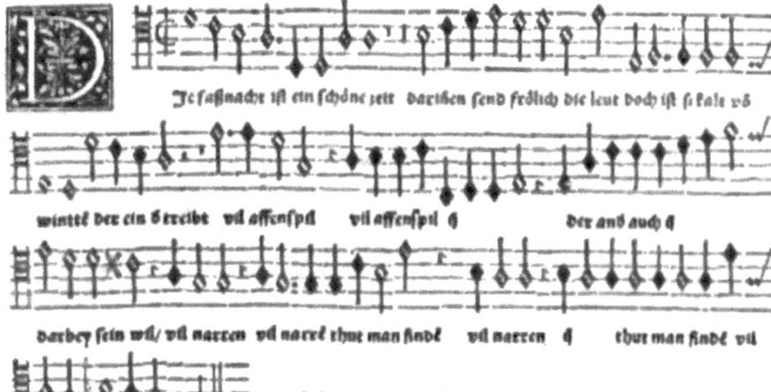

Fastnachtslied „Die Faßnacht ist ein schöne Zeit“ aus der Tenorstimme der ersten Ausgabe der „Newen Teutschen Liedlein mit fünff Stimmen von Orlando di Lassus.“ München 1567.

Nach dem Exemplare der [illegible] Bibliothek. — Dieses Lied ist aus der ersten der [illegible] erschienenen, deutsche Lieder enthaltenden Liederbücher des Orlando di Lasso. Dieser „letzte große Tonmeister der niederländischen Schule“ ist geb. 1520 zu Mons, war 1557 Director der Kammermusik, [illegible] des Herzogs Albrecht V. von Baiern und seines Nachfolgers Herzog Wilhelm V., als welcher dieser „Fürst der Musiker“ zu München den 14. Juni 1594 starb.

Groß leid muß ich yetz tragen/ das ich allein thu klagen/ dem liebsten bůlen mein/ ach lieb nun laß mich armen/ im hertzen dein erbarmen/ das ich muß von dannen sein.

Meyn trost ob allen weyben/ dein thu ich ewig pleyben/ stet trew der eren frumm/ nun muß dich Gott bewaren/ in aller thugent sparen/ biß das ich wider kum.

f 3

Das am meisten gesungene Reiselied des XVI. Jahrhunderts: „Innsbruck, ich muß dich lassen“ aus der Tenorstimme von Georg Forsters Sammlung:

Ein außzug guter alter vñ newer Teutscher liedlein/ einer rechten Teutschen art/ auff allerley Instrumenten zubrauchen/ außerlesen.

Getruckt zu Nürnberg bey Johan Petreio anno M.D.XXXIX.

Die Melodie dieses noch heute vielgesungenen Volksliedes (das auch geistlich umgedichtet wurde: „O Welt ich muß dich lassen“) hat sich im protestantischen Kirchengesange zu Paul Gerhardts Liede „Nun ruhen alle Wälder“ erhalten. Die Melodie ist von H. Isaac, dem bedeutendsten deutschen Komponisten des XV. Jahrhunderts († um 1517). — Georg Forster (geb. um 1514, wahrscheinlich in Amberg, [illegible] in Wittenberg, [illegible] in Heidelberg; gestorben den 12. November 1568 in Nürnberg), gab Theil II—V [illegible] [illegible] — Nach dem Exemplare der [illegible]

Die Schön Magelona

Ein fast lustige vñ kurtzweylige Histori/ vonn der schönen Magelona/ eins Künigs tochter von Neaples/ vñ einem Ritter/ genañt Peter mit den silberin schlüsseln/ eins Graffen sön auß Prouincia/ durch Magister Veiten Warbeck/ auß Frantzösischer sprach in die Teutsche verdolmetscht/ mit eynem Sendbrieff Georgij Spalatini.

Titel der ersten Ausgabe des Volksbuches „Die schöne Magelone“, 1536 bei Heinrich Stayner in Augsburg.

Nach dem Exemplare der Berliner Bibliothek. — [illegible] folgende Volksbücher in [illegible]: „[illegible]“ (1535), „[illegible]“ (1535), „[illegible]“ (1535), „Melusine“ (1540).

Johannes Agricola (1494—1566), **Burkhard Waldis** (um 1495—1556).

Johan Agri cola Eiß leben

Johannes Agricola.

Kupferstich von Balthasar Jenichen aus dem Jahre 1565. Nach dem Exemplare des Germanischen Nationalmuseums in Nürnberg. Die Unterschrift ist von einem Originalbriefe aus dem Marburger Staatsarchive.

Johannes Agricola, geb. (wahrscheinlich 20 April) 1494 zu Eisleben, studierte 1515 in Wittenberg, wo er Luther und Melanchthon sehr nahe stand, mit denen er aber in der Folgezeit vielfach dogmatische und persönliche Streitigkeiten hatte. Diese seien hier nur angedeutet, ebenso sein durchaus zweifelhaftes Verhalten seinen Glaubensgenossen gegenüber in seiner Stellung zum Interim (1548). Er führte die Reformation in Frankfurt a. O. ein (1525), war Lehrer und Prediger in Eisleben (bis 1536), diente inzwischen dem Kurfürsten von Sachsen als Reiseprediger auf den Reichstagen in Speier (1526) und Augsburg (1536); seit 1536 in Wittenberg, wo er Vorlesungen hielt. 1540 vom Kurfürsten Joachim II. von Brandenburg nach Berlin als Hof- und Domprediger berufen, zum Generalsuperintendenten der Mark ernannt, starb er daselbst den 22. September 1566. Agricola wird hier aufgeführt wegen seiner „Sprichwörter" (1528), welche namentlich in ihren Auslegungen eine reiche Fundgrube für Volksleben und Culturgeschichte der Reformationszeit sind. 1543 erschien von ihm eine deutsche Uebersetzung der „Andria" des Terenz; 1537 seine polemische Tragödie „Johannis Huß".

Titel der ersten niederdeutschen Ausgabe von Agricolas „Sprichwörtern", gedruckt tho Magdeborg (1528).

Dieser erste Theil enthält 300 Sprichwörter; der andere Theil erschien 1529 und enthält also (449) Sprichwörter. Beide Theile wurden seit 1534 zusammen (750 Sprichwörter) ausgegeben. 1548 erschienen „500 Gemeiner Newer Teutscher Sprichwörter". — Der Streit, ob die erste Ausgabe ursprünglich niederdeutsch erschien, oder ob die niederdeutsche Ausgabe eine Uebersetzung einer vorher gedruckten hochdeutschen sei, ist noch nicht entschieden. Nach Latendorf ist die niederdeutsche Ausgabe eine Uebersetzung des Zwickauer Nachdruckes von 1529.

Esopus/
Gantz New gemacht/ vnd
in Reimen gefaßt. Mit sampt
Hundert Newer Fabeln/
vormals im Druck nicht gesehen/ noch außgangen/ Durch
Burcardum Waldis.

Anno M. D. XLVIII.

Titel der ersten Ausgabe von B. Waldis' „Esopus", gedruckt 1548 zu Frankfurt durch Hermann Gülfferichen in der Schnurgasse zum Krug.

Nach dem Exemplare der Berliner Bibliothek.

Burkhard Waldis, geb. um 1495 in Allendorf an der Werra in Hessen, wurde Franziskaner in Riga, nahm Luthers Lehre an, für deren Verbreitung er eifrig wirkte. In Riga ernährte er sich als Zinngießer und machte in diesem seinem Gewerbe große Reisen; auf einer derselben (1536) wurde er von Häschern des Ordensmeisters der Franziskaner gefangen und in schwerer Haft gehalten. 1540 losgelassen, kehrt er nach Hessen zurück, studiert 1541 in Wittenberg Theologie und erhält 1544 von Landgraf Philipp von Hessen die Pfarrei Abterode. Er starb wahrscheinlich 1556 (nach dem 3. August). Sein Hauptwerk sind seine Fabeln „Esopus" (1548), welche volksthümlich und anmuthig erzählt sind und sich von lehrhafter Breite fern halten. In Riga wurde 1527 sein niederdeutsches Fastnachtspiel „parabel vom verlorn Szohn" aufgeführt; 1542 unterstützte er Landgraf Philipp von Hessen gegen den von ihm bekriegten katholischen Herzog Heinrich von Braunschweig durch poetische satirische Flugschriften (Belagerung von Wolfenbüttel; der wilde Mann von Wolfenbüttel; Lucoon, Klaglied); auch übersetzte er im Auftrage Philipps Kirchmairs (Naogeorg) Buch: „Das Päpstlich Reych" 1555. Er übersetzte auch den „Psalter" gesangweise 1553, und überarbeitete den „Theuerdank" 1553.

Das Ander Buch. 146

Die xciiij. Fabel / Vom Esel/,
vnd seinem Herrn.

DEr Esel eim vndanckbarn Man
Het lang gedient/ viel arbeit than/
Sein Herr het jn viel Jar gebraucht
Doch het sein fuß kein mal gstraucht
Eins mals da er was vberladen
Im glatten weg/ zu seinem schaden
Fiel darnider on als gefehr
Balde lieff sein Herr auff in daher/
Schlug jn vmb Ohren/ Kopff/ vnd Maul
Hieß jn dazu ein Schelmen faul/
Der Esel seufftzet in dem leydt/
Ach/ wie groß ist vndanckbarkeyt!
Mein Herr lest mich jetzt nicht geniessen
Das ich viel Jar/ on all verdriessen/
Viel Seck getragen/ kein mal gefallen
Das ist jetzunder vergessen allen/
Helt mir nicht einen fall zu gut
Verlorn/ was man vndanckbarn thut.
¶ Verloren ist wolthat vnd das gut
Das man einem vndanckbarn thut/
Ein böses hertz fürwar gar selten
Das gut mit gutem thut vergelten/
Wenn du ein solchen vberwägst
Mit wolthat/ vnd auff henden trägst/
Gen Rom/ vnd setzst jn vnsanfft nider
Bezalt er s doch mit vnthat wider.
Die xcv. Fabel/ vom Wolff
vnnd dem Tharant.
T iiij Da

Eine Seite aus der ersten Ausgabe von B. Waldis' „Esopus".

Burcardus waldis.   burcardus waldis probst vnd pfarher der kirch Abterode

Zwei Unterschriften von B. Waldis aus Abteroder Kirchenregistern von 1545 und 1549.

Aus dem Pfarrarchive in Abterode. — Bildnis von Waldis ist nicht bekannt.

Erasmus Alberus, geb. um 1500 zu Sprendlingen bei Frankfurt a. M., studierte in Wittenberg unter Luther und Melanchthon, führte ein wechselvolles Leben in Kirchen- und Schuldiensten oder ohne Amt, zu Ursel, Heldenbergen, Dreieich, Sprendlingen, Berlin, Neubrandenburg, Staden in der Wetterau, Rotenburg a. d. Tauber, Babenhausen (1544—1546), Magdeburg, Hamburg. 1553 wurde er als Pastor Primarius und Superintendent nach Neubrandenburg (in Mecklenburg) berufen, wo er den 5. Mai 1553, wenige Wochen nach seiner Berufung, starb. Alberus war ein eifriger Verfechter strengen Lutherthums, für dessen Verbreitung und Vertheidigung er in Wort und Schrift energisch auftrat. Selbst sein litterarisch bedeutendstes Werk, die „Fabeln", ist nicht frei von kirchlicher Polemik. Von diesen seinen Fabeln erschienen im Jahre 1534 zuerst 19 unter dem Titel: „Buch von der Tugend und Weisheit"; spätere Ausgaben enthalten 49. Von seinen gegen die Katholiken gerichteten polemischen Schriften ist die bedeutendste die mit Luthers Vorwort versehene: „Der Barfüßer Muenche Eulenspiegel und Alcoran" (1542). Alberus verfaßte auch viele Kirchenlieder.

Unterschrift des Erasmus Alberus von einem Originalbriefe aus dem Jahre 1545 im Staatsarchive zu Marburg.

Bildnis von ihm ist nicht bekannt.

Etliche fabel Esopi verteutscht vnnd ynn Rheymen bracht durch Erasmum Alberum.

Sampt anderen newen Fabeln fast nutzbarlich vnd lustig zu lesen.

Getruckt zů Haganaw. Im Jar M.D.XXXiiij.

Titel der ersten Ausgabe von Er. Alberus' „Fabeln", Hagenau 1534.

Nach dem einzigen Exemplare der Dresdener Bibliothek.

Von eym Hundt/vnd schatten

Die 3. Fabel.

Ein

EJN grosser hundt war vnuerzagt/ *Contra avaritiam.*
Vnd stal ein stück fleisch (wie man sagt)
Zu Hohmberg/in eins metzlers hauß/
Vnd lieff damit zum thor hinauß/
Vom berg hinab/biß an ein lach/
Da schwamm er durch die Erlenbach.
Wie nun die Sonn scheint/meint er zwar/
Was er im wasser seh/wer war/ *Debere nos esse contentos praesenti fortuna.*
Die Sonne gab des fleisches schatten/
Er meint/es solt jhn etwas batten/
Er grepff darnach vnd war nicht faul/
Das stück fleisch fiel jhm auß dem maul/
Vnd fuhr die bach hinab behend/
Der hundt war schon vmb sein Prebend/
Damit zugleich der schatt verschwand/
Er schweig ein wenig/Pfei der schand
Sprach er darnach mit grossem zorn/
Presentz vnd absentz ist verlorn/ *Spes & Res.*
Jch armer hab die schantz versehn/
Er sagt selbs/jhm wer recht geschehn/
Vnd sprach/Jch hab mich wol beschmissen/
Warumb bleib ich nicht beim gewissen?
Mir war zu wol/vnd hatt zuuiel/
Also gehts zu/wann einer will
Zugeitzig sein/so fehrt das glück
Dahin/vnd kert sich gar zurück/
Das stück fleisch war dir vngesundt/
So faß nun auch du loser Hundt.

Bild und Text der Fabel: „Vom Hunde und seinem Schatten" von B. Waldis aus der Ausgabe der „Fabeln" vom Jahre 1550.

„Das Buch von der Tugent und Weißheit . . . nemlich 49 Fabeln . . . gedruckt zu Frankfurt am Meyn bey Peter Braubachern Anno Domini 1550." Nach dem Exemplare der Darmstädter Hofbibliothek. Der Holzschnitt (von Lucas Cranach d. J.) mit Ueberschrift steht auf Seite 5, der Text auf Seite 6, die auf Seite 7 nachfolgende Moral ist fortgelassen.

Holzschnitt von L. Cranach d. J. zu der 29. Fabel von „Ein Wolff vnd Kranich" aus B. Waldis' Fabeln aus dem Jahre 1550.

Nach dem Exemplare der Darmstädter Hofbibliothek.

Johannes Aventinus.

…t von H. S. Lautensack, nach dem Exemplare der k. k. Hofbibliothek zu Wien; verkleinert.

Sebastian Münster im 60. Lebensjahre.

Anonymer Holzschnitt aus seiner „Cosmographie“ (1550); verkleinert.

…s Turmair, geb. 4. Juli
…erg, nannte sich nach dieser
…di Aventinus, bezog
…rsität Ingolstadt, wo er
…anistische Studien trieb,
… nach Wien folgte; 1501
…rakau, 1503 in Paris,
…ister wurde, 1505 und
Wien. 1507 war er in
1508 von Herzog Wil-
…ern zum Erzieher sei-
…er Ludwig und Ernst
welchem Amte er bis
…ser Stellung gründete
litteraria Angelsta-
…chaft zur Herausgabe
…schichtsquellen, und
…aierischen Historio-
…f einer Studienreise
…te er die hauptsäch-
…en zusammen und
… lateinischen „An-
…iche 1522 fertig
…iese seine Quellen-
…r Sprache (beon-
Da er aber in
…n Geschichtswerke
Geistesdigums mit
…r kirchlichen Rich-
… wurde er sogar
… durch Einfluß
von Eck wie-
der seine latei-
…seine „Deutsche
…u Lebzeiten er-
Lebensjahren
seines Freun-
…golstadt, und
… in Regens-
…seine deutsche
…iorum“, die
…chien zuerst
…von Schard…
…, auf um-
…schung be-
der alte-
… über den
…ngeschichte
ein hoher
…nuk ver-
…t, in der

Johannes Sleidanus.

Kupferstich des Jacob von Heyden, verkleinert. Nach dem Exemplare der k. k. Familien-Fideicommiss-Bibliothek zu Wien.

sie abgefaßt ist, sichern ihr den Platz unter den prosaischen Meisterwerken unserer Nationallitteratur.

Sebastian Münster, geb. zu Ingelheim 1489, studierte zu Tübingen, seit 1528 Professor der hebräischen Sprache in Basel, wo er 1552 starb. Seine zuerst 1544 erschienene „Cosmographie“ ist das verbreitetste, populärste geographische Buch des XVI. Jahrhunderts, namentlich wichtig durch seine historisch-antiquarische Beschreibung deutscher Städte. Die zahlreichen gleichzeitigen Abbildungen derselben (zuerst in der Ausgabe von 1550) sind jetzt, wo unsere Städte längst ihre alte historische Physiognomie verloren haben, von unschätzbarem Werthe.

Johannes Sleidanus (Johann Baptist Philippson), geb. 1506 oder 1508 zu Schleiden in der Eifel, trieb humanistische Studien zu Lüttich, Köln, Löwen, Paris, dann juristische Studien (Licentiat der Rechte in Orleans wahrscheinlich 1535). 1536 war er wieder in Paris, 1537 Secretär des Cardinal-Bischofs von Paris Johann du Bellay; 1540 Gesandter Franz I. in Hagenau, um mit den protestantischen Fürsten wegen eines französischen Bündnisses zu verhandeln. 1542 wiederum an einzelne protestantische Fürsten in derselben Sache abgesandt; 1544 ließ er sich in Straßburg nieder, wo er den 30. October 1556 starb. Sind gleich des Sleidanus im Auftrage und mit Unterstützung der protestantischen Fürsten geschriebene, 1555 zuerst erschienene: „De statu religionis et reipublicae Carolo V Caesare commentarii“ lateinisch abgefaßt, so durfte er doch hier nicht übergangen werden, weil er der erste deutsche Historiker ist, welcher aus gleichzeitigen Urkunden, Acten und Relationen eine umfassende Geschichte seiner eigenen Zeit verfaßte. Zu bedauern ist, daß er nicht die deutsche Sprache für sein Werk wählte, da er dieselbe sehr gewandt und fließend handhabte, wie seine deutschen Briefe und seine berühmten beiden Reden an Kaiser und Reich beweisen.

Hans Sachs (1494—1576). **Wohnhaus in Nürnberg; gleichzeitige Bildnisse.**

Hans Sachs, geboren 5. November 1494 in Nürnberg, nachdem er gute Schulbildung genossen und als Geselle fünf Jahre gewandert, 1517 Meister der Schuhmacherzunft seiner Vaterstadt; brachte die Nürnberger Meistersängerschule wieder in neue Aufnahme. Entschiedener Freund der Reformation, welche er durch Schrift in Reim und Prosa einführen half. Starb den 19. Januar 1576 in Nürnberg, wo er auf dem Johanniskirchhofe begraben liegt. Nicht nur der fruchtbarste, sondern der bedeutendste Dichter der Reformationszeit. Es ist unmöglich, im Bilderatlas von seinen „schönen und warhafften Gedichten, geistlich vnd weltlich, allerley art, als ernstlichen Tragedien, lieblichen Comoedien, seltzamen Spielen, kurtzweiligen Gesprechen, sehnlichen Klagreden, wunderlieblichen Fabeln, sampt andern lecherlichen und kurtzweiligen Schwencken vnd bossen, wahrhafften und seltzamen Historien die niemandt ergerlich, doch Jedermann nützlich zu lesen", welche dieser „sinnreiche und weitberümbte Liebhaber Teutscher Poeterey" im Laufe seines langen schöpferischen Lebens mit nicht versiegender Frische schuf, durch Wiedergabe von Titeln, handschriftlichen und gedruckten Stellen seiner Werke ein anschauliches Bild zu geben, wie dies bei unseren anderen großen nationalen Dichtern Goethe und Schiller möglich ist. Wir müssen uns begnügen, die Quellenbilder, welche uns seine äußere Erscheinung überlieferten, vollständig, und einige charakteristische Proben aus seinen handschriftlichen und gedruckten Werken zu geben.

Hans Sachs im 51. Lebensjahre.

Holzschnitt von Hans Brosamer aus dem Jahre 1545. Original auf der herzogl. Bibliothek in Gotha, etwas verkleinert. — Die Unterschrift ist aus einem der Gedichtbände der Zwickauer Bibliothek.

HANS SACHS TEVT POET ZER NVRN ZV BERCK

ZV NVRNBERK BRACHT FVR MICH GTICHT
DIE AVF POETISCH SEIN ZVGRICHT
ZV SPILN SINGEN VND ZV LESEN
VON GEISTLICHM V WELTLICHM WESEN
DOCH ALLES DEVTSCH LVSTIG V SCHOS
ES SAT IMS KEINER GLEIC GETHON

Hans Sachs im 73. Lebensjahre.

Holzschnitt von Barthel Jenichen aus dem Jahre 1567 nach dem Exemplare des Germanischen Museums in Nürnberg. — Auf dem aufgeschlagenen Buche ist die Zahl der bis zum Jahre 1567 von Hans Sachs verfaßten Gedichte auf 3676 angegeben. — Unterschrift aus einem der Gedichtbände der Zwickauer Ratsbibliothek.

Wohnhaus Hans Sachsens zu Nürnberg.

Radierung von J. F. Klein ca. aus dem Jahre 1822, als das Haus im Äußern noch wenig verändert war.

Die Wittembergisch nachtigall
Die man yetz höret vberall.

Jch sage ewch/wo dise swygen/so werdē die stein schreyen.luce.xix.

Titel einer der ersten Ausgaben der „Wittembergischen Nachtigall" (Luther) von Hans Sachs (Nürnberg 1523).

Nach dem Exemplare der herzoglichen Bibliothek zu Wolfenbüttel.

Disputation zwischen einem Chorherren und Schuchmacher dariñ das wort gottes vnnd ein recht Christlich wesen verfochten würdt.
Hanns Sachs.
M D XXiiij.

Jch sage euch/wo dise schweygen/so werdē die stein schreyen.luce.19.

Titel einer der vier prosaischen Reformationsdialoge des Hans Sachs: Disputation zwischen einem Chorherren und Schuhmacher (dem „verfluchten Schuster").

Eine der ersten Ausgaben (Nürnberg) 1524. Nach dem Exemplare der herzoglichen Bibliothek in Wolfenbüttel.

Ein Kampff gesprech/
Zwischen eyner Frawen vnd jhrer Haußmaydt.
Mehr ein kampff gesprech zwischen einer Haußmaydt vnd einem Gesellen.

Hans Sachs.

Titel eines Gesprächs von Hans Sachs: Kampfgespräch zwischen einer Frau und der Hausmagd und zwischen einer Hausmagd und einem Gesellen (jungen Burschen), gedruckt Nürnberg 1553.

Nach dem Exemplare der Nürnberger Stadtbibliothek.

Der Teuffel lest keyn Lantzknecht mehr inn die Helle faren.

Hans Sachs.

Titel eines Schwanks von Hans Sachs: Der Teufel läßt keinen Landsknecht mehr in die Hölle, gedruckt Nürnberg 1556.

Auf dem Holzschnitte ist oben hinterm Ofen der Teufel dargestellt, wie er einen der am Tisch sitzenden Landsknechte holen will. Nach dem Exemplare der Nürnberger Stadtbibliothek.

Hans Sachs (1494—1576). Ein fliegendes Blatt.

Ein nutzlicher rath den jungen gsellen/So sich verheyraten wö

Rath zwischen dreyerley Heyrat.

Nach dem ein Jüngling frisch vnd frey
Het vnter hand der heyrat drey
Erstlich ein Junckfraw schön vnd zart
Nit fast reych/ yedoch guter art
Zum andern solt er jm vertrawen
Zu der Ehe ein jungt witfrawen
Die vor gehabt het einen man
Zum dritten solt er nemen an
Ein alte reych vnd wolbegabt
Die doch vor zwen man het gehabt
Nun jr yede jn haben wolt
Nun west er nit / welche er solt
Nemen der dreyer/vnd thet gan
Zu einem alten weysen man
Vnd jm die drey heyrat fürlegt
Der weyse man sein hand außstreckt
Auff ein fünffjering knaben mit
Welcher auff eim stecklein vmb rit
In der stuben/ vnd sprach/nun frag
Das kind / auff das es dir hie sag
Mit kurtzen worten/welche frey
Auß den dreyen zu nemen sey
Bald sprach der Jüngling zu dem knaben
Sag ob ich die Junckfraw sol haben
Das kneblein antwort/ Wie du wilt
Der Jüngling sprach/ sol ich die mitt
Witfraw nemen / welche voran
Zu der Ehe hat gehabt ein man
Das kneblein antwort/Wie sie wil
Der Jüngling sprach/mir nit verhil
Ob ich mir nemen sol die alten
Welche auch vor hat hauß gehalten
Mit zweyen mannen in der Ehe
Rath mir/das ich mich nit vergehe

Das kneblein warff sich bald herumb
Ret ringweiß in der stuben rumb
Vnd schry/ Hüt dich mein pferd schlecht dich
Der weyß man sprach/ O Jüngling sich
Nun hast du deiner frag bescheyd
Der Jüngling sprach/ bey meinem eyd
Ich hab verstanden gar kein wort
Von dem kneblein an disem ort
Ich bit wölst mir das baß erklern
Der weyß man sprach/ von hertzen gern
Kanst du denn erstlich nit verstan
Da dir das kneblein zeyget an
Erstlich von der Junckfrawen mild
Da es zu dir sprach/Wie du wilt
Da meynt er die Junckfrawe gütig
Wer noch forchtsam / gschlacht vnd weychmütig
Derhalb du jr wol möchst abziehen
All eygensinnigkeit zu fliehen
Das sie dir fein blib vnderthan
Das du im hauß blibst herr vnd man
Vnd alles thet/wie du nur wolst
Zu dem andern du mercken solst
Von der witfrawen / in der still
Darzu der knab sagt/ Wie sie will
Meynt er/ weyl die wittib vorauß
Mit eim man het gehalten hauß
Würds all ding thun nach jrem sinn
Als die all ding wol wist vorhin
Vnd des haußhaltens het verstand
Vnd würd jr thun gar wee vnd and
Wo du sie wolst ein anders leren
Würd sich an dein straff nit vil keren
Darob vil zancks sich würd erheben
Ee dus nach deim sinn richtest eben

Als zu dem dritten ob der alten
Der knab das wort dir für hat gehalten
Hüt dich/wann mein roß das schlecht dich
Darmit anzeygt er eygentlich
Das es ein grosse thorheit wer
Das sich ein man geb in solch gfer
Nem/ die so vor zwen man het gehabt
Obs gleich reych wer vnd wolbegabt
Bey den sie verböst vnd verargt
Wer in jrem eygnen sinn verstarckt
Das niemd möcht bendigen die frawen
Denn allein schaufel vnd die hawen
Wie man denn sagt von disen sachen
Als hund böß bendig sind zu machen
Verloren ist all trew vnd güt
Zu endern ein verstockt gemüt
Wolst das denn bendigen mit zorn
Mit rauffen/schlagen vnd rumorn
So must du mit dem alten fratzen
Dein lebtag ziehen die streb katzen
Oder der narr bleyben im hauß
Jüngling nun wele dir selber auß
Die Erste / Ander/ oder Drit
Auff das dir in der Ehe darmit
Nit volg ein ewige nachrew
Sunder dir durch Eheliche trew
Frid / frewd vnd freundtlichkeit auffwachs
Im Ehelichen stand/das wünscht Hans Sachs

*

Das hat gedruckt Hans Guldenmund
Dem die drey heyrat all sind kund
Vnd warnt die jugent alle stund.

1 5 4 9.

Das Spruchgedicht „Sanct Peter mit der Gais", nach Hans Sachsens eigenhändiger Niederschrift

Aus dem jetzt auf der Leipziger Stadtbibliothek befindlichen zehnten Spruchbuche Hans Sachsens Blatt [illegible]. Die meisten der von Hans Sachs eigenhändig geschriebenen Sammelbände seiner Gedichte sind noch vorhanden (namentlich in Zwickau, Dresden, Berlin, Leipzig, Weimar). Einer dieser eigenhändig von Hans Sachs geschriebenen Sammelbände wurde jahrelang von einem Autographenhändler öffentlich für [illegible] Thaler vergeblich ausgeboten, bis ihn die Königliche Bibliothek in Dresden [illegible] seiner Erwerbung kaufte.

Und trieb sie in die waid hin dan
Sich fing sant peters unru an
Die gais war mutig / jung und frech
Und pliebe gar nit in der nech
Loff auf der waid hin und wider
Stig ain perg auf den andern nider
Und schloff hin und her durch die staudn
petrus mit schitzen plasn und schnaudn
must imer nach drollen der gais
parhabt / im schein die sun gar heis
Der schwais ueber sein leib abran
mit unru verzert der alt man
den dag pis auf den abent spat
machtlos / helig / ganz mued und mat
Die gais er widerumb haim pracht
Der herr sach petrum an und lacht
sprach petre wilt mein regiment
noch lenger phaltn in meiner hent
petrus sprach lieber herre mein
nem wider hin den stabe dein
und dein stab / ich peger mit nichten
fort hin dein ambt mer aus zu richten
ich merck das mein weisheit kaum dicht
Das ich ain gais regiren mucht
mit groser angst / mue und arbeit
O herr vergieb mir mein dorheit
ich wil fort der regirung dein
weil ich leb nicht mer reden ein
Der herr sprach petre das selb thu
So lasstu mich in stiller ru
Und vertrau mir in mein hent
Das almechtige regiment

In der Originalhandschrift steht Zeile 1—20 auf Blatt 9a; 21—52 auf 9b; 53 bis 85 auf 10a; 86—119 auf 10b; 120—122 auf 11a. Hieran schließt sich in der Handschrift noch „Der Beschluß“, d. i. die moralische Nutzanwendung. Zeit der Abfassung dieses Spruchgedichtes ist der 8. Oktober 1557.

Ein Alt Man, was
Gro und Weis wie ein Taub der w
Der hett ein gros weissen Bart.

Hans Sachs im 80. Jahre seines Alters

Nach dem Ölbilde von Andreas Herneisen (von 1574), gestochen von Jost Amman 1576. Nach dem Exemplare des Germanischen Museums Nürnberg. Verkleinert. — Die darunter gesetzten Verse sind aus dem bekannten Liede, welches Adam Puschmann, der Schüler des Hans, auf seinen alten Meister in rührender Weise machte. Entnommen dessen Originalhandschrift in der Dresdener Königlichen Biblio[thek].

Erklärender Abdruck des Spruchgedichtes von Hans Sachs.

Sant Peter mit der Gais

Als (Al…) noch auf erden ging Cristus,
und auch mit im wandert Petrus
eins tags aus eim dorf mit im gieng
pey einer wegschaid, Petrus anfing:
o herre got und maister mein,
mich wundert ser der guete dein,
weil du doch got almechtig pist,
lest es doch gen (gehen) zu aller frist
in aller welt gleich wie es get (geht),
wie Habacuck sagt, der prophet,
freffel und gewalt get fur recht,

sam (als ob) fraget duch die sach nit vil
und ge (gehe) dich eben glat (gar) nicht an;
kunst doch als uebel unterstan (abwehren),
wo du ernstlicher sechst (siehst) derein.
o solt ich ain jar hergot sein
und solt den gwalt haben wie du,
ich wolt anderst schauen darzu,
fuern vil ein pesser regiment
auf ertrich durch alle stent;
ich wolt steuern mit meiner hent
wucher, petrug, krieg, raub und prant,
ich wolt anrichten ein ruigs (ruhiges) leben.
der herr sprach: Petre, sag mir eben:

schaff und gepeut als was du wilt,
sey hart, streng, guetig oder milt,
gieb auf erd fluech oder den segen,
gieb schon weter, wint oder regen,
du magst straffen oder pelonen,
plagen, schnepen oder verschonen,
in suma, mein ganz regiment
sey heut den tag in deiner hent.
Darmit raichet der herr sein stab,
Petro den in die hende gab.
Petrus war des gar wolgemuet,
daucht sich der herrlich sein ser guet,
in dem kam her ein armes weib,
plaich und gar duerr, mager von leib,
parfues in aim zerrissen klaid,
die trieb ir (ihre) gais hin auf die waid
da sie nun auf die wegschaid kam,
sprach sie: zi (zieh) hin in gottes nam,
got phuet (behüte) und pschuetz (beschütze) dich immer dar,
das dir kain ubel wider far
von wolffen oder ungewiter,
wan ich kan werlich ie nit miter (mit dir),
ich muß gen (gehen) arbeiten das tag lon,
heint (diese Nacht) ich sunst nichts zu essen hon (habe)
daheim mit meinen klainen kinden;
nun ge (geh) hin, wo du waid magst finden,
Got der huet dein mit seiner hent
mit dem die frau widerumb went
ins dorff; so ging die gais ir stras

noch sie zereissn wolff noch pern (Bären),
Auf das den abent widerumb
die gais haim unpeschedigt kumb (komme)
der armen frauen in ir haus;
ge (geh) hin und richt die sach wol aus.
Petrus nam nach des herrn wort
die gais in sein huet an dem ort
und trieb sie in die waid hin dan,
sich fing sant Peters unru an;
die gais war mutig, jung und frech,
und pliebe gar nit in der nech (Nähe),
loff auf der waide hin und wider,
stieg ain perg auf, den andern nider
und schloff (schlüpfte) hin und her durch die s[tauden].
Petrus mit schitzen (ächzen), plasn und sch[nauden]
must imer nach drollen der gais,
parhabt (barhäuptig), im schein die sun ga[r heis],
der schwais ueber sein leib abran (herab r[ann])
mit unru verzert (verbrauchte) der alt ma[n]
den dag pis auf den abent spat,
machtlos, helig (geplagt), ganz mued und [mat]
die gais er widerumb haim pracht.
der herr sach (sah) Petrum an und lacht,
sprach: Petre, wilt mein regiment
noch lenger phalten (behalten) in meiner [hent]?
Petrus sprach: lieber herre mein,
nem wider hin den stabe dein
und dein stab, ich peger (begehre) mit nic[hten]
fort hin dein ambt mer auszurichten,

Der Formschneider.

Ich bin ein Formenschneider gut/
Als was man mir für reissen thut/
Mit der federn auff ein form bret
Das schneid ich denn mit meim geret/
Wenn mans denn druckt so sind sich scharff
Die Bildnuß/wie sie der entwarff/
Die sicht/denn druckt auff dem papyr/
Künstlich denn auß zustreichen schier.

F Der

Der Brieffmaler.

Ein Brieffmaler bin aber ich/
Mit dem Pensel so nehr ich mich/
An streich die bildwerck so da stehnd
Auff Papyr oder Pergament/
Mit farben/vnd verhöchs mit gold/
Den Patronen bin ich nit hold/
Darmit man schlechte arbeit macht/
Darvon auch gringen lohn empfacht.

Der

Der Buchdrücker.

Ich bin geschicket mit der preß
So ich aufftrag den Firniß reß/
So bald mein dienr den bengel zuckt/
So ist ein bogn pappyrs gedruckt.
Da durch kombt manche Kunst an tag/
Die man leichtlich bekommen mag.
Vor zeiten hat man die bücher gschribn/
Zu Meintz die Kunst ward erstlich triebn.

F iij Der

Drei Holzschnitte von Jost Amman aus Hans Sachsens „Eygentliche Beschreibung Aller Stände auff Erden . . . . . Gedruckt zu Franckfurt am Meyn, bey Georg Raben, in verlegung Sigmund Feyerabents 1568".

Nach dem Exemplare der Münchener Bibliothek.

Auff heutiger SingSchul geben etliche Liebhaber der Kunst den Meistersingern etliche Gaben zuversingen.

Hanns Sachs seines Alters 81. Jahr.

Darumb soll erstlich in dem Freysingen gesungen: Römische/vnd andere warhafftige Historien.

Soll das gemeß seyn/von 12 biß auff [illegible]
Zu dem gleichen aber von 11 biß auff 12

In dem Hauptsingen soll gesungen werden auß dem alten vnd newen Testament

Soll das gemeß seyn von 20 biß auff 30
Zu dem gleichen aber von 30 biß auff 100

Man wird auch vorher ein schön new Lied auff vnser Art vnd Weiß zusammen singen.

Ihr Singer singt zu Gottes Lob/
Beweist der Kunst heut eine Prob/
Wer das best thut/den wird man preisen/
Soll auch die best Gab davon reissen/
Drumb ihr Singer thut euch befleissen.

Wer solches hören will/ der komm nach gehaltener MittagsPredigt zu S. Catharina/ so wird man anfangen.

Einladungszettel zur Abhaltung einer Singschule (Sitzung) der Nürnberger Meistersänger, wie er an der dortigen Katharinenkirche angeschlagen wurde

Aus dem Ende des XVI. Jahrhunderts — Nach dem Exemplare des Germanischen Nationalmuseums zu Nürnberg

Dieser vergoldete Silberschmuck wurde bei besonderen Gelegenheiten von einem der Meistersinger an einer Kette getragen. König David war der Patron und das Vorbild der Meistersinger. Dieses Kleinod ist aus drei Theilen zusammengesetzt; das Mittelstück — König David mit der Harfe unter dem Crucifix — gehört dem letzten Drittel des XVI. Jahrhunderts an; die Madonna und das gekrönte M entstammen noch dem XV. Jahrhundert und gehörten als ein Stück ursprünglich zusammen, bevor sie durch das Mittelstück getrennt wurden. — Holzschnitt aus K. von Lützows Zeitschrift für Bildende Kunst, Verlag von E. A. Seemann in Leipzig, Jahrgang 1885, pag. 210.

Silbernes Kleinod der Meistersinger von Nördlingen.

Ein Meistergesang Adam Puschmanns, geschrieben 16. Dezember 1583.

Blatt 171a aus dessen eigenhändigem Meistergesangbuche, jetzt auf der Breslauer Stadtbibliothek (Codex 1009).

Adam Puschmann.

Nach einer Zeichnung auf der inneren Seite des Einbandes seines Meistergesangbuches auf der Breslauer Stadtbibliothek, wahrscheinlich aus dem Jahre 1586, ausgeführt. — Die Unterschrift ist aus derselben Handschrift, Blatt 30a.

Adam Puschmann, geb. 1532 zu Görlitz, lernte auf der Wanderschaft bei Hans Sachs den Meistergesang, lebte in Görlitz und Breslau, wo er den 4. April 1600 starb. Er ist der Hauptvertreter des Meistergesanges im Osten Deutschlands, gab 1575 heraus: „Gründlicher Bericht des Deudschen Meistergesangs mit angehefftter Schulordnung"; 1592 erschien von ihm eine „Comoedie von Patriarchen Jakob, Joseph und seinen Brüdern". Sein eigenhändiges, reichhaltiges Meistergesangbuch, aus dem obenstehend eine Seite mitgetheilt ist, befindet sich jetzt auf der Breslauer Stadtbibliothek.

rg Wickram (um 1510 – um 1562), Nicodemus Frischlin (1547–1590), Paulus Melissus (1539–1602), Ambrosius Lobwasser (1514–1585).

Waysen / Stollen vn abgsang. Das

Jörg Wickrams eigenhändigem „Gemerkbuch" (Tabulatur) der Colmarer Meistersänger-Bruderschaft (1549).

Original in der Münchener Bibliothek, deutsche Handschriften Nr. 5000, Blatt 1, Nr. 4: „Das Weisen, Stollen und Abgesang".

Jörg Wickram, über dessen Leben wenig bekannt ist, wurde wahrscheinlich ar geboren, richtete dort 1549 eine Meistersängerschule ein, 1555 Stadtschreiber heim im Elsaß, gestorben vor 1562. Sein Schwankbuch, das „Rollwagen-" (1555), gehört zu den besseren derartigen Sammlungen des XVI. Jahr-; seine liebliche und kurzweilige Historie „Der Goldfaden" (1557), seine Er- „von guten und bösen Nachbarn" (1556) sind als die Anfänge des selbst- deutschen Romans zu betrachten. Er schrieb auch Fastnachtsspiele: „Das ießen" (1537); „Der treue Eckhart" (1538). Zu erwähnen ist noch seine Über- von Ovids „Metamorphosen" (1551), eine Umarbeitung der Übersetzung Al- von Halberstadt, welche uns auf diese Weise erhalten blieb, da die mittel- n Handschriften dieser Übersetzung bis auf wenige Bruchstücke verloren gingen ihm unbekannt.

N. Frischlinus.

Nicodemus Frischlin im 31. Lebensjahre.

Holzschnitt von Hieronymus Resch aus dem Jahre 1578, vor Frischlins „Hildegardis".

Nicodemus Frischlin, geb. 22. September 1547 zu Erzingen (Oberamts Balingen) in Württemberg. Vorgebildet in den Klosterschulen von Königsbronn und Bebenhausen bezog er 1563 die Universität Tübingen; 1568 Professor der Poesie daselbst, Hofpoet, mußte Tübingen verlassen 1582; Schulmeister in Laibach, 1584 wieder in Tübingen, aus dem er 1587 wieder fort mußte; suchte festen Aufenthalt in Prag, Wittenberg, Marburg, Braunschweig; 1590 auf dem Hohenurach gefangen gesetzt, fand er einen jähen Tod in der Nacht vom 29. auf den 30. November (a. St.) 1590, als er von hier entfliehen wollte. Frischlin ist der bedeutendste neulateinische Dichter seiner Zeit. Sind gleich seine Dramen „Priscianus" (1571), „Rebecca" (1576), „Susanna" (1578), „Hildegardis" (1579), „Julius redivivus", „Phasma" (1592) lateinisch und nur seine „Wendelgard" (1589; [1580?]) und seine (1590) im Kerker abgefaßte „Ruth" deutsch geschrieben, so sind es doch deutsche zeitbewegende Ideen, welche in ihnen vertreten sind; daher wurden die meisten seiner Dramen kurz nach ihrem Erscheinen, zum Theil wiederholt, ins Deutsche übersetzt.

Ambrosius Lobwasser.

Kupferstich von Konrad Meyer (1673). Ausschnitt. — Nach dem Originale des Münchener Kupferstichkabinetts.

Ambrosius Lobwasser, geb. 5. April 1514 zu Schneeberg im Erzgebirge, 20 Jahre schon Magister artium, las und lehrte 15 Jahre an der Uni- Leipzig Jurisprudenz; Rath und Kanzler bei den Burggrafen zu Meißen, verschiedene Reisen ins Ausland, 1563 von dem Markgrafen Albrecht von burg nach Königsberg berufen, wo er als herzoglich preußischer Rath und r der Rechte den 27. November 1585 starb. — Er hatte auf seinen Reisen reich die hugenottischen Psalmengesänge von Marot und Beza kennen gelernt setzte nach demselben Versmaße die „Psalmen" ins Deutsche, zuerst erschienen Durch zwei Jahrhunderte hindurch blieben sie das Hauptgesangbuch des refor- Deutschlands.

P. Melissus

Paulus Melissus.

Kupferstich von Jacobus Granthomme.

Paul Schede, mit seinem lateinischen Dichternamen Paulus Melissus, geb. 20. Dezember 1539 in Mellrichstadt, studierte auf verschiedenen Hochschulen huma- nistische Wissenschaften, 1564 in Wien wegen seiner lateinischen Gedichte zum Dichter gekrönt und zum Pfalzgrafen ernannt, starb am 3. Februar 1602 in Heidelberg. Für die Entwicklung der deutschen Metrik ist wichtig sein Werk: „Di Psalmen Davids in teutsche gesangsreimen nach Frantzösischer melodeien und sylben art" (1572). Einige deutsche weltliche Gedichte, darunter das anmutige „Rot Röslein wolt ich brechen", stehen in der von Zincgref besorgten Ausgabe der Gedichte Opitzens 1624 (siehe S. 121).

Wendvnmuth.
Darinnen fünff hundert vnd funfftzig höflicher / züchtiger / vnd lustiger Historien / Schimpffreden / vnd Gleichnüssen begriffen vnd gezogen seyn auß alten vnd jetzigen Scribenten. Item den Facetijs deß berümpten vnd wolgelehrten Henrici Bebelij, weiland gekrönten Poeten, sampt etlichen andern newvergangenen warhafftigen aller Stende Geschichten, welchen jederm besonderen ein Moral zuerklärung angehengt. Vorhin niemals außgangen. Beschrieben vnd zůsammen gebracht durch
Hans Wilhelm Kirchhof.
Syrach 30.
Mache dich selbs nit traurig vnd plage dich nit selbs mit deinen eignen Gedancken / dann ein frölich Hertz ist deß menschen Leben / vñ sein Freud ist sein langes Leben. Thu dir gůts / vnd tröste dein Hertz / vnd treibe Traurigkeit ferrn von dir / dann sie tödtet viel Leuthe / vnd dienet doch nirgend zů.
Getruckt zů Franckfurt / bey Georg Raben / vnd Weygand Hans Erben.
M. D. LXIII.

Titel der ersten Ausgabe von Kirchhofs „Wendunmuth" (Frankfurt 1563).
Nach dem Exemplare der Berliner Bibliothek.

Hans Wilhelm Kirchhof (Kirchof), geb. um 1530 in Kassel, in Kriegsdiensten groß geworden, 1554 in Marburg studierend, dann in Kassel, wo er aktenmäßig 1564—1577 (als Mölmeister) vorkommt, 1583—1605 als Burggraf auf dem hessischen Schlosse Spangenberg nachweisbar. Starb wohl daselbst um 1605. Sein Hauptwerk ist die große Schwanksammlung „Wendunmuth".

Unterschrift Dedekinds von einem eigenhändigen lateinischen Gedichte aus dem Jahre 1551.
Original im Besitze der Verlagshandlung.

Vom Weltlichen Stand. 281
CCLXXXI.
Von eim andern Schweitzer.
IN dem selbigen Gebirg wonete ein ander Baur / deß Son als er seines lebens das erste mal auff ein Palmtag in die Kirche gangen / sach er / wie alles volck alt vnd junge Zweyge von Palmbeumen dē Hölgern Salvatori (wie es der zeit noch gebreuchlich / vnd die gůten leutlein für einen angenemen Gottes dienst hielten) entgegen vnnd in den weg strewetē / Achtet er es wer ein vbelthæter / weil er so auff eim Esel gefüret / vnnd nach jm geworffen ward: Nackt sein lang Schweitzer Schwert von löder / vñ vollbracht einē streich mit allen krefften auff das Bild / daß es sampt dem Esel zůhauffen vmbfiel. Vnd nach dem er meinet ein redliche that begangen haben / vnd heim kam / sprach er zů seinem Vatter / wie er einig mit grossen ehren vnd rhům / alles volck von einer mercklichen gefar / die es von eim zäncker / welcher sich an seinen anlauff nit kehren wolte / zůbesorgē gehabt / queid gemacht vnd erledigt / darneben den selben sampt der Merhen (also nennet er verechtlich den Esel) zůboden geschlagen hette.
Jung Hochzeitmegdlein vngebutzt /
Jung Kuchenbůben one beschmutzt.
Junger Salat nit abgerupfft /
Ein junge Ayel die nit hupfft.

Eine Seite aus der ersten Ausgabe von Kirchhofs „Wendunmuth" (1563).

Unterschrift Kirchhofs aus einer Prozeßschrift aus dem Jahre 1569.
Original im Königlichen Staatsarchive zu Marburg.

Ein new hübsches vnd schimpffliches Büchlein / genant die
GartenGesellschafft /
Darinn viel fröliche Gespräch / Schimpffreden / vnnd sonst kurtzweilige Bossen / von Historien vnd Fabulen / gefunden werden / Wie je zu zeiten dieselben in den schönen Gärten / bey den külen Brunnen / auff den grünen Wisen / bey der Edlen Music / auch andern ehrlichen Gesellschafften / die schweren verdrossenen Gemüter wider zu ercklären vnd auffzuheben / kurtzweilig vnnd lustig zu lesen etc.

Newlich durch Jacobum Freyen / Stadtschreiber zu Maursmünster verfasset / vnd an tag bracht.

Titel der ersten Ausgabe der Schwanksammlung „Die Gartengesellschaft" von Jakob Frey, Stadtschreiber von Maursmünster im Elsaß.
Über dessen Leben nichts weiteres zu ermitteln ist. Die Vorrede ist datiert „1556 Martini" (11. November). Nach dem Exemplare der Göttinger Bibliothek. — Diese Schwanksammlung ist für ein Publikum berechnet, welches an den harmlosen Geschichten Paulis und Kirchhofs keinen Gefallen mehr fand. Sie trägt den Charakter, obgleich der Verfasser ausdrücklich hervorhebt, daß er alles Anstößige gemieden habe.

Grobianus /
Von groben sitten / vnd vnhöflichen geberden / Erstmals in Latein beschriben / durch den wolgelerten M. Fridericum Dedekindum / vnd jetzund verteutschet durch Casparum Scheidt von Wormbs.
Hic nullus verbis pudor, aut reuerentia mensæ,
Porcorum viuit gens pecuina modo.

Liß wol diß büchlin offt vnd vil / Vnd thů allzeit das widerspil.

Titel der ersten Ausgabe von Kaspar Scheidts „Deutschem Grobianus".
Gedruckt zu Worms durch Gregorium Hofmann (1551). Nach dem Exemplare der herzoglichen Bibliothek in Wolfenbüttel. Dieses für die damalige Zeit sehr [illegible] Buch ist eine freie Übersetzung des von Magister Friedrich Dedekind (geb. zu Neustadt am Rübenberge, gest. 27. Februar 1598 als Pastor zu Lüneburg) lateinisch verfaßten, 1549 zuerst erschienenen Buches: „Grobianus de morum simplicitate". Übersetzt von dem Wormser Schulmeister Kaspar Scheidt (Lehrer Fischarts, gest. 1565). Das Buch ist eine [illegible] Schilderung des Lebens und der Sitten eines Flegels der damaligen Zeit.

Johann Fischart (um 1545—1590).

J. Fischart M.

Johann Fischart. Aus dem „Ehezuchtsbüchlein“ (Straßburg 1607).
Nach dem Exemplare der Münchener Bibliothek. — Unterschrift auf seinem Exemplare von Rabelais' „Sciomachie“ (1549), das jetzt in der Wolfenbütteler Bibliothek aufbewahrt wird.

Johann Fischart, genannt Mentzer (Mainzer), geb. um 1540 bis 1550 zu Mainz (oder Straßburg), eine Zeitlang Schüler des Kaspar Scheidt (des Übersetzers von Dedekinds „Grobianus“), viel auf Reisen, bis er 1574 in Basel zum juristischen Doktor promovierte. Seit 1576 in Straßburg nachweisbar, 1581 in Speier, um 1583 Amtmann in Forbach, gestorben im Winter 1589 auf 1590. Fischart ist der bedeutendste deutsche Humorist, sprachgewandt wie kein anderer, gründlicher Kenner deutschen Volksthums, in seiner kalvinistischen Polemik gegen die Jesuiten von den Derbheiten seines Zeitalters nicht frei. Durch die groteske Maske ist aber sein tiefes Gemüth selten ganz verdeckt.

Aller Practick Großmütter.

Ein dickgeprockte Newe vnnd trewe/ laurhaffte vnnd jmmerdaurhaffte Procdick/ auch possierliche/ doch nit verführliche Pruchnasticatz: sampt einer gecklichen vnd auff alle jar gerechten laßtaffeln: gestellet durch gůt duncken/ oder gůt truncken des Stirnweisen H. Winhold Wåstblůt vom Nebelschiff/ des Königs Artsus von Landagrewel höchsten Himmelgaffenden Sterngauckler/ Practicktraumer vnd Kalender reimer: Sehr ein räß kurtzweilig geläß/ als wann man Haberstro äß.

Kumm kratzen vnd Briessfelegen/ nach laut der Pructick.

M. D. LXXII.

Titel der ersten Ausgabe von Fischarts „Aller Practick Großmutter“ (1572).
Nach dem Exemplare der Münchener Bibliothek.

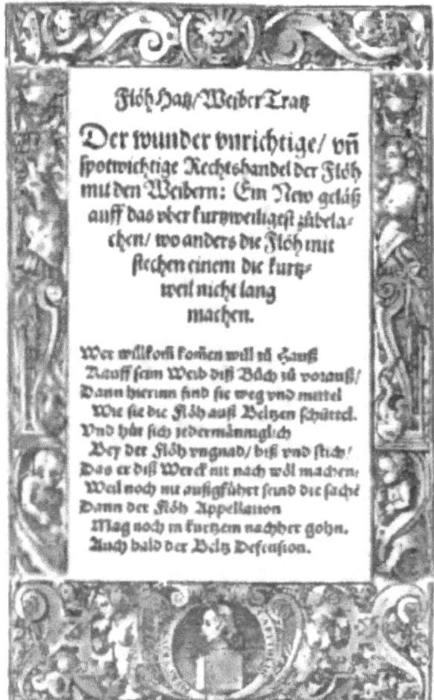

Flöh Hatz/ Weiber Tratz

Der wunder vnrichtige/ vñ spotwichtige Rechtshandel der Flöh mit den Weibern: Ein New geläß auff das vber kurtzweiligst zůbelachen/ wo anders die Flöh mit stechen einem die kurtzweil nicht lang machen.

Wer willkom̃ kom̃en will zů Hauß
Kauff sein Weib diß Bůch zů vorauß/
Dann hierinn sind sie weg vnd mittel
Wie sie die Flöh auß Peltzen schüttel.
Vnd hüt sich jedermänniglich
Bey der Flöh vngnad/ biß vnd stich/
Das er diß Werck nit nach wöll machen:
Weil noch nit außgeführt seind die sachē
Dann der Flöh Appellation
Mag noch in kurtzem nachher gohn.
Auch bald der Peltz Defension.

Titel der ersten Ausgabe von Fischarts „Flöhhatz“. Gedruckt Straßburg durch Bernhard Jobin (1573).
Nach dem früher im Besitze des größten Fischartkenners, des Freiherrn H. G. von Meusebach befindlichen, jetzt der Berliner Bibliothek gehörigen Exemplare.

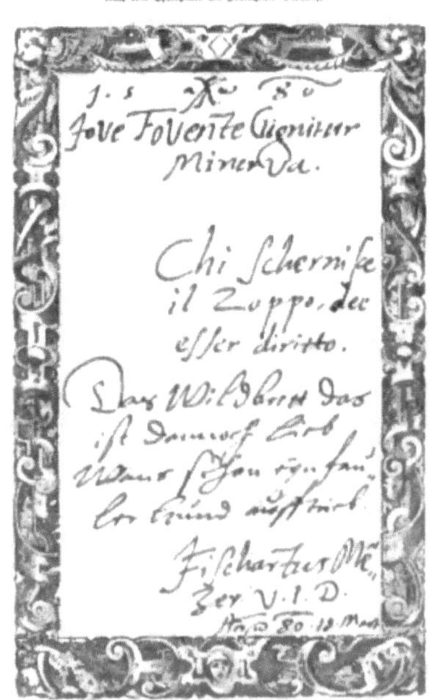

1 5 80
Jove Fovente Gignitur Minerva.

Chi Schernisce il Zoppo, dee esser diritto.

Fischartus Mentzer V. I. D.

Eigenhändiges Stammbuchblatt Fischarts.
Blatt aus dem Stammbuche des Heinz von Tondorf, im Besitze des Herrn Geheimen Rechnungsrathes Warnecke in Berlin.

Johann Fischart (um 1545—1590).

Das Glückhafft Schiff
von Zürich.
Ein Lobspruch / vonn der
Glücklichen vnd Wolfertigen Schiffart/einer
Burgerlichen Gesellschafft auß Zürich/ auff das auß-
geschriben Schiessen gen Straßburg den 21. Junij/
des 76. jars/ nicht vil erhörter weis
vollbracht.

Dazu eines Neidigen Verunglimpfers schant-
licher Schmachspruch/von gedach-
tem Glückschiff:
Samt desselbigen Notwendigem
Kehrab ist gethan worden.

Salich.
Sein zeyt hat bawen vnd die freüd / Fürnemlich aber hat sein zeyt
Sein zeyt hat brechen vnd das leyd: Schweigen vnd Reden/ Frid vnd Streit

Titel einer der beiden Originalausgaben von Fischarts „Glückhafft Schiff“ (Straßburg, gedruckt bei Jobin um 1578).
Nach dem Exemplare der gräflichen Bibliothek in Wernigerode

Binenkorb
Des Heyl. Römischen Imen-
schwarms/ seiner Humelszellen (oder
Himmelszellen) Hurnaußnäster/ Brämen-
geschwürm vnd Wäspengedöß.
Sampt Läuterung der H. Römischen Kirchen
Homgwaben [illegible]
[illegible]

[illegible]

Zu Christlingen/ Anno 1579.

Titel der ersten Ausgabe von Fischarts „Bienenkorb“ (gedruckt 1579).
Nach dem Exemplare der Münchener Bibliothek

Affenteurliche vnd Vngeheurliche
Geschichtschrift
Vom Leben/rha-
ten vnd Thaten der for langen
weilen Vollenwolbeschraiten
Helden vnd Herrn
Grandgusier/Gargantoa/ vnd
Pantagruel/Königen inn Vtopien
vnd Ninenreich.
Etwan von M. Francisco Rabelais Französisch
entworfen: Nun aber vberschrecklich lustig auf den Teut-
schen Meridian visirt: vnd [illegible]
[illegible]
Si premas erumpit: Si laxes effugit.

Anno. 1. 5. 7 5.

Titel der ersten Ausgabe von Fischarts „Geschichtschrift“ (1575).
Nach dem Exemplare der Wolfenbütteler Bibliothek

Affentheurlich Naupengeheurli-
che Geschichtklitterung/
Von Thaten vnd Rahten der
vor kurtzen langen weilen Vollenwol-
beschreiten Helden vnd Herren
Grandgusier/Gargantoa vnd Panta-
gruel/ Königen inn Vtopien/ Jedewelt vnd Nienen-
reich/ Soldan der Neuen Kannarien vnd Oudyssen
Inseln: [illegible]
[illegible]
Etwan von M. Frantz Rabelais Frantzösisch ent-
worffen: Nun aber vberschrecklich lustig inn einen Teut-
schen Model vergossen/ [illegible]
[illegible]
Durch Huldrich Elloposcleron.
Si laxes erepit: Si premas erumpit.
[illegible]

Im Fischen Gilts Mischen.
Getruckt zur Grensing im Gänsserich. 1582.

Titel der ersten Ausgabe von Fischarts „Geschichtklitterung“ (1582).
Nach dem Exemplare der Münchener Bibliothek

Die Wunderlichst Vnerhörtest Legend vnd Beschreibung.

Des Abgeführten/Quartirten/Gevierten vnd Viereckechten Vierhörnigen Hütleins: Sampt Vrsprungs derselbigen Heyligen Quadricornischen Gatterhauben vnd Cornutschlappen: Etwan der Schneiderknechts J. Nasen gewesenen Meysterstück.

Gestellt zu Vierfach Ablaßwürdiger Ergetzlichkeyt den lieben Vierdächtigen Jgnazischen Vierhornigen Quadricornuten/vnd Loyolitischen Widerhörnigen Cornuten: Oder (wie sie gern heyßen) Jesuiten/oder Würdigen Herrn der Societet Jesu: Auch zu gefallen dem obberürten Meister Hansen/daß er daß Am Meysterstück diese Werkstattareme/ Brecheyn vnd bemalen wölle.

Alles Durch Jesuwalt Pickhart/den Vnwürdigen Knecht der Societet der Glaubigen Christi.

Anno M. D. L X X X.

Titel der ersten Ausgabe von Fischarts „Jesuiterhütlein“ (1580, mit der falschen Drucknotiz: Gedruckt zu Lausannen bei Gangwolf Zuchnach.

Nach dem Exemplare der Münchener Bibliothek.

QVARTA CENTVRIA.
Das ist/
Das vierdt hundert der vierfach Euangelischen warheit/in welchen das elendt Lutterthumb/ dermassen granatomiert ist/also/ daß man vil hundert/ ihr ein rechts Panatheō, allerley bösen früchten/deß verfluchten Euangelischen Feygenbaums/zůsamb gelesen/vnd behalten findt/ wie geschriben ist/hebet die Brocken auff/ ꝛc.
Durch F. Ioannem Nasn,
Dem
Joan Friderich Scelesto. D edicirt.

Titel und Holzschnitt einer Schrift des Ingolstädter Barfüßers Johannes Nas, des schreiblustigen Gegners von Fischart:

„Die vierte Centurie (von Fischart genannt „Schandkarre“) evangelischer warheit. Gedruckt zu Ingolstadt durch Alexander Weißenhorn 1570.“ Aus der Bibliothek des Herrn Professor Crecelius in Elberfeld. Der Holzschnitt, welcher zweimal in diesem Werke vorkommt, stellt Luthers Anatomierung vor, im Hintergrunde Huß und Melanchthon.

Der Barfüser Secten vnd Kuttenstreit / Anzuzaigen die Römisch ainigkait.

DJs ist ain wunderlicher streit
Der jez gemachet hat vil Leut/
Vnd ist ain also im gesicht
Vorkom̃en/ wie es hie geschicht.
Vnd wiwol er vor Jaren etlich
Ward bschriben nach der läng sehr deitlich/
Auch männiglich wol angenem:
Doch weil die kürze ist bequem/
Will ich einzihen diselb läng/
Wiwols kaum leid die Klostermeng.
1. Vnd erstlich/ ist demselben Man
Sanct Löw/ Francisci gros Caplan/
Erschinen/ vnd hat gfüret jn
Auf ainen hohen Lättner hin/
2. Im Sanct Franciscum dort gewises
Wie er so scheuzlich würd zerrissen
Von seinen aignen Ordens-Leuten/
Die hin vnd her sein Regul deiten:
Demnach im auch erklärt dabei
Was jde Person thu vnd sei;
3. Nämlich/ das die Nonn/ die da steht/
So mit Francisci Hand vmgeht/
Vnd im wolt gern die Wund verstreichen/
Auf das Jr plibn die Wundzaichen/
Ist von Senis Sant Katharein/
So soll ains Ferwers Tochter sein/
Die sagt/ das da sie war verzuckt/
Hab jr Maria eingetruckt
Fünf Wundmal: die sie selbs vsstriche
Jr malt/ auf das ir der Franz weicht:
Diser gleich beigefallen sind
All Prediger-Mönch/ di schwarz Gesind/
Die han Franciscum gar veracht
Vnd darfür jr Kärt gros gemacht.
4. Als aber die schle war verschwunden/
Ain Schneiderknecht zu Bern sie funden/
Dem sie fünf Wunden auch einetzten
Vnd in vber Franciscum sezten.
Drum sticht d Schneider hie dem Franzen
Das Herz ab/ mit der Schneider Lanzen/
Vnd schneid ab mit der Schär die Hand/
Das er damit sein Wund verquannt.
5. Folgents/ der Bartecht/ der dort steht/
Dem das Hemd aus den Hosen geht/
Vnd sein Patron am Backen zert/
Als ob er Haar von im begert/
Ist aus der Chiaciner Sect
Die gern warm inn den Hosen steckt/
Auch inn dem Mantel vnd im Hemd:
Vnd welchs der Regul ist gar fremd/
So haben sie auch ainen Bart/
Vnd lind Schuh/ dan die Mönch sint zart.
6. Nachgehends komt ain Capuciner/
Der rümt sich auch Francisci Diner/
Vnd trennt sich vm̃ die Gugel doch/
Die mus im sein vor andern hoch.
7. Der aber holt das Bettbuch do/
Nännt sich vom Evangelio/
Weil sie sein Regul an Corden tragen/
Welchs sie das Evangelium sein sagen
8. Der hie das Crucifix erwischt
Vom Orden Pauperes er ist/
Die tragen das kreuz an der Kutten/
Vnd schlagen sich oft das sie pluten.
9. Seh/ wie sich sperrt ain anderer Orden
Welcher benent ist von der Pforten/
Von Portiuncula (schön Latein)
Der will den Ablasprys allain/
Welchen/ wie die Mönch han erdacht/
Maria hat Francisco bracht/
Darinnen Ablas ist versprochen
Allen die durch je Kirchthor krochen.
10. Deren/ die an der Kutten reissen
Will der ain/ ain Amadeer haissen/
Sonst gnant Brüder von Gotes Lib/
Die ich gern mit dem D. beschrib.
11. Der ander nennt sich ain Pauliner
Ja wol Fauliner/ Maule-Diner:
Der ain will Eselfarb han die Kutt/
Den andern Spazengraw dunkt gut/
Der Esel will die Kutt han eng
Die Spaz ganz weit/ von guter läng/
Der ain will die Cord soll im sein
Nach des Franzen ganz weis zum schein/
Aber der ander Kuttenlapp
Will/ Franz het ain Sail wie die Kapp!
Ist das mir nicht ain ernster streit!
Sint Klosterwäscherin kain from̃ Leut!
12. Auch kom̃t S. Clar aus irem Kloster
Greift zwischen dem Bain zum Paternoster/
Die hat gstift sonder Bettels-glider/
Die man haisst die Klarinerbrüder/
Die schämen sich Francisci Namen/
Tragen doch Eselgraw allsammen.
13. Die aber gschürzt hie nackend knien
Am rechten Fus Franciscum zihen/
Da ist der ain von Newer Sect
Die vor sechzig Jarn ward gehecke
Vom Minoriter zu Paris/
Die sich die Repentinisch his/
Von Penitenz/ die sie beweisen
Mit Gaiseln/ damit sie sich schmeissen.
14. Der ander haisst von Observanz/
Sonst plochler/ hält die Regul ganz/
Weil er ist ain Holzschuhen Reuter/
Isst nichts gekochts/ on Ops vnd Kräuter.
15. Gleichs thut auch diser Bettel-fand/
Der Bosiatner/ mit seim fund/
Der maint/ sonst niman kom̃ zum Hail/
Er trag dan/ wie er/ Schuh von Sail.
16. Nachher/ der vmbzicht mit dem Bäsen
Den Staub ganz fleisig aufzulasen/
Ist von dem Orden Minimi,
Die Minsten sind sie dort vnd hi/
Sie tragen von Francisco vm̃
Vil Kat vnd Erd/ falsch Hailigrum̃.
17. Noch ist ain lust zusehen dort
Die zwen Schuhfechter auf aim Ort/
Dis sind Minores, Minoriter/
Die man sonst nennt di Minderer-Brüder/
Die wöllen sein gringer vnd minder
Dan Minimi, vnd noch vil plinder:
Dise haben wol ainen Namen/
Vnd stimmen doch noch nicht zusammen/
Dan sie drum̃ zanken vnd sich schlagen
Was für Schuh Franz hab angetragen/
Dem ainen der Holzschuh gefallt
Der ander es mit Leder halt.
18. Der mit der Geltpüchs darvon trott
Der ist aus der Collecter Rott/
Die Gelt samlen zu Klösterbauen/
Sodoch Franz kain Gelt an wolt schauen.
19. Jtem/ dort tragen zwen das Bruch/
Den Bettelsack/ vnd d Hosentuch/
Der ain ist vom Frölichen Orden
Welcher Gaudenter gnent ist worden:
20. Der ander ist von Augustinis/
Ist baider Regul vngewis/
Die Strümpf sie an den zähen stümmeln
Damit die faule Füs nicht schimmeln/
Vnd schneiden oben noch darzu
Tret Schot nstainlöcher inn die Schuh.
21. Noch sihen zwen Knöpf dort di Cordë/
Der ain ist Reformater Orden/
22. Der ander ain Conventual/
Die zanken vm̃ den streit zumal/
Der ain will zwölf knöpf an sein Sail/
Der ander vngrad für sein thail.
23. Aber/ Holla/ wa wolt je lasen
Brandern Nas mit der Naschigen Nasen?
Der auf aim Gaisbock her postirt
Damit die Spazenzunft er zirt/
Vnd ausbrächt dise haimlichkait
Von seiner Mönchischen ainigkait.
(Dan im zu lib/ dem Predigspatzen/
Muss man den Spatzenhas fürkratzen/
Vnd wann man merkt/ das er vn gfallt/
Den Schwalwenkrig man im noch bhallt.)
Er hat dannoch Francisci Bruch
Vm̃ sonst nicht gschüzt/ dan auf seim Buch
Seinen angstschwais er davon trägt/
Welchs doch dem hinter im nicht schmäckt/
24. Dem Alexander von Ales
Der oft den Mönchswust angreift räs.
25. Die Bäpst/ so Kaufmansballen suchen
Sind auch aus Franzen Bettelkuchen/
Aber nach dem sie Päpst sine worden/
Han sie verschmächt den Bettelorden/
Vnd nichts vom Franzen bhalten mehr
Als Reichtum̃/ kaufmanschat vnd ehr/
Welches doch Sant Franz vbergab
Da er den Kaufmanstand legt ab:
Drum̃ lasen sie dort ligen strack
Das härin Hemd vnd Bettelsack/
Vnd lehren dispensiern drum̃
Des Franzen Evangelium.
Inn dem der Mönch dis obgesetzt
Mit dem Man auf dem Lättner schwezt
26. Rust ainer lachend vber laut/
Seh/ sigstu hie/ du schöne Braut
Thun dir das deine Konggesellem
So sei jr Abtder inn der Höllen.
Von diser Prediger-stimm vnd lachen
Thät aus dem Schlaf der Man erwachen/
Welchem vorkommen war dis gsicht/
Wiwol er gern her gfragt bericht
Den Mönch/ wer di geschrai doch macht/
Jdoch er het im selbs eracht
Das Dominicus/ der Predigschwalw/
Seie dis schreiend Merzenkalw:
Dã Prediger-Mönch/ di Schwalwe prüder
Sint Barfüsern/ den Spazen/ zuwider.
Dis ist die Sum̃ vom Kuttenstreit/
Wer aber solchs begeret weit
Der finds auch nach der läng im truck/
Vnd ain ganz Büchlin von dem stuck.

1577.

Sigmund Feyerabend.

Ausschnitt aus einem Holzschnitte von Jost Amman in dem bei Feyerabend erschienenen Werke: „Icones Livianae". Nach dem Exemplare der Wiener Hofbibliothek. — Unterschrift von einer Urkunde des Frankfurter Stadtarchives aus dem Jahre 1567.

1.

2.

3.

4.

5.

1—5. Holzschnitte von Hans Brosamer aus Volksbüchern, gedruckt um 1560 bei Weygand Hahn (Gallus) in der Schnurgasse zu Frankfurt a. M.

1—4 sind im „Herzog Ernst" und der „Schönen Magelone", 4 außerdem im „[illegible]", 5 in der „Magelone" verwendet. Häufig passen natürlich in den Volksbüchern die Holzschnitte gar nicht zu der Darstellung, die sie illustrieren sollen; Nr. 2, [illegible], ist z. B. im „Herzog Ernst" zu dem Kapitel verwendet: „Wie Herzog Ernst und Graue Wetzels auß dem Nest der Greiffen stiegen", und in der „Magelone": „Wie die schöne Magelone [illegible] ihren Banner". Das Volk wollte aber illustrierte Bücher haben, und da waren Drucker und Buchhändler um die Auswahl nicht verlegen. — Nach Exemplaren der gräfl. Bibliothek zu Wernigerode.

NOVORVM LIBRORVM, QVOS NVNDINAE autumnales, Francoforti anno 1564. celebratæ, venales exhibuerunt,

CATALOGVS.

Ad exterorum Bibliopolarum, omniumq; rei Literariæ Studiosorum gratiam & vsum coëmpti, & venales expositi:

AVGVSTAE,

IN OFFICINA LIBRARIA Georgij Vvilleri, ciuis & Bibliopolæ Augustani.

Inserti sunt his nonnulli, ijdemq; perpauci vetustioris editionis libri, ob raram eorum & insignem vtilitatem commendabiles, & iam multoties à doctis viris expetiti.

ANNO A SALVTIFERO VIRginis partu, M. D. LXIIII.

Titel des ersten Willer'schen Meßkatalogs auf die Frankfurter Herbstmesse 1564.

Nach dem einzigen Exemplare der Darmstädter Hofbibliothek.

Sigmund Feyerabend, geb. zu Heidelberg 1528, gest. in Frankfurt den 22. April (a. St.) 1590. Einer der bedeutendsten deutschen Buchdrucker und Buchhändler des XVI. Jahrhunderts, namentlich wichtig durch seinen Kunstverlag und den Druck und Verlag deutscher Volksbücher.

Hermann Gülfferich, Weigand Hahn (Gallus) und G. Corvinus (Rabe) waren vor und neben ihm, die wichtigsten Frankfurter Drucker und Verleger von deutschen illustrierten Volksbüchern und deutschen Werken des XVI. Jahrhunderts.

HISTORIEN VND Geschichtbücher.

Klärlicher beschreibung vnd Hystorischer bericht / der fürnemisten grossen zusamenkunfften der obern Planeten/ꝛc. Sampt derselben wirckung. Auch einem Prognostico von dem 1564. Jar/biß auff nachfolgende 20. Jar werend/ Gestelt durch Cyprian von Leowitz. 4.

Außzug auß allen Chronicken/von erbawung vnd ankunfft namhafftiger Stett/Schlösser vnnd Klöster / zusamen gezogen durch Wolffgang Jobst. 8.

Verzeychnuß allerley gedenckwürdiger sachen vnd händel/so sich in etlichen vnd viertzig Jaren vnter Keyser Carls des fünfften/ vnd seins Bruders Keyser Ferdinand Regierung zugetragen / kurtz begriffen durch Michaelem Beutherum. 8.

Von Regierung vnd Ampten der alten Römer / auch von den ersten Königen der Statt Rom. 8.

Hystoria oder Geschicht / von vrsprung vnd fürgang der grossen zwyspaltung/so sich zwischen Doctor Luther vnnd dem Zwingel / auch zwischen andern Gelerten/ von wegen des Herrn Nachtmals gehalten hat/vnd noch haltet. 8.

Warhafftige Hystoria grosser geferlichkeyten/ so dem Maximilian Erwehletem Römischen Keyser auff einem geiagt in Granaten widerfahren vnd zugestanden/vnd wie er darauß erlöset/ꝛc.

Kurtzer bericht des absterbens Staphyli / beschriben durch Rudolphen Clencken. 4.

Paulus Jouius/von der Türckischen Keysern herkomen/ auffgang vnd Regiment/vom ersten Keyser Ottomanno / biß auff den letzten Solyman. Demnach von der letsten eroberung der Statt Rom. Vnnd zuletzt von der Moscowiter art vnd aygenschafft/ꝛc. Verdeutsche.

Eine deutsche Seite aus diesem Kataloge (zweite Seite von Blatt 9), worauf die neu erschienenen deutschen Historien und Geschichtsbücher aufgeführt sind.

Das Erste Buch
Der Hystorien
vom Amadis auß Francks
reich / sehr lieblich vnd kurtzweilig/
auch den jungen nützlich zu lesen/mit viel an=
geheffteten guten Leeren / newlich auß Frantzösischer
in vnser allgemeine/geliebte Teutsche
Sprach gebracht.

Mit Röm. Kay. May. Priuilegien.

Getruckt zu Franckfurt am Mayn/
M. D. LXI.

Amadis auß Franckreich. 451

Das XX. Capitel.

Wie Amadis vom Arcalao verzaubert worden/ als er das Fräwlin Grindalia/ vnd andere auß der Gefenckniß erlöst. Folgendes wie er von solcher Zauberey durch der Urganden hülff/erlöst worden.

DAs Frewlin Grindalia / welche Amadis auß d' gefenckniß erledigt/ bekümmert vñ stellet sich so erbärmlich vmb jne/ daß solches billich mitleidens verdient habē solt/vñ sagt zu des Arcalaus weib vñ
Gg ij andern

Das XLII. Capitt

Wie Galaor sampt der Jungfrawen nachgezogen/so jn vnd seine gesellen herab ge[...] chen er letzlich gefunden / vnd wie jhm gesch[...] als sie jnen hefftigsten mit einander gekempff[...] hat.

DJEN gantzer tage reyss[...] mit der Jungkfrawen[...] che jhn zu dem Ritter vo[...] füret. Aber er ware dern[...]
Jii ij

Titel und zwei illustrierte Seiten (451 und 853) des ersten Buches des volksthümlichen Ritterromanes „Amadis aus Frankreich“ 1569.

Die Jahreszahl 1561 auf dem Titel ist ein Druckfehler, da die Vorrede vom 28. März 1569 datiert ist. Nach dem Exemplare der Wiener Stadtbibliothek. — Von diesem auch beliebt gewordenen Ritterroman erschienen im Laufe des XVI. Jahrhunderts 24 Bücher und wurden öfter aufgelegt. — Die Holzschnitte sind von Virgil Solis.

Sechs hundert / sieben
vnd zwantzig Historien/
Von
Claus Narren.
Feine schimpfliche wort vnd
Reden/die Erbare Ehrenleut Claus
sen abgemerckt / vnd nachgesagt ha=
ben/Zur Bürgerlichen vnd Christ=
lichen Lere/wie andere Apo=
logen / dienstlich
vnd förder=
lich.
Mit lustigen Reimen gedeutet
vnd erkleret.

ANNO
1572.

Titel der ersten Ausgabe des Volksbuches von Claus Narr, gedruckt zu Eisleben bei Urban Gaubisch 1572.

Nach dem Exemplare der Berliner Bibliothek. — Bearbeiter dieses im XVI. und XVII. Jahrhundert häufig gedruckten Narrenbuches ist Magister Wolfgang Büttner, Pfarrer zu Wolferstedt bei Allstedt, wie er sich in einem Akrostichon nennt. Nachrichten über sein Leben waren selbst in Wolferstedt nicht zu erlangen.

Claus Narr.

Geboren zu Ranstädt in Meißen, gestorben zu Weida. Nach einem Kupferstiche auf einem [illegible] Blatte, gedruckt Zwickau bei Jakob von der Heyden. — Facsimile. — Nach dem Exemplar des Germanischen Museums in Nürnberg.

HISTORIA
Von D. Johañ
Fausten/dem weitbeschreyten
Zauberer vnd Schwartzkünstler/
Wie er sich gegen dem Teuffel auff eine be-
nandte zeit verschrieben/Was er hierzwischen für
seltzame Abenthewr gesehen/selbs angerich-
tet vnd getrieben/biß er endlich sei-
nen wol verdienten Lohn
empfangen.
Mehrertheils auß seinen eygenen
hinderlassenen Schrifften/allen hochtragen-
den/fürwitzigen vnnd Gottlosen Menschen zum schreckli-
chen Beyspiel/abschewlichem Exempel/vnnd trew-
hertziger Warnung zusammen gezo-
gen/vnd in Druck ver-
fertiget.
IACOBI IIII.
Seyt Gott vnderthänig/widerstehet dem
Teuffel/so fleuhet er von euch.
CVM GRATIA ET PRIVILEGIO.
Gedruckt zu Franckfurt am Mayn/
durch Johann Spies.
M. D. LXXXVII.

Titel des ersten Druckes des ersten „Faustbuches“, gedruckt zu Frankfurt a. M. durch Johann Spieß (1587).

Nach dem Exemplare der Ulmer Stadtbibliothek.

HISTORIA
Von D. Johañ
Fausten/dem weitbeschreyten
Zauberer vnnd Schwartzkünstler/
Wie er sich gegen dem Teuffel auff eine be-
nandte zeit verschrieben/ Was er hierzwischen für
seltzame Abenthewer gesehen/selbs angerich-
tet vnd getrieben/biß er endlich sei-
nen wol verdienten Lohn
empfangen.
Mehrertheils auß seinen eygenen hin-
derlassenen Schrifften/allen hochtragenden/
fürwitzigen vnd Gottlosen Menschen zum schrecklichen
Beyspiel/abschewlichem Exempel/vnd trew-
hertziger Warnung zusammen gezo-
gen/vnd in den Druck ver-
fertiget.
IACOBI IIII.
Seyt Gott vnterthänig/widerstehet dem
Teuffel/so fleuhet er von euch.
CVM GRATIA ET PRIVILEGIO.
Gedruckt zu Franckfurt am Mayn/
durch Johann Spies.
M. D. LXXXVIII.

Titel des zweiten Druckes des Spießschen „Faustbuches“ (1588).

Nach dem Exemplare der Berliner Bibliothek.

D. Faustus lest jhm das Blut herauß in ein Tiegel/setzt es auff warme Kolen/vnd schreibt wie folget.

Ich Johann Faustus, Doctor gnant/
Bekenn mit meiner eignen hand/
Zur bstätigung frey öffentlich/
Mit diesem brieff gann kräfftiglich.
Nach dem ich mir hab fürgenomn/
Ich wöll in künsten höher komn/
Die Elementen außzugründn/
Vnd weil ich solches nit kan findn/
In denen gaben/die mir Gott
Durch sein gnad mitgetheilet hat/
Noch durch mein gschicklichkeit vnd fleiß/
Darzu so kan ich vff kein weiß/
Erfahrn vnd lernen von eim menschn/
Die höchst kunst so ich mir thu wünschn/
Darumb so hab ich mich ergebn/
(Damit ich solches lernet ebn)
Dem gegenwertigen gesandten/
Dem Mephostophiles/genanten/
Ein diener des höllischen Prinzen/
In Orient vnd andern gränzen/
Den hab ich mir erwehlet wol/
Das er mich solches lehren sol/
Der sich gegn mir auch allezeit
Verspricht mit vnterthenigkeit.
Hergegen aber in eim summ/
Versprich ich mich im widerumb/
Das wann die vier vnd zwantzig jar/
Von dem tag an verloffen gar/
So soll er alsdan freyen gwalt/
Mit mir zu handlen haben bald/
Nach seiner art/weiß vnd gefallen/
Zu schalten/walten vnd in allen/
Es sey gleich an seel/fleisch vnd blut
In ewigkeit an leib vnd gut.
Hierauff ich heut vff diesen tag/
Dem Himmelischen herr absag/
Vnd allen menschen in gemein/
Ia was da lebt/vnd das muß sein/
Zu festem vrkund vnd mehr krafft/
Hab ich des Reeß eigenschafft/
Mit meiner eigen hand gemacht/
Vnd vnterschrieben/wol bedacht/
Vnd solches zwar mit meinem blut/
Meins sinns/meins kopffs/in meinem mut
Mit willen vnd gedancken frey/
Versiegelt vnd bezeugt dabey
Das ich ewig verknüpfft sey.

Vnterschrifft.

Iohannes Faustus,
der erfahrne der
Elementen vnnd
der Geistlichen D.

Faust verschreibt sich dem Mephistopheles. Text aus dem Tübinger Faustbuche von 1587 (im Druck vollendet 1588 durch Alexander Hock in Tübingen).

Nach dem Exemplare der Berliner Bibliothek. — Die Verfasser dieses Faustbuches, Tübinger Studenten, und der Drucker wurden wegen ihres Werkes in Untersuchung gezogen und bestraft.

Erster Theil
DEr Warhafftigen Historien von den grewlichen vnd abschewlichen Sünden vnd Lastern/ auch von vielen wunderbarlichen vnd seltzamen ebentheuren: So
D. Iohannes Faustus
Ein weitberuffener Schwartzkünstler vnd Ertzzäuberer/ durch seine Schwartzkunst/ biß an seinen erschrecklichen end hat getrieben.
Mit nothwendigen Erinnerungen vnd schönen exempeln/ menniglichem zur Lehr vnd Warnung außgestrichen vnd erklehret/
Durch
Georg Rudolff Widman.
Gedruckt zu Hamburg/
Anno 1599.
Ex Officina Hermanni Molleri.

Titel des ersten Theiles des Widmannischen Faustbuches (Hamburg 1599).
Nach dem Exemplare der Königl. Bibliothek in Hannover.

Der Fincken Ritter.
History vnd Legend von dem treffenlichen vnnd weiterfarnen Ritter/ Herrn Policarpen von Kirrlarissa/ genant der Fincken Ritter/ wie der drittehalb hundert Jar/ ehe er geboren ward/ viel land durchwandert/ vil seltzame ding gesehen/ vnd zů letst von seiner Můter für tode ligen gefunden/ auffgebaden/ vnd erst von newem geboren worden.

Weicht auß das niemand tretten werd/
Mit meinem gschwinden schnellen pferd.

Titel einer der ersten Ausgaben des Volksbuches „Der Finkenritter" (um 1560—1570).
Es ist eine ergötzliche Sammlung landgeläufiger volksthümlicher Lügen. — Nach dem Exemplare der Berliner Bibliothek.

Die Schiltbürger.
Wunderseltzame Abentheurliche/ vnerhörte/ vnd bißher vnbeschriebene Geschichten vnd Thaten der obgemelten Schiltbürger in Misnopotamia hinder Vtopia gelegen.
Jetzunder also frisch/ Männiglichen zu Ehrlicher Zeit verkürtzung/ auß vnbekanten Authoren zu sammen getragen/ vnd auß Vtopischer auch Rotwelscher in Deutsche Sprach gesetzt.
Gemehret vnd gebessert.
Durch
M. Aleph/ Beth/ Gimel/ der Festung Ypsilonbürger Amptman.
Die Buchstaben so zu viel sindt/
Nimb auß/ wirff sie hinweg geschwindt/
Vnd was dir bleibt/ setz recht zusammen/
So hastu des Authors Namen.
Mit Priuilegien deß Authoris noch zu verbessern vnd zu vermehren/ aber nicht nachzudrucken.
Gedruckt in Verlegung des Authoris der Festung Misnopotamia/ 1598.

Titel der ersten Ausgabe des Volksbuches „Die Schiltbürger" (1598).
Nach dem Exemplare der Münchener Bibliothek.

Einzeldruck „zweier schöner neuer Lieder" (um 1560).

Zwey schöne ne ve Lieder / Das erst / Es steht ein Lind in jenem Thal/rc. in seiner eygnen Melodey.

Das ander / ich muß von hinnen scheiden /rc. In seiner eygnen weiß zů singen.

Titel

Es steht ein Lind in jenem Thal/ ist oben breit vnd vnden schmal/ ist oben breit vnd vnden schmal.

Ist oben breit vnd vnden schmal/ darauff da sitzt fraw Nachtigal/darauff da sitzt fraw Nachtigal.

Ich meine du bist ein kleines wald vögelein/du fleugst den grünen wald auß vnd ein / du fleugst den grünen wald auß vnd ein.

Fraw Nachtigal du kleines wald vögelein / ich wolt du solst mein botte sein / ich wolt du solst mein botte sein.

Ich wolt du solst mein botte sein/ vnd fahren zů der hertz aller liebsten mein / vnnd fahren zů der hertz aller liebsten mein.

Fraw Nachtigal schwang jhr gefyder auß / sie schwang sich für eins

A ij

1

Goldschmides hauß/sie schwang sich für eins Goldschmits hauß.

Da sie kam für des Goldschmidts hauß/ da bot man jhr zů trincken herauß/ da bot man jhr zů trincken herauß.

Ich trinck kein bier vnd auch kein wein/Dann bey gůten gesellen frisch vnd frölich sein/ dan̄ bey gůten gesellen frisch vnd frölich sein.

Ach Goleschmide lieber Goldtschmit mein / mach mir von Golde ein ringelein / mach mir von Goldt ein ringelein.

Mach mir von Goldt ein ringelein/ es gehört der hertz allerliebstē mein/ es gehört der hertz aller liebstē mein.

Vnd da das ringlein war bereit/ groß arbeit war daran geleit / groß arbeit war daran geleit.

Fraw

2

Fraw Nachtigal schwang jhr ge-
der auß/sie schwang sich fürs Bur-
meysters hauß / sie schwang sich
s Burgenmeysters hauß.

Da sie kam fürs Burgenmeisters
ß/ da lůgt das braun Meydlein
n fenster auß/ Da lůgt das braun
eydlein zům fenster auß.

Gott grüß euch jungfraw hüpsch
fein/ Da schenck ich euch ein rin-
in / Da schenck ich euch ein ringe-

Das schenckt sie dem knaben wi-
ein busch mit Kranichs federen/
usch mit Kranichs federen.

ie Federen waren wol bereit / es
le tragen ein stoltzer leib/es sol sie
en ein stoltzer leib.

r ist der vns das Liedlein sang/
eyer Trummeter ist ers genant/
ein

3

ein freyer Trummeter ist ers genant.

Er singt vnns das vnd noch viel mehr/Gott behůt allē schönen Jungfrawen jhr ehr/Gott behůt allen schönen Jungfrawen jhr ehr.

Ir ehr vnd auch jhr steten sinn/ alde ich fahr mit trauren dahin/ alde ich fahr mit trauren dahin.

Ein ander Lied.

Ich můß von hinnen scheiden/ betrůbet ist mir mein sinn/ das ich dich schöns lieb můß meiden/ vō gantzem hertzen mein/ Ach Gott wend mir mein schmertzen/ ehe das ich gar verzag/ schöns lieb von gantzem hertzen/ für ich ein grosse klag.

Gůt Gesell wilt du von hinnen/ bringt meinem hertzen groß pein/ ich kom schier vō mein sinnen/ ich armes Jungckfrewelein/ tröst mich in meinen nöten/ vn̄ bleib ein weil bey mir/ groß

4

groß jamer wirt mich tödten / so du nun scheidest von mir.

So gib ich dir gefangen/ das jung frisch hertze mein / dar zů mein groß verlangen/ du zartes jungfrewelein/ dein mündlein rot mit freudē / bringt meinem hertzen pein dz ich dich schönes lieb můß meiden/es kam vn̄ mag nit anders sein / du ligst mir in meim hertzen / kein andere kompt mirs darein.

Getruckt zů Straßburg bey Thiebolt Berger/zum Treubel am Weinmarckt.

5

[1] „zweier schöner neuer Lieder": „Es steht ein Lind in jenem Thal" und „Ich muß von hinnen scheiden". Gedruckt Straßburg bei Thiebold Berger (um 1560) [illegible]

Liederbücher.

Lieder Büchlein / Darinn begriffen sind Zwey hundert vnd sechtzig / Allerhand schöner weltlichen Lieder / Allen jungen Gesellen vnd züchtigen Jungfrawen / zum newen Jahr / in Druck verfertiget.

Auffs newe gemehret mit viel schönen Liedern / die in den andern zuvor außgegangenen Drücken nicht gefunden werden.

Frölich in ehren / Sol niemand wehren.

M. D. LXXXII.

Titel des Frankfurter Liederbuches vom Jahre 1582, des reichhaltigsten älteren Volksliederbuches.

Nach dem einzig erhaltenen, in der Ambraser Sammlung zu Wien aufbewahrten Exemplare (das sogenannte Ambraser Liederbuch).

HErtzlich thut mich erfrewen / die froliche Sommer Zeit / all mein Geblüt vernewen / der May viel Wollust geit. Die Lerch thut sich erschwingen / mit ihrem hellen Schall / lieblich die Vögelein singen / darzu Fraw Nachtigal.

Der Guckguck mit seinem Schreyen / macht frölich Jederman / des Abends frölich Reyen / die Mägdlein wolgethan. Spatzieren zu den Brunnen / pfleget man in dieser Zeit / all Welt sucht Frewd vnd Wonne / mit Reisen fern vnd weit.

Es grünet in den Wälden / die Bäume blühen frey / die Röslein auff dem Felde / von Farben mancherley / Ein Blümlein steht im Garten / das heist vergiß nicht mein / Das edle Kraut / Wegwarten / macht guten Augenschein.

Ein Kraut wächst in der Awe / mit Namen Wolgemut / liebt sehr den schönen Frawen / darzu die Holderblüt / Die weissen vnd roten Rosen / hält man in grosser Acht / man kan Gelt daraus lösen / schön Kräntzlein draus gemacht.

Das Kraut je lenger je lieber / an manchem Ende blüht / bringt offt ein heimlich Fieber / wer sich nicht dafür hüt / Ich habs gar wol vernommen / alles was diß Kraut vermag / doch kan man dem vorkommen / mässig lieb alle Tag.

Des Morgens in dem Thawe / die Mägdlein grasen gahn / gar lieblich sie anschawen / die schönen Blümlein schon / Darvon sie Kräntzlein machen / vnd schencken sie jhrem Schatz / den sie freundlich anlachen / vnd geben jhm einen Schmatz.

Darumb lob ich den Sommer / darzu den Meyen gut / Wendet vns allen Kummer vnd bringt viel Frewd vnd Muth / Der Zeit will ich geniessen / dieweil ich Pfennige hab / vnd den es thut verdriessen / der fall die Stiegen hinab.

Sommerlied (Nr. XX) aus dem Erfurter Liederbuche, etwa aus dem Jahre 1618.

Dieses nur in einem, jetzt auf der Bremer Stadtbibliothek befindlichen Exemplare erhaltene Liederbuch hat den Titel: „Lieder-Büchlein, darinnen 152 schöne auserlesene neue Lieder zu finden. Allen jungen Gesellen und züchtigen Jungfrauen zum newen Jahr in Druck verfertigt." [illegible]: „Erffurt, Gedruckt bey Jacob Singe." Es ist ein Auszug aus dem Frankfurter Liederbuche von 1584. — Obiges vielbesprochene Sommerlied ist im Liederbuche auf zwei Seiten gedruckt.

CXXII.

DEr Reiff vnd auch der kalte Schnee / der thut vns armen Reutern wehe / was sollen wir nun beginnen / Wenn wir denn die Strassen nicht reiten können / was haben wir denn zuverzehren.

So treiben wir aus die Lämmer vnnd auch die Schaff / so folgen vns die wacker Megdlein nach / mein grawes Roß thut mich zwingen / So reiten wir den grünen Wald auff vnd ab / da höret man die kleinen Waldvögelein singen.

Wir kamen für eines Wirtshaus / da sach das fein Megdlein zum fenster aus / das Megdlein auff hoher Zinnen / So hab ich alle die Reuter lieb / vmb meines Bulen willen.

Landsknechtlied aus dem Frankfurter Liederbuch vom Jahre 1582.

CCL.

ES fliegt ein kleines Waldvögelein / der lieben zum Fenster ein / Es klopffet also leise / mit seinem Schnebelein / Steh auff Hertzlieb vnd las mich ein / ich bin so lang geflogen / wol durch den willen dein.

Bistu so lang geflogen / wol durch den willen mein / Kom heint vmb halber Mitternacht / so wil ich dich lassen ein / Ich wil dich decken also warm / ich wil dich freundlich schliessen / an meine schneweisse Arm.

Liebeslied aus dem Frankfurter Liederbuche vom Jahre 1582.

XX. 20.

ICK weth my ein fynes brunes Megtlin / hefft my myn Herte beseten / ydt kan my ein Krusermüserlin syn / ick kan erer nicht vorgeten / Se gefalt my vthermaten wol / er wyse vnd berch / ys Goldes wert / ydt steyth er alles wol / all wat se dohn soll.

Se hefft my heimlyck thogesecht / se wil myn leffste wesen / hefft my myn trurige hert erfröuwt / myns kummers bin ick genesen / Vngelück vorgha mit sülckem list / dat ick blyue recht / so ys ydt schlichte / myn fröuwd ys anders gar vmsunst.

Fründtlyckes Hert / myn vtherweldt / holdt dy na mynen wörden / myn Hert hefft sick tho dy gesellt / vnd brendt an allen örden / dat segg ick dy / van Herten begehr / schry ick tho dy / myn högeste zyr / fyns Leeff sett my ein gnedich thel.

Niederdeutsches Liebeslied.

Nr. 20 aus dem früher in Uhlands Besitze gewesenen, jetzt in der Universitätsbibliothek zu Tübingen befindlichen niederdeutschen Liederbuche, dessen Titel fehlt. Gedruckt um [illegible].

NUn setz das Gläßlein an den Mund / Er hat sein ding all recht gethan / Frisch auf gut g'sell laß rumer gan / tummel dich guts Weinlein /

er trancks rein auß biß auf den grund / sein Nachbar soll ein volles han / das Gläßlein soll nicht stille stahn / tummel dich / tummel dich / tummel dich / tummel dich guts Wein- lein / tummel dich guts Weinlein.

Trinklied (Nr. VIII) aus der Tenorstimme des „Hortulus Lieblicher lustiger und höflicher Teutscher Lieder mit vier, fünff und sechs sampt einem newen Echo mit 8 Stimmen .. von Otth Sigfriden Hernisch, fürstl. Braunschweig Oßnabrug und Verdischen bestellten Capelmeister" (Nürnberg 1604).

Nach dem Exemplare der Göttinger Bibliothek.

Herzog Heinrich Julius von Braunschweig.

Kupferstich von [illegible] — Unterschrift von einem Schreiben aus dem Jahre 1594. Original im Königl. Staatsarchive zu Marburg.

Heinrich Julius, regierender Herzog von Braunschweig-Wolfenbüttel, Bischof von Halberstadt, geb. zu Wolfenbüttel am 15. Oktober 1564, gest. in Prag 20. Juli 1613. Er verfaßte unter Einfluß der englischen Comödien 1593 und 1594 elf Stücke Tragi-Comödien, welche von bestellten Comödianten im Schlosse zu Wolfenbüttel agirt wurden. Die Stücke sind in Prosa, die Figur des Narren, welcher braunschweigisches Plattdeutsch spricht, ist nach dem Vorbilde der englischen Comödien aufgenommen.

Übertragung des unten mitgetheilten Stückes der eigenhändigen Handschrift von Herzog Heinrich Julius' Comödie „Der Gastgeber".

(Conrad.) Grus dich gott gueder Freindt.

Joh. Busbet. Wei Wat segge jey, seitt jey frombt?

Conraht. Horstest, bistu hie in der Statt bekannt?

Joh. Bus. Wat segge gey, wil jey ein Kanne hebben?

Conraht. Ich glaube, du werdest mich nich verstan.

Joh. Bus. Wat wil jey dein ein taun, Ich sol hir kein taun in der gantze Stadt wetten?

Conrat. Das dich der pog lide, wie horste den nicht was ich dir Soage?

Joh. Bus. Wat wil jey ein Sage hebben, die hebbe ick itzundt nicht bey mey.

Conrat. Hot mich den der Henger zu dir her gefürt, was bistu den vor ein Kerl das du mich nicht verstaen wilt.

Joh. Bus. Wat wil gey ein Weldt hebben?

Engelische Comedien vnd Tragedien

Das ist:

Sehr Schöne/ herrliche vnd außerlesene/ geist- vnd weltliche Comedi vnd Tragedi Spiel/

Sampt dem

Pickelhering/

Welche wegen jhrer artigen Inventionen, kurtzweiligk auch theils warhafftigen Geschicht halber/ von den Engelländern in Deutschland an Königlichen/ Chur- vnd Fürstlichen Höfen/ auch in vornehmen Reichs- See- vnd Handelßstädten seynd agiret vnd gehalten worden/ vnd zuvor nie im Druck außgangen.

An jetzo/

Allen der Comedi vnd Tragedi Liebhabern/ vnd Andern zu lieb vnd gefallen/ der Gestalt in offenen Druck gegeben/ daß sie gar leicht darauß Spielweiß/ widerumb angerichtet/ vnd zur Ergetzligkeit vnd Erquickung des Gemüths gehalten werden können.

Gedruckt im Jahr M. DC. XX.

Titel der ersten Sammlung der „Englischen Comödien und Tragödien" (1620).

Nach dem Exemplare der Gothaer Bibliothek. — Die englischen Comödianten treten [illegible] Jahre vor dem letzten Jahrzehnt des XVI. Jahrhunderts als herumziehende, erste bemerkenswerte Schauspielergesellschaft in Deutschland auf. Durch sie wird eine gänzliche Veränderung des deutschen Bühnenwesens herbeigeführt, einige Fürsten werden sogar veranlaßt, sie auf längere Zeit und den für sie eingerichteten Bühnen zu engagieren (Anfänge des ersten stehenden Theaters). Ihre blutigen, prunkhaften, an Derbheiten [illegible] überreichen, von Musik und [illegible] Tänzen unterbrochenen Stücke haben die bekannte lustige Figur des „Pickelhäring" (Hanswurst) auf unseren Bühnen eingeführt, welcher sich ungefähr anderthalb Jahrhunderte behauptete, bis die Neuberin ihn feierlich verbannte.

Liebeskampff

Oder

Ander Theil

Der Engelischen Comœdien vnd Tragœdien/

In welchen sehr schöne/ außerlesene Comœdien vnd Tragœdien zu befinden/ vnd zuvor nie in Druck außgegangen.

Allen der Comœdi vnd Tragœdi Liebhabern/ vnd andern zu liebe vnd gefallen/ dergestalt in offenen Druck gegeben/ daß sie gar leicht darauß Spielweiß wiederumb angerichtet/ vnd zur Ergetzligkeit vnd Erquickung des Gemüths/ gehalten werden können.

Gedruckt im Jahr M. DC. XXX.

Titel der zweiten Sammlung von Stücken englischer Comödianten (1630).

Nach dem Exemplare der Dresdener Bibliothek.

Grus dich gott gnede freindt

Joh. busbet. Wel Wat segge Jey seitt Jey frombt

Conraht horstest bistu hie In der Statt bekant

Joh bus. Wat segge gey wil Jey ein kanne hebben

Conraht Ich glaube du werdest mich nich verstan

Joh bus. Wat wil Jey dein ein taun, Ich sol hir kein taun in der gantze Stadt wetten

Conrat Das dich der poty lide wie horste den nicht was Ich dir Soage.

Joh bus. Wat Wel Jey ein Sage hebben, die hebbe Ick Jtzundt nicht bey mey.

Conrat hot mich den der Henger zu dir her gefurt, was bistu den vor ein kerl das du mich nicht verstaen Will.

Joh. bus Wat wil gey ein Welde hebben

Ein Stück aus der eigenhändigen Handschrift der Tragica Comedia des Herzogs Heinrich Julius „Der Gastgeber" geschrieben und gedruckt Wolfenbüttel 1593.

Nach der im Königl. Staatsarchive zu Hannover aufbewahrten Originalhandschrift (F. 3.) Seite [illegible].

Georg Rollenhagen (1542–1609).

Natus 22 April Anno 1542
Denatus Anno 1609
M. GEORG ROLLENHAGEN BERNOA MARCHIC, FESTIVI INGENII VIR RECTOR OLIM SCHOLÆ MAGDEBVRGICÆ IBIDEMQ TANDEM ECCLESIASTES CELEBRIS

M. Georgius Rollenhagen Rector

Georg Rollenhagen

Kupferstich aus Seidel, Icones (1671), Nr. 62. — Unterschrift von einem Originalbriefe aus dem Jahre 1576 aus der Sammlung des Herrn Karl Geibel in Leipzig.

Georg Rollenhagen, geb. 22. April 1542 zu Bernau bei Berlin, studierte in Wittenberg; 1563–1565 Schulrector zu St. Johann in Halberstadt, 1567 Prorector, 1578 Rector der gelehrten Stadtschule zu Magdeburg und seit 1573 auch Prediger, starb daselbst den 20. Mai (a. St.) 1609. Eine einfache, versöhnliche Natur, tüchtiger Schulmann, aber nicht bloß Buchgelehrter, sondern auf dem Gebiete der Naturwissenschaft exact forschend; sein Hauptwerk „Der Froschmäuseler" (1595), ist ein dem Homerischen „Froschmäusekampf" nachgebildetes, breit angelegtes Epos, mit versteckter, aber nicht boshafter Polemik gegen die Kalvinisten. Schrieb auch Schulkomödien.

FROSCHMEVSELER.
Der Frösch vnd Meuse wunderbare Hoffhaltunge/ Der Frölichen auch zur Weyßheit/ vnd Regimenten erzogenen Jugend/ zur anmutigen aber sehr nützlichen Lehr/ aus den alten Poeten vnd Reymdichtern/ vnd insonderheit aus der Naturkündiger von vieler zahmer vnd wilder Thiere Natur vnd eigenschafft bericht/ In Dreyen Büchern auffs newe mit vleiß beschrieben/ vnd zuvor im Druck nie außgangen.

CVM GRATIA ET PRIVILEGIO.
Gedruckt zu Magdeburgk/ durch Andreas Gehn.
Im Jahr/ M. D. XCV.

Titel der ersten Ausgabe von Rollenhagens „Froschmäuseler" (1595).
Nach dem Exemplare der Münchener Bibliothek.

Holzschnitt aus dem „Froschmäuseler", Anfang des ersten Buches:
[illegible]

1. Martii

Ein Gedicht Rollenhagens aus einem Calendarium historicum,
[illegible]
Original im Besitz der Verlagshandlung.

Das ander Buch Oden vnd Gesäng.

Durch Georg-Rodolf Weckherlin.

[Ti]tel des zweiten Theiles von Weckherlins „Oden und Gesänge", gedruckt Stuttgart bei Johann Weyrich Rößlin 1619.

Nach dem Exemplare der Wiener Stadtbibliothek.

Georg Rudolf Weckherlin

Nach T. M. Mytens gestochen von W. Faithorne. — Nach dem Exemplare der Pariser Nationalbibliothek.

Georg Rudolf Weckherlin, geb. 14. September (a. St.) 1584 zu Stuttgart, Jurist, Gesandtschaftssecretär in England, dann Secretär in der herzoglichen Kanzlei zu Stuttgart, seit 1620 wieder in London in der deutschen Kanzlei angestellt, starb daselbst den 13. Februar (a. St.) 1653. Begabter Lyriker auf der Scheide der alten Zeit der kirchlichen Volksdichtung und dem Beginne der neuen, durch Opitz begründeten gelehrten Dichtkunst; wandte, nach neuen Formen suchend, vielfach antike Metren an.

ODEN vnd GESÄNGE durch Georg-Rodolf Weckherlin.

Titel des ersten Theiles von Weckherlins „Oden und Gesänge", gedruckt Stuttgart bei Johann Weyrich Rößlin 1618.

Nach dem Exemplare der Wiener Stadtbibliothek.

Der Landtstörtzer:
Gusman von Alfarche oder Picaro genannt/
dessen wunderbarliches/ abenthewrlichs vnd possirlichs Leben/ was gestallt er schier alle ort der Welt durchloffen/ allerhand Ständt/ Dienst vnd Aembter versucht/ vil guts vnd böses begangen vnd außgestanden/ jetzt reich/ bald arm/ vnd widerumb reich vnd gar elendig worden/ doch letzlichen sich bekehrt hat/ hierin beschriben wirdt.

Durch
ÆGIDIVM ALBERTINVM,
Fürstl: Durchl: in Bayrn Secretarium,
theils auß dem Spanischen verteutscht/ theils gemehrt vnd gebessert.

Getruckt zu München/ durch Nicolaum Henricum.

ANNO M. DC. XV.

Titel der ersten Ausgabe von Albertinus „Landstörtzer", des Vaters der deutschen Schelmenromane,

bearbeitet nach dem Spanischen des Mateo Aleman. — Nach dem Exemplare der Münchener Hofbibliothek.

Abwesenheit.

Eben gleich wie die Erd
Würt mit finsternus überspraitet/
Wan Phœbus seine pferd
Hat in den Nidergang belaitet:
Also ist mein gesicht verblichen
Dieweil Myrta mein Liebelein/
Vnd meines hertzens diebelein
Von Mir hinweg gewichen.

Gleich wie/ wan sich die Son
Abends in jhr Westhauß verstöcket/
Mit den sternen der Mohn
Das klare Firmament bedöcket:
Also bin ich mit laid vmbfassen/
Sydher Myrta mein Nymfelein/
Mein tröstelein/ mein schimpfelein
Mich hinder jhr gelassen.

Gleich wie Apollons pracht
Mit dem lieblich-frölichen morgen
Hinweg treibet die nacht/
Vnd zumahl die nächtliche sorgen:
Also wirt mein schmertz weggenommen/
Alßbald Myrta mein hertzelein/
Mein wohnelein/ mein schertzelein
Wirt wider zu Mir kommen.

Gleich wie der Sonnen kraft
Alle ding auf Erden ergötzet/
Vnd die gewächs mit saft/
Vnd das feld mit blumen besetzet:
Also soll ich mehr lusts geniessen/
Wan mich Myrta mein schätzelein/
Mein hertz-kühlendes schmätzelein/
Würt mit küssen begrüssen.

Ein Gesang aus der ersten Ausgabe von Weckherlins „Oden und Gesänge".

Seite 109 (Überschrift und 6 Zeilen), Seite 110 (Zeile 7—30), Seite 111 (Zeile 31, 32).

Ägidius Albertinus. Kupferstich von Lucas Kilian 1630.
Nach dem Exemplare des Münchener Kupferstichkabinetts. — Namenszug nach einem Originalschreiben desselben im Münchener Kreisarchiv.

Ägidius Albertinus, geb. 1560 in Deventer, seit 1593 in München nachweisbar, starb als Hof- und geistlicher Rathssecretarius des Kurfürsten Maximilian von Baiern zu München den 9. März 1620. Verfasser volksthümlicher moralisierender Sammelwerke und Übersetzungen. „Der Teutschen Recreation oder Lusthaus" (1612); „Der Landstörtzer" (1615); „Lucifers Königreich vnd Seelengejaidt oder Narrenhatz" (1616); „Der Hirnschleifer" (1618).

Die Circe verwandelt deß Vlissis Gesellen in mancherley Thier.

Zwei allegorische Bilder aus der ersten Ausgabe von Albertinus „Hirnschleifer" (München 1618), einer viel gelesenen Sammlung von moralischen Betrachtungen, welche sich an allegorische Bilder anschließen. Das erste Bild (die Verwandlung der Gefährten des Odysseus durch die Circe) ist aus Seite 358, das zweite (eine unüberlegte Eheschließung) ist aus Seite 190.

Jakob Böhme.
Facsimile aus einem anonymen Kupferstiche des XVII. Jahrhunderts. Nach dem einzigen bekannt gewesenen, wahrscheinlich gleichzeitigen Ölbilde, welches jetzt verschollen ist.

Jakob Böhme, geb. 1574 oder 1575 in Alt-Seidenberg in Schlesien, seit 1594 Schuhmachermeister in Görlitz, starb daselbst, von den Vertretern der Orthodoxie vielfach bedrängt, den 17. November 1624. Mystischer Theosoph, der erste Philosophus Teutonicus. Hauptwerk: „Aurora, oder die Morgenröthe im Aufgang", auszugsweise erschienen zuerst 1612.

Gebeth Büchlein auff alle tage in der wochen

Titel von Jakob Böhmes eigenhändigem Gebetbüchlein auf alle Tage der Woche.
Original in der herzoglichen Bibliothek zu Wolfenbüttel.

Straßburger Wochenzeitung des Johannes Carolus (1609); Zeitungsverkäufer (1631).

Relation:
Aller Fürnemmen, vnd gedenckwürdigen Historien / so sich hin vnnd wider in Hoch vnnd Nieder Teutschland / auch in Franckreich / Italien / Schott vnd Engelland / Hispanien / Hungern / Polen / Siebenbürgen / Wallachey / Moldaw / Türckey / rc. Inn diesem 1609. Jahr verlauffen vnd zutragen möchte.

Alles auff das trewlichst wie ich solche bekommen vnd zu wegen bringen mag / in Truck verfertigen will.

Titel der ersten erhaltenen periodischen politischen, wöchentlich erscheinenden Zeitung (1609), herausgegeben in Straßburg von dem Buchdrucker und Buchhändler Johannes Carolus.

Es erschienen alle Woche 3–4 Blatt in Quart. — Carolus hat schon vor 1609 eine solche Zeitung herausgegeben, welche aber in keinem Exemplare mehr vorhanden ist. — Nach dem einzigen erhaltenen Exemplare der Heidelberger Bibliothek.

12.

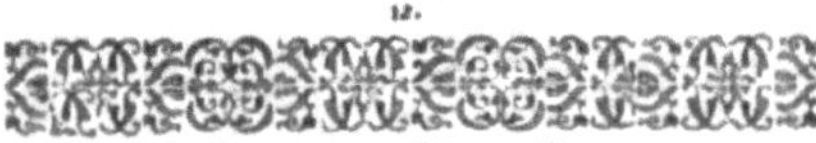

Zeitung auß Cöln / vom 26. Martij. Anno 1609.

AVß Engelland vom 7. diß schreibt man / daß ein frommer Englischer Baron mit namen *de ze Vare* sich mit 1000. Man vnd etlich Frawenpersohnen rüste nach *Virginia* da die Goltgruben ist zufahren, vnd ein theil Landschafften zubewohnen / weil die ...nglischen bißher der orten gewohnet / sich daselbsten wol befunden vnd vermehren / es scheint ...ß der beschluß wegen deß anstands noch nit fertig sey / gleich wie vor diesem außgeben / der ...önig von Spannia will die Indien nicht *exprimiren*, sucht vns nur vmbzutreiben / dann er ...n heimlich *impressa* daran viel gelegen ist vorhanden hat / gleichwol werden die Herrn Sta... ...n / von ihrer vorgenommen *resolution*, wie zuvermuten nit weichen / noch ihre Articul deß an... ...ands so ihr May: vor diesem herauß geschickt nicht endern / auch mögen die von Seelande ...lordlande vnd Ambsterdam wol in guter hut sein / dann gegen dieselben was vorhanden ist.

Letste Brieff von Andorff melden / daß der *Marquis Spinola* noch nit von Brussel kom... ...en sey / dann die *deputierten* von *Artois* Hennegaw vnnd Flandern mit ihm nach Andorff / ...eil selbe *Provnizen* auch ihre *Committenten* bey diesem frieden oder anstand haben wollen / in ...ittelst bleiben die andern *Commissarien* deß Ertzhertzogs alda / düeffen nit nach Pergen auff ...n Soem ziehen / weil die handlung etwas langsam fort gehen wirdt / vrsach halben / daß der ...önig die *renuntiation* auff die Niderland vnd *vnierte Provintzen* nicht vor außgeit / sondern so ...ng der anstand wehren wird / thun will / haben auch kein eigentliche erklerung wegen der In... ...anischen Fahrt gethan / es wird auch von andern geschrieben / daß die Spannischen abermal ...oder 4. Monat anstand begehrt / welches aber die Herrn Staden nit bewilligen wöllen / vnd ...raff Moritz seinem Kriegsvolck welches er mit sich nach Bergen gebracht / befohlen / daß sie ...den Lauffgräben vor der Statt fleissige wache halten sollen / deßgleichen der Besatzung Ger... ...udenberg vnd andern negst gelegenen orten *Commendiren* lassen / dann er sich der Spanni... ...en betrug vnd list beförchtet / das Stadische Kriegsvolck so bißher den armen Bauren / auch ...ndel vnd wandelsleuten grossen schaden gethan / so lenger nit hat können gedult werden, da... ...n sich etliche Baurn mit hülff der zu Herfft vnnd Friesen zusammen cottirt / sich also vnder... ...uden von daczutreiben / vnd deren etlich erschlagen / nach dem aber sich die Stadischen ver... ...mlet / haben sie deren Dörffer eins gar geplündert / vnd 4. Bauren mit genommen / wie es ...n nun ergehen wird / öffnet zeit.

Auß Rom / vom 7. Martij.

Sontags morgen ist in der Jesuiter Kirchen das 40 stündige gebett gehalten worden / ...ebey sich vnseglich viel Volcks / wie auch die folgende 3 tag befunden / vnd hat sich Mitwochs ...r Bapst zu S. Sabina bey vorziehung der Altartücher erzeigt / hernach auch etliche Cardi... ...il vnd Fürstliche *Ampassatores* eingeäschert / vnd dieselben ermahnet / den Baw der Capellen *Thomas de Aquina* helffen zu beföedern. Brieff auß Franckreich melden: das abbleiben zweyer ...ngen Graffen / als dessen von Faß vnd *Conte de So* auß der *Provinz*, so beide nit vber 25 jahr al...

Eine Seite aus Nr. 12 des Jahrganges 1609 dieser ersten erhaltenen politischen periodischen Zeitung.

Zeitungsverkäufer von 1631

Vom Titel einer Flugschrift: Dänischer Nachklang, Schwedischer Abklang. Nach dem Exemplare der Breslauer Stadtbibliothek.

Satyrisch-politisches Flugblatt (1632).

Etliche Schau-Essen/

So dem Sächsischen Confect gefolgt vnd vffgetragen sind worden.

NAch dem die Ligistische Schar/
Kaum beim Confect gesessen war/
Bracht man die Schaw-essen geziert/
Wie mans groß Herren präsentirt.
Die erste Tracht allda aufftrug/
Der Löw von Mitternacht gantz klug/
Nemblich vor Leipzig die Hauptschlacht/
So er selbst in das werck gebracht/
Vnd als die Gäst doch nicht ohn grauen/
Diese Tracht gnug theten beschauen/
Bracht der Schwedisch König Großmächtig/
Noch mehr Schaw-essen gantz fürträchtig/
Nämlich die Fürstlich Resident
Würtzburg/vnd dann die Churstat Mentz/
Vnd satzts den Gästen auff mit fug/
Als sie dieses auch schauten gnug/
Vnd lang jhnen schier würd die weil/
Kam ChurSachsen in schneller eyl/
Auch mit einer Schaw-tracht bewärlich/
Als Prag in Böhen die Hauptstatt herzlich/
Vnd setzte es auch auff besonder/
Welches die Gäst mit grossem wunder
Anschauten/vnd vermeinten nicht
Daß der Sachs so schnell zugericht/
Geschach viel Discurs dessen wegen/
In dem so kam da auch zu gegen/
Der dapffre Landgrave in Hessen.
Noch mit eim ansehlichn Schaw-essen
Von Fulda/welches er mit fleiß
Zugericht vnverhoffter weiß/
Gustavus Horn bringt die letzt Tracht/
Treibt Bamberg wider ins Königs Macht/
Wie jhnen diß Banquet bekommen/
Haben sie am besten vernommen/
Wies bey dem Schlafftrunck mag ergehn/
Wird die Zeit geben zuverstehn.

Obrist Schönberger.

O ich mich deß Præsents bedanck/
Von dem gschmack werd ich schier todt kranck/
Der aptit mir vergangen ist/
Die Lust bey mir ist schon gebüst/

Monsier Tilly.

Den Schlafftrunck hab ich wol empfangn/
Wer liebr vng'trunckn zur ruh gegangn/
So hett ich Reputation,
Bessern Respect vnd Ehr davon.
O weh O weh me miserum,
Jch hab jetzt den Cornelium,

Obrist Altringer vnd Cronberger.

Wir bdancken vns jetzt der gsundheit/
Auff diß mal thun wir nicht bescheid.

Gedruckt im Jahr M. DC. XXXII.

Ein satyrisches fliegendes Blatt aus dem Jahre 1632

[illegible]

Die Fruchtbringende Gesellschaft (gestiftet 1617). Erstes Oberhaupt: Fürst Ludwig von Anhalt-Cöthen (1579—1650); Mitglied: Dietrich von dem Werder (1584—1657).

Kupferstich mit dem Symbole (Palmbaum) und dem Sinnspruche (Alles zum Nutzen) der Fruchtbringenden Gesellschaft.

Titelblatt des von Mathias Merian gestochenen, 1646 vom Fürst Ludwig von Anhalt herausgegebenen Prachtwerkes: „Der Fruchtbringenden Gesellschaft Nahmen, Vorhaben, Gemählden und Wörter" Erstes Hundert Verfertiget.

Fürst Ludwig von Anhalt-Cöthen.

Kupferstich von A. Böner, aus Neumarks „Der Neu-Sprossende Teutsche Palmbaum" (1668), zu Seite 14. — Die Zahl 1617 bezieht sich auf die Aufnahme in den Orden. Unterschrift von einem Schreiben aus dem Jahre 1617.

Unterschrift seines Gesellschaftsnamens.

Aus dem Erzschreine zu Cöthen.

DAs weiſſe Weitzenbrot/den Menſchen treflich nehrt/
Als auß erfahrung wir für augen täglich ſehen/
Nichts beſſers ſich in uns zu guter nahrung kehrt:
Der Nehrend ich genant/den rechten Weg zu gehen
Mir fürgenommen hab'/auff das in mir vermehrt
Der Tugend nahrung werd/die pflegt zu beſtehen
Im Geiſte/der im Leib' ernehrt die Ehrenfrucht/
Die nutzen ſchafft allein' in erbarkeit und zucht.
L.F.Z.A.

1617.
A ij

Emblem (Weizenbrod) des Nährenden (Fürsten Ludwig von Anhalt).

Blatt 2 des von Ulm 1646 mit den Merian'schen Kupfern herausgegebenen Werkes: „Der Fruchtbringenden Gesellschaft Nahmen, Vorhaben, Gemählden und Wörter." Das unter dem Kupfer stehende achtzeilige Reimgesetz ist von ihm verfaßt, wie er auch die meisten der dem anderen dieses Bandes verfertigte. — Nach dem Exemplare des Cöthener Erzschreines.

Ludwig, regierender Fürst von Anhalt-Cöthen, geb. 17. Juni 1579 zu Dessau, erhielt sehr gelehrte Erziehung, machte zu seiner weiteren Ausbildung große Reisen, wurde in Bologna Mitglied der Academia della Crusca, starb zu Cöthen den 7. Januar (a. St.) 1650. Stifter der ersten gelehrten deutschen Sprachgesellschaft, der „Fruchtbringenden Gesellschaft" (Palmenorden), gestiftet den 24. August 1617. Unter dem Gesellschaftsnamen „Der Nährende" war er nach dem am 11. Februar 1628 erfolgten Tode des ersten Mitstifters, Kaspar von Teutleben (des „Mehlreichen"), ihr Oberhaupt. Sitz der Gesellschaft war bei seinen Lebzeiten das von ihm nach italienischem Geschmacke eingerichtete Schloß in Cöthen. Der früher dort befindliche, mit den Emblemen der Gesellschaft reich geschmückte Sitzungssaal ist jetzt dort nicht mehr vorhanden.

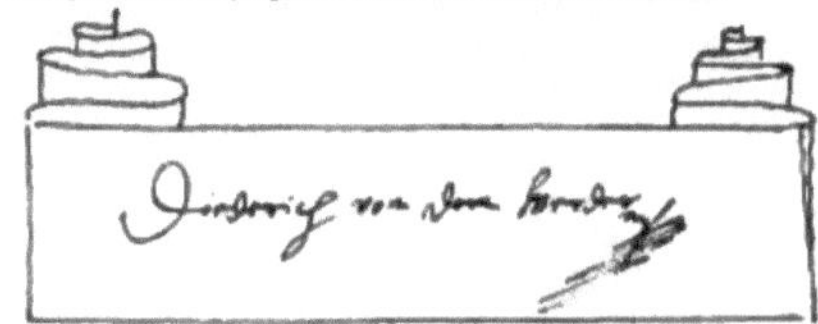

Unterschrift von Dietrich von dem Werder.

Eintrag Nr. 31 in das Album der Fruchtbringenden Gesellschaft des Erzschreines in Cöthen aus dem Jahre 1620.

Dietrich von dem Werder, geb. 17. Januar 1584 zu Werdershausen, erhielt auf Veranlassung des gelehrten Landgrafen Moriz von Hessen eine sehr gelehrte Bildung in Kassel und Marburg; hessischer Kammerjunker und Stallmeister, nahm 1635 anhaltische Dienste, starb als Unterdirector der anhaltischen Landschaft in Reinsdorf 18. Dezember 1657. Eifriges Mitglied der Fruchtbringenden Gesellschaft seit 1620 unter dem Namen „Der Vielgekörnte". Übersetzte Tassos „Befreites Jerusalem" (1626) und Ariosts „Roland" (seit 1632); gab auch eigene Gedichte heraus.

Georg Neumark (1621—1681), zweiter Erzschreinhalter der Fruchtbringenden Gesellschaft; Dietrich von dem Werder (1584—1657).

Den Zorren Degen
Dannt seinen Schläger
Thu Herr ablegen:
Undt deinen Segen,
Den lieben Regen,
Nicht länger Hegen,
Ja baldt erregen!
Daß wir Hergegen
Wie Christen pflegen,
Die Sünd außfegen,
Auff deinen Stegen
Den Himmelswegen
Auch wandeln mögen.

Eigenhändiges Gedicht Dietrichs von dem Werder „Gebetlein wegen Regens“.
Aus einem Briefe an Fürst Ludwig von Anhalt aus dem Jahre 1630, im Cöthener Erzschreine.

Der Vielgekörnte

Gesellschaftsname Dietrichs von dem Werder in der Fruchtbringenden Gesellschaft
Aus dem Cöthener Erzschreine.

G. Neumarck P. C. und der Frucht br: Ges: Secr

Georg Neumark, angethan mit dem Palmenorden.
[illegible] Kupferstich von 1670. [illegible] — [illegible] aus dem Weimarer Erzschreine.

Georg Neumark, geb. zu Langensalza wahrscheinlich den 16. (getauft den 17.) März 1621, studierte in Königsberg (1643), führte ein wechselvolles Leben im Norden Deutschlands, erhielt 1652 in Weimar Anstellung, wurde kaiserlicher Vicepfalzgraf, starb zu Weimar am 8. Juli 1681 als Bibliothekar und fürstlich sächsischer Gesammtsecretarius. Aufgenommen 1653 in die Fruchtbringende Gesellschaft als der „Sprossende“, wurde er deren Erzschreinhalter und verfaßte eine Geschichte derselben („Der Neu-Sprossende Palmbaum“, 1668). Von seinen geistlichen Liedern ist das berühmteste „Wer nur den lieben Gott läßt walten“ (zuerst gedruckt 1657). Außer zahlreichen Gedichten schrieb er auch, nach italienischem Vorbilde, Schäferromane. Er ist gezierter, steifer wie sein Vorbild Opitz, doch vielseitiger.

Als dem Durchlauchtigsten Schmackhafften ich mein Lustwäldlein [illegible] überlieferte.

[illegible]

Eigenhändiges Gedicht Georg Neumarks vom 14. September 1653,
[illegible] „Der Sprossende“ [illegible] Herzog Wilhelm von Weimar, „Dem Schmackhaften“, sein „Poetisches Lustwäldlein“ überreicht. — Aus dem Weimarer Erzschreine.

Der Edle verliebte Schäffer Filamon [illegible]

Die ich manchem Liebes-Stück / auch so manchen grossen Hauffen
Amors List entgangen bin / und Cupidens Witz entlauffen /
Muß nun reimen / ächtzen / schertzen: Ach mein hochbetrübtes Hertz /
Weil Cupido mich getroffen und erreget grossen Schmertz
Niemand kan als Filamon meine Wunden wieder heilen /
So mir Venus blindes Kind hat gemacht mit seinen Pfeilen.
Filamon Hertzallerliebster kommet / kommet aus hertzen /
Schaffet zwey verliebten Hertzen / meinem und dem euren Ruh'.
Als sie aber fast gar zu ihm gelanget / hat sie folgendes ferner hervor geächtzet:
Filamon mein einges Leben /
Filamon mein höchster Schatz /
Filamon mein Freudenplatz /
Nunmehr ist euch gantz ergeben
Beständig Hertz und Sinn /
Nehmt Ihr treues Händlein hin.

Bild und Text aus Neumarks „Der Lieb-erfüllte Filamon“ (Schäfergeschichte im „Poetisch-historischen Lustgarten“, 1666, pag. 288).

Martin Opitz (1597—1639); gleichzeitige Bildnisse, Handschriftliches.

Mart. Opitius a Boberfelda,

Martin Opitz.

von Jakob von Heyden 1631. — Unterschrift aus dem Stammbuche [illegible] aus der Breslauer Stadtbibliothek, Seite 369 (vom Jahre 1631).

M. Opitz

Martin Opitz.

[illegible] nach dem noch in Danzig befindlichen, hart restaurierten Ölgemälde, gemalt von [illegible] Strobel wahrscheinlich 1636 oder 1637. Autotypie. — Unterschrift vom Jahre 1637 aus dem [illegible] Erzschreine.

Der Gekrönte.

Schrift Opitzens vom Jahre 1638, sein Gesellschaftsname in der Fruchtbringenden Gesellschaft. Aus dem Cöthener Erzschreine.

Martin Opitz, geb 23. Dezember 1597 zu Bunzlau, studierte in Frankfurt 1617, von da ab bis 1620 auf Reisen in Heidelberg, Straßburg, Tübingen, 1620 in Holland, 1622 am Gymnasium zu Weißenburg in Siebenbürgen, 1624 Rath beim Herzoge von Liegnitz und Brieg; 1628 von Kaiser Ferdinand III. als „Opitz von Boberfeld" geadelt, nachdem er vorher zum Dichter gekrönt war; nach wechselvollen Stellungen Historiograph des Königs von Polen, gestorben am 20. August 1639 zu Danzig an der Pest. „Vater" der neueren deutschen Poesie, in welche er formell durch sein „Buch von der deutschen Poeterei" (1624) die Regeln neuer accentuierender Silbenmessung einführte und von einem Dichter umfassende Gelehrsamkeit angewendet verlangte. Die Bewunderung, welche Opitz als **productivem** Dichter von seinem Jahrhundert zuerkannt wurde, theilen wir heute nicht mehr; eine historische Betrachtung der Geschichte unserer Litteratur wird aber seine Bedeutung in der Entwicklung der deutschen Poesie nie verkennen. Von seinen Werken seien außer denjenigen, deren Titel in Facsimiledruck gegeben sind, genannt: „Schäfferey von der Nymphe Hercinia" (1622) (erster deutscher, später viel nachgeahmter Schäferroman); seine Übersetzungen: Barclays „Argenis" (1626), Sidneys „Arcadia" (1630), Senecas „Trojanerinnen" (1625), Sophokles „Antigone" (1636). Opitz ist auch Verfasser zahlreicher Gelegenheitsgedichte und geistlicher Lieder. Von seinen weltlichen Liedern ist „Ich empfinde fast ein Grauen" (zuerst 1624) in die neueren Lesebücher übergegangen. Seine letzte poetische That war die Herausgabe des „Annoliedes" (1639).

1 Von Morgen da die Sonn' aufsteht,
Biß wo der erden gräntze geht,
Singt Christum an, den süßen Sohn
Marien der jungfrawen Sohn.

2 [illegible]

3 [illegible]

4 [illegible]

5 [illegible]

6 [illegible]

7 [illegible]

8 [illegible]

Eigenhändiges Gedicht von Opitz. Bearbeitung des lateinischen Weihnachtsliedes: „A solis ortu cardine".

Beilage zu einem Schreiben Opitzens an Fürst Ludwig von Anhalt, Danzig den 26. [illegible] Wintermonats 1638. Aus dem Cöthener Erzschreine [illegible]. Das Original [illegible] Annoliedes [illegible].

Martin Opitz (1597—1637). Titel seiner Hauptschriften.

Titel der ersten Sammlung deutscher Gedichte Opitzens, von Jul. Wilh. Zincgref wider dessen Wissen 1624 in Straßburg herausgegeben. — Nach dem Exemplare der Münchener Bibliothek.

Titel der ersten rechtmäßigen, von Opitz selbst 1625 in Breslau herausgeg Sammlung seiner deutschen Gedichte
Nach dem Exemplare der Dresdener Bibliothek

MARTINI
OPITII
Buch von der Deutschen
Poeterey.
In welchem alle jhre eigen-
schafft vnd zuegehör gründt-
lich erzehlet/ vnd mit exem-
peln außgeführet wird.

Gedruckt in der Fürstlichen
Stadt Brieg/ bey Augustino
Gründern.
In Verlegung David Müllers Buch-
händlers in Breßlaw. 1624.

Titel der ersten Ausgabe von Opitzens „Buch von der Deutschen Poeterey" (Brieg 1624).
Nach dem Exemplare der Münchener Bibliothek

DAFNE.
Auff deß Durchlauchtigen/
Hochgebornen Fürsten vnd Herrn/
Herrn Georgen/ Landtgrafen zu Hessen/
Grafen zu Catzenelnbogen/ Dietz/
Ziegenhain vnd Nidda;
Vnd
Der Durchlauchtigen / Hochgebor-
nen Fürstinn vnd Fräwlein/ Fräwlein Sophien
Eleonoren/ Hertzogin zu Sachsen/ Gülich/ Cleve
vnd Bergen / Landtgräfinn in Thüringen/
Marggräfinn zu Meissen/ Gräfinn zu
der Marck vnnd Ravenspurg/
Fräwlein zu Ravenstein
Beylager:
Durch Heinrich Schützen/ Churfürstl.
Sächs. Capellmeistern Musicalisch in den
Schawplatz zu bringen/
Auß mehrentheils eigener erfindung
geschrieben von
Martin Opitzen.

In Vorlegung David Müllers/
Buchführers in Breßlaw.

Titel der ersten Ausgabe von Opitzens „Dafne" (Breslau 1627), der ersten deutschen Oper
Nach dem Exemplare der gräflichen Bibliothek in Wernigerode

Paulus Flemming (1609—1640).

Paulus Flemming, geb. 5. Oktober 1609 in Hartenstein in Sachsen, betheiligt an einer vom Herzoge Friedrich von Schleswig-Holstein-Gottorp veranstalteten Orientreise, starb 25. März 1640 in Hamburg auf der Durchreise nach Reval, wo er sich als Arzt niederlassen wollte. — Der begabteste, formgewandteste Dichter unter seinen Zeitgenossen (weltliche und geistliche Lieder, Gelegenheitsgedichte); das Kirchenlied „In allen meinen Thaten" dichtete er 1633 vor Antritt seiner Orientreise.

Flemming im 31. Lebensjahre.

Radierung von Anna Maria Schürmann; die Unterschrift von einem lateinischen Albumblatte, datiert Hamburg, 13. Februar 1635, im Besitze des Herrn Karl Geibel in Leipzig.

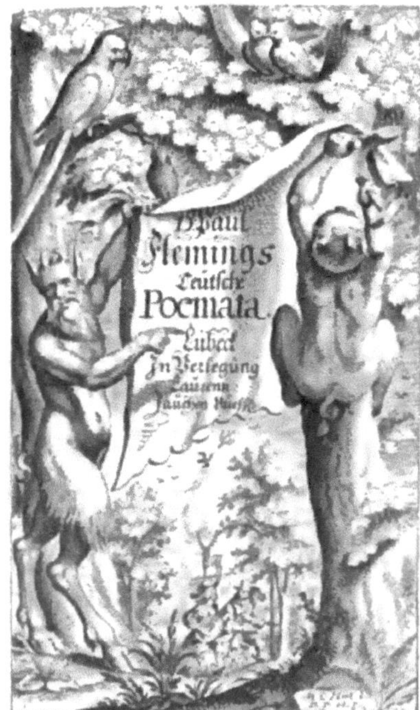

Titel der ersten vollständigen Ausgabe von Flemmings deutschen Gedichten (Lübeck 1642).

Nach dem Exemplare der großherzoglichen Bibliothek zu Darmstadt.

D. Paul Flemings

Poetischer Gedichten

So nach seinem Tode haben sollen herauß gegeben werden.

PRODROMUS.

Hamburg

Gedruckt bey Hans Gutwasser/ in Verlegung Tobiæ Gundermans Buchhändlers/

ANNO M. DC. XLI.

Titel des „Prodromus" von 1641, der ersten Sammlung von Flemmings Gedichten.

Nach dem Exemplare der herzoglichen Bibliothek zu Gotha.

EIN getreues Hertze wissen/
hat deß höchsten Schatzes preiß.
Der ist seelig zu begrüssen/
der ein treues Hertze weiß.
Mir ist wol bey höchstem Schmertze/
denn ich weiß ein treues Hertze.

Läufft das Glücke gleich zu zeiten
anders als man will und meynt/
ein getreues Hertz' hilfft streiten/
wieder alles/ was ist feind.
Mir ist wol bey höchstem Schmertze/
denn ich weiß ein treues Hertze.

Sein vergnügen steht alleine
in deß andern Redligkeit.
Hält deß andern Noth für seine.
Weicht nicht auch bey böser Zeit.
Mir ist wol bey höchstem Schmertze/
denn ich weiß ein treues Hertze.

Gunst die kehrt sich nach dem Glücke.
Geld und Reichthum das zerstäubt.
Schönheit läst uns bald zurücke.
Ein getreues Hertze bleibt.
Mir ist wol bey höchstem Schmertze/
denn ich weiß ein treues Hertze.

Eins ist da seyn/ und geschieden.
Ein getreues Hertze hält.
Giebt sich allezeit zu frieden.
Steht auff/ wenn es nieder fällt.
Ich bin froh bey höchstem Schmertze/
denn ich weiß ein treues Hertze.

Nichts ist süssers/ als zwey Treue/
wenn sie eines worden seyn.
Diß ists/ das ich mich erfreue.
Und Sie giebt ihr Ja auch drein.
Mir ist wol bey höchstem Schmertze/
denn ich weiß ein treues Hertze.

Erster Druck von Flemmings Liede „Ein getreues Hertze wissen" aus den „Poemata" von 1642. Seite 332 (Vers 1—4), Seite 333 (Vers 5, 6).

Friedrich von Logau (1604—1655).

Friedrich von Logau, geboren wahrscheinlich Januar 1605 zu Brockut bei Nimptsch in Schlesien, starb als Regierungsrath des Herzogs Ludwig von Schlesien zu Liegnitz wahrscheinlich 15. August 1655. Epigrammatiker von edler vaterländischer Gesinnung.

Friderich à Logau

Unterschrift Logaus

von einem Stammbuchblatte, datiert Altorf, 7. September 1624. Aus der Sammlung des Herrn Karl Geibel in Leipzig. — Ein Bildnis von Logau ist unbekannt.

Erstes Hundert
Teutscher Reimen-
Sprüche
Salomons von Golaw.

In verlegung
David Müllers Buch-
hendl: seel: Erben in
Breßlaw.

M. DC. XXXVIII.

Titel der ersten Ausgabe von Logaus „Erstes Hundert Teutscher Reimensprüche" (1638), welche aber außerdem noch ein zweites Hundert enthält.
Nach dem Exemplare der Königlichen Bibliothek in Dresden.

Recordationis ergô scribeb.
Bregæ Siles. 19 Martii
A° 53
Fridericus à Logau.

Eigenhändiges Stammbuchblatt Logaus, datiert Brieg, 19. März 1653.

Manchen treibet große Brunst
Durch gelobte List und Kunst,
Welt, zu werben deine Gunst,
Die zu haben fast umbsunst
Und für sich nur ist ein Dunst.

Original in der königlichen Bibliothek zu Berlin, v. Radowitzsche Sammlung.

Salomons von Golaw
Deutscher
Sinn-Getichte
Drey Tausend.
Cum Gratiâ & Privilegio
Sac. Cæs. Majestatis.

Breßlaw/
In Verlegung Caspar Kloßmanns/
Gedruckt in der Baumannischen Druckerey/ durch
Gottfried Gründern.

Kupfertitel — Drucktitel

der ersten vollständigen Ausgabe der Sinngedichte Logaus, Breslau 1654, außer den 3000 noch eine „Zu-Gabe" von 257 Sinngedichten enthaltend
Nach dem Exemplare der Münchener Bibliothek — Es giebt auch Exemplare, welche im Drucke der beiden letzten Zeilen des Titels vom Faksimile des hier gegebenen Drucktitels abweichen

Nebenstehendes Bildnis des Simon Dach
ist nach einer Originalphotographie des in der [illegible] Bibliothek zu Königsberg befindlichen Ölgemäldes von [illegible] ausgezeichnet.

Simon Dach
der Churfürstl. Universität
Königsb. Poës. Prof. publ.

Unterschrift von einer Eingabe Dachs an den Großen Kurfürsten
aus dem Jahre 1651. Original im Königl. geheimen Staatsarchive zu Berlin.

Robertus Robertinus

Unterschrift von Robert Robertin
aus einem im Erzstiftsarchiv der Fruchtbringenden Gesellschaft zu Köthen befindlichen Schreiben aus dem Jahre 1640.

Eigenhändiger Vers von Robert Robertin
aus dem [illegible] in der Münchener Bibliothek befindlichen [illegible]
der [illegible] Ausgabe von Opitzens Gedichten.

21.
Trewe Lieb' ist jederzeit
Zu gehorsamen bereit.
Aria incerti Autoris.
Anke van Tharaw öß / de my gefallt / Se öß mihn
Lewen / mihn Goet on mihn Gölt.

2.
Anke van Tharaw heft wedder eer Hart
Op my gerochtet ön Löw' on ön Schmart.

3.
Anke van Tharaw mihn Rihkdom / mihn Goet /
Du mihne Seele / mihn Fleesch on mihn Bloet.

4.
Quöm' allet Wedder glihk ön ons tho schlahn /
Wy syn gesönnt by een anger tho stahn.

5.
Kranckheit / Verfälgung / Bedröfnös on Pihn /
Sal vnsrer Löve Verknöttinge syn.

6.
Recht as een Palmen-Bohm äver söck stöcht /
Je mehr en Hagel on Regen anföcht.

7.
So wardt de Löw' ön onß mächtich on groht /
Dörch Kryhß / dörch Lyden / dörch allerley Noht.

8.
Wördest du glihk een mahl van my getrennt /
Lewdest dar / wor öm dee Sönne kuhm kennt;

9.
Eck wöll dy fälgen dörch Wölder / dörch Mär /
Dörch Yhß / dörch Ihsen / dörch fihndlöcket Hähr.

10.
Anke van Tharaw / mihn Licht / mihne Sönn /
Mihn Leven schluht öck ön dihnet henönn.

11.
Wat öck gebödde / wart van dy gedahn /
Wat öck verbödde / dat lätstu my stahn.

12.
Wat heft de Löve däch ver een Bestand /
Wor nich een Hart öß / een Mund / eene Hand?

13.
Wor öm söck hartaget / kabbelt on schleyht /
On glihk den Hungen on Katten begeyht.

14.
Anke van Tharaw dat war wy nich dohn /
Du böst mihn Dühfke myn Schahpke mihn Hohn.

15.
Wat öck begehre / begehrest du ohck /
Eck laht den Räck dy / du lätst my de Brohk.

16.
Dit öß dat / Anke / du söteste Ruh
Een Lihf on Seele wart vht öck on Du.

17.
Dit mahckt dat Lewen tom Hämmlischen Rihk /
Dörch Zancken wart et der Hellen gelihk.

Simon Dach, geb. 29. Juli 1605 in Memel, Collaborator, dann Conrector an der Domschule zu Königsberg, seit 1639 Professor der Poesie an der dortigen Universität, starb daselbst 15. April 1659. Verfasser von geistlichen Liedern und Gelegenheitsdichtungen. Erste Hauptsammlung: „Chur Brandenburgische Rose Adler Löw und Scepter" (Königsberg 1661). Lied: „Der Mensch hat nichts so eigen".

Heinrich Albert, Mittelpunkt des Königsberger Dichterkreises, getauft 28. Juni 1604 zu Lobenstein im Voigtlande, starb als Organist an der Domkirche zu Königsberg 1655 oder 1656. Verfasser des Kirchenliedes: „Gott des Himmels und der Erden". Bildnis von ihm nicht bekannt.

Robert Robertin, geb. 1600 in Saalfeld in Pommern, gest. als kurbrandenburgischer Rath und Obersecretär 7. April 1648 in Königsberg. Verfasser von lyrischen und Gelegenheitsgedichten, gedruckt zumeist in Alberts „Poetisch-Musikalisches Lust-Wäldlein, das ist Arien oder Melodeyen", in welchen auch (Theil V v. J. 1644, Nr. 21) das nebenstehende Lied von Simon Dach „Ännchen von Tharau" enthalten ist, von demselben auf die 1637 stattgefundene Vermählung der Anna Neander, Pastorstochter zu Tharau bei Königsberg, mit seinem Freunde, dem Pfarrer Johann Portatius, in dessen Namen gedichtet.

Nach dem Exemplare der Königl. Bibliothek in München.

Die Deutschgesinnte Genossenschaft; Philipp von Zesen (1619—1689).

Philipp von Zesen (Caesius), geb. 8. Oktober 1619 zu Priorau im Fürstenthum Anhalt, studierte in Halle, Wittenberg, Leipzig, wurde kaiserlicher Pfalzgraf, geadelt, führte ein Litteratenleben, meist in Amsterdam und Hamburg sich aufhaltend, starb zu Hamburg den 13. November 1689. Seit 1648 war er Mitglied der Fruchtbringenden Gesellschaft als der „Wohlsetzende“. Er ist bekannt als Gründer der „Deutschgesinnten Genossenschaft“ (1643); er verfolgte in seinen vaterländischen Bestrebungen namentlich eine Reinigung der deutschen Sprache von Fremdwörtern, deren Ersatz durch deutsche häufig ebenso befremdend und komisch wirkt wie seine Orthographie. Von seinen Romanen waren gelesen und verbreitet: „Die adriatische Rosemund“ (1645), „Ibrahims oder des durchlauchtigen Bassa und der beständigen Isabellen Wunder-Geschichte“ (1645), „Die afrikanische Sophonisbe“ (1647), „Lebensbeschreibung Lysanders und Kallisten“ (1650), „Assenat, das ist derselben und des Josefs heilige Stahts-, Liebes- und Lebensgeschichte“ (1670). Er schrieb auch eine Poetik: „Hochdeutscher Helikon oder Grund-richtige Anleitung zur hochdeutschen Dicht- und Reimkunst“ (1640). Über die von ihm gestiftete „Deutschgesinnte Genossenschaft“ gab er heraus: „Das hochdeutsche helikonische Rosenthal, das ist der Rosen-Zunft Erzschrein. Durch den Färtigen. Gedruckt im Erzschreine der Ämtstellinnen 1669.“

Der höchstpreiswürdigen Deutschgesinnten Genossenschaft als auch derselben Rosenzunft allgemeiner Stiftsschmuck (Sinnbild, Zunftzeichen).

Aus: „Das hochdeutsche helikonische Rosenthal, das ist der Rosen-Zunft Erzschrein. Durch den Färtigen (Philipp von Zesen). Gedruckt im Erzschreine der Ämtstellinnen, 1669“, pag. 51. — Nach dem Exemplare der Hamburger Stadtbibliothek.

Philipp von Zesen.
Kupferstich der Anna Margaretha von Schurmann nach Zeichnung von C. v. Hagen.

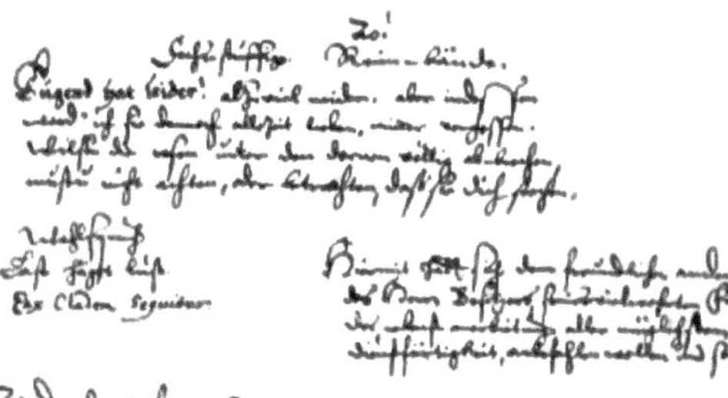

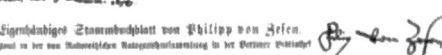

Eigenhändiges Stammbuchblatt von Philipp von Zesen.
Original in der von Radowitzschen Autographensammlung in der Berliner Bibliothek.

Diese Edele Deutschgesinnete Genossenschaft oder Rosengesellschaft zusamt derselben Ersten oder Rosenzunft / hat ihrem anfang / im 1643 jahre / am 1 tage des Mei- oder Rosen-mohndes / zum allerersten gewonnen. Ihr Anfänger und Stifter war der Färtige: der Ort der stiftung / die weitberühmte des Röhmisch-Deutschen Reichs Handelsstadt Hamburg; und in derselben ein schöhner Lust- und Rosen-garte: da der Färtige / in geselschaft des Verharrenden / und Aemsigen / eben seinen Nahmenstag / durch ein fröhliches Lösemahl feierlich beging. Von gemelter Jahrs- oder Mohndes-zeit und dem Orte der stiftung hat sie / unter andern uhrsachen / den Beinahmen Rosengeselschaft / als auch ihre Erste Zunft den Nahmen Rosenzunft bekommen. Ja eben daher führen sie beiderseits / zum algemeinen Wahrzeichen oder Sinbilde / einen Rosenstok / mit drei großen weissen Zibehe- oder Bisem-rosen / davon zwar die eine schon völlig ausgeblühet / doch die andere nur halb geöfnet / und die dritte / in ihrer Knubbe / noch gantz geschlossen / wiewohl sie allerseits durch die strahlen der Sonne angeblikket werden / in einem sterbeblauen felde; mit dieser algemeinen zunftlosung:

Unter den Rosen /
ist liebliches losen.

Nachricht über die am 1. Mai 1643 erfolgte Gründung der „Deutschgesinnten Genossenschaft“, pag. 50 des „Erzschreines“ vom Jahre 1669.

Nach dem Exemplare der Hamburger Stadtbibliothek. — [illegible]

Kupfer aus Zesens „Lebens-Beschreibung Lysanders und Kallistens, Amsterdam bey Ludwig Elzevern, 1650“, pag. 54 und 185.

[illegible]

„Lysander, [illegible]“

Die Nürnberger Pegnitzschäfer: **Sigmund von Birken** (1626—1681), **Georg Philipp Harsdorffer** (1607—1658), **Johannes Clajus** (1616—1656).

Georg Philipp Harsdorffer.

…h von Andreas Khol nach Zeichnung von G. Strauch. Ausschnitt. — Die Unterschrift aus Originalbriefen im Kölner Erzschreine der Fruchtbringenden Gesellschaft, welche Harsdorffer 1642 mit dem Namen „Der Spielende" eingetreten war

…org Philipp Harsdorffer, geb. 1. November (a. St.) 1607 zu …, studierte in Altdorf und Straßburg Jurisprudenz, machte große …er Schweiz, Frankreich, Niederlanden, England, Italien; 1637 Assessor …erichte zu Nürnberg, 1655 Mitglied des Rathes, starb 22. September …58 in Nürnberg. 1642 war er als der „Spielende" Mitglied der Frucht… Gesellschaft, 1644 als der „Kunstspielende" Genosse der Teutsch… Genossenschaft; er selbst stiftete als „Floridan" mit Johannes Clajus …don" 1644 zu Nürnberg den Orden der Pegnitzschäfer. Er ist ein sehr … Schriftsteller, dessen gelehrtem Sammelfleiße seine großen Sprach… gilt zustatten kamen und dessen äußere Stellung seinen nüchternen …erken bei seinen Lebzeiten Achtung und Verbreitung verschaffte. Von …len seien hier genannt: „Frauenzimmer Gesprächspiele" (1641—1649); … Schauplatz Lust- und Lehrreicher Geschichte" (1650—1651); „Der …uplatz jämmerlicher Mord-Geschichten" (1652); „Andachtsgemählde" …dem „Poetischer Trichter" (1649) hat seinen Namen populär erhalten

Sigmund Betulius — von Birken — geb. 25. April (a. St.) 1626 zu Wildenstein in Böhmen, kam mit seinem Vater 1632 nach Nürnberg, studierte in Jena, lehrte, ohne seine Studien (Rechtswissenschaft, schöne Wissenschaften) vollenden zu können, nach Nürnberg zurück, war 1645 unter dem Namen „Floridan" Mitglied der „Pegnitzschäfer", deren „Oberhirte" er nach Harsdorffers Tode 1662 wurde. 1646 war er Erzieher der Prinzen Anton Ulrich — des späteren Romanschreibers — und Ferdinand Albrecht von Braunschweig-Wolfenbüttel, seit 1648 ist er wieder in Nürnberg. Hier leitete er die Aufführung der großen Friedensspiele, welche 1650 gefeiert wurden, wodurch die Herrschaft des französischen Geschmacks offiziell inauguriert wurde. Kaiser Ferdinand III. erhob ihn dafür in den erblichen Adelstand (15. Mai 1654), auch Kaiser Leopolds Gunst erfreute er sich. Er starb zu Nürnberg den 12. Juni (a. St.) 1681. Als der „Erwachsene" gehörte er seit 1657 der Fruchtbringenden Gesellschaft, als der „Riechende" der Deutschgesinnten Genossenschaft an. Birken wird heute zu sehr unterschätzt; von seinen zahlreichen Schriften waren die bei Gelegenheit der Nürnberger Friedensfeier verfaßten die bekanntesten. „Freudenmahl" (1650), „Friedens-Einzug" (1650), „Friedenfreute Teutonie" (1652); „Margenis" (gedruckt erst 1679). Zu beachten ist auch seine „Pegnesis" (1673—1679) und „Guelfis" (1669). Das Archiv des Blumenordens bewahrt einen reichen dichterischen Nachlaß Birkens.

SIGISMUNDUS A.
BIRKEN DICT. BETU.
LIUS. COM. PAL. CÆS.
NOR. PO. LAUR.

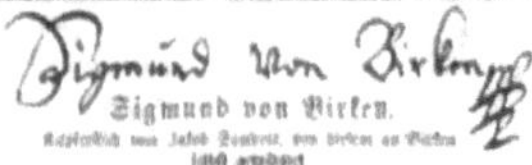

Sigmund von Birken.

Kupferstich von Jakob Sandrart, von Birken an Birken 1666 gewidmet

…des 1644 von Philipp Harsdorffer und Johann Clajus …erg gegründeten Ordens der „Pegnitzschäfer" (Pegnesische Blumen- und Hirtengesellschaft)

…des, die siebenröhrige Panflöte, wurde in der von Floridan und Strefon heraus… Ordensschrift: „Fortsetzung der Pegnitz-Schäferey, Nürnberg 1645", zuerst benutzt. Nach dem Exemplare der gräflichen Bibliothek in Wernigerode

Du Schäferorgelwerk/ das Pan erkünstelt hat/
Das Zadon/ als er stahl die Nymphe/ hat gebohren/
Dein Töne macht/ daß oft von uns der blasse Kummer trat/
Du labest Hirt/ Heerd und Heid/ füllst Euer und die Ohrē.
…an hat heut dich uns verehret / ehret uns mit hoher Gnad:
sollen und wollen dich / Chore der Rohre / so nützen /
…r Gedichte Gerüchte von fernen bey Sternen soll blitzen.

…s Gedicht von Harsdorffer, das Symbol des Ordens, die siebenröhrige Panflöte, darstellend.

Das Blatt ist der „Fortsetzung der Pegnitz-Schäferey" (1645)

Symbole der Pegnesischen Blumengesellschaft

Kupferstich aus der zur Feier seines hundertjährigen Bestehens vom Blumenorden (Herbst 1744) herausgegebenen Jubelschrift: „Historische Nachricht von deß löblichen Hirten- und Blumen-Ordens an der Pegnitz Anfang und Fortgang." Der Orden besteht in Nürnberg noch heute

Johannes Clajus, geb. 1616 zu Meißen, kam 1644, durch den Krieg vertrieben, nach Nürnberg, 1647 Lehrer an der St. Sebaldschule daselbst, 1651 Pfarrer in Kitzingen, wo er den 23. Februar (a. St.) 1656 starb. Mitstifter des Pegnitzschäferordens; verfaßte geistliche Dramen. — Bildnis von ihm ist nicht bekannt

Poetischer Trichter/
Die
Teutsche Dicht- und Reimkunst/
ohne Behuf der lateinischen Sprache/
in VI. Stunden einzugiessen.

Handlend:

I. Von der Poeterey ins gemein/ und Erfindung derselben Inhalt.
II. Von der teutschen Sprache Eigenschaft und Füglichkeit in den Gedichten.
III. Von den Reimen und derselben Beschaffenheit.
IV. Von den vornemsten Reimarten.
V. Von der Veränderung und Erfindung neuer Reimarten.
VI. Von der Gedichte Zierlichkeit/ und derselben Fehlern.

Samt einem Anhang
Von der Rechtschreibung/ und Schriftscheidung/ oder Distinction.
Durch ein Mitglied
Der hochlöblichen
Fruchtbringenden Gesellschaft.
Nürnberg/
Gedruckt/ bey Wolfgang Endter.
M. DC. XLVII.

Titel des ersten Theiles der ersten Ausgabe von Harsdorffers „Poetischer Trichter" (1647)

Nach dem Exemplare der Münchener Bibliothek

Johannes Rist XXVIII Jähriger Prediger zu Wedel an der Elbe, dero Röm: Kay: Mayest: verordenter Pfaltz-Hoff Grafe, Fürstlicher Durchleuchtigkeit zu Mecklenburg bestelter Raht.
Natus Anno 1607.
Pictus a Meriano Anno 1663
Johannes Rist Der Rüstige

Johannes Rist.

Nach dem 1663 von Math. Merian gemalten Bilde gestochen von T. Killian. Nach dem Exemplare des königl. Kupferstichkabinetts zu München. Die Unterschriften sind von Originalschriften Rists aus dem Köthener Erzschreine der Fruchtbringenden Gesellschaft, in welche er unter dem Namen „Der Rüstige" 1647 eingetreten war. Als Mitglied der Nürnberger „Pegnitzschäfer" (1645) hieß er „Daphnis aus Cimbrien".

Johannes Rist, geb. 8. März 1607 zu Ottensen in der Herrschaft Pinneberg, studierte in Rinteln und Rostock, Leyden und Utrecht Rechtswissenschaft, Theologie, Mathematik und Medizin; 1632 in Pinneberg, 1635 in Wedel Prediger, 1644 zum gekrönten Poeten von Kaiser Ferdinand III. ernannt, 1653 Pfalzgraf und geadelt, mecklenburgischer Geheimer und Consistorialrath, gründete den „Elbschwanenorden" 1658, starb am 31. August 1667 zu Wedel. — „Musa Teutonica" (1634); „Philosophischer Phönix" (1638); „Kriegs- und Friedens-Spiegel" (1640); „Rettung der edlen teutschen Hauptsprache" (1642); „Poetischer Schauplatz" (1646); „Das Friedewünschende Teutschland" (1647); „Teutscher Parnaß" (1652); „Musikalisches Seelen-Paradies" (1660—1662) sind die hauptsächlichsten Werke Rists, die heute meist nur noch von literarhistorischem Interesse sind. Die Kirchenlieder: „Werde munter, mein Gemüthe" und „O Ewigkeit, du Donnerwort" haben sich gehalten.

Kupfertitel von Rists „Friedewünschendes Teutschland" (1647).

Nach dem Exemplare der Münchener Bibliothek. Den Abschluß des Friedens feierte Rist in seinem 1653 erschienenen „Friedejauchzenden Teutschland".

Kupfertitel des von Konrad von Höveln (genannt Candorin) verfaßten Werkes über den 1658 von Rist (genannt Palatin) gegründeten „Elbschwanenorden" („Zimber-Swahn"), Lübeck 1669.

Nachdem Candorin in dem „Träu flihßenden Zimber-Swahn" Seite 93—96 die 45 „alle Edelen Herrn Swanengesellschafter, so vihle derer von Weiland Seiner Grossen Ehrwürden Unserem Oberhaupte dem Rüstigen Palatin bei seinem Löben angenommen", nach ihren Ordens- und richtigen Namen aufgeführt hat, schließt er so:

Da sihestu Mutter Deutschland nu Deine Ingeborne Deutsche SWANEN/drunter Freiherren-Standes Personen/vom Adel/Reichsfreie/Geslechter/Ritterliche Krigsbedihnte/ Doctores, Rechtsgelarte/Räte/Edelgekrönete und sonst fürträfliche Poeten/Licentiaten/ Magistri, Sehlenhirten/ Philosophi/Schuhllärer/berühmte Musici, Notarien/Sinreiche Edele Wunder-Künstler u: d: m. hihe mit Blute und Mute ihre Swanen-Träue auf das Ruhmwürdigste opfferen. Lasse Dich in soweit mit Deinem Träuen ZIMBER-SWANE begnügen. Gnug hiemit Mein ZIMBER-SWAHN!

Friedrich von Spee (1591—1635), Johannes Scheffler (Angelus Silesius) (1624—1677).

Friedrich von Spee.

Nach Originalphotographie des in der Bibliothek des [illegible] zu Köln befindlichen Ölgemäldes ausgeführt.

Friedrich von Spee, geb. 25. Februar 1591 zu Kaiserswerth, trat 1610 in den Jesuitenorden, als Lehrer und Prediger in Köln, Paderborn, Würzburg thätig, namentlich eifrig bemüht, nach Erlaß des Restitutionsedikts den Katholicismus in früher katholischen Gegenden wieder einzuführen. 1631 wieder in Köln als Professor der Philosophie und Moraltheologie am Jesuitenkollegium. Er starb zu Trier den 7. August 1635 in Folge von Krankheiten, die er sich durch den Besuch der Lazarethe zugezogen hatte. — Spee ist eine der erfreulichsten Erscheinungen jener Zeit, in welcher der Krieg den Haß zwischen beiden Konfessionen schürte; er hatte zuerst den Muth gegen die Hexenprozesse aufzutreten („Cautio criminalis contra sagas. Rintelii 1631"). Seine religiösen Gedichte der Sammlung „Trutznachtigall" (beendet 1634, zuerst veröffentlicht 1649) sind, einer tiefen mystischen Auffassung des Christenthums entsprungen, voll von stimmungsreichen, großartigen Naturbildern, in gewandte Form gekleidet.

TRVTZ
NACHTIGAL,
Oder
Geistlichs-Poetisch
LVST-VVALDLEIN,
Deßgleichen noch nie zuvor in Teutscher sprach gesehen.
Durch
Den Ehrw: P. FRIDERICUM SPEE,
Priestern der Gesellschaffe
JESV.
Jetzo/ nach vieler wunsch vnd langem anhalten/ zum erstenmahl in Truck verfertiget.
Cum Facultate & approbatione superiorum.

Cöllen/
In verlag Wilhelmi Friessems Buchhändlers/ in der Tranckgaß im Erz-Engel Gabriel. Im Jahr 1649.
Cum gratia & Privilegio Sac. Cæs. Maj.

Titel der ersten Ausgabe von Spees „Trutznachtigall" (1649).

Nach dem Exemplare der Münchener Bibliothek.

Johannes Schefflerus
Br. et M. D. Archiater
et Physicus Ordinar.

Johannes Scheffler, genannt Angelus Silesius.

[illegible] (1664). Nach dem [illegible] der Breslauer Stadtbibliothek. — Die Unterschrift ist aus dem daselbst aufbewahrten Stammbuche des Elias Mayer (1652).

Johannes Scheffler, genannt Angelus Silesius, getauft 25. Dezember 1624 zu Breslau, studierte seit 1643 in Straßburg, Leyden, Padua Medizin und Philosophie, 1649 Leibarzt des Herzogs Sylvius Nimrod von Öls, trat 1653 zum Katholicismus über, 1661 in den Orden der Franziskaner; 1654 kaiserlicher Hofmedikus, 1664 Rath des Fürstbischofs von Breslau, starb 9. Juli 1677 im Kreuzherrenstifte zu St. Matthias zu Breslau. Tiefsinniger, oft unergründlicher pantheistischer Dichter. Seine Lieder sind voll religiöser Inbrunst. Hauptsammlungen: „Cherubinischer Wandersmann" (1657); „Heilige Seelenlust oder geistliche Hirtenlust der in ihren Jesum verliebten Psyche" (1657); „Geistliche Sinn- und Schlußreime" (1657). — Die Kirchenlieder: „Mir nach! spricht Christus, unser Held" und „Liebe, die du mich zum Bilde" fanden sogar in den protestantischen Gesangbüchern Eingang und werden noch heute gesungen.

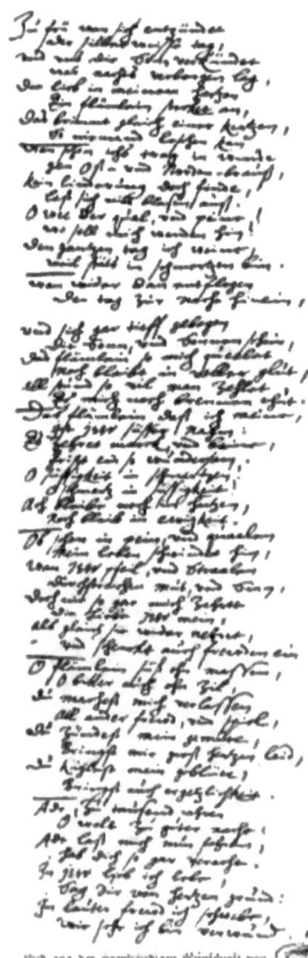

Lied aus der eigenhändigen Reinschrift von Spees „Trutznachtigall".

[illegible]

Paulus Gerhardt (1607—1676).

Paulus Gerhardt, geb. zu Gräfenhainichen in Sachsen wahrscheinlich 12. März 1607. 1622—1627 war er auf der Landesschule zu Grimma, studierte seit 1628 in Wittenberg, war lange Studiosus und Candidat; wurde Hauslehrer in Berlin, 1651 Propst in Mittenwalde bei Berlin, 1657 Diaconus an der St. Nikolaikirche in Berlin. Er geriet in Conflicte mit dem kurfürstlichen Consistorium, da er sich einigen kurfürstlichen Edicten nicht fügte, legte seine Stelle nieder und wurde definitiv unterm 4. Februar 1667 seines Amtes entsetzt. Seit Juni 1669 war er Archidiaconus, dann Pastor primarius an der deutschen Hauptkirche in Lübben, wo er den 7. Juni (a. St.) 1676 starb. Paulus Gerhardt ist der bedeutendste protestantische Kirchenliederdichter des Jahrhunderts. Seine Lieder erschienen, soweit dies noch nachweisbar ist, meist zuerst in Crügers „Praxis pietatis melica“ (seit 1648) und im „Runge'schen Berliner Gesangbuche“ (1653). Die erste eigentliche Sammlung ist: „P. Gerhardi Geistliche Andachten, hervorgegeben verlegt von J. G. Ebeling“ (1667). Von seinen Liedern seien angeführt: „Ein Lämmlein geht und trägt die Schuld“ (1648), „Nun ruhen alle Wälder“ (1648), „Wach auf mein Herz und singe“ (1648), „Ich singe dir mit Herz und Mund“ (1653), „Nun laßt uns geh'n und treten“ (1653), „Warum sollt' ich mich denn grämen“ (1653), „Wie soll ich dich empfangen“ (1653), „Befiehl du deine Wege“ (1656), „Geh' aus mein Herz und suche Freud'“ (1656), „O Haupt voll Blut und Wunden“ (1656), „Sollt' ich meinem Gott nicht singen“ (1656).

Paulus Gerhardt.

Kupferstich von R. Bachhofen nach dem in der Kirche zu Lübben befindlichen Ölgemälde. Rostschnitt. — Unterschrift von einem eigenhändigen Briefe Gerhardts aus der Sammlung des Kammerherrn von Donop in Frankfurt.

Melodie zu dem Liede: „Befiehl du deine Wege“.

Auf Seite 583 von Johann Crügers „Praxis pietatis melica“, Wittenberg 1656.

311. Mel. Lobet Gott unsern HErren.
BEfiehl du deine wege / Und was dein hertze kränckt / Der allertreusten pflege Deß / der den himmel lenckt / Der wolcken / lufft unnd winden Giebt wege / lauf unnd bahn / Der wird auch wege finden / Da dein fuß gehen kan.

2. Dem HErren must du trauen / Wañ dirs sol wol ergehn: Auf sein werck must du schauen / Wann dein werck sol bestehn. Mit sorgen uñ mit grämen / Und mit selbst eigner pein Läst Gott jhm gar nichts nehmen / Es muß erbäten seyn.

3. Dein ewge treu und gnade / O Vater / weiß und sieht / Was gut sey oder schade Dem sterblichen geblüt / Und was du deñ erlesen / Das treibst du / starcker Held / Und bringst zum stand und wesen / Was deinem rath gefällt.

4. Weg hast du allerwegen / An mitteln fehlt dirs nicht / Dein thun ist lauter segen / Dein gang ist lauter liecht / Dein werck kan niemand hindern / Dein arbeit darf nicht ruhn / Wann du / was deinen kindern Erspriesslich ist / wilt thun.

5. Und ob gleich alle teufel Hie wolten wiederstehn / So wird doch ohne zweifel Gott nicht zurücke gehn / Was er jhm fürgenom̃en / Und was er habẽ wil / Das muß doch endlich kom̃en Zu seinẽ zweck und ziel.

6. Hoff / o du arme seele / Hoff und sey unverzagt / GOtt wird dich aus der höle / Da dich der kum̃er plaget / Mit grossen gnaden rücken / Erwarte nur der zeit / So wirst du schon erblickẽ Die Soñ der schönstẽ freud.

7. Auf / auf / gieb deinem schmertze Und sorgen gute nacht / Laß fahrẽ / was das hertze Betrübt und traurig macht / Bist du doch nicht Regente / Der alles führen sol / Gott sitzt im regimẽte / Uñ führt alles wol.

8. Ihn / jn laß thun und walten / Er ist ein weiser Fürst / Und wird sich so verhaltẽ / Dz du dich wundern wirst / Wañ er / wie jm gebüret / Mit wunderbahren rath Das werck hinaus geführet / Das dich bekümmert hat.

9. Er wird zwar eine weile Mit seinẽ trost verziehn / Uñ thun an seinẽ theile / Als hätt in seinẽ siñ Er deiner sich begebẽ / Uñ solt'st du für und für In angst und nöthen schweben / So frag er nichts nach dir.

10. Wirds aber sich befinden / Dz du jhm treu verbleibst / So wird er dich entbinden / Da dus am wenigstẽ gläubst / Er wird dein hertze lösen Von der so schwerẽ last / Die du zu keinem bösen Bisher getragen hast.

11. Wol dir / du kind der treue / Du hast und trägst davon …
geschreye Den sieg …
giebt dir selbst die p…
hand / Unnd du …
Dem / der dein leid …

12. Mach end / …
aller unser noth / …
hände / Und laß …
zeit deiner pflege / …
seyn / So gehen u…
himmel ein.

Erster erhaltener Druck von Paulus Gerhardts Liede: „Befiehl du deine Wege“.

Aus Johann Crügers „Praxis pietatis melica“, Wittenberg 1656; Seite 601, 602, 603, 604. — Nach dem Exemplare der Göttinger Bibliothek. Seitenzahlen und Kustoden sind in dieser Nachbildung weggelassen. Die Legende, daß dieses Lied von Gerhardt bei seiner — gar nicht stattgefundenen — gewaltsamen Vertreibung aus Berlin 1667 gedichtet sei, widerlegt sich schon dadurch, daß es bereits 1656, ehe er noch in Berlin angestellt war, gedruckt ist.

Johann Michael Moscherosch.
Kupferstich von Peter Aubry 1650

Johann Michael Moscherosch, geb. 5. März 1600 zu Willstädt bei Straßburg in der ehemaligen Grafschaft Hanau-Lichtenberg, besuchte die lateinische Schule zu Straßburg und 1620 die Universität daselbst, wo er Rechtswissenschaft studierte und 1624 Magister wurde. Er machte die üblichen längeren Reisen, war 1626—1628 Erzieher beim Grafen von Leiningen-Dagsburg, 1630 Amtmann in Crichingen, hatte durch Kriegsnoth das äußerste zu leiden, mußte 1635 nach Straßburg flüchten, war 1636 Amtmann in Finstingen, das er wieder durch Kriegswirren genöthigt war zu verlassen; er gieng wieder nach Straßburg (1645), war eine Zeitlang schwedischer Staatssecretär und Kriegsrath in Benfelden, dann (bis 1656) Secretär und Fiscal in Straßburg, von wo ihn der Graf Friedrich Kasimir von Hanau in seine Residenz als Kanzlei-, Kammer- und Kriegsrath zog. Seine Amtsführung war keine gewissenhafte und wurde er deshalb aus Hanau wieder entfernt (1660); er hielt sich einige Zeit in Frankfurt ohne Amt auf, wurde dann Rath von Haus aus bei dem Kurfürsten Johann Philipp von Mainz und (1664) bei der Landgräfin Hedwig Sophie von Hessen-Kassel, welche beide Stellen er bis zu seinem Tode behielt. Er starb auf einer Reise in Worms den 4. April (a. St.) 1669. Seit 1645 ist er Mitglied der Fruchtbringenden Gesellschaft als der „Träumende". Hauptwerk: „Wunderliche Gesichte Philanders von Sittenwald" (zuerst um 1640); „Insomnis cura parentum. Christliches Vermächtnus oder Schuldige Vorsorg eines Treuen Vaters" (1643). Seine „Gesichte" sind eine reiche Fundgrube für Sittengeschichte, aber durch Anhäufen großer Gelehrsamkeit oft schwer lesbar.

VISIONES
DE DON QUEVEDO.
Wunderliche vnd Warhafftige
Gesichte
Philanders von Sittewalt.
In welchen
Aller Welt Wesen / Aller Mänschen
Händel / mit ihren Natürlichen Farben / der
Eitelkeit / Gewalts / Heucheley vnd Thorheit / bekleidet:
offentlich auff die Schauw geführet / als in einem
Spiegel dargestellet / vnd von Männiglichen
gesehen werden.
Zum andern mahl auffgelegt
von
Philander selbsten / vbersehen / vermehret vnd gebessert.

Straßburg /
Gedruckt bey Johan-Philipp Mülben.
M DC XXXXII.

Titel des ersten Theiles der ersten datierten Ausgabe von Moscherosch's „Gesichte Philanders von Sittewald", Straßburg 1642.

Nach dem Exemplare der gräfl. Bibliothek zu Wernigerode. — Die erste Ausgabe ist nach Moscherosch's Angabe um 1640 erschienen; sie besteht nur aus einem Theile. Moscherosch bearbeitete seine „Gesichte" frei nach einer französischen Bearbeitung (des Sieur de la Geneste) der „Träume" des Don Francisco Gomez de Quevedo y Villegas (1580—1645); das Vorbild zu den „Soldatenleben" (dritter Gesicht) ist eine Schrift des [illegible] von der [illegible]

Kupfer aus einem 1645 in Frankfurt a. M. bei Schönwetter erschienenen Nachdruck der „Gesichte" Moscherosch's, und zwar zu dem „Soldatenleben".
Nach dem Exemplare der Gollmer Bibliothek.

Kupfer aus der dritten echten, von Moscherosch selbst besorgten, bei Joh. Phil. Mülbe und Josias Städel 1650 erschienenen Ausgabe der „Gesichte", und zwar zu dem sechsten Gesichte „Höllen Kinder".
Nach dem Exemplare der Marburger Universitätsbibliothek.

Jo. Balth. Schüpp.

Johann Balthasar Schupp.

Kupfer, gestochen und gezeichnet nach dem Leben von Hans Martin Winterstein 1659. Ausschnitt. — Unterschrift aus einem Stammbuche der Breslauer Stadtbibliothek.

Johann Balthasar Schupp (geb. 1.?), getauft 29. März 1610 in Gießen, studierte seit 1625 in Marburg Philosophie und Theologie, machte seit 1628 große Reisen, wurde 1631 Magister in Rostock, 1635 Professor der Eloquenz und der Kirchen- und Profangeschichte in Marburg, 1643 Prediger an der dortigen Elisabethkirche, 1645 Doctor der Theologie, 1646 Hofprediger, Consistorialrath und Inspector in Braubach bei dem Landgrafen Johann von Hessen-Darmstadt, einem Bruder des regierenden Landgrafen Georg II.; 1648 hielt er vor den evangelischen Friedensbevollmächtigten zu Münster die Friedenspredigt; 1649 wurde er Prediger an St. Jakob zu Hamburg, wo er am 26. Oktober 1661 starb. Schuppius ist erst in unserer Zeit wieder in seinem Werthe als volksthümlicher gemüthvoller Satyriker gewürdigt worden. Er ist reich an originellen Gedanken und tritt namentlich gegen das a la mode-Zeitalter mit seinen fremden Sitten, fremden Kleidern und seinem Sprachmischmasch für das Deutschthum auf. Schriften: „Freund in der Noth“ (1657), „Salomo oder Regentenspiegel“ (1657), „Der rachgierige Lucidor“ (1657), „Deutscher Lucianus“ (1659), „Corinna“ (1660), „Ninivitischer Bußspiegel“ (1669).

Dat Erste Schertz-Gedichte.

Vom itzigen Wandel und Maneeren der Minschen.

IN Grekenland ein Man vör langen tiden was/
Van Wyßheit hochberömt/genandt Pythagoras;
Van em de Jöged sick leet hüpich underwisen/
Man hörde sine Lehr in allen Landen prisen.
Sin Hus und Schoel erschal/ nicht van Fantastery/
De nu van velen werd genömt Philosophy.
Sündern van Erlichkeit / van Tucht und gode Seden/
Dar leerd man schwigen erst / hernamals leerd man Reden.
Nichts dat gelevet had/ kam je in eren Mund/
Ock nicht de hülsen Frucht/ de in den Garden stund.
Ein Deel van siner Leer Metempsychosin nömde/
De domals alle Welt als hoge Wyßheit römde/
Darvan de mening is. Van GOtt des Minschen Seel
Int Lyff gegaten wert/ als siner krafft ein deel/
Sins wesendes en Part. Desülve Seel musst wandern
So bald de Minsche sterfft/van einem Lyff thom andern:
Ein Kriegsman und Soldat/ wenn em de Seel utföhr/
Keem se woll in ein Peerdt/ edr in eine olde Sör.
Eins gleht den Mannes Seel queem woll in einem Becker/
In einen Schriver/ Vage/ Schenckecker/ Hüsichen decker.
A iij Ein

Erste Seite des ersten Scherzgedichtes von Joh. Laurenberg aus der ersten Ausgabe von 1652

Freund in der Noth/
Beschrieben
durch
J. B. Schuppium, D.

Hamburg/
Gedruckt bey Christof Demler/
In Verlegung Zacharias Dosen/
Im Jahr 1657.

Titel der ersten Ausgabe von Schupps „Freund in der Noth“ 1657.

Das Format ist lang 16°. — Nach dem Exemplare der Berliner Bibliothek.

Joan. Laurenbergius D. Mathem. prof.

Unterschrift von Johann Laurenberg.

Von einem Stammbuchblatte aus dem Jahre 1640 im Besitze von Herrn Carl Geibel in Leipzig. Bildnis von Laurenberg unbekannt.

III
Joachimi
Rachelii
Londinensis
Teutsche Satyrische
Gedichte.
1664

Titel der ersten Ausgabe von J. Rachels „Satyrischen Gedichten“ 1664

Nach dem Exemplare der Berliner Bibliothek

Joachim Rachel, geb. 28. Februar 1618 zu Lunden in Schleswig, studierte in Rostock und Dorpat, Schullehrer, resp. Rector in Heide (1652), Norden (1660), seit 1667 in Schleswig, wo er am 3. Mai 1669 starb. Vorgelesen waren seine „Satyrischen Gedichte“ (zuerst 1664), in welchen er verschiedene Stände seiner Zeit, namentlich den Gelehrtenstand, satyrisch schildert.

Veer
Schertz Gedichte
I. Van der Minschen itzigem Wandel und Maneeren.
II. Van Almodischer Kleder-Dracht.
III. Van vormengder Sprake/ und Titeln.
IV. Van Poësie und Rymgedichten.
In Nedderdüdisch gerimet
dörch
Hans Willmsen L. Rost.

Gedrücket im Jahr M. DC. LII.

Titel der ersten Ausgabe von Laurenbergs niederdeutschen Satyren „Veer Schertz-Gedichte“ 1652.

Nach dem Exemplare der königlichen Bibliothek in Kopenhagen.

Johann Laurenberg, geb. 26. Februar 1590 in Rostock, studierte daselbst seit 1608, machte große Reisen (1612—1617), wurde 1618 Professor der Poesie und Mathematik in Rostock, 1623 Professor der Mathematik an der Ritterakademie zu Sorøe, wo er den 28. Februar 1658 starb. Seine niederdeutsch abgefaßten Satyren: „Veer Schertzgedichte“ (1652) gehören zu den besten, welche die deutsche Litteratur besitzt.

(1)

Joachimi Rachelii
Londinensis
Erste Satyra:
Das Poetische Frauen-Zimmer
Oder
Böse Sieben.

ICh habe meinen Fuß auff Pindus nie gesetzet/
Noch auff Parnaß getraumet/ noch meinen Mund genetzet
Auß Aganippen Strom. Ich habe nie den Tanz
Der Musen angeschaut/ noch irgend einen Kranz
Durch eines Pfalzgers Gunst zu tragen mich beflissen/
Noch Daphne zu gefallen die Nägel abgebissen/
Und dennoch darff ich mich/ trutz Momus/ unterstehen
Die vorgemachte Baan dem Opitz nachzugehen/
Wiewol von weitem nach. Ob Thron gleich sich befleisset/
Ob sich zum Teutschen Krieg ein neuer Maro rüstet/
Mit Stiefeln und mit Sporn und steiget Berg hinan/
Wie weder Pegasus noch Castor hat gethan.
Wie? Kan ich auch nicht wol die Verß in Reime bringen/
Und in gewisse Zahl die Teutschen Wörter zwingen/
Biß etwa Carpus endt/ daß gilt ihm oder mir
Zwo Kannen Reinischen Weins und noch ein viertel Bier.
Was fang ich aber an? Ich lasse jenen sagen
Von Kriegen/ Mord und Blut/ und tausend Türcken schlagen/
Der sechsgebeinten Art/ mir wil kein Würgen ein/
Mein Liedlein sol von nichts alß nur von Weibern seyn.
A Weg

Erste Seite der ersten Satyre Rachels aus der ersten Ausgabe von 1664

Hans Jacob Christoffel von Grimmelshausen (1624 oder 1625—1676).

Johann Jacob Christoph von Grimmelshausen, aus adeliger, 1571 in Gelnhausen als begütert nachweisbarer Familie stammend und wahrscheinlich auch dort 1624 oder 1625 geboren, nahm seit 1635, Anfangs als Troßbube, am Kriege Theil, machte nach dem Friedensschlusse große Reisen in Dänemark, Polen, Frankreich, der Schweiz, den Niederlanden. Seit 1667 ist er als fürstlich bischöflich Straßburgischer Schultheiß in Renchen am Schwarzwalde (jetzigen Badischen Amts Oberkirch) nachweisbar, wo er, zum Katholicismus übergetreten, den 17. August 1667 starb. Sein Hauptwerk ist der Schelmen- und Vagantenroman „Der Simplicissimus" (1669), der beste deutsche Roman des XVII. Jahrhunderts, eine lebenswahre Schilderung deutscher Zustände im großen Kriege. Von seinen anderen Schriften seien genannt: „Der fliegende Wandersmann nach dem Mond" (1659), „Satyrischer Pilgram" (1666), „Historie des keuschen Joseph" (1666), „Dietwald und Amelinde" (1669), „Immerwährender Kalender" (1670), „Trutz-Simplex, Landstörtzerin Kurasche", „Der seltzame Springinsfeld" (1670), „Simplicissimi Gespräch mit seinem Teutschen Michel" (1673?), „Wunderbahrliches Vogelnest" (1672), „Simplicissimi verkehrte Welt" (1683), „Simplicissimi Galgen Männlein" (1673).

Ein Bildnis Grimmelshausens ist nicht nachweisbar, auch war weder in den Archiven zu Karlsruhe und Straßburg etwas Eigenhändiges von ihm aufzufinden. Selbst die 1667 von Grimmelshausen geschriebene „Mühlenordnung" ist seit länger als 20 Jahren aus der Renchener Gemeinderegistratur verschwunden, obgleich fast in jeder neueren Lebensbeschreibung Grimmelshausens zu lesen ist, sie befinde sich noch dort.

Der Abentheurliche
SIMPLICISSIMUS
Teutsch /
Das ist:
Die Beschreibung deß Lebens eines seltzamen Vaganten / genant Melchior Sternfels von Fuchshaim / wo und welcher gestalt Er nemlich in diese Welt kommen / was er darinn gesehen / gelernet / erfahren und außgestanden / auch warumb er solche wieder freywillig quittirt.
Überauß lustig / und männiglich nutzlich zu lesen.
An Tag geben
Von
GERMAN SCHLEIFHEIM
von Sulsfort.

Monpelgart /
Gedruckt bey Johann Fillion /
Im Jahr M DC LXIX.

Titel der ersten Ausgabe von Grimmelshausens „Simplicissimus", 1669.
Nach dem Exemplare der Wolfenbütteler Bibliothek.

Neueingerichteter und vielverbesserter
Abentheurlicher
SIMPLICISSIMUS
Das ist:
Beschreibung deß Lebens eines seltzamen Vaganten / genant Melchior Sternfels von Fuchshaim / wie / wo und welcher gestalt Er nemlich in diese Welt kommen / was er darin gesehen / gelernet / erfahren und außgestanden / auch warum er solche wieder freywillig quittiret hat.
Uberauß lustig / und männiglich nützlich zulesen.
An Tag geben
Von
GERMAN SCHLEIFHEIM
von Sulsfort.

Mompelgart /
Gedruckt bey Johann Fillion /
Im Jahr M DC LXIX.

Titel der zweiten Ausgabe von Grimmelshausens „Simplicissimus", 1669.
Nach Uhlands Exemplare auf der Tübinger Universitäts-Bibliothek.

Titelkupfer, der ersten Ausgabe des „Simplicissimus" von 1669, dem Abenteuerlichen, vorgeklebt.

Titelkupfer, der zweiten Ausgabe des „Simplicissimus" von 1669, dem Neueingerichteten, vorgeklebt.

Ob wirklich diesen beiden Ausgaben des Jahres 1669 noch eine des Jahres 1668 [illegible] ist, muß so lange [illegible] bleiben, bis sie wirklich wieder aufgefunden ist. [illegible] daß der „Neueingerichtete Simplicissimus" des Jahres 1669 eher erschienen sei als der „Abenteuerliche" desselben Jahres. [illegible] das Titelkupfer des „Neueingerichteten" [illegible] als das des „Abenteuerlichen". Eine Vergleichung der beiden hier absichtlich neben einander gestellten Titelblätter erweist aber, daß derjenige des „Neueingerichteten" ein Nachdruck des [illegible] „Abenteuerlichen" [illegible]. Das Verhältniß der beiden Titelkupfer zu einander [illegible]. Denn der Nachbilder verstand [illegible] nicht, [illegible] vom „Abenteuerlichen" [illegible] für das Titelkupfer des „Neueingerichteten" [illegible].

Hans Jacob Christoffel von Grimmelshausen (1624 oder 1625—1676). Kupfer aus dem „Simplicissimus“.

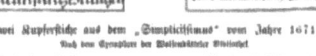

Titelkupfer zum „Simplicissimus“, darstellend: 1. den alten Simplicissimus, seinen richtigen Vater; 2. und 3. seine Pflegeeltern, den „Knan“ und die „Meuder“; 4. den Simplicissimus selbst; 5. die Tochter des „Knan“ und der „Meuder“, Ursula. Dieses Kupfer ist zuerst in der Ausgabe von 1670.

Zwei Kupferstiche aus dem „Simplicissimus“ vom Jahre 1671
Nach dem Exemplare der Wolfenbütteler Bibliothek.

Simplex erzählt wie der Teufel dem Pfaffen
Seinen Speck stiehlt und macht ihm viel zu schaffen.
(I, 31.)

Simplex ein Pilger wird, läßt ihm gefallen,
Mit dem Herzbruder herumber zu wallen.
(V, 1.)

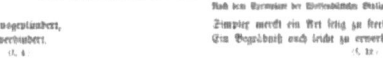

Drei Kupferstiche aus dem „aus dem Grabe der Vergessenheit wieder erstandenen Simplicissimus“, 1684
Nach dem Exemplare der Wolfenbütteler Bibliothek.

Des Simplicii Residenz werd ausgeplündert,
Niemand ist, der die Soldaten verhindert.
(I, 4.)

Simplex merckt ein Art selig zu sterben,
Ein Begräbniß auch leicht zu erwerben.
(I, 12.)

Simplex ein Storzer und Landfahrer ist,
Bringet die Bauern um ihr Geld mit List
(Als Marktschreier und Zahnarzt, IV, …)

A. Gryphius

Andreas Gryphius.

Verkleinert aus dem Kupferstich von Philipp Kilian. Unterschrift aus dem von ihm herausgegebenen „Glogauischen Fürstenthums Landes-Privilegia", 1653. Nach dem Exemplare der Breslauer Stadtbibliothek.

Candida Constant.

Eigenhändiges Sonett von Andreas Gryphius auf einem Stammbuchblatte, Leyden, 17. April 1640, gewidmet an Constantin Lindershausen.

Original im Besitze des Herrn Professors M. Carriere in München.

Andreas Gryphius, der bedeutendste Lustspieldichter vor Lessing, ist geboren den 2. Oktober 1616 zu Groß-Glogau, erzogen auf den Schulen in Glogau, Görlitz und Fraustadt, 1634—1636 auf dem akademischen Gymnasium in Danzig, dann Erzieher im Hause des kaiserlichen Kammerfiscals Pfalzgrafen Schönborn, welcher ihn 1637 zum Poeta laureatus und Magister der Philosophie machte; 1638 studierte er in Leyden und las an der dortigen Hochschule 1639—1644. Hierauf machte er große Reisen (bis 1647), privatisierte, bis er 1650 Syndicus des Fürstenthums Glogau wurde, als welcher er in Glogau in einer Sitzung der Stände am 16. Juli 1664 plötzlich starb. Seine Bedeutung liegt in seinen Lustspielen: „Herr Peter Squentz" (1657), „Das verliebte Gespenst" (1660), „Horribilicribrifax" (1663). Seine Trauerspiele: „Leo Arminius, ein Fürsten-Mörderisches Trauerspiel" (1650), „Catharina von Georgien, oder Bewehrte Beständigkeit" (1657), „Ermordete Majestät, oder Carolus Stuardus" (1657), „Cardenio und Celinde, oder Unglücklich Verliebete" (1657), „Großmüttiger Rechtsgelehrter, oder Sterbender Aemilius Paulus Papinianus" (1659). Er hat auch Oden, Sonette, Epigramme, satirische Scherzgedichte und geistliche Lieder verfaßt. Ein merkwürdiger Gegensatz herrscht in Gryphius' Werken: muntere heitere Natürlichkeit, Witz und Anmuth spricht aus seinen Lustspielen, tiefe Schwermuth aus seinen lyrischen Gedichten, Schwulst und Phrase, Mord und Blut aus seinen Trauerspielen.

Verlibtes Gespenste/
Gesang-Spil.

Breßlaw/
Gedruckt durch Gottfried Gründern/
Baumannischen Factor.

Titel der ersten Ausgabe von A. Gryphius' Gesangspiele: „Verliebtes Gespenste", gedruckt 1660.

Das darin eingeschobene „Schertz-Spiel, die geliebte Dornrose", ist im schlesischen Dialekt abgefaßt. Beide Stücke wurden in Glogau zu Ehren des durchreisenden neuvermählten Herzogs Georg III. aufgeführt. Der Druck ist in Oktavformat. Nach dem Exemplare der Berliner Stadtbibliothek.

ANDREÆ GRYPHII
HORRIBILICRI-
BRIFAX
Teutsch.

Breßlaw/
Bey Veit Jacob Treschern.

Titel der ersten Ausgabe von A. Gryphius' Scherzspiele: Horribilicribrifax (worin ein feiger Maulheld verspottet wird), gedruckt erst 1663.

Nach dem Exemplare der gräflichen Bibliothek zu Wernigerode. — Das Buch ist in Oktavformat.

Absurda Comica.
Oder
Herr Peter Squentz/
Schimpff-Spiel.

Titel der ersten Ausgabe von Andreas Gryphius' Lustspiele: „Peter Squentz" (1657).

Das Format ist in 8°. — Nach dem Exemplare der Berliner Bibliothek.

14 Herr Peter Squentz

Seren. Was sagt ihr denn zu Sodom und Gomorrha?
P. Sq. Die wolten wir wol tragiren, aber es würde viel Feuerwerck dazu gehören/ wir möchten vielleicht den Teuffel gar anzünden.
Seren. Was sol man denn mit Rittern Peter machen?
P. Sq. Die wolten wir wol tragiren, aber ihr müsset noch 14. Tage darauff harren.
Seren. Wie stehets denn mit Ritter Pontus?
P. Sq. Die wolten wir wol tragiren, aber Ritter Pontus ist uns daraus gestorben.
Seren. Können wir die Melusinen sehen?
P. Sq. Das hat Meister Lollinger wider mein Wissen und Willen dazu gesetzet/ den lasse ichs verantworten.
Seren. Sol denn Artus und der Ostwind mit einander fechten?
P. Sq. Die wolten wir wol tragiren, aber der/ der den Ostwind tragiret, ist itzt zu Schweren Schlaff nach Wolle gezogen/ könnet ihr gedult haben/ biß er wieder kumt/ so wollen wir sehen/ wie wir das Spiel zu wege bringen.
Seren. Was ist denn Carolus quinque vor einer gewesen?
P. Sq. Er ist seines Nahmens der Erste gewesen/ Julius unus der Andere/ aber zu dem ersten mangeln uns die Kleider/ und in der andern Comœdi ist zu viel Lateinisch. Es würde dem Gestrengen Frauen-Zimmer nur verdrüßlich fallen.
Seren. Könnet ihr denn den Hertzog und den Teuffel einführen?
P. Sq. Das könten wir wol thun/ aber es würde erschrecklich seyn/ wenn der Teuffel kommen solte/ die kleinen Kinder würden so drüber weinen/ daß man sein eigen Wort nicht vernehmen könte.
Seren. Nun ich sehe/ ihr seyd sehr wol außgerüstet/ es mangelt nun nichts mehr als die leyte von Piramus und Thisbe.
P. Sq. Die wollen wir euch den Augenblick hermachen.
Seren. Jhre Majestät verstehen den Titul nicht wol/ könt ihr uns denselben nicht etwas erklären?
P. Sq. Das kan ich besser als der Cantzler.

Theo-

Eine Seite aus der zweiten Ausgabe des „Peter Squentz".

Aus dem Exemplare der gräflichen Bibliothek zu Wernigerode. — Herr Peter Squentz, Schreiber und Schulmeister zu Rumpelskirchen, [illegible]

Christian Gryphius.
Kupferstich von Joh. Tscherning.

Anfang eines eigenhändigen Trauergedichtes von Christian Gryphius.
Original im Besitz der Verlagshandlung.

Christian Gryphius, Sohn des Andreas Gryphius, geb. 29. September 1649 in Fraustadt, erzogen in Fraustadt (1657), Glogau (1661), Gotha (1665), studierte in Jena (1668) und Straßburg (1670—1673), 1674 zweiter Collega, 1681 Professor am Elisabeth-Gymnasium zu Breslau, 1686 Rector des dortigen Maria-Magdalenen-Gymnasiums, 1699 auch Bibliothekar, als welcher er den 6. März 1706 starb. Seine lyrischen Gelegenheits- und geistlichen Gedichte erschienen zuerst gesammelt unter dem Titel „Poetische Wälder" 1698 und sind nüchterner und weniger schwülstich als die seiner übrigen tonangebenden schlesischen Landsleute.

Christian Hofmann von Hofmannswaldau wurde getauft 25. Dezember 1617 zu Breslau, vorgebildet auf dem Elisabeth-Gymnasium zu Breslau und in Danzig (1636—1637), wo er eng mit Opitz verkehrte; er machte 1637 bis 1645 große Studienreisen, von wo er namentlich seine Vorliebe für die Italiener Guarino und Marini mitbrachte. Seit 1646 Rathsherr in Breslau, in einflußreicher Stellung und zu wichtigen politischen Missionen verwendet, ward er 1657 kaiserlicher Rath, 1677 Präses des Raths seiner Vaterstadt, wo er den 18. April 1679 starb. — Hofmannswaldau führte den übertriebenen bombastischen, von den Italienern entnommenen Schwulst in unsere Dichtung ein; trotzdem er ein anerkannt ehrbares Leben führte, übertreffen seine Gedichte an Lüsternheit und Sinnlichkeit alles bisher in Deutschland Dagewesene dieser Art. Aber die Poesie ist ihm nicht Ausdruck innerer Stimmung, sondern nur eine verstandesmäßige Übung um sich zu vergnügen; Bewunderer und Gleichnisse gehören namentlich zu seinem poetischen Apparate. Seine lyrischen und Gelegenheitsgedichte erschienen gesammelt zuerst 1679 als „Deutsche Übersetzungen und Gedichte", hierunter sind seine „Heldenbriefe" die bekanntesten; die meist schamlosen „Spiel- und ersinnliche Sterbensgedanken" (100 Grabschriften) erschienen schon 1663. Viele seiner Gedichte gab Benjamin Neukirch seit 1695 heraus.

Daniel Caspar von Lohenstein (1635—1683).

Daniel Caspar von Lohenstein im 49. Lebensjahre.
Gestoch. von Tscherning 1683. Kupferstich — Unterschrift von einer Urkunde des Breslauer Stadtarchivs 1669.

Daniel Caspar von Lohenstein, geb 25. (getauft 28.) Januar 1635 zu Nimptsch in Schlesien, erzogen auf dem Maria-Magdalena-Gymnasium in Breslau, studierte seit 1654 in Leipzig und Tübingen, machte die üblichen grossen Reisen. Er wurde herzoglich Oelsischer Rath, Obersyndicus der Stadt Breslau 1670, und 1675 vom Kaiser Leopold zum kaiserlichen Rathe ernannt. Er starb den 28 April 1683 in Breslau. Seine Vorbilder, die Trauerspiele des älteren Gryphius, übertraf er durch Darstellung blutiger, unnatürlicher, grauenvoller Scenen, seine Sprache ist noch bombastischer und geschraubter. Seine Haupttragödien sind: „Cleopatra“ (1661), „Agrippina“ (1665), „Epicharis“ (1665), „Ibrahim Sultan“ (1673), „Ibrahim Bassa“ (1685). Sein grosser von seinen Zeitgenossen vielfach bewunderter Roman: „Arminius und Thußnelda“ erschien 1689—1690. In seinen lyrischen Gedichten, „Blumen“ betitelt, namentlich in den „Heldenbriefen“, sucht er sein Vorbild Hofmannswaldau noch an Gefühlsrohheit und Schlüpfrigkeit zu übertreffen; natürlich schrieb er auch geistliche Gedichte: „Thränen“. Aber auch er ist als tüchtiger, ehrenwerther Mann von seinen Zeitgenossen geschätzt, dessen Leben mit der von ihm verstandesmäßig vertretenen Dichtung im strengen Gegensatze stand

Nero. Laßt dem Senecio nun auch sein Recht geschehen.
Epichar. Ja Recht! Das echtes Recht verfluchen muß und schmehen. (nicht.
Senecio. Ein freyer Geist erblaß't für Tod und Hencker
Dis ist das einige/was meinen Geist anficht/ (den:
Mein Antlitz schamroth mach't: Daß ich vermocht zu gläu-
Der Bluthund würde nicht uns Halß und Gütter raubē;
Und daß dem Wolfe man noch sanffte Pflaumen strich.
Epichar. Senecio/nun lieb'/und rühm' und schätz' ich dich.
Sab. Popp. Ihr nun sein bloßer Kopf die gifi'gen Zähne blecket. (cket.
Epichar. Ja euers Dreuens lach't/und seine Hencker schre-
Sab. Popp. Und dich als Buhlerin liebreitzend lächelt an!
Epichar. Wol! reicht das schöne Haupt mir/daß ichs küssen kan;
Daß sein wolriechend Blutt mit meinem sich vermischt;
Daß meine Freuden-Thrän' ihm Koth und Sand abwische;
Nero. Reicht's hin der Rasenden zu seh'n/was Wahnwitz thut.
Epichar. Mein lächsend Mund erkwickt sich durch so kräfftig Blutt.
Nero. Wir wolln solch Labsal der bald mehr zu kosten gebē
Haut den Scevin auch ab. Scevin. Ich halte Leib und Leben
Für wenigsten Verlust/die Baare für Gewien.
Tigillin. Man wird Meyneydiger dir Baar' und Grufft entzieh'n.
[illegible] Beerdigt mich kein Mensch/ wird mich die Zeit begraben
Epichar. Die Sternen aber wird der Geist zur Wohnung haben.
Scevin. Ist kein bequemer Kloz für einen Rathsherrn dar?
Sab. Popp. Dem Zärtlinge taug nicht/ was andern tauglich war!
Epichar. Er wird nicht's schmertzlicher darumb den Geist außblasen.
Man stirb't auf Teppichten nichts linder als auf Rasen;
Ein Seid' und Haaffen Strick/ ein güld- und rostern Schwerdt/
Gifft in Schmaragd und Thon/ ist eines Tittels wehrt/
Ha:

Eine Scene aus Lohensteins „Epicharis“ 1665
[illegible]

Kupfertitel zum ersten Theile von Lohensteins „Großmüthiger Feldherr Arminius oder Herrmann nebst seiner durchlauchtigsten Thußnelda in einer sinnreichen Staats- Liebes- und Helden-Geschichte in 2 Theilen vorgestellet“. Leipzig 1689—1690
Lohenstein starb über dem mehr als 3000 Quartseiten umfassenden Romanungeheuer hin, welches erst von seinem Bruder und Christian Wagner beendet wurde

Titelkupfer zur ersten Ausgabe von Lohensteins „Epicharis“ 1665

Aus Lohensteins Handschrift seines Trauerspieles: „Ibrahim Sultan" Chor vom Ende des ersten Aktes.

Das Blatt auf der Breslauer Stadtbibliothek. — Dieses Trauerspiel wurde zur Feier der Vermählung Kaiser Leopolds I. 1673 geschrieben und erschien (zuerst gedruckt) in demselben Jahre.

Anton Ulrich Herzog von Braunschweig-Wolfenbüttel, geb. 4. Oktober 1633 in Hitzacker. Er erhielt eine sorgfältige wissenschaftliche Ausbildung; Schottelius und Sigmund von Birken gehörten zu seinen Lehrern. Seit 1667 war er Mitregent seines Bruders Rudolf August, seit dessen am 26. Januar 1704 erfolgtem Tode regierender Herzog. Er starb den 27. März 1714 in dem von ihm erbauten Prachtschlosse Salzdahlum bei Wolfenbüttel. Neben geistlichen Liedern, Singspielen und Opern verfaßte er, ein Nachahmer Bucholtzens und der Schlesier, die historischen Helden- und Liebesromane: „Die durchlauchtige Syrerin Aramena" (1669—1673) in 5 Bänden; „Die römische Octavia" (Band I—VI 1685—1707, Band VII 1762).

Anton Ulrich Herzog von Braunschweig-Wolfenbüttel

Kupferstich von Philipp Kilian. Ausschnitt.

Kupfertitel zu Bucholtz' gelehrtem Heldenroman: „Des christlichen teutschen Großfürsten Hercules und der böhmischen Königlichen Fräulein Valisca Wundergeschichte in 6 Büchern. Braunschweig 1659."

Nach dem Dedicationsexemplare auf der Wolfenbüttler Bibliothek.

Andreas Heinrich Bucholtz, geb. 25. November 1607 zu Schöningen, vorgebildet auf den Schulen zu Hameln (1618—1622), Brandenburg, Magdeburg (1624), Herford, studierte 1628 in Wittenberg, 1632—1634 Conrector in Hameln, studierte und lehrte in Rostock 1634—1636, 1637—1639 Rector in Lemgo, 1639—1647 in Rinteln, erst Docent, dann (1641) Professor der Philosophie und Dichtkunst, dann (1645) der Theologie; 1647 Coadjutor an der Brüderkirche in Braunschweig, 1663 dortiger Superintendent und Schulinspector, als welcher er den 20. Mai 1671 daselbst starb. Er ist Nachahmer der Schlesier, die er theilweise noch durch nüchterne leidenschaftslose Grausamkeit in seinen Hauptwerken, den Helden- und Liebesromanen: „Hercules und Valisca" (1659) und „Des christlichen Königlichen Fürsten Herculiscus und Herculadisla … anmuthige Wundergeschichten" (1659) übertrifft. Sein Gedicht: „Christliche Weihnachtsfreude und herzlicher Friedenswunsch" (1645) ist ganz anderen Styles und voll wirklichen Gefühls

Andreas Heinrich Bucholtz.

Kupferstich von Philipp Kilian 1664. Ausschnitt. Namensunterschrift aus dem Dedicationsexemplar seines „Teutschen Hercules", auf der Wolfenbüttler Bibliothek.

Die
Asiatische Banise/
Oder
Das blutig-doch muthige
Pegu/
Dessen hohe Reichs-Sonne bey geendig-
tem letztern Jahr-Hundert an dem Xemin-
do erbärmlichst unter-an dem Balacin aber
erfreulichst wieder auffgehet.
Welchem sich die merckwürdigen und er-
schrecklichen Veränderungen der benachbar-
ten Reiche Ava, Aracan, Martabane, Siam
und Prom, anmuthigst beygesellen.
Alles in Historischer/und mit dem Mantel einer
annehmlichen Helden-und Liebes-Geschichte bedeck-
ten Warheit beruhende.
Diesem füget sich bey eine/aus Italiänischer in Deutsch-
gebundene Mund-Art/übersetzte Opera/oder Theatrali-
sche Handlung/ benennet:
Die listige Rache/
oder
Der Tapffere HERACLIUS.
Auffgesetzet
von
H. A. v. Z. U. K.

Leipzig/Verlegts Johann Friedrich Gleditsch/
ANNO M. DC. LXXXIX.

Titel der ersten Ausgabe von Zieglers „Asiatische Banise" 1689.
Nach dem Exemplare der Bonner Universitätsbibliothek.

Illustration aus der „Banise" von 1689.
Banise soll geopfert werden und steht gefesselt am Altare des Götzen. — Dieser Kupferstich zeigt ebenso wie der Titel und Art der „Banise", wie tief die Ausstattung unserer deutschen Bücher gegen das Ende des XVII. Jahrhunderts heruntergekommen ist.

Heinrich Anselm von Ziegler und Kliphausen, geb 6. Januar 1663 zu Radmeritz in der Oberlausitz, besuchte das Gymnasium in Görlitz, 1680 die Universität Frankfurt an der Oder, wo er Rechtswissenschaft und „galante Wissenschaften", als: Historie, Genealogie, Eloquenz, Poesie studierte. 1684 übernahm er die Verwaltung seines väterlichen Gutes Praußnitz, das er später verkaufte und das Gut Liebert-Wolkwitz erwarb, wo er, zum kurfürstlichen Stiftsrath in Wurzen ernannt, lebte und am 8. September 1696 starb. Sein Hauptwerk ist der Liebes- und Heldenroman: „Die Asiatische Banise" (1689), bis tief in das XVIII. Jahrhundert hinein ein vielgelesenes Lieblingsbuch. Er schrieb u. a. noch: „Täglicher Schauplatz der Zeit" (1700), „Historisches Labyrinth der Zeit" (1701), „Heldenlieder der Schrift alten Testaments" (1731).

1.
Wollen nun die grünen Jahre/
Und der Unschuld Perlen-Kleid/
Auf die schwartze Todten-Bahre/
In die dunckle Ewigkeit?
Soll man Blut die Erde färben?
Soll Banise nicht mehr seyn/
Und so jämmerlich verderben?
Himmel! das ist Seelen-Pein!

2.
Meine Jugend heist mich hoffen/
Weil die vollen Rosen stehn:
Und mein Fuß betritt die Stuffen/
Welche nach dem Grabe gehn.
Stern und Himmel rufft vergebens:
Suche Flammen in dem Schnee/
Weil die Sonne meines Lebens
Sincket in die Todten-See.

3.
Statt verhoffter Liebes-Blicke
Küsset mich der blasse Tod/
Und der Tugend bestes Glücke
Ist nur Jammer/Angst und Noth.
Gold und Cronen solt' ich erben/
Ja ein Kind der Götter seyn.
Aber/ach! so soll ich sterben/
Und betreten Grufft und Stein.

4.
Doch getrost! das Licht der Tugend
Blitzet auch durch Tod und Nacht.
Es ist Schönheit/Stand und Jugend/
Was den Tod dir bitter macht.
Dieses sind nur falsche Sterne/
Und ein Glantz der Eitelkeit:
Spreu und Schalen sonder Kerne/
Welche schwinden mit der Zeit.

5.
Tugend kan den Tod versüssen/
Hoffnung zuckert Gallen ein.
Weil wir alle sterben müssen/
Will ich nicht die letzte seyn.
Es wird meine reine Seele
Reissen durch die Sterbligkeit/
Und entgehn des Grabes Höle
Zur gestirnten Ewigkeit.

6.
Zwar mein Printz wird sich betrüben/
Weil mein Fall die Liebe stört:
Doch ein keusch-gesinntes Lieben
Wird durch keinen Tod versehrt.
Ihre zarte Wurtzel dringet
Auch biß in die kalte Grufft:
Wenn sich Geist und Seele schwinget
Durch die blau-gewölckte Lufft.

7.
Nun die Zeit befiehlt zu scheiden/
Und mein Stunden-Glas zerbricht.
Ich soll Tod und Messer leiden/
Es verdunckelt Aug' und Licht.
Dieses ist die letzte Stunde.
So vergeht der Jugend Pracht!
Wort und Sylb' erstirbt im Munde.
Welt und Printz zu guter Nacht!

Banisens Schwanenlied, als sie geopfert werden soll.
Es heißt im Romane: „Währenddem Rândheraud sang eine sanfte und durchdringende Musik von ferne an zu spielen, in welche nachfolgende Arie, auf der Prinzessin (Banise) Begehren, welche sie selbst gesetzt hatte, mit traurig-bewegtlichen Stimmen abgesungen wurde." Vers I—III der Arie stehen auf Seite [illegible], III 2—V 1 auf Seite [illegible], V 2—8 und VI auf Seite [illegible]. Diese Arie hat der Bearbeiter des Bilderatlas in seiner Jugend noch auf dem Lande singen hören.

Unterschrift von Heinrich Anselm von Ziegler und Kliphausen.
Unterschrift von einem Schreiben aus dem Jahre 1687 im Besitze des Herrn Karl Geibel in Leipzig. Bildnis Zieglers ist nicht bekannt.

Christian Thomasius (1655—1728), Gottfried Wilhelm von Leibniz (1646—1716), Christian von Wolff (1679—1754).

Christian Thomasius.

Kupferstich von M. Bernigeroth. Verkleinerter Ausschnitt. Nach dem Exemplare der k. k. Familien-Fideicommiß-bibliothek zu Wien. Unterschrift aus einem Album im Besitze des Herrn Rektors Dr. Joachim zu Marburg.

Gottfried Wilhelm von Leibniz.

Kupferstich von J. Ficquet. Ausschnitt. Unterschrift von einem Originalbriefe Leibnizens im Staatsarchive zu Hannover.

Christian Thomasius, geb. 1. Januar 1655 zu Leipzig, studierte an der dortigen Universität Philosophie, in Frankfurt a. O. Jurisprudenz, 1681 Docent in Leipzig, hielt seit 1687 deutsche Vorlesungen, mußte Leipzig wegen seiner Stellung zu den orthodoxen Theologen verlassen; in Halle aufgenommen, hielt er seit 1690 Vorlesungen an der dortigen Ritterakademie, wurde Professor der dort neu gegründeten Universität, starb am 23. September 1728 als erster Professor der juristischen Fakultät und Direktor der Universität daselbst. Thomasius ist „wie ein Wirbelwind durch alle Gebiete des Lebens und der Wissenschaft hindurchgegangen“. Er war der erste, welcher die deutsche Sprache als Sprache für gelehrte Disciplinen mit Erfolg anwendete; er hielt seit 1687 die ersten deutschen akademischen Vorlesungen; er gründete die erste gelehrte deutsche Zeitschrift „Die Monats-Gespräche“ (deutschen Monate), seit 1688.

Gottfried Wilhelm von Leibniz, geb. in Leipzig 21. Juni (a. St.) 1646, studierte seit 1661 daselbst Rechtswissenschaft, Mathematik, Philosophie, 1663 Baccalaureus, 1664 Magister, 1666 Doctor juris in Altorf; 1667 Sekretär der Rosenkreuzer in Nürnberg, seit 1667 im Dienste des Kurfürsten Johann Philipp von Mainz; schrieb gegen Pufendorfs Werk „De statu imperii“ 1667; 1670 Rath im Oberrevisions-Collegium in Mainz, 1672 bis 1676 auf Reisen, namentlich in London und Paris, 1676 nach Hannover berufen als Vorstand der herzoglichen Bibliothek, Hofrath und Historiograph des welfischen Hauses; geadelt, 1696 geheimer Justizrath, veranlaßte die Gründung der Berliner Akademie (11. Juli 1700), deren erster Präsident er wurde, 1713 Wiener Reichshofrath, starb den 14. November 1716 zu Hannover. Leibniz ist das universalste Genie, welches Deutschland je hervorgebracht hat, auf den Gebieten der Philosophie, Mathematik (Erfinder der Integralrechnung), Mechanik, praktischen Politik, Theologie (Unionsversuche), Geschichtschreibung, Philologie, Rechtslehre ist er seinen Zeitgenossen weit voraus und hat vielfach — z. B. in der vergleichenden Sprachkunde, in der Geschichtswissenschaft — die Wege schon angedeutet, welche erst in unserer Zeit eingeschlagen sind, um diese Disciplinen zur Wissenschaft zu erheben. Seine Philosophie wurde durch Wolff popularisiert und war durch dessen Vermittelung die herrschende und für die Anschauungen und den Inhalt unserer Litteratur vielfach maßgebende (bis auf Kant). Er schrieb viele seiner politischen Schriften deutsch, verfaßte auch deutsche Gedichte im Stile der Hofpoeten. Hervorzuheben sind noch seine Abhandlungen: „Ermahnung an die Deutschen, ihren Verstand und Sprache besser zu üben, samt beigefügtem Vorschlag einer teutsch gesinnten Gesellschaft“, „Unvorgreifliche Gedanken, betreffend die Ausübung und Verbesserung der teutschen Sprache“ (beide verfaßt 1697).

Christian Reichsfreiherr von Wolff, geb. 24. (getauft 25.) Januar 1679 zu Breslau, studierte in Jena, seit 1703 in Leipzig lehrend, wurde er dort mit Leibniz bekannt, durch dessen Vermittlung er 1707 Professor in Halle wurde, das er aber 1723, seiner nicht theologischen Philosophie wegen, verlassen mußte. Er fand in Marburg als Professor Aufnahme, wurde beim Regierungsantritt Friedrichs des Großen nach Halle zurückgerufen (1740), wo er als Professor des Natur- und Völkerrechtes und Kanzler der Universität am 9. April 1754 starb. 1745 war er in den Reichsfreiherrenstand erhoben. Wolff ist der eigentliche Vertreter und Lehrer der Leibnizischen Philosophie, welche für die gesamte geistige Entwicklung Deutschlands, auch für unsere Litteratur bis zum Auftreten Kants von bestimmendem Einflusse war. In seinen deutsch abgefaßten philosophischen Hauptschriften bildete er unsere Sprache zur Sprache der exacten Wissenschaft aus.

Christian von Wolff.

Kupferstich von J. G. Wille. Unterschrift von einem Originalbriefe im Staatsarchive zu Marburg.

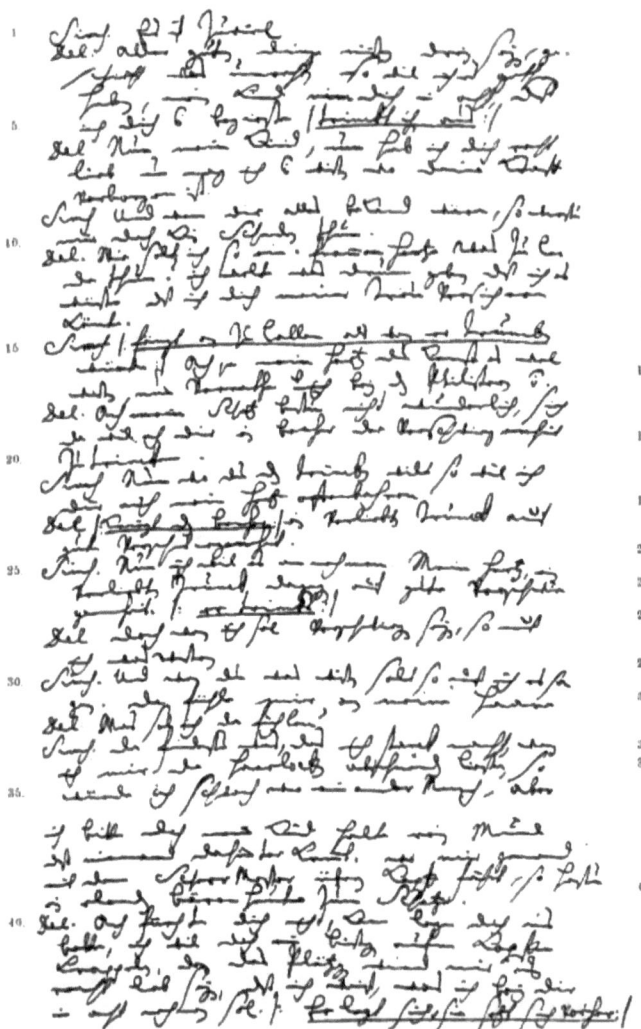

Erklärender Abdruck des nebenstehenden Stückes aus der eigenhändigen Handschrift von Chr. Weises Drama „Simson“:

Delila will dem Simson das Geheimniss seiner Stärke herauslocken und macht ihn trunken. Sie reicht ihm zum dritten Male einen gefüllten Becher.

1. Simson. Es ist zuviel.

2. Delila. Aller guten Dinge müssen drey seyn, geschicht was unrecht, so wil ich es gethan haben, mein Kind nim dich in Acht, daß ich dich nicht bezeihe (trinkt ihn aus).

6. Delila. Nun mein Kind nun hab ich dich recht lieb nun mag ich nicht wißen wo deine Kraft verborgen ist.

9. Simson. Und wenn dir alles bekannd wäre, so wirstu mir doch keinen Schaden thun.

11. Delila. Wie soll ich so einem frommen Hertze was zu leide thun? ich wolte was darum geben daß ich es wüste, daß ich dich meiner Treue versichern könnte.

15. Simson. (Fängt an zu lallen als ob er truncken würde.) Ach ja mein Hertz du kannst es wol wißen, nur verrathe mich bei den Philistern nicht.

18. Delila. Ach mein Schatz bistu nicht wunderlich, sieh da werde ich dir einen Becher der Verschwiegenheit zutrincken.

21. Simson. Nun, wo du das trincken wilt, so wil ich dir auch mein Hertz offenbahren.

23. Delila. (Kriegt den Becher.) Einen verliebten Trunck auf gute Verschwiegenheit.

25. Simson. Nun, ich will es annehmen. Mein Hertz, einen verliebten Trunck dagegen auf gute Verschwiegenheit (er trinckt).

28. Delila. Doch wenn ich sol verschwiegen seyn, so muß ich was wißen.

30. Simson. Und wenn du was wißen solt so muß ich es sagen. Da fühle mir an meine Haare.

32. Delila. Was sol ich da fühlen?

33. Simson. Da findestu was, das mich stark macht, wenn ich mir die Haarlocken abschneiden liesse, so würde ich schwach wie ein ander Mensch, aber ich bitte dich, mein Kind, halte reinen Mund daß niemand dahinter kommt; wo mir jemand mit dem Scheer Meßer übern Kopff fährt, so hastu einen elenden Bärenhäuter zum Schatze.

40. Delila. Ach, fürchte dich nicht, komm lege dich ins Bette, ich will dich ein bißgen aufm Kopff krappeln, denn das Plätzgen wird mir auch recht lieb seyn, daß ich weiß, was ich bey dir in acht nehmen sol. (Er legt sich, sie setzt sich vorher.)

Aus Christian Weises Drama „Simson“.

Aufgeführt in Zittau von dortigen Schülern 1703. — Aus der eigenen Handschrift des Dichters auf der Zittauer Ratsbibliothek. In der Originalhandschrift steht das Stück auf zwei Seiten (1—33, 34—44).

Christian Weise, geb. 29. (getauft 30.) April 1642 in Zittau, bezog 1660 die Universität Leipzig, studierte Philosophie, Rechtsgelehrtheit, Historie, Politik; 1663 Magister der Philosophie, als welcher er über Redekunst, Moral, Politik, Historie, Poesie Vorlesungen hielt. Nahm Stelle eines Geheimschreibers beim Grafen Simon Philipp von Leiningen an (1668), war dann Hofmeister bei den Grafen von Asseburg, 1670 Professor der Politik, Beredsamkeit und Poesie am Gymnasium zu Weißenfels, 1678 Rector der Schule in Zittau, wo er, kurz vor seinem Tode emeritiert, den 21. Oktober 1708 starb. Weise ist vortrefflicher Schulmann und fruchtbarer vielseitiger Schriftsteller. Den Schlesiern gegenüber vertrat er eine zum Theil derbe volksthümliche Richtung, strebte nach Natürlichkeit und Einfachheit, die bei seiner großen Productivität allerdings oft in Plattheit ausartete. Anerkennenswerth sind seine Bemühungen um Reinerhaltung der Sprache. Weise hat alle Felder der schönen Litteratur angebaut. Seine wichtigsten Schriften sind seine Romane: „Die drey Haupterzverderber in Deutschland, von Siegmund Gleichviele“ (1671), „Die drey ärgsten Erznarren in der ganzen Welt, durch Catharinum Civilem“ (1672), „Die drey klügsten Leute in der ganzen Welt, durch Catharinum Civilem“ (1675). Groß ist die Zahl seiner gedruckten und ungedruckten Dramen (über 60), welche zum Theil zur Schulaufführung bestimmt waren und vielfach biblischen Inhalts sind. Hervorzuheben sind: Das Trauerspiel „Masaniello“ (1682), „Bäurischer Machiavellus“, Comödie (1679 aufgeführt), „Curieuser Körbelmacher“ (1702 aufgeführt). Er verfaßte auch über 200 Kirchenlieder, ferner „Curieuse Gedanken von deutschen Briefen“ (1691), „Von deutschen Versen“ (1691), „Oratorische Fragen“ (1706), „Politische Fragen“ (1691), sowie noch eine Fülle lateinischer und deutscher Abhandlungen.

Christian Weise.

Nach einem Kupferstiche von J. C. Böcklin. Ausschnitt des Bildrands. — Unterschrift von einer Quittung aus dem Jahre 1698 auf der Stadtbibliothek zu Zittau.

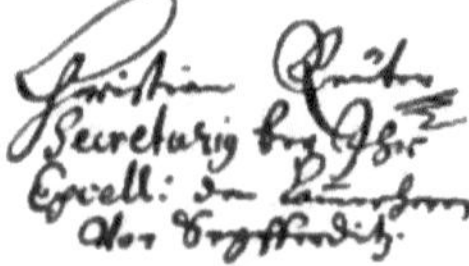

Unterschrift von Christian Reuter.

Aus einer Akte vom Jahre 1700, im Königlichen Hauptstaatsarchive zu Dresden. — Bildnis unbekannt.

Christian Reuter, getauft 9. Oktober (a. St.) 1665 zu Kütten, studierte Jurisprudenz in Leipzig. Privatsekretär des Kammerherrn Rudolf Gottlob von Seyferditz in Leipzig und Dresden. Starb wahrscheinlich im Anfange des Jahres 1700. Hauptwerk: „Schelmuffsky“, köstliche Parodie lügnerischer Reisebeschreibungen.

Schelmuffsky
Curiose
und
Sehr gefährliche
Reiße-
beschreibung
zu
Wasser und Land.

Gedruckt zu St. Malo.
Anno 1696.

Titel der bis jetzt nachweisbar ältesten Ausgabe von Reuters Schelmuffsky 1696.

Nach dem einzigen Exemplare der herzoglichen Bibliothek in Gotha.

Christian Weise im Alter.

Kupferstich von Bernigeroth; aus Grosser, Vita Christiani Weise, Lips. 1710.

Christian Wernike.

Unterschrift von Christian Wernike.

Aus einem französischen Schriftstück, Paris, 3. Januar 1708, im Königl. Reichsarchive zu Kopenhagen.

Christian Wernike, geboren um 1660 in Preußen, 1708 (Okt. 18) dänischer Kanzleirath und Legationssekretär in Paris, 1718 (Juli 26) dänischer Staatsrath, 1724 (Januar 8) von seinem Posten zurückgerufen, starb in Kopenhagen 1725 wahrscheinlich kurz vor dem 12. September. Epigrammatiker, der sich auch direkt gegen die Anhänger der Schlesier wendete. Bildnis unbekannt.

Uberschriffte
Oder
EPIGRAMMATA,
In kurtzen Satyren,
Kurtzen Lob-Reden und
Kurtzen Sitten-Lehren
bestehend.

Misce stultitiam Consiliis BREVEM;
Dulce est desipere in loco. Hor.

AMSTERDAM,
Bey Adrian Brackman, Anno 1697.

Titel der ersten Ausgabe von Wernikes Überschriften 1697.

Nach dem Exemplare der Göttinger Bibliothek.

Der Hofprediger **Abraham a Sancta Clara** (1644—1709); die Hofdichter **Friedrich Rudolf Ludwig von Canitz** (1654—1699), **Johann von Besser** (1654—1729).

Abraham a Sancta Clara.

Nach der Radierung von J. H. Person, [illegible] Ausschnitt. — Unterschrift von einem Protokolle aus dem Jahre 1686, im Besitze des Herrn Karl Geibel.

Johann von Besser

Bildnis aus seiner Berliner Zeit, gest. von Bernigeroth. Ausschnitt. — Unterschrift von einer Quittung aus dem Jahre 1721, im Besitze des Herrn Karl Geibel.

Johann Ulrich Megerlin (Megerle), bekannt als Schriftsteller unter seinem Klosternamen Abraham a Sancta Clara, getauft 23. Juni 1644 in Kreenheinstetten bei Moßkirch in Baden, starb als kaiserlicher Hofprediger in Wien, 1. Dezember 1709. Volksthümlicher, oft ans Burleske streifender Kanzelredner und fruchtbarer Schriftsteller. Hauptschrift: „Judas der Erzschelm" (1686—1695); „Huy und Pfuy der Welt" (1680); „Merks Wien!" (1680); die Türkenschrift „Auf, auf Ihr Christen!" (1683) gab für Schiller Anregung zu seiner Kapuzinerpredigt in „Wallensteins Lager".

Friedrich Rudolf Ludwig Freiherr von Canitz, geb. 27. November (a. St.) 1654 zu Berlin, starb als kurfürstlich brandenburgischer wirklicher geheimer Rath in Berlin, 11. August (a. St.) 1699. Hofdichter, nicht ohne Formgewandtheit, Einfachheit und Tiefe; Richtung Boileaus. Seine „Gedichte" zuerst 1700 in Berlin gesammelt herausgegeben (von Joachim Lange).

Johann von Besser, geb. 8. Mai (a. St.) 1654 zu Frauenberg in Kurland, erst am kurbrandenburgischen, resp. königlich preußischen Hofe, wo er es bis zum Oberceremonienmeister und geheimen Rathe brachte, 1690 geadelt, fiel 1717 in Ungnade, ging an den kursächsischen Hof nach Dresden, wo er am 11. Februar 1729 als geheimer Kriegsrath, Ceremonienmeister und Introdukteur der Gesandten starb. Hofdichter, dessen Gedichte in Inhalt und Form den prunkvollen, galanten Höfen, an denen er diente, entsprachen. „Schriften" gesammelt von dem Hofdichter Johann Ulrich König (1732).

Friedrich Rudolf Ludwig von Canitz

Nach dem Gemälde von S. Clerck, gest. von [illegible]. Wenig verkleinerter Ausschnitt. — Unterschrift von seinem Bestallungsbriefe zum wirklichen geheimen Rathe aus dem Jahre 1697. Original im geheimen Staatsarchiv zu Berlin.

Johann Christian Günther.

Nach der Zeichnung von T. G. Herzog gestochen von J. P. [illegible], geb. Erlangen, als Titelbild der sechsten Auflage der Gedichte, Breslau und Leipzig 1756. Kupferstich nach dem Exemplare der Breslauer Stadtbibliothek.

Unterschrift von Johann Christian Günther

Entnommen dem handschriftlichen Gedichtbuche Günthers vom 1719 auf der Stadtbibliothek zu Breslau

Johann Christian Günther, geb. 8. April 1695 zu Striegau, starb nach unstetem Leben 15. März 1723 in Jena als Student der Medizin; eigenartigster, bedeutendster Lyriker seiner Zeit. Seine Gedichte erschienen gesammelt zuerst 1723.

Eigenhändiges Gedicht Günthers „An die Muse".

Aus dessen Gedichtbuche auf der Breslauer Stadtbibliothek. — Die Striche, welche von späterer Hand durch das Gedicht gemacht sind, wurden bei dieser Reproduction getilgt.

Wunderliche
FATA
einiger
See-Fahrer,
absonderlich
ALBERTI JULII,
eines gebohrnen Sachsens,
Welcher in seinem 18den Jahre zu Schiffe gegangen, durch Schiff-Bruch selb 4te an eine grausame Klippe geworffen worden, nach deren Ubersteigung das schönste Land entdeckt, sich daselbst mit seiner Gefährtin verheyrathet, aus solcher Ehe eine Familie von mehr als 300. Seelen erzeuget, das Land vortrefflich angebauet, durch besondere Zufälle erstaunens-würdige Schätze gesammlet, seine in Teutschland ausgekundschafften Freunde glücklich gemacht, am Ende des 1728sten Jahres, als in seinem Hunderten Jahre, annoch frisch und gesund gelebt, und vermuthlich noch zu dato lebt,
entworffen
Von dessen Bruders-Sohnes-Sohnes-Sohne,
Monf. Eberhard Julio,
Curieusen Lesern aber zum vermuthlichen Gemüths-Vergnügen ausgefertiget, auch per Commission dem Drucke übergeben
Von
GISANDERN.

NORDHAUSEN,
Bey Johann Heinrich Groß, Buchhändlern.
Anno 1731.

Titel des ersten Bandes der ersten Ausgabe von Schnabels „Wunderliche Fata" (Insel Felsenburg), 1731.

Nach dem Exemplare der Universitätsbibliothek zu Leipzig.

Unterschrift von Johann Gottfried Schnabel.

Einzig bekannt gewordene Unterschrift vom Jahre 1730 aus der gräflichen Bibliothek zu Stolberg. Bildnis unbekannt.

Johann Gottfried Schnabel, über dessen Leben wenig zu ermitteln ist, war 1731 — 1738 als Hofagent des Grafen von Stolberg in Stolberg Herausgeber einer Zeitung daselbst. Verfasser des vielgelesenen Romans (Robinsonade): „Wunderliche Fata" 2c. 1731 ff. (Jugendlectüre von Goethe, neu bearbeitet von Tieck.)

Barthold Heinrich Brockes (1680—1747).

Barthold Heinrich Brockes, geb. 22. September 1680 zu Hamburg, Jurist, 1720 Senator, 1735—1741 Amtmann in Ritzebüttel, 1730 kaiserlicher Pfalzgraf, starb in Hamburg 16. Januar 1747. Sinnige Kleinmalerei voll Naturwahrheit und tiefen poetischen religiösen Gefühls. Hauptwerk: „Irdisches Vergnügen in Gott" (seit 1721).

Barthold Heinrich Brockes

Ausschnitt aus dem Kupferstiche von Johann Georg Wolfgang nach dem Gemälde von Balthasar Denner

Der Mensch.

Ob er vielleicht, durch Noth verführt, den meisten Menschen nicht bekannt;
heißt der Mensch doch in der That nichts anders, als ein Thor, das meynet.
Es meynt der Mensch in allen Dingen, in allem was er denckt und schreibt,
Die Meynung geht bey ihm so weit, daß er offt meynt, er meyn, er meyne nicht.

Barthold Heinrich Brockes b.
Cam. Palat. Caes. Raths-Herr der
Kayserl. freyen Reichs-Stadt Hamburg
und Amt-Mann zu Ritzebüttel.

Stammbuchblatt von Barthold Heinrich Brockes

Nach dem im Germanischen Museum zu Nürnberg befindlichen Originale.

Herrn
B. H. Brockes, Lti,
K. H. S.
Irdisches
Vergnügen
in
GOTT
bestehend
in verschiedenen aus der Natur und Sitten-Lehre
hergenommenen
Gedichten,
nebst einem Anhange
etlicher hieher gehörigen Uebersetzungen
von des
Hrn. de la Motte Französis. Fabeln,
mit Genehmhaltung des Herrn Verfassers
nebst einer Vorrede herausgegeben
von
C. F. Weichmann.
HAMBURG,
Zu finden im Schiller- und Kißnerischen Buch-Laden. 1721.

Titel des ersten Theiles der ersten Ausgabe von Brockes „Irdisches Vergnügen in Gott", Hamburg 1721

Nach dem Exemplare der Münchener Bibliothek

Zum Preise Gottes, blühen Gärten und in derselben Anmuth scheint
die Symmetrie mit Form- und Farben, ja recht Natur und Kunst vereint.

Illustration zu Brockes „Irdisches Vergnügen in Gott"

Nach Zeichnung von J. J. Preisler gestochen von [illegible], verwendet unter anderem in dem Auszuge aus dem „Irdischen Vergnügen", Hamburg 1738, zu Seite 98

Albrecht von Haller (1708—1777), Friedrich von Hagedorn (1708—1754), Christian Ludwig Liscow (1701—1760).

Albrecht von Haller.

Kupferstich von P. A. Tardieu (1757) nach dem Gemälde von E. J. Handmann. Verkleinerter Ausschnitt.

Albrecht von Haller, geb. 8. October 1708 in Bern, studierte seit 1723 in Tübingen Medicin, setzte 1725 seine Studien in Leyden, London, Paris, Basel fort, wurde 1729 Arzt in seiner Vaterstadt und 1736 an der neu gegründeten Universität Göttingen Professor der Anatomie, Medicin, Botanik und Chirurgie. 1749 wurde er geadelt, kehrte 1753 von Bern nicht wieder nach Göttingen zurück, übernahm die Stelle eines Directors der eidgenössischen Salzwerke zu Roche und das Amt eines Landvogtes zu Aelen bis 1764; seitdem war er wieder in Bern, wo er, in verschiedenen Verwaltungszweigen thätig, den 12. Dezember 1777 starb. Hier interessiert uns Haller nicht als der bedeutendste Naturforscher seiner Zeit und der Schöpfer der wissenschaftlichen Physiologie, auch nicht als der Verfasser der 1771—1774 erschienenen lehrhaften Staatsromane, sondern als Dichter der „Alpen". Dieses beschreibende Gedicht wurde 1729 auf einer Schweizerreise entworfen und zuerst 1732 in seinem „Versuch Schweizerischer Gedichte" gedruckt; es ist die erste großartige beschreibende Naturschilderung, von großem Einflusse auf die Zeitgenossen. Ferner seien erwähnt seine didaktischen, tiefernsten Gedichte: „Über den Ursprung des Übels", „Über die Ewigkeit" und seine, wahrem Gefühl entsprossene „Trauerrede beim Absterben seiner geliebten Gattin Marianne" (seiner ersten Frau, Marianne geb. Wyß, gest. 1736 in Göttingen).

Versuch
Schweizerischer
Gedichten.

. . . Stulta est Clementia, cum tot ubique
Vatibus occurras, perituræ parcere Chartæ.
Juvenal.

BERN,
Bey Niclaus Emanuel Haller,
MDCCXXXII.

Titel der ersten Ausgabe von Hallers „Schweizerischen Gedichten" 1732, worin zuerst seine „Alpen" gedruckt sind.
Nach dem Exemplar der Tübinger Bibliothek.

Friedrich von Hagedorn.

Kupferstich von J. Canale nach dem Gemälde von B. Denner (1744). Ausschnitt.

Friedrich von Hagedorn, geb. zu Hamburg 23. April 1708, studierte seit 1726 in Jena die Rechte, war 1729—1731 Privatsecretär des dänischen Gesandten von Söhlenthal in London, seit 1733 Secretär bei dem englischen Court in Hamburg, und starb daselbst 28. October 1754. Er folgte französischen Mustern, deren Leichtigkeit der Form aus seinen Liedern, Fabeln und Erzählungen spricht. „Versuch einiger Gedichte oder Erlesene Proben Poetischer Neben-Stunden" (1729), „Versuch in poetischen Fabeln und Erzehlungen" (1738), „Sammlung neuer Oden und Lieder" (1742), „Moralische Gedichte" (1750). Sein „Johann der muntere Seifensieder" ist unter seinen Erzählungen, „Das Hühnchen und der Diamant" unter seinen Fabeln am bekanntesten geblieben.

Christian Ludwig Liscow.

Kupferstich von Penniger aus Mylius „Charakteristik deutscher Dichter" (1789). Kopfleiste. Unterschrift aus einer Akte des königl. sächsischen Hauptstaatsarchivs in Dresden.

Christian Ludwig Liscow, (geb. ?), getauft 29. April 1701 zu Wittenburg in Mecklenburg, studierte in Rostock (1718) und Jena (1721) die Rechte, war dann auf Reisen und in verschiedenen Privatstellungen, bis er 1740 preußischer Legationssecretär wurde. 1741 erhielt er die Stelle eines Secretärs des Grafen Brühl in Dresden, wurde 1745 königl. polnischer und kurfürstlich sächsischer Kriegsrath, ward 1750 im April von seiner Stellung entlassen, nachdem er Ende December 1749 wegen freier Äußerungen über die Verwaltung des Grafen Brühl eingekerkert war. Er starb in Berg bei Eilenburg, einem Gute seiner Frau, den 30. October 1760, am Schreibtische vom Schlagflusse getroffen. Liscows scharfe Satiren wandten sich namentlich gegen „die albernen Scribenten, als das den Helikon beunruhigende Ungeziefer", und auch gegen Gottscheds Werke: „Sammlung Satyrischer und Ernsthafter Schriften" (1739, zwei Ausgaben dieses Jahres). Die Satire: „Die Vortrefflichkeit und Nothwendigkeit der elenden Scribenten gründlich erwiesen" (1734) ist dem Titel nach die bekannteste geblieben. In neuerer Zeit ist er als „Lessing vor Lessing" arg überschätzt.

Io. Christoph. Gottsched

Johann Christoph Gottsched.
…e von J. M. Bernigeroth (1757) nach dem Bilde von J. F. Reiff (1734). Ausschnitt.

Johann Christoph Gottsched, geb. 2. (getauft 3.) Februar 1700 in Judittenkirch bei Königsberg in Preußen, bezog schon 1714 die Universität Königsberg, wo er durch das Studium der Wolff-Leibnizischen Philosophie die theoretische und durch den Unterricht des Professors der Poesie J. V. Pietsch die praktische Grundlage seiner späteren Wirksamkeit legte; 1724 entzog er sich durch die Flucht nach Leipzig den preußischen Werbern. Hier trat er in die „deutschübende poetische Gesellschaft“, deren Haupt er bald wurde, und habilitierte sich an der Hochschule (1725); 1730 wurde er außerordentlicher Professor der Poesie, 1734 ordentlicher Professor der Logik und Metaphysik, als welcher er den 12. Dezember 1766 in Leipzig starb. Gottsched wollte die deutsche Litteratur nach vernunftgemäßen Regeln eingerichtet wissen; die Dichtung ist ihm nur eine angenehme, verstandesgemäß auszuübende Nebenbeschäftigung, die man treiben darf, soweit ernsthafte Beschäftigungen dazu Zeit lassen. Als glatte Muster, namentlich des regelrecht eingerichteten Dramas gelten ihm die Franzosen, in deren Werken er die Regeln der Alten verkörpert sieht. Seine Herrschaft wurde 1740 durch die Schweizer (Bodmer, Breitinger und ihre Anhänger) gebrochen, welche der frei gestaltenden Phantasie in der Dichtkunst wieder zu ihrem Rechte verhalfen. Gottsched verstand diese Richtung der deutschen Dichtung, den Anfang einer neuen Zeit, nicht; ebensowenig wurden seine Verdienste, die er unleugbar als der „Reiniger der deutschen Schaubühne“ und als Litterarhistoriker hat — durch das Werk: „Nöthiger Vorrath“, bibliographische Arbeit über die deutschen Dramen (1450 bis 1760, erschienen 1757 bis 1765) und durch die „Beyträge zur Critischen Historie der deutschen Sprache, Poesie und Beredsamkeit“ (1732 bis 1744) — von denen anerkannt, die in ihm nur den starren eigensinnigen Pedanten sehen mußten. Sein hauptsächlichstes ästhetisches Werk ist seine „Critische Dichtkunst“ (1730); seine Richtung war ferner vertreten in seinen Zeitschriften: „Die vernünftigen Tadlerinnen“ (1725, 1726), „Der Biedermann“ (1727), „Neuer Büchersaal der schönen Wissenschaften und freien Künste“ (1745—1754), „Das Neueste aus der Anmuthigen Gelehrsamkeit“ (1751—1762). Diejenige Zeitschrift jedoch, welche am entschiedensten für die Gottschedianer Partei machte, waren die von Schwabe redigierten: „Belustigungen des Verstandes und Witzes“ (1741 ff.). Von Gottscheds selbständigen dichterischen Schöpfungen ist sein „Sterbender Cato“ (1732) dasjenige, in dem seine Regeln zur vollen Anwendung kommen (parodiert von Bodmer 1765).

Luise Adelgunde Viktoria Gottsched, geborne Kulmus, geb. (wahrscheinlich) 11. April 1713 zu Danzig, vermählt 19. April 1735, gestorben 26. Juni 1762 zu Leipzig, Gottscheds feinsinnige litterarische Gehilfin und mitthätig an der Herausgabe der „Schaubühne“, verfaßte außer „Gedichten“ (herausgegeben 1763) auch Dramen: „Die Pietisterey im Fischbeinrock“ (1736). Sie ist auch gewandte Übersetzerin.

Versuch
einer
[C]ritischen Dichtkunst
vor die Deutschen;
[dar]in erstlich die allgemeinen Regeln der Poesie,
[hernach] alle besondere Gattungen der Gedichte,
[a]bgehandelt und mit Exempeln erläutert werden:
Uberall aber gezeiget wird
[d]aß das innere Wesen der Poesie
in einer Nachahmung der Natur
bestehe.
[Anstatt] einer Einleitung ist Horatii Dichtkunst
in deutsche Verße übersetzt, und mit
Anmerckungen erläutert
von
[M.] Joh. Christoph Gottsched.

Leipzig 1730
Verlegts Bernhard Christoph Breitkopf.

…ersten Ausgabe von Gottscheds „Critischer Dichtkunst“ (1730).
Nach dem Exemplare der gräfl. Bibliothek in Wernigerode.

L A V Gottsched

Luise Adelgunde Viktoria Gottsched.
Kupferstich von J. M. Bernigeroth nach dem Gemälde von E. G. Haußmann. (Gering verkleinerter Ausschnitt.) — Nach dem Exemplare des Germanischen Nationalmuseums in Nürnberg.

Bodmer

Johann Jakob Bodmer.
Kupferstich von Haid (1750) nach dem Gemälde von J. C. Füßli. (Etwas verkleinert.)

Johann Jakob Bodmer (1698—1783), Johann Jakob Breitinger (1701—1776).

Johann Jakob Bodmer.

Bodmer im Greisenalter. Kupferstich von J. H. Lips (1784) nach dem Gemälde von Anton Graff. Verkleinerter Ausschnitt.

Joh. Jacob Bodmers
Critische Abhandlung
von dem
Wunderbaren
in der Poesie
und dessen Verbindung mit dem
Wahrscheinlichen
In einer Vertheidigung des Gedichtes
Joh. Miltons von dem verlohrnen Paradiese;
Der beygefüget ist
Joseph Addisons
Abhandlung
von den Schönheiten in demselben
Gedichte.

Zürich, verlegts Conrad Orell und Comp.
1740.

Titel von Bodmers „Abhandlung von dem Wunderbaren in der Poesie" (1740).

Nach dem Exemplare der Münchener Bibliothek.

Johann Jakob Bodmer, geb. 19. Juli 1698 zu Greifensee bei Zürich, wurde auf dem Züricher Gymnasium vorgebildet, studierte Theologie, sollte sich nach Beendigung seiner Studien (1717) in Bergamo dem Handelsstande widmen, kehrte aber 1719 nach seinem Heimatsorte zurück, studierte seit 1720 in Zürich namentlich heimisches Recht und Geschichte, wurde 1725 Professor der helvetischen Geschichte und Politik in Zürich, 1737 Mitglied des großen Rathes, seit 1775 im Ruhestande, lebte dann meist auf seinem Gute bei Zürich, wo er den 2. Januar 1783 starb. Er ist es, welcher, von Milton ausgehend, der neuen Dichtung den Weg bahnte, indem er wieder wahrhaftes Empfinden und Phantasie vom Dichter verlangte. Dies mußte ihn zum Kampfe gegen die französischen Vorbilder und gegen Gottsched und seine Anhänger führen. Seine zahlreichen polemischen Schriften bewegten sich nicht immer in sachlichen Schranken. Seine Kritik wurde durch die weitere Entwicklung unserer Litteratur überholt und seine Polemik gegen Lessing konnte daher nur unglücklich ausfallen. Sein Freund Breitinger war neben ihm der ruhigere Vertreter ihrer ästhetisch-kritischen Grundsätze. Seine kritischen Hauptschriften sind seine „Abhandlung vom Wunderbaren in der Poesie" (1740) und die „Kritischen Betrachtungen über die poetischen Gemälde der Dichter" (1741). Bahnbrechend für seine Ideen war seine Wochenschrift: „Die Discourse der Mahlern" (1721—1723). Als litterar-historische Arbeit ist bemerkenswerth sein Gedicht: „Character der deutschen Gedichte" (1734). Wichtig sind seine Bemühungen um die Herausgabe mittelalterlicher Gedichte: „Proben der alten schwäbischen Poesie des XIII. Jahrhunderts", aus der Manessischen Sammlung (1748), vermehrt als: „Sammlung von Minnesingern aus dem schwäbischen Zeitpunkte" (1758 bis 1759), „Fabeln aus den Zeiten der Minnesänger" (1757), „Chriemhildens Rache und die Klage" (erste Ausgabe einiger Gesänge der Nibelungenlieder, 1757).

Johann Jakob Breitinger, geb. 17. März 1701 zu Zürich, studierte Theologie, wurde 1731 Professor der hebräischen Sprache am akademischen Gymnasium zu Zürich, 1745 Professor der griechischen Sprache daselbst und Canonicus am großen Münster, starb in seiner Vaterstadt den 14. Dezember 1776. Er ist der treue Bundesgenosse und Mitkämpfer seines Landsmannes Bodmer, hielt sich jedoch von dessen nicht immer lobenswerther Kampfweise fern; er nahm auch eifrigen Antheil an dessen altdeutschen Arbeiten. Seine „Kritische Dichtkunst" (1740) ist das Hauptwerk der von ihm und Bodmer vertretenen Richtung; mit diesem zusammen hatte er schon 1727 herausgegeben die Abhandlung: „Vom Einfluß und Gebrauche der Einbildungskraft zur Ausbesserung des Geschmackes". — Außerdem verfaßte er noch: „Critische Abhandlung von der Natur, den Absichten und dem Gebrauche der Gleichnisse" (1740), „Vertheidigung der schweizerischen Muse Dr. Albrecht Hallers" (1744).

J. J. Breitinger

Johann Jakob Breitinger.

Schwarzkunstblatt von J. M. Preisler (1741) nach dem Gemälde von J. C. Füssli. Verkleinert.

Johann Jacob Breitingers
CRITISCHE

Dichtkunst
Worinnen die
Poetische Mahlerey
in Absicht auf die Erfindung
Im Grunde untersuchet und mit Beyspielen aus
den berühmtesten Alten und Neuern erläutert wird.

Mit einer Vorrede eingeführet
von Johann Jacob Bodmer.

Zürich, bey Conrad Orell und Comp. 1740.
und Leipzig bey Joh. Fried. Gleditsch.

Titel von Breitingers „Critischer Dichtkunst" (1740).

Nach dem Exemplare der Münchener Bibliothek.

Johann Elias Schlegel (1718—1749), **Johann Adolf Schlegel** (1721—1793), **Johann Arnold Ebert** (1723—1795), **Johann Friedrich von Cronegk** (1731—1758).

Neue Beyträge
zum
Vergnügen
des
Verstandes und Witzes.

Vierter Band, viertes und fünftes Stück.

Bremen und Leipzig,
Verlegts Nathanael Saurmann.
1748.

Titel des vierten und fünften Stückes des vierten Bandes der „Bremer Beiträge“ von 1748, desjenigen Stückes, in welchem zuerst die ersten drei Gesänge von Klopstocks „Messias“ erschienen.

Die „Bremer Beiträge“ erschienen von 1745—1750. Sie sind das Parteiorgan der Antigottschedianer; Gottschedische Anhänger hatten die von Johann Joachim Schwabe redigierten „Belustigungen des Verstandes und Witzes“ (1741 ff.) zum Organ, zu welchem Gellert, die Schlegel, G. W. Rabener, Zachariä, Ebert und Cramer geliefert hatten. Sie fielen jedoch von Gottsched ab. Der Plan zu den „Bremer Beiträgen“ ging von Gärtner, Rabener und Cramer aus; Mylius, J. A. Schlegel, Ebert, Zachariä, Gellert traten hinzu; von nicht in Leipzig wohnhaften Schriftstellern gehörten zu den „Beiträgern“ namentlich Klopstock, Ramler, Kleist, Gleim.

Johann Elias Schlegel.

Johann Elias Schlegel, der Dramatiker, geb. 28. Januar 1718 zu Meißen, war seit 1733 auf der Schule zu Pforta, wo er schon Dramen dichtete, studierte seit 1739 in Leipzig Rechtswissenschaft und schöne Wissenschaften, war 1743 Privatsekretär des sächsischen Gesandten in Kopenhagen, 1748 außerordentlicher Professor an der Ritterakademie in Soröe, wo er den 13. August 1749 (a. St.) starb. Schiller nennt ihn einen der geistreichsten Dichter unseres Vaterlandes; Lessing lobt sein prosaisches Lustspiel „Der Triumph der guten Frau“, während er den „Geschäftigen Müßiggänger“ (gleichfalls prosaisches Lustspiel) arg mitnimmt. Sein Trauerspiel „Kanut“ gilt für sein bestes. Bedeutend ist seine Schrift „Gedanken zur Aufnahme des dänischen Theaters“ (1747); er war auch der erste, welcher Shakespeare verständnisvoll in Deutschland würdigte. Bild von J. E. Schlegel ist unbekannt.

J. A. Ebert

Johann Arnold Ebert.

Ausschnitt aus einem Kupferstiche von Liebe.

Johann Arnold Ebert, geb. 8. Februar 1723 in Hamburg, erzogen auf dem dortigen Johanneum, wo Basedow sein Mitschüler war, gab, nachdem er die Schule absolviert, Sprachunterricht und wurde mit Hagedorn vertraut. 1743 bezog er die Universität Leipzig, um Theologie zu studieren, gab sich jedoch bald nur schönwissenschaftlichen Studien hin. Hier trat er mit den Bremer Beiträgern in Beziehung. 1748 wurde er Hofmeister, dann Lehrer am Carolinum in Braunschweig, 1753 Professor an demselben, 1775 Canonicus am Cyriacusstifte, 1780 Hofrath, und starb daselbst den 19. März 1795. Litterarisch am einflußreichsten waren unter seinen Übersetzungen aus dem Englischen die Übersetzung von „Dr. Eduard Youngs Klagen oder Nachtgedanken“ (1760 ff.). Seine „Episteln und vermischte Gedichte“ erschienen gesammelt 1789 ff. Seine Verse sind leicht, correct und anmutig. — Bekannt ist seine Freundschaft zu Klopstock, welche dieser in der Ode „An Ebert“ feiert.

Johann Adolf Schlegel

Johann Adolf Schlegel.

Kupferstich von [illegible] nach Zeichnung von C. [illegible].

Johann Adolf Schlegel (Bruder des Johann Elias, Vater der Romantiker Friedrich und August Wilhelm), geb. 18. September 1721 in Meißen, erzogen in Pforta (seit 1735), studierte seit 1741 in Leipzig Theologie, 1751 Diaconus in Pforta, 1754 Pastor und Gymnasialprofessor in Zerbst, 1759 Pastor in Hannover, starb daselbst als Consistorialrath und General-Superintendent den 16. September 1793. Er ist als Dichter geistlicher Gesänge bekannt geworden, welche seit 1766 gesammelt erschienen. Ferner gab er heraus: „Fabeln und Erzählungen“ (1769), „Vermischte Gedichte“ (1787—1789). Auch übersetzte er von Batteux: „Einschränkung der schönen Künste auf einen Grundsatz“ (1751).

Johann Friedrich von Cronegk.

Kupferstich von J. M. [illegible] (1760).

Johann Friedrich Reichsfreiherr von Cronegk, geb. 2. September 1731 in Ansbach, studierte in Halle und Leipzig Jurisprudenz, trat hier mit Gellert und den Bremer Beiträgern in Verbindung, 1751 ansbachischer Hofrath, starb 1. Januar 1758 auf einer Reise in Nürnberg. Am bekanntesten ist des jung verstorbenen Dichters Trauerspiel „Codrus“ (1757), mit dem er den von Nicolai ausgesetzten Preis über Brawes „Freigeist“ davontrug.

Gottlieb Wilhelm Rabener (1714—1771), Justus Wilhelm Zachariä (1726—1777).

Justus Friedrich Wilhelm Zachariä, (geb. 1.) getauft 11. Mai 1726 zu Frankenhausen am Kyffhäuser. Erzogen in seiner Vaterstadt, bezog er 1743 die Universität Leipzig, um Rechtswissenschaft zu studieren, war 1747 Privatdocent für Dichtkunst und Litteratur in Göttingen, 1748 Lehrer am Carolinum in Braunschweig, 1761 Professor der schönen Wissenschaften an demselben, erhielt ein Canonicat des Cyriacistiftes und starb daselbst den 31. Januar 1777. Zachariäs Name hat sich durch sein komisches Heldengedicht „Der Renommist“ (zuerst gedruckt in Schwabes „Belustigungen des Verstandes und Witzes“, 1744) erhalten; von seinen Zeitgenossen wurde sein späteres jetzt vergessenes komisches Heldengedicht „Kater Murner in der Hölle“ (1757) gleichfalls sehr geschätzt. Seine „Scherzhaften epischen Poesien nebst einigen Oden und Liedern“ (1754) enthalten unter anderem die Heldengedichte: Phaeton, Das Schnupftuch, Die Verwandlungen. Zu erwähnen sind noch seine „Fabeln und Erzählungen in Burkhard Waldis Manier“ (1771). In seinen Sammlungen „Auserlesene Stücke der besten deutschen Dichter von Opitz bis auf gegenwärtige Zeiten“ (1766—1771) hat er sich das Verdienst erworben, auf die älteren Dichter des XVII. Jahrhunderts seine Zeitgenossen wieder hingewiesen zu haben.

Gottlieb Wilhelm Rabener, geb. 17. September 1714 zu Wachau bei Leipzig, mit Gellert auf der Fürstenschule in Meißen, studierte 1734—1736 in Leipzig Rechtswissenschaft, wurde 1741 Steuerrevisor, 1753 Steuersekretär, 1763 Obersteuerrath in Dresden, wo er den 22. März 1771 starb. Humaner, wohlwollender Satyriker, welcher namentlich die Verhältnisse des Mittelstandes zum Gegenstande seines Witzes machte. Seine „Satyrischen Schriften“ erschienen gesammelt seit 1751; einzelne waren vorher in Schwabes „Belustigungen des Verstandes und Witzes“ und in den „Bremer Beiträgen“ gedruckt.

Zachariä

Justus Wilhelm Zachariä.

Kupferstich von J. Kaufe (1750). Oben abgekürzt.

Gottlieb Wilhelm Rabener

Gottlieb Wilhelm Rabener.

Kupferstich von J. F. Bause nach dem Gemälde von Anton Graff. Ausschnitt.

Kupferstich zu Zachariäs „Renommist“ von A. Beck

Auf Seite 5 von „Scherzhafte epische Poesien nebst einigen Oden und Liedern“. Braunschweig und Hildesheim, ohne Jahr. Vorrede datiert vom 1. Mai 1754.

Allegorischer Kupferstich vom Titel des vierten Theiles von Rabeners „Satyren“, Leipzig 1755.

Gestochen von Bernigeroth (1755) nach Zeichnung von P. Halle.

Christian Fürchtegott Gellert (1715—1769).

Christian Fürchtegott Gellert, geb. 4. Juli 1715 zu Hainichen im sächsischen Erzgebirge, 1729 auf der Fürstenschule zu Meißen (gleichzeitig mit Rabener und Gärtner), 1734 stud. theol. in Leipzig, 1739 Hofmeister beim Herrn von Lüttichau, seit 1741 als Hofmeister eines Verwandten wieder in Leipzig, wurde dort 1744 Magister, habilitierte sich 1745, wurde 1751 außerordentlicher Professor der Philosophie, las als solcher vielbesuchte Collegia über Poesie, Beredsamkeit und Moral, starb daselbst den 13. Dezember 1769. Die erste Sammlung der „Fabeln und Erzählungen" erschien 1746, die zweite 1748. Aus diesem am meisten gelesenen Buche des XVIII. Jahrhunderts seien einige der bekanntesten durch die nebenstehenden Chodowieckischen Illustrationen hier ins Gedächtnis zurückgerufen. Seine „Geistlichen Oden und Lieder" wurden zuerst 1757 ausgegeben; hierunter sind die bekanntesten: „Mein erst' Gefühl sei Preis und Dank", „Die Himmel rühmen", „Wie groß ist des Allmächt'gen Güte", „Wenn ich, o Schöpfer, deine Macht", „Auf Gott und nicht auf meinen Rath". Von seinen bürgerlichen Lustspielen seien genannt: „Die Betschwester" (1745), „Die zärtlichen Schwestern", „Das Loos in der Lotterie", „Die kranke Frau". Vielgelesen war auch sein moralischer Roman „Leben der schwedischen Gräfin" (1746). Für den schriftlichen Verkehr des vorigen Jahrhunderts war von großem Einflusse sein Buch: „Briefe nebst einer praktischen Abhandlung von dem guten Geschmacke in Briefen" (1751).

C. F. Gellert.

Christian Fürchtegott Gellert.
Gemalt von A. F. Oeser, gestochen von J. F. Bause (1767). (Wenig verkleinerter Ausschnitt)

Christian Fürchtegott Gellert.
Gemalt von Anton Graff (1769), gestochen von M. Steinla (1839). (Verkleinerter Ausschnitt)

Der Greis
Er lebte, nahm ein Weib und starb

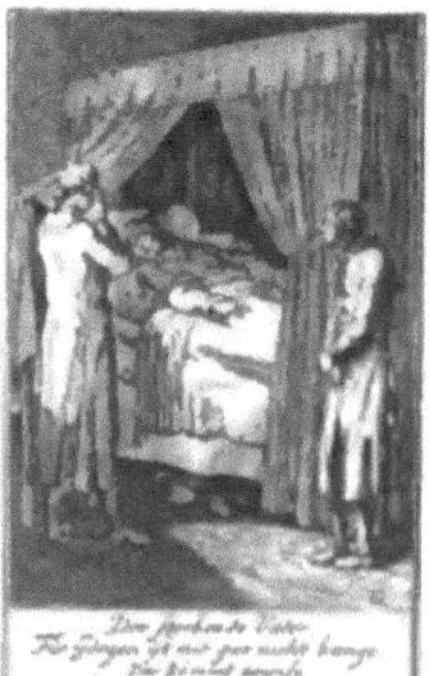

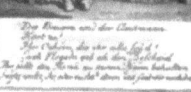

Sechs Kupferstiche zu Gellertschen Fabeln von Chodowiecki
Aus dem [illegible] 1777. [illegible]

Der grune Esel.

Kupferstich von J. H. Meil zu Gellerts Fabel „Der grüne Esel“.

Geistliche Oden und Lieder

von

C. F. Gellert.

Mit allergnädigsten Freyheiten.

Leipzig,
in der Weidmannischen Handlung,
1757.

Titel der ersten Ausgabe von Gellerts „Geistlichen Oden und Liedern“ (1757).

Johann Peter Uz.

Kupferstich von J. F. Bause (1774). Ausschnitt.

Eigenhändiges Lied von Gleim.

Aus dessen Handschriften in Halberstadt (verfaßt etwa 1743).

Johann Peter Uz, getauft den 3. Oktober 1720 in Ansbach, studierte 1739 in Halle die Rechte, wo er dem „Hallischen Dichterkreise“ (der sogenannten preußischen Dichterschule), welcher namentlich Gleim und Johann Nikolaus Götz angehörten, nahe trat. Er war Secretär im Justizcollegium in Ansbach, 1763 Assessor des kaiserlichen Landgerichts und markgräflicher Rath, und 1790 Dirigent des kaiserlichen Landgerichts daselbst, wo er, kurz vor seinem Tode zum königlich preußischen geheimen Justizrathe ernannt, den 12. Mai 1796 starb. Uz pflegte mit seinen Dichtergenossen Anfangs die Anakreontische Richtung (Übersetzung des Anakreon zusammen mit Götz 1746), das leichte tändelnde Lied, die Ode und das didaktische Gedicht. Er gab u. a. heraus: „Lyrische Gedichte“ (1749, 1755), „Die Kunst stets fröhlich zu sein“ (1760), „Die Theodicee“ (1755), „Sieg des Liebesgottes“ [nach Popes „Lockenraub“] (1753). Herder rühmte von ihm „daß er so viele Weisheit mit so vielem Schwunge singe“.

Johann Wilhelm Ludwig Gleim (1719—1803).

Kupferstich von Chodowiecki zu Gleims Fabel: „Die Gärtnerin und die Biene“.

Aus dem Berliner Kleinen Taschenkalender auf 1780. Engelmann, Chodowiecki Nr. [illegible], 9

Kupferstich von Chodowiecki zu Gleims Erzählung: „Die Milchfrau“

Aus dem Berliner Kleinen Taschenkalender auf 1784. Engelmann, Chodowiecki Nr. 711, 7

Johann Wilhelm Ludwig Gleim, geb. 2. April 1719 zu Ermsleben am Harz, vorgebildet auf der Wernigeroder Schule, studierte 1739 in Halle die Rechte und schöne Wissenschaften (namentlich bei Alex. Gottl. Baumgarten, dem Verfasser der Ästhetik). Schon während seiner Studienzeit hatte er mit Uz und Götz einen poetischen Verein. 1740 Hauslehrer in Potsdam, Secretär beim Prinzen Wilhelm von Brandenburg-Schwedt in Berlin, als welcher er den zweiten schlesischen Krieg mitmachte (1744), ward Stabssecretär beim alten Dessauer, dann stellenlos in Berlin, 1747 stellvertretender Domsecretär in Halberstadt, wo er bald wirklicher Domsecretär und dabei noch Canonicus des Stiftes Walbeck wurde. Er starb in Halberstadt den 18. Februar 1803. Gleim trat zuerst an die Öffentlichkeit mit seinem „Versuch in scherzhaften Liedern“ (1744—1745), schrieb ein seinerzeit vielgelesenes Lustspiel: „Der blöde Schäfer“ (1745). Die erste Sammlung seiner Fabeln erschien 1756. Am berühmtesten machte er sich durch seine patriotischen „Preußischen Kriegslieder von einem Grenadier“, zuerst einzeln ausgegeben 1756—1757.

Sein „Halladat oder das rothe Buch“, erschienen 1774—1781, ist ein religiöses philosophisches Lehrgedicht. Die Zahl seiner Fabeln, Sinngedichte, Freundschafts- und Trinklieder, Erzählungen, sogenannten Volkslieder, patriotischen und Zeitgedichte, welche er im Laufe seines langen Dichterlebens schuf, ist sehr groß, vieles davon ist noch ungedruckt. Sein litterarischer Nachlaß, welcher in dem von ihm einst bewohnten Hause in Halberstadt aufbewahrt wird, ist eine noch nicht erschöpfte wichtige Quelle zur Litteraturgeschichte seiner Zeit; hier im „Freundschaftstempel“ hängt auch die große Sammlung gleichzeitiger Dichterbildnisse, welche von dem einflußreichen Verkehre, welchen der stets zur litterarischen und materiellen Unterstützung seiner Freunde bereite Mann im Leben hatte, ein schönes Zeugnis ablegen. In diesem „Freundschaftstempel“ sind u. a. die Bildnisse von: Lessing, Klopstock, Herder, Kleist, Ramler, Sulzer, Bodmer, Gellert, Gärtner, Zachariä, Nicolai, Voß, Mendelssohn, Weiße, der Karschin, Engel, Jacobi, Heinse, Bürger, Göckingk, Seume, Jean Paul.

Ich bin der alte Grenadier,
Der Kriegeslieder sang

Gleim

Johann Wilhelm Ludwig Gleim.

Gleim im Kriegsjahre der Grenadiere. Kupferstich von [illegible] nach dem im Freundschaftstempel zu Halberstadt befindlichen Originalgemälde von [illegible]. Die beiden Verszeilen sind aus der eigenhändigen Unterschrift von Gleims „Abschied des alten Grenadiers“ ([illegible]). Original in Gleims Sammlungen zu Halberstadt (Nr. 328).

Die vier ersten Verse von Gleims eigenhändiger Niederschrift eines seiner späteren Kriegslieder (1778).

Original in Gleims Sammlungen zu Halberstadt. — Eine Nachbildung der Originalniederschrift eines der „Preußischen Kriegslieder aus dem Jahre 1756 und 1757 von einem Grenadier“ hätten wir gern gebracht, wenn sie zu erlangen gewesen wäre. Aber, da unter den reichen Sammlungen eigenhändiger Gleimscher Gedichte, welche sich in Halberstadt befinden, keines seiner ersten Grenadierlieder in Originalhandschrift vorhanden ist, so werden die eigenhändigen Niederschriften derselben wohl verloren gegangen sein.

Magnus Gottfried Lichtwer.

Kupferstich von Geyser; nach dem Gemälde von Oeser (1770).

Lichtwer

Anna Louise Karsch.

Radierung von G. F. Schmidt (1762).

A L Karschin

Magnus Gottfried Lichtwer, geb. 30. Januar 1719 zu Wurzen, studierte Jurisprudenz, las 1747 in Wittenberg über Wolffische Philosophie und Rechtswissenschaft, 1749 nach Halberstadt, wo er den 7. Juli 1783 als Regierungsrath und Senior des Mauritiusstiftes starb. Seine Fabeln (zuerst erschienen 1748, 1761 von Rammler verfälscht herausgegeben, gegen dessen Verbesserungen Lichtwer sich in der von ihm 1762 selbst besorgten Ausgabe wendet) sind mehr launige, gewandte Erzählungen, in welchen die trockene, lehrhafte moralische Anwendung sich nicht unangenehm und langweilend breit macht; sein „Kleiner Töffel" und die Katzenfabel „Mensch und Thiere schliefen feste" sind besonders hervorzuheben. Desto unpoetischer ist sein Lehrgedicht „Das Recht der Vernunft" (1758).

Chloe an Tyrsis.

Zwo Nachtigallen küßten sich,
Zwo Turteltauben hatten
Ihr zärtlich Spiel: da fandst du mich
Im jungen Kirschen Schatten.

Du fandst mich, u. ich war dir gut
Vor allen andern Hirten:
du sangst; ich kränzte deinen Hut
Im Schatten junger Kirschen.

Zum Angedenken, wollen wir
Zween Kirschenbäume weihen:
der frohen Liebe diesen hier,
Und jenen der getreuen.

Eigenhändiges Gedicht von Johann Georg Jacobi vom 22. Dezember 1774.

Aus Nr. 146 der Handschriften der Gleimschen Sammlungen zu Halberstadt.

Anna Louise Karsch, geborne Dürbach, geb. 1. Dezember 1722 auf dem Pelziger Hammer bei Nickern im Kreise Züllichau, hütete das Vieh ihrer Eltern, dichtete und las dabei. Im 16. Jahre zur Ehe mit einem rohen Menschen, dem Tuchmacher Hiersekorn in Schwiebus, gezwungen, wird sie nach elf Jahren von ihm geschieden, schließt später eine noch unglücklichere Ehe mit Schneider Karsch. Ihr großer Ruf als Naturdichterin verschaffte ihr, namentlich in Ramler und Gleim, Gönner und Lehrer. Voll patriotischen Stolzes feiert sie Friedrich den Großen vielfach in ihren Gedichten. In Berlin, wo sie seit 1761 lebte, starb sie den 12. Oktober 1791. Gleim besorgte die erste Sammlung aus den zahlreichen Gedichten der „Deutschen Sappho" (1763).

Johann Georg Jacobi, geb. 2. September 1740 zu Düsseldorf, 1758—1761 auf der Universität Göttingen, 1766 Professor der Philosophie in Halle; 1768 zog ihn Gleim nach Halberstadt, das er 1774 mit Düsseldorf vertauschte, wo er bis 1776 mit Heinse die „Iris" herausgab. 1784 Professor der schönen Wissenschaften in Freiburg i. Br., wo er den 4. Januar 1814 starb. — Jacobi huldigte Anfangs einer von seinen Zeitgenossen vielfach verhöhnten zu gefühlvollen Richtung, später vertiefte sich seine formschöne Lyrik, so daß selbst Goethe ihn schätzte. Von seinen Liedern seien erwähnt: „Sagt, wo sind die Veilchen hin"; „Aoie komm', der Frühling schwindet"; aus seinen tiefergreifenden religiösen Liedern sei hervorgehoben „Ruh'n in Frieden alle Seelen".

J G Jacobi.

Johann Georg Jacobi.

Kupferstich von Fr. Müller, nach dem Bilde von Jakob Heß.

Christian Ewald von Kleist (1715—1759).

Kleist.

Christian Ewald von Kleist.

Kupferstich von [illegible] nach dem Gemälde von [illegible]

Ewald Christian von Kleist, geb. wahrscheinlich den 7. (getauft den 9.) März 1715 zu Zeblin bei Curow in Pommern, studierte in Königsberg, 1736 in dänischen, seit 1740 in preußischen Diensten; 1743 lernte er in Potsdam Gleim kennen, der sein Dichtertalent weckte und nährte. Treue Freundschaft, veredelt durch ihre gemeinschaftliche Verehrung König Friedrichs, verband sie durch ihr Leben. Er stieg in der Armee seines Königs bis zum Oberstwachtmeister (1756); 1758 machte er Lessings Bekanntschaft in Leipzig, welcher seinem „Tellheim" Züge von ihm lieh. In der Schlacht bei Kunersdorf, 12. August 1759, schwer verwundet, starb er den 24. August 1759 in Frankfurt a. Oder. Sein „Frühling" (1749) und seine „Idyllen" (hierunter „Irin") sichern ihm einen dauernden Platz in unserer Litteratur; seine begeisterte Hingabe an die Sache seines Königs und sein Heldentod verbinden seinen Namen mit der Geschichte des siebenjährigen Krieges, wie derjenige Körners mit den Freiheitskriegen verknüpft ist.

DER

FRÜHLING.

EIN

GEDICHT.

BERLIN,

1749.

Titel der ersten Ausgabe von Kleists „Frühling" (1749).

Nach dem Exemplare der Berliner Bibliothek

Einladung aufs Land

an Doris

im November.

Der Westwind streichelt Flur und Wälder
die jetzt verblühn,
o Doris sollen Scherz und Freuden
mit ihm entfliehn?

Nein, der Orcane wildes Blasen
die um mein Guth
itzt heulend, ausgeschlossen, rasen
[illegible] nicht den Muth.

Komm mit mir in der öden Fluren
verwelktes Gras,
verfolg mit mir des Wildes Spuren
im Wald von Glas.

Und hör des Jägers Gewölbe schallen
vom Horn vermischt,
und sich von hohen Bergen fallen
die schnelle Jagd.

Komm ich in meine Wohnung wieder
müd aus dem Hayn
und singe mit mir süße Lieder
bey frohem Wein.

Und Chloris die durch ihre Augen
dein Herz entwandt,
soll [illegible] Gesang begleiten
mit kluger Hand.

Doch hei! die Sterne sind erschienen
und Laune nicht,
sie streiten gleichsam [illegible] ihrem
[illegible] Licht.

Eigenhändiges Gedicht von Kleist: „Einladung aufs Land"

Original im Besitze der Verlagshandlung

Salomon Geßner, geb. 1. April 1730 zu Zürich, Buchhändler, gest. 2. März 1788 zu Zürich als Ratsherr und Obervogt. Geßners bekanntestes Werk sind seine „Idyllen“ (1756), wozu er durch Kleist, den er 1752 in Zürich persönlich kennen gelernt, Anregung erhalten hatte. Von seinen übrigen Werken sind noch zu erwähnen seine „Daphnis“ (1756) und „Der erste Schiffer“ (1762).

Titel der ersten Ausgabe von Geßners „Idyllen“ (1756)
Nach dem Exemplare der Münchener Bibliothek.

S. Gessner.

Salomon Geßner.
Wenig verkleinerter Ausschnitt des von J. F. Bause 1771 nach dem Gemälde von Anton Graff gestochenen Kupferstiches

Radierung zu Geßners „Idyllen“.
Gezeichnet und radiert von ihm selbst 1771. Aus Bd. II zu Seite 16 der prachtvollen, 1777 und 1778 erschienenen Quartausgabe von „Salomon Geßners Schriften“

Schluß des eigenhändigen Gedichtes von Kleist

Friedrich der Große.

Gemalt von Pesne, gestochen von J. G. Wille. Verkleinerter [illegible]
Nach dem Exemplare der k. k. Familienfideikommiß-Bibliothek in Wien.

Friedrich der Große, geb. 24. Januar 1712 zu Berlin, regierte seit 31. Mai 1740; gest. 17. August 1786 zu Sanssouci. — Trotz seiner Abneigung gegen deutsche Sprache und Litteratur, trotz seiner Abhandlung „De la litterature allemande“ (1780), trotzdem er die deutsche Sprache so mangelhaft schrieb, trotz seines Voltaire, gebührt dem großen Könige sein Platz zwischen den Männern unserer deutschen Nationallitteratur. Es sei nur Goethes Wort angeführt: „Der erste wahre und eigentlich höhere Lebensgehalt kam durch Friedrich den Großen in die deutsche Poesie.“

Voltaire

François Marie Arouet de Voltaire.

Kupferstich von [illegible] nach [illegible] von de la Tour 1731

François Marie Arouet de Voltaire, geb. 20. Februar 1694 zu Chatenay bei Sceaux, gest. 30. Mai 1778 zu Fernay. 1750—1753 war er persönlich bei Friedrich dem Großen in Sanssouci.

Eigenhändiger deutscher Brief Friedrichs des Großen an den Generalleutnant von Winterfeld vom 26. Juni 1757, 8 Tage nach der unglücklichen Schlacht bei Collin.

Original im geheimen Staatsarchiv zu Berlin.

grand philosofe avec bonté
Daignez recevoir le Batême.
ce n'est pas que je sois tenté
D'asperger avec le saint crême
votre incredule majesté.
mais je vous presente l'histoire
De ce Batême si vanté
en qui tout bon chretien doit croire.
il mêne tout droit a la gloire
a ce que dit sa sainteté.
mais vers cette gloire immortelle
vous allez par d'autres chemins
Cicéron trajan marc aurele
De votre Eglise sont les saints
et leur vie est votre modele.

Eigenhändiges Gedicht Voltaires an Friedrich den Großen 1740.

Original im Germanischen Nationalmuseum in Nürnberg.

Klopstock im 33. Lebensjahre.
Gestochen von J. M. Bernigeroth 1757. Nachschnitt.

Klopstock im 56. Lebensjahre.
Gemalt von Juel 1780, gestochen von N. W. Böhm. — Aus dem VII. Bande der Göschenschen Prachtausgabe der Werke Klopstocks. (Verkleinerter Nachschnitt.)

Friedrich Gottlob Klopstock, geb. 2. Juli 1724 zu Quedlinburg, 1739—1745 in Schulpforta, wo er schon den Plan zum „Messias" faßte; 1745 in Jena, seit 1746 in Leipzig Theologie studierend; hier die ersten drei Gesänge des prosaischen „Messias" in Hexameter umarbeitend, welche 1748 in den „Neuen Bremer Beiträgen" gedruckt wurden. Ihre Wirkung in Deutschland ist bekannt, von ihrem Erscheinen datiert man die Periode der neueren deutschen Litteratur. Klopstock erhielt nach vorübergehendem Aufenthalte in Langensalza (Liebe zu Maria Sophie Schmidt, verherrlicht in den „Fannyoden") und in Zürich, wo er bei Bodmer den „Messias" vollenden sollte (Ode auf den Züricher See), 1751 durch den Minister Grafen Bernstorff eine Pension vom König Friedrich V. von Dänemark und siedelte nach Kopenhagen über, wo er bis zum Sturze Bernstorffs (1770) blieb und hierauf seinen Wohnsitz in Hamburg nahm. 1754 hatte er seine Meta geheiratet (Cidlioden), die ihm aber bald wieder starb (1758); zum zweiten Male vermählte er sich 1791 mit Johanna Elisabeth von Winthem, geb. Dimpfel. 1774 berief ihn der patriotische kunstsinnige Markgraf Karl von Baden als Hofrath nach Karlsruhe, er gab jedoch diese Stelle 1775 auf und kehrte nach Hamburg zurück, wo er den 14. März 1803 starb. Er liegt in Ottensen begraben. Außer den ersten Gesängen des „Messias" (mühsam zu Ende geführt mit dem 20. Gesange 1773) sind es seine ersten Oden (gesammelt zuerst 1771), welche von litterarhistorischer Bedeutung sind und bleiben werden. Seine späteren Werke „Hermannsschlacht, ein Bardiet für die Schaubühne" (1769), „Hermann und die Fürsten" (1784), „Hermanns Tod" (1787) sind merkwürdige Erzeugnisse, aus angeblich nordischen, skaldischen, altdeutschen Elementen in phantastischer, unhistorischer Stimmung entstanden. „Die deutsche Gelehrtenrepublik. Auf Befehl der Aldermänner durch Salogast und Wlemar" (1774), seine Abhandlungen „Ueber die deutsche Rechtschreibung" (1778), „Ueber Sprache und Dichtkunst, Fragmente von Klopstock" (1779, 1780) und seine „Grammatischen Gespräche" (1794) verdanken ihre Entstehung derselben unhistorischen Auffassung deutschen Lebens und deutscher Sprache. Genannt seien noch seine religiösen Dramen: „Tod Adams" (1757); „Salomo" (1764); „David" (1772); seine religiösen Lieder bürgerten sich in die protestantischen Gesangbücher nicht ein.

Klopstock im 74. Lebensjahre.
Schwarzkunstblatt von J. G. Huck, nach dem Gemälde von Anton Hickel (1796). Verkleinerter Nachschnitt.

Klopstocks Mutter, Anna Maria, geborne Schmidt, geb. 1703, gest. 1773.

In ihrem 67. Lebensjahre gemalt von [illegible] 1770. — Nach einer Originalphotographie des im [illegible] zu Halberstadt befindlichen Gemäldes, umgezeichnet. Hier zum ersten Male veröffentlicht.

Klopstocks erste Frau Meta (Margaretha), geborne Moller, geb. 16. März 1728 zu Hamburg, vermählt 10. Juni 1754, gest. 28. November 1758 zu Hamburg, begraben in Ottensen.

Nach einer Originalphotographie des im Besitze der Frau Hauptmann von [illegible], geborene v. [illegible] befindlichen, von [illegible] gemalten Bildnisses, umgezeichnet.

Der
Meßias
ein
Heldengedicht.

HALLE,
bey Carl Herrmann Hemmerde.
1749.

Titel der ersten Separatausgabe der drei ersten Gesänge von Klopstocks „Messias“ (1749).

Nach dem Exemplare der Dresdener Bibliothek.

Der Messias.

Erster Gesang.

Sing, unsterbliche Seele, der sündigen Menschen Erlösung,
Die der Messias auf Erden in seiner Menschheit vollendet,
Und durch die er Adams Geschlechte die Liebe der Gottheit
Mit dem Blute des heiligen Bundes von neuem geschenkt hat.
Also geschah des Ewigen Wille. Vergebens erhub sich
Satan wider den göttlichen Sohn; umsonst stand Juda
Wider ihn auf; er thats, und vollbrachte die grosse Versöhnung.

Aber, o Werk, das nur GOtt allgegenwärtig erkennet,
Darf sich die Dichtkunst auch wohl aus dunkler Ferne dir nähern?
Weihe sie, Geist Schöpfer, vor dem ich im stillen hier bete;

Q 2 Führe

Anfang des ersten Druckes von Klopstocks „Messias“ aus Band IV, Stück 4 der „Neuen Beiträge zum Vergnügen des Verstandes und Witzes“ (Bremen und Leipzig 1748).

Darin erschienen die ersten drei Gesänge des „Messias“.

Eigenhändiges; seine Gönner: **König Friedrich V. von Dänemark** und **Graf Johann Hartwig Ernst von Bernstorff.**

Friedrich V., König von Dänemark, geb. 31. März 1723 im Schlosse zu Kopenhagen, gest. daselbst 14. Januar 1766. Er zog, veranlaßt durch seinen Minister, den Grafen Johann Hartwig Ernst von Bernstorff, im Jahre 1751 Klopstock mit einem lebenslänglichen Jahresgehalte nach Kopenhagen, damit er in sorgenloser Muße den „Messias“ fertig dichten könne, und ließ 1755 die ersten zehn Gesänge in prächtiger Ausstattung in Kopenhagen drucken.

Graf Johann Hartwig Ernst von Bernstorff, geb. 13. Mai 1712 zu Hannover, seit 1750 Minister König Friedrichs V. von Dänemark, in welcher Stellung er für Kunst und Wissenschaft, namentlich durch Begünstigung deutscher Gelehrter eifrigst wirkte und seinen Monarchen auch zur Berufung Klopstocks bestimmte. Als er unter Friedrichs V. Nachfolger durch den Abenteurer Struensee 1770 gestürzt war, giengen die durch innige Freundschaft verbundenen Männer Klopstock und Bernstorff zusammen nach Hamburg, wo er den 19. Februar 1772 starb.

[illegible]

F G Klopstock

Eigenhändiger Brief Klopstocks, geschrieben wahrscheinlich im Juni (nach 21. Juni) 1747, mit dem Anfange des dritten Buches des damals noch ungedruckten „Messias“.

Original im Besitze des Herrn Landgerichtsdirektors Lessing in Berlin.

Friderich R.

Friedrich V., König von Dänemark

Kupferstich von J. M. Preisler (1746) nach dem Gemälde von C. G. Pilo. Ausschnitt.

J H E Bernstorff

Graf Johann Hartwig Ernst von Bernstorff.

Kupferstich von J. C. [illegible]. Ausschnitt. — Nach dem Exemplare der k. k. Familienfideikommiß-Bibliothek in Wien.

Oden

Hamburg. 1771.
Bey Johann Joachim Christoph Bode.

Titel der ersten von Klopstock besorgten Sammelausgabe seiner „Oden“ (1771).
Das Format dieser Ausgabe ist Quart.

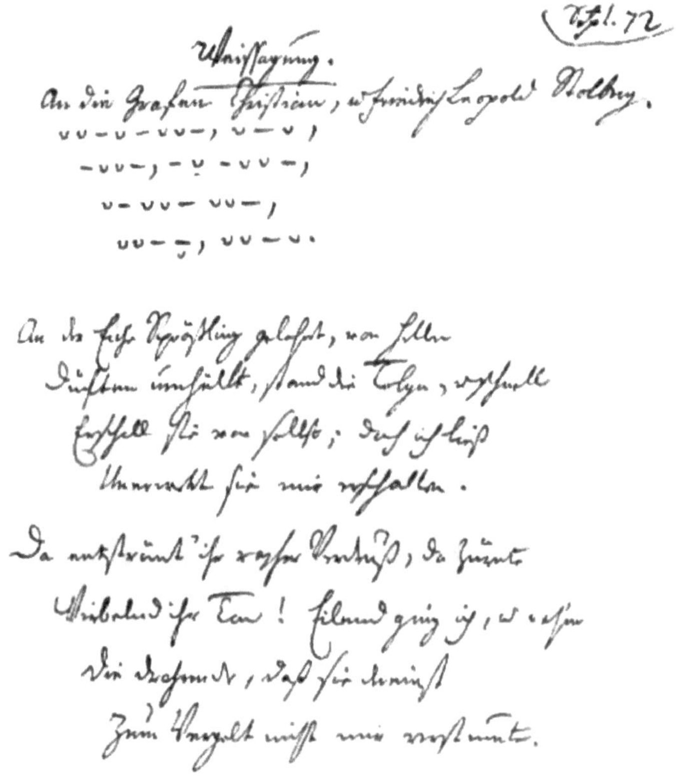

(Sept. 72

Weissagung.
An die Grafen Christian, u. Friedrich Leopold Stolberg.

◡◡–◡–◡◡–, ◡–◡,
–◡◡–, –◡–◡◡–,
◡–◡◡––◡◡–,
◡◡––, ◡◡–◡.

Als der frühe Frühling gelacht, von hellen
Düften umhüllt, stand die Telyn, erschall
Erschall sie von selbst; doch ich ließ
Unerwacht sie nur erschallen.

Da entströmt' ihr rascher [illegible], da tönte
Weissagend ihr Ton! Eilend ging ich, und [illegible]
Die [illegible], daß sie dereinst
Zum Vergelt nicht mir verstummte.

Eigenhändige Ode Klopstocks
Verfaßt im September 1772, an seine Freunde, die Gebrüder Grafen Christian und Friedrich Leopold Stolberg gerichtet.
Original im Besitze der Verlagshandlung.

Aus des Rosses Auge, des Hufes Erhebung,
Stampfen des Hufs, Schnauben, Wiehern, u Sprung
Weissagten die Barden; auch mir
Ist der Blick hell in die Zukunft.

Ob auch mir lastet? Dein Joch, o Deutschland,
Sinket dereinst! Ein Jahrhundert nur noch;
So ist es geschehen, so herrscht
der Vernunft Recht vor dem Schwertrecht!

Dann im Haine braust' es her gehobnen
Halses, es sprang, flog die Mähne, des Hain
Das heilige Roß, u sein Blick
War der Kenner ihr, u der Krone ihr!

Auf der Weide stand es, es stampft', u blickte
Wiehernd umher; sorglos wandt' es, sah
Voll Stolz nach dem Reuter nicht hin,
der im Blut lag an dem Gränzstein!

Nicht auch mir lastet es! Frey, o Deutschland,
Wirst du dereinst. Ein Jahrhundert nur noch;
So ist es geschehen, so herrscht
der Vernunft Recht vor dem Schwertrecht!

Klopstock machte zu den Worten „des Rosses" unter den Text folgende hier nicht mitfaksimilierte gelehrte Anmerkung: „des Rosses. Die Deutschen allein haben das, daß die Pferde ihnen weissagen und Götteraussprüche kund thun. In gewissen Wäldern und Hainen werden weiße Pferde unterhalten, die nie einen Sterblichen tragen, noch gemeine Lasten ziehen. Sie werden nur vor den heiligen Wagen gespannt, dann begleiten sie die Druiden und die Könige oder die Ersten der Republik und haben auf ihr Wiehern und Schnauben Acht. An keine Vorbedeutung glaubt man mehr. Das thut nicht nur das Volk, sondern auch der Regent, auch der Druide. Denn sich halten sie bloß für Diener der Götter; sie aber für Mitwisser ihrer Rathschlüsse. Tacitus."

Ramler.

Karl Wilhelm Ramler und die Muse.

Gezeichnet von P. Rode, gestochen von G. Henne. — Aus dem Titelblatt des ersten Bandes der Quartausgabe von Ramlers „Poetischen Werken“ (1800).

Karl Wilhelm Ramler, geb. 25. Februar 1725 in Kolberg, studierte in Halle und Berlin Medizin, erhielt durch Gleim, seinen Studienfreund, eine Hauslehrerstelle, kam 1748 als Lehrer an die Berliner Kadettenanstalt, war an derselben Professor der schönen Wissenschaften (bis 1790), seit 1790 Mitdirektor, von 1793—1796 alleiniger Direktor des königl. Theaters in Berlin, wo er, von König Friedrich Wilhelm II. hoch geehrt, den 11. April 1798 starb. Ramler ist als Meister der schönen Form selbst von Lessing geschätzt und anerkannt, welcher u. a. seine „Epigramme“ und den „Nathan“ ihm zu metrischer Revision vorlegte. Sobald er diese Verbesserungen fremder Gedichte auch auf den Inhalt ausdehnte, verwischte er viel von der Individualität der so „verfälschten“ Dichterwerke (so z. B. bei Lichtwer, Götz). Ramler ist ein begeisterter Herold der nationalen Thaten seines Königs Friedrich — „Oden“ (1767), „Oden des Horaz“ (1769), „Lyrische Gedichte“ (1772). Seine gesammelten „Poetischen Werke“ gab Goeckingk 1800, 1801 in zwei prachtvoll ausgestatteten Ausgaben (in Quart und Oktav) heraus.

57

Großmüthige! macht keine der
~~Ihr, unglücklich? machen auch so viel~~ Gefahren,
Womit ihr oft
~~Mit welchen ihr~~ ihn ringen saht,
Der Kronen keine,
~~So viele Kronen~~, die mit Blut zu kaufen waren;
Macht keine
~~So manche~~ Götterthat,

Kein glorreich übermanntes
~~So manch von ihm bezwungnes~~ Ungeheuer
Euch endlich
~~Nicht wieder~~ zur Versöhnung Lust?
So lange loderte der Rache schwarzes Feuer
In keines Gottes Brust.

Als Herkuls Arm den Löwen erst erdrückte,
Der in Nemäens Felsen lag,
Und, mit der Panzerhaut bedeckt, sein Rachschwerdt zückte,
Und schnell, und Schlag auf Schlag

Eine Seite aus Ramlers „Lyrischen Gedichten“ (Berlin 1772), mit eigenhändigen Correcturen desselben, enthaltend ein Stück aus der Ode „An die Feinde des Königs“ (1760). — Original im Besitze der Verlagshandlung.

— 39 —

XV.

An die Feinde des Königs

1760.

Wie lange schwingt die rasende Megäre
Die Fackel? Götter dieser Welt,
Warum verfolgt ihr ihn, zu seiner eignen Ehre,
Den unbezwungnen Held?

Macht keine dieser tödtlichen Gefahren,
Womit ihr oft ihn ringen saht,
Der Kronen keine, die mit Blut zu kaufen waren,
Macht keine Götterthat,

Kein glorreich übermanntes Ungeheuer
Euch endlich zur Versöhnung Lust?
So lange loderte der Rache schwarzes Feuer
In keines Gottes Brust.

Eine Seite aus Band 1 der Prachtausgabe von Ramlers „Poetischen Werken“ (1800).

Kalliope zeichnet die Thaten Friedrichs II. auf.

Kupfertitel zum ersten Bande der „Poetischen Werke“ Ramlers (1800).
Gezeichnet von P. Rode, gestochen von G. Henne.

Johann Joachim Winckelmann (1717—1768).

Johann Joachim Winckelmann, geb. 9. Dezember 1717 in dürftigen Verhältnissen zu Stendal in der Altmark. Vorgebildet auf der gelehrten Schule seiner Vaterstadt (bis 1735) und auf dem Cölnischen Gymnasium zu Berlin (1736), studierte er 1738 und 1739 in Halle und Jena, inzwischen in Osterburg, hierauf in Hadmersleben bei Halberstadt Hauslehrer; 1743 bis 1748 Conrector in Seehausen in der Altmark, 1748 bis 1754 Bibliothekar bei dem Grafen Bünau in Nöthnitz bei Dresden, trat 1754 zum Katholizismus über, gieng über Florenz nach Rom, wo er vom Kardinal Albani in seiner hohen Bedeutung erkannt und begünstigt, Scrittore an der vatikanischen Bibliothek und Präsident der Alterthümer zu Rom wurde.

Johann Joachim Winckelmann im 47. Lebensjahre.
Holzschnitt von [illegible] nach dem Ölgemälde von Angelica Kaufmann 1764.

Er wurde den 8. Juni 1768 in Triest von dem Italiener Fr. Archangeli auf der Rückkehr von einer Reise aus Deutschland ermordet. Winckelmann ist der Schöpfer der Kunstgeschichte des Alterthums. Sein Hauptwerk ist die „Geschichte der Kunst des Alterthums" (1764), das erste Denkmal klassischer Prosa unserer neueren Litteratur, das erste deutsche Werk von universaler Bedeutung. Von seinen übrigen Schriften seien hier erwähnt: „Gedanken über die Nachahmung der griechischen Werke" (1755), „Anmerkungen über die Baukunst der Alten" (1761), „Sendbrief über die herkulanischen Entdeckungen" (1762), „Anmerkungen über die Geschichte der Kunst des Alterthums" (1767), „Monumenti antichi inediti" (1767).

Johann Winckelmanns,

Präsidentens der Alterthümer zu Rom, und Scrittore der Vaticanischen Bibliothek, Mitglieds der Königl. Englischen Societät der Alterthümer zu London, der Maleracademie von St. Luca zu Rom, und der Hetrurischen zu Cortona,

Geschichte der Kunst des Alterthums.

Erster Theil.

Mit Königl. Pohlnisch- und Churfürstl. Sächs. allergnädigsten Privilegio.

Dresden, 1764.

Geburtshaus, Kinderbild.

Gotthold Ephraim Lessing, der Reformator der deutschen Litteratur, ist geb. 22. Januar 1729 zu Kamenz in Sachsen, Sohn des damaligen Archidiakonus Johann Gottfried Lessing. Auf der Fürstenschule in Meißen vorgebildet (seit 1741), sollte er seit September 1746 Theologie in Leipzig studieren, wo er aber, im Verkehr mit Ch. F. Weiße, Kästner und der Theatertruppe der Neuberin, mehr schöne und philologische Wissenschaft trieb. Da er 1748 bei der Neuberin sein schon in Meißen entworfenes Lustspiel „Der junge Gelehrte“ aufführen ließ, viel mit dem als Atheisten verschrieenen Christlob Mylius verkehrte, so rief ihn der strenggläubige Vater von Leipzig ab, ließ ihn jedoch 1748 zu Ostern wieder dorthin zurückkehren; er sollte nunmehr Medizin studieren. Das Aufsitzen der Truppe der Neuberin brachte ihn auch in finanzielle Verlegenheit; er beschloß mit Mylius Leipzig schleunigst zu verlassen, blieb auf der Reise nach Berlin krank in Wittenberg, studierte hier weiter, folgte Mylius nach Berlin nach, kehrte jedoch 1751 nochmals nach Wittenberg zurück, wo er 1752 seine Studien mit Ablegen des Magisterexamens abschloß. Jetzt nahm er seinen Aufenthalt wieder in Berlin, wo er bis 1755 (Oktober) blieb, namentlich für die von Mylius herausgegebene „Vossische Zeitung“ als Journalist thätig. In Berlin hatte er vorübergehend Verkehr mit Voltaire; folgenreich und andauernd waren seine Beziehungen zu Mendelssohn, Nicolai, Ramler. 1755 kehrte er nach Leipzig zurück, übernahm eine Stelle als Reisebegleiter bei dem jungen Winckler; größere Reisepläne unterbrach der Ausbruch des Krieges (1756), das Verhältnis zu Winckler löste sich bald wegen seiner Preußenfreundlichkeit (Mai 1757). Lessing blieb noch ein Jahr in Leipzig, welches durch den intimen Verkehr mit E. v. Kleist für beide von nachhaltigem Einflusse war, und gieng im Mai 1758 wieder nach Berlin, das er plötzlich (November 1760) wieder verließ. Er begab sich nach Breslau, wo er im Dezember 1760 Gouvernementssekretär beim Generalleutnant von Tauentzien wurde.

Lessings Geburtshaus in Kamenz.

Nach Originalphotographie der jetzt auf dem Kamenzer Rathhause befindlichen Zeichnung von H. [illegible]. Das Haus brannte 1842 ab.

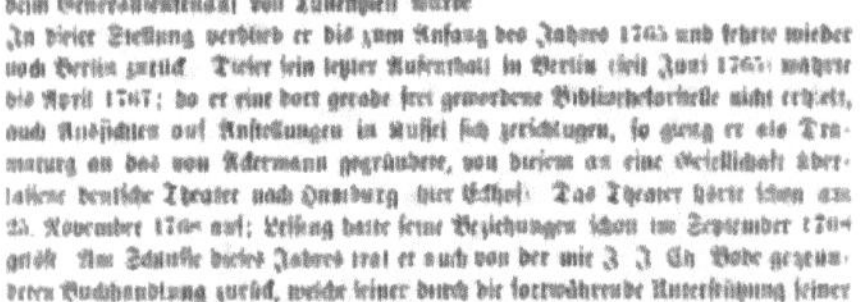

In dieser Stellung verblieb er bis zum Anfang des Jahres 1765 und kehrte wieder nach Berlin zurück. Dieser sein letzter Aufenthalt in Berlin (seit Juni 1765) währte bis April 1767; da er eine dort gerade frei gewordene Bibliothekarstelle nicht erhielt, auch Aussichten auf Anstellungen in Kassel sich zerschlugen, so gieng er als Dramaturg an das von Ackermann gegründete, von diesem an eine Gesellschaft überlassene deutsche Theater nach Hamburg (hier Ekhof). Das Theater hörte schon am 25. November 1768 auf; Lessing hatte seine Beziehungen schon im September 1768 gelöst. Am Schlusse dieses Jahres trat er auch von der mit J. J. Ch. Bode gegründeten Buchhandlung zurück, welche seiner durch die fortwährende Unterstützung seiner bedrängten Angehörigen nur noch verschlimmerten finanziellen Lage den gehofften Aufschwung nicht brachte. In Hamburg stand er besonders im Verkehr mit der Familie König, Schröder dem Schauspieler, Claudius, den Kindern von H. Reimarus und seinem späteren Gegner Göze. Lessing hatte die Absicht, von Hamburg nach Rom zu gehen, verkaufte seine Bibliothek, wurde aber durch Ebert veranlaßt, sich dem Erbprinzen Karl Wilhelm Ferdinand von Braunschweig vorzustellen (November 1769), welcher ihn von 1770 an zum Bibliothekar in Wolfenbüttel ernannte. Seine äußere Lage war hier auch schon vor seiner Gehaltsaufbesserung (1776) günstiger, als gewöhnlich angenommen wird. Am 8. Oktober 1776 heiratete er seine Meta König, die aber schon am 10. Januar 1778 starb. Lessings Aufenthalt in Wolfenbüttel wurde durch häufige Ausflüge nach Braunschweig, zu seinen Freunden Ebert, Eschenburg, Campe, Leisewitz, durch einen längeren Aufenthalt in Wien (1775) und eine ihn wenig befriedigende Reise, welche er von dort aus mit dem Prinzen Leopold von Braunschweig nach Italien machte, sowie durch einen Aufenthalt in Mannheim unterbrochen, wo man ihn an das neugegründete Nationaltheater berufen wollte (1775—1776). Er starb auf einer Reise in Braunschweig den 15. Februar 1781 und wurde dort auf dem Magnikirchhofe beerdigt. — Von seinen Werken seien hier aufgeführt: 1. Kritisch-ästhetische und antiquarische: „Briefe, die neueste Litteratur betreffend“ (Litteraturbriefe, herausgegeben von Nicolai 1759—1765), Lessing war von Januar 1759 bis September 1760 Mitarbeiter; „Laokoon“ (1766); „Hamburgische Dramaturgie“ (1767—1769); „Briefe antiquarischen Inhalts“ (1768—1769); „Wie die Alten den Tod gebildet haben“ (1769). 2. Dichterische: „Miß Sara Sampson“ (1755), das erste deutsche bürgerliche Trauerspiel; Fabeln (1759); „Philotas“, Trauerspiel (1759); „Minna von Barnhelm“ (1767), das beste deutsche Lustspiel; „Emilia Galotti“ (1772); „Nathan der Weise“ (1779). 3. Religions-philosophische: Die Herausgabe der „Fragmente des Wolfenbüttelschen Ungenannten“ (H. S. Reimarus) in den „Beiträgen zur Geschichte und Litteratur, aus den Schätzen der herzogl. Bibliothek zu Wolfenbüttel“ (seit 1774); das Fragment: „Vom Zwecke Jesu und seiner Jünger“ erschien als besonderes Buch (1778); diese „Fragmente“ zwangen Lessing zu einer Reihe von polemischen Schriften, namentlich gegen Göze: „Eine Parabel“ (1778), „Nöthige Antwort“ (1778), „Axiomata“ (1778), „Anti-Göze“ (1778). — Sein „Nathan“ muß hier auch erwähnt werden, als das Werk, worin das Resultat seiner religionsphilosophischen Anschauungen gezogen wird. „Ernst und Falk, Gespräche für Freimaurer“ (1778); „Die Erziehung des Menschengeschlechts“ (1780).

Gotthold Ephraim Lessing im 6. Lebensjahre und sein Bruder Theophilus

Gemalt von [illegible] — Nach Originalphotographie [illegible]

Gotth. Ephr. Lessing.

Lessing im 31. Lebensjahre.

Gemalt von Joh. Heinrich Tischbein d. Ä. 1760. — Originalphotographie nach dem in der Berliner Nationalgalerie befindlichen Ölgemälde.

Lessing etwa im 37. Lebensjahre

Gemalt von May. — Nach Originalphotographie von dem im Gleimschen Freundschaftstempel zu Halberstadt befindlichen Ölgemälde ausgenommen. Es soll das ähnlichste Bild Lessings sein; Goethe hatte sich das Original aus den Gleimschen Sammlungen entliehen und schätzte es so hoch, daß er nur durch Androhung gerichtlichen Verfahrens zu seiner Herausgabe veranlaßt werden konnte.

Lessing im 42. Lebensjahre

Ausschnitt aus dem von Bause nach dem Gemälde von Anton Graff angefertigten Kupferstiche. Das aus dem Jahre 1771 stammende Original befindet sich jetzt im Besitze des Herrn Landgerichtsdirektors Lessing in Berlin.

Lessings Todtenmaske

Originalphotographie nach dem im Besitze des Herrn Landgerichtsdirektors Lessing in Berlin befindlichen Abgusse.

Bildnisse seiner Frau, seiner Gönner und Gegner.

Lessings Frau Eva.

Nach Originalphotographie von dem jetzt im Besitze des Herrn Prof. Dr. Henneberg in Göttingen befindlichen Ölgemälde umgezeichnet.

Eva Katharina König, geb. Hahn, Tochter des Kaufmannes Heinrich Kaspar Hahn, geb. 22. März 1736 in Heidelberg, seit 1756 Gattin des 1769 verstorbenen Hamburger Kaufmanns Engelbert König, verlobte sich mit Lessing 1771, vermählte sich mit ihm den 8. Oktober 1776 auf dem Landgute York (zwischen Stade und Harburg gelegen), starb in Wolfenbüttel bei Geburt eines Söhnchens 10. Januar 1778.

Karl Wilhelm Ferdinand.

Nach Originalphotographie von dem in der herzogl. Galerie zu Braunschweig befindlichen Ölgemälde des F. J. Batoni umgezeichnet.

Karl Wilhelm Ferdinand, geb. 9. Oktober 1735 zu Wolfenbüttel, seit 26. März 1780 regierender Herzog zu Braunschweig und Lüneburg, starb auf der Flucht in Ottensen den 10. November 1806. Als Erbprinz berief er 1769 Lessing an die Wolfenbütteler Bibliothek.

Klotz.

Christian Adolf Klotz.

Kupferstich von Stock. — Nach dem Exemplare des Münchener Kupferstichkabinets.

Christian Adolf Klotz, geb. 13. November 1738 zu Bischofswerda, 1762 in Göttingen, seit 1765 in Halle Professor, hier zuerst mit dem Titel Hofrath, dann seit 1766 als Geheimer Rath, starb daselbst den 31. Dezember 1771. Namentlich in seinen Zeitschriften: „Acta litteraria“ (seit 1764), „Neue Hallische gelehrte Zeitungen“ (seit 1766), „Deutsche Bibliothek der schönen Wissenschaften (seit 1767) und an der Spitze einer ihm ergebenen, sich gegenseitig lobend kritisierenden Clique, hatte er als ein „lateinischer Gottsched“ in weiten Kreisen großen Einfluß, bis Lessing in seinen „Briefen antiquarischen Inhalts“ und in seiner Abhandlung „Wie die Alten den Tod gebildet“ seine Ungründlichkeit, Seichtheit und geborgte Gelehrsamkeit bloßlegte und ihn für immer unmöglich machte. Namentlich hervorgerufen war Lessings klassische, vernichtende Polemik der Litteraturbriefe durch Klotzens Schriften „Über das Studium des Alterthums“ (1766), „Beytrag zur Geschichte des Geschmackes und der Kunst aus Münzen“ (1767) und „Über den Nutzen und Gebrauch der alten geschnittenen Steine und ihrer Abdrücke“ (1768). Auch Herder, welcher sich durch Klotzens Vielschreiberei Anfangs täuschen ließ, beschäftigte sich in seinem zweiten und dritten „Kritischen Wäldchen“ (1769) mit der Kritik Klotzischer Schriften.

Hermannus Samuel Reimarus Hebr. et Or. LL. Prof.

Hermann Samuel Reimarus

im 66. Lebensjahre.

Gezeichnet und gestochen von Christ. Fritzsch 1752. — Ausschnitt.

Hermann Samuel Reimarus, geb. 22. Dezember (a. St.) 1694 in Hamburg, Professor der Mathematik und der orientalischen Sprachen am Gymnasium zu Hamburg, wo er am 1. März 1768 starb. Lessing hatte keine Gelegenheit mehr, persönlich mit ihm zu verkehren, aber mit dessen Kindern Elise und Heinrich war er in vertrautester hingebendster Freundschaft verbunden. H. S. Reimarus ist der Verfasser der von Lessing herausgegebenen „Wolfenbütteler Fragmente des Ungenannten“ (seit 1774), welche eine so erregte Polemik hervorriefen.

Goeze.

Johann Melchior Goeze

im 50. Lebensjahre.

Gezeichnet und gestochen von Christ. Fritzsch 1767. — Nach dem Exemplare des Münchener Kupferstichkabinets. Ausschnitt.

Johann Melchior Goeze, geb. 16. (getauft 21.) Oktober 1717 zu Halberstadt, studierte in Jena und Halle, Adjunktus seines Vaters in Aschersleben, 1750 Prediger an der Heiligen Geistkirche in Magdeburg, seit 1755 Pastor (Hauptpastor) an der Katharinenkirche in Hamburg, 1760—1770 Senior des dortigen geistlichen Ministeriums, starb daselbst den 19. Mai 1786. Er ist Lessings Hauptgegner im Streite wegen der Wolfenbütteler Fragmente in den Schriften: „Etwas Vorläufiges gegen des Herrn Hofraths Lessing ... Angriffe“ (1778), „Lessings Schwächen“ (1778). Lessings Hauptschriften gegen Goeze sind: „Eine Parabel“, „Nöthige Antwort“, „Axiomata“ und „Anti-Goeze“ (alle 1778).

Gotthold Ephraim Lessings

Fabeln.

Drey Bücher.

Nebst Abhandlungen mit dieser Dichtungsart verwandten Inhalts.

Berlin,
bey Christian Friedrich Voß 1759.

Drucktitel der ersten Ausgabe von Lessings „Fabeln" (1759).
Nach dem Exemplare der Münchener Bibliothek.

a.

b.

c.

a. b. c. Die Fabel „Zeus und das Pferd" in Lessings eigenhändiger Niederschrift.
Aus dem Bändchen Lessingscher Fabeln, welches sich in der Gleimschen Handschriftensammlung zu Halberstadt befindet (Nr. 130 der Handschriften).

1. Der Wirth und Just.

Just: „Herr Wirth, er ist doch ein Grobian."

Minna von Barnhelm,

oder

das Soldatenglück.

Ein Lustspiel in fünf Aufzügen,

von

Gotthold Ephraim Lessing.

Berlin,

bey Christian Friederich Voß.

1767.

Titel der ersten Ausgabe von Lessings „Minna von Barnhelm" (1767).

Nach dem Exemplare der Gothaer Bibliothek. — [illegible] 1763, [illegible] 1764 in Breslau [illegible], 1766 in Berlin [illegible] nach Hamburg (April 1767) und wurde zuerst in Hamburg den 30. November 1767 aufgeführt.

3. Minna, Franziska und der Wirth.

Minna: „[illegible]"

4. Minna.

Minna: „[illegible]"

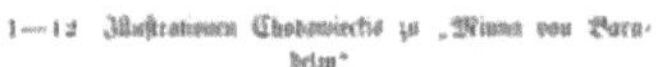

1—12. Illustrationen Chodowieckis zu „Minna von Barnhelm".

[illegible] 1770 [illegible]

Nach dem Exemplare der Albertina in Wien.

2. Tellheim und die Witwe seines ehemaligen Stabsrittmeisters.

Tellheim: „[illegible]"

5. Minna und Tellheim.

Minna: „[illegible]"

Tellheim: „[illegible]"

6. Der Wachtmeister Paul Werner.

[illegible]

7. Franziska, Tellheim und Paul Werner.

Franziska: „[illegible]"

8. Riccaut de la Marlinière, Minna, Franziska.
Minna: „Hier hab' ich … nur zehn Pistolen, ich weiß wohl zwar schwere so wenig …“
Riccaut: „Donnez toujours, donnez toujours, Mademoiselle.“

Zweyter Aufzug.

Erster Auftritt.

Minna. Franziska. (Die Scene ist in dem Zimmer des Fräuleins.)

Das Fräulein (im Negligée, nach ihrer Uhr sehend). Franziska, wir sind auch sehr früh aufgestanden. Die Zeit wird uns lang werden.

Franziska. Wer kann in den verzweifelten großen Städten schlafen? Die Karossen, die Nachtwächter, die Trommeln, die Katzen, die Korporals — das hört nicht auf zu rasseln, zu schreien, zu wirbeln, zu mauen, zu fluchen; gerade, als ob die Nacht zu nichts weniger wäre, als zur Ruhe. Eine Tasse Thee, gnädiges Fräulein? —

Das Fräulein. Der Thee schmeckt mir nicht. —

Franziska. Ich will von unserer Schokolade machen lassen.

Das Fräulein. Laß machen, für dich!

Franziska. Für mich! Ich wollte eben so gern für mich allein plaudern, als für mich allein trinken. — Freylich wird uns die Zeit so lang werden. — Wir werden vor langer Weile uns putzen müssen, und das Kleid versuchen, in welchem wir den ersten Sturm geben wollen.

Das Fräulein. Was redest du von Stürmen, da ich bloß herkomme, die Haltung der Kapitulation zu fordern?

Franziska. Und der Herr Officier, den wir vertrieben, und dem wir das Kompliment darüber machen lassen; er muß auch nicht die feinste Lebensart haben; sonst hätte er wohl um die Ehre können bitten lassen, uns seine Aufwartung machen zu dürfen. —

Das Fräulein. Es sind nicht alle Officiere Tellheims. Die Wahrheit zu sagen, ich ließ ihm das Kompliment auch bloß machen, um Gelegenheit zu haben, mich nach diesem bey ihm zu erkundigen. — Franziska, mein Herz sagt es mir, daß meine Reise glücklich seyn wird, daß ich ihn finden werde. —

Franziska. Das Herz, gnädiges Fräulein? Man traue doch ja seinem Herzen nicht zu viel. Das Herz redet uns gewaltig gern nach dem Maule. Wenn das Maul eben so geneigt wäre, nach dem Herzen zu reden, so wäre die Mode längst aufgekommen, die Mäuler unterm Schlosse zu tragen.

Das Fräulein. Ha! ha! Mit deinen Mäulern unterm Schlosse! Die Mode wäre mir eben recht!

Franziska

Eine Seite aus Lessings Originalhandschrift der „Minna von Barnhelm“.
Im Besitze des Herrn Landgerichtsdirektors Lessing in Berlin.

9. Minna, Tellheim, Franziska.
Minna liest die Kabinettsorder König Friedrichs.

10. Werner, Tellheim, Minna, Franziska, Just.
Minna: „Tellheim! Tellheim! … Ein blindes Mißverständnis.“

11. Die Vorigen und zwei Bediente
welche die Ankunft des Onkels der Minna, des Grafen Bruchsal gemeldet haben.
Minna: „Umarmen Sie Ihre Minna, Ihre glückliche Minna!“

12. Die Vorigen und Graf Bruchsal
Der Graf: „Minna … dem Liebhaber ich kommen …“

VI. 24

Seite aus der eigenhändigen Originalhandschrift von Lessings „Laokoon"

Im Besitze des Herrn Landgerichtsdirektor Lessing in Berlin

Laokoon:

oder
über die Grenzen
der
Mahlerey und Poesie.

Ὕλῃ καὶ τρόποις μιμήσεως διαφέρουσι.

Πλουτ. ποτ. Αθ. κατα Π. ἠ κατα Σ. ἐνδ.

Mit
beyläufigen Erläuterungen
verschiedener Punkte
der alten Kunstgeschichte;
von
Gotthold Ephraim Lessing.

Erster Theil.

Berlin,
bey Christian Friedrich Voß.
1766.

Titel der ersten Ausgabe des ersten Theiles von Lessings „Laokoon“ (1766).
(Der zweite Theil blieb Fragment.)

Hamburgische Dramaturgie.

Erster Band.

Hamburg.
In Commission bey J. H. Cramer, in Bremen.

Titel der ersten Ausgabe des ersten Theiles von Lessings „Hamburgische Dramaturgie“ (1767).
Sie beginnt mit dem 1. Mai 1767 und schließt mit Besprechung der Aufführung vom 28. Juli 1767. Lessings Kritiken über die Leistungen der Hamburger Bühne hielten nicht Schritt mit den Aufführungen und besprachen sie nur bis zum oben erwähnten Tage. Dieser Schluß erschien erst um Ostermesse 1769.
Nach dem Exemplare der Münchener Bibliothek.

Emilia Galotti.

Ein Trauerspiel
in
fünf Aufzügen.
Von
Gotthold Ephraim Lessing.

Berlin
bey Christian Friedrich Voß, 1772.

Titel der ersten Ausgabe von Lessings „Emilia Galotti“ (1772).
Nach dem Exemplare der Berliner Bibliothek.

Nathan der Weise.

Ein
Dramatisches Gedicht,
in fünf Aufzügen.

Introite, nam et heic Dii sunt!

APVD GELLIVM.

Von
Gotthold Ephraim Lessing.

1779.

Titel der ersten Ausgabe von Lessings „Nathan der Weise“ (1779).
Nach dem Exemplare der gräfl. Bibliothek zu Wernigerode.

Johann Georg Ritter von Zimmermann (1728—1795), Moses Mendelssohn (1729—1786), Thomas Abbt (1738—1766), Karl Friedrich Bahrdt (1741—1792).

J. G. Zimmermann.

Johann Georg Ritter von Zimmermann.

Kupferstich von [illegible]. — Ausschnitt.

Johann Georg Ritter von Zimmermann, geb. 8. Dezember 1728 zu Brugg im Canton Bern, 1751 Doktor der Medicin, Arzt und Stadtphysikus in Bern, 1768 als Leibarzt des Königs von England und Hofrath nach Hannover berufen, berühmter Arzt, unterhielt einen umfassenden Briefwechsel mit der Kaiserin Katharina II., behandelte Friedrich den Großen in seiner letzten Krankheit, starb zu Hannover den 7. Oktober 1795. In weitesten Kreisen verbreitet waren seine popularphilosophischen Bücher: „Betrachtungen über die Einsamkeit" (zuerst 1756, erweitert 1773, 1784) und „Vom Nationalstolze" (1758).

Thomas Abbt, geb. 25. November 1738 in Ulm, studierte Anfangs Theologie, dann namentlich Philosophie und Mathematik in Halle 1756, wurde 1760 Professor in Frankfurt a. O., 1761 Professor der Mathematik in Rinteln, begab sich auf längere Reisen, wurde 1765 fürstlicher Regierungs- und Consistorialrath in Bückeburg, wo er schon den 3. November 1766 starb. Abbt machte sich berühmt durch seine von hohem Patriotismus getragene, in edler Prosa abgefaßte Schrift: „Vom Tode fürs Vaterland" (1761). Diese Abhandlung ist eine der unmittelbarsten, greifbarsten Ergebnisse der nationalen Thaten König Friedrichs. Denselben Geist athmet seine nicht minder verbreitete Schrift: „Vom Verdienste" (1765). Bedeutend ist auch seine journalistische Thätigkeit an den „Litteraturbriefen" und an der „Allgemeinen deutschen Bibliothek".

Abbt.

Thomas Abbt.

Kupferstich von Schleuen. — Ausschnitt.

Moses Mendelssohn.

Moses Mendelssohn.

Kupferstich von J. G. Müller nach dem Gemälde von J. C. Frisch. — Ausschnitt.

Moses Mendelssohn, geb. 6. September 1729 in Dessau, kam 1743 nach Berlin, wo er sich durch mathematische, philosophische, sprachliche Studien weiter bildete; erst Erzieher, schließlich Geschäftsteilhaber des Hauses Bernard, starb er daselbst den 4. Januar 1786. Seine Beziehungen zu Lessing, Nicolai, Sulzer, Abbt sind bekannt; mit Lessing gab er die Schrift: „Pope ein Metaphysiker" (1755) heraus, und war ihm durch sein Leben hindurch ein treuer Freund, dessen „Nathan" seine Züge trägt. Mendelssohn war Mitarbeiter an der „Bibliothek der schönen Wissenschaften" und an den „Litteraturbriefen". Sein populärstes Werk ist: „Phaedon, oder über die Unsterblichkeit der Seele" (1767). Mendelssohn ist als selbständiger Philosoph nicht bedeutender als die übrigen Popularphilosophen und Aufklärer seiner Zeit. Wichtiger ist er als Vertreter der Reformbestrebungen innerhalb des Judenthums, das er der europäischen Kultur näher brachte und mit dem Gedanken der Humanität zu durchdringen suchte. Als Stilist und geschmackvoller Kritiker hat er auch für die Entwicklung unserer deutschen Litteratur Wichtiges geleistet.

Bahrdt.

Karl Friedrich Bahrdt.

Bahrdt auf seinem Weinberge bei Halle, gezeichnet und gestochen von einem Bruder der deutschen XXII. Union 1790. — Verkleinerter Ausschnitt. Nach dem Exemplare des germanischen Nationalmuseums in Nürnberg.

Karl Friedrich Bahrdt, geb. 25. August 1741 zu Bischofswerda, studierte Theologie, seit 1761 Magister in Leipzig, später Katechet an der Petrikirche, außerordentlicher Professor daselbst, mußte Leipzig 1768 verlassen, erhielt durch Klotz eine Professur in Erfurt, 1771 Professor in Gießen; hier wegen seiner Freigeisterei entlassen, gieng er nach Graubünden an das Philanthropin des Freiherrn von Salis nach Marschlins (1775), blieb hier nur ein Jahr, wurde dann von dem Grafen von Leiningen-Dachsburg als Superintendent nach Dürkheim a. d. Hardt berufen (1776) und gründete das Heidesheimer Philanthropin. 1779 wurde er auf Veranlassung des kaiserlichen Büchercensors in Frankfurt, des Weihbischofs von Worms, durch Reichshofrathsbeschluß seiner Ämter entsetzt und ward ihm Widerrufung der in seinen Schriften vertretenen Irrlehren aufgegeben. Anstatt des Widerrufes erschien sein „Glaubensbekenntnis" (1779). In Halle fand er Schutz und erhielt er die Erlaubnis, Privatvorlesungen über nichttheologische Disciplinen zu halten. Seinen Lebensunterhalt suchte er durch Betrieb der Wirtschaft „des Weinberges bei Halle" zu fristen. Seine „Deutsche Union" oder „Die Gesellschaft der XXII" hatte wenig Erfolg. Das von ihm herausgegebene, dem preußischen Ministerium Wöllner hart zusetzende Lustspiel „Das Religionsedikt" (1789) zog ihm Festungshaft in Magdeburg zu, während welcher er die „Geschichte seines Lebens, seiner Meinungen und seiner Schicksale" (1790—1791) schrieb, eine schmachvolle, schamlose Selbstbiographie, aber ein wichtiger Beitrag zur Geschichte des geistigen Lebens in Deutschland. Er starb auf seinem Weinberge bei Halle den 23. April 1792. Bahrdt ist unter den Aufklärern derjenige, welcher namentlich durch sein äußeres Leben den ärgerlichsten Anstoß gab und am frechsten und schroffsten die herrschende Kirche angriff. Außer den schon oben genannten Schriften ist noch zu erwähnen seine Schrift: „Die neuesten Offenbarungen Gottes" (1773).

Eyn
feyner kleyner
ALMANACH
Vol schöner echterr
liblicherr Volckslieder, lustigerr
Reyen vnndt kleglicherr Mordgeschich-
te, gesungen von Gabriel Wunderlich weyl.
Benkelsengeenn zu Dessaw, herausgegeben
von Daniel Seuberlich, Schusternn
zu Ritzmück ann der Elbe.

Erster Jahrgang.

Mit Königl. Preuß. und Churf. Brandenb. auch Churf. Sächs. allergn. Freyheiten.

Berlynn vnnde Stettynn,
verlegts Friedrich Nicolai 1777.

Titel des ersten Jahrganges von Nicolais Almanach (1777).

Gerichtet gegen Goethes und Herders Bestrebungen, dem Werth des Volksliedes und der Volksdichtung wieder zur Geltung zu bringen. Der Almanach erfüllte seine Zwecke wenig; seine beiden Jahrgänge sind uns heute eine wichtige Quelle für Volkslieder.

Friedrich Nicolai

Christoph Friedrich Nicolai.
Kupferstich von C. Geyser nach Chodowiecki.

Wolan, jr Genyes, wollt jr teutzscher alter Volckspoeterei aufhelfen, lasst alle Cultur, Uppigkeit vnndt gelartes Wesen, werdet erliche Handwercksleuwt, Schuster, Weber, Schreyner, Gerber, Schmide, arbeitet vile Wochenlang mit Macht, biß eyn Tag komme, dz jr den Drang fület, Volckslider z' dichten. Da wird denn Tatkraft ynne sein, di werdenn d' Sele füllenn, werden's Volck wie 'n Fiber erschuttern, werden, eym fressenden Krebß gleych, vm sich greifen, werdenn aller bösen Cultur, die ewren Schnitten vnndt Wurfen hynderlich ist, rein schababe machen. Sollt's euch aber, meyne Genyes, doch nicht gelyngen, aus teutzschen Vaterlande, d' leydige Ordnung vnndt eyßkalte Vernunft gantz weg zu syngen, vnndt dafür eynzufuren, den eynfeltigen Kyndessynn vnndt erlichen Koler = Glauben, der euch Volcksengern wol fuget; wyrd doch teutzschem Vaterlande ewer Handarbeyt, mer Frommen bringen, als ewer putzige wyndschife gelerte Volckslider, womit jr eytel Spilwerck treybt, vnndt di's Volck nymmer syngen mochte.

Ein Stück aus der Vorrede des ersten Jahrgangs des Almanachs.

Selbst die altertümlichen Typen, welche Nicolai anwandte, sollten persiflierend wirken.

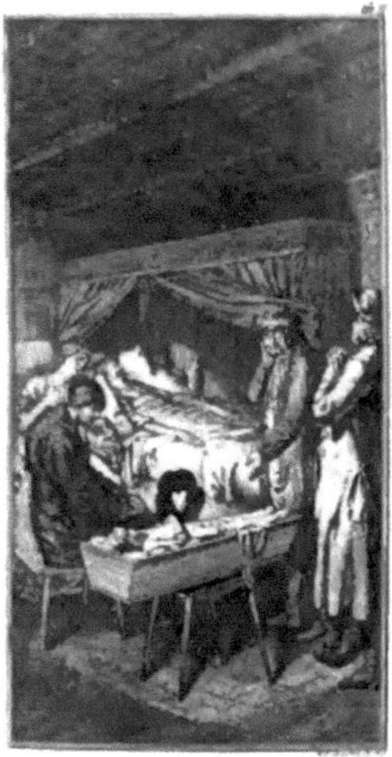

Kupferstich von Chodowiecki zu Nicolais „Sebaldus Nothanker“ (zuerst erschienen 1773—1777), Bd. I, pag. 67.

Der aus seiner Pfarre vertriebene Sebaldus Nothanker und Mariane am Sterbebette der Frau Nothanker, neben welcher seine Tochter Charlotte im offenen Sarge liegt. „Es sehen zwischen uns [illegible] Banden [illegible], unauflöslich." [illegible] Chodowiecki Nr. 94.

Christoph Friedrich Nicolai, geb. zu Berlin, 18. März 1733, gestorben daselbst 8. Januar 1811. Buchhändler. Vorkämpfer für nüchterne Aufklärung; seine litterarischen Zeitschriften waren der Mittelpunkt dieser Bestrebungen. Hauptschriften: „Briefe, die neueste deutsche Litteratur betreffend“ (1759 bis 1765). (Mitarbeiter waren u. A. Lessing, Mendelssohn und Abbt.) „Bibliothek der schönen Wissenschaften und der freyen Künste“ (1757—1767); „Allgemeine deutsche Bibliothek“ (1765—1791); „Neue allgemeine deutsche Bibliothek“ (1793—1800); „Leben und Meinungen des Herrn Magister Sebaldus Nothanker“ (1773—1776), 3 Bde. (Roman); „Freuden des jungen Werther“ (1774) (Parodie gegen Goethes Werther); „Eyn feyner kleyner Almanach“ (I. 1777, II. 1778). Titel seiner Parodie auf Goethes Werther: „Freuden des jungen Werthers“ 1775, siehe oben Seite 109.

Kupferstich aus Nicolais „Sebaldus Nothanker“, Bd. II, pag. 246—247.

[illegible] Engelmann Nr. 130.

Hauptsächlichste Bildnisse.

Christoph Martin Wieland, geb. 5. September 1733 in Oberholzheim bei Biberach. 1760 Kanzleidirector in Biberach, hier Verkehr mit dem für französische Litteratur begeisterten Grafen Stadion. 1769 Professor in Erfurt, 1772—1775 Erzieher der beiden Sachsen-Weimarischen Prinzen Karl August und Constantin; erhielt mit dem Regierungsantritt Karl Augusts als Hofrath seinen Gehalt als Pension weiter, lebte mit Ausnahme der Zeit, die er in seinem, bei Weimar gelegenen Landgute Osmannstädt (1798—1803), wo er auch begraben liegt, zubrachte, bis zu seinem Tode (20. Januar 1813) in Weimar. Vertrat in seinen Schriften 1. anfangs eine ernste religiöse Richtung (bis circa 1760): „Zwölf moralische Briefe" (1752); „Anti-Ovid" (1752); „Empfindungen eines Christen" (1752); „Der geprüfte Abraham" (1753). 2. Seit seinem vertrauten Verkehre in den Kreisen des Grafen Stadion (1760) schlug er ins Gegentheil um und ist fruchtbarer Vertreter der leichten frivolen sinnlichen Richtung seiner französischen Vorbilder: „Diana und Endimion" (1762); „Der Sieg der Natur über die Schwärmerey, oder Abenteuer des Don Silvio von Rosalva" (1764); „Geschichte des Agathon" (1766 bis 1767); „Musarion, oder die Philosophie der Grazien" (1768); „Nadine" (1768); „Combabus" (1770); „Die Grazien" (1770). Übergang von diesen zum Theil sehr frivolen und lüsternen, aber äußerst formgewandten Schriften zu den allerdings von versteckten Anspielungen und Schilderung bedenklicher Scenen auch nicht ganz freien Schriften seiner Weimarer Periode, ist der philosophische Roman „Der goldene Spiegel" (1772) (Schilderung eines weisen Fürsten; die Herzogin Amalie berief ihn wegen dieser Schrift als Erzieher nach Weimar). 3. Die Hauptwerke der Weimarer Zeit: „Die Abderiten" (1774); „Gandalin" (1776); „Geron der Adelige" (1777); „Schach Lolo" (1778); „Oberon" (1780). Für unsere klassische Litteraturperiode tonangebend sind seine Zeitschriften „Der Teutsche Merkur" (1773—1789), fortgesetzt als „Neuer Teutscher Merkur" (1790—1810), „Attisches Museum" (1796—1801), fortgesetzt als „Neues Attisches Museum" (1802—1810). Seine Übersetzungen: Shakespeare (1762—1766), Horazens Briefe (1782), Horazens Satyren (1786), Lucian (1788—1789).

Wieland nach Zeichnung Goethes (1782).
Directe Reproduction in Originalgröße der auf der Bibliothek in Weimar befindlichen Zeichnung

Wieland nach dem Gemälde von May
Gestochen von Bause 17[illegible] — Ausschnitt

Wieland nach dem Gemälde von Anton Graff
Kupferstich von J. F. Bause 1797 — Ausschnitt

Wieland im Alter, nach dem Gemälde von F. Jagemann
Kupferstich von W. Wagner aus der bei Breitkopf & Härtel in Leipzig erschienenen Sammlung: „Bildnisse berühmter Deutschen" — Ausschnitt

Familienbild.

Geschichte des Agathon.

— quid Virtus, & quid Sapientia possit
Utile proposuit nobis exemplar. —

Erster Theil.

Mit allergnädigster Freyheit.

Frankfurt und Leipzig, 1766.

Titel des ersten Theiles der ersten Ausgabe von Wielands „Agathon“ (1766).
Nach dem Exemplare der Königlichen Bibliothek zu Hannover.

Musarion, oder die Philosophie der Grazien.

Ein Gedicht, in drey Büchern.

Leipzig,
bey Weidmanns Erben und Reich, 1768.

Oberon

Ein Gedicht
in Vierzehn Gesängen.

Weimar,
bey Carl Ludolf Hoffmann 1780.

Titel der ersten Separatausgabe von Wielands „Oberon“ (1780).
(Vorher erschienen im „Teutschen Merkur“ 1780). Nach dem Exemplare der Königl. Bibl. zu Hannover.

ERSTER GESANG.

1.

Noch einmahl sattelt mir den Hippogryfen, ihr Musen,
Zum Ritt ins alte romantische Land!
Wie lieblich um meinen entfesselten Busen
Der holde Wahnsinn spielt! Wer schlang das magische Band
Um meine Stirne? Wer treibt von meinen Augen den Nebel
Der auf der Vorwelt Wundern liegt?
Ich seh', in buntem Gewühl, bald siegend, bald besiegt,
Des Ritters gutes Schwert, der Heiden blinkende Säbel.

2.

Vergebens knirscht des alten Sultans Zorn,
Vergebens dräut ein Wald von starren Lanzen:
Es tönt in lieblichem Ton das elfenbeinerne Horn,
Und, wie ein Wirbel, ergreift sie alle die Wuth zu tanzen;
Sie drehen im Kreise sich um bis Sinn und Athem entgeht.
Triumf, Herr Ritter, Triumf! Gewonnen ist die Schöne.
Was säumt ihr? Fort! der Wimpel weht;
Nach Rom, dafs euern Bund der heil'ge Vater kröne!

Anfang des „Oberon“
[illegible]

Illustrationen zu den Abderiten, gezeichnet von H. Ramberg, gestochen von H. Lips und F. M. Schmutzer, aus der Göschenschen Prachtausgabe von Wielands Werken

[illegible]

[illegible]

Johann Georg Hamann, geb. 27. August 1730 zu Königsberg in Preußen, studierte daselbst ohne bestimmte Zwecke, Hauslehrer in Riga, 1759 wieder in Königsberg, seit 1777 Packhofverwalter daselbst; 1787 pensioniert, begab er sich zu einem seiner Verehrer, Kaspar Franz Buchholz, nach Münster, bei welchem er daselbst den 21. Juni 1788 starb. Auf den verschiedensten Gebieten der Philosophie, Ästhetik, Theologie vielfach und geistreich, aber unsystematisch thätig, war er, der „Magus des Nordens", vielen, namentlich den Stürmern und Drängern, ein einflußreiches, oft aber unverständliches Orakel, in vielen Kreisen durch seine Paradoxen wirkend. Den jungen Herder wies er auf die Tiefen der Volkspoesie und auf den wesentlichen und notwendigen Inhalt der Religionen hin und regte ihn zu seinen späteren epochemachenden Arbeiten an.

Johann Georg Hamann.

[illegible] aus einer Radierung von [illegible] „Physiognomik", Bd. II, pag. 245, vom Jahre 1776

Biographie von Johann Gottfried Herder.

Johann Gottfried Herder, geb. 25. August 1744 zu Mohrungen in Ostpreußen, fromm erzogen, zur Universität in der Stadtschule und von Diakonus Trescho vorbereitet, bezog 1762 im August die Universität Königsberg, um Theologie zu studieren. Hier war von mächtigem Einfluß auf ihn Hamann; der später von ihm so vielfach bekämpfte Magister Kant gehörte hier zu seinen Lehrern. 1764 ging er als Kollaborator an die Stadtschule nach Riga, wo er 1767 auch Pastor wurde. 1769 im Mai verließ er Riga mit Reiseurlaub, hielt sich in Frankreich auf; unterwegs entstand sein handschriftliches Reisetagebuch, worin die Keime seiner späteren Werke wieder zu finden sind. Im Dezember 1769 Reiseprediger des Erbprinzen Peter Friedrich Wilhelm von Holstein; 1771 machte er die Bekanntschaft des jungen Goethe in Straßburg; 1770 infolge seiner Schrift über Thomas Abbt nach Bückeburg als Hauptprediger und Konsistorialrath berufen, fand er namentlich in dem Verkehr mit der frommen und gebildeten Fürstin Marie einen Ersatz für manches Drückende seiner Stellung; am 2. Mai 1773 vermählte er sich mit Karoline Flachsland, die er 1770 in Darmstadt kennen gelernt hatte. Verhandlungen wegen Berufung nach Göttingen, wo man von ihm ein Kolloquium zur Prüfung seiner Rechtgläubigkeit verlangte, gab er gern auf, als er durch Goethes Einfluß 1776 nach Weimar als Generalsuperintendent und Stadtprediger berufen wurde. Diesem stand er trotzdem anfangs sehr fern, näher der Herzogin Louise, dem freundlichen Wieland, Knebel und Einsiedel. Erst 1783 fand er sich mit Goethe, um sich, als dieser seinen Herzensbund mit Schiller schloß (1795), ihm wieder zu entfremden. 1788, 1789 in Italien, 1789 durch Goethes Vermittlung Vicepräsident des Konsistoriums, so daß er eine beabsichtigte Berufung nach Göttingen aufgab und in Weimar verblieb, wo er, von Amtsgeschäften überladen, überarbeitet und in heftiger Polemik gegen die Kantische Philosophie, mit seinen alten Freunden vielfach zerfallen, meist rein theologischer Schriftstellerei sich hingebend, den 18. Dezember 1803 starb, nachdem er nicht lange vorher (1801 Juni) zum Präsidenten des Oberkonsistoriums ernannt und (1801) vom Kurfürsten von Baiern in den Adelstand erhoben war. — Er ist es, der in seinen Schriften eine historische Auffassung der Geschichte des Menschengeschlechtes und der Kulturformen vertrat; Geschichte ist ihm die sich fortentwickelnde Erziehung zur Humanität; er lehrte eine historische Auffassung der Quellen der Religion gegenüber rationalistischer Auffassung; die Poesie ist ihm die Muttersprache des menschlichen Geschlechtes. Von diesem Gesichtspunkte aus entdeckte er erst wieder die Volkspoesie. Hauptschriften: „Fragmente über die neuere deutsche Litteratur" (1767 68); „Kritische Wälder" (1769); „Über den Ursprung der Sprache" (1772); „Auszug aus einem Briefwechsel über Ossian und die Lieder der alten Völker" (1773); „Älteste Urkunde des Menschengeschlechtes" (1774—1776); „Volkslieder" (1778, 1779); „Vom Geiste der Ebraeischen Poesie" (1782, 1783); „Ideen zur Philosophie der Geschichte der Menschheit" (1784—1791); „Zerstreute Blätter" (1785—1798); „Terpsichore" (1795 96); „Der Cid" (Tübingen 1805).

Johann Gottfried Herder

Aus Lavaters „Physiognomik" II. pag. 108 aus dem Jahre 1776. Verkleinerter [illegible]

Kritische Wälder.

Oder

Betrachtungen,

die

Wissenschaft und Kunst des Schönen

betreffend,

nach Maasgabe neuerer Schriften.

Leser, wie gefall ich dir?
Leser, wie gefällst du mir? Logau.

Erstes Wäldchen.

Herrn Leßings Laokoon gewidmet.

1769.

Titel des ersten Theiles der ersten Ausgabe von Herders „Kritische Wälder" (1769).

Johann Gottfried Herder, im 41. Lebensjahre,

gemalt von A. Graff, gestochen von [illegible] Kupferstich. — Aus dem bei Breitkopf und Härtel erschienenen Werke: „Bildnisse [illegible] berühmter Deutscher".

Maria Karoline Flachsland,

Herders Frau, geb. 28. Januar 1750 zu Reichenweier, mit ihm vermählt 2. Mai 1773, gest. zu Weimar 15. September 1809. — Nach Originalphotographie eines Ölgemäldes im Besitze ihres Enkels, des Herrn Staatsministers von Stichling zu Weimar, wiedergegeben.

Johann Gottfried Herder, etwa im 50. Lebensjahre
Gemalt von Kügelgen, gestochen von [illegible]. Ausschnitt

Auszug
aus einem
Briefwechsel
über
Ossian
und die
Lieder alter Völker.

Hamburg, 1773.
Bey Bode.

Titel der Separatausgabe von Herders erstem Werke über die Volkslieder, „Auszug aus einem Briefwechsel über Ossian und die Lieder der alten Völker“ (1773).
Erschien zuerst in dem von Goethe in demselben Jahre herausgegebenen Werk: „Von deutscher Art und Kunst“. — Nach dem Exemplare aus Herders Besitz

 57

Fabelliedchen.
Es sah' ein Knab' ein Rößlein stehn
Ein Rößlein auf der Heiden.
Er sah, es war so frisch und schön
Und blieb stehn, es anzusehen
Und stand in süssen Freuden.

Ich supplire diese Reihe nur aus dem Gedächtniß, und nun folgt das kindische Ritornell bey jeder Strophe:

Rößlein, Rößlein, Rößlein roth,
Rößlein auf der Heiden!
Der Knabe sprach: ich breche dich!
Rößlein ꝛc.
Das Rößlein sprach: ich steche dich,
Daß du ewig denkst an mich
Daß ichs nicht will leiden! Rößlein ꝛc.
Jedoch der wilde Knabe brach,
Das Rößlein ꝛc.
Das Rößlein wehrete sich und stach,
Aber er vergaß darnach
Beym Genuß das Leiden! Rößlein ꝛc

Ist das nicht Kinderton? Und noch muß ich Ihnen Eine Aenderung des lebendigen Gesanges melden. Der Vorschlag thut bey den Liedern des Volks eine so grosse und gute Würkung, daß ich aus Deutschen und Englischen alten Stücken sehe, wie viel die Minstrels darauf gehalten: und der ist nun noch im Deutschen wie im Englischen in den Volksliedern meistens der dunkle Laut von the in beyderm Geschlecht (de Knabe) 's statt das ('s Röß-
D 5 lein)

Seite 57 aus Herders „Auszug aus einem Briefwechsel über Ossian und die Lieder der alten Völker“ (1773)

Die Vignette auf dem Titel dieses bei Bode in Hamburg gedruckten Werkchens soll das Firmenzeichen der Lessing-Bodeschen Buchdruckerei sein, an welcher Lessing 1767 und 1768 Theil hatte, und welches dann von Bode allein angewendet wurde

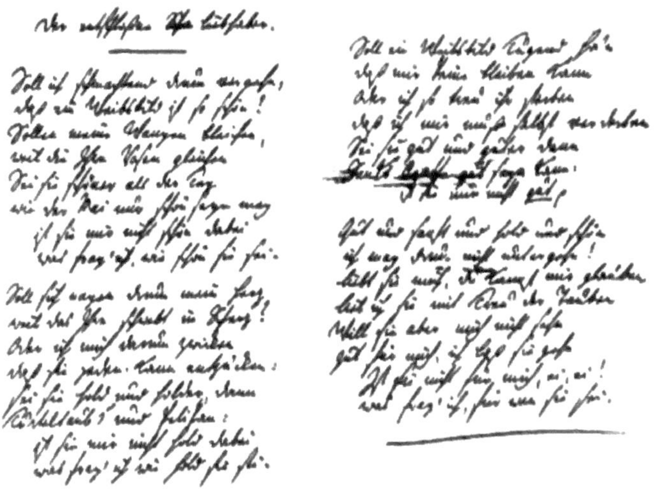

Spanisches Lied aus Herders Sammlungen zu den „Volksliedern“, eigenhändig; jetzt gedruckt in der von Prof. Suphan bearbeiteten kritischen Ausgabe von Herders Werken Band 25, pag. 277

Volkslieder

— Eines Veilchen in des Jahres Jugend, Des Frühlings der Natur, früh und nicht dauernd, Süß, aber bald dahin: der Duft, die Blüthe Von wenigen Minuten —

Shakespear's Hamle[t]

Erster Theil.

Leipzig,
in der Weygandschen Buchhandlu[ng]
1778

Titel des ersten Theiles der ersten Ausgabe Herders Volksliedern (1778).
Nach dem Exemplare der Münchener Bibliothek

Ideen
zur
Philosophie der Geschichte
der Menschheit

von
Johann Gottfried Herder.

— Quem te Deus esse
Jussit et humana qua parte locatus es in re
Disce — Pers.

Erster Theil.

Riga und Leipzig,
bei Johann Friedrich Hartknoch.
1784.

Titel des ersten Theiles der ersten Ausgabe von Herders „Ideen“ (1784)
Nach dem Exemplare der Münchener Bibliothek

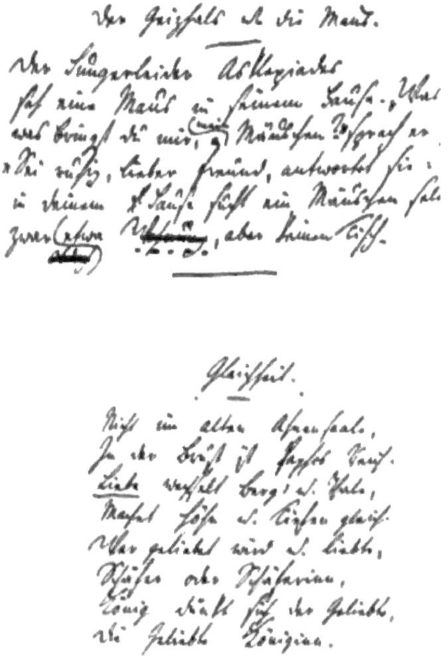

Zwei kleinere eigenhändige Gedichte Herders
Originale im Besitze der Verlagshandlung

Der Cid.

Nach Spanischen Romanzen

besungen

durch

Johann Gottfried von Herder.

Yo so Ruy Diaz el Cid Campeador
El poema del Cid.

Tübingen,
in der J. G. Cotta'schen Buchhandlung.
1806.

Titel der ersten Separatausgabe von Herders „Cid" (1806).
Aus der Bibliothek des Herrn Prof. Suphan, des Herausgebers der großen kritischen Ausgabe von Herders Werken.

Herders Büste in der Bibliothek zu Weimar, modelliert von A. Trippel während Herders Aufenthalt in Rom.
Nach Originalphotographie angefertigt.

Der Cid.

Geschichte des Don Ruy Diaz, Grafen von Bivar.
Nach Spanischen Romanzen.

1.

Trauernd tief saß Don Diego,
Wohl war keiner je so traurig;
Gramvoll dacht' er Tag' und Nächte
Nur an seines Hauses Schmach.
An die Schmach des edlen alten
Tapfern Hauses der von Lainez,
Das die Iñigo's an Ruhm,
Die Abarca's übertraf.
Tief gekränket, schwach vor Alter,
Fühlt' er sich dem Grabe nah,
Da indeß sein Feind Don Gormaz
Ohne Gegner triumphirt.
Sonder Schlaf und sonder Speise
Schläget er die Augen nieder,
Tritt nicht über seine Schwelle,
Spricht mit seinen Freunden nicht,
Hört nicht der Freunde Zuspruch,
Wenn sie kommen, ihn zu trösten,
Denn der Athem des Entehrten
Glaubt' er, schände seine Freunde.
Endlich schüttelt er die Bürde
Ab des grausam-stummen Grames,
Läßet bringen seine Söhne,
Aber spricht zu ihnen nicht;

Titel und Anfang von Herders Originalhandschrift des „Cid" aus Herders Nachlasse.

Lavater.

Johann Kaspar Lavater.

Nach einer Kreidezeichnung von H. Lips, im Besitze des Freien deutschen Hochstifts im Goethes Vaterhause zu Frankfurt a. M. Verkleinert.

Johann Kaspar Lavater, geb. 15. November 1741 zu Zürich, starb als Pfarrer am Ortenbach und Diakon der Peterskirche in seiner Vaterstadt, 2. Januar 1801. Ein wunderlicher Heiliger, den Stürmern und Drängern verwandt, doch von mystisch-pietistischen Grundanschauungen ausgehend. Bekannt ist sein Einfluß auf Goethe und sein intoleranter Streit mit Mendelssohn. Seine im Klopstockschen Sinne geschriebenen Lieder und geistlichen Epen sind heute vergessen, seine „Physiognomischen Fragmente" (1775 ff.), in dithyrambischer, aphoristischer Schreibart abgefaßt, und die großen, zu diesem Zwecke angelegten Sammlungen sind uns heute eine wichtige Quelle gleichzeitiger Bildnisse seiner berühmten Zeitgenossen.

[illegible]

Eigenhändiges Gedicht von Lavater aus dem Jahre 1790.

Original im Besitze der Verlagshandlung.

Suche nichts in dem schwachen Bild und dem schwächeren Urbild

Als den schwachen Sucher der suchenswerthesten Wahrheit.

L.

Eigenhändige Verse, welche Lavater unter ein Exemplar eines seiner Bildnisse schrieb

Original im Besitze des Herrn Kammerherrn von Donop in Frankfurt a/M.

Henrich Stillings

J u g e n d.

Eine

wahrhafte Geschichte.

Berlin und Leipzig,

bey George Jacob Decker.

1777.

Titel der ersten Ausgabe der von Goethe ohne Wissen Jung-Stillings herausgegebenen Jugendgeschichte desselben (1777).

Nach dem Exemplare der Königlichen Bibliothek zu Hannover.

Jung.

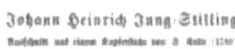

Johann Heinrich Jung-Stilling.

Ausschnitt aus einem Kupferstiche von E. Kohn (1780), nach einer Zeichnung von J. Sambach.

Titelkupfer von Chodowiecki zu Jung-Stillings „Jugend", aus der Ausgabe von 1779.

Der Pastor Stollbein sitzt im Lehnstuhle, neben ihm der junge Heinrich, rechts der alte Stilling und Wilhelm Stilling. Der Pastor hat Heinrich Stilling examiniert, ob er Latein kenne, Heinrich [illegible] seine [illegible] Eltern und wirft ihm den [illegible] Empörung. [illegible]

Johann Heinrich Jung, genannt Stilling, geb. 12. September 1740 zu Grund bei Hilchenbach, in dürftigen Verhältnissen aufgewachsen, schon mit dem 15. Jahre Schulmeister, dann bald Schneider bald wieder Schulmeister, durch Selbststudien zur Universität vorbereitet, studierte 1770 in Straßburg Medizin, wo er mit Goethe und dessen Freunden in Beziehung kam. 1772 Arzt in Elberfeld, dann (1778) Professor der Kameralwissenschaften in Kaiserslautern, in Heidelberg (1784), Marburg (1787); 1803 ward er nach Karlsruhe berufen, wo er den 2. April 1817 als geheimer Hofrath starb. Seine Selbstbiographie „Heinrich Stillings Jugend" (1777) gehört zu den besten Volksschriften; sie ist unsere erste klassische Dorfgeschich[te]. In ihr spiegelt sich der Ausdruck rührender kindlicher Frömmigkeit, wegen d[er] ihn Goethe seinerzeit in Straßburg schon stets in Schutz nahm. Die Fortsetzu[ngen] der „Jugend" sind die „Jünglingsjahre" (1778); die „Wanderschaft" (1778); d[as] „Häusliche Leben" (1789) und die „Lehrjahre" (1814). Sein pietistischer Ro[man] „Das Heimweh" (1794) wirkte in den weitesten Kreisen der ganzen christlichen We[lt].

Jean Jacques Rousseau (1712—1778), Johann Bernhard Basedow (1723—1790), Friedrich Maximilian von Klinger (1752—1831).

Jean Jacques Rousseau.

Ausschnitt aus dem Kupferstiche von J. F. Riedel (1761). — Nach dem Exemplare der k. k. Familienfideikommiß-Bibliothek in Wien.

Jean Jacques Rousseau, geb. 28. Juni 1712 zu Genf, starb 3. Juli 1778 in Ermenonville. Seine Lehren über die Nothwendigkeit der Rückkehr zu einer erträumten Natürlichkeit mit ihren praktischen Folgen auf die Umgestaltung der Erziehung („Emile, ou sur l'éducation", 1762), des Familienlebens („La nouvelle Heloise", 1759), des Staats und der Gesellschaft („Discours sur l'origine et le fondemens de l'inégalité parmi les hommes", 1753; „Du contrat social, ou principes du droit politique", 1762) waren auch für Deutschland und die Entwickelung der deutschen Litteratur (die Sturm- und Drangzeit, Genieperiode) von tief eingreifender, aufregender und anregender Bedeutung.

Johann Bernhard Basedow.

Kupferstich von Chodowiecki aus Nicolais Allgemeiner deutscher Bibliothek (1774). Gering verkleinerter Ausschnitt des inneren Bildteiles.

Johann Bernhard Basedow, geb. 11. September 1723 zu Hamburg, studierte 1744 zu Leipzig Theologie, 1749—1753 Erzieher zu Holstein, bis 1761 Professor an der Ritterakademie in Soröe, 1761—1771 Professor in Altona, mit Pension aus dem dänischen Staatsdienste entlassen, von Leopold Friedrich Franz, Fürsten von Anhalt, nach Dessau berufen, wo er seine Erziehungsanstalt, das „Philanthropin", eine Schule der Menschenfreundschaft, 1774 eröffnete. Er starb den 25. Juli 1790 zu Magdeburg, wo er sich in seinen letzten Lebensjahren periodisch oft aufhielt. Er suchte Rousseaus Ideen in seiner Art praktisch als Pädagoge durchzuführen, er kämpfte hiefür in zahlreichen Schriften mit unerschrockener Ausdauer, in uneigennützigster Weise stets bestrebt, der Menschheit zu nützen, für sie die Menschenrechte zurückzuerwerben, sie von Vorurtheilen zu befreien, zur Einfachheit und Natürlichkeit zurückzuführen. Sein pädagogisches Hauptwerk ist das „Elementarbuch" (1770 ff.).

Friedrich Maximilian von Klinger

Zeichnung von Goethe aus dem Jahre 1775. Nach dem Werke von Max Rieger „Klinger in der Sturm- und Drangperiode" (Darmstadt 1880). Verkleinert.

Sturm und Drang.

Ein Schauspiel

von

Klinger.

1776.

Titel der ersten Ausgabe von Klingers Schauspiel „Sturm und Drang" (1776). Format des Buches ist gewöhnliches Oktav.

Nach dem Exemplare der Darmstädter Bibliothek.

Friedrich Maximilian von Klinger, geb. wahrscheinlich 17. (getauft 18.) Februar 1752 zu Frankfurt a. M. in dürftigen Verhältnissen, studierte 1774 in Gießen, 1776 zu Goethe nach Weimar; Theaterdichter der Seylerschen Schauspielergesellschaft, 1778 im österreichischen, 1780 in russischen Militärdiensten. Hier in Rußland wurde er geadelt und stieg bis zum Generalleutnant. Seit 1820 pensioniert, starb er in Petersburg 25. Februar (9. März) 1831. Sein Schauspiel „Sturm und Drang" (1776) gab der gährenden Übergangsperiode, der Geniezeit, welche unserer klassischen Zeit voranging, den Namen. „Die Zwillinge" (1776) gewannen den von Schröder ausgesetzten Preis vor Leisewitzens „Julius von Tarent". Einer späteren abgeklärteren Dichtungsperiode gehören an namentlich seine Romane „Fausts Leben, Thaten und Höllenfahrt" (1791) und „Der Weltmann und der Dichter" (1798).

Erster Akt.

Erste Scene.

(Zimmer im Gasthofe.)

Wild. La Feu. Blasius.

(treten auf in Reisekleidern.)

Wild.

Heyda! nun einmal in Tumult und Lermen, daß die Sinnen herumfahren wie Dach-Fahnen beym Sturm. Das wilde Geräusch hat mir schon so viel Wohlseyn entgegen gebrüllt, daß mir's würklich ein wenig anfängt besser zu werden. So viel Hundert Meilen gereißt um dich in vergessenden Lermen zu bringen — Tolles Herz! du sollst mirs danken! Ha! tobe und spanne dich dann aus, labe dich im Wirrwar! — Wie ists Euch?

A 2 Blasius.

Erste Textseite der ersten Ausgabe von Klingers „Sturm und Drang" (1776).

Johann Heinrich Merck (1741—1791), Johann Michael Reinhold Lenz (1751—1792), Heinrich Leopold Wagner (1747—1779), Johann Jakob Wilhelm Heinse (1749—1803).

Johann Heinrich Merck.

Aus Lavaters „Physiognomischen Fragmenten" I, pag. 151 (1775). Originalgröße des Medaillons nach Umzeichnung

Johann Heinrich Merck, geb. 11. April 1741 zu Darmstadt, Kriegszahlmeister bei dem Kriegsdepartement mit dem Titel Kriegsrath daselbst, erschoß sich den 27. Juni 1791. Von großem Einflusse auf Goethe (sein „Mephisto" trägt Züge Mercks), vielfach thätig für die tonangebenden Zeitschriften seiner Zeit („Teutscher Merkur", „Deutsches Museum", Nicolais „Deutsche Bibliothek", „Die Frankfurter Anzeigen"), namentlich auch durch seine kunstgeschichtlichen Arbeiten von Bedeutung.

Johann Michael Reinhold Lenz.

Nach einer Handzeichnung von Pfenninger aus Lavaters Sammlung in der k. k. Familienfideikommiß-Bibliothek in Wien. Zum ersten Male hier veröffentlicht.

Lenz

Johann Michael Reinhold Lenz, geb. 12. Januar (a. St.) 1751 zu Seßwegen in Livland, trat auf seinen planlosen Reisen durch Deutschland Goethe und dessen Kreise in Straßburg (1771) näher, suchte ein Liebesverhältnis zu Goethes Friederike; vorübergehend in Weimar (1776), dann in der Schweiz, wo er wahnsinnig wurde (1777); in seiner Heimat geheilt, in Rußland halb verschollen gestorben in Moskau in der Nacht vom 23. auf 24. Mai (a. St.) 1792. — Der unstäteste, unbesonnenste unter den Dichtern der Geniezeit. — Für den Verfasser seiner Komödie „Der Hofmeister" (1774) konnte Goethe gehalten werden.

Johann Jakob Wilhelm Heinse, geb. 19. Februar 1749 zu Langenwiesen bei Ilmenau, den Gleimischen Kreisen in Halberstadt (bis 1774), dann den Jacobischen in Düsseldorf angehörig, machte längere Kunstreisen nach Italien, seit 1787 im Dienste des Kurfürsten von Mainz, gestorben (begraben?) 22. Juni 1803 zu Aschaffenburg als kurmainzischer Bibliothekar. Unter den Stürmern und Drängern der phantasievollste, aber auch sinnlichste; schamlose Übersetzung des „Petronius" (1773); „Laidion oder die eleusinischen Geheimnisse" (1774); „Ardinghello und die glückseligen Inseln" (1787); „Hildegard von Hohenthal" (1796). Übersetzer von Ariost und Tasso. Schöpfer des Kunstromans.

Johann Jakob Wilhelm Heinse.

Kupferstich von Heß nach dem Gemälde im Kupferstichkabinette zu München

Heinrich Leopold Wagner.
J. U. L. & Adv. Ord.

Heinrich Leopold Wagner.

Aus dem Besitze Dr. Spilling des Herrn Ministers Schleiermacher in Darmstadt. Das einzige bekannt gewordene Bild Wagners, hier zum ersten Male veröffentlicht. — Unterschrift aus einer Akte des Frankfurter Stadtarchivs

Heinrich Leopold Wagner, geb. 19. Februar 1747 zu Straßburg, dort und später im Goetheischen Kreise verkehrend, starb als Advokat den 4. März 1779 zu Frankfurt a. M. In der „Genieperiode" am meisten bekannt durch seine indiskrete Satire „Prometheus Deukalion" und seine Recensenten (1775); in seinem Trauerspiele „Die Kindsmörderin" (1776) verwendete er ihm von Goethe vorher mitgetheilte Gedanken aus dem geplanten „Faust".

An Chloe,
als sie am Bache lag und ihr Bild besah
Du braune Chloe, glaube mir
Du denkst, du siehest dich?
Die schönste Nymphe sieht nach
Und sie bewundert dich!

Eigenhändiges Gedicht von Heinse.

Aus Gleims Sammlungen in Halberstadt (Nr. 121 der Handschriften)

Friedrich Müller.
Radierung von Ludwig E. Grimm, Rom 1826. Nach dem Exemplare des Münchener Kupferstichkabinetts.

Friedrich Müller als Faun.
Handzeichnung von Genelli, etwas verkleinerte Nachbildung des im großherzoglichen Museum zu Weimar befindlichen Originals, hier zum ersten Male veröffentlicht.

Friedrich Müller (genannt Maler Müller), geb. 13. Januar 1749 zu Kreuznach, seit 1778 in Italien, convertierte in Rom zum Katholizismus, starb dort den 23. April 1825. Unter den Kraftgenies der weichste, aber so unstät und zerfahren wie diese, und nicht im Stande große Anläufe durchzuführen. „Die Schaf-Schur", eine pfälzische Idylle (1775); unter seinen „Balladen" (1776) der zum Volksliede gewordene Soldatenabschied „Heute scheid' ich, heute wandr' ich"; „Faust" (1776, 1777, 1778); „Golo und Genovefa" (1781, herausgegeben 1808). Als Maler „Teufelsmüller" genannt.

Bild für meine Seel erschaffen
Himmel süßes Engels Bild
Das im Schlafen und im Wachen
meine Phantasie erfüllt
Bild für das mein Herze brennt
Ewig brennt ungetrennt
Biß der Tod diß aug bricht
Biß mein geist der Erd entfliegt
Du allein kanst Ruhe geben
dieser Brust vom Kummer schwer-
e wer wollt auf Erden leben
Wenn die Liebe Sünde wär.

Eigenhändiges Gedicht von Friedrich Müller aus einem größeren Gedichte
Aus einem eigenhändigen Liederbuche Friedrich Müllers (circa 1774 geschrieben), im Besitze der Verlagshandlung.

Christian Friedrich Daniel Schubart.
Kupferstich von C. Pfenninger nach J. Oelenhainz, wenig verkleinerter Ausschnitt.

Christian Friedrich Daniel Schubart, geb. 24. März 1739 zu Obersontheim im Jagstkreise, 1768 Organist in Ludwigsburg, seines Amtes entsetzt, ausgewiesen, 1777—1787 auf dem Hohenasperg eingekerkert, dann Theaterdirektor und Hofdichter des Herzogs Karl, der ihn so grausam gefangen gehalten hatte, starb 10. Oktober 1791 zu Stuttgart. Durch Leben und Schicksale der charakteristischeste Vertreter der Stürmer und Dränger, leidenschaftlich und charakterlos. Unter seinen Gedichten ist bekannt geblieben: „Die Fürstengruft" (1782); „Friedrich der Große" (1787).

Musenalmanach für das Jahr 1770.
Göttingen bey Johann Christian Dieterich.

Titel des ersten deutschen Musenalmanachs, herausgegeben von Boie (1770).
Nach dem Exemplare der Göttinger Universitätsbibliothek.

Ludwig Christoph Heinrich Hölty, geb. 21. Dezember 1748 in Mariensee bei Hannover, studierte Theologie, brustkrank, starb, in Hannover Heilung suchend, den 1. September 1776. Seine Lieder und Elegien meist weich, häufig schwermuthsvoll, aber wahr und tiefsinnig. Seine Lieder: „Rosen auf den Weg gestreut", „Üb' immer Treu und Redlichkeit" sind Volkslieder geworden; „Elegie auf ein Landmädchen" (1771); Elegie: Vermächtnis (1775) „Ihr Freunde hänget, wenn ich gestorben bin".

Boie

Heinrich Christian Boie.
[illegible] (1791).

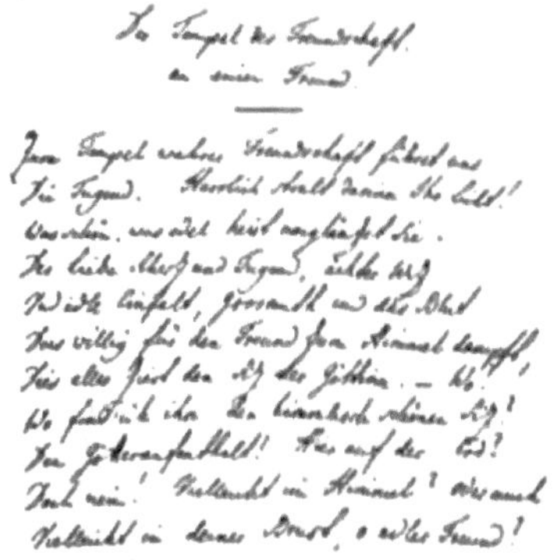

Der Tempel der Freundschaft.
an einen Freund.

Zum Tempel wahrer Freundschaft führet nur
Die Tugend. Herrlich strahlt darinn ihr Bild!
[illegible]
[illegible]
[illegible]
[illegible]
[illegible]
Wo find' ich ihn den himmlisch schönen Sitz?
Den Götteraufenthalt! Hier auf der Erd?
Doch nein! Vielleicht im Himmel? oder auch
Vielleicht in deiner Brust, o edler Freund!

Eigenhändiges Gedicht von Boie.
Aus Nr. 143 der Handschriften der Gleimschen Sammlungen zu Halberstadt.

L'ALMANACH DES MUSES,

CONTENANT

Un choix des meilleures Pièces de Poësies fugitives, qui ont paru en 1764;

AVEC DES REMARQUES.

A PARIS.

M. DCC. LXV.

Titel der ersten Ausgabe des ersten französischen Musenalmanachs von 1765, des Vorbildes der deutschen Musenalmanache.
Nach dem Exemplare der herzoglichen Bibliothek in Gotha.

Heinrich Christian Boie, geb. wahrscheinlich 19., getauft 21. Juli 1744 zu Meldorf (Holstein), seit 1769 Mittelpunkt der Göttinger Dichter, starb als Landvogt 25. Februar 1806 zu Meldorf. Weniger durch eigene Leistungen bedeutend als durch seine Herausgabe des „Göttinger Musenalmanach", des ersten deutschen (1770—1775), des „Teutschen Museums" (1776—1788) und des „Neuen teutschen Museums" (1789—1791). Bedeutender Übersetzer.

Hölty

Ludwig Christoph Heinrich Hölty
Vor dem von Voß auf 1778 herausgegebenen Musenalmanache. Kupfer von Chodowiecki nach einem [illegible]; Engelmann, Chodowiecki, Nr. 197. — Nach dem Exemplare der Münchener Bibliothek. Das einzige echte Bildnis Höltys.

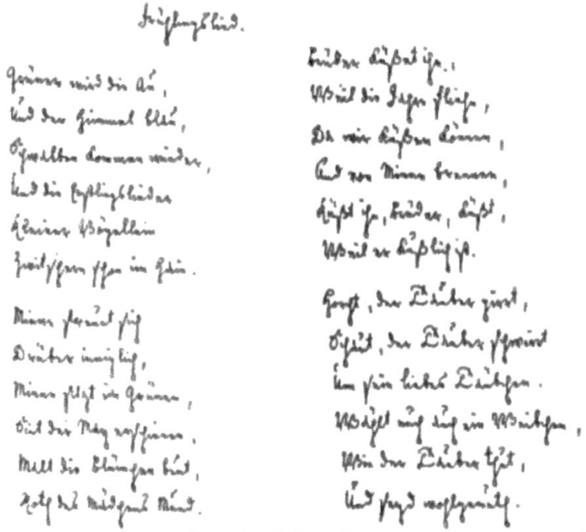

Frühlingslied.

Grüner wird die Au,
Und der Himmel blau,
Schwalben kommen wieder,
Und die Frühlingslieder
Kleiner Vögellein
Zwitschern froh im Hain.

Minna freuet sich
Brüder inniglich,
Minna pflückt im Grünen,
Weil der May erschienen,
[illegible]
[illegible]

Brüder küsset sie,
Weil die Tage fliehn,
Da wir küssen können,
Und von Minne brennen,
Küßt sie, Brüder, küßt,
Weil es köstlich ist.

Horcht, der Täuber girrt,
Schaut, der Täuber schwirrt
Um sein liebes Täubchen.
Wählt auch euch ein Weibchen,
Wie der Täuber thut,
Und seyd wohlgemuth.

Hölty

Eigenhändiges Gedicht von Hölty
Original im Besitze des Herrn Geheimen Rechnungsraths Warnecke in Berlin.

Friedrich Leopold Graf zu Stolberg-Stolberg aus späterer Zeit.

Nach dem Gemälde von J. F. [illegible] gestochen von J. G. von Müller — Verlag verkleinerter Nachschnitt nach dem Exemplare des Germanischen Museums in Nürnberg

Mein Vaterland.

Das Herz gebeut mir! Siehe, schon schwebt
Voll Vaterlandes Stolz mein Gesang,
Stürmender schwingen sich Adler
Nicht, und Schwäne nicht tönender!
An fernem Ufer rauschet sein Flug,
Und staunt der Welle zu; zürnend erhallt
Donnernd, schäumend Wogen,
Denn ich singe mein Vaterland.
Ich achte nicht des spottenden Blicks,
Des Käufers nicht, des Schimmernden nicht!
Mitten im [illegible] [illegible]
Singe Stolberg sein Vaterland!
O Land der alten Treue! [illegible] Muthig
Sind deine Männer, sanft und gerecht,
Keusch die Mädchen und sittsam,
[illegible] [illegible] die Jünglinge.

Anfang der Ode Friedrich Leopold Graf von Stolbergs „Mein Vaterland“.

Original im Besitze der Verlagshandlung

Jugendbild von Christian Graf zu Stolberg-Stolberg

Handzeichnung in [illegible] Sammlung in der k. k. Familienfideikommiß-Bibliothek in Wien. — Hier zum ersten Male veröffentlicht

Friedrich Leopold Graf zu Stolberg-Stolberg, geb. 7. November 1750 zu Bramstedt bei Segeberg in Schleswig-Holstein, studierte in Göttingen, dort Mitglied des „Hains“, 1791 fürstbischöflich Lübeckischer Regierungspräsident zu Eutin, konvertierte 1800 zum Katholizismus, starb auf seinem Gute Sondermühlen bei Osnabrück, 5. Dezember 1819. — Unter seinen Gedichten sind die vaterländischen Oden von bleibendem Wert. — Übersetzer aus Aeschylos, Plato, Homer, Ossian.

Christian Graf zu Stolberg-Stolberg, geb. 15. Oktober 1748 in Hamburg, starb als dänischer Geheimer Konferenzrath, Kammerherr und Landrath auf seinem Gut Windebye bei Eckernförde, 18. Januar 1821. Seine Gedichte und Übersetzungen weniger bedeutend als die seines Bruders.

Friedrich Leopold Graf zu Stolberg-Stolberg

Jugendbild nach einer Handzeichnung in der [illegible] Sammlung auf der k. k. Familienfideikommiß-Bibliothek in Wien. — Nachschnitt. — Hier zum ersten Male veröffentlicht

Gottfried August Bürger (1747—1794).

Gottfried August Bürger, unser volkstümlichster Balladendichter, geb. in Molmerschwende bei Harzgerode den 31. Dez. 1747, besuchte die Schule in Aschersleben (1760), das Hallische Pädagogium (1762), bezog die Universität Halle (1764), um Theologie zu studieren; der schlimme Einfluß Klotzens war für sein ganzes Leben verhängnisvoll. 1768 erlaubte sein mütterlicher Großvater Bauer in Aschersleben, der für ihn nach dem Tode seines Vaters (1764) gänzlich sorgte, daß er 1768 in Göttingen die Rechte studiere. Dieser entzog ihm seine Unterstützung, da sein Leben auch dort sich nicht innerhalb der Schranken guter Sitte hielt. 1772 wurde er Amtmann des Uslarischen Gerichtes Altengleichen, dessen Nähe bei Göttingen ihm den Verkehr mit den Dichtern des „Hains" ermöglichte. Bürger war nicht zur Verwaltung eines Amtes geschaffen; er gab diese Stelle 1784 wieder auf. Inzwischen (22. Nov. 1774) hatte er sich mit Dorothea Marianne Leonhart (Dorette; geb. 5. Okt. 1756 in Groß-Lengden) verheiratet; sie starb den 30. Juli 1784, worauf er (27. Juni 1785) deren Schwester Eva Auguste Maria Wilhelmine (geb. 21. August 1758), die schon vorher in seinen Liedern von ihm gefeierte „Molly", heiratete. Das Glück, welches er an ihrer Seite jetzt finden wollte, dauerte nicht lange, sie starb ihm schon den 9. Januar 1786. Bürger hatte sich bald nach Aufgeben seiner amtlichen Stellung (1784) in Göttingen als Docent niedergelassen; seine bedrängte Lage besserte sich dort wenig; eine außerordentliche Professur (1789) half ihm auch nichts, da sie ohne Gehalt war. Eine dritte Vermählung mit Elise Hahn (geb. 19. Nov. 1769 zu Stuttgart, gest. 24. Nov. 1833 zu Frankfurt a. M.), welche er im Okt. 1790 schloß, war die unglücklichste seiner Ehen; 1792 wurde sie gerichtlich wieder getrennt. Bürger erlebte noch Schillers scharfe Kritik seiner Gedichte (1791). Er starb 8. Juni 1794 zu Göttingen. Bürger ist der Erneuerer der volkstümlichen Ballade und ihr größter Vertreter, seine lyrischen Gedichte sind der Ausdruck wahren tiefen Gefühls. Von Balladen seien hier genannt: „Lenore" (1774), „Entführung der Europa" (1777), „Das Lied vom braven Manne" (1776), „Die Weiber von Weinsberg" (1774), „Der Kaiser und der Abt" (1784), „Die Kuh" (1784), „Der wilde Jäger" (1786), „Der Ritter und sein Liebchen" (1775), „Bruder Graurock" (1777), „Des Pfarrers Tochter zu Taubenheim" (1781), „Frau Schnips" (1777). Das Trinklied: „Ich will einst bei Ja und Nein" (1777) wird noch heute gesungen.

Gottfried August Bürger.

Nach der Originalzeichnung von [illegible] (jetzt im Besitze des Herrn Dr. [illegible] in Hannover-[illegible]) wiedergegeben.

Minnelied.

[illegible]

Anfang eines eigenhändigen Gedichtes von Bürger.

Original im Besitze der Verlagshandlung.

Kupfer von Chodowiecki zu Bürgers „Lenore", gestochen 1789.

Engelmann, Chod. 612.

Links (1) und rechts (2) zwei Kupfer von Chodowiecki zu Bürger:

1) „Das Lied vom braven Manne"

[illegible] Engelmann, Chod. [illegible]

2) „Bruder Graurock und die Pilgerin"

Der Klosterbruder erkennt seine als Pilgerin verkleidete frühere Geliebte. Engelmann, Chod. [illegible]

Diese beiden Kupfer erschienen zuerst in der Göttinger Ausgabe von Bürgers Gedichten 1778.

Johann Heinrich Voß.

Gemalt von Wilhelm Tischbein [illegible] 1826. [illegible]

Homers Odüßee

überſezt

von

Johann Heinrich Voß.

Hamburg,
auf Koſten des Verfaſſers.
1781.

Titel der erſten Ausgabe von Voßens Überſetzung von „Homers Odyſſee“ (1781).

Der Pfarrer und ſeine Familie mit dem zukünftigen Schwiegerſohne

Luiſe und Walter, voran Karl, gehen zu den im Kahne landenden Eltern

Der Pfarrer mit dem von Walter ihm geſchenkten Pfeifenrohre

[illegible]

Johann Heinrich Voß (1751—1826).

Johann Heinrich Voß, geb. 20. Februar 1751 zu Sommersdorf in Mecklenburg, in armen Verhältnissen groß geworden, 1766—1769 auf dem Gymnasium zu Neubrandenburg, 1769—1772 Hauslehrer; durch Boies Vermittlung, welchem er einige Gedichte für den Göttinger Musenalmanach zugeschickt hatte, wurde es ermöglicht, daß er 1772 die Universität Göttingen beziehen konnte, wo er anfangs Theologie, dann Philologie studierte. Natürlich wurde er Mitglied des „Hains". 1775 übernahm er den von Boie herausgegebenen Musenalmanach, welchen er bis 1800 redigierte; 1775—1778 lebte er in Wandsbeck, verheiratete sich 1777 mit Ernestine Boie (der Luise in seiner gleichnamigen Idylle), wurde 1778 Rector der Schule zu Otterndorf im Lande Hadeln, war dann 1782—1802 Rector der Schule in Eutin, wurde 1786 zum Hofrath ernannt; 1802 pensioniert, lebte er bis 1805 in Weimars klassischen Kreisen, ging dann nach Heidelberg, wo er, ohne eigentlich der Universität anzugehören, auch Vorlesungen hielt, und starb daselbst den 29. März 1826. Vossens Hauptdichtungen sind seine Idyllen, namentlich seine „Luise" (einzelne Gesänge zuerst 1784) und: „Der siebzigste Geburtstag" (1781). Seine übrigen Idyllen (darunter auch plattdeutsche), Oden und lyrische Gedichte (Gedichte 1785, II 1795; Idyllen 1801) sind kaum noch gelesen. Meisterhaft sind seine metrischen Uebersetzungen aus dem klassischen Altertume: „Homer" (seit 1777) und „Vergils Landbau" (1789). Den von Boie gegründeten Göttinger Musenalmanach gab er 1776—1800 (der auf 1799 erschien nicht) zum Theil mit Göckingk zusammen heraus. Seine Ausgabe der Gedichte Höltys (1783) ist eine willkürliche. — Zu nennen ist noch seine „Zeitmessung der deutschen Sprache" (1802).

LUISE

EIN LÆNDLICHES GEDICHT

IN DREI IDYLLEN

VON

JOHANN HEINRICH VOSS.

KÖNIGSBERG *MDCCXCV.*

BEI FRIEDRICH NICOLOVIUS.

Titel der ersten Ausgabe von Vossens „Luise" (1795), von welcher einzelne Stücke schon 1784 erschienen waren

Der Kupferstich ist von [illegible] nach einer Zeichnung von Chodowiecki; er stellt das Hochzeitsmahl dar, von welchem sich das junge Paar eben entfernt.

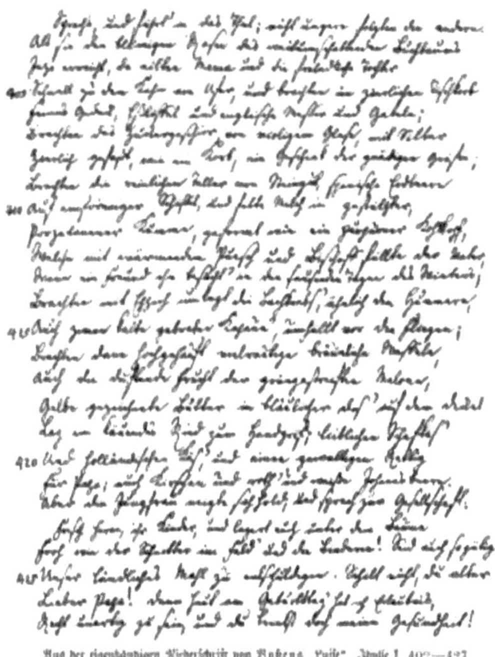

Aus der eigenhändigen Niederschrift von Vossens „Luise", Idylle I. 402—427.

Aus der in der Gleim'schen Sammlung zu Halberstadt aufbewahrten Originalniederschrift (Nr. 16 der Handschriften)

Das Brautpaar am Clavier, im Zimmer die übrigen Mitglieder der Pfarrersfamilie und die beiden Gräfinnen.

Die Mutter wischt die [illegible], [illegible] Dämmerung die Augen nicht zu verderben

Walter umarmt Luise auf ihrem Zimmer, wo sie die junge Gräfin bräutlich geschmückt hatte

Vor der Trauung

Der Pfarrer erzählt den [illegible], der Mutter, dem Bruder Carl, den beiden Gräfinnen manche rührende Geschichte von Luise, welche weinend vor ihm steht

Kupfer zu Vossens „Luise" von Chodowiecki aus Beckers „Almanach für 1798"

Engelmann, Chod. 841—843

Johann Anton Leisewitz.

Kupferstich von [illegible] nach Zeichnung von [illegible].

Johann Anton Leisewitz, geb. 9. Mai 1752 in Braunschweig, studierte seit dem Wintersemester 1770 in Göttingen die Rechte, schöne Wissenschaften und Geschichte, wurde 2. Juli 1774 Mitglied des „Hains" nicht lange vor dessen Aufhören. Nach kurzem Aufenthalte in Hannover ging er als Advocat nach Braunschweig (1775), wurde 1778 Landschaftssecretär, erhielt 1781 ein Canonicat an St. Blasien, starb in Braunschweig den 10. September 1806 als Geheimer Justizrath. Sein Trauerspiel „Julius von Tarent" (geschrieben 1774, zuerst gedruckt 1776) verschaffte ihm bei seinen Zeitgenossen großen Ruf, wiewohl es in der Concurrenz gegen Klingers „Zwillinge" unterlegen war. Es blieb sein einziges; er veröffentlichte auch zwei Dialoge: „Die Pfandung", „Der Besuch um Mitternacht" (1775).

Johann Martin Miller.

[illegible] aus dem Jahre 1776, im Besitz von [illegible] in Ulm, [illegible]

Julius von Tarent,

Ein Trauerspiel.

Leipzig,
in der Weygandschen Buchhandlung.
1776.

Titel der ersten Ausgabe von Leisewitz' „Julius von Tarent" (1776).

Siegwart.

Eine Klostergeschichte.

Erster Theil.

Leipzig
in der Weygandschen Buchhandlung.
1776.

Titel des ersten Theiles der ersten Ausgabe von Millers „Siegwart" (1776).

Johann Martin Miller, geb. zu Ulm 3. December 1750, kam zum Wintersemester 1770 nach Göttingen, um Theologie zu studieren, wurde einer der Mitstifter des „Hains" (12. September 1772), seit 1775 Vicar und Gymnasiallehrer in Ulm, 1780 Pfarrer der Ulmer Filiale Jungingen, 1781 außerordentlicher Professor am Gymnasium, 1783 Prediger am Münster zu Ulm, 1801 Consistorialrath, 1804 Districtsdecan und Prediger an der Dreifaltigkeitskirche, 1810 wieder Prediger am Münster, geistlicher Rath und Decan, starb in Ulm 21. Juni 1814. Miller ist der eigentliche Dichter der weinerlichen Empfindsamkeit, namentlich in seinem „Siegwart" (1776). Schrieb ferner: „Beitrag zur Geschichte der Zärtlichkeit. Aus den Briefen zweier Liebenden" (1776), „Geschichte Carls von Burgheim und Emiliens von Rosenau" (1778—1779). Er galt unter den Göttingern als der bedeutendste Lyriker (Gedichte 1783); manche seiner Lieder wurden viel gesungen, so aus „Siegwart": „Alles schläft, nur leise schallet Mariannens Stimme noch"; „Was ist Lieb', ein Tag des Maien"; „Es war einmal ein Gärtner". — Ferner das Studentenlied: „Auf, ihr meine deutschen Brüder" (1772). — Heute ist am bekanntesten: „Was frag' ich viel nach Geld und Gut" (1776).

Mathias Claudius (1740—1815), **Leopold Friedrich Günther von Göckingk** (1748—1828).

Mathias Claudius, geb. 15. (getauft 17.) August 1740 zu Reinfeld bei Lübeck, studierte 1759—1763 in Jena Theologie, dann Rechtswissenschaft, war 1764 Privatsecretär in Kopenhagen, lebte dann bei seinem Vater, war 1768—1770 Mitarbeiter der Adreß-comptoir-Nachrichten in Hamburg, 1771—1775 Redacteur des „Wandsbecker Bothen“ in Wandsbeck, 1776 Oberlandescommissär in Darmstadt, seit 1777 wieder in Wandsbeck, wo er auch blieb, als er 1788 Revisor der Schleswig-Holsteinischen Bank zu Altona wurde. Er starb den 21. Januar 1815 in Hamburg im Hause seines Schwiegersohnes Friedrich Perthes, wo er seit dem Winter 1814 weilte. — Die Gedichte, Erzählungen, Briefe dieses behaglichen, launigen und dabei kindlich-frommen Mannes sind gesammelt von ihm herausgegeben in: „Asmus omnia sua secum portans, oder sämmtliche Werke des Wandsbecker Boten“ (1775—1812). Hieraus die Lieder: „Stimmt an mit hellem hohem Klang“ (1773), „Bekränzt mit Laub den lieben vollen Becher“ (1775), „War einst ein Riese Goliath“ (1777), „Der Mond ist aufgegangen“ (1778), „Der Winter ist ein rechter Mann“ (1782), „Wir pflügen und wir streuen“ (1782), „Wenn Jemand eine Reise thut“ (1785).

Mathias Claudius.

Verkleinerter Nachschnitt aus der Lithographie von Otto Speckter, nach dem Ölgemälde von [illegible].

Leop. Friedr. Günther von Göckingk, geb. zu Gröningen bei Halberstadt 13. Juli 1748, studierte seit 1764 in Halle Rechtswissenschaft, war 1768 Referendar bei der Kriegs- und Domänenkammer (Regierung) zu Halberstadt, wo er von Gleim vielfache Anregung erhielt. 1770 Kanzleidirector zu Ellrich im Harz, 1786 Kriegs- und Domänenrath in Magdeburg, 1788 Land- und Steuerrath und königl. Preuß. Commissar in Wernigerode; wurde 1789 (22. Juni) geadelt und kam 1793 als geh. Finanz-, Kriegs- und Domänenrath, später geh. Oberfinanzrath nach Berlin. Aus dieser Stellung wurde er 1803 beurlaubt, um das neu gegründete Fürstenthum Fulda zu organisieren. Nach Ablauf seines einjährigen Urlaubs kehrte er nach Berlin zurück, nahm 1806 oder 1807 seinen Abschied, lebte als Privatmann theils hier, theils in Deutsch-Wartenberg, wo er den 18. Februar 1828 starb. Werke: „Sinngedichte“ (1772, 1778), „Lieder zweier Liebenden“ (1777), „Sämmtliche Gedichte“ (1780—1782, hierin auch seine Episteln). 1776—1778 redigierte er den Göttingischen, 1780—1788 mit Voß zusammen den Hamburgischen Musenalmanach.

Günther von Göckingk.

Gemalt von Anton Graff, gestochen von J. F. Bause 1787. Getreu verkleinerter Ausschnitt. Original jetzt im Besitze des Herrn [illegible] Freiherrn von [illegible] in [illegible].

Eigenhändiges Gedicht von Göckingk.

Original im Besitze des Herrn Kammerherrn v. Göckingk in Wiesbaden, eines Urenkels des Dichters.

Johann Caspar Goethe
Kaiserl. würckl. Rath

Goethes Vater.

Nach colorierter Handzeichnung in Lavaters Sammlung der k. k. Familienfideicommiß-Bibliothek zu Wien; gering verkleinert. Vorlage zu dem Stiche in Lavaters „Phys. Fragm." III. (1777), Seite 221. — Directe Wiedergabe.

Goethes Geburtshaus in Frankfurt a. M. nach dem Umbaue von 1755, jetzt großer Hirschgraben Nr. 23.

Eine Abbildung, welche die Vorderseite vor dem Umbaue darstellt, als das jetzt zu einem Hause vereinigte Hauptshaus und Nebenhaus noch getrennt waren, ist nicht überliefert. Goethes Mutter verkaufte das Haus am 1. Mai 1795. Seitdem wurde es durch spätere Besitzer vielfach im Inneren und Äußeren verändert. Es ist das große Verdienst des Dr. O. Volger aus Hannover, des Gründers des Freien Deutschen Hochstiftes, für dieses das Haus 1863 angekauft und seine allmähliche Wiederherstellung veranlaßt zu haben. — Kupferstich aus dem Jahre 1820, als es von den großen entstellenden Veränderungen, welche namentlich 1836 und 1841 stattgefunden haben, noch unberührt war. — Originalgröße.

Johann Kaspar Goethe, getauft 31. Juli 1710 zu Frankfurt am Main, Sohn des aus Artern bei Mansfeld stammenden, seit 1687 in Frankfurt als Bürger und Schneidermeister ansässigen Friedrich Georg Goethe und seiner zweiten Frau Cornelia Schelhorn, geb. Walther, der Besitzerin des Gasthauses „zum Weidenhofe". Er studierte in Leipzig die Rechte, wurde in Gießen 1738 zum Dr. jur. promoviert, machte große Reisen, namentlich nach Italien, wurde von Kaiser Karl VII. 1742 zum wirklichen kaiserlichen Rathe ernannt, lebte ohne sonstige öffentliche Stellung, starb zu Frankfurt den 25. Mai 1782.

Frau Aja

Goethes Mutter.

Nach colorierter Handzeichnung in Lavaters Sammlung der k. k. Familienfideicommiß-Bibliothek zu Wien. — Directe Wiedergabe. (Vergl. Lavater, Phys. III., Nr. 147 der Winterthur'schen Ausgabe.)

Katharina Elisabeth Goethe, geb. Textor, getauft 19. Februar 1731 in Frankfurt, Tochter des Stadtschultheißen Johann Wolfgang Textor und seiner Gattin Anna Margaretha geb. Lindheimer, vermählt 20. August 1748, gest. zu Frankfurt den 13. September 1808.

Goethes Schwester Cornelia.

Nach Goethes eigener Zeichnung, welche er 1773 auf den Rand eines Correcturbogens des „Götz von Berlichingen" machte. Aus der Goethe-Sammlung des Buchhändlers Dr. Sal. Hirzel in Leipzig, jetzt im Besitze seines Sohnes, des Herrn Heinrich Hirzel. (Vergl. Lavater, Phys. III., Nr. 148 der Winterthur'schen Ausgabe.)

Cornelia Friederike Christiane Goethe, geb. 7. December 1750 in Frankfurt, vermählt 1. November 1773 mit Johann Georg Schlosser, gest. den 8. Juni 1777 in Emmendingen. Seit 1761 war sie Wolfgangs einzige Schwester und Jugendgespielin. — Goethes übrige Geschwister waren: Hermann Jakob, getauft 27. November 1752, beerdigt den 13. Januar 1759; Katharina Elisabetha, getauft 9. September 1754, beerdigt den 22. December 1755; Johanna Maria, getauft 29. März 1757, beerdigt den 11. August 1759; Georg Adolph, getauft 15. Juni 1760, beerdigt den 18. Februar 1761.

Puppentheater.

Die im Frankfurter [illegible] aufbewahrten Reste gehören den beiden Puppentheatern an, von welchen wir in „Dichtung und Wahrheit" und in „Wilhelm Meister" so anschauliche Schilderung erhalten. Das erste Puppentheater schenkte die [illegible] auf Weihnachten 1753 von der Großmutter Frau Cornelia; auf Weihnachten 1756 wurde das alte Puppentheater von 1753 mit Hilfe des „jungen Lieutenants von der bürgerlichen Artillerie" ergänzt. Es war eigentlich nur für die Aufführung des „Goliath" eingerichtet. — Nach der Zeichnung in den Berichten des Freien Deutschen Hochstifts, Jahrgang 1882/83, welche einen sehr ausführlichen Aufsatz über das Puppentheater von Dr. Ludwig [illegible] enthalten, mit dessen Erlaubnis hier die Wiedergabe erfolgt.

Herr Bischoff von
Breßlau
Ich habe ihren Brief vom
30ten Jan. erhalten dessen
Inhalt mich wohl hätte
hintergehen können, wenn
ich nicht schon durch die
Unwandelbarkeit ihrer
vergangenen Bezeugungen
wären vorbereitet gewe-
sen. Dieses ist mit zu
kentbaren Umständen
begleitet gewesen, als daß
sie sich solche selbst hätten
verhehlen können.

Deutsche Niederschrift eines dem Knaben Goethe vom Vater zum Überse
in das Lateinische (im März?) 1758 vorgelegten Briefes Friedrichs d. (
an den Fürstbischof von Breslau

Aus dem in der Frankfurter Stadtbibliothek aufbewahrten Hefte „Labores juveniles". Im Origi[illegible] [illegible] die lateinische Übersetzung, welche der Knabe anfertigte, [illegible]. Es wollte der Vater den Kna[illegible] [illegible] zu machen. Französisches Original vom 15. Februar 1758, abgedruckt nach Publikationen aus den Königl. Preuß. Staatsarchiven, XVIII, [illegible]

Silhouette Goethes

Wahrscheinlich nach dem Jahre 1762 angefertigt. Original im Besitze des Herrn Advokaten [illegible] in Budapest. ([illegible], Goethebildnisse [illegible]) Originalgröße. Zweite Wiedergabe. (Vergl. [illegible] Zarncke im Litter. Centralblatt, 1884, Nr. 22, Sp. 771.)

Johannes Wolfgang Goethe

Goethes Name aus der „Stechschrift", womit er am 29. März 1757 zwischen 20 Kämpfern den vierten Platz erhielt.

Aus den „Labores juveniles" von Goethe auf der Frankfurter Stadtbibliothek

Wichtigste Daten aus Goethes Leben 1749—1765.

Geburt Donnerstag den 28. August 1749, Mittags 12 Uhr, zu Frankfurt am Main. Leitung der Erziehung durch den Vater. Der Knabe besuchte nur kurze Zeit im Sommer eine öffentliche Schule. Die „Fritzische" Gesinnung des Vaters und des Sohnes. Das Puppentheater. Besetzung Frankfurts durch die Franzosen (1759). Der Königsleutnant Thoranc im Hause als Einquartierung (1759—1761). Besuch des französischen Theaters, Verkehr mit den Schauspielern, Ausbildung in der französischen Sprache; der Knabe verfaßt ein französisches Nachspiel (1760); Entwürfe deutscher Schauspiele nach französischem Muster (1763), von denen später „Die Laune des Verliebten" und „Die Mitschuldigen" bearbeitet wurden. Kunstneigung, gefördert durch Thoranc; Verkehr bei Uffenbach, Dienschlager, Hüsgen, Häckel; Bekanntschaft mit den Werken von Hagedorn, Brockes, Haller, der „Insel Felsenburg"; Wirkung von Klopstocks Messias; Verhältnis zu Gretchen. Versuche in deutschen Gelegenheitsgedichten; ältestes erhaltenes Gedicht: „Die Höllenfahrt Christi" (1765). Abgang zur Universität Leipzig, Herbst 1765.

Angebliches Bild von Goethes Jugendfreundin Gretchen.

Direkte, gering verkleinerte Wiedergabe einer Tuschzeichnung in Goethes Geburtshause, welche Goethe als Knabe gefertigt haben soll. — Gretchen gehörte niederem Stande an, der Knabe Goethe verkehrte mit ihr 1763 und 1764. An dem Arme dieses [illegible] Mädchens, welches die Neigung des [illegible] durch [illegible] Freundschaft erwiderte, besuchte Goethe die Illumination bei der Kaiserkrönung (3. April 1764). Die Freundschaft nahm kurz darauf ein jähes Ende.

Mit Friederike Elisabeth Oeser, geb. 1748, gest. unvermählt 13. Juni 1829, verkehrte Goethe seit dem Sommer 1766, namentlich auf dem Oeserschen Landgute Doelitz, häufiger, seitdem Käthchen sich merklich zu Dr. Kanne hinneigte. An Friederike Oeser übergab Goethe, kurz vor seiner Abreise aus Leipzig, ein Heft seiner von Bernh. Theod. Breitkopf componierten Lieder (erschienen ohne Goethes Namen unter dem Titel: „Neue Lieder in Melodien gesetzt von Bernhard Theodor Breitkopf, Leipzig bey Bernhard Christoph Breitkopf und Sohn 1770“).

Unwiderstehlich muß die Schöne uns entzücken,
Die frommer Andacht Reize schmücken;
Wenn jemand diesen Satz durch Zweifeln noch entehrt,
So hat er dich niemals als Helena gehört.

◆ ◆ ◆

Ehrengedicht für Corona Schröter, nach der Aufführung des Hasse'schen Oratoriums „Santa Elena al Calvario“, December 1767.

Aus: „Wöchentliche Nachrichten und Anmerkungen die Musik betreffend“, Leipzig 1767. [illegible]

Friederike Oeser.

Gemalt von ihrem Vater Ad. Friedr. Oeser, radiert von Bause 1777. [illegible]

Käthchen Schönkopf.

Nach einer Silhouette in dem Werke von Otto Jahn: „Goethes Briefe an Leipziger Freunde“. [illegible] Das Original war nicht mehr zu erreichen.

Wichtigste Daten aus Goethes Leben 1765—1768.

Immatriculation des schon vom Vater juristisch vorbereiteten Studenten am 19. October 1765 in Leipzig; geringe Neigung zu juristischen Studien; Colleg bei Gellert; Mittagstisch bei Schönkopfs; Käthchen; Kunstschule bei Oeser; Riekchen Oeser; Radieren bei Stock; Studium von Wieland („Musarion“), Lessing, Winckelmann; Besuch der Kunstschätze zu Dresden; Erkrankung (Blutsturz). Abreise nach Frankfurt den 28. August 1768. — Arbeiten dieser Zeit: „Parodie auf Clodius“, „Neue Lieder“, „Die Laune des Verliebten“, „Die Mitschuldigen“.

Oesers Vorhang zum neuen am 6. October 1766 eingeweihten Leipziger Stadttheater.

[illegible]

Anna Katharina Schönkopf, Tochter des Leipziger Weinwirthes Christian Gottlob Schönkopf, geb. zu Leipzig 22. August 1746, gest. daselbst den 20. Mai 1810. Goethe hatte bei ihrem Vater seit dem Sommer 1766 seinen Mittagstisch. Der Verkehr im Schönkopfschen Hause gestaltete sich zu einem sehr vertrauten; seine Neigung zu der drei Jahre älteren Tochter des Hauses wurde von ihr erwiedert. Noch von Frankfurt aus schrieb ihr Goethe wiederholt; im Mai 1769 erfuhr er, daß sie sich mit Dr. Karl Kanne (späterem Bierbürgermeister von Leipzig) verlobt habe. Sie heiratete diesen den 7. März 1770; Goethes letzter Brief an sie ist vom 23. Januar 1770. Das (erst 1806 herausgegebene) Schäferspiel: „Die Laune des Verliebten“ ist ein Spiegelbild seiner damaligen Stimmungen.

Der Wirth.
Da ist ein Brief: er muß von ei-
nem hohen Herrn seyn,
Das Siegel ist sehr groß und das Pa-
pier ist fein.
Alcest nimmt den Brief
und macht ihn auf.
Der Wirth.
Ich bitte das Couvert mir unbe-
schädigt zu lassen.
Alcest der den Brief
kaum angesehen hat.
Ich werde morgen früh von hier ver-
reisen müssen!
Die Rechnung!

Anfang des V. Auftrittes des I. Aufzuges von Goethes Lustspiel: „Die Mitschuldigen“.

Aus einer der dem Jahre 1769 angehörigen eigenhändigen Bearbeitungen, welche Goethe 1770 an Friederike Brion schenkte, und welche aus Salomon Hirzels Goethe-Sammlung in die Leipziger Universitätsbibliothek übergegangen ist. Die [illegible] 1768 in Leipzig entstandene Fassung [illegible] ist verloren. Aus dem Jahre 1769 gibt es noch eine andere Bearbeitung. Das Stück erschien zuerst gedruckt 1787.

Susanna von Klettenberg.

Ölgemälde von [illegible], im Besitze des Herrn Bibliothekars Dr. [illegible] in Frankfurt a. M. Treue Wiedergabe einer Originalphotographie. Ausschnitt.

Susanna Katharina von Klettenberg, Nichte von der Tante [illegible] Goethes Mutter, der 1756 verstorbenen Frau des Majors und Stadtcommandan[ten] Johann Nicolaus Textor, Tochter des kaiserl. Raths und älteren Schöffen [illegible] von Klettenberg, geb. 21. December 1723 zu Frankfurt, gest. daselbst den 16. [D]ecember 1774. Aus ihren Unterhaltungen und Briefen entstanden die „Bekenntn[isse] einer schönen Seele“, wie sie in „Wilhelm Meister“ eingeschaltet sind. Sie [ver]wies den kranken und genesenden jungen Goethe (1768—1769) auf die an[geblich] erprobten Segnungen eines innigen gefühlvollen Pietismus und veranlaßte [ihn zu] alchymistische und kabbalistische Studien.

Das Pfarrhaus in Sesenheim zu Friederikens Zeit.

Nach einem Ölgemälde, welches sich früher im Besitze des Elsässer Dichters A. Stöber befand und jetzt im Freien Deutschen Hochstift zu Frankfurt a. M. aufbewahrt wird. Treue Wiedergabe. — Im Herbste 1770 besuchte Goethe zum ersten Male das Pfarrhaus zu Sesenheim. Wir haben kein Bildnis, welches uns die äußere Gestalt Friederikens überliefert hat. Aber wir haben Buch 10 und 11 von „Dichtung und Wahrheit“ und [illegible]

Wichtigste Daten aus Goethes Leben 1768—1772.

3. September 1768 Ankunft in Frankfurt; Krankheit dauert fort und steigert sich bedenklich (7. December 1768); allmähliche Genesung, nachdem einer der Gründe des Übels (Radierübungen) entdeckt ist; Verkehr mit Susanna von Klettenberg, alchymistische Versuche. — Werke: „Mitschuldige“, Druck der „Neuen Lieder“. — 1770, 2. April: Eintreffen in Straßburg; fleißiges juristisches Studium. Fortdauern der religiösen Stimmung; Tischgesellschaft: Salzmann, Lerse, Jung-Stilling; seit Herbst Verkehr mit Friederike Brion in Sesenheim; September 1770 bis April 1771 Herder in Straßburg; Einfluß auf Goethe. Lenz; 6. August 1771 Licentiat der Rechte nach Disputation über die (56) Positiones juris. Rückkehr nach Frankfurt über Mannheim. Seit 31. August 1771 als Advocat in Frankfurt. Im Herbst: „Götz von Berlichingen dramatisiert“. Verkehr mit Merck und Schlosser (1771—1772); 1772 Recensionen in den „Frankfurter gelehrten Anzeigen“. „Der Wanderer“. Im Mai: Abreise nach Wetzlar.

Goethe (1773).

Treue Wiedergabe eines Ölgemäldes, genau verkleinert. Wahrscheinlich schon 1773 gemalt, seit Frühling 1774 im Besitze [illegible] im „Goethe-Jahrbuch“ IV, [illegible], kam das Bild mit einem Theile seiner Sammlungen in die [illegible] Bibliothek in Wien. [illegible] „Physiognomik, III. Versuch“ (1777) bringt zu Seite [illegible] einen [illegible] Kupferstich von Joh. Gottfr. Saiter nach diesem Ölgemälde (Tafel XXI.)

Charlotte Buff.

Pastellgemälde im Besitze des Herrn Georg Kestner in Dresden, Lottes Enkel. Direkte Wiedergabe nach einer von demselben für den Bilderatlas überlassenen Originalaufnahme. Die hier gegebenen Unterschriften Lottes und Kestners sind von deren Heiratsvertrage.

Charlotte Sophie Henriette Buff, geb. in Wetzlar 11. Januar 1753, Tochter des Ordensamtmannes Buff und seiner Frau Magdalena Ernestine geb. Feyler. Goethe lernte sie kennen am 9. Juni 1772, als er sie zum Balle nach Volpertshausen abholte; er sah sie nach der Wetzlarer Zeit noch einmal in Weimar im Jahre 1816 wieder. Sie starb als Kestners Witwe den 16. Januar 1828 in Hannover.

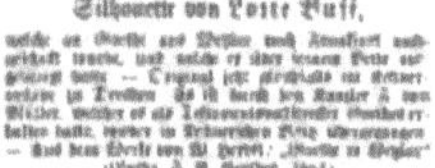

Silhouette Goethes,

welche er am 31. August 1774 aus Frankfurt an Lotte nach Wetzlar schickte (Brief VI) vergl. Aufsatz im [illegible] Centralblatt, 1883, Nr. 22, Sp. 775. — Original jetzt im Kestnerarchiv zu Dresden, welches derzeitig Lottes Enkel, Herr Georg Kestner besitzt. Hier finden sich noch viele Goethe-Werther-Reliquien vor. — Aus dem Werke von A. Kestner: „Goethe und Werther“ (1854).

Silhouette von Lotte Buff,

welche an Goethe aus Wetzlar nach Frankfurt nachgeschickt wurde, und welche er über seinem Bette aufgehängt hatte. — Original jetzt [illegible] im Kestnerarchiv zu Dresden. Es ist durch den Kanzler F. von Müller, welcher es als Testamentsvollstrecker Goethes erhalten hatte, wieder in Kestnerschen Besitz übergegangen. — Aus dem Werke von W. Herbst: „Goethe in Wetzlar“ (Gotha, F. A. Perthes, 1881).

Beide Silhouetten sind in Originalgröße der erwähnten Vorlagen wiedergegeben. Leider war es, trotz wiederholten Versuche nicht möglich, photographische Neuaufnahmen der Originale zum Zwecke der Wiedergabe zu erlangen.

Johann Christian Kestner.

Ölbild im Besitz von Lottes Enkel, des Herrn Georg Kestner in Dresden; veröffentlicht in dem Werke von Wilhelm Herbst: „Goethe in Wetzlar“. Mit Genehmigung des Verlegers. (Ist wohl Nachbildung einer später erschienenen Lithographie von Jul. Giere in Hannover.)

Joh. Christian Kestner, der Albert im „Werther“, geb. 28. August 1741 zu Hannover, hatte 1762—1765 in Göttingen Jura studiert, war seit Mitte Mai 1767 in Wetzlar als Secretär der Bremischen Subdelegation der Reichskammergerichtsvisitation, Lottes Verlobter (seit 1768). Er heiratete Lotten am 4. April 1773. Später Archivsecretär, Vicearchivar, Hofrath, Lehensfiscal und Kammerconsulent in Hannover, starb er zu Celle den 24. Mai 1800.

Werther als Knabe.

Zeichnung im Besitze von Lottes Enkel Georg Kestner in Dresden. Direkte Wiedergabe einer von diesem für den Bilderatlas überlassenen Originalaufnahme. Auf die Autorität des Herrn Besitzers hin wird diese Zeichnung hier als Werther im Knabenalter gegeben.

Karl Wilhelm Jerusalem, Goethes „Werther“, geb. 21. März 1747 zu Wolfenbüttel. Goethe hatte ihn schon in Leipzig, als sie dort studierten, flüchtig kennen gelernt. Seit September 1771 war er als Secretär der Braunschweigisch-Wolfenbüttelschen Subdelegation bei der Kammergerichtsvisitation in Wetzlar und erschoß sich in Wetzlar in der Nacht vom 29. auf den 30. October 1772 aus unglücklicher Liebe zur Frau des kurpfälzischen Gesandten Herd. — Lessing gab 1776 seine „Philosophischen Aufsätze“ heraus.

Die Leiden
des
jungen Werthers.

Erster Theil.

Leipzig,
in der Weygandschen Buchhandlung.
1774.

Die Leiden
des
jungen Werthers.

Zweyter Theil.

Leipzig,
in der Weygandschen Buchhandlung.
1774.

Titel des ersten und zweiten Theiles der ersten Ausgabe von „Werthers Leiden", 1774.

Goethe arbeitete seit Sommer 1773 bis zum März 1774 am „Werther". Die Ausgabe von 1787 „Leiden des jungen Werther. Von Goethe. Leipzig, bey Georg Joachim Göschen", ist eine Umarbeitung der ersten, in welcher namentlich „Das elende Geschöpf von einem Albert" vortheilhafter charakterisiert ist.

Freuden
des
jungen Werthers
Leiden und Freuden
Werthers des Mannes.

Voran und zuletzt ein Gespräch.

Berlin,
bey Friedrich Nicolai.
1775.

Titel von F. Nicolais Parodie auf Goethes „Werther": „Freuden des jungen Werthers", 1775.

Eine der vielen zur Zeit des Wertherfiebers erschienenen Schriften (siehe Seite 175). Die Titelvignette ist von Chodowiecki; Werther umarmt Lotte im Jägerhause in Gegenwart des Amtmanns (rechts) und Alberts (links); zu Seite 24 dieser Schrift. — Engelmann, Chodow. 120.

Eine entsetzliche
Mordgeschichte
von dem
jungen Werther,
wie sich derselbe
den 21 December
durch einen Pistolenschuß
eigenmächtig ums Leben gebracht.

Allen jungen Leuten zur Warnung, in ein Lied gebracht, auch den Alten fast nützlich zu lesen.

Im Ton:
Hört zu ihr lieben Christen rc.

Das Stück kostet 4 Kreutzer.
Ist ja nur ein geringes Geld.

Titel eines Bänkelsängerliedes auf „Werthers Leiden", gedruckt 1774.

Verfasser ist der heitere Mäkler, später Hofrat, Rath und Bibliothekar Heinr. Gottfr. v. Bretschneider.

Wichtigste Daten aus Goethes Leben

1772.

Mitte Mai: Ankunft in Wetzlar, um beim Reichskammergericht zu prakticieren; 25. Mai Einzeichnung in die Matrikel desselben. Tafelrunde im „Kronprinzen", in welcher er selbst „Götz von Berlichingen der redliche" hieß. Die Wertherepisode. Goethe verläßt Wetzlar den 11. September 1772. — Schriften: Rezensionen in den „Frankfurter gelehrten Anzeigen".

Titelvignette von Chodowiecki zum ersten Theile der von Deyverdun verfaßten, 1776 in Mastricht erschienenen französischen Übersetzung des „Werther".

Lotte, welche der aus Hannover kehrende Werther vom Balle abholen will, schneidet für ihre Geschwister Brot. — Engelmann, Chodow. Nr. 151.

Werther und Lotte

Gezeichnet von Chodowiecki, gestochen von D. Berger. [illegible] in Originalgröße und zwei Kupfern, zuerst erschienen zu: „D. Goethens Schriften. Erster Theil. Berlin, bey Christian Friedrich Himburg 1775". — [illegible] „Werther" [illegible]

Götz von Berlichingen

mit der

eisernen Hand.

Ein

Schauspiel.

1773.

Titel der ersten Ausgabe von Goethes „Götz“, erschienen im Selbstverlage mit Merck im Juni 1773.

Goethe hat nach seiner Angabe in „Dichtung und Wahrheit“ sich schon in Straßburg mit diesem Stoffe beschäftigt; die erste Bearbeitung, als „Geschichte Gottfriedens von Berlichingen mit der eisernen Hand dramatisiert“, wurde im Herbst 1771 in Frankfurt geschrieben (zuerst gedruckt 1832). Nach seiner Rückkehr aus Wetzlar wurde von Goethe die in der ersten Ausgabe vorliegende Umarbeitung Ende 1772 und Anfang 1773 verfaßt. 1803—1804 arbeitete er den „Götz“ für die Weimarer Bühne um; machte später sogar zwei, 1809 in Weimar aufgeführte Stücke daraus. Es gibt außer dem ersten Druck, dessen Titel hier gegeben ist, noch zwei Ausgaben, welche die Jahreszahl 1773 tragen.

Goethes Lili.

Nach der dem Werke: „Lilis Bild von Graf F. C. von Türckheim, Nördlingen 1879“ beigegebenen Originalphotographie wiedergegeben.

Anna Elisabeth Schönemann (Goethes Lili) ist geb. 23. Juni 1758 zu Frankfurt, Tochter des Kaufmanns Johann Wolfg. Schönemann. Goethe lernte sie am 1. Januar 1775 kennen, verlobte sich mit ihr Ende April 1775, die Beziehungen zu ihr waren etwa Ende September gelöst. Sie vermählte sich am 25. August 1778 mit dem Straßburger Bankier Bernhard Friedrich von Türckheim und starb den 6. Mai 1817 in Kraut-Ergersheim bei Straßburg.

Clavigo.

Ein Trauerspiel

von

Göthe.

Leipzig,

in der Weygandschen Buchhandlung.

1774.

Stella

Ein

Schauspiel für Liebende

in fünf Akten

von

J. W. Göthe.

Berlin 1776.

bey August Mylius,

Buchhändler in der Brüderstraße.

Prometheus.

Bedecke deinen Himmel Zeus
Mit Wolkendunst!
Und übe Knabengleich
Der Disteln köpft,
An Eichen dich und Bergeshöhn!
Mußt mir meine Erde
Doch lassen stehn.
Und meine Hütte
Die du nicht gebaut,
Und meinen Heerd
Um dessen Gluth
Du mich beneidest.

Ich kenne nichts ärmers
Unter der Sonn als euch Götter
Ihr nähret kümmerlich
Von Opfersteuern und Gebetshauch
Eure Majestät, und darbtet wären
Nicht Kinder und Bettler
Hoffnungsvolle Thoren.

Als ich ein Kind war
Nicht wußte wo aus und ein
Kehrt mein verirrtes Aug
Zur Sonne als wenn drüber wär
Ein Ohr zu hören meine Klage
Ein Herz wie meins
Sich des Bedrängten zu erbarmen.

Wer half mir wider
Der Titanen Übermuth
Wer rettete vom Tode mich
Von Sklaverey?
Hast du's nicht alles selbst vollendet
Heilig glühend Herz?
Und glühtest jung und gut,
Betrogen, Rettungsdank
Dem Schlafenden da droben.

Ich dich ehren? Wofür?
Hast du die Schmerzen gelindert
Je des Beladenen?
Hast du die Thränen gestillt
Je des Geängsteten?

Hat nicht mich zum Manne geschmiedet
Die allmächtige Zeit
Und das ewige Schicksal
Meine Herrn und deine.

Wähntest du etwa
Ich sollt das Leben hassen
In Wüsten fliehen
Weil nicht alle Knabenmorgen
Blüthenträume reiften.

Hier sitz ich forme Menschen
Nach meinem Bilde
Ein Geschlecht das mir gleich sey
Zu leiden weinen
Genießen und zu freuen sich,
Und dein nicht zu achten
Wie ich.

Goethes Gedicht „Prometheus“.

Verfaßt im Spätherbste 1774 aus Veranlassung der dramatischen Bearbeitung dieses Stoffes, welche Fragment blieb (Zwei Akte aus dem Jahre 1773). — Originalhandschrift aus Mercks Nachlaß, jetzt in S. Hirzels Goethe-Sammlung auf der Universitätsbibliothek zu Leipzig. Im Originale sind Vers 1—19 auf Seite 1, Vers 20—40 auf Seite 2, Vers 41—[illegible] auf Seite 3.

Kupfer von Berger, nach Chodowiecki, zum „Clavigo“.

Clavigo über der Leiche Mariens, vom Trauergeleit im Kampfe tödlich verwundet. — Zuerst in dem Himburgischen Nachdruck, J. Goethens Schriften II, 1775, Seite 115.

Wichtigste Daten aus Goethes Leben 1772—1775.

(Zu Seite 199—201.)

1772, 11. September: Abreise aus Wetzlar; lässiger Betrieb der Advocatur 1772—1773: Umarbeitung des „Götz“. — 1773: „Kritiken für die Frankfurter Anzeigen“; „Brief des Pastors“; „Zwo wichtige . . . biblische Fragen“; Arbeiten an „Werther“; die Farce: „Götter, Helden und Wieland“ (1774?); dramatische Fragmente: „Prometheus“, „Mahomet“, „Faust“; am 1. November: Verheiratung der Schwester Cornelia, seiner vertrauten litterarischen Beratherin, mit Schlosser. — 1774, 9. Januar: Maximiliane la Roche heiratet Brentano; März: „Werther“ abgeschlossen; „Prolog zu den neuesten Offenbarungen“; „Clavigo“; Freundschaft zu Anna Sibylla Münch; im Juni: Besuch Lavaters; im Juli: Reise mit Basedow; bei Jacobi in Düsseldorf; im October: Besuch Klopstocks; „Ode an Schwager Kronos“; Verkehr mit Klinger und Wagner; 11. December: Eintreffen Knebels und des Erbherzogs Karl August; 13. December: Susanne von Klettenberg stirbt; Arbeiten an „Faust“. — 1775: Neigung zu Lili; Januar—Februar: Besuch Jacobis; „Neue Liebe neues Leben“, „An Belinden“, „Stella“, „Claudine von Villa Bella“; 10. Mai: Ankunft der Brüder Stolberg; 15. Mai bis 24. Juli: Schweizer Reise, um „sich ihr zu entziehen, zu entfliehen“; 21. Mai: bei dem Weimarischen Prinzen in Karlsruhe; im August: viel in Offenbach bei Lili, „Lilis Park“, Ausklingen des Verhältnisses zu Lili; 22. September und 12. October: Karl August in Frankfurt ladet ihn nach Weimar ein; „Egmont“ begonnen; 2. November: Abreise mit dem Kammerherrn von Kalb nach Weimar.

Kupfer von Berger, nach Chodowiecki, zu „Erwin und Elmire“.

Elmire erwartet Erwin, welcher ihr auf ein Täfelchen geschrieben hatte: „Er ist nicht weit.“ — Zuerst in dem Himburgischen Nachdruck II, 1775, Seite 265. Hier nach dem zweiten, weit besseren Stiche in der zweiten Auflage 1777 zu Seite [illegible]. — Das Singspiel „Erwin und Elmire“ ist im Januar—Februar 1775 gedichtet, in der ersten Zeit der Liebe zu Lili. Gedruckt erschien es zuerst in Jacobis „Iris“ II, 1, 1775.

Goethe.

Nach dem Gipsmedaillon von Joh. Pet. Melchior. — Dieses jetzt im Besitze Seiner Königl. Hoheit des Großherzogs von Weimar befindliche Gipsmedaillon ist noch 1775 in Frankfurt gemacht. — Directe Wiedergabe in Originalgröße nach einer für die Sammlung des Herrn Professors Zarncke hergestellten Originalphotographie. ([illegible])

Wichtigste Daten aus Goethes Leben 1775—1786.

([illegible])

1775, 7. Nov.: Eintreffen in Weimar. — 1776, 11. Juni: Goethe erhält den Titel eines geh. Raths mit Sitz und Stimme im Conseil; October: Herder berufen; „Die Geschwister". — 1777: Anfänge des „Wilhelm Meister"; „Lila"; 18. Juni: Tod Corneliens; 29. Nov. bis 15. Dec.: Harzreise („Harzreise im Winter"); „Triumph der Empfindsamkeit"; „Wilhelm Meister" I (erste Bearbeitung); „Egmont" fortgesetzt; „An den Mond". — 1779, Februar und März: „Iphigenie" in Prosa; 5. Sept.: Decret als geh. Rath; Sept.—Jan. 1780: Schweizerreise mit Karl August, Singspiel „Jery und Bätely"; „Egmont" fortgesetzt. — 1780: „Egmont" fortgesetzt; „Tasso" begonnen; Aristophanes „Vögel" nachgebildet; „Meine Göttin". — 1781: „Tasso" in Prosa mit Act II beendet; „Elpenor" begonnen. — 1782, 10. April: Adelsdiplom; zum Geburtstage der Herzogin das Gedicht „Amor"; die „Fischerin" vollendet (hierin: „Der Erlkönig"); „Das Göttliche"; „Miedings Tod"; „Wilhelm Meister" II, III. — 1783: „Elpenor" fertig; „Ilmenau" zum Geburtstage Karl Augusts; „Wilhelm Meister" IV. — 1784, im März: Entdeckung des Zwischenkiefers; „Scherz, List und Rache"; „Wilhelm Meister" V; „Zueignung" (ursprünglich für die „Geheimnisse" bestimmt). — 1785: „Die Geheimnisse"; „Wilhelm Meister" VI (Abschluß der ersten Bearbeitung). — 1786: Reise nach Karlsbad; Redaction der ersten vier Bände der „Schriften" (diese erste rechtmäßige Gesammtausgabe erschien 1787—1790 in acht Bänden bei Göschen in Leipzig); am 3. Sept. plötzliche Abreise von Karlsbad nach Italien als Kaufmann Möller; nur der Herzog ist vom Reiseplan unterrichtet.

Während dieser ersten, zehnjährigen Epoche des Weimarer Lebens: Zurücktreten der dichterischen Arbeiten gegenüber der amtlichen Thätigkeit; sich stets festigende Freundschaft zu Karl August; inniger Seelenbund mit Frau von Stein.

Goethe.

Gemalt von G. M. Kraus in Weimar 1776, gestochen von Chodowiecki. [illegible] Medaillon, das vor Band 29 von Nicolais „Allg. deutsche Bibliothek" 1776 erschienenen Kupferstichs. Originalgröße. Engelmann, Chod. Nr. [illegible]. — Da das jetzt im Besitze des Herrn geh. Medicinalrathes Dr. Vulpius befindliche Kraus'sche Ölgemälde (Goethe in [illegible] Stellung, eine Silhouette betrachtend), welches diesem Stiche zu Grunde liegt, nachgedunkelt ist und eine directe Wiedergabe daher kein [illegible] Resultat [illegible], so wurde, um den [illegible] Bildern von Melchior und Klauer (von 1778, auf Seite [illegible]) gegenüber auch ein [illegible] aus diesen Jahren zum Vergleiche zu bringen, der [illegible] Stich des Kraus'schen Bildes hier wiedergegeben. ([illegible])

Links:

Frau v. Stein mit der Büste ihres Sohnes Fritz oder derjenigen ihres Bruders.

Rechts:

Goethe mit Fritz v. Stein.

Diese Silhouetten sind aus Lavaters „Essai sur la physiogn.“, II., 1783, Tafel XXXII und XXXIII, wo sie von Herrn Graf Zarncke wieder aufgefunden sind. — Originalgröße; nur die den umgebenden Texten der Tafeln sind fortgelassen.

Fritz von Stein, Charlottens dritter Sohn, geb. 23. October 1773 in Weimar, gest. 3. Juli 1844 in Breslau, war mehrere Jahre (bis zur italienischen Reise und noch einige Zeit nachher) ganz bei Goethe im Hause.

Charlotte Albertine Ernestine von Stein, geb. von Schardt, geb. zu Weimar 25. December 1742, vermählt 1764 mit dem herzogl. Oberstallmeister von Stein, gest. zu Weimar den 6. Januar 1827. Goethes Briefe an sie aus den Jahren 1776—1826 sind herausgegeben 1848—1851, und 1857. Von 1775 bis 23. August 1786 sind es über 1600 Briefe.

Links:

Goethe.

Gemalt von G. O. May im Jahr 1779. Direkte Wiedergabe einer Originalphotographie. Original im Besitz des Freiherrn v. Gotha. (Tafel XXIII.)

Rechts:

Charlotte von Stein.

Selbstbildnis aus dem Jahre 1790. Direkte Wiedergabe des im Besitze ihres Urenkels, des Herrn Freiherrn v. Stein auf Kochberg befindlichen Originals. (Vergl. Lavaters „Essai sur la physiogn.“, IV., Seite 108.)

Charlotte
v. Stein
geb. v. Schardt

JWvGoethe

Goethe.

Silhouette etwa aus dem Jahre 1780. Directe Wiedergabe in Originalgröße nach dem Originale aus C. Hirzels Goethe-Sammlung, jetzt im Besitze seines Enkels, des Herrn H. Hirzel in Leipzig. ([illegible] XXV.)

Maria Antoinetta von Branconi
geb: von Elsner

Maria Antonia Gräfin Branconi.

Nach einer Handzeichnung von Gabriel Fiesinger; aus Lavaters Sammlung in der k. k. Familien-Fideicommiß-Bibliothek zu Wien. Hier zum ersten Male veröffentlicht.

Maria Antonia Gräfin Branconi, geb wahrscheinlich den 27. October 1751 in Neapel als Tochter des wirklichen Majors der königl. Neapolitanischen Schweizergarde von Elsener und der Antonia di Marsinare-Saravella; in ihrem 13. Lebensjahre vermählt mit Francesco di Pelsina-Branconi, verwitwet, seit 1766 angeblich heimliche Gemahlin des Herzogs Karl Wilhelm Ferdinand von Braunschweig (s. Seite 166). Der Adelsbrief Kaiser Josephs II. vom 11. November 1774 nennt sie Gräfin Branconi. Goethe lernte sie auf seiner Schweizerreise im October 1779 in Lausanne kennen und verkehrte persönlich und brieflich mit ihr bis 1784.

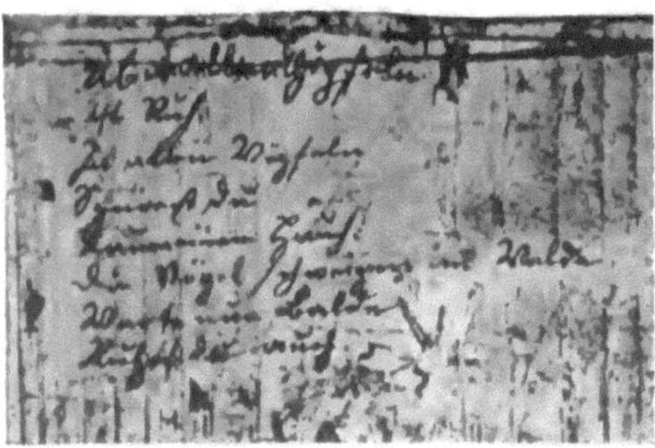

Ueber allen Gipfeln
ist Ruh
In allen Wipfeln
Spürest du
Kaum einen Hauch.
Die Vögel schweigen im Walde
Warte nur balde
Ruhest du auch.

Wanderers Nachtlied: „Über allen Gipfeln ist Ruh'".

Von Goethe am 6./7. September 1780 auf die Innenwand des Jagdhäuschens auf dem Gickelhahn geschrieben und am 29. August 1831 von ihm erneuert.

Herzogl. Jagdhäuschen auf dem Gickelhahn bei Ilmenau.

Es brannte am 11. August 1870 ab. Besucht von Goethe am 27. August 1831 [illegible]

Wiedergabe nach Originalaufnahmen, welche sich im Freien Deutschen Hochstift zu Frankfurt befinden.

Übermüthig sieht's nicht aus
Dieses stille Gartenhaus
Allen die darin verkehrt
Ward ein guter Muth beschert
Goethe 1828

Goethes Gartenhaus und Garten zu Weimar

Gezeichnet von Otto Wagner 1827, gestochen von L. Schütz, mit den von Goethe darunter geschriebenen Versen. Goethe erhielt Garten und Haus vom Herzoge geschenkt und bezog es am 21. April 1776

Wichtigste Daten aus Goethes Leben 1786—1788.

(Zu Seite 205—206.)

1786, 29. October: Ankunft in Rom. November: Bekanntschaft mit dem Maler J. H. Meyer (Bildnis Seite 217), welcher ihn in die Geschichte der Kunst einführte, seit 1791 jahrelang sein Hausgenosse in Weimar und ihm ein treuer Freund und Berather in Kunstangelegenheiten blieb. — 1787: Februar in Neapel; April—Mai in Sicilien; Juni Rückkehr nach Rom. — 1788, 22. April: Abreise aus Rom; 22. Juni: Ankunft in Weimar. — Kunststudien, Tagebuch der italienischen Reise, Briefe an Herder und Frau von Stein (hieraus „Die italienische Reise“ bearbeitet). — 1787 im Januar: die poetische „Iphigenie“; im September: „Tasso“ beendet. — 1787—1788: Umarbeitung von „Claudine“, „Erwin und Elmire“, Arbeiten am „Faust“.

Goethe

Büste von Trippel, modelliert in Rom im Sommer 1787

Direkte Wiedergabe einer Photographie des Originals, [illegible] 1790 (?) in Weimar [illegible]. Eine andere, [illegible] ist im [illegible]

Iphigenie auf Tauris.

Ein Schauspiel.

Von

Goethe.

Ächte Ausgabe.

Leipzig,
bey Georg Joachim Göschen,
1787.

Erste Separatausgabe von Goethes „Iphigenie“, 1787

Die erste Prosabearbeitung verfaßte Goethe vom 14. Februar bis 28. März 1779, am 6. April wurde sie zuerst am Weimarer Hofe aufgeführt (Goethe spielte den Orest, Corona Schröter die Iphigenie; bei der weiteren Aufführung am 12. Juli 1779 in Ettersburg spielte Karl August den Pylades). Die zweite Bearbeitung in freien Jamben fällt in das Frühjahr 1780, die dritte, wieder in Prosa abgefaßt, entstand 1781. Ihre jetzige vollendete Gestalt erhielt sie wesentlich in Rom in der Zeit vom September 1786 bis Januar 1787.

Klärchens Lied

Freudvoll
und leidvoll,
gedankenvoll seyn,
Langen
und bangen
in schwebender Pein,
himmelhoch jauchzend
zum Tode betrübt,
glücklich allein
ist die Seele die liebt.

Clärchens Lied: „Freudvoll und leidvoll" aus dem „Egmont" (dritter Aufzug).
Aus der in der Königl. Bibliothek zu Berlin aufbewahrten Originalhandschrift.

Johanne Christiane Sophie Vulpius,
Goethes Frau, geb. zu Weimar 1. Juni 1765, gest. daselbst den 6. Juni 1816. Ölgemälde von Raabe aus dem Jahre 1811, nach Originalphotographie aus der Goethe-Sammlung des Herrn Professor Dr. Zarncke in Leipzig direct wiedergegeben.

Wichtigste Daten aus Goethes Leben 1788—1794.

Italienische Reise bis zur Bekanntschaft mit Schiller.

1788, 22. Juni: Ankunft in Weimar; Entlastung von amtlichen Geschäften (Aufsicht über die Anstalten der Kunst und Wissenschaften und über das Bergwesen verblieben ihm); im Juli: Verbindung mit Christiane Vulpius; allmähliche Erkaltung der Beziehungen zu Frau von Stein. — „Künstlers Apotheose"; Fortsetzung des „Tasso"; „Römische Elegien". — 1789, 10. Februar: Mitglied der Berliner Akademie der Künste; Vollendung des „Tasso"; 25. December: Geburt des Sohnes Julius August Walther. — 1790: Im Frühjahre Reise nach Venedig, um die Herzogin Amalie abzuholen; „Venetianische Epigramme"; Juli bis October in Schlesien; Beendigung der „Schriften" mit Band VIII (hierin: „Faust", ein Fragment); Redaction der „Römischen Elegien"; „Metamorphose der Pflanzen"; erster Entwurf der „Farbenlehre". — 1791: Übernahme der Oberleitung des Weimarer Hoftheaters (im Mai); „Beiträge zur Optik" I, „Der Groß-Cophta" beendet und aufgeführt. — 1792: Schenkung des Hauses; im Spätsommer und Herbst: Campagne in Frankreich, Besuch bei Jacobi. — 1793, Mai—Juli: mit dem Herzoge im Belagerungsheere vor Mainz. — „Reineke Fuchs"; „Der Bürgergeneral"; „Optische Beiträge" II, Fortsetzung der „Farbenlehre". — 1794: Umarbeitung des „Wilhelm Meister" (jetziges Buch I—II).

Egmont.

Ein Trauerspiel
in fünf Aufzügen.

Von
Goethe.

Ächte Ausgabe.

Leipzig,
bey Georg Joachim Göschen,
1788.

Titel der ersten Separatausgabe des „Egmont", 1788.
(Gleichzeitig erschienen in: „Goethes Schriften" Fünfter Band, 1788.) — Noch in der letzten Zeit seines Frankfurter Aufenthaltes, Herbst 1775, arbeitete Goethe am „Egmont". Wesentlich 1778, 1779, 1782 brachte er weiter voran. Die Hauptarbeit fällt in die Zeit des Römischen Aufenthaltes vom Juni bis September 1787. Die erste Aufführung auf der Weimarer Bühne (1791) hatte wenig Erfolg; erst in Schillers Bearbeitung (1796) errang Egmont mehr Beifall.

Torquato Tasso.

Ein Schauspiel.

Von
Goethe.

Aechte Ausgabe.

Leipzig,
bey Georg Joachim Göschen.
1790.

Erste Separatausgabe des „Tasso", 1790.
(Gleichzeitig mit: „Goethes Schriften" Sechster Band, 1790.) Entstanden seit 1780; vollendet im Juli 1789, zuerst aufgeführt in Weimar am 16. Februar 1807.

Faust.

Ein Fragment.

Von

Goethe.

Ächte Ausgabe.

Leipzig,
bey Georg Joachim Göschen,
1790.

Titel der ersten Separatausgabe des Fragments „Faust“, 1790.

(Gleichzeitig mit der Ausgabe: „Goethes Schriften“ Siebenter Band. 1790; Der erste Theil erschien vollständig zuerst 1808 (siehe Seite 211), der zweite Theil erst nach Goethes Tod (siehe Seite [illegible]). Den „Faust“ hat Goethe sein ganzes Leben hindurch beschäftigt. Die erste Niederschrift einzelner Scenen welche im „Fragment“ gedruckt sind, fällt wahrscheinlich ins Jahr 1773 (1769?).

J. W. von Goethe

Herzoglich Sachsen-Weimarischen Geheimenraths

Versuch

die Metamorphose der Pflanzen

zu erklären.

Gotha,
bey Carl Wilhelm Ettinger.
1790.

Titel der ersten Ausgabe der „Metamorphose der Pflanzen“, 1790

Die erste größere von Goethe veröffentlichte naturwissenschaftliche Arbeit. Eine erweiterte Ausgabe mit französischer Übersetzung von Soret erschien 1831.

Warum stehen sie davor?
Ist nicht Thüre da und Thor?
Kämen sie getrost herein
Würden wohl empfangen seyn
Goethe 1828

Goethes Haus am Frauenplan in Weimar.

[illegible] 1707, [illegible] Mit den von Goethe [illegible] Karl August schenkte es an Goethe 1792 (Goethes Gartenhaus siehe Seite [illegible]) Goethes letzter männlicher Nachkomme, Johann Walther Goethe, welcher am 15. April 1885 zu Leipzig verstarb, vermachte es testamentarisch mit den darin befindlichen Kunstsammlungen dem Staate Sachsen-Weimar. Das Goethe-Archiv erhielt Ihre Königl. Hoheit die jetzige Großherzogin Sophie.

Goethe.

Gezeichnet von Joh. Heinr. Lips 1791. Direkte Wiedergabe nach der Originalkreidezeichnung, welche sich seit 1877 im Besitze des Freien Deutschen Hochstiftes zu Frankfurt befindet. Verkleinert.

Wichtigste Daten aus Goethes Leben 1794—1805.

(Zu Seite [illegible].)

1794, 21. Juli: Goethe bei Schiller in Jena, Beginn des innigen persönlichen und schriftlichen Verkehrs („Briefwechsel“, herausgegeben von Goethe 1828—1829); „Die Horen“; „Wilhelm Meister“ Bd. I fertig gedruckt; „Episteln“. — 1795: Reise nach Karlsbad; „Wilhelm Meister“ Bd. I, II, III erscheinen. „Nähe des Geliebten“; „Meeresstille — Glückliche Fahrt“; Redaction der „Venetianischen Epigramme“. — 1796: Besuch bei Körner; naturwissenschaftliche Studien in Leipzig; mit Schiller „Die Xenien“; „Benvenuto Cellini“ begonnen; „Alexis und Dora“; „Musen und Grazien in der Mark“; „Wilhelm Meister“ Bd. IV erscheint; „Hermann und Dorothea“ begonnen; „Faust“ fortgesetzt. — 1797, 30. Juli bis 19. November: dritte Schweizerreise; „Hermann und Dorothea“ vollendet; „Benvenuto Cellini“ fortgesetzt; „Schatzgräber“; „Der neue Pausias“; „Zauberlehrling“; „Müllerlieder“; „Euphrosyne“. — 1798: „Benvenuto Cellini“ fortgesetzt; Kunstzeitschrift „Die Propyläen“ (1800, 3 Bde.); „Blümlein Wunderschön“; „Weissagungen des Bakis“; „Einleitung zur Farbenlehre“. — 1799: Tieck in Weimar; im December: Schiller siedelt nach Weimar über. — „Achilleis“ I; „Walpurgisnacht“; „Faust“ und „Farbenlehre“ fortgesetzt; „Mahomet“ von Voltaire übersetzt. — 1800: „Farbenlehre“ fortgesetzt; an „Zauberflöte“ II gearbeitet; „Helena“ begonnen; „Paläophron und Neoterpe“; „Tancred“ Voltaires übersetzt. — 1801: Schlimme Brustkrankheit; Juni—August zur Erholung in Pyrmont, Arbeiten an „Farbenlehre“; „Natürliche Tochter“. — 1802: Besuch Zelters; Augusts Confirmation; Theater in Lauchstädt („Was wir bringen“); „Natürliche Tochter“, „Farbenlehre“, „Benvenuto Cellini“ fortgesetzt; „Tischlied“; „Stiftungslied“; „Hochzeitslied“. — 1803: Riemers Eintritt in Goethes Haus; Herder stirbt 18. Dec.; „Benvenuto Cellini“ und „Natürliche Tochter“ beendet; „Generalbeichte“; „Schäfers Klagelied“; „Sehnsucht“; „Die glücklichen Gatten“; „Der Rattenfänger“; „Ritter Curts Brautfahrt“; „Frühlingsorakel“. — 1804: Theilnahme an der „Allgemeinen Jenaer Litteraturzeitung“; „Götz“ fürs Theater eingerichtet; „Farbenlehre“ fortgesetzt; „Winckelmann und sein Jahrhundert“; Übersetzung von „Rameau's Neffe“ begonnen. — 1805: Im Frühjahre heftige Erkrankung; 9. Mai: Tod Schillers.

Taschenbuch
für
1798.

Herrmann und Dorothea
von
J. W. von Göthe.

Berlin
bey Friedrich Vieweg dem älteren.

Titel der ersten Ausgabe von Goethes „Hermann und Dorothea".
Erschienen im October 1797, entstanden vom September 1796 bis Mai 1797.

Kupfer von Chodowiecki zu „Hermann und Dorothea"
Hermann auf seinem Wagen bei den Vertriebenen — Engelmann, Chod. Nr. 871.

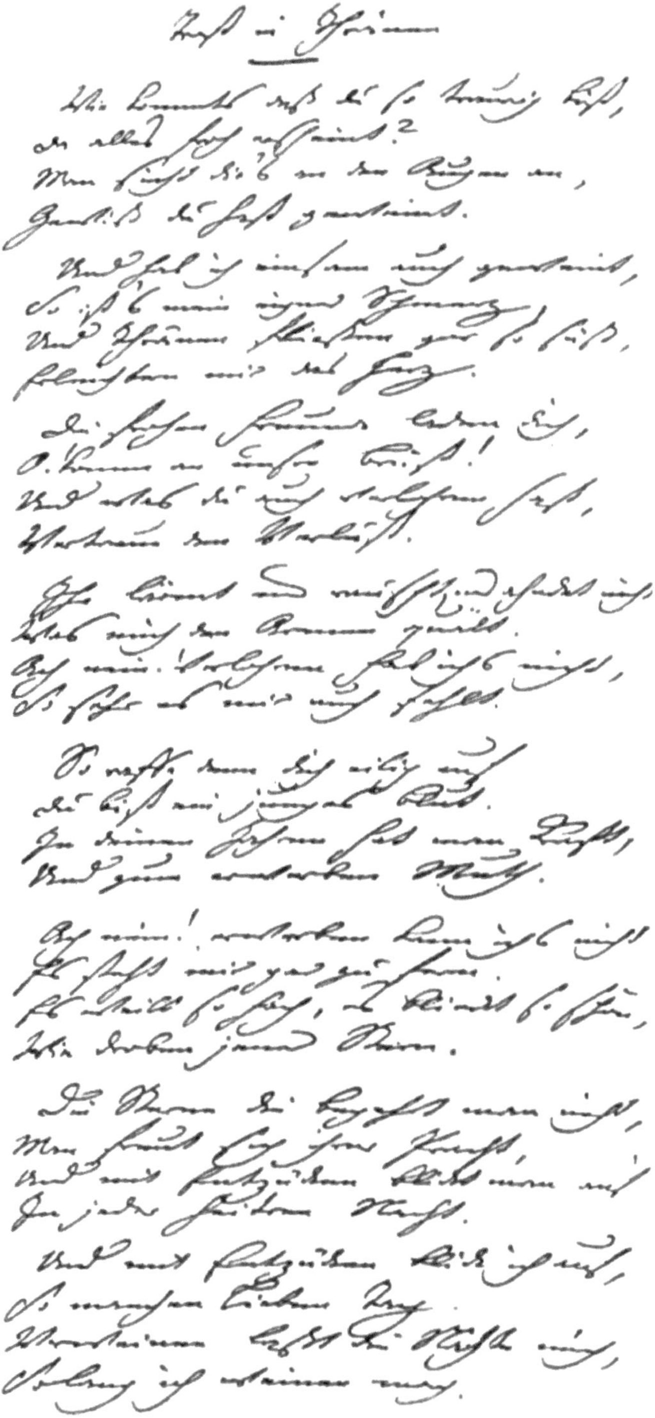

Trost in Thränen

Wie kommts daß du so traurig bist,
Da alles froh erscheint?
Man sieht dirs an den Augen an,
Gewiß du hast geweint.

Und hab ich einsam auch geweint,
So ists mein eigner Schmerz,
Und Thränen fließen gar so süß,
Erleichtern mir das Herz.

Die frohen Freunde laden dich,
O komm an unsre Brust!
Und was du auch verloren hast,
Vertraue den Verlust.

Ihr lärmt und rauscht und ahndet nicht
Was mich den Armen quält.
Ach nein verloren hab ichs nicht,
So sehr es mir auch fehlt.

So raffe denn dich eilig auf
Du bist ein junges Blut.
In deinen Jahren hat man Kraft,
Und zum erwerben Muth.

Ach nein! erwerben kann ichs nicht
Es steht mir gar zu fern.
Es weilt so hoch, es blinkt so schön,
Wie droben jener Stern.

Die Sterne die begehrt man nicht,
Man freut sich ihrer Pracht,
Und mit Entzücken blickt man auf
In jeder heitern Nacht.

Und mit Entzücken blick ich auf,
So manchen lieben Tag.
Verweinen laßt die Nächte mich,
Solang ich weinen mag.

Goethe.

Gemalt von Ferdinand Jagemann 1806. Directe Wiedergabe einer für die Sammlung des Herrn [illegible] Professor Zarncke hergestellten Originalphotographie nach dem auf der großherzogl. Bibliothek zu Weimar befindlichen Originalgemälde. ([illegible] XLVII.)

Die

Wahlverwandtschaften.

Ein Roman

von

Goethe.

Erster Theil.

Tübingen,

in der J. G. Cottaischen Buchhandlung.

1809.

Titel des ersten Theiles der ersten Ausgabe der „Wahlverwandtschaften", 1809.

Der zweite Theil erschien gleichzeitig. — Den Plan zu diesem Romane faßte Goethe im Sommer 1807 in Karlsbad; die Hauptarbeit daran fällt in das Jahr 1808.

Minna Herzlieb.

(Ottilie in den „Wahlverwandtschaften".) Nach einem im Besitze ihrer Nichte, der Frau [illegible] befindlichen Ölgemälde von [illegible]. [illegible]

Bettina Arnim.

Zeichnung von L. E. Grimm aus dem Jahre 1809 [illegible] — [illegible]

Katharina Elisabeth Ludovica Magdalena Brentano, die Tochter von Goethes Jugendliebe Maximiliane geb. la Roche, die Enkelin von Sophie la Roche (siehe Seite [illegible]), ist geb. 4. April 1785 in Frankfurt, heiratete im April 1811 Achim von Arnim (siehe Seite [illegible]), starb zu Berlin 20. Januar 1859. Schwärmerische, durch Goethes Mutter genährte Neigung führte sie im Mai 1807 zu

[illegible]

Aus der Valentinscene der zweiten Bearbeitung des „Faust".

Goethes Handschrift aus dem Jahre 1806. Original (2 Blatt in 4° umfassend) auf der königl. Bibliothek zu Berlin.

Wichtigste Daten aus Goethes Leben 1805—1814.

(Zu Seite 160—211.)

1805, 10. Aug.: Schillers Todtenfeier auf dem Theater in Lauchstädt; „Epilog zu Schillers Glocke"; Verkehr bei Frommanns in Jena. — 1806: Erkrankung, Sommerkur in Karlsbad (ebendaselbst zur Kur 1807, 1808, 1810, 1811, 1812, 1813); Mitglied der Berliner Akademie; 14. Oct.: Plünderung Weimars, Goethe gerettet durch Christiane, 19. Oct.: Trauung; Arbeiten am „Faust" und an der „Farbenlehre". — 1807, 10. April: Tod der Herzogin Amalie; im Mai (und Nov.): Bettina in Weimar; im Nov.: bei Frommanns, „Sonette" (an Minchen Herzlieb); im Dec.: Zach. Werner kommt (bleibt bis März 1808); „Faust" im Drucke; „Pandora" I; „Kleine Erzählungen"; Plan zu „Wilhelm Meisters Wanderjahren" und zu den „Wahlverwandtschaften". — 1808, 13. Sept.: Tod der Mutter; 2. Oct.: Goethe bei Napoleon in Erfurt; 6. Oct.: Napoleon in Weimar; 12. Oct.: Goethe erhält den Orden der Ehrenlegion; Intriguen der Jagemann gegen Goethes Theaterleitung. — 1809: „Wahlverwandtschaften" gedruckt; Vorarbeiten zu „Dichtung und Wahrheit". — 1810: Erholung in Teplitz (auch 1811, 1813), hier Verkehr mit der Kaiserin von Oesterreich (auch 1812); Schluß der „Farbenlehre"; Beginn von „Hackerts Leben"; „Ergebnisse"; „Pandora" erschienen. — 1811: Beginn des Verkehres mit S. Boisserée (Mai); Schluß von „Hackerts Leben"; „Dichtung und Wahrheit" I. — 1812: John tritt als Secretär ein; „Dichtung und Wahrheit" II. — 1813, 13. Jan.: Wieland stirbt; im Mai bei Körners in Dresden; im Herbste in Dresden und Ilmenau; 21. Oct.: Kriegstroublen in Weimar. — „Die wandelnde Glocke"; „Der getreue Eckart", „Der Todtentanz"; der „Epilog" (zu Essex, gesprochen 18. Nov.). — 1814: im Mai in Bad Berka; „Des Epimenides Erwachen" (für die Berliner Bühne); Bekanntschaft mit Hammers „Hafis"; „Divanlieder".

Aus meinem Leben

Dichtung und Wahrheit.

Von

Goethe.

Erster Theil.

Ὁ μὴ δαρεὶς ἄνθρωπος οὐ παιδεύεται.

Tübingen,
in der J. G. Cottaischen Buchhandlung.
1811.

Titel des ersten Theiles der ersten Ausgabe von Goethes „Dichtung und Wahrheit", 1811,

(enthaltend Buch 1—5); Theil II (Buch 6—10) erschien 1812; Theil III (Buch 11—15) 1814; Theil IV (Buch 16—20) erst 1833 in Band 48 der Goethe vollständigen Ausgabe letzter Hand. Theil I—III sind 1810—1813 geschrieben; den Plan des Werkes hatte Goethe an seinem Geburtstage 1809 gefaßt. An Theil IV wurde mit längeren Zwischenpausen gearbeitet, theils bald nach dem Erscheinen der ersten Theile, theils namentlich 1821, 1824, 1825, 1830, 1831. — Der eine gekürzte Titel „Wahrheit und Dichtung" ist erst durch Riemer und Eckermann in der posthumen Ausgabe von 1837 [illegible] „Dichtung und Wahrheit" umgestellt.

Goethes Gesichtsmaske, angefertigt für Gall vom Bildhauer K. G. Weißer 1807 und von diesem für seine Goethe-Büste (Rollet LVI) benutzt.

Directe Wiedergabe einer Originalphotographie nach dem auf der großherzogl. Bibliothek zu Weimar befindlichen Abguß der Abformung. (Vergl. Aufsatz in der Münchener Allgemeinen Zeitung, 1898, Beilage Nr. 15 vom 19. Januar, Seite 1[illegible]. Vergl. Rollet LVI.)

Faust.

Eine Tragödie.

von

Goethe.

Tübingen.
in der J. G. Cotta'schen Buchhandlung.
1808.

Titel der ersten Ausgabe der zweiten, erweiterten Bearbeitung des „Faust", 1808.

Die Scenen, um welche diese Ausgabe gegen das „Fragment" von 1790 erweitert ist, sind namentlich 1797, 1798, 1800, 1801, 1806, 1807 entstanden.

Ulrike von Levetzow

Nach Originalphotographie der im Freien Deutschen Hochstifte in Goethes Vaterhause befindlichen Copie eines Pastellgemäldes aus dem Jahre 1822 ausgeführt. — In Marienbad, Sommer 1822 und 1823, war Goethe ihr näher getreten; die „Aeolsharfen“ (1822) und die am 11. und 12. September 1823 gedichtete Elegie: „Was soll ich nun vom Wiedersehen hoffen“ sind Ehrengaben zur Erinnerung an jene „jugendlich heiligen Tage“.

von

Stuttgard,
in der Cottaischen Buchhandlung
1819.

Drucktitel und Kupfertitel der ersten Ausgabe des „West-oestlichen Divan“, 1819.

Die arabischen Worte des Kupfertitels lauten: „Der östliche Divan vom westlichen Verfasser“. — Die meisten Lieder des „Divan“ entstanden 1814—1815; Buch VIII ist das Buch „Suleika“. — Die Ausgaben von 1827 und 1837 enthalten die später entstandenen „[illegible]“.

M. Willemer.

Marianne von Willemer.

(Goethes Suleika.)

Radiert von L. Raab nach einem Miniaturbilde aus dem Jahre 1819 aus dem Werke von Th. Creizenach: „Briefwechsel zwischen Goethe und M. v. W.“, zweite Auflage, besorgt von W. Creizenach, 1878.

Maria Anna Katharina Theresia von Willemer, geb. Jung, geb. 20. Nov. 1784 zu Linz, getraut den 27. Sept. 1814 mit dem Frankfurter Senator, königl. Preuß. geh. Rathe Joh. Jac. von Willemer, gest. den 6. Dec. 1860 in Frankfurt. Der im Herbste 1814 in Frankfurt angeknüpfte Verkehr wurde bei Goethes längerem Besuche (seit 12. Aug. 1815) zu einem sehr innigen. Goethe gab seiner Liebe namentlich in den Suleikaliedern des „Divan“ Ausdruck; Marianne dichtete hierzu u. a. das Sehnsuchtslied vom Ostwind (23. [?] Sept. 1815): „Was bedeutet die Bewegung“, das Sehnsuchtslied an den Westwind (26. Sept. 1815): „Ach um deine feuchten Schwingen“. Der Briefwechsel währte bis zu Goethes Tode.

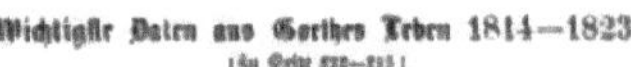

Wichtigste Daten aus Goethes Leben 1814—1823.

(Zu Seite [illegible].)

1814, Juli—October: Reise nach den Rhein-, Main-, Neckargegenden; im September: Marianne; Boisserée; Arbeiten am „Divan“; „Italienische Reise“. — 1815, 30. März: „Epimenides“ in Berlin aufgeführt; Mai—October wieder in den Rhein-, Main-, Neckargegenden, bei Willemers, namentlich auf der Gerbermühle; Kunststudien mit Boisserée; „Divan“; „Von Kunst und Alterthum“ (12 Hefte bis 1828). — 1816, 30. Januar: Großkreuz des Weimarischen Falkenordens; 15. Mai Unterzeichnung der Weimarer Verfassung, welche Goethen nie behagte; 6. Juni: Frau Christiane stirbt. — „Italienische Reise“ I abgeschlossen; an „Italienische Reise“ II, „Dichtung und Wahrheit“ IV, am „Divan“ gearbeitet; „Ballade vom vertriebenen Grafen“. — 1817, 7. April: Rescript, betreffend Goethes Entlassung von der Bühnenleitung (Hund des Aubry, Intriguen der Jagemann); er lebt meist in Jena; 14. Juni: Verheiratung Augusts mit Ottilie von Pogwisch; Fortarbeit am „Divan“; Redaction von Heft I „Zur Naturwissenschaft und Morphologie“ (bis 1823 5 Hefte); „Italienische Reise“ II. — 1818, Frühjahr: in Jena (Knebel?); 9. April: der Enkel Walther Wolfgang geb.; nach Karlsbad; 18. December: „Maskenzug“ zu Ehren der Kaiserin-Mutter von Rußland; Druck des „Divan“. — 1819, 22. März: Minister von Voigt stirbt; Sohn August wird Goethen zur Hilfe beigegeben; Reise nach Karlsbad. — 1820: wieder in Karlsbad; 18. September: der Enkel Wolfgang Maximilian geb.; Besuch des Königs von Württemberg; Redaction der „Wanderjahre“; Abschluß der „Farbentheorie“. — 1821: Plan des Frankfurter Goethe-Denkmals scheitert; Reise nach Marienbad; September—October in Jena; Besuch Fel. Mendelssohns. „Wanderjahre“ I gedruckt; „Zahme Xenien“; „Der Paria“. — 1822: in Marienbad; hier Ulrike von Levetzow („Aeolsharfen“). — 1823, Februar: schwere Krankheit; 10. Juni: Eckermann tritt als Amanuensis ein; nach Marienbad; hier Ulrike von Levetzow („Elegie“); im November: schwere Erkrankung.

Goethe.

Gezeichnet 1817 von Ferd. Jagemann. (Stark verkleinerte Wiedergabe der im großherzogl. Museum zu Weimar befindlichen Originalzeichnung. — Siehe LXII.)

Goethes Büste von Ch. D. Rauch, modelliert zu Jena im September 1820.

Directe Wiedergabe nach einer aus den Originalformen gegossenen Gipsbüste. (Mappe LXIX.)

Goethes Büste von Ch. F. Tieck, modelliert zu Jena gleichzeitig mit der Rauch'schen Büste.

Directe Wiedergabe nach einer Gipsbüste, welche aus den im Berliner Museum vorhandenen Originalformen gegossen ist. (Mappe LXX ist nicht die Tieck'sche Büste, sondern die Rauch'sche.) Hier zum ersten Male veröffentlicht.

Diese beiden gleichzeitig modellierten Büsten sind hier (wie Zarncke in der Augsburger Allgemeinen Zeitung, 1878, Nr. 106, Beilage, zuerst vorschlug) nebeneinander gestellt, um zu zeigen, wie verschieden die beiden Meister ihre Aufgabe lösten.

Wilhelm Meisters

Wanderjahre

oder

Die Entsagenden.

Ein Roman

von

Goethe.

Erster Theil.

Stuttgard und Tübingen,

in der Cotta'schen Buchhandlung.

1821.

Titel des ersten Theiles der ersten Ausgabe von Goethes „Wilhelm Meisters Wanderjahre“, 1821.

Der Zusammenhang dieses Werkes mit dem 1795—1796 zuerst erschienenen Romane: „Wilhelm Meisters Lehrjahre“ ist nur ein äußerlicher. [illegible] Fortsetzung dieser [illegible] der Wanderjahre [illegible], doch ist der in Band 21—24 der Ausgabe letzter Hand erschienene Text der „Wanderjahre“ bedeutend verändert und erweitert. Einzelne Theile der „Wanderjahre“ sind schon sehr früh entstanden; „Die neue Melusine“ erzählte Goethe schon Friederiken in Sesenheim [illegible]. Im „Taschenbuch für Damen“ [illegible] ist schon gedruckt „Die pilgernde Thörin“; ebendaselbst 1810 die jetzigen beiden ersten Capitel des ersten Buches (theilweise); ebendaselbst 1816 „Das nußbraune Mädchen“; ebendaselbst 1818 „Der Mann von 50 Jahren“ (theilweise); ebendaselbst 1817, 1819 „Die neue Melusine“.

Goethe in seinem Arbeitszimmer mit seinem Secretär John.

Ölgemälde von J. J. Schmeller aus dem Jahre 1831, jetzt auf der großherzogl. Bibliothek zu Weimar. Verkleinerte Nachbildung aus der [illegible] Seite 177, nach einer für die Sammlung des Herrn Professor Zarncke angefertigten Photographie gestochenen Holzschnittes (Nr. LXXVI). Mit Erlaubnis des Herrn Verlegers, des k. k. Hof- und Universitätsbuchhändlers Wilhelm Ritter von Braumüller. (Vergl. Zarncke im Lit. Centralblatt, [illegible] Nr. 25 Sp. [illegible])

Festschmuck des Stadthaussaales an Goethes Jubiläum zu Weimar den 7. November 1825,

zur Feier des Tages, an welchem er vor 50 Jahren in Weimar eintraf (S. Seite 201). Getreu verkleinerter Kupferstich von C. Lerner aus dem Werk „Goethes goldener Jubeltag". Weimar 1826. — Am Fries der vier Seiten des Saales waren in Kränzen mit goldener Schrift angebracht: „Faust" „Götz von Berlichingen", „Egmont", „Geschwister", „Iphigenie", „Götter und Helden", „Tasso", „Epimenides", „Eugenie", „Erwin und Elmire", „Claudine", „Jery und Bätely", „Stella", „Mitschuldigen", „Lila", „Fischerin", „Clavigo", „Groß-Cophta", „Achilleis", „Episteln", „Reineke Fuchs", „Lieder", „Xenien", „Elegien", „Hermann und Dorothea", „Balladen", „Geheimnisse", „[illegible]", „Pandora", „Dichtung und Wahrheit", „Werther", „Wilhelm Meister", „Ottilie" „Wanderjahre", „Kunst und Altertum".

Goethe.

Gemalt im August 1826 von dem Braunschweiger Maler Ludwig Sebbers auf eine jetzt in der großherzogl. Bibliothek zu Weimar befindliche Porzellantasse. Nach mehreren Originalphotographieen angefertigt; verkleinert (Maße [illegible]).

Wichtigste Daten aus Goethes Leben 1824—1827.

1824: Vorbereitung der Herausgabe des Briefwechsels mit Schiller; Heft VIII von „Kunst und Alterthum"; Heft VI „Zur Morphologie und Naturwissenschaft"; „Über Serbische Lieder"; vergleichende Knochenlehre. — 1825, 22. März: Brand des Weimarer Theaters, Neubau nach dem früher mit Coudray gemachten Entwurfe begonnen, aber bald nach anderem Plane fortgeführt; 3. Sept.: 50jähriges Regierungsjubiläum Karl Augusts; am 7. Nov. Goethes goldener Jubeltag. — Fortsetzung von „Dichtung und Wahrheit" Band IV, „Faust", „Wanderjahre", „Kunst und Alterthum" XIV; Beginn der Herausgabe der Werke in 40 Bänden (1830).

1826: Bestimmung von Schillers Schädel; „Gedicht bei Betrachtung von Schillers Schädel", „Löwennovelle"; Arbeiten an „Wanderjahre", „Faust"; „Kunst und Alterthum" XV.

1827, 6. Januar: Frau von Stein stirbt. 1. Februar: Besuch des Kronprinzen Friedrich Wilhelm (IV.) und am 4. Februar des Prinzen (Kaisers) Wilhelm, 28. August des Königs Ludwig von Bayern; Aufenthalt in Ettersburg und Jena; 29. Nov.: Geburt der Enkelin Alma Sedina Henriette Cornelia. Arbeiten am „Faust" und den „Wanderjahren"; Studien über Französische, Chinesische, Serbische, Böhmische, Italienische Litteratur; Aufsatz: „Neueste Deutsche Poesie"; „Kunst und Alterthum" Heft XVI.

Eigenhändiges Stammbuchblatt von Goethe für den k. k. Schauspieler des Wiener Hofburgtheaters Karl la Roche.

Nach dem Originale des Freien deutschen Hochstiftes zu Frankfurt. [illegible] Karl la Roche. Wien 1873. [illegible]

Goethe.

[illegible]

Goethe.

Gemalt im Auftrage König Ludwig I. von Baiern im Juni 1828 vom Königl. bairischen Hofmaler J. K. Stieler. Das beschriebene Blatt Papier in Goethes Hand enthält [illegible] Zeilen aus einem [illegible] 1816 verfaßten Gedicht: „An die Künstler“ — Nach Originalphotographie, direkte Wiedergabe; verkleinert. (Kollekt. I.)

F a u s t.

Eine Tragödie

von

Goethe.

Zweyter Theil

in fünf Acten.

(Vollendet im Sommer 1831.)

Stuttgart und Tübingen,

in der J. G. Cotta'schen Buchhandlung.

1 8 3 3.

Titel der ersten Separatausgabe vom zweiten Theile des „Faust“, 1833.

(Separatausgabe von „Goethes Werke. Vollständige Ausgabe letzter Hand“, 41. Band, 1832.) Der zweite Theil des „Faust“ ist im Wesentlichen in den Jahren 1825—1831 entstanden. Der Plan der „Helena“ gehört jedoch noch der Frankfurter Zeit 1774—1775 an. Einzelnes aus dem zweiten Theile des „Faust“ erschien schon zu Goethes Lebzeiten gedruckt (Band 4 der vollständigen Ausgabe letzter Hand in 16°, 1827, Seite [illegible]; „Helena“ Seite [illegible]; Band 12 vom Jahre 1828, Seite [illegible], Anfang des ersten Actes).

Wichtigste Daten aus Goethes Leben 1828—1832.

1828, 14. Juni: Tod Karl Augusts, Goethe weilt vom 7. Juli bis 11. August in Dornburg; Gunst des neuen Großherzogs Karl Friedrich; gespanntes Verhältnis zwischen August und Ottilie Goethe; Arbeiten am „Faust“ und an den „Wanderjahren“; Gedichte: „Dem aufgehenden Vollmonde“, „Der Bräutigam“, „Früh, wenn Thal, Gebirg und Garten“, „Über nationale Dichtkunst“; „Kunst und Alterthum“ XVII; „Zweiter Aufenthalt in Rom“ redigiert. — 1829: Zerwürfnisse zwischen August und Ottilie; am 5. Juni: Abschied der Prinzessin (Kaiserin) Auguste. Schluß der „Wanderjahre“ und des „Zweiten Aufenthaltes in Rom“; Arbeiten am „Faust“. — 1830, 14. Februar: Tod der Großherzogin Louise; letzte Lieferung der Werke (40 Bände) redigiert; 22. April: August geht mit Eckermann nach Italien, stirbt in Rom den 27. October; Goethe hat Blutsturz 25. auf 26. October. — „Ich war vor meine Gartenthür“; Arbeiten am „Faust“, „Dichtung und Wahrheit“ IV, an der französischen Ausgabe der „Metamorphose der Pflanzen“; Recension der Principes de philos. zool. des Geoffroy de St. Hilaire. — 1831, Januar: Testament; Besuch des Königs von Württemberg; Beendigung des „Faust“ kurz vor seinem Geburtstage, welchen er in Ilmenau (Gickelhahn) feierte; „Über die Spiraltendenz der Vegetation“; „Nachträgliches zu Rameau's Neffen“; „Über die Epochen geselliger Bildung“; „Dichtung und Wahrheit“ IV beendet. — 1832: Rücksendung der Briefe an Marianne; „Über plastische Anatomie“; „Über den Regenbogen“; zweite Recension der Principes de Geoffroy de St. Hilaire. — Seit dem 16. März schwer erkrankt; stirbt den 22. März Mittags gegen 12 Uhr; Beisetzung in der Fürstengruft am 26. März.

Goethe.

Gezeichnet im Januar 1832 von C. A. Schwerdgeburth. Direkte Wiedergabe einer Originalphotographie von der auf der großherzogl. Bibliothek zu Weimar befindlichen Kreidezeichnung; gering verkleinert. (Kollekt. VIII.)

Goethe im Tode.

Gezeichnet von Friedrich Preller am 23. März 1832, einen Tag nach Goethes Hinscheiden. Nach Originalphotographie der jetzt im Besitze der Frau Mathilde [illegible] in Hamburg befindlichen Originalzeichnung. Direkte Wiedergabe, gering verkleinert. (Kolln. IX.)

Geburtshaus, Eltern, Schwester Christophine.

Geburtshaus Schillers in Marbach am Neckar,
worin Schiller am 10. November 1759 geboren wurde. Damals gehörte das Haus dem [illegible] Ulrich Schöllkopf; 1859 wurde es vom Marbacher Schillervereine für 4000 fl. angekauft und, da es im Innern sehr verwahrlost und im Äußern sehr entstellt war, für weitere 2600 fl. in der Gestalt wieder hergestellt, in welcher es war, als Schillers es bewohnten. Es gehört jetzt der Stadt. Im Jahre 1812 war durch das Marbacher Oberamt auf die Zeugenaussage alter Marbacher Leute, meist Zeitgenossen Schillers, unzweifelhaft festgestellt, daß dies das Geburtshaus sei. Diese Abbildung ist [illegible] nach einer Photographie gemacht, welche dem vom Marbacher Schillervereine herausgegebenen Werkchen „Marbach am Neckar, die Geburtsstadt Friedrich Schillers“ beigefügt ist.

Schillers Vater.
Gemalt 1793 von Ludovike Simanowiz, geb. Reichenbach. Original jetzt im Besitze der Frau Freifrau Mathilde von Schiller, geb. von Alberti (Gattin von Schillers einzigem Enkel, Ludwig Ernst Friedrich) zu Stuttgart. — Nach Originalphotographie umgezeichnet.

Johann Kaspar Schiller, der Vater des Dichters, ist geb. 27. October 1723 zu Bittenfeld bei Waiblingen, Sohn des Schultheißen Joh. Schiller und der Eva Maria Schatz. Er erlernte die Wundarzneikunst und bildete sich in Sprachen und Wissenschaften eifrigst aus. Seit 1745 nahm er Kriegsdienste und erlebte theils als Soldat, theils als Feldscherer manche Abenteuer, namentlich in Holland. 1749 (11. Juli) bestand er das Examen in der Wundarzneikunst, wurde nach seiner Verheiratung Bürger in Marbach (29. September 1749) und blieb hier Wundarzt, bis er 1753 württembergische Kriegsdienste nahm. 1757 (16. September) wurde er bei seinem Regimente (Prinz Louis) Fähnrich und Adjutant, zog in den Krieg gegen Preußen, wurde 1758 (21. März) Lieutenant, kam am 1. Mai zum Regimente Romann, wurde 1761 (17. August) Hauptmann. Sein Regiment kam 1762 nach Ludwigsburg, dann nach Stuttgart und wieder zurück nach Ludwigsburg. 1763 (December) wurde er auf Werbung nach Schwäbisch-Gemünd gelegt, stationierte aber in Lorch, und kam im December 1766 nach Ludwigsburg in Garnison (im Regimente Stein). 1770 (10. September) erhielt er eine eigene Compagnie und kam 1775 (5. December) als Vorgesetzter der Gärtnerei nach der Solitüde. Hier hat er besonders um die Baumzucht, welche er schon mit besonderem Eifer in Ludwigsburg pflegte, große Verdienste. Am 26. März 1794 wurde er Obristwachtmeister und starb auf der Solitüde den 7. September 1796. Er hat folgende Werke geschrieben: „Betrachtungen über landwirthschaftliche Dinge“ (1767–1769), „Gedanken über die Baumzucht im Großen“ (1793), „Die Baumzucht im Großen nach zwanzigjähriger Erfahrung im Kleinen“ (1795).

Schillers Mutter.
Gleichfalls nach einem 1793 gemalten Simanowiz'schen Bilde, jetzt im Besitze der Frau Freifrau Mathilde von Schiller. — Nach Originalphotographie umgezeichnet.

Elisabetha Dorothea, geb. Kodweis, geb. 13. December 1732 in Marbach, Tochter des dortigen Bäckers, Löwenwirths und herrschaftlichen Holzmessers Georg Friedrich Kodweis, heiratete den 22. Juli 1749, starb den 29. April 1802 zu Clever-Sulzbach.

Christophine Schiller.
Gemalt von L. Simanowiz. Original im Besitze des Herrn [illegible] in [illegible]. — Nach einer im Besitze des Herrn [illegible] Friedrich Ludwig von Gleichen-Rußwurm befindlichen Originalphotographie umgezeichnet.

Elisabetha Christophina (in der Familie genannt Fine) Friederike, Schillers älteste Schwester, geb. zu Marbach 4. September 1757, vermählte den 22. Juni 1786 zu Gerlingen mit Schillers Freunde, dem Bibliothekare, späteren Hofrathe Wilh. Friedr. Hermann Reinwald zu Meiningen, gest. in Meiningen 31. August 1847.

Luise Schiller.

Kupferstich von W. Hofmann nach einem Miniatur-Aquarellbilde, früher im Besitz der Frau Emilie von Gleichen-Rußwurm. — Aus dem Wiener Schillerbuche des Dr. Constant Wurzbach von Tannenberg, Tafel XVI. Verkleinert, umgezeichnet.

Schillers Silhouette.

Ältestes erhaltenes Bild Schillers (etwa aus der Zeit 1772—1773), aus dem Nachlasse seiner Schwester Christophine, verwitweten Reinwald; jetzt im Schillerarchive zu Schloß Greifenstein. — Nach Originalphotographie.

Nannette Schiller.

Gemalt von L. Simanowiz 1794. Original im Schillerarchive zu Schloß Greifenstein. Nach Originalphotographie umgezeichnet.

Luise Dorothea Katharina, Schillers jüngere Schwester, geb. 23. (24.?) Januar 1766 in Lorch, verheiratete sich den 20. October 1799 mit dem Magister und Stadtpfarrer Johann Gottlieb Franckh (geb. 20. December 1760, gest. 23. Januar 1834 zu Möckmühl) und starb den 14. September 1836 in Möckmühl.

Nannette, Schillers jüngste Schwester. Ihre Taufnamen sind: Karoline Christiane, in der Familie wurde sie Nannette und Nane genannt. Sie ist den 8. September 1777 auf der Solitude geboren und starb daselbst unverheiratet den 23. März 1796. — Außerdem hatte Schiller noch zwei andere, früh verstorbene Schwestern: Maria Charlotte, geb. 20. November 1768, gest. 29. März 1774; Beata Friederike, geb. 4. Mai 1773, gest. 22. December desselben Jahres, beide geboren und gestorben in Ludwigsburg.

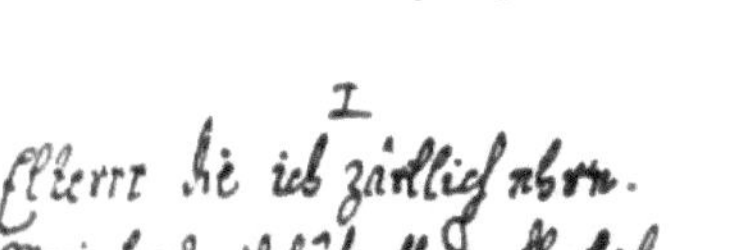

Herzgeliebte Eltern.

I

Eltern die ich zärtlich ehre.
Mein Herz ist heut voll Dankbarkeit
Der treue Gott der diß Jahr vermehre
Das Sie erquickt zu jeder Zeit.

II

Der Herr die Quelle aller Freude
Verbleibe stets Ihr Trost und Theil
Sein Wort seÿ Ihres Herzens Waide
Und Christus Ihr erwünschtes Heyl.

III

Ich dank vor alle Liebes Proben:
Vor alle Vorsorg und Gedult,
Mein Hertz soll alle Zeiten Loben,
Und trachten sich stets Ihrer Huld.

IV

Gehorsam Fleiß und zarte Liebe
Verspreche ich auf dieses Jahr
Der Herr schenk mir nur gute Triebe
Und mache all mein Wünschen wahr. Amen.

Johan Christoph Friderich Schiller.
Den 1 Januarii Anno 1769.

Gratulationsgedicht Schillers an seine Eltern auf Neujahr 1769

Eigenhändige Niederschrift des Knaben. Im Originale steht noch auf demselben Bogen die lateinische Übersetzung des Gedichtes in Prosa. Das deutsche Gedicht ist im Originale ohne Zeilenabsetzung fortgeschrieben und [illegible] — Nach dem im Schillerarchive zu Schloß Greifenstein aufbewahrten Originale. [illegible]

Wichtigste Daten aus Schillers Leben 1759—1773.

Johann Christoph Friedrich Schiller, ist geboren 10. November 1759 in Marbach. 1762 gieng die ganze Familie zu dem nach Ludwigsburg versetzten Vater, 1764 nach Lorch; hier erzog den Knaben der Pfarrer Moser (Vorbild des ehrwürdigen Pfarrers Moser in den „Räubern“). 1766 Rückkehr nach Ludwigsburg, wo er bis Ende 1772 (beim Mag. Jahn) verblieb und die dortige dreiklassige Lateinschule durchmachte. Seine Absicht war, Theologe zu werden; in diese Zeit fällt der Entwurf des Trauerspieles „Die Christen“.

Karl Eugen Herzog von Württemberg.
(Gemalt von G. J. Schlotterbeck, gestochen von J. F. Leybold 1782. Verkleinerter Kupferstich. — Nach dem Exemplare der k. k. Familien-Fideicommißbibliothek zu Wien.)

Franziska von Hohenheim etwa im 28. Lebensjahre.
(Holzschnitt, gezeichnet von F. Neumann, nach einem Pastellgemälde. Aus dem Werke von E. Vely: „Herzog Karl von Württemberg und Franziska von Hohenheim" (1876).)

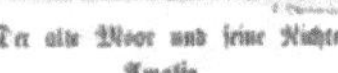

Der alte Moor und seine Nichte Amalia.

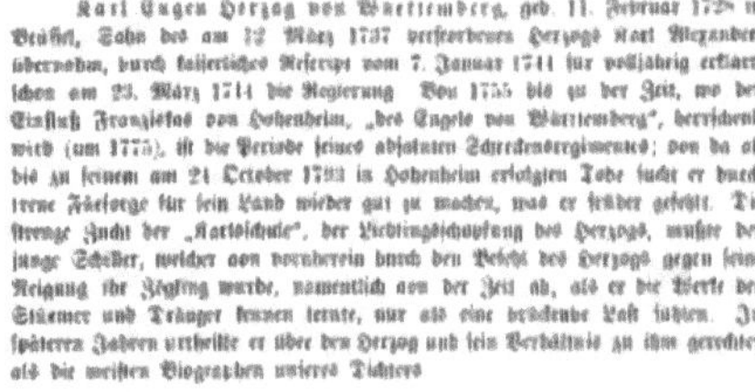

Karl Eugen Herzog von Württemberg, geb. 11. Februar 1728 in Brüssel, Sohn des am 12. März 1737 verstorbenen Herzogs Karl Alexander, übernahm, durch kaiserliches Rescript vom 7. Januar 1744 für volljährig erklärt, schon am 23. März 1744 die Regierung. Von 1755 bis zu der Zeit, wo der Einfluß Franziskas von Hohenheim, „des Engels von Württemberg", herrschend wird (um 1775), ist die Periode seines absoluten Schreckensregimentes; von da ab bis zu seinem am 24. October 1793 in Hohenheim erfolgten Tode sucht er durch treue Fürsorge für sein Land wieder gut zu machen, was er früher gefehlt. Die strenge Zucht der „Karlsschule", der Lieblingsschöpfung des Herzogs, mußte der junge Schiller, welcher von vornherein durch den Befehl des Herzogs gegen seine Neigung ihr Zögling wurde, namentlich von der Zeit ab, als er die Werke der Stürmer und Dränger kennen lernte, nur als eine drückende Last fühlen. In späteren Jahren urtheilte er über den Herzog und sein Verhältnis zu ihm gerechter als die meisten Biographen unseres Dichters.

Franziska Therese, geb. Freiin von Bernardin, geb. zu Adelmannsfelden bei Ellwangen den 10. Januar 1748, vermählt mit Friedrich Freiherrn von Leutrum, von diesem geschieden den 16. Januar 1772; zur Reichsgräfin von Hohenheim erhoben den 21. Januar 1774, mit dem Herzoge Karl getraut den 10. oder 11. Januar 1785 (oder am 17. Sonntage nach Pfingsten 1784); öffentlich verkündet wurde diese Vermählung am Lichtmeßfeste, 2. Februar 1786, gestorben in ihrem Witwensitze Kirchheim unter Teck den 1. Januar 1811. Zu ihren Geburtstagen hat Schiller Festreden gehalten; wie alle Karlsschüler, so verehrte ganz besonders Schiller diese hohe Frau, welche ihm öfters einflußreiche Fürsprecherin beim Herzoge war.

Der Pater, Karl Moor und die Räuber in den böhmischen Wäldern.

Franz Moor wird von Amalia zurückgewiesen.

Karl Moor und Amalia in der Gemäldegallerie vor seinem Bilde.

Amalia im Schloßgarten nach der Scene in der Gemäldegallerie.

Schweizer erschrickt sich an der Leiche des Franz Moor.

Die

Räuber.

Ein Schauspiel.

Frankfurt und Leipzig.

1781.

Titel der ersten Ausgabe von Schillers „Räuber" (1781) mit dem falschen Druckorte Frankfurt und Leipzig;

sie ist aber auf seine eigenen Kosten zur Ostermesse 1781 in Stuttgart gedruckt. Seit 1777 arbeitete Schiller an den „Räubern", welche Ende 1780 im Großen und Ganzen fertig waren. — Nach dem Exemplare der Berliner Universitätsbibliothek.

Personen.

Maximilian, regierender Graf von Moor.		Herr Kirchhöfer.
Karl,	seine Söhne.	Herr Boeck.
Franz,		Herr Ifland.
Amalia, seine Nichte.		Mad. Toscani.
Spiegelberg,	Libertiner, nachher Banditen.	Herr Pöschel.
Schweizer,		Herr Beil.
Grimm,		Herr Rennschüb.
Schufterle,		Herr Frank.
Roller,		Herr Toscani.
Razmann,		Herr Herter.
Kosinsky,		Herr Beck.
Herrmann, Bastard eines Edelmannes.		Herr Meyer.
Eine Magistratsperson.		Herr Gern.
Daniel, ein alter Diener.		Herr Bakhaus.
Ein Bedienter.		Herr Epp.
Räuber.		
Volk.		

Der Ort der Handlung ist Deutschland.

Das Stück spielt in der Zeit als der ewige Landfriede in Deutschland errichtet ward.

Personenverzeichnis aus der Mannheimer Bühnenausgabe von Schillers „Räuber",

mit den Namen derjenigen Schauspieler, welche sie am 13. Januar 1782 auf der Mannheimer Bühne zuerst aufführten. Titelzeile lautet: „Die Räuber, ein Trauerspiel von Friedrich Schiller. Neue, für die Mannheimer Bühne verbesserte Auflage. Mannheim in der Schwanischen Buchhandlung, 1782." Schiller hatte seine 1781 gedruckte Bearbeitung der „Räuber" an Dalberg zur Aufführung eingereicht und sie auf dessen Veranlassung neu umgearbeitet und bühnengerechter gemacht. — Nach dem Exemplare der Königl. Bibliothek zu Berlin.

Die

Räuber.

Ein Schauspiel von fünf Akten, herausgegeben von Friderich Schiller.

Zwote verbesserte Auflage.

Frankfurt und Leipzig. bei Tobias Löffler.

1782.

Titel der zweiten Löffler'schen Ausgabe von Schillers „Räuber" aus dem Jahre 1782, mit dem nach links springenden Löwen

Nach dem Exemplare der [illegible] Bibliothek

Die

Räuber.

Ein Schauspiel von fünf Akten, herausgegeben von Friderich Schiller.

Zwote verbesserte Auflage.

Frankfurt und Leipzig. bei Tobias Löffler.

1782.

Titel der nemlichen Löffler'schen Ausgabe von Schillers „Räuber" aus dem Jahre 1782, mit dem nach rechts springenden Löwen

Nach dem Exemplare der fürstlichen Bibliothek in Wernigerode

Wichtigste Daten aus Schillers Leben 1773—1782.

17. Jan. 1773 Aufnahme in die „militärische Pflanzschule" Solitude, welche 1773 zur „Militärakademie" erweitert, am 18. Nov. 1775 nach Stuttgart verlegt wurde und 1779 auch eine medizinische Fakultät erhielt. Schiller wählte das Studium der Medizin. Schiller wollte schon Ende 1779 die Akademie verlassen, doch der Herzog bestimmte, er habe noch ein Jahr zu bleiben. 14. Dec. 1779 war Goethe mit dem Herzoge in der Akademie; 14. Dec. 1780 wurde er als Feldscherer aus der Akademie entlassen und Regimentsmedicus beim Grenadierregiment Augé in Stuttgart; seit Jan. 1781 nebst Freund Kapff in demselben Hause mit der Hauptmännin Vischer (Laura). Bekanntschaft mit Streicher, mit Henriette von Wolzogen. Druck, Umarbeitung und (13. Jan. 1782) Aufführung der „Räuber"; im April: Doctor der Medicin

Kurfürstlich=Pfälzische
Theater=Intendanz.

Wolfgang Heribert von Dalberg.

Lithographie von W. Scheele angefertigt in der lithograph. Anstalt von J. Jung zu Frankfurt a. M., nach einem früher in Herrnsheim, dem Stammschlosse der Dalbergs, befindlichen Original-Ölgemälde. Aus dem Werke: „[illegible] Schatten. Mannheim 1856“ umgezeichnet. Die Bemühungen, dieses Ölgemälde direkt zu benützen, waren vergeblich, da das Original vor Jahren nach England (wahrscheinlich an Sir Acton, Aldenham House) verkauft ist. So erleidet Deutschland fortwährend den Verlust seiner nationalen Kunst- und Kulturschätze, ohne daß es die dazu berufenen öffentlichen Institute hindern. — Namensschrift vom Vertrage, welchen die Mannheimer Bühne mit der Schauspielerin Ackermann [illegible] im Oktober 1780 abschloß. Aus dem im Besitze des Herrn Hofbuchhändlers E. Soldan in Nürnberg befindlichen Originale.

Wolfgang Heribert Tobias Otto Maria Joannes Nepomucenus Freiherr von Dalberg, geb. am 18. November 1750 auf dem Schlosse Herrnsheim bei Worms, gestorben als kurpfälzischer Obersilberkämmerer, badischer Staatsminister, erster Präsident der Mannheimer deutschen Gesellschaft am 27. September 1806 zu Mannheim. Von der Eröffnung des Mannheimer Nationaltheaters 7. October 1779 bis zum Jahre 1803 war er dessen Intendant. Seine Verdienste um das deutsche Bühnenwesen, welche er in dieser Stellung sich erwarb, sind bekannt genug; weniger bedeutend war er als dramatischer Schriftsteller. Nicht hoch genug ist es ihm anzurechnen, daß er das Genie des jungen Schiller erkannte und förderte, **soweit dies in einer offiziellen Hofstellung im vorigen Jahrhunderte möglich war.** Mit Schillers „Räubern“, „Fiesko“, „Kabale und Liebe“ wird Dalbergs Name stets eng verbunden genannt werden müssen; zum „Don Carlos“ gab er dem jungen Dichter die erste Anregung.

Die untenstehende Abbildung des Mannheimer Nationaltheaters ist

Tafel 22 des „Vues de Mannheim par J. F. de Schlichten, gravées par les Frères Klauber. Mannheim (in Commission der Schwan'schen) 1782“. Das Theater selbst ist hier in gering verkleinerter Nachbildung wiedergegeben; Staffage unten und links etwas frei geführt. — Auf dieser Bühne wurde am 13. Januar 1782 „Die Räuber“, am 11. Januar 1784 „Fiesko“, am [illegible] 1784 „Kabale und Liebe“ zuerst aufgeführt; vom 1. September 1783 bis 1. September 1784 war Schiller für das Mannheimer Theater als Theaterdichter durch Dalberg angestellt; die beiden neuen Stücke „Fiesko“ und „Kabale und Liebe“ hatte er vertragsmäßig für diese Bühne zu schreiben. Von Schauspielern oder Dramatikern, welche zur Mannheimer Bühne Beziehungen hatten, seien nur genannt: Iffland, Beck, [illegible], Schröder, Törring, Gemmingen.

Anthologie

auf das Jahr

1782.

Gedrukt in der Buchdrukerei
zu Tobolsko.

Titel der ersten Ausgabe von Schillers „Anthologie auf 1782“, gedruckt in Stuttgart, mit dem falschen Druckorte Tobolsko.

Sie ist von Schiller „Meinem Prinzipal dem Tod“ zugeschrieben, welcher in der Dedikationsvorrede als „Großmächtigster Czar alles Fleisches, Allezeit Verminderer des Reichs, Unergründlicher Nimmersatt in der ganzen Natur“ angeredet wird. Sie enthält von Schiller u. a.: „Die Oden an Laura“ ([illegible]), „Die Kindsmörderin“, „Graf Eberhard der Greiner“, „Semele“. Beiträge dazu lieferten u. a. seine Freunde von Hoven, Petersen, Graf [illegible], von Gemmingen. — Im Jahre 1798 machte der Verleger Metzler in Stuttgart eine neue Titelausgabe der „Anthologie“. Nach dem Exemplare der Königl. Bibliothek zu Berlin.

Das Mannheimer Nationaltheater 1782.

Wichtigste Daten aus Schillers Leben 1782—1783.

1782: Leben in der Räuberhöhle; die „Anthologie“, Arbeiten am „Fiesko“; am 25. Mai ohne Urlaub in Mannheim zur zweiten Aufführung der „Räuber“ und um mit Dalberg persönlich zu verhandeln, der ihn auf „Don Carlos“ als dramatischen Stoff hinwies; als Strafe, daß er als Militär seine Garnison ohne Urlaub verlassen, erhält er 14 Tage Arrest; Ende August, als von Graubünden aus Beschwerde wegen einer Stelle in den „Räubern“ geführt wurde, verbietet ihm der Herzog, überhaupt nichts Litterarisches mehr zu schreiben. Daher Flucht nach Mannheim in der Nacht vom 22. auf 23. September mit Streicher; schlechter Erfolg des „Fiesko“; Plan zur „Luise Millerin“; Reise nach Frankfurt im Oktober; im November lebte er als Dr. Schmidt in Oggersheim (eine Stunde von Mannheim) im Viehhof; Arbeiten an „Luise Millerin“; Umarbeiten des „Fiesko“, den Dalberg Ende November zurückweist; „Fiesko“ nunmehr bei Schwan in Verlag gegeben. Erlaubt Frau von Wolzogen ihm in Bauerbach Asyl anzuweisen. Abreise dahin Anfangs December als Dr. Ritter. Freundschaft mit Reinwald. — 1783: Besuch der Frau von Wolzogen und ihrer Tochter Charlotte in Bauerbach; Neigung Schillers zu ihr. Beendigung der „Luise Millerin“; Arbeiten am „Don Carlos“ Dalbergs Wunsch; er verläßt am 24. Juli Bauerbach und kehrt nach Mannheim zurück.

Schillerhaus in Bauerbach.

[illegible] Schiller vom 8. December 1782 bis 24. Juli 1783. [illegible] — Aus dem von Dr. [illegible] [illegible] Band XXXIII [illegible]

Henriette von Wolzogen.

Charlotte von Wolzogen.

Kupferstiche nach [illegible] Gemälden im Besitze der [illegible] Familie aus dem Werke des Herrn Alfred Freiherrn von Wolzogen: „Schillers Beziehungen zu Eltern, Geschwistern und der Familie von Wolzogen. Stuttgart 1859", mit Bewilligung der Cotta'schen Verlagshandlung. Ausschnitt.

Henriette Freifrau von Wolzogen, geb. Marschalk von Ostheim, geb. 18. Juni 1745 zu Mariosfeld, Witwe des am 1. Juli 1774 verstorbenen Hildburghausenschen geh. Legationsrathes Ernst Ludwig von Wolzogen und Neuhaus, gest. 5. August 1788 in Meiningen, Schillers mütterliche Freundin. Durch ihren Sohn Wilhelm, welcher gleichzeitig mit Schiller die Karlsakademie besuchte, hatte sie ihn schon 1780 kennen gelernt; er hatte Gelegenheit, ihr näher befreundet zu werden, da sie sich 1781 und 1782 in Stuttgart aufhielt. Er vertraute ihr seinen Fluchtplan, sie bot ihm Bauerbach als Asyl an. Sie blieb bis zu ihrem Tode seine hilfreiche und berathende Freundin.

Luise Sophie Charlotte Henriette von Wolzogen, die Tochter Henriettens, geb. 16. April 1766 in Meiningen; sie heiratete den 30. Sept. 1788 den Hildburghausenschen Regierungsrath August Franz Friedrich von Lilienstern und starb den 20. Sept. 1794 in Hildburghausen. Als Schiller in Bauerbach war und Henriette in ihrer Begleitung gegen Ende des Jahres 1782 ihn dort besuchte, faßte er eine heftige Neigung zu dem damals achtzehnjährigen lieblichen Mädchen, das „noch ganz wie aus den Händen des Schöpfers, unschuldig, die schönste, weichste, empfindsamste Seele" war. Etwa um die Mitte des Jahres 1784 waren ernstliche Gedanken an eine Verbindung mit ihr von Schiller aufgegeben.

Wilhelm Reinwald.

Nach einem in der großherzoglichen Bibliothek zu Weimar befindlichen [illegible] Hier zum ersten Mal [illegible]

Wilhelm Friedrich Hermann Reinwald, geb. zu Wasungen 11. August 1737, studierte in Jena, wurde 1776 bei der Meiningenschen Bibliothek als Gehilfe angestellt. Frau von Wolzogen hatte Schiller an ihn gewiesen, welcher sogleich nach seiner Ankunft in Meiningen, 7. December 1782, sich an ihn wandte. Zwischen beiden Männern entwickelte sich eine hingebende Freundschaft. Am 22. Juni 1786 vermählte sich Reinwald, der inzwischen Bibliothekar geworden war, mit Schillers Schwester Christophine. Er starb zu Meiningen den 6. August 1815 als Bibliothekar und Hofrath.

Die

Verschwörung

des

Fiesko zu Genua.

Ein republikanisches Trauerspiel

von

Friederich Schiller.

— Nam id facinus inprimis ego memorabile existimo, sceleris atque periculi novitate.

Sallust vom Katilina.

Mannheim

in der Schwanischen Hofbuchhandlung

1783.

Titel der ersten Ausgabe von Schillers „Fiesko", erschienen im December 1783.

Nach dem Exemplar der Münchener Bibliothek. — [illegible]

Kabale und Liebe

ein

bürgerliches Trauerspiel

in fünf Aufzügen

von

Fridrich Schiller.

Mannheim,
in der Schwanischen Hofbuchhandlung,
1784.

Nebenstehend:

Titel der ersten Ausgabe von Schillers „Kabale und Liebe“ (1784). Ursprünglicher Titel: „Luise Millerin.“

Den Plan zu diesem Stücke legte Schiller während des 14tägigen Arrestes, den er abzubüßen hatte, weil er zur zweiten Aufführung seiner „Räuber“ (1782 in Mannheim) sich ohne Urlaub nach Mannheim begeben hatte. Es wurde im Januar 1783 in Bauerbach beendet, [illegible] 1784 zuerst in Mannheim aufgeführt.

Margaretha Schwan.

Lithographie nach einem Miniaturgemälde, ehemals im Besitze der Buchhändlers [illegible] in Mannheim, von diesem veröffentlicht in seinem Werke: „Friedrich Schiller. Mannheim 1858.“ Alle Bemühungen, das jetzt in anderem Besitz befindliche Original davon beibringen zu können, waren vergeblich.

Anna Margaretha Schwan, Tochter des Buchhändlers Schwan, geb. 27. Aug. 1766 in Mannheim, gest. 7. Jan. 1796 in Heilbronn als Gattin des Advocaten (Commissarius) Karl Friedr. Treffz, welchen sie am 16. Juli 1793 geheiratet hatte. Schiller fühlte namentlich im Jahre 1782 sich leidenschaftlich zu ihr hingezogen. Erst 1785 erlosch diese Neigung.

Secretär Wurm, Miller und seine Frau

Ferdinand und Luise

Präsident von Walter und Wurm

Lady Milford und der fürstl. Kammerdiener

Ferdinand und Lady Milford

Miller, seine Frau und ihre Tochter Luise

Der Präsident mit [illegible]

[illegible]

Ferdinand bei dem Hofmarschalle von Kalb

Lady Milford nimmt Abschied von ihrer Dienerschaft

Luise hat ihrem Vater erklärt sterben zu wollen

Ferdinand neben der todten Luise versöhnt sich sterbend mit seinem Vater

Diese hier und die auf vorhergehender Seite stehenden acht Illustrationen nach Kupferstichen von Chodowiecki zu Schillers „Kabale und Liebe“. Aus dem „Königl. großbrit. genealog. Kalender auf das Jahr 1786“. Engelmann, Chodow. 541. — Nach den Exemplaren der Albertina in Wien.

C. v. Kalb.

Charlotte von Kalb, geb. Marschall.

Copiestich von J. [illegible] aus dem Jahre 1785 im Besitze Sr. Königl. Hoheit des Großherzogs von Weimar (früher im Schloß Waltershausen aufbewahrt). Verkleinerung nach einer Originalphotographie.

F. Schiller.

Friedrich Schiller.

Gezeichnet von Dora Stock in Dresden (der Schwägerin Körners), gestochen von M. [illegible]. Datum unbekannt.

Charlotte Sophie Juliane Freifräulein Marschall von Ostheim, geb. 25. Juli 1761 zu Waltershausen im Grabfelde (Unterfranken), verwaiste früh, erhielt eine wenig sorgfältige Erziehung, heiratete aus äußeren Rücksichten den ihrer unwürdigen französischen Major H. Jul. von Kalb (Oct. 1783). Sie lernte Schiller in Mannheim kennen (Mai 1784); es bildete sich seit ihrem zweiten Mannheimer Aufenthalte (Aug. 1784) ein leidenschaftliches Verhältnis zu Schiller (vergl. die Gedichte „Resignation“ und „Freigeisterei der Leidenschaft“), welches noch nicht sein Ende fand, als Schiller im Apr. 1785 Mannheim verließ. Als Charlotte von Kalb 1787 in Weimar ihren Wohnsitz nahm, wurde das Verhältnis wieder angeknüpft (Sommer 1787); in leidenschaftlicher Eifersucht konnte sie es nicht fassen, daß Schillers edlere geläuterte Neigung seiner Lotte von Lengefeld sich zugewendet. Erst später (1792) näherte sie sich dem Dichter wieder in ruhiger Freundschaft. Nach mannigfachen traurigen Schicksalen, fand sie durch die edle Prinzessin Marianne von Preußen ein Asyl im Schlosse zu Berlin, wo sie den 12. Mai 1843, seit 1820 erblindet, starb. Sie war 1796 bis 1799 mit Jean Paul eng befreundet, der sie als Titanide Linda in seinem „Titan“ feiert; in Berlin war sie Fichte und Hufeland nahe getreten. Litterarhistorisch wichtig sind ihre 1829 unter dem Titel „Charlotte“ herausgegebenen Erinnerungen. Die Königin und die Prinzeß Eboli im „Don Carlos“ tragen einzelne, von ihr entlehnte Züge.

Rheinische Thalia,

herausgegeben von Schiller.

Erstes Heft.

Lenzmonat 1785.

Mannheim,

auf dasigem kaiserl. freien R. Postamt, und in der Schwanischen Hofbuchhandlung zu haben.

Titel des ersten Heftes von Schillers „Rheinischer Thalia“, Mannheim 1785 (Schwan).

Nach dem Exemplare der Münchener Bibliothek. — Sie wurde als „Thalia“ von 1787—1791 bei Göschen in Leipzig in 3 Bänden zu 4 Heften neu herausgegeben fortgesetzt. Sie brachte von wichtigen Schriften Schillers: Theile des „Don Carlos“, „Das Lied an die Freude“, „Resignation“, „Philosophische Briefe“, „Der Geisterseher“, Übersetzungen der „Iphigenie in Aulis“, und der „Phönizierinnen des Euripides“, „Der Verbrecher aus Infamie“. Die „Neue Thalia“ erschien in 4 Bänden 1792—1793 gleichfalls bei Göschen und enthielt von Schiller u. a. die metrische Übersetzung aus „Virgils Aeneis“ (Buch II und IV), die Aufsätze: „Über die tragische Kunst“, „Über Anmuth und Würde“, „Vom Erhabenen“.

Wichtigste Daten aus Schillers Leben 1783—1785.

1783: 27. Juli Eintreffen in Mannheim; Dalberg schließt mit ihm Vertrag, wodurch er vom 1. Sept. 1783 bis 31. Aug. 1784 zum Theaterdichter angenommen wird, mit der Verpflichtung „Fiesko“, „Luise Millerin“ und noch ein Stück für die Mannheimer Bühne zu liefern. Neigung zu Margaretha Schwan. — 1784: 11. Jan. Aufführung des „Fiesko“, im Februar: Aufnahme in die kurpfälz. deutsche Gesellschaft, worin er zum Eintritt (26. Juni) die Abhandlung las: „Was kann eine gute Schaubühne wirken?“ 9. März Aufführung von „Kabale und Liebe“; im Mai kommt Charl. v. Kalb nach Mannheim, gegenseitige Neigung. Äußere schlimme Lage Schillers, welchen alte Schulden drücken. Arbeiten am „Don Carlos“ (erstes Stück im Verlein) gehen langsam vorwärts. Plan zur „Rheinischen Thalia“ (Ankündigung vom 11. November 1784). Im Dec. Reise nach Darmstadt, wo er am Hofe in Anwesenheit des Herzogs Karl August (am 26.) den Anfang des „Don Carlos“ vorliest; der Herzog ernennt ihn am 27. zum Weimarischen Rathe. — 1785: Göschen übernimmt die „Thalia“ unter guten Bedingungen. Entschluß Mannheim zu verlassen und nach Leipzig-Dresden zu Körners zu gehen, mit welchen er seit Dec. 1784 in Briefwechsel stand.

Das Schillerhaus in Gohlis bei Leipzig.

Bewohnt von Schiller vom Mai bis September 1785. Es ist jetzt im Besitze des Leipziger Schillervereins, welcher es 1856 ankaufte. Das „Lied an die Freude“ dichtete Schiller nicht in diesem Hause. — Aus dem Wiener Schillerbuche. Tafel XXIII. Ausschnitt, [illegible]

Pavillon auf Körners Weinberg bei Loschwitz.

Stich von [illegible] aus: J. L. [illegible], Drei Ansichten [illegible] von Schiller [illegible], Gotha 1820. Tafel II — Schiller weilte während seines Dresdener Aufenthaltes 1785—1787 wiederholt hier; längere Zeit im September und October 1786. Hier wurde der „Don Carlos“ eifrig gefördert.

Christian Gottfried Körner.

Gemalt von Anton Graff, gestochen von [illegible]. Ausschnitt.

Christian Gottfried Körner, geb. 2. Juli 1756 zu Leipzig, studierte in Göttingen und Leipzig Jura, 1779 Doct. juris, wurde 1781 Consistorialadvocat in Leipzig, 1783 Rath im Oberconsistorium in Dresden, 1790 Appellationsgerichtsrath daselbst, ging 1815 nach Berlin als Staatsrath im Minist. d. J., wurde 1817 geh. Oberregierungsrath im Ministerium der geistl. ꝛc. Angelegenheiten, als welcher er zu Berlin den 13. Mai 1831 starb. Es ist bekannt, wie Körner und die Seinen (seine Braut Minna Maria Jakobine, deren Schwester, die Malerin Johanna Dorothea (Dora), beide Töchter des Leipziger Kupferstechers Stock, bei welchem Goethe die Kupferstichkunst lernte; ferner deren damaliger Bräutigam Ludwig Ferdinand Huber, schriftlich die Freundschaft des Dichters der „Räuber“ suchten (Mai 1784). Seit Dec. 1784 entspann sich ein inniger Briefwechsel zwischen Körner und Schiller, welcher, bis zu Schillers Tode fortgesetzt, wichtige Quelle für sein äußeres Leben und seine litterarische Entwicklung ist. Körner gewährte dem Freunde die Möglichkeit sorgenfreien Lebens in Gohlis (Mai—Sept.) und in Dresden (wo Schiller 11. Sept. 1785 eintraf) theils im eigenen Hause, theils auf seinem Weinberge in Loschwitz. Am 20. Juli 1787 verließ Schiller die gastliche Familie. Körner war Schillers ästhetischer Berather, wies ihn auf das Studium Kants und besorgte später die Herausgabe von Schillers Werken, der verbreitetsten Ausgabe derselben, welcher Schillers Biographie von Körner vorangeht, welche die populärste aller Lebensbeschreibungen des Dichters geblieben ist.

Gustel von Blasewitz.

Silhouette im Körnermuseum zu Dresden. Hier zum ersten Male veröffentlicht.

Die durch „Wallensteins Lager“ bekannte „Gustel von Blasewitz“ war Johanna Justine Segedin, geb. 5. Jan. 1763 zu Dresden, vermählt am 31. Jan. 1787 zu Leuben mit dem späteren Senator Chr. Friedr. Renner zu Dresden, gest. in Dresden den 24. Februar 1856. Als ihr Vater, ein getaufter Türke, kurfürstl. Leibjagdkutscher, den 28. Nov. 1763 gestorben war, erwarb ihre Mutter, Joh. Dor. geb. Pohle, am 21. Juni 1764 das Schenkgut zu Blasewitz, wo sie, mit K. Friedr. Fleischer verheiratet, Wirthschaft betrieb. Hier wird Schiller die als „Gustel von Blasewitz“ mitaufwartende Tochter des Hauses in der Zeit von 1785—1787 kennen gelernt haben, da er von Loschwitz oft übergeschifft sein soll, um Milch zu trinken und von da auf kürzerem Wege nach der Altstadt Dresden (zu Körners) kommen konnte.

„Körner, den seine Stiefeln als einen Reisenden kenntlich machen. Er sagt mit Bewunderung würdiger Gelassenheit: Ich zahle für Euch alle.“

„Körner, welcher über dem Kant einschläft.“

[illegible] Zeichnungen Schillers aus dem 13 Blatt [illegible], welche er zu Körners Geburtstag, den 2. Juli 1786, [illegible] [illegible] unter dem Titel: „[illegible]“ [illegible] Rom 1786.“ L. F. Huber schrieb [illegible] Original im Besitze des Herrn W. Künzel in Leipzig. — Hier nach dem Drucke gegeben.

Dom Karlos

Infant von Spanien

von

Friedrich Schiller.

Leipzig,
bei Georg Joachim Göschen
1787.

Titel der ersten Ausgabe von Schillers „Don Carlos“ 1787.

Nach dem Exemplare der Königl. Universitätsbibliothek zu Berlin, aus der Kaiser Wilhelm-Stiftung (Vermächtnis des Königl. sächsischen Regierungsrathes Dr. jur. C. G. Wenzel). An keinem Stücke hat Schiller so lange gearbeitet und so viel verändert als am „Don Carlos“. Durch den Intendanten der Mannheimer Bühne, Heribert von Dalberg, erhielt er 1782 die erste Anregung zu diesem Drama; eine Novelle von St. Réal bot den Stoff. Das Stück wurde 1783 wenig gefördert, 1784 einzelnes in Mannheim bearbeitet. 1785 wurde in Leipzig, Gohlis, namentlich in Körners Weinbergshaus bei Loschwitz, eifrig daran gearbeitet; erst im Anfange des Jahres 1787 war es fertig. Zuerst aufgeführt in Mannheim am 6. April 1788. Im Druck erschienen einzelne Fragmente seit 1785 in der „Thalia“; die ersten drei Akte sind ebendaselbst veröffentlicht. Die erste vollständige Ausgabe, deren Titel hier wiedergegeben ist, brachte den vierten und fünften Akt zum ersten Male. Die Ausgabe von 1801 ist sehr verändert und gekürzt; weitere Kürzungen erfuhr die letzte Bearbeitung von 1805.

Schiller etwa im 26. Lebensjahre

Ölgemälde, gemalt wahrscheinlich von Reinhard im Sommer 1785. Aus dem Besitze des [illegible] stammend, war es [illegible] maßgebender Ikonographie von Schiller bisher [illegible]. Original jetzt im Besitze der Verlagshandlung, [illegible]

Wichtigste Daten aus Schillers Leben 1786—1787.

1786: Historische Studien; im October Verhandlung mit Schröder in Hamburg wegen Übernahme der Stelle eines Theaterdichters; Arbeiten am „Don Carlos“. 1787: Neigung zu Henriette von Arnim; endliche Fertigstellung des prosaischen und poetischen „Don Carlos“; Abreise von Körners 20. Juli (nach Weimar).

III Act.

(Cabinet des Königs. Frühmorgen. Zwei Lichter brennen auf dem Tisch.) König [illegible] halb entkleidet, ein Medaillon und Papiere in der Hand [illegible])

O es ist klärer als das Licht — der Wurm
begann schon damals, als ich in Madrid
zum erstenmal als Gattin sie begrüßte.
Noch seh ich sie [illegible],
erschreckt vor meinem Anblick meiner grauen Haare,
Mich anstarren mit entsetzenvollem Blick.
— Da fing es an das falsche Spiel —

(Hier macht er eine Bewegung, welche ihn zu sich selbst bringt. Er fährt auf.)

Charlotte Schiller

Charlotte von Lengefeld.

Ölgemälde von L. Simanowitz, im Besitze des Freiherrn L. von Gleichen-Rußwurm. Direkte Wiedergabe einer Originalphotographie.

Luise Charlotte Antoinette von Lengefeld, geb. 22. November 1766 zu Rudolstadt, Tochter des fürstl. Schwarzburg-Rudolstädtischen Jägermeisters und Kammerraths Karl Christoph von Lengefeld, Schillers Gattin. Schon 1784 hatte er sie in Mannheim flüchtig kennen gelernt; am 6. Dec. 1787 war er durch Wilhelm von Wolzogen, seinen Jugendfreund, in Rudolstadt bei Lengefelds eingeführt. Der Sommer 1788, welchen er größtentheils in Volkstädt bei Rudolstadt und in Rudolstadt selbst zubrachte, reifte seine ideale Liebe zu Lotten und seine Freundschaft zu Karolinen, welcher er auch zuerst (3. August 1789) in Lauchstädt das vertrauliche Bekenntnis seiner Liebe zu Lotten machte. Die Mutter gab am 22. December 1789 ihre Einwilligung zur Verheiratung; am 22. Februar 1790 fand die Trauung in der Kirche zu Wenigenjena statt. Lotte starb den 9. Juli 1826 in Bonn.

Charlotte von Schiller.

Silhouette wahrscheinlich aus dem Jahre 1784. Nach Originalphotographie des früher im Besitze der Freifrau Emilie von Gleichen-Rußwurm, jetzt im Schillerarchive auf Schloß Greifenstein befindlichen Originales. Direkte Wiedergabe.

Karoline von Lengefeld, die Schwester von Schillers Frau Charlotte, geb. 3. Februar 1763 zu Rudolstadt, vermählt 1784 mit Friedrich Wilhelm Ludwig von Beulwitz, fürstl. Schwarzburg-Rudolstädtischem Rathe, von ihm geschieden 1794, zum zweiten Male vermählt mit Wilhelm Friedrich Ernst August von Wolzogen, gest. zu Jena den 11. Januar 1847. Reicher begabt und phantasievoller als ihre Schwester Lotte, war sie mit Schiller bis zu dessen Tode in verständnisvoller inniger Freundschaft verbunden, welche namentlich durch das Zusammenleben in Weimar genährt und gefördert wurde. Sie war auch als Schriftstellerin thätig. Ihr Hauptwerk ist der Roman: „Agnes von Lilien“, dessen erster Theil in Schillers „Horen“ 1796 veröffentlicht wurde (vollständig Berlin 1798), für dessen Verfasser man aber Goethe oder Schiller hielt. Von bleibender Bedeutung ist ihr Werk: „Schillers Leben; verfaßt aus Erinnerungen der Familie, seinen eigenen Briefen und den Nachrichten seines Freundes Körner“ (1830). Andere Schriften: „Cordelia“, Roman (1840); „Erzählungen“ (1826, 1827); „Der leukadische Fels“, Schauspiel (in der „Thalia“ 1792).

C. v. Wolzogen

Karoline von Lengefeld.

Nach Originalphotographie einer im Schillerzimmer auf Schloß Greifenstein vorhandenen Miniaturmalerei angefertigt. [illegible]

Schillers Garten und Gartenhaus bei Jena.

[illegible]

Das Graffsche Bild aus der Zeit 1786—1791.

Friedrich Schiller.

Gemalt von Anton Graff, gestochen von Johann Gotthard Müller. [illegible]. Schiller saß dem Maler zu diesem Bilde in [illegible] (Mai ?) 1786; Graff malte es jedoch erst 1791 fertig. Der berühmte Kupferstecher J. G. Müller stach das Bild 1794 zu Schillers Zufriedenheit.

Wichtigste Daten aus Schillers Leben 1787—1790.

1787: 21. Juli Ankunft in Weimar; Erneuerung der Beziehungen zu Charlotte von Kalb; Goethe abwesend in Italien. Bekanntschaft mit Herder, Wieland (für dessen „Merkur“ er arbeitete), der Herzogin-Mutter, Knebel, der Schröter, Frau von Stein. Studien zur Niederländischen Rebellion; Besuch in Jena, namentlich bei dem Kantianer Reinhold (1. December). — 1788: Arbeiten am „Abfall der Niederlande“ und am „Geisterseher“ (für „Thalia“ V); „Die Götter Griechenlands“ (März); April bis November in Volkstädt bei Rudolstadt und in Rudolstadt; innigeres Verhältnis zu Lotte; Beschäftigung mit Homer; 9. September persönliche Bekanntschaft mit Goethe in Rudolstadt; „Hymnus an die Natur“ (October); Übersetzung der „Iphigenie des Euripides“; „Die Künstler“; 12. November zurück nach Weimar; Übersetzung der „Phönicierinnen“; 9. December Promemoria Goethes wegen Schillers Berufung nach Jena als Professor der Geschichte. 1789: 11. Mai nach Jena; erste Vorlesung den 26. Mai „Was heißt und zu welchem Zwecke studiert man Universalgeschichte“. Aufenthalt in Lauchstädt (Verlobung) und Rudolstadt. 20. October zurück nach Jena zum Wintersemester; die Vorlesungen sagen ihm wenig zu; am 24. December bei Karl August in Weimar, welcher ihm 200 Thaler Gehalt zulegt. — 1790: 2. Januar Ernennung zum Meiningenschen Hofrathe; 22. Februar Trauung. Im Sommersemester Vorlesung über die Tragödie.

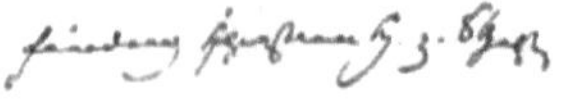

Friedrich Herzog von Schleswig.

Ölgemälde im Schlosse zu Augustenburg, angeblich von Anton Graff. Durch Reproduktion einer vom Hofkunsthändler zu [illegible] im Auftrage Sr. Kgl. Hoheit des Herzogs zur Verfügung gestellten Originalphotographie.

Friedrich Christian Herzog von Schleswig-Holstein-Sonderburg-Augustenburg, geb. 28. September 1765 zu Augustenburg, gest. 14. Juni 1814 ebendaselbst. Sorgfältig wissenschaftlich erzogen, legte er auf der Universität Leipzig, namentlich in Reinholds Vorlesungen, den Grund zu tüchtiger philosophisch-pädagogischer Bildung, die er in seiner Stellung als Chef des Dänischen Unterrichtswesens praktisch verwerthete. Durch den Dichter Baggesen wurde er ein begeisterter Verehrer Schillers; zusammen mit Graf Schimmelmann richtete er unterm 27. November 1791 ein Schreiben an Schiller, in dem sie ihm eine Pension von je 1000 Thalern auf drei Jahre anboten, welche ihm fünf Jahre hintereinander ausgezahlt wurde. Schiller richtete an den Prinzen seine „Briefe über die ästhetische Erziehung des Menschen". Die Originale giengen beim Brande der Christiansburg am 26. Februar 1794 zu Grunde; in erweiterter Umarbeitung gedruckt erschienen sie in den „Horen" (1795).

Karl Theodor Reichsfreiherr von Dalberg.

Kupferstich von D. Berger 1790 (Aus Berliner Monatsschrift, Heft 1790).

Karl Theodor Anton Maria Reichsfreiherr von Dalberg, geb. 8. Februar 1744 zu Mannheim, studierte die Rechte, trat in den geistlichen Stand 1768, wurde 1772 wirkl. geheimer Rath und Mainzischer Statthalter in Erfurt, 1787 Coadjutor von Mainz und Worms, 1788 Erzbischof von Tarsus i. p. und Coadjutor des Erzbischofs von Constanz. Während er als Mainzer Coadjutor, als aufgeklärter Beförderer der Kunst und Wissenschaft in hohem Ansehen stand, hat er durch sein späteres politisches unpatriotisches Verhalten als einziger geistlicher Kurfürst, Reichskanzler, Metropolitan-Erzbischof und Primas von Deutschland (mit dem Sitze in Regensburg) seit 1802, seit 1806 als Fürst-Primas und seit 1810 als Großherzog von Frankfurt eine sehr zweifelhafte Rolle gespielt. Er starb, durch die neuen Verhältnisse seiner weltlichen Macht entkleidet, als Erzbischof von Regensburg den 10. Februar 1817 daselbst. In seiner ersten Lebensperiode standen Herder, Wieland, Goethe, Wilhelm von Humboldt, Karl August und namentlich Schiller zu ihm in engster Beziehung. Schiller hat ihn öfters in Erfurt persönlich besucht und erhielt von ihm namhafte Geldgeschenke. Schiller widmete seinem Gönner seine Abhandlung „Über Anmuth und Würde" (1793). Dalberg, welcher viele populär-philosophische, namentlich ästhetische Schriften verfaßte, schrieb auch für Schillers „Horen".

Ernst Heinrich Graf von Schimmelmann.

Nach einer von der gräflichen Familie zur Verfügung gestellten Original-Photographie des Ölgemäldes von [illegible].

Ernst Heinrich Graf von Schimmelmann, geb. 4. December 1747 zu Dresden, 1784–1814 Dänischer Finanz- und Commerzminister, 1788 Mitglied des Dänischen Staatsrathes, 1824 Minister der auswärtigen Angelegenheiten, starb 9. Februar 1831 zu Kopenhagen. Er schätzte namentlich deutsche Kunst und Wissenschaft sehr hoch, vor allem aber Schillers Dichtungen. Als im Juni 1791 Schiller todt gesagt wurde, feierte er zusammen mit Baggesen sein Andenken in schwärmerisch begeisterter Weise in dem weit und breit bekannt gewordenen „Todtenfeste zu Hellebek"; als sich die Nachricht von Schillers Tode nicht bewahrheitete, unterstützte er ihn zusammen mit Herzog Friedrich Christian von Schleswig durch eine Pension.

Historischer
CALENDER
für
Damen
für das Jahr 1791
von
Friedrich Schiller
Leipzig
bey G. J. Göschen.

Titel von Schillers „Historischem Kalender für Damen für das Jahr 1791"

Darin erschien zuerst Buch I und II seiner „Geschichte des dreißigjährigen Krieges". Buch III erschien in den Jahrgängen 1792 und 1793 dieses Kalenders.

Titelkupfer zum „Historischen Kalender für Damen für das Jahr 1791"

Gezeichnet von H. Lips, gestochen von [illegible].

Kupferstich zu Schillers „Geschichte des dreißigjährigen Krieges"

aus dem „Hist. Kalender für Damen 1791". [illegible]

Wichtigste Daten aus Schillers Leben 1790, 1791.

1790: Arbeiten an der „Geschichte des dreißigjährigen Krieges" (im September Abschluß derselben bis zur Schlacht bei Breitenfeld); im October Reise nach Rudolstadt. — 1791: im Februar heftige Erkrankung; im März Studium Kants begonnen (Kritik der Urtheilskraft); Plan ästhetischer Vorlesungen; Studium der Poetik des Aristoteles; im April zur Erholung nach Rudolstadt; „Übersetzung der Aeneis"; schwerste Anfälle der Erkrankung am 10. Mai und 12. Juni, so daß er todt gesagt wurde; im Juli nach Karlsbad, dann in Erfurt; Unterstützung durch Karl August; Jahresgehalt vom Erbprinzen Herzog Friedrich von Schleswig und vom Grafen Schimmelmann.

Schiller nach der von seinem Jugendfreunde Dannecker im März 1794 zu Stuttgart modellierten Büste.
Zeichnung nach einer Originalphotographie der im Besitze Sr. Königlichen Hoheit des Großherzogs in Weimar befindlichen Ausführung

Wichtigste Daten aus Schillers Leben 1792—1794.

1792: ernstes Studium von Kant; bessere pekuniäre Lage; im April Reise nach Dresden zu Körner, mit welchem ästhetische Fragen behandelt wurden; am 26. August als Sieur Gille Bürger der französischen Republik; Arbeiten an der „Geschichte des dreißigjährigen Krieges"; Mutter und Schwester Nannette in Jena zum Besuch, September, Oktober; kunstphilosophische Vorlesungen. 1793: weitere kunstphilosophische Arbeiten; neue Krankheit; zur Erholung Reise in die Heimat (August) nach Ludwigsburg; hier (14. September 1793) Geburt des Sohnes Karl Friedrich Ludwig. 1794: „Briefe über die ästhetische Erziehung des Menschen". 1794 März nach Stuttgart; im Mai nach Jena zurück.

Schiller, gemalt von Ludovika Simanowiz bei seinem Aufenthalte in Stuttgart im März 1794
Verkleinerte Wiedergabe des Stiches von Cariale

Wichtigste Daten aus Schillers Leben 1794—1796.

1794: 21. Juli, Goethe bei Schiller in Jena, welche wechselseitigen Besuche sich bis zu Schillers dauernder Übersiedelung nach Weimar fortsetzten. Schöpferisches Zusammenarbeiten, wechselseitiger Einfluß. Gründung der „Horen“, worin ihre ästhetischen Ansichten vertreten werden sollen. Angriffe gegen die „Horen“, namentlich durch Nicolai. Hiergegen von beiden die „Xenien“ verfaßt (1795). Rückkehr zur Dichtkunst: „Reich der Schatten“; „Ideal und das Leben“; „Der Spaziergang“ (1795 September); „Klage der Ceres“ (1796); „Die Votivtafeln“ (1796); Geburt des Sohnes Ernst Friedrich Wilhelm 1. Juli 1796 in Jena.

Schiller, Silhouette ungefähr aus dem Jahre 1795

Nach dem im Besitze der Frau von Arnim, geb. von Herda, befindlichen Originale. Hier zum ersten Male veröffentlicht

Die Horen

eine Monatsschrift

herausgegeben von Schiller

Erster Band.

Tübingen

in der J. G. Cottaischen Buchhandlung

1795.

Titel des ersten Bandes der „Horen“ von 1795.

Nach dem Exemplare der Marburger Universitätsbibliothek. — Sie erschienen von 1795—1797 und enthalten die wichtigsten kunstphilosophischen Abhandlungen Schillers, namentlich: „Über die ästhetische Erziehung des Menschen in einer Reihe von Briefen“, „Die schmelzende Schönheit“, Fortsetzung dieser Briefe; „Die sentimentalischen Dichter“, und Fortsetzung: „Beschluß der Abhandlung über naive und sentimentalische Dichter, nebst einigen Bemerkungen über einen charakteristischen Unterschied unter den Menschen“. Mitarbeiter waren unter anderen Goethe, Herder, W. von Humboldt

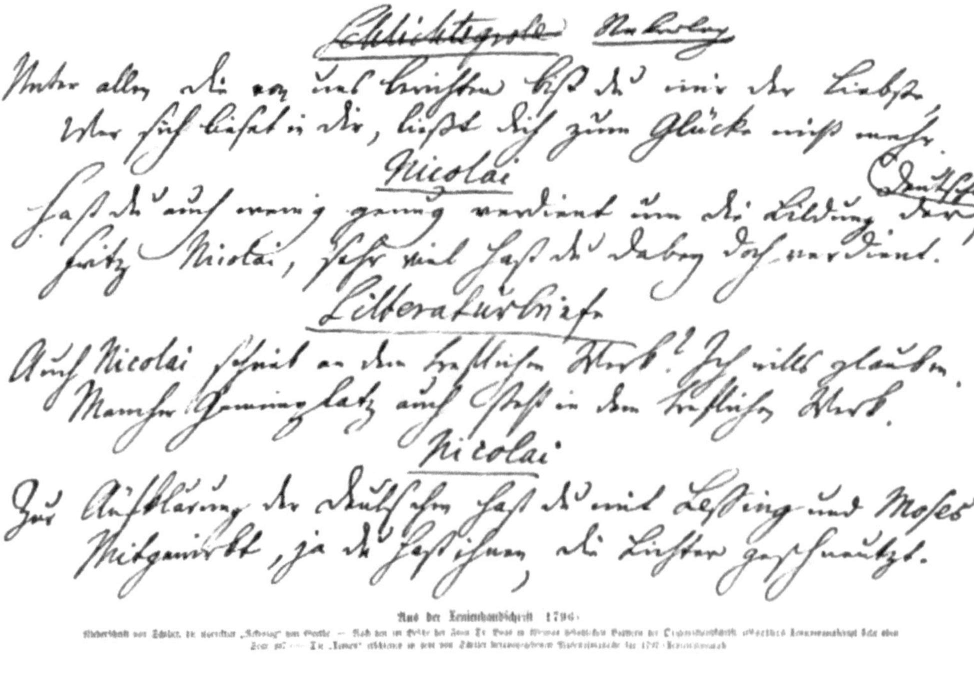

~~Schlichtegroll~~ Nekrolog

Unter allen die von uns berichten bist du einer der liebsten
Wer sich liebet in dir, liebst dich zum Glücke nicht mehr.

Nicolai

Hast du auch wenig genug verdient um die Bildung der Deutschen,
Fritz Nicolai, sehr viel hast du dabey doch verdient.

Litteraturbriefe

Auch Nicolai schrieb an dem trefflichen Werk! Ich will es glauben.
Mancher Gemeinplatz auch steht in dem trefflichen Werk.

Nicolai

Zur Aufklärung der Deutschen hast du mit Lessing und Moses
Mitgewirkt, ja du hast ihnen die Lichter geschneutzt.

Aus der Xenienhandschrift 1796.

Niederschrift von Schiller, die Korrektur „Nekrolog“ von Goethe. — [illegible] — Die „Xenien“ erschienen in dem von Schiller herausgegebenen Musenalmanach für 1797 (Xenienalmanach)

Maria Stuart

ein

Trauerspiel

von

Schiller.

Tübingen,

in der J. G. Cotta'schen Buchhandlung

1801.

Titel der ersten Ausgabe von Schillers „Maria Stuart" (1801).

Nach dem Exemplare der Münchener Bibliothek. — Seit 1799 nahm Schiller ernstlich die „Maria Stuart" in Angriff; beendete sie im Juni 1800 (zum Theil in Ettersburg); zuerst aufgeführt in Weimar 14. Juni 1800.

Fr. v. Schillers Haus in Weimar.

Schillers Wohnhaus in Weimar, welches er vom 30. April 1802 bis zu seinem Tode bewohnte.

Aufgenommen 1828 von [illegible], gestochen von [illegible]. Aus dem Werke: [illegible] — Stellt das Haus vor seiner neuen Veränderung in der Außenseite dar.

Wichtigste Daten aus Schillers Leben 1796—1800.

Seit 1796 bis 1799 Arbeiten am „Wallenstein"; 1797/98 Balladen und philosophische Gedichte; 1799—1800 „Maria Stuart". 1799 September Voltaires „Mahomet" übersetzt; Reise nach Jena, wo 5. Oktober 1799 Karoline Henriette Louise geboren wurde; Lottes Erkrankung; Bearbeitung des „Macbeth" (aufgeführt 14. Mai 1800); 1799 Dezember Übersiedlung nach Weimar; 1800 Februar und März schwere Erkrankung.

Wallenstein

ein dramatisches Gedicht

von

Schiller.

Erster Theil.

Tübingen,

in der J. G. Cotta'schen Buchhandlung

1800.

Titel der ersten Ausgabe des ersten Theiles von „Wallenstein" (1800).

Enthaltend: Den „Prolog" (welcher schon vorher im Schillerschen Musenalmanache auf 1799 gedruckt war) und die „Piccolomini". Der zweite Theil, enthaltend „Wallensteins Tod", erschien gleichzeitig. — Nach dem Exemplare der Münchener Bibliothek. — Seit Oktober 1796 beschäftigte sich Schiller intensiver mit dem „Wallenstein"; 1797 Ende Mai der „Prolog" beendet, zuerst aufgeführt in Weimar [illegible]; 1798, am Jahresschluß, Beendigung der „Piccolomini", zuerst aufgeführt in Weimar 30. Januar 1799; 1799 März „Wallensteins Tod" beendigt. Die ganze Trilogie wurde zuerst aufgeführt in Weimar 15., 17., 20. [illegible] 1799.

Musen-Almanach

für

das Jahr 1798.

herausgegeben

von

Schiller.

Tübingen,

in der J. G. Cottaischen Buchhandlung.

Titel des „Balladenalmanachs" (1798).

Gedichte von Schiller: Der Taucher; Der Handschuh; Der Ring des Polykrates; Ritter Toggenburg; Der Gang nach dem Eisenhammer; Die Kraniche des Ibykus; Reiterlied aus „Wallenstein". — Nach dem Exemplare der Münchener Bibliothek. — Der Almanach auf 1799 enthielt die 1798 entstandenen Gedichte: Kampf mit dem Drachen; Die Bürgschaft; Bürgerlied (das Eleusische Fest); Des Mädchens Klage; Prolog zu „Wallensteins Lager".

DIE

JUNGFRAU von ORLEANS.

EINE ROMANTISCHE TRAGÖDIE

von

SCHILLER.

Mit einem Kupfer.

BERLIN.

Bei Johann Friedrich Unger.

1802.

Titel der ersten Ausgabe der „Jungfrau von Orleans" (1802).
Nach dem Exemplare der Münchener Bibliothek.

Der Großmeister hat keinen andern Vertrauten nöthig als der Chor.

Der Chor wird von dem Aufseher mit Trotz und Geringschätzung behandelt. Sie verhehlen ihm ihre schlimmen Gesinnungen nicht, er weiß die Gefahr und sieht das schlimmste kommen, aber ohne es verhindern zu können.

Es häufen sich [illegible] Gesinnungen gegen La Valette
1) eine Privatfehde mit einem der Comandeurs.
2) seine lange Indulgenz und plötzliche Reform.
3) der Umstand daß unter den [illegible] Rittern schon viele sind, die ihm zur Last gelegt daß nur [illegible] aus einer ihm freundlich gesinnten Zunge sind (Auvergne & France)
4) daß er unter französischem Einfluß zu stehen scheine.
5) daß er gern den [illegible] spiele.

Eine Seite aus dem eigenhändigen Entwurfe von Schillers Trauerspiel „Die Malteser" 1800.
Originalblatt im Besitze der Verlagsbuchhandlung.

Hero und Leander

Ballade

Seht ihr dort die altergrauen
Schlösser sich entgegen schauen,
Leuchtend in der Sonne Gold,
Wo der Hellespont die Wellen
Brausend durch der Dardanellen
Hohe Felsenpforte rollt?
Hört ihr jene Brandung stürmen,
Die sich an den Felsen bricht?
Asien riß sie von Europen,
Doch die Liebe schreckt sie nicht.

Heros und Leanders Herzen
Rührte mit dem Pfeil der Schmerzen
Amors heilge Göttermacht.
Hero, schön wie Hebe blühend,
Er durch die Gebürge ziehend
Rüstig, im Geräusch der Jagd.
Doch der Väter feindlich Zürnen
Trennte das verbundne Paar,
Und die süße Frucht der Liebe
Hieng am Abgrund der Gefahr.

Die beiden ersten Verse aus der eigenhändigen an Körner gesandten Reinschrift von Schillers „Hero und Leander" (1801, Ende Juni verfaßt).
Nach dem im Besitze des Herrn Karl Geibel in Leipzig befindlichen Originale.

Wichtigste Daten aus Schillers Leben 1800—1802.

1800: seit Juli mit Arbeiten an der „Jungfrau von Orleans" beschäftigt; 1800 erscheint der erste Band der Gedichte; 1801: Beendigung der „Jungfrau"; Arbeiten an der „Braut von Messina" und an den „Maltesern"; Juni: „Hero und Leander"; 1801 im August wieder in Loschwitz bei Körner; 1801 im Dezember „Turandot" nach Gozzi bearbeitet, welche zuerst am 24. Januar 1802 in Weimar aufgeführt wird.

Berglied

Am Abgrund leitet der schwindlichte Steg,
Er führt zwischen Leben und Sterben,
Es sperren die Riesen den einsamen Weg
Und drohen dir ewig Verderben,
Und willst du die schlafende Löwin nicht wecken,
So wandle still durch die Straße des Schrecken.

Es schwebt eine Brücke hoch über den Rand
Der furchtbaren Tiefe gebogen,
Sie ward nicht erbauet von Menschenhand,
Es hätte sichs keiner verwogen,
Der Strom braust unter ihr spat und früh,
Speit ewig hinauf und zertrümmert sie nie.

Es öfnet sich schwarz ein schauriges Thor,
Du glaubst dich im Reich der Schatten,
Da thut sich ein lachend Gelände hervor,
Wo der Herbst und der Frühling sich gatten.
Aus des Lebens Mühen und ewiger Qual
Möcht' ich fliehen in dieses glückselige Thal.

Vier Ströme brausen hinab in das Feld,
Ihr Quell der ist ewig verborgen,
Sie fließen nach allen vier Straßen der Welt,
Nach Abend und Mittag und Morgen,
Und wie die Mutter sie rauschend geboren,
Fort fliehen sie und bleiben sich ewig verloren.

Zwey Zinken ragen ins blau der Luft,
Weit über der Menschen Geschlechter,
Drauf tanzen, umschleiert mit goldenem Duft
Die Wolken, die himmlischen Töchter,
Die halten dort oben den einsamen Reihen,
Da stellt sich kein Zeuge, kein irdischer, ein.

Es sitzt die Königin hoch und klar
Auf unvergänglichem Throne,
Die Stirn umkränzt sie sich wunderbar
Mit diamantener Krone.
Drauf schießt die Sonne die Pfeile von Licht,
Sie vergolden sie nur und erwärmen sie nicht.

Schillers eigenhändige Niederschrift des „Bergliedes", verfaßt im Januar 1804.
Aus der Sammlung des Herrn Landgerichtsdirektors Lessing in Berlin.

Schillers Familienbild aus dem Jahre 1797.

Schiller und Lotte mit den Kindern Karl und Ernst in der Laube. Gezeichnet von [illegible], gestochen von J. Boll. Nach dem Exemplare des Körnermuseums in Dresden.

Die Braut von Messina

oder

die feindlichen Brüder

ein Trauerspiel mit Chören

von

Schiller.

Tübingen,

in der J. G. Cotta'schen Buchhandlung

1803.

Titel der ersten Ausgabe von Schillers „Braut von Messina“ (1803).

Nach dem Exemplare der Münchener Bibliothek. — Die „Braut von Messina“ ist verfaßt in der Zeit vom Sommer 1802 bis Januar 1803. Die erste Aufführung fand in Weimar am 19. März 1803 statt.

Mit dem Pfeil, dem Bogen
Durch Gebirg und Thal
Kommt der Schütz gezogen
Früh am Morgenstrahl.

Wie im Reich der Lüfte
König ist der Weih,
Durch Gebirg und Klüfte
Herrscht der Schütze frei.

Ihm gehört das Weite,
Was sein Pfeil erreicht,
Das ist seine Beute,
Was da fleugt und kreucht.

Jägerlied aus Schillers „Wilhelm Tell“

Aus dem Inspizientenbuche vom Jahre 1804, früher dem Weimarischen Hoftheater gehörig, welchem es entfremdet war. Erst 1891 wurde es aus dem Besitze eines Antiquars durch Se. Königl. Hoheit den Großherzog zurückgekauft und im großherzogl. Hausarchive zu Weimar deponiert. Es enthält viele eigenhändige Korrekturen und Veränderungen von Schillers Hand; das Jägerliedchen ist ganz eigenhändig von ihm für die erste Scene des dritten Aufzugs hineingeschrieben.

Wichtigste Daten aus Schillers Leben 1802, 1803.

1802: „Kassandra“; 30. Januar Aufführung der „Turandot“; Tod der Mutter am 29. April 1802, an welchem Tage er gerade sein neu gekauftes Haus in Weimar bezog; im Juli und August erkrankt; Beginn der „Braut von Messina“ (August); in den Adelsstand erhoben (Diplom vom 7. September 1802). — 1803: Januar Beendigung der „Braut von Messina“; April „Der Graf von Habsburg“ beendet; im Mai das „Siegesfest“ beendet; 19. Mai „Der Neffe als Onkel“ zuerst in Weimar aufgeführt; im August Arbeiten am „Tell“ energischer aufgenommen.

Stauffacher

Herr Walther Fürst, ich will euch nicht verhalten,
Nicht eine müßge Neugier führt mich her,
Mich drücken schwere Sorgen. Drangsal hab ich
zu Haus verlassen, Drangsal find ich hier.

~~Stauffacher~~

Noch greulicheres hat mir derselbe Mann
berichtet, was zu Sarnen ist geschehn
Das Herz muß jedem Biedermann bluten.

Ausschnitt aus Schillers eigenhändiger Niederschrift des „Tell“, I. Akt, 1 Scene.

Wilhelm Tell

Schauspiel

von

Schiller.

Zum Neujahrsgeschenk

auf 1805.

Tübingen,

in der J. G. Cotta'schen Buchhandlung.

1804.

Titel der ersten Ausgabe von Schillers „Wilhelm Tell" (1804).

Die Bearbeitung des „Tell" begann Schiller im August 1803 und beendete sie im Februar 1804. Zuerst aufgeführt wurde er in Weimar den 17. März 1804.

Emilie von Gleichen-Rußwurm geb. von Schiller.

Emilie Schiller.

Nach einer im Besitze ihres Sohnes, des Freiherrn Ludwig von Gleichen-Rußwurm, befindlichen Originalphotographie ausgeführt.

Schillers jüngstes Kind: Emilie Henriette Luise, geb. 25. Juli 1804 in Jena. Sie verheiratete sich 1828 mit dem Freiherrn Adalbert von Gleichen-Rußwurm und starb den 25. November 1872 auf dessen Schloß Greifenstein (bei Bonnland in Franken). Ihr Bildnis hat hier Platz gefunden, weil sie im Schillerarchive auf Schloß Greifenstein alles ihr zugängliche auf ihren Vater bezügliche Material sammelte, sichtete und ordnete und dadurch, soweit dies noch möglich war, vor dem Verkommen und Zerstreuen rettete. Weitere wichtige Dienste leistete sie der Schillerforschung noch durch eigene Veröffentlichungen, namentlich durch die Herausgabe des „Briefwechsels von Schiller und Lotte" (1856), des „Schillerkalenders" (1865). Zusammen mit Freiherrn Alfred von Wolzogen gab sie heraus: „Schillers Beziehungen zu Eltern, Geschwistern und der Familie von Wolzogen" (1859); ferner zusammen mit Urlichs: „Charlotte von Schiller und ihre Freunde" (1860—1865). Die wissenschaftliche Schillerforschung unterstützte sie bereitwilligst; ihr Sohn, Herr Freiherr Ludwig von Gleichen-Rußwurm, eifert diesem Bestreben seiner Mutter würdig nach.

Theseus

Du liebst sie! — Nein, der Kunstgriff ist zu plump.
Du giebst dich strafbar, um dich rein zu waschen.

Hippolyt

Herr, seit sechs Monden fliehe ich sie und liebe sie!
Ich kam mit Zittern, dies Geständniß dir
Zu thun —

Aus Schillers eigenhändiger Handschrift seiner Übersetzung von Racines „Phaedra", IV. Aufzug, 2. Auftritt.

Faksimile aus der v. Radowitzschen Autographensammlung auf der Königl. Bibliothek zu Berlin. Begonnen wurde die Übersetzung der „Phaedra" den 17. December 1804, beendet schon 14. Januar 1805; die erste Aufführung fand den 30. Januar 1805 auf der Weimarer Bühne statt. Gedruckt erschien sie zuerst 1805.

Wichtigste Daten aus Schillers Leben 1804, 1805.

1804: Januar das „Berglied" (Nachbildung Seite 233); Februar Beendigung des „Tell"; Arbeiten am (unvollendeten) „Demetrius"; im Mai in Berlin; die Verhandlungen wegen Schillers Übersiedelung dorthin zerschlagen sich; im Juli Reise nach Jena, starke Erkältung; hier in Jena wird den 25. Juli geboren Emilie Henriette Luise; 12. November zur Huldigungsfeier der Erbgroßherzogin Paulowna die in wenigen Tagen verfaßte „Huldigung der Künste"; Verschlimmerung des Katarrhs; im December Racines „Phaedra" übersetzt. 1805 im Januar war sie vollendet.

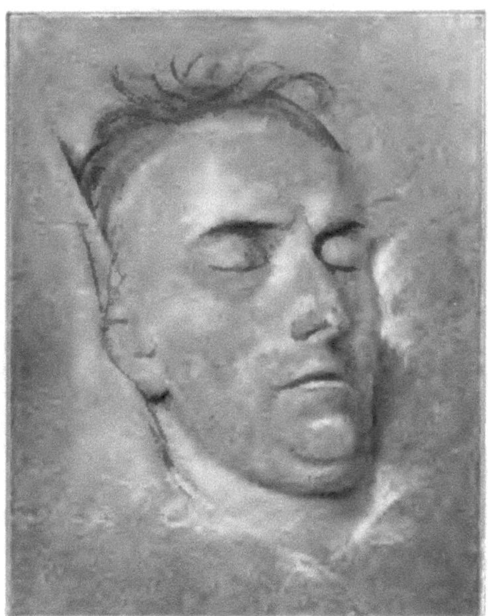

Schiller auf dem Todtenbette.

Kreidezeichnung von F. Jagemann 1805. Treue Wiedergabe einer Originalphotographie nach dem auf der großherzogl. Bibliothek zu Weimar befindlichen Originale. Verkleinert, unten etwas gekürzt.

Schillers Lebensende.

Schiller und Goethe erkranken heftig im März 1805; Schiller setzt seine Arbeiten am „Demetrius" fort; plötzliche Verschlimmerung des Katarrhs, welchem er am 9. Mai, Nachmittags gegen 5 Uhr, in seinem Hause zu Weimar unterliegt. Er wurde beigesetzt in der Nacht vom 11. auf den 12. Mai im Kassengewölbe, dann 1827 in der Fürstengruft zu Weimar, wo auch Goethe und Karl August ruhen.

Das Kassengewölbe auf dem alten Kirchhofe an der Jakobskirche zu Weimar, wo Schiller zuerst beigesetzt wurde

Gezeichnet von C. Stark, gestochen von G. [illegible]. Tafel VI aus dem Werke: [illegible], Den Ruhenden [illegible] von [illegible], Leipzig 1828. — Das Kassengewölbe ist seit 1854 abgebrochen.

Nördliche Ansicht des neuen Friedhofes zu Weimar mit der Fürstengruft

Aufgenommen 1828 von C. Stark, gestochen von G. [illegible]. Tafel VII aus demselben Werke von [illegible].

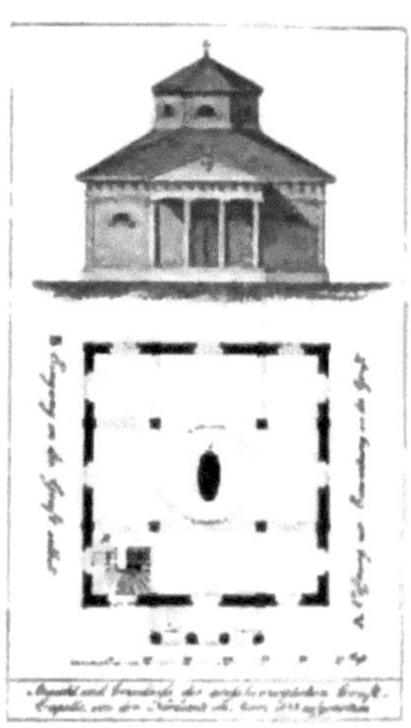

Die Fürstengruft auf dem neuen Friedhofe zu Weimar, wohin Schillers Gebeine den 16. December 1827 überführt wurden.

Ansicht von der Nordseite und Grundriß. Aufgenommen von H. C. Stark im März 1828, gestochen von G. [illegible]. Tafel VIII aus demselben Werke von [illegible].

Gesellschaft bei der Herzogin Amalia. Aquarellgemälde von Kraus, etwa aus dem Jahre 1795, auf der großherzogl. Bibliothek in Weimar. Direkte Wiedergabe in Originalgröße.

1. Johann Heinrich Meyer (der Maler), geb. 16. März 1759 zu Stäfa am Züricher See, gest. 14. Oktober 1832 zu Weimar. 2. Hofdame Henriette von Fritsch geb. von Wolfskeel, geb. zu Stuttgart 1. Mai 1776, gest. zu Weimar 16. August 1859. 3. Goethe. 4. Friedrich Hildebrand von Einsiedel (siehe Seite 330). 5. Herzogin Amalia. 6. Elise Gore. 7. Charles Gore. 8. Emilie Gore. 9. Luise Ernestine Christiane Juliane von Göchhausen, geb. zu Eisenach (getauft 13. Februar) 1752, seit 1783 Hofdame der Herzogin Amalia, durch ihre gesellschaftlichen Talente ein wichtiges verbindendes Element des Weimarer Musenhofes, starb zu Weimar den 7. September 1807. 10. Herder.

Herzogin-Mutter Anna Amalia, Herzog Karl August, Herzogin Luise.

Herzogin Anna Amalia.

Nach Originalphotographie eines im Weimarer Schlosse befindlichen Pastellgemäldes umgezeichnet; verkleinerter Ausschnitt.

Anna Amalia, Herzogin-Mutter, Tochter des Herzogs Karl von Braunschweig, geb. 24. October 1739 zu Braunschweig, vermählt daselbst 16. März 1756, übernahm nach dem Tode ihres Gemahls, des regierenden Herzogs Konstantin (gest. 28. Mai 1758), die Vormundschaft und Regentschaft bis zum Regierungsantritte ihres Sohnes Karl August (3. September 1775), starb zu Weimar den 10. April 1807. Die Verdienste, welche diese hohe kunstsinnige Frau als Beschützerin und fördernde Gönnerin unserer schönen Litteratur und ihrer Vertreter hat, sind nicht geringer anzuschlagen als die ihres Sohnes Karl August.

Herzog Karl August in den ersten Jahren seiner Regierung.

Zeichnung von [illegible]. Nach dem [illegible] Originale.

Herzog Karl August im Alter von 60 Jahren.

Nach Originalphotographie des im Weimarer Schlosse befindlichen Pastellbildes von [illegible], gemalt 1817, umgezeichnet; verkleinerter Ausschnitt.

Karl August, Herzog (seit 1815 Großherzog) von Sachsen-Weimar, geb. 3. September 1757 in Weimar, bis zum 3. September 1775 unter Obervormundschaft seiner Mutter, gest. 14. Juni 1828 auf der Rückreise nach Weimar zu Graditz bei Torgau. Unter seiner Regierung war Weimar der geistige Mittelpunkt Deutschlands. Wieland wurde von seiner Mutter 1772 als Erzieher berufen und blieb seitdem in Weimar (resp. in Osmannstädt bei Weimar) mit lebenslänglicher Pension; am 7. November 1775 traf Goethe bei ihm aus Frankfurt ein; Herder berief er 1776; im December 1799 kam auch Schiller nach Weimar.

Herzogin Luise.

Nach Originalphotographie der im Besitz Sr. Hoheit des Großherzogs von Sachsen-Weimar befindlichen Büste. Hier zum ersten Male veröffentlicht.

Herzogin Luise Auguste, Gemahlin des Herzogs Karl August, Tochter des Landgrafen Ludwig IX. von Hessen-Darmstadt, geb. 30. Januar 1757 zu Berlin, vermählt zu Karlsruhe 3. October 1775, gest. 14. Februar 1830 zu Weimar.

Karl Ludwig von Knebel.

Auf Stein gezeichnet von J. Roux, lithographiert von C. F. Müller in Karlsruhe. Original: verkleinerter Ausschnitt.

Karl Ludwig von Knebel, geb. 30. November 1744 auf Schloß Wallerstein bei Oettingen, bezog 1764 die Universität Halle, trat 1765 in Potsdam in Militärdienste, verkehrte mit den Berlinern Ramler, der Karschin, Nicolai, Mendelssohn. 1773 verließ er den Militärdienst. 1774 berief ihn Amalia zum Erzieher ihres Sohnes Konstantin nach Weimar. Auf der Reise nach Paris, welche er 1774 mit Karl August und Konstantin machte, suchte er Goethe in Frankfurt auf und vermittelte so die erste Bekanntschaft desselben mit Karl August. Nach Beendigung der Erziehung des Prinzen Konstantin wurde er zum Major ernannt und erhielt lebenslängliche Pension. Er lebte darauf in Ansbach, Jena, seltener in Weimar, 1798—1805 in Ilmenau, von da ab bis zu seinem am 23. Februar 1834 erfolgten Tode in Jena. Wichtig zur Geschichte der Weimarer Glanzzeit sind sein reicher Briefwechsel mit unseren großen Dichtern und seine Aufzeichnungen. Bedeutend sind seine Uebersetzungen („Properz“, Stücke zuerst in den „Horen“ 1796, dann vollständig 1798; „Lukrez“ 1821). Eigene Gedichte: „Sammlung kleiner Gedichte“ (1815); „Lebensblüthen“ (1826); „Distichen“ (1827).

Friedrich Hildebrand Freiherr von Einsiedel.

Nach Originalphotographie eines im Besitze Sr. Königl. Hoheit des Großherzogs von Weimar befindlichen, jetzt im Schloß Tiefurt aufbewahrten anonymen Ölgemäldes ausgeschnitten. Hier zum ersten Male veröffentlicht.

Friedrich Hildebrand Freiherr von Einsiedel, geb. 30. April 1750 auf Lumpzig bei Altenburg, kam in das Pagencorps nach Weimar, studierte seit 1768 in Jena, wurde 1776 Kammerherr bei der Herzogin-Mutter, war ihr Reisebegleiter in Italien. 1803 wurde er geheimer Rath und 1807 Präsident des Jenaer Oberappellationsgerichtes und Oberhofmeister. Seit 1825 in den Ruhestand versetzt, starb er zu Weimar den 7. Juli 1828. Seine vielseitigen litterarischen Interessen und seine muntere Geselligkeit machten ihn, namentlich in der ersten lustigen Weimarer Zeit (vergl. Goethes „Ilmenau“), zu einem der beliebtesten Mitglieder der litterarischen und Hofkreise. Er bearbeitete vom Hofe aufgeführte Parodien (8. September 1779 Aufführung seiner „Eurydice“; seine Oper „Die Zigeuner“ hatte Einlagen von Goethe), ließ Übersetzungen aus Plautus und Terenz erscheinen und lieferte Beiträge zum „Merkur“, zu den „Horen“ und anderen Zeitschriften.

Johann Karl August Musäus.

Kupferstich von Joh. H. Lips. Original verkleinert, unten gekürzt. — Nach dem Exemplare des Germanischen Nationalmuseums in Nürnberg.

Johann Karl August Musäus, geb. zu Jena 29. März 1735, studierte seit 1754 in Jena Theologie, erhielt die Stelle eines Dorfpastors nicht, weil ihn die Bauern einst tanzen gesehen hatten, ward 1763 zum Pagenhofmeister in Weimar und von der Regentin Amalia 1769 zum Professor am dortigen Gymnasium ernannt, wo er am 28. October 1787 starb. Er stand in den engsten Beziehungen zu Weimars Größen; in seinem Hauptwerke „Volksmärchen der Deutschen“ (1782—1786) bewies er sich als einen unserer besten Erzähler.

Johann Joachim Christoph Bode.

Holzschnitt aus einem anonymen (wahrscheinlich von F. John gefertigten) Kupferstiche.

Johann Joachim Christoph Bode, geb. zu Braunschweig 16. Januar 1730, in armen Verhältnissen aufgewachsen, wurde Musikus, war als solcher 1750 bis 1756 im Militärdienste, doch selbst in diesen Verhältnissen eifrigst für seine Bildung bemüht, namentlich neuere Sprachen erlernend. Eine seiner drei Frauen, welche ihm alle bald starben, brachte ihn mit großem Vermögen in unabhängige Lage. Er war 1762—1763 Redacteur des Hamburgischen Korrespondenten; in Hamburg legte er eine Druckerei und eine Buchhandlung der Gelehrten an, an welcher auch Lessing Theilhaber war (siehe Seite 161 und 186). Seit 1778 war er in Weimar, wo er namentlich zu Wieland Beziehungen hatte; am 13. Dezember 1793 starb er daselbst. Er ist einer unserer besten Übersetzer neuerer englischer Schriftsteller: „Sterne, Yoricks empfindsame Reise“ (1768—1769); „Sterne, Tristram Shandy“; „Goldsmith, Landprediger von Wakefield“ (1776); „Fielding, Thomas Jones“ (1786—1788).

Karoline Neuber (1697—1760), Ekhof (1720—1778), Friedrich Ulrich Ludwig Schröder (1744—1816), Corona Schröter (1751—1802).

Friederica Carolina Neuberin.

Friederike Karoline Neuber.

Als Elisabeth im „Essex". Gemalt von Haußmann, lithographiert von Fidel. Gering verkleinert.

Friederike Karoline Neuber, geb. Weißenborn, geb. 9. (8.?) März 1697 zu Reichenbach i. V., 1718 in Braunschweig mit dem Schauspieler Neuber verheiratet, wirkte in Leipzig als „Principalin der Königl. Pohln. Churfürstl. Sächs. auch hochfürstlich Braunschweigisch-Lüneburgisch-Wolfenbüttelschen Teutschen Hof-Comödianten" in Gottscheds Sinne reformatorisch für die deutsche Bühne und verbannte feierlich den von den englischen Komödianten überlieferten Hanswurst (1737). Später trat sie gegen Gottsched auf, den sie sogar persifliert auf die Bühne brachte. 1748 führte sie Lessings Schauspiel: „Der junge Gelehrte" auf. (Siehe oben Seite 161.) Sie starb nach manchen Irrfahrten und traurigen Schicksalen in Laubegast bei Dresden den 30. (29.?) November 1760. Sie verfaßte auch selbst Schauspiele, wovon einige gedruckt sind.

Hans Konrad Dietrich Ekhof.

Gemalt von Anton Graff, gestochen von J. F. Müller. Ausschnitt. Das Originalgemälde von Graff befindet sich jetzt in der herzogl. Galerie in Gotha.

Hans Konrad Dietrich Ekhof, der erste große deutsche Schauspieler, der Lessing des deutschen Schauspielwesens, geb. 12. August 1720 in Hamburg. Er begann seine Bühnenlaufbahn bei der Schönemann'schen Theatergesellschaft (1739), deren Leitung er, nachdem er kurze Zeit der Schuch'schen Truppe angehört hatte, selbst mitübernahm. Er ging hierauf zur Seyler'schen Truppe über, welcher er während ihrer Glanzzeit angehörte, als sie im Hamburger Nationaltheater zu jener Zeit spielte, als Lessing dort Dramaturg war (1767). Lessings Kritiken des Ekhof'schen Spieles sind bekannt; treue Freundschaft verband beide Männer, deren Bestrebungen dieselben waren. 1771 übernahm Ekhof die Leitung der Seyler'schen Truppe, welche die Herzogin Amalia nach Weimar berief, wo dieselbe mit Ekhof — welcher die Direction wieder an Seyler zurückgegeben hatte — bis zum Weimarer Schloß- und Theaterbrande (6. October 1774) blieb. 1775 wurde Ekhof Mitdirector des Gothaischen Hoftheaters, der ersten festen deutschen Hofbühne, welche am 2. October 1775 eröffnet wurde. Hier starb der namentlich auch von Goethe bewunderte und geehrte Mann den 16. Juni 1778.

Corona Elisabeth Wilhelmine Schröter.

Nach Originalphotographie des im großherzogl. Museum zu Weimar befindlichen Ölgemäldes von Anton Graff ausgeführt.

Corona Elisabeth Wilhelmine Schröter, (geb. 14.?) getauft 19. Januar 1751 in Guben, gleich groß als Sängerin wie als Schauspielerin, die erste deutsche „Iphigenie". Schon 1765 war sie Konzertsängerin in Leipzig, wo sie Goethe als Student kennen lernte (siehe oben Seite 186), durch welchen sie 1776 als Hof- und Kammersängerin an die Weimarer Bühne berufen wurde. Sie starb 23. August 1802 zu Ilmenau, ihrem Sommeraufenthalte.

F. L. Schröder

Friedrich Ulrich Ludwig Schröder.

Gezeichnet von Eckert, gestochen von Joh. Nieseck. Nach dem Exemplare der k. k. Familien-Fideikommißbibliothek in Wien. Ausschnitt des Porträtmedaillons.

Friedrich Ulrich Ludwig Schröder, der Tragöde, Komiker und — Balletttänzer, ist geboren 3. November 1744 zu Schwerin. Nach dem Tode seines Stiefvaters K. Ernst Ackermann 1771 übernahm er die Leitung der Hamburger Bühne bis 1780; 1780 machte er eine Gastreise durch Deutschland und Frankreich, blieb 1781—1785 am Hoftheater in Wien, leitete 1785—1798 zum zweiten Male die Hamburger Bühne, zog sich auf sein Gut Rellingen bei Hamburg zurück, übernahm vorübergehend nochmals die Direction 1811, 1812, und starb den 3. September 1816 in Rellingen. Reinecke und Frau, sowie Brockmann waren seine bedeutendsten Schüler. Er führte Shakespeare in die deutsche Bühne ein, brachte die Dramen der Stürmer und Dränger zur Aufführung und schrieb selbst eine große Anzahl Dramen, worunter die Lustspiele: „Die heimliche Heirat", „Stille Wasser sind tief" 1786; „Das Porträt der Mutter" 1786; „Die Heirat durch Irrtum", „Das Blatt hat sich gewendet" 1786.

August Wilhelm Iffland (1759—1814), August Friedrich Ferdinand von Kotzebue (1761—1819).

August Wilhelm Iffland, geb. 19. April 1759 in Hannover. 1777 gieng er zu Ekhof nach Gotha, dessen bedeutendster Schüler er wurde. 1779 wurde er Mitglied des Mannheimer Hof- und Nationaltheaters; am 13. Jan. 1782 spielte er zum ersten Male hier den Franz Moor. Am 14. Nov. 1796 wurde er zum Director des Berliner Nationaltheaters ernannt; am 18. Juni 1811 erhielt er die Stelle als Generaldirector der königl. Schauspiele daselbst und starb als solcher den 22. Sept. 1814. In Iffland bewunderte seine Mitwelt nicht nur ihren größten Schauspieler, sie achtete ihn auch als fein gebildeten, edlen, patriotischen Mann und hielt ihn aller der Ehren für würdig, welche bis dahin einem Schauspieler noch nicht zu Theil geworden waren. Als Bühnendichter ist er der Vertreter des bürgerlichen Schauspiels. Von seinen zahlreichen Dramen (die Wiener Ausgabe derselben enthält deren mehr als 60) seien erwähnt: „Die Jäger" (1785), „Der Spieler" (1796), „Verbrechen aus Ehrsucht" (1784), „Der Vormund" (1795), „Die Advokaten" (1795).

August Friedrich Ferdinand von Kotzebue, geb. 3. Mai 1761 in Weimar, studierte 1777, 1778 in Jena, 1778 in Duisburg Rechtswissenschaft, war 1780 Advocat in Weimar, 1781—1795 in russischen Diensten, seit 1785 als Präsident des Gouvernementsmagistrats der Provinz Esthland in Reval; 1797—1799 war er Theaterdichter in Wien. Nach vorübergehendem Aufenthalte in Weimar und Jena wurde er in Rußland 1800 verhaftet, dann nach Sibirien geschickt; nach vier Monaten begnadigt, wurde er Director des deutschen Theaters in Petersburg und Hofrath und erhielt ein Krongut in Livland. Als sein Gönner, Kaiser Paul, ermordet war, gab er seine Stellung auf, hielt sich in Weimar auf (1802), begab sich dann nach Berlin; seit 1806 wieder in activen russischen Diensten, war er namentlich gegen Napoleon litterarisch thätig. 1813 wurde er russischer Generalconsul in Königsberg, 1816 Staatsrath, weilte seit 1817 im Auftrage Rußlands in verschiedenen deutschen Städten, um über neue Ideen in Politik und Staatsleben an den russischen Kaiser zu berichten. Sein „Litterarisches Wochenblatt" (1818 bis 1819) griff namentlich die durch die Burschenschaft vertretenen deutschen patriotischen Ideen an. Der Burschenschafter Karl Sand ermordete daher den russischen Spion Kotzebue den 23. März 1819 in Mannheim. Auf seine Charakteristik hier näher einzugehen widerspricht den Zwecken dieses Werkes; erinnert sei nur noch an sein widriges Pamphlet: „Doktor Bahrdt mit der eisernen Stirn" (1790) und an die zweifelhafte Rolle, welche er in Weimar spielte (1802). Vergessen werden darf aber nicht, daß er doch mit seinen Dramen (er verfaßte über 200) lange Zeit die Bühne beherrschte, und daß verschiedene derselben noch heute wirken. Es seien erwähnt: „Menschenhaß und Reue", Schauspiel (1789); „Die Unglücklichen", Lustspiel (1798); „Das Epigramm", Lustspiel (1801); „Die beiden Klingsberge", Lustspiel (1801); „Die deutschen Kleinstädter", Lustspiel (1803); „Pagenstreiche", Posse (1804); „Der häusliche Zwist", Lustspiel (1809); „Die Zerstreuten", Lustspiel (1810); „Pachter Feldkümmel von Tippelskirchen", Fastnachtsposse (1811); „Der arme Poet", Rührstück (1812); „Der Kosak und der Freiwillige", patriotisches Liederspiel (1814); „Der Rehbock", Lustspiel (1815); „Der Westindier", Lustspiel (1815); „Der gerade Weg ist der beste", Lustspiel (1816); „Die Verkleidungen", Lustspiel (1818). Gegen die Romantiker gerichtet ist „Der hyperboreische Esel, oder die heutige Bildung, ein drastisches Drama" (1799). — Sein Lied: „Es kann ja nicht immer so bleiben" (1802) singt heute nicht nur der deutsche Kleinbürger in sentimentaler Stunde; sein Gedicht: „Hu, wer bin ich, und was soll ich hier?" ist unter dem Namen „Kotzebues Verzweiflung" noch jetzt ein beliebter Jahrmarktsartikel, als billigstes Mittel zur Erregung momentaner weltschmerzlicher Stimmung.

August Wilhelm Iffland.
Gezeichnet von M. Kling, gestochen von K. Kercher. Erschienen 1795. Ausschnitt

August Friedrich Ferdinand von Kotzebue.
Gemalt von Fr. Tischbein, gestochen von J. P. Bittheuser. Erschienen 1800. Verkleinerter Ausschnitt

Häusliche Scene zwischen dem biedern, aber rauhen Oberförster und seiner redseligen Frau

Wiedersehen zwischen Anton und Friederike in Gegenwart seiner Mutter und Amtmanns Kordula.

Der Pfarrer, der Oberförster und seine Frau Friederike und der Schulze beschließen das vom Oberförster gegebene Mahl mit Claudius' Rheinweinliede

Drei Kupferstiche von Chodowiecki zu Ifflands ländlichem Sittengemälde in fünf Aufzügen: „Die Jäger" aus dem Berliner genealog. Kalender auf 1787; Engelmann, Chodow. 580, 2. 4. 12

Christian Felix Weiße (1726—1804), Joachim Heinrich Campe (1746—1818).

Joachim Heinrich Campe, geb. wahrsch. 29. Juni (getauft 2. Juli) 1746 zu Deensen (Braunschweig), studierte Theologie und Philosophie in Helmstädt und Halle, war Feldprediger, dann Erzieher im Humboldtschen Hause, 1776 Prediger in Potsdam, 1776—1777 erst Lehrer, dann Director des Dessauer Philanthropins, hierauf Leiter einer kleineren Privat-Erziehungsanstalt in Hamburg (bis 1783) und Trittau. 1786 wurde er zur Reformation des Schulwesens nach Braunschweig berufen, übernahm 1787 die „Braunschweigische Schulbuchhandlung" und starb den 22. October 1818 zu Braunschweig als Dr. theol., Schulrath und Dechant des Stiftes St. Cyriaci. Hauptschriften: „Robinson" (1779); „Theophron, oder der erfahrene Rathgeber für die unerfahrene Jugend" (1783). Sein „Wörterbuch der deutschen Sprache" (1807—1812) bietet reichen Wortschatz, ist aber ohne Kenntnis der historischen Entwicklung unserer Sprache gesammelt.

Christian Felix Weiße, geb. 28 Januar 1726 zu Annaberg, studierte und lebte in Leipzig 1745—1759, war hier mit Lessing eng befreundet und im Verkehr mit der Neuber'schen, dann der Koch'schen Theatergesellschaft, für welche er u. a. sein gegen die Gottschedianer gerichtetes Lustspiel „Die Poeten nach der Mode" (1751) dichtete. 1760 wurde er bei der Steuer in Leipzig angestellt, wurde Kreissteuerrath und starb am 16. Dez. 1804 auf seinem bei Leipzig gelegenen Rittergute Stötteritz. Seine hauptsächlichsten Kinderschriften sind: „Der Kinderfreund", 24 Bände (1776—1782); „Briefwechsel der Familie des Kinderfreundes", 12 Bände (1783—1792); „Lieder für Kinder" (seit 1766); „Kinderschauspiele". Von seinen übrigen Werken seien hier genannt die Trauerspiele (im „Beitrag zum deutschen Theater" 1759—1768): „Eduard III." (1759), „Romeo und Julie" (1768), „Richard III." (1759), „Amalie" (1766) (letztere beide von Lessing sehr geschätzt); Singspiele (in „Komische Opern" 1767—1771): „Der Teufel ist los" (1753), „Der Dorfbalbierer" (1759), „Lottchen am Hofe" (1767), „Der Aerndtekranz" (1771). Noch heute bekannt ist sein Lied „Morgen, morgen, nur nicht heute" (1772).

Joachim Heinrich Campe.
Gemalt von Joh. Heinr. Schröder, gestochen von F. Müller. Verkleinerter Ausschnitt.

Robinson der Jüngere,

zur angenehmen

und

nützlichen Unterhaltung für Kinder,

von

J. H. Campe.

Mit Churfächsischer Freiheit.

Hamburg 1779,
beim Verfasser und in Commission bei
Carl Ernst Bohn.

Titel der ersten Ausgabe von Campes „Robinson", Hamburg 1779.
Nach dem Exemplare der Wernigeroder Bibliothek. Bearbeitung des 1719 zuerst erschienenen „Robinson Crusoe" des Daniel Defoe. Die in den Gesprächen vorkommende Lotte ist Campes einzige Tochter, welche später den Buchhändler Fr. Vieweg heiratete. Die übrigen Kinder Johannes, Fritz, Gottlieb, Nikolaus, Dietrich sind seine Zöglinge.

Christian Felix Weiße.

Kupferstich von Chodowiecki zu dem einaktigen Schauspiele von Weiße: „Ehrlich währt am längsten, oder Untreue schlägt seinen eigenen Herrn."
In der Mitte, [illegible] [illegible]

Johann Georg Sulzer (1720—1779), Johann Jakob Engel (1741—1802), Christian Garve (1742—1798), Friedrich Heinrich Jacobi (1743—1819).

Johann Georg Sulzer.

Gemalt von Anton Graff, gestochen von J. F. Bause 1774. Ausschnitt. Das Originalgemälde ist jetzt auf der Stadtbibliothek zu Winterthur.

Johann Georg Sulzer, geb. 16. October 1720 zu Winterthur. In Zürich waren Geßner, Bodmer, Breitinger seine Lehrer; Theologie war allerdings dort sein Fachstudium, daneben betrieb er Philosophie und Naturwissenschaften. Nachdem er 1740—1743 Prediger, 1743—1747 Erzieher gewesen, wurde er 1747 Professor der Mathematik am Joachimsthalschen Gymnasium zu Berlin, 1763 Professor an der dortigen Ritterakademie. Er starb daselbst am 25. Februar 1779. 1750 war er Mitglied der Berliner Akademie und wurde später Director der philosophischen Klasse derselben. Sein Hauptwerk ist die „Allgemeine Theorie der schönen Künste“ (1771—1774), lange Zeit das einflußreichste ästhetische Nachschlagebuch.

Johann Jakob Engel.

Radierung von Chodowiecki 1778. [illegible] verkleinerter Ausschnitt des [illegible] Engelmann, Chodow. 519.

Johann Jacob Engel, (geb. 11.?) getauft 12. September 1741 zu Parchim, studierte in Rostock Theologie und in Bützow 1759—1761 Philosophie und Mathematik und promovierte 1763. Nachdem er sich längere Zeit schriftstellernd in Leipzig aufgehalten hatte (seit 1765), ging er 1776 als Professor der schönen Wissenschaften an das Joachimsthalsche Gymnasium zu Berlin, war 1787 bis 1794 Director des Berliner Theaters (seit 1790 zusammen mit Ramler), lebte seitdem bis 1798 seiner litterarischen Muße in Schwerin, kehrte auf Wunsch seines Zöglings, des Königs Friedrich Wilhelm III., nach Berlin zurück, wo er als Akademiker lebte. Er starb 28. Juni 1802 in Parchim auf einer Besuchsreise. Engel hat sich durch sein populär-philosophisches Werk: „Der Philosoph für die Welt“ (eine 1775, 1777, 1800 erschienene Sammlung, wozu auch Garve, Mendelssohn, Eberhard Beiträge lieferten) sehr bekannt gemacht; seine ästhetischen Schriften sind: „Anfangsgründe einer Theorie der Dichtungsarten“ (1783) und „Ideen zu einer Mimik“ (1785, 1786). Sein Familienroman: „Herr Lorenz Stark“ (1801) (zuerst in Schillers „Horen“ 1795, 1796 veröffentlicht) war gleichfalls viel gelesen; von seinen Dramen seien erwähnt: „Der dankbare Sohn“ (1771), „Der Diamant“ (1772), „Der Edelknabe“ (1774).

Friedrich Heinrich Jacobi.

Anonymer Kupferstich nach der von seinem Freunde Hemsterhuis, Düsseldorf 2 März 1791, gefertigten Zeichnung. Ausschnitt.

Friedrich Heinrich Jacobi, geb. 25. (getauft 27.) Januar 1743 zu Düsseldorf. In Frankfurt (1759) und Genf zum Geschäftsmanne vorgebildet, übernahm er 1764 das Geschäft seines Vaters in Düsseldorf, das er aufgab, als er 1772 zum Mitgliede der Jülich-Bergischen Hofkammer in seiner Vaterstadt ernannt wurde. 1779 war er vorübergehend geheimer Rath in München, wohnte dann als Privatmann meist in seinem Landhause in Pempelfort bei Düsseldorf, das er beim Annähern der Franzosen 1794 verließ. Er lebte hierauf in Eutin, Wandsbeck, Hamburg. Zur Reorganisation der Akademie der Wissenschaften nach München berufen (1804), war er deren Präsident 1807 bis 1812 und starb daselbst als königl. Geheimrath den 10. März 1819. Hauptsächlichste Schriften: seine durch Goethe (der ihn 1774 besucht hatte) angeregten zwei philosophischen Romane „Allwill“ (1775—1792), „Woldemar“ (1777—1794); „Über die Lehre des Spinoza in Briefen an Herrn Moses Mendelssohn“ (1785); „David Hume über den Glauben, oder Idealismus und Realismus“ (1787); „Von den göttlichen Dingen und ihrer Offenbarung“ (1811).

Christian Garve.

Gemalt von Anton Graff, gestochen von C. Geyser. Verkleinerter Ausschnitt.

Christian Garve, (geb. 7.) getauft 8. Januar 1742 zu Breslau, studierte seit 1762 in Frankfurt a. O. und Halle Mathematik und Philosophie, 1766 und 1767 in Leipzig, wo er bei Gellert wohnte, lebte dann in Breslau, wurde 1768 außerordentlicher Professor der Philosophie in Leipzig, gab diese Stellung 1772 wegen Kränklichkeit auf und lebte seitdem in Breslau als Privatmann, wo er am 1. December 1798 starb. Von Garves populär-philosophischen, in klarer Prosa abgefaßten Schriften seien hier aufgeführt: „Versuche über verschiedene Gegenstände aus der Moral, Litteratur und dem gesellschaftlichen Leben“ (1792—1802); „Übersicht der vornehmsten Principien der Sittenlehre von dem Zeitalter des Aristoteles bis auf unsere Zeiten“ (1798); „Vermischte Aufsätze“ (1796—1800). Er übersetzte „Cicero über die Pflichten“ (1783) (auf Veranlassung Friedrichs des Großen); „Aristoteles' Ethik“ (1798—1801) (wobei er die Kantische Moralphilosophie eingehend untersuchte); „Aristoteles' Politik“ (1799—1802).

I Kant

Immanuel Kant.

Gezeichnet von Veit Hans Schnorr v. Carolsfeld 1789, lithographiert im Wiener lithogr. Institute 1804. [illegible]

Critik der reinen Vernunft

von

Immanuel Kant

Professor in Königsberg.

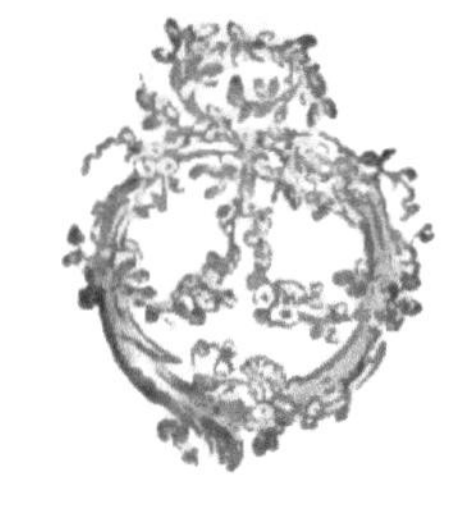

Riga,

verlegts Johann Friedrich Hartknoch

1781.

Titel der ersten Ausgabe von Kants kritischer Hauptschrift „Kritik der reinen Vernunft“, Riga 1781.

Die zweite umgearbeitete Auflage erschien 1787. Die späteren Auflagen sind Abdrücke der zweiten Bearbeitung. Dieses Kantische Hauptwerk ist das Resultat von mehr als zwölfjährigem Nachdenken; zur Ausarbeitung und Niederschrift verwendete er vier bis fünf Monate.

Immanuel Kant, geb. zu Königsberg i. Pr. 22. April 1724, besuchte von Ostern 1732 bis Michaelis 1740 das Collegium Carolinum, studierte dann bis 1746 in seiner Vaterstadt Philosophie, Mathematik, Theologie. Nachdem er verschiedene Hauslehrerstellen bekleidet, habilitierte er sich in Königsberg 1755, wurde 1770 ordentlicher Professor der Logik und Metaphysik, war daneben von 1766—1772 Unterbibliothekar, las bis zum Herbste 1797 und starb den 12. Februar 1804 in seiner Vaterstadt. Kants kritische Hauptschriften sind: „Kritik der reinen Vernunft“ (1781), in neuer Bearbeitung erschienen 1787; „Kritik der praktischen Vernunft“ (1788); „Kritik der Urtheilskraft“ (1790). Von seinen übrigen Schriften seien hier aufgeführt: „Allgemeine Naturgeschichte und Theorie des Himmels“ (1755); „Der einzig mögliche Beweisgrund zu einer Determination des Daseins Gottes“ (1763); „Beobachtungen über das Gefühl des Schönen und Erhabenen“ (1764); „Prolegomena zu einer jeden künftigen Metaphysik“ (1783); „Grundlegung der Metaphysik der Sitten“ (1785); „Metaphysische Anfangsgründe der Naturwissenschaft“ (1786); „Die Religion innerhalb der bloßen Grenzen der Vernunft“ (1793); „Das Ende aller Dinge“ (1794); „Zum ewigen Frieden“ (1795).

* * *

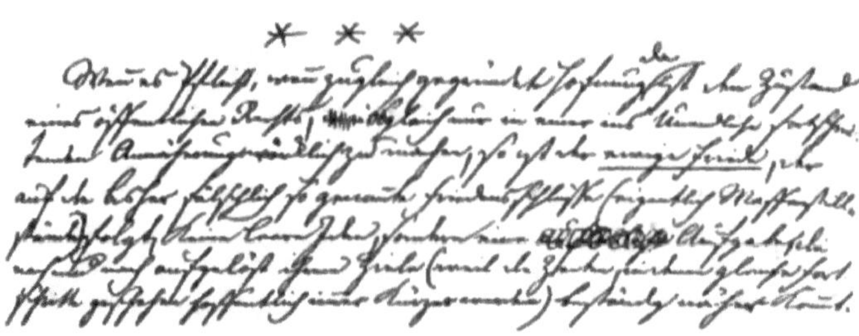

Aus der eigenhändigen Niederschrift von Kants 1795 erschienener Abhandlung „Zum ewigen Frieden. Ein philosophischer Entwurf“.

Nach dem im Besitze des Herrn Dr. Reicke in Königsberg, des Herausgebers der Briefe Kants, befindlichen Original.

Heinrich Pestalozzi (1746—1827), Wilhelm von Humboldt (1767—1835), Johann Gottlieb Christian Fichte (1762—1814).

Heinrich Pestalozzi.

Handzeichnung von Lipps im Pestalozzistübchen zu Zürich. Nach Originalphotographie.

Heinrich Pestalozzi, der Schöpfer des Anschauungsunterrichtes, geb. 12. Januar 1746 zu Zürich. Er studierte Theologie, dann Jurisprudenz, trieb dann praktische Landwirtschaft. Bevor er seine berühmte Erziehungsanstalt in Yverdun (Iferten im Kanton Waadt) gründete (1805), hatte er wiederholte Versuche gemacht, für die Kinder der armen Volksklassen Schulen und Erziehungsanstalten einzurichten. Seine Schule in Yverdun, womit auch ein Seminar für Lehrer verbunden war, stand namentlich im zweiten Jahrzehnt unseres Jahrhunderts in höchster Blüte und ist die Wiege des neuen Volksschulunterrichtes; sie bestand bis 1825. Pestalozzi starb den 17. Februar 1827 in Brugg im Kanton Aargau. Er ist nach seinem Wunsche unter der Dachtraufe eines Schulhauses, und zwar in Birr bei Brugg, beerdigt. Außer streng pädagogischen Schriften, verfaßte er den pädagogischen Roman: „Lienhard und Gertrud“ (1781—1785); ferner: „Christoph und Else“, zweites Volksbuch (1782).

Kupferstich von Chodowiecki zu Pestalozzis „Lienhard und Gertrud“.

Lienhard und Gertrud treten in Rudis Wohnung, dessen Kinder ihnen entgegenlaufen. Links im Vordergrunde ist Arner und seine Frau, daneben Rudi; im Hintergrunde der Pfarrer und seine Frau. — Aus der französischen Übersetzung des Buches, Berlin 1783. Blatt XII. Engelmann, Chodow. 456.

Wilhelm v. Humboldt.

Gezeichnet von Fr. Krüger, gestochen von Eduard Eichens. Kupferstich.

Wilhelm von Humboldt, der Aesthetiker, Sprachforscher, Staatsmann, geb. 22. Juni 1767 in Potsdam. Er studierte 1787 in Frankfurt a/O., 1788 in Göttingen. Bevor er 1790 als Kammergerichtsreferendar in Berlin eine kurze, schon 1791 abgeschlossene Beamtenlaufbahn betrat, war er mit seinem früheren Lehrer Campe 1789 im revolutionären Paris. Seinen Privatstudien, namentlich den klassischen und ästhetischen, lebte er fortan, bis er Februar 1794 nach Jena ging. Hier blieb er mit größerer Unterbrechung (1795) bis 1797 im vertrautesten Verkehr mit Schiller und Goethe. 1797—1808 brachte er auf großen Reisen und als preuß. Gesandter in Rom zu. 1808 übernimmt er die Abtheilung des Cultus und Unterrichts im Preuß. Ministerium d. I., in trübster Zeit Deutschlands und Preußens. Die erste große geistige deutsche That, die Schöpfung der Berliner Universität, ist namentlich sein Werk, ebenso die Verbesserung des Volksschulunterrichtes durch Einführung der Methode Pestalozzis. Seit 1813 war er in verschiedenen politischen Missionen thätig, war 1819 Mitglied des Staatsministeriums, nahm in demselben Jahre seine Entlassung und lebte seitdem in Berlin und Tegel seinen Studien. Er starb zu Tegel den 8. April 1835. Schriften: „Aesthetische Versuche über Hermann und Dorothea“ (1799); „Übersetzung des Agamemnon des Aeschylos“ (1816); „Über die Verschiedenheit des menschlichen Sprachbaues und ihren Einfluß auf die geistige Entwicklung des Menschengeschlechts“ (1836); „Briefe an eine Freundin“ (Charlotte Diede, geschrieben seit 1822) (1847); „Briefwechsel zwischen Schiller und W. v. H.“ (1830, hierin „Vorerinnerung über Schiller und den Gang seiner Geistesentwicklung“); „Sonette“ (1853); „Goethes Briefwechsel mit den Gebrüdern von Humboldt“ (1876); „Briefe an Ch. G. Körner“ (1880).

Joh. Gottlieb Christian Fichte, geb. 19. Mai 1762 zu Rammenau (Oberlausitz) in ärmlichen Verhältnissen, studierte seit 1780 in Jena Theologie. Durch seine Schrift: „Versuch einer Kritik aller Offenbarung“ (gedruckt 1792) erwarb er sich Kants Gunst. Nach vorübergehendem Aufenthalte in Zürich (1793—1794), wo er Pestalozzi kennen lernte und Vorlesungen hielt, wurde er 1794 Professor in Jena; der „Atheismusstreit“ führte seine Entlassung herbei 1799. Er gieng nach Berlin, hielt hier Vorlesungen vor einem größeren Publicum, war für das Sommersemester 1805 in Erlangen, für das Wintersemester 1806 in Königsberg Professor; hierauf war er wieder in Berlin, wo er Professor an der neugegründeten Universität wurde (1810) und am 29. Januar 1814 am Lazarethfieber starb. Hauptschriften: „Grundlage der gesamten Wissenschaften“ (1794); „System der Sittenlehre nach den Principien der Wissenschaftslehre“ (1798). Seine „Reden an die deutsche Nation“ hielt er im Winter 1807/1808 im Berliner Akademiegebäude; sie bereiteten die Wiedergeburt Deutschlands vor, kräftigten das sittliche Bewußtsein und entflammten zum heiligsten Patriotismus in der Zeit tiefster Schmach.

Johann Gottlieb Christian Fichte.

Gezeichnet von Bury, gestochen von R. Schellhorn. Verkleinerter Ausschnitt. Aus dem bei Breitkopf und Härtel erschienenen Werke: (90) „Bildnisse berühmter Deutschen.“

Friedrich Wilhelm Joseph Schelling (1775—1854), **Dorothea Karolina Albertina Schelling**, geb. **Michaelis** (1763—1809), **Friedrich Ernst Daniel Schleiermacher** (1768—1834).

Friedrich Wilhelm Joseph Schelling.

Gemalt von J. Stieler, lithographiert von G. Bodmer 1842. Verkleinerter Ausschnitt.

Friedrich Wilhelm Joseph Schelling, geb. 27. Januar 1775 zu Leonberg in Württemberg, schon Michaelis 1790 Student der Theologie in Tübingen, beendete 1796 und 1797 in Leipzig seine Studien, ward 1798 außerordentlicher Professor der Philosophie in Jena neben Fichte; 1803—1806 war er Professor in Würzburg, ging dann nach München, wo er Mitglied und 1808 Generalsekretär der Akademie der bildenden Künste wurde, bis er 1820 infolge eines Zerwürfnisses mit Jacobi diese Stelle aufgab und in Erlangen Vorlesungen hielt. Seit 1827 war er Professor in München, folgte 1841 einem Rufe König Friedrich Wilhelms IV. nach Berlin, gab jedoch die wenig Anklang findenden Vorlesungen bald auf und starb im Bade Ragaz den 20. August 1854 als königl. Preuß. geh. Rath. Von Baiern war er durch Verleihung des Verdienstkreuzes geadelt. Hauptschriften aus seiner ersten philosophischen Periode: „Über die Möglichkeit einer Form der Philosophie überhaupt" (1795); „Ideen zu einer Philosophie der Natur" (1797); „Von der Weltseele" (1798); „Erster Entwurf eines Systems der Naturphilosophie" (1799); „System des transcendentalen Idealismus" (1800); „Bruno, oder über das natürliche und göttliche Princip der Dinge" (1802); „Vorlesungen über die Methode des akademischen Studiums" (1803) (enthält populäre Darstellung seines gesammten Systems); „Über das Verhältnis der bildenden Künste zu der Natur" (Rede, gehalten 1807). Schriften aus Schellings zweiter Periode: „Untersuchungen über das Wesen der menschlichen Freiheit" (1809); „Denkmal der Schrift Jacobi's von den göttlichen Dingen" (1812); „Die Gottheiten von Samothrake" (1815); die Berliner „Antrittsvorlesung" vom 15. November 1841.

Karolina Schelling.

Gezeichnet von A. Weger. Wenig verkleinerter Ausschnitt.

Dorothea Karolina Albertina Schelling, geb. Michaelis, geb. 2. Sept. 1763 zu Göttingen, 1784—1788 Gattin des Bergmedicus Böhmer in Clausthal. Als Witwe lebte sie in Mainz in Forster'schen Kreisen. Wegen ihrer revolutionären Gesinnungen war sie zwei Monate gefangen gehalten, lebte dann in Leipzig und Braunschweig bei ihren Angehörigen, vermählte sich 1796 mit August Wilhelm Schlegel und lebte mit ihm in Jena, dem damaligen Hauptsitze der Romantiker, von Schiller, welchen sie in boshafter Weise befeindete, „Dame Lucifer" oder „das Übel" benannt. 1803 trennte sie ihre Ehe mit Schlegel und heiratete Schelling. Sie starb den 7. September 1809 auf einer Reise in Maulbronn. Schelling nannte sie auf dem Grabsteine seine „treue, ewig geliebte, deren Hülle einst das edelste Herz und den schönsten Geist umschloß". Ihre Briefe, eine wichtige Quelle zur Geschichte der litterarischen Entwicklung ihrer Zeit und ein Zeugnis ihres Einflusses auf dieselbe, gab G. Waitz heraus (1871, Nachtrag 1882).

Friedrich Ernst Daniel Schleiermacher.

Gezeichnet von Fr. Krüger, lithographiert von Goedsch. Verkleinerter Ausschnitt.

Friedrich Ernst Daniel Schleiermacher, geb. 21. Nov. 1768 zu Breslau (oder in einem Orte bei Breslau), wo sein Vater gerade damals mit seinem Regimente als Feldprediger stand, wurde 1783—1785 in herrnhutischen Anstalten erzogen, studierte seit 1787 in Halle Theologie, war dann Hauslehrer, wurde 1793 Mitglied des Seminars in Berlin und Waisenhauslehrer, 1794 Prediger in Landsberg, 1796 Prediger an der Charité in Berlin, 1804 Professor und Universitätsprediger in Halle. Nach der Katastrophe von 1806 kehrte er wieder nach Berlin zurück, wurde 1809 Prediger der Dreifaltigkeitskirche, hielt patriotische, die Befreiung von der Fremdherrschaft vorbereitende Vorlesungen vor einem größeren Publicum, war für die Gründung der Universität Berlin thätig, an welcher er 1810 Professor der Theologie wurde. Vorübergehend war er auch vortragender Rath in Unterrichtsangelegenheiten im Ministerium. Er starb in Berlin den 12. Februar 1834. Hauptschriften: „Reden über die Religion an die Gebildeten unter ihren Verächtern" (1799); „Monologen, eine Neujahrsgabe" (1800); „Vertraute Briefe über Schlegels Lucinde" (1800); „Predigten" (1801—1820); „Grundlinien einer Kritik der bisherigen Sittenlehre" (1803); „Platons Werke übersetzt" (1804—1828); „Die Weihnachtsfeier" (1806); „Der christliche Glaube nach den Grundsätzen der evangelischen Kirche" (1821, 1822).

Justus Möser (1720—1794), Johann Wilhelm von Archenholz (1741—1812), Ludwig Timotheus Freiherr von Spittler (1752—1810), Johannes von Müller (1752—1809).

Ludwig Timotheus Freiherr von Spittler

Nach der colorierten Handzeichnung von Plenzinger. — Aus den jetzt in der k. k. Fideikommißbibliothek in Wien befindlichen Sammlungen Lavaters. Hier zum ersten Male veröffentlicht.

Ludwig Timotheus Freiherr von Spittler, geb. 10. Nov. 1752 zu Stuttgart, studierte 1771—1775 in Tübingen, wurde 1777 Repetent des Tübinger Stiftes und 1779 Professor der Geschichte in Göttingen. 1797 hatte seine Gelehrtenthätigkeit mit seinem Übertritte in württembergischen höheren Verwaltungsdienst ein Ende, wozu er sich den Weg durch eine publicistische Schrift über die württembergische Ständeverfassung (1796) gebahnt hatte. Zum Geheimrath, später zum Staatsminister ernannt, in den Freiherrenstand erhoben, wurde er nach Aufhebung der ständischen Verfassung (1805) Oberprocurator der Universität Tübingen und Präsident der Studiendirection. Er starb in Tübingen den 14. März 1810. Hauptschriften: „Grundriß der Geschichte der christlichen Kirche“ (1782); „Geschichte Würtembergs“ (1783); „Geschichte des Fürstenthums Hannover“ (1786); „Entwurf der Geschichte der europäischen Staaten“ (1793) (worin die Geschichte Deutschlands und Oesterreichs übergangen wird); „Geschichte der dänischen Revolution 1660“ (1796). Von seinen kleinen zahlreichen Arbeiten seien hervorgehoben: „Prinzessin Ursini“, „Clara Dettin“.

Johann Wilhelm von Archenholz, geb. (angeblich) zu Langfuhr bei Danzig 3. Sept. 1741, trat, im Berliner Cadettencorps erzogen, jung in die preuß. Armee, focht mit Auszeichnung im siebenjährigen Kriege und nahm bei dessen Ende, wegen schwerer Blessuren, als Hauptmann seinen Abschied, machte lange Reisen in Frankreich, England, Italien, lebte, 1780 nach Deutschland zurückgekehrt, als Schriftsteller an verschiedenen Orten, zuletzt in Oyendorf bei Hamburg, wo er den 28. Februar 1812 starb. Er ist der Verfasser des volksthümlichsten, bis auf unsere Tage vielgelesenen Werkes über die „Geschichte des siebenjährigen Krieges“ (zuerst erschienen im Berliner Taschenbuche 1789). 1792—1812 redigierte er die vielverbreitete Zeitschrift „Minerva, Journal für Politik, Geschichte und Litteratur“.

Johann Wilhelm von Archenholz.

Gezeichnet von A. Graff, gestochen von J. Gröger. Kupferstich; verkleinert

Justus Möser.

Schwarzkunstblatt von J. G. Huck. Verkleinert; ausgeschnitten

Justus Möser, geb. 14. Dec. 1720 zu Osnabrück, studierte in Jena seit 1740 und in Göttingen seit 1742 die Rechte und schönen Wissenschaften, wurde 1743 in seiner Vaterstadt Secretär der Landstände und 1744 Sachwalter, 1747 Advocatus patriae, 1755 daneben noch Secretär der Ritterschaft und 1768 geh. Referendar. In dieser Stellung hatte er bis zu seinem Lebensende den größten Einfluß in allen Angelegenheiten des Bisthums Osnabrück. 1783 wurde er geh. Justizrath und starb am 8. Jan. 1794 zu Osnabrück. — Werke: „Patriotische Phantasien“ 1774, Sammlung von Aufsätzen aus den Osnabrückischen Intelligenzblättern, worunter als für die von ihm vertretene Richtung der Geschichtsschreibung die Aufsätze: „Die Geschichte in der Gestalt einer Epopöe“ und „Vorschlag zu einem Plane der deutschen Reichsgeschichte“ hervorzuheben sind; „Osnabrückische Geschichte“ (1768, fortgesetzt 1778), deren „Allgemeine Einleitung“ gleichfalls für seine Art der Historiographie charakteristisch ist. Von litterarhistorischen Werken ist seine patriotische Antwort auf Friedrichs des Großen Abhandlung „Sur la litterature Allemande“ bemerkenswerth: „Ueber die deutsche Sprache und Litteratur“.

Johannes von Müller.

Gezeichnet von F. G. Kininger, radiert von C. Pfeiffer, erschienen 1802. Radierung; Hintergrund gekürzt

Johannes von Müller, geb. 4. Januar 1752 zu Schaffhausen, studierte 1769 in Göttingen, wurde 1771 Professor der griechischen Sprache am Gymnasium seiner Vaterstadt, war 1774—1778 Hauslehrer an verschiedenen Stellen, lebte 1778—1780 als Privatgelehrter bei seinem Freunde Bonstetten, war 1781—1783 Professor der Geschichte am Carolinum zu Cassel, wurde hier 1782 zum Rath und Sous-Bibliothekar ernannt, lebte 1783—1786 in Genf und Schaffhausen, wurde 1786 Hofrath und Bibliothekar in Mainz, stieg dort bis zum Legationsrathe und geh. Staatsrathe. 1791 ward er vom Kaiser als Müller von Sylvelden zum Edelmann und Reichsritter erhoben, ging 1793 in österr. Staatsdienste, in denen er bis 1804 verblieb. 1804—1807 diente er am Preuß. Hofe, wurde Akademiker, geh. Kriegsrath, Historiograph des Preuß. Königshauses und geh. Kriegsrath in Berlin. Napoleon hatte ihn 1807 durch eine persönliche Unterredung für sich gewonnen; er machte ihn 1807 zum Minister-Staatssecretär des Königreichs Westphalen. Die Neuorganisation dieses Staates war seine Aufgabe. 1808 vertauschte er diese Stellung mit der eines Generaldirectors des öffentlichen Unterrichtswesens, als welcher er den 29. Mai 1809 in Cassel starb. Man mag Müller als Geschichtschreiber und als den bedeutendsten Publicisten seiner Zeit noch so hoch schätzen, man wird ihn doch von Charakterlosigkeit nicht freisprechen können. Der protestantische Schweizer schreibt „Die Reisen der Päpste“, erhofft durch Übersendung dieser Schrift entweder von Friedrich II. oder von Joseph II. eine Beförderung, tritt in den Dienst des katholischen Mainzer Kurstaats, ist der eifrigste Vorkämpfer des Fürstenbundes, um dann — in Österreich Dienste zu nehmen. Der Vertreter österreichischer Interessen wird dann Preuß. Historiograph, schreibt in hohem moralischem Stile für die Sache Preußens und Deutschlands gegen Napoleon und wird plötzlich dessen Bewunderer und hoher Beamter. — Hauptsächlichste historische Werke: „Reisen der Päpste“ (1782); „Geschichte der schweizerischen Eidgenossenschaft“ (I. 1780, II. 1787, III. 1. 1788, III. 2. 1795, IV. 1805, V. 1. 1808); „Vierundzwanzig Bücher allgemeiner Geschichte, besonders der europäischen Menschheit“, nach seinem Tode herausgegeben 1811; „Ueber die Geschichte Friedrichs II., Eine Vorlesung“ 1805. Publicistische Schriften: „Briefe zweier Domherren“ (1787); „Darstellung des Fürstenbundes“ (1787). Letztere Schrift erklärt Ranke für eine der besten historisch-politischen Schriften, welche wir haben.

Johann Timotheus Hermes (1738—1821), **Adolf Franz Friedrich Ludwig Freiherr von Knigge** (1752—1796), **Theodor Gottlieb von Hippel** (1741—1796).

Johann Timotheus Hermes.

Aus Lavaters „Physiognom. Fragmenten", Band III, Seite 213, 1777. Ausschnitt.

Johann Timotheus Hermes, geb. zu Petznick, Kreis Pyritz, in Pommern, 31. Mai 1738, studierte 1758–1761 Theologie in Königsberg; seit 1771 in Breslau zuerst als Professor am Magdalenen-Gymnasium, dann 1775 Propst in der Neustadt, 1791 Pastor an der Magdalenenkirche, 1808 an der Elisabethkirche, starb daselbst den 24. Juli 1821 als Professor der Theologie und Inspektor der Breslauer Kirchen und Schulen, Superintendent des Fürstenthums Breslau und Oberconsistorialrath. Er ist Verfasser des gelesensten Romanes des vorigen Jahrhunderts: „Sophiens Reise von Memel nach Sachsen" (1769—1773), Nachahmung der psychologischen Romane Richardsons. Vorher erschien von ihm der Roman: „Miß Fanny Wilkes" (1766), (Nachahmung Fieldings).

Dem Pfarrer Gros ist seine eifersüchtige Frau nach einer Gesellschaft auf sein Zimmer gefolgt und macht ihm erregt Vorwürfe, daß er auf ihren Tod hoffe, um sich mit Frau Burger — einer der in der Gesellschaft mitgewesenen Frauen — verheiraten zu können.

Die Mutter des Pfarrers Gros führt diesem seine Braut Julchen zu.

Zwei Kupfer von Chodowiecki zu „Sophiens Reise von Memel nach Sachsen" (zur Geschichte des Predigers Gros). Aus dem Gothaischen Hofkalender auf 1779. (Engelmann, Chodow. 172. 6, 12.)

Theodor Gottlieb von Hippel, geb. zu Gerdauen in Ostpreußen 31. Januar 1741, studierte seit 1756 in Königsberg Theologie, dann seit 1762 Rechtswissenschaft, machte schnell Carriere, wurde 1780 dirigierender Bürgermeister von Königsberg mit dem Titel Kriegsrath, erhielt 1786 den Titel geheimer Kriegsrath und Stadtpräsident, ließ 1790 den Adel seiner Familie erneuern und starb den 23. April 1796 in Königsberg. Seine Hauptwerke sind die beiden humoristischen Romane: „Lebensläufe nach aufsteigender Linie" (1778—1781), „Kreuz- und Querzüge des Ritters A—Z" (1793, 1794) und sein, des Hagestolzen, Buch: „Über die Ehe" (1774).

Adolf Freiherr von Knigge.

Kupferstich von W. Arndt (nach G. Mai 1796).

Adolf Franz Friedrich Ludwig Freiherr von Knigge, geb. 16. October 1752 auf Bredenbeck bei Hannover, studierte seit Michaelis 1769 in Göttingen die Rechte, ward schon 1771 zum Hessen-Casselischen Hofjunker und Assessor an der Kriegs- und Domänenkammer ernannt, studierte aber in Göttingen weiter, bis er 1772 in Cassel seinen Dienst antrat, den er aber 1776 verließ. 1777 weimarischer Kammerherr, lebte als Privatmann in Hanau (seit 1777), Frankfurt (seit 1780), Heidelberg (seit 1783), Hannover, erhielt 1790 die Stelle eines königl. Großbritannischen Oberhauptmannes und Scholarchen in Bremen, wo er am 6. Mai 1796 starb. Sein Name als Schriftsteller hat sich bis in unsere Tage erhalten durch seine aus den reichen Erfahrungen seines vielbewegten Lebens gesammelte Lebenskunst: „Über den Umgang mit Menschen" (1788). Von seinen vielen Romanen waren die bekanntesten: „Der Roman meines Lebens" (1781—1783); „Die Reise nach Braunschweig" (1792).

Ein Klosterbibliothekar nach der Auffassung eines freisinnigen Zeitkritikers aus der Aufklärungsperiode des achtzehnten Jahrhunderts.

Titelkupfer zu Knigges „Journal aus Urfstädt", zweites Stück, Frankfurt a. M. 1785.

Theodor Gottlieb von Hippel.

Kupferstich von J. Bolt, 1800.

Der Hagestolz.

Er ist eben zu seiner [illegible] Wohnung angekommen, sein [illegible] bewillkommt ihn, seine Magd bringt ihm Stiefel und Schuhe. — [illegible] von Chodowiecki zur dritten, 1792 erschienenen Auflage von Hippels Buch „Über die Ehe". [illegible], dessen Schriften [illegible] mit seinem Leben in Widerspruch [illegible], war bekanntlich selbst unverheiratet.

Theodor Gottlieb von Hippel (1741—1796), Marie Sophie la Roche, geb. Gutermann (1730—1807), Moriz August von Thümmel (1738—1817).

Die glückliche Ehe. Mann und Frau mit ihren Kindern.

Titelkupfer von Chodowiecki zur dritten 1792 erschienenen Auflage von Hippels Buche „Über die Ehe". Engelmann, Chod. 669.

Der Justizrath nach der Trauung mit Gretchen an Minens Grabe.

Gretchen streute Blumen hin. Sie warf sich nieder und weinte. Der Justizrath legte sich — ich kniete — der Prediger und seine Frau stellten sich vorbei. Die beiden Todtkästen standen von ferne. Wir weinten alle. (Zu III, 1. S. 480 vom Jahre 1781.)

Frau v. —b— kommt von der sterbenden Mutter Alexanders zu der Pfarrerswittwe, der Pflegerin der Sterbenden.

Draußen braust der Sturm, sie sind in Angst und Schrecken und hören gebrochene Töne und Worte. Die hochgelobte Frau v. —b— ringt die Hände: Was! wie ist mir? (Titelkupfer zu III, 2 S. vom Jahre 1781.)

Kupfer von Chodowiecki zu Hippels „Lebensläufen". Engelmann, Nummern 407, 418.

Moriz August von Thümmel.

Gemalt von Anton Graff, gestochen von Gottschick. Nachschrift.

Moriz August von Thümmel, in seinen Erzählungen einer der glücklichsten Nachahmer Wielands, sowohl in dessen Licht- wie Schattenseiten, geb. 27. Mai 1738 auf dem Gute Schönfeld (?) bei Leipzig, studierte seit 1756 in Leipzig Rechtswissenschaft und bildete sich in den schönen Wissenschaften aus. In Sachsen-koburgischen Diensten (seit 1761) brachte er es zum wirkl. geh. Rathe und Minister (1768), trat 1783 von den Geschäften zurück, lebte viel auf Reisen und starb zu Koburg den 26. October 1817. Hauptschriften: „Wilhelmine, oder der vermählte Pedant" (1764) (1766 unter dem Titel: „Wilhelmine, ein prosaisch komisches Gedicht"); „Die Inoculation der Liebe, Erzählung in Versen" (1771); „Reise in die mittäglichen Provinzen von Frankreich im Jahre 1785—1786" (zuerst erschienen 1791—1805, 10 Bändchen).

Marie Sophie la Roche.

Kupferstich von C. Schule 1787. Nach dem Exemplare des Freien deutschen Hochstiftes in Frankfurt a. M.

Marie Sophie la Roche, geb. von Gutermann, geb. in Kaufbeuren, 6. December 1730, seit dem Sommer 1750 mit ihrem Vetter, dem Dichter Wieland, in dessen väterlichem Hause sie damals lebte, verlobt. Dies Verhältnis löste sich, doch verband treue freundschaftliche Gesinnung beide durch ihr Leben hindurch. 1754 heiratete sie den Kurmainzer Hofrath, späteren Kurtrierischen geh. Staatsrath Georg Michael Frank von Lichtenfels, genannt la Roche. Sie hatte vielfache Beziehungen zu den litterarischen Größen ihrer Zeit und starb am 18. Februar 1807 zu Offenbach. Ihr Hauptwerk ist der unter Einfluß von Richardson geschriebene Familienroman: „Geschichte des Fräuleins von Sternheim" (1771). Noch seien erwähnt: „Rosaliens Briefe an ihre Freundin Marianne von St..." (1779—1781), „Schönes Bild der Resignation" (1795—1796).

Christian Heinrich Spieß, geb. 4. April 1755 zu Freiberg, gest. 17. (19.?) August 1799 auf dem Gute Bezdikau in Böhmen als Wirthschaftsbevollmächtigter. Verfasser von Räuber-, Ritter- und Schauerromanen. „Biographien der Selbstmörder" (1785); „Biographien der Wahnsinnigen" (1795).

Eine Schauerscene aus den „Biographien der Selbstmörder" von Spieß.
Band 1, 1785. — Kupferstich von G. Berka.

Christian August Vulpius.
Nach einem in der Familie vorhandenen Ölgemälde. — Nach Originalphotographie umgezeichnet. Hier zum ersten Male veröffentlicht.

Unterschrift von Christian Heinrich Spieß
Von einem Dokumente aus Bezdikau 1789. — Bildnis von ihm ist unbekannt.

Christian August Vulpius, Bruder von Goethes Frau Christiane, geb. 23. Januar 1762 zu Weimar, studierte in Jena und Erlangen, wurde Litterat, erhielt seit 1790 in Weimar eine Stelle als Theatersecretär, wurde 1797 Bibliothekssecretär, 1805 Bibliothekar und Münzinspector, starb in Weimar den 25. Juni 1827. Verfasser einer unendlichen Anzahl von Räuber-, Ritter- und Schauerromanen, auch komischen Romanen, Opern, Dramen. Sein „Rinaldo Rinaldini, der Räuberhauptmann, eine romantische Geschichte" (zuerst 1797?), wird noch in unserer Zeit wiederholt gedruckt, und das darin vorkommende Lied „In des Waldes tiefsten Gründen" noch jetzt viel gesungen.

Wir hätten dies culturhistorisch wichtige Lied gerne in Facsimile aus der ersten Ausgabe gebracht, wenn sie aufzufinden gewesen wäre; aber selbst die größte Sammlung von Räubergeschichten, die des Landgrafen Wilhelm IX. von Hessen auf der Löwenburg, hat die erste Ausgabe nicht.

Forster, Vater und Sohn.
Gestochen von D. Berger, 1782. Inneres Medaillon.

Johann Reinhold Forster, geb. zu Dirschau, 22. October 1729, gest. zu Halle, 9. December 1798 als Professor der Naturgeschichte und Mineralogie. Reisender, Naturforscher, vergleichender Geograph, Vater von

Johann George Adam Forster, geb. 27. November 1754 zu Nassenhuben (Hochzeit) bei Danzig, Reisegenosse seines Vaters 1778 bis 1784, Professor der Naturgeschichte am Collegium Carolinum in Cassel; bis 1787 Professor in Wilna, seit 1788 Bibliothekar in Mainz, Clubist, starb als Deputierter des rheinischen Conventes in Paris, 10. Januar 1794. Einer unserer besten Prosaisten; großartige Naturschilderung. „Ansichten vom Niederrhein" (1791—1794); „Lobrede auf Cook" (1787); „Blicke in das Ganze der Natur" (1787).

Barden: **Johann Kosmas Michael Denis** (1729—1800), **Heinrich Wilhelm Gerstenberg** (1737—1823), **Karl Friedrich Kretschmann** (1738—1809).
Parodistische Satyre: **Johannes Aloisius Blumauer** (1755—1798).

Michael Denis

Michael Denis.

Gemalt 1790 von C. Gaßner, gestochen 1791 von Cl. Kohl. Ausschnitt.

Johann Kosmas Michael Denis, geb. 27. September 1729 zu Schärding, seit 1747 in Wien dem Jesuitenorden angehörig, war Lehrer am Jesuitengymnasium zu Graz und Klagenfurt, Prediger in Preßburg, 1759 Lehrer an der Ritterakademie in Wien und Bibliothekar der Garellischen Bibliothek, welch letztere Stelle er nach Aufhebung des Ordens (1773) weiter bekleidete. 1784 wurde er zweiter, 1791 erster Custos an der k. k. Hofbibliothek und Hofrath, als welcher er den 29. September 1800 in Wien starb. Brieflicher Verkehr mit Klopstock veranlaßten seine Übersetzung Ossians in Hexametern: „Die Gedichte Ossians" (1768, 1769); „Die Lieder Sineds des Barden" (1772); „Ossians und Sineds Lieder" (1784, 1785). Denis war auch bedeutender Bibliograph.

W. v. Gerstenberg

Wilhelm von Gerstenberg.

Kupferstich von [illegible]. Verkleinerter Ausschnitt.

Heinrich Wilhelm von Gerstenberg, (geb. 3., getauft 6. Januar 1737 zu Tondern, studierte in Jena Rechtswissenschaft und erhielt hier durch die „Teutsche Gesellschaft", sowie in Leipzig durch Gellert und Weiße Anregung zur Dichtkunst. 1760—1775 war er in dänischen Militärdiensten und hatte Klopstock in Kopenhagen kennen gelernt. Im dänischen Civildienste, dem er mit längerer Unterbrechung angehörte, war er 1786—1812 Director des Lotto in Altona, wo er am 1. November 1823 starb. Zur Bardenpoesie gehören seine „Gedichte eines Skalden" (1766). Vorher hatte er nach dem Muster der Anakreontiker „Tändeleien" herausgegeben. Von großer Wirkung, namentlich auf die Stürmer und Dränger, war sein Trauerspiel „Ugolino" (1768).

Kretschmann

Karl Friedrich Kretschmann.

Gestochen von Fr. Bolt 1804.

Karl Friedrich Kretschmann, geb. 4. December 1738 zu Zittau, studierte in Wittenberg seit 1757 die Rechte und schöne Wissenschaften, wurde Advocat in seiner Vaterstadt, war 1774 dortiger Gerichtsactuar, trat 1797 in den Ruhestand und starb daselbst den 16. Januar 1809. Er nannte sich „Ringulph der Barde". Bardengesänge erschienen von ihm: „Der Gesang Ringulphs des Barden, als Varus geschlagen war" (1768), „Der Barde an dem Grabe des Majors von Kleist" (1769), „An Gellerts Gedächtnisse" (1770), „Die Klage Ringulphs des Barden" (1771), „Die Jägerei", bardische Idylle (1771). Außer diesen bardischen Gedichten verfaßte er noch Sinngedichte, Dramen, Romane.

Freund von Schatten, glauben Sie,
Auch als Schatten liebt Sie

Ihr Freund
Aloys Blumauer mp.

Wien den 13. April 1782.

Johannes Aloisius Blumauer.

Eigenhändiges Stammbuchblatt mit seiner Silhouette aus dem Jahre 1782. Aus der Sammlung des Herrn Kammerherrn von Dorow in Frankfurt a. M.

Johannes Aloisius Blumauer, geb. am 22. (21.?) December 1755 zu Steyr in Oberösterreich, trat 1772 in das Jesuitencollegium zu Wien. Als 1773 der Jesuitenorden aufgelöst wurde, ertheilte er Privatunterricht, war 1781 bis 1793 Büchercensor, von da bis kurz vor seinem den 16. März 1798 in Wien erfolgten Tode Buchhändler. Seine Parodie „Virgils Aeneis, oder Abenteuer des frommen Helden Aeneas" (1784—1788), enthaltend die ersten neun Bücher, hat seinen Namen berühmt gemacht und findet noch heute viele Leser. Sie veranlaßte auch Schillers edle Übersetzung einiger Bücher der Aeneis.

Venus, begleitet von Amor in Uniform, macht dem auf seinem Wolkenstuhle thronenden Jupiter eine Visite, um ihn für ihren Sohn Aeneas gegen Junos Intriguen zu interessieren.

Der fromme Held Aeneas trägt seinen greisen Vater Priamus huckepack aus dem brennenden Troja, begleitet von seinem Sohne Ascanius und seiner Gattin Kreusa.

Zwei Kupferstiche von Chodowiecki zu Blumauers parodierter „Aeneis". Aus dem [illegible] genealog. Kalender für 1790 [illegible]

Satyre: **Abraham Gotthelf Kästner** (1719—1800), **Georg Christoph Lichtenberg** (1742—1799).
Komisches Epos: **Karl Arnold Kortum** (1745—1824).

Abraham Gotthelf Kästner.

Gezeichnet und geätzt von J. G. [illegible] jun. 1771. Ausschnitt

Gotthelf Abraham Kästner, geb. zu Leipzig 27. September 1719, an seinem zwölften Geburtstage (1731) als Student der Rechtswissenschaft in Leipzig immatrikuliert, studierte daselbst namentlich Mathematik und philosophische Wissenschaften, wurde 1739 Docent, 1746 außerordentlicher Professor der Mathematik und Physik daselbst, erhielt 1756 einen Ruf nach Göttingen als ordentlicher Professor dieser Wissenschaften, bekam 1765 den Titel Hofrath, starb daselbst den 20. Juni 1800. Seine witzigen „Epigramme“ gehören zu den besten unserer Litteratur (erschienen in den „Vermischten Schriften“ I. seit 1755, II. seit 1772). „Sinngedichte“, herausgegeben von Höpfner (1781).

Georg Christoph Lichtenberg.

Gezeichnet und gestochen von H. Schwenterley 1791.

Georg Christoph Lichtenberg, geb. 1. Juli 1742 zu Ober-Ramstadt bei Darmstadt, studierte seit 1763 in Göttingen Mathematik. Hier wurde er 1769 außerordentlicher und 1775 ordentlicher Professor der Naturwissenschaft. Er starb dort den 24. Februar 1799. Im Jahre 1788 war er zum Hofrathe ernannt. Sein körperliches Leiden — er war seit seinem achten Jahre buckelig — nährte seinen Hang zur Satyre, die er vielfach in den Dienst der Aufklärung stellte. Noch heute von Bedeutung ist seine „Ausführliche Erklärung der Hogarthischen Kupferstiche“, als besonderes Werk erschienen seit 1794. Gegen Lavater ist gerichtet: „Timorus, d. h. Vertheidigung zweier Israeliten, die, durch die Kräftigkeit der Lavater'schen Bewegsgründe und der Göttinger Mettwürste bewogen, den wahren Glauben angenommen haben. Von Konrad Photorin“ (1773). Viele seiner Abhandlungen sind in dem von ihm seit 1778 herausgegebenen „Göttinger Taschenkalender“.

Leben, Meynungen und Thaten von Hieronimus Jobs dem Kandidaten,

und wie Er sich weiland viel Ruhm erwarb auch endlich als Nachtswächter zu Sulzburg starb.

Vorn, hinten und in der Mitten
geziert, mit schönen Holzschnitten.
Eine Historia lustig und fein
in neumodischen Knittelverselein.

Münster und Hamm
bey Philipp Heinrich Perrenon
1784.

Titel der ersten Ausgabe von Kortums „Jobsiade“ 1784.
Nach dem Exemplare des Herrn Apothekers [illegible] in [illegible]

C. A. Kortum
Med. Doct. und
Bergarzt.

Karl Arnold Kortum.

Im 64. Lebensjahre gezeichnet von [illegible], gestochen von [illegible]. Ausschnitt

Karl Arnold Kortum, geb. 5. Juli 1745 zu Mühlheim a. d. Ruhr, studierte von 1763—1767 Medicin in Duisburg, wurde dann Arzt in seiner Vaterstadt, war seit 1770 Arzt in Bochum, wo er als Bergarzt und seit 1816 als königl. Hofrath den 15. August 1824 starb. Seine „Jobsiade“, unser bestes deutsches humoristisches Epos, erschien zuerst 1784. Die erste Ausgabe in drei Theilen erschien zuerst 1799.

74 

35. Der Herr Inspektor machte den Anfang
Hustete viermal mit starkem Klang
Schneuzte und räusperte auch viermal sich
Und fragte; Indem er den Bauch strich:

36. Ich, als zeitlicher *pro tempore* Inspektor,
Und der hiesige Geistlichkeit Director
Frage Sie: *Quid sit Episcopus?*
Alsbald antwortete Hieronimus;

37. Ein Bischof ist, wie ich denke,
Ein sehr angenehmes Getränke
Aus rothem Wein, Zucker und Pomeranzensaft
Und wärmet und stärkt mit grosser Kraft.

38. Ueber diese Antwort des Kandidaten Jobses
Geschah allgemeines Schütteln des Kopfes
Der Inspektor sprach zu erst hem! hem!
Drauf die andern secundum ordinem.

39. Nun hub der Assessor an zu fragen:
Herr Hieronimus! thun sie mir sagen
Wer die Apostel gewesen sind?
Hieronimus antwortete geschwind:

40. Apostel nennet man grosse Krüge
Darin gehet Wein und Bier zur Gnüge,
Auf den Dörfern und sonst beym Schmaus
Trinken die durstigen Bursche daraus.

41. Ueber diese Antwort des Kandidaten Jobses
Geschah allgemeines Schütteln des Kopfes
Der Inspektor sprach zuerst hem! hem!
Drauf die andern secundum ordinem.

42. Nun

Seite 74 aus der ersten Ausgabe der „Jobsiade“ von 1784.
Stelle aus dem Examen

Fabel: Konrad Gottlieb Pfeffel (1736—1809). **Poetische Erzählung, Reisebeschreibung: Johann Gottfried Seume** (1763—1810).
Lyrik: Johann Martin Usteri (1763—1827), **Jens Immanuel Baggesen** (1764—1826).

Johann Gottfried Seume.

Kupferstich von Schwerdgeburth nach einer Zeichnung von Hans Veit Schnorr von Carolsfeld. Holzschnitt.

Johann Gottfried Seume, geb. 29. Januar 1763 zu Poserna, hatte Theologie studiert, wurde 1781 im November zu Vach zum Hessischen Soldaten gepreßt, mußte mit nach Amerika, entfloh, mußte Preußischer Soldat werden, wurde gegen Caution freigelassen, beendete seine Studien in Leipzig, wurde Erzieher beim ruß. Grafen von Igelström (1792), gieng mit nach Polen, erhielt eine ruß. Officierstelle (1793), kehrte nach Leipzig zurück, wurde Corrector bei Göschen, starb den 13. Juni 1810 in Bad Teplitz. Seinen Zeitgenossen war er ein Urbild strenger Charakterfestigkeit. Werke: „Spaziergang nach Syrakus" (1803), „Mein Sommer im Jahre 1805" (1807). Unter seinen Gedichten (ges. 1801) ist die Erzählung „Der Wilde" bekannt geblieben.

Konrad Gottlieb Pfeffel.

Kupferstich von [illegible] (1806) nach einer Zeichnung von [illegible]. Holzschnitt.

Konrad Gottlieb Pfeffel, geb. 28. Juni 1736 zu Kolmar, studierte seit 1751 in Halle Rechtswissenschaft, gab 1753 wegen eines Augenleidens das Studium auf, erblindete 1757, gründete in seiner Heimat 1773 ein Erziehungsinstitut (militärische Akademie), war Mitglied verschiedener staatlicher Schulbehörden, starb in Kolmar den 1. Mai 1809. Seine „Fabeln" (1783) (darunter „Das Johanniswürmchen", „Die Stufenleiter") und seine launigen poetischen Erzählungen, z. B. „Die Tabakspfeife", haben seinen Namen populär erhalten; seine „Theatralischen Belustigungen" (1765—1774) sind heute vergessen.

Johann Martin Usteri.

Holzschnitt der Lithographie von J. [illegible] nach Zeichnung von H. Meyer.

Johann Martin Usteri, geb. 13. April 1763 in Zürich, Kaufherr, gab 1801 die Geschäfte auf und lebte seinen antiquarischen und künstlerischen Neigungen. Er starb in Rapperswyl auf einer Erholungsreise den 29. Juli 1827 als Züricher Stadtrath und Rathsherr. Dialektdichter, Verfasser und Componist des Liedes: „Freut euch des Lebens" (1796).

Jens Immanuel Baggesen.

Holzschnitt nach dem Kupferstiche von Lahde.

Jens Immanuel Baggesen (welcher den zweiten Namen: Immanuel aus Verehrung zu Kant angenommen hat), geb. 15. Februar 1764 zu Korsör auf Seeland, auf Reisen in Deutschland vielfache Beziehungen zu der von ihm bewunderten deutschen Litteratur pflegend, gab Anregung zur Unterstützung Schillers durch den Erbprinzen von Augustenburg und Graf Schimmelmann, Anhänger der französischen Revolution, dänischer Professor und Justizrath, starb auf einer Reise in Hamburg den 3. October 1826. — Nach humoristischen Versuchen am bekanntesten geworden durch sein idyllisches Epos „Parthenais oder die Alpenreise" (1804). — Sein Klingklingel-Almanach „Der Karfunkel" verfolgt polemische Tendenz gegen „vollendete Romantiker und angehende Mystiker" (1810).

Johann Christian Friedrich Hölderlin (1770—1843).

Johann Christian Friedrich Hölderlin, der klassische Dichter des Pantheismus, geb. 20. März 1770 zu Lauffen am Neckar, studierte 1788—1793 zu Tübingen Philosophie und (im Stift) Theologie; hier wurde er mit Hegel, Sinclair, Neuffer, Schelling befreundet. 1793—1794 war er durch Schillers Empfehlung Hauslehrer bei Charlotte von Kalb in Waltershausen. Ende 1794 bis Frühjahr 1795 hielt er sich in Jena auf, wo er festen Fuß zu fassen hoffte, aber 1795 in seine Heimat zurückkehrte. Januar 1796 bis September 1798 war er Hauslehrer im Hause des Frankfurter Kaufmanns Gontard, zu dessen Frau Susette, geb. Borkenstein, er in idealster Liebe entbrannte (die Diotima seiner Gedichte). 1798—1800 gewährte ihm sein Freund Sinclair in Homburg v. d. H. ein Asyl, wo er noch Muße zum dichterischen Schaffen fand. Sein wieder aufgenommener Plan, sich in Jena niederzulassen, scheiterte; er nahm wieder Hauslehrerstellen (1800 in Stuttgart und in Hauptwyl bei St. Gallen, 1801, 1802 in Bordeaux) an. Bordeaux verließ er plötzlich (Juni 1802) und traf geistig tief zerrüttet in seinem mütterlichen Heimatsorte Nürtingen ein. Er erholte sich, konnte wieder sich mit seinen griechischen Dichtern (Pindar, Sophokles) beschäftigen und sogar 1804 wieder mit seinem Freunde Sinclair nach Homburg gehen, wo er den Titel eines landgräfl. hessischen Bibliothekars erhielt. Seine Geisteszerrüttung nahm jedoch derartig zu, daß er nach Tübingen in eine Heilanstalt gebracht werden mußte (1806), aus der er (1807) als unheilbar entlassen wurde. In stillem Wahnsinne, welcher bisweilen durch lichte Augenblicke, die ihm zu dichten gestatteten, durchbrochen war, starb er in Tübingen den 7. Juni 1843 unter Privatpflege. Seine formschönen lyrischen Gedichte erschienen zuletzt am vollständigsten gesammelt in der Ausgabe von K. Köstlin, Tübingen, 1884. Sein Trauerspiel: „Der Tod des Empedokles“ blieb Fragment. Die Übersetzungen des „Oedipus“ und der „Antigone“ des Sophokles erschienen 1804.

Hölderlin.

Friedrich Hölderlin.

Nach dem Pastellgemälde von Hölderlins Jugendfreunde Hiemer, gezeichnet 1792, gestochen von Luise Keller 1800. Ausschnitt.

HYPERION

oder

der Eremit in Griechenland

von

Friedrich Hölderlin.

Erster Band.

Tübingen 1797.

in der J. G. Cotta'schen Buchhandlung.

Titel des ersten Theiles der ersten Ausgabe von Hölderlins „Hyperion“ 1797.

Der zweite Theil erschien [illegible] Jahre. Nach dem Exemplar der Königl. Bibliothek zu Berlin. Fragment vom Hyperion erschien schon 1794 in Schillers „Neuer Thalia“ II.

Männerjubel. 1788.

[illegible]

Eigenhändiges Gedicht von Hölderlin: „Männerjubel“ 1788.

Original im Besitze der Verlagshandlung.

Friedrich von Matthisson (1761—1831), Johann Gaudenz Gubert Freiherr von Salis-Seewis (1762—1834), Friedrich Wilhelm August Schmidt (von Werneuchen) (1764—1838).

F. v. Matthisson.

Friedrich von Matthisson.

Kupferstich nach einem Gemälde von Tischbein, gestochen von W. Arndt 1796; gering verkleinert. Nach einem Exemplar im Germanischen Museum zu Nürnberg.

Friedrich von Matthisson, geb. 23. Januar 1761 zu Hohendodeleben bei Magdeburg. Erzieher an Basedow's Philanthropin 1781 bis 1784; dann Hofmeister; Vorleser der Frau Herzogin Louise von Anhalt-Dessau 1795—1811; 1809 geadelt. Legationsrath und Oberbibliothekar in Stuttgart 1812—1828, starb in Wörlitz bei Dessau, 12. März 1831. Schlug in seinen Gedichten (gesammelt zuerst erschienen 1787) einen Ton sentimentaler Naturbetrachtung an, voll von romantischer, unhistorischer Schwärmerei für die alten Überreste der Vorzeit. Schiller kritisierte seine poetische Landschaftsmalerei sehr lobend.

Anfang eines eigenhändigen Gedichtes von Friedrich von Matthisson.
Original im Germanischen Museum zu Nürnberg.

J G von Salis.

Johann Gaudenz Gubert Freiherr von Salis-Seewis

Nach einer von Brockmann nach dem Leben gezeichneten Lithographie, verkleinert.

Johann Gaudenz Gubert Freiherr von Salis-Seewis, geb. 15. December 1762 zu Malans in Graubünden, Hauptmann der Schweizergarde in Paris, starb als schweizerischer Kantonoberst und Bundespräsident den 29. Januar 1834 zu Malans. Lyriker, mit Matthisson geistesverwandt, aber nicht so weichlich. Von ihm das vielgesungene Lied: „Das Grab ist tief und stille" (1788).

Schmidt, Pr. zu Werneuchen.

Friedrich Wilhelm August Schmidt (von Werneuchen)

Nach Originalphotographie eines Ölgemäldes in dem Gleimschen Freundschaftstempel zu Halberstadt, umgezeichnet. Zum ersten Male veröffentlicht. — Die Unterschrift ist von einem Pfarrdokumente in Werneuchen aus dem Jahre 1821

Friedrich Wilhelm August Schmidt (gen. von Werneuchen), geb. 23. März 1764 zu Fahrland bei Potsdam, starb als Pfarrer den 26. April 1838 in Werneuchen. Vertreter der hausbackenen Lyrik, welche sich ländlicher ökonomischer Einfachheit philiströs rühmt. Herausgeber des „Neuen Berliner Musen-Almanachs" 1793—1797 (Kalender der Musen und Grazien); vergl. Goethes Spottgedicht: „Musen und Grazien in der Mark".

Christoph August Tiedge (1752–1841), Elise (Charlotte Elisabeth Constanze) von der Recke (1754–1833), Johann Christoph Friedrich Haug (1761–1829).

Christoph August Tiedge.

Ausschnitt aus dem Kupferstiche von Gottschick, nach dem Gemälde von Fr. Weitsch.

Christoph August Tiedge, geb. 14. December 1752 zu Gardelegen, studierte seit 1770 in Halle Rechtswissenschaft, versah verschiedene Hauslehrerstellen (in Elrich im Harz, bei der Familie Stedern in Neinstedt), erhielt durch Gleim eine Halberstädter Domprädende, lebte 1798—1804 meist in Berlin, wurde Reisebegleiter von Elise von der Recke, lebte seit 1819 mit ihr in Dresden, wo er den 8. März 1841 starb. In seinen „Elegien und vermischten Gedichten" (gesammelt 1803) vertritt er Matthissons Richtung, ist jedoch nüchterner, mit Neigung zur Satire. Sein Lehrgedicht „Urania über die Unsterblichkeit" (zuerst 1800) gehörte zu den gelesensten Schriften aus der Zeit sentimentaler Aufklärung. Gesungen von ihm werden die Lieder „An Alexis", „Schöne Minka".

Eigenhändiges Gedicht von Christoph August Tiedge.

Original im Besitze der Verlagshandlung.

Elise (Charlotte Elisabeth Constanze) von der Recke, geb. Gräfin von Medem, geb. 20. Mai (a. St.) 1754 auf Schloß Schönberg in Kurland, starb zu Dresden, 13. April 1833. Weniger bedeutend als Schriftstellerin als einflußreich durch vielfache litterarische Beziehungen (Freundin Tiedge's).

Johann Christoph Friedrich Haug.

Nach Dannecker's Basrelief gestochen von A. Duttenhofer.

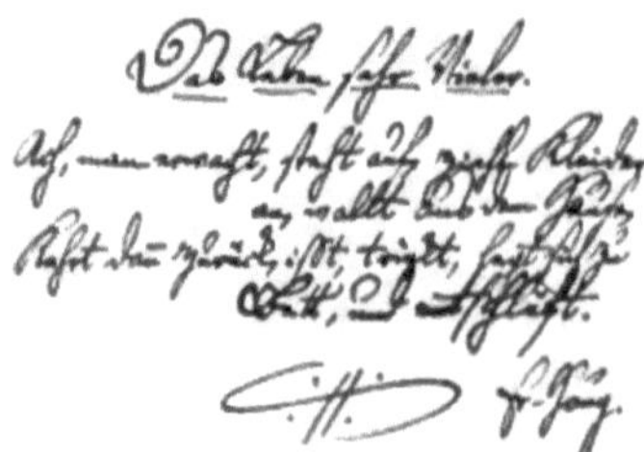

Eigenhändiges Epigramm von Haug.

Original im Besitze der Verlagshandlung.

Johann Christoph Friedrich Haug, geb. 9. März 1761 zu Niederstotzingen (Württemberg), seit 1775 Zögling (Jurist) der Karlsakademie in Stuttgart, 1783 Secretär beim geh. Rathscollegium, 1794 geh. Secretär an demselben, wurde 1816 Hofrath und Bibliothekar in Stuttgart, wo er den 30. Januar 1829 starb. 1792 war er kaiserl. Hof- und Pfalzgraf geworden. Witziger Epigrammatiker, meist kleine Stoffe behandelnd und sie unermüdlich variierend — „Hundert Hyperbeln auf Herrn Wahls ungeheure Nase von Hophthalmos" (1804); „Epigramme und vermischte Gedichte" (1805).

Rudolf Zacharias Becker (1752—1822), Georg Joachim Göschen (1752—1828), Johann Friedrich Cotta (1764—1832), Friedrich Christoph Perthes (1772—1843).

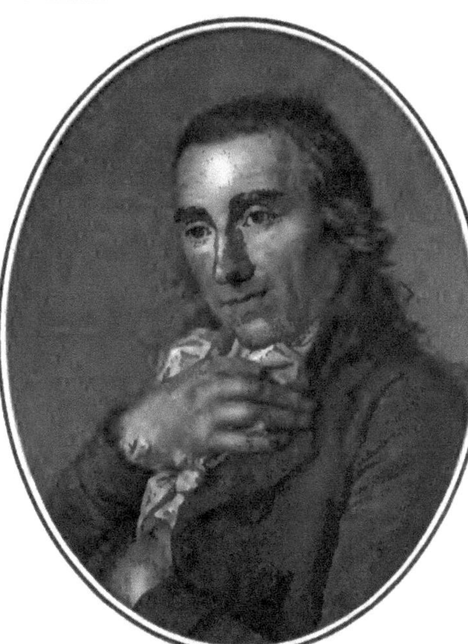

Rudolf Zacharias Becker.

Gemalt von J. Tischbein, gestochen von Schlotterbeck. Erschienen 1799 in Nürnberg. Kupferstich.

Rudolph Zacharias Becker, (geb. 8.?) getauft 9. April 1752 zu Erfurt, studierte Theologie in Jena, war 1782 Lehrer am Dessauer Philanthropin, lebte seit 1784 in Gotha, wo er 1797 seine Buchhandlung begründete und den 28. März 1822 als fürstlich schwarzburg-rudolstädtischer Hofrath starb. Beckers verbreitetste Werke sind: „Noth- und Hülfsbüchlein, oder lehrreiche Freuden- und Trauergeschichte des Dorfes Mildheim“ (1788). Hiermit sollte dem Bauernstande im Sinne der Aufklärung emporgeholfen werden. Durchaus seinen Zweck wohl verfehlte das in gleicher Absicht abgefaßte „Mildheimische Liederbuch“ (1799) verfehlen, da angeblich naive, für den Bauernstand bestimmte Kunstlieder nie zu sangbaren Volksliedern werden können. Becker war als Publicist bedeutend durch Herausgabe der „Nationalzeitung der Deutschen“ (so lautete der Titel seit 1796) und des „Allgemeinen Anzeigers der Deutschen“ (so der Titel seit 1806). Seinen in der „Nationalzeitung“ vertretenen patriotischen Freimuth hatte er 1811—1813 durch siebzehnmonatliche Haft zu büßen.

Georg Joachim Göschen.

Lithographie nach Zeichnung von ?. Gebauer. — Nach dem Exemplare der k. k. Familien-fideicommiß-Bibliothek in Wien.

Georg (Jürgen) Joachim Göschen, getauft 22. April 1752 in Bremen, auf Kosten seiner Verwandten erzogen, erlernte mit 15 Jahren den Buchhandel, war bei S. L. Crusius in Leipzig (1770—1783) und in der Dessauer Buchhandlung der Gelehrten, gründete 1785 (mit Ch. G. Körners Unterstützung) eine Buchhandlung in Leipzig, wozu 1793 eine Druckerei mit Didot'schen lateinischen Typen kam. 1797 wurde die Buchhandlung nach Grimma übertragen und die Druckerei erweitert. Er starb dort den 5. April 1828. Die Göschen'sche Buchhandlung wurde 1838 an die Cotta'sche in Stuttgart verkauft, welche sie 1868 wieder verkaufte (an Ferd. Weibert). Göschen verlegte namentlich Werke von Goethe, Schiller, Wieland, Musäus, Klopstock, Iffland, Seume (der bei ihm zeitweise Corrector war). 1802 gab er eine seinen idealen Standpunkt, den er als Buchhändler vertrat, charakterisierende Schrift heraus: „Meine Gedanken über den Buchhandel und über dessen Mängel.“

Friedrich Christoph Perthes.

Gezeichnet von Otto Speckter, gestochen von J. Thater.

Friedrich Christoph Perthes, der Schöpfer des neuen deutschen Sortimentshandels, geb. 21. April 1772 zu Rudolstadt, war von 1787 bis 1793 in der Böhme'schen Buchhandlung in Leipzig, dann in der B. G. Hoffmann'schen in Hamburg. Hier begründete er 1796 selbst eine Buchhandlung, an welcher 1798 sein Schwager, J. H. Besser, Theilhaber wurde. 1810 führte das Geschäft die Firma Perthes und Besser, 1821 führte es Besser allein, während Perthes 1821 in Gotha ein Verlagsgeschäft begründete, welches noch heute besteht. Perthes half 1813, 1814 wesentlich an der Befreiung Hamburgs und Norddeutschlands vom Joche der Fremdherrschaft. Er starb zu Gotha den 18. Mai 1843.

Johann Friedrich Cotta.

Anonyme Lithographie. Verkleinert. — Nach dem Exemplare der k. k. Familienfideicommiß-Bibliothek in Wien.

Johann Friedrich Cotta Freiherr von Cottendorf, geb. 27. April 1764 in Stuttgart, studierte seit 1782 in Tübingen Rechtswissenschaft, wurde Advocat. 1787 erwarb er die Johann Georg Cotta'sche Buchhandlung in Tübingen, deren Verlag 1811 nach Stuttgart übersiedelte. 1817 wurde er von Preußen zum geheimen Hofrathe ernannt und von Württemberg sein Adel mit dem Zusatze „von Cottendorf“ erneuert, 1822 erhielt er von Baiern die erbliche Freiherrnwürde. Er starb in Stuttgart den 29. December 1832. Der Name Cotta ist mit dem unserer bedeutendsten Dichter eng verbunden. 1794 lernte er Schiller, 1795 Goethe persönlich kennen; an ersteren zahlte er bei Lebzeiten 24 106 fl., an dessen Erben (bis zum Jahre 1864) 281 154 fl.; Goethe erhielt von ihm bei Lebzeiten 270 637 fl., seine Erben bekamen bis 1864 233 670 fl. Schriftstellerhonorar.

Johann Peter Hebel.

Gezeichnet und gestochen von Fr. Müller. Getreu verkleinerter Ausschnitt.

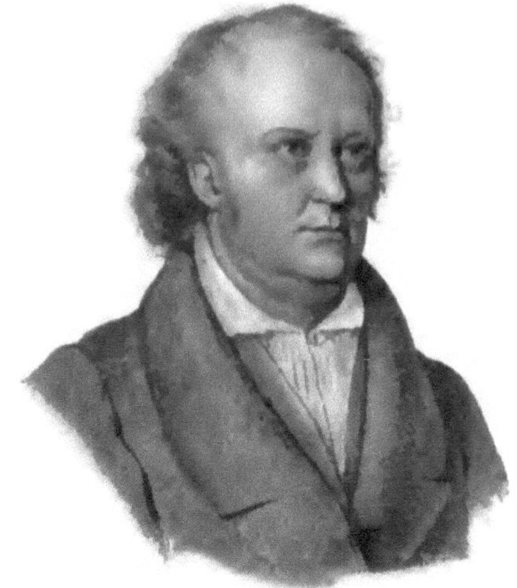

Jean Paul Friedrich Richter.

Treue Wiedergabe der Kreidezeichnung seines Schwiegersohnes Ernst Förster in München.

Johann Peter Hebel, geb. 10., getauft 13. Mai 1760 zu Basel, als seine in Hausen bei Schopfheim ansässigen Eltern sich dort des Sommerdienstes halber aufhielten. In Basel und Hausen wuchs der Knabe auf; in seinen alemannischen Gedichten klingen die Dialekte dieser seiner beiden Heimatsstätten wieder. 1774—1778 besuchte er das Gymnasium in Karlsruhe, 1778—1780 studierte er in Erlangen Theologie. Bis 1783 war er Hauslehrer in Hertingen, bis 1791 Präceptoratsvikar in Lörrach im Wiesenthale. 1791 nach Karlsruhe als Subdiakonus der Hofkirche und Lehrer am Gymnasium versetzt, wurde er an demselben 1798 zum Professor und 1808 zu dessen Direktor ernannt, welche Stelle er bis 1814 innehatte. In diesem Jahre wurde er Mitglied des Oberkirchenrathes; 1819 erhielt er die Würde eines Prälaten. Auf einer seiner Amtsreisen starb er zu Schwetzingen den 22. September 1826. Seine „Alemannischen Gedichte“, von ihm selbst als „Kinder des Heimwehs“ bezeichnet, erschienen zuerst 1803. Das „Schatzkästlein des rheinischen Hausfreundes“ (1811) ist eine Zusammenstellung der in dem von Hebel 1808 bis 1811 herausgegebenen Kalender „Rheinländischer Hausfreund, oder Neuer Kalender mit litterarischen Nachrichten und lustigen Erzählungen“ erschienenen Schwänke. Er gab noch die Jahrgänge 1814, 1815, 1819 heraus („Rheinischer Hausfreund, oder allerlei Neues zu Spaß und Ernst“); die Jahrgänge 1816, 1817, 1818 enthalten einzelne Beiträge von ihm. Die als Miterzähler häufig genannten Personen „der Adjunkt“ und die „Schwiegermutter“ sind der Württembergische Gesandtschaftssekretär Kölle und die Schauspielerin Hendel-Schütz, der in seinen Schwänken oft genannte Ort Brassenheim ist das oben genannte Lörrach.

Johann Paulus Friedrich Richter, mit seinem Dichternamen Jean Paul, geb. 21. März 1763 zu Wunsiedel. 1781—1784 studierte er in Leipzig als stud. theol., beschäftigte sich jedoch mehr mit schönen Wissenschaften und begann seine großen Exzerptsammlungen und darauf gegründetes schriftstellerisches Schaffen. 1787—1789 war er Hauslehrer, leitete 1790—1794 eine Elementarschule zu Schwarzenbach, die übrige Zeit seit seinen Leipziger Studienjahren verbrachte er bei seiner Mutter bis zu deren Tode (1797). 1797/98 hielt er sich wieder in Leipzig auf, gefesselt von einer seiner Verehrerinnen Frau von Berlepsch. 1798—1800 wählte er Weimar zum Wohnsitze; Goethe und Schiller behandelten ihn zurückweisend, desto feuriger nahm ihn Charlotte von Kalb auf. 1799 hatte er von Sachsen-Meiningen den Titel Hofrath erhalten, 1800/1 lebte er in Berlin und verheiratete sich daselbst, 1801—1803 wohnte er in Meiningen, 1803/4 in Koburg und dann bis zu seinem am 14. November 1825 erfolgten Tode in Bayreuth. Heute verstehen wir die Vergötterung, welche Jean Paul namentlich von den Frauen entgegengebracht wurde, nicht mehr. Hauptschriften: „Grönländische Processe“ (1783, 1784); „Auswahl aus des Teufels Papieren“ (1789); „Die unsichtbare Loge“ (1793); „Hesperus“ (1795); „Blumen-, Frucht- und Dornenstücke, oder Ehestand, Tod und Hochzeit des Armenadvokaten Siebenkäs im Reichsmarktflecken Kuhschnappel“ (1796, 1797); „Leben des Quintus Fixlein aus fünfzehn Zettelkästen gezogen“ (1796); „Titan“ (1800—1803); „Flegeljahre“ (1804, 1805); „Levana, oder Erziehungslehre“ (1807); „Dr. Katzenbergers Badereise“ (1809); „Der Komet, oder Nikolaus Marggraf“ (1820—1822).

Wie still isch alles! – wie verborge lit,
was Lebe heißt, im Schoß der Mitternacht
uf Berg und Feld! Es rüehrt si Menschehand,
es chlöpft kei Geisel us der Ferni her,
kei Hund thüe gwarnt, und kei Ochse schnuuft,
und nit emol e Müseli rüscht im Dach.
's isch alles hinterem Umhang iz, und schlaft,
und ob mit liechtem Fuß und stillem Tritt
e Geist vorüber wandlet, weiß i nit.
Doch wadi seg – rüehrt si nit der Zirch? no
dört Aschelaub ob em [illegible] Mühli rad, heißt
und wimmere schlüüft der Iltis unterem Dach
de Tannele no, und lueg, dört obe gieng
vom Chilchthurn her en Eüle im stille Flug
dur d'Mitternacht, und hängt dra nit im Gspürlich
die große Nachtlaterne dört, der Mond?

Anfang von Hebels alemannischem Gedichte „Der Nachtwächter“.

Nach der Originalniederschrift aus einem Briefe vom [illegible] Februar [illegible]. Original im Besitze der Verlagshandlung.

Adolf Friedrich Krummacher.

Anonymer Kupferstich aus dem Werke von A. W. Möller: „Friedr. Ad. Krummacher und seine Freunde" Bremen 1849. Ausschnitt.

Adolf Friedrich Krummacher, der Parabeldichter, getauft 22. Juli 1767 zu Tecklenburg, studierte 1786 in Lingen, seit 1787 in Halle Theologie, wurde Hauslehrer in Bremen, 1790 Gymnasiallehrer in Hamm, 1793 Rector der Stadtschule in Mörs, 1800 Professor der Theologie in Duisburg, 1807 Pfarrer in Kettwig a. d. Ruhr, 1812 Anhaltischer Consistorialrath, Generalsuperintendent und Oberprediger in Bernburg, 1824 Pastor primarius an der Ansgarikirche in Bremen, wo er den 4. April 1845 starb. Schriften: „Parabeln" (1805); „Apologen und Paramythien" (1809); „Die Kinderwelt" (1806).

Heinrich Joseph von Collin.

Gemalt von Lange, gestochen von John. Ausschnitt.

Heinrich Joseph von Collin, geb. 26. December 1772 in Wien, studierte seit 1789 in Wien Rechtswissenschaft, trat 1795 in den österreichischen Staatsdienst, wurde 1803 geadelt, 1804 Hofsecretär, 1809 Hofrath der Credithofcommission, starb zu Wien den 28. Juli 1811. Seine bedeutendsten Dramen sind: „Regulus", Tragödie in 5 Akten (1802) und „Coriolan" (1804). Von den übrigen ist hervorzuheben: „Polyxena" (1804); „Bianca della Porta" (1808). Seine patriotischen „Landwehrlieder" (1809) waren in Österreich populär. Seine Ballade „Kaiser Max auf der Martinswand" ist Allgemeingut geworden.

Christian Franz Ernst Joseph Graf von Bentzel-Sternau.

Gemalt von Graff 1793, gestochen von Rothwein. Ausschnitt.

Christian Franz Ernst Joseph Graf von Bentzel-Sternau, geb. 9. April 1767 in Mainz, brachte es in kurmainzischen Staatsdiensten bis zum geheimen Staatsrathe in Regensburg (1803), gieng 1806 in Badische Dienste als Director der General-Studiencommission und wurde 1810 Oberhofgerichts-Präsident in Mannheim. 1812 war er Staats- und Finanzminister des Großherzogthums Frankfurt bis zu dessen Auflösung 1813. Seitdem lebte er als Privatmann, trat den 19. August 1827 zur protestantischen Kirche über, starb den 13. August 1849 auf seinem Landgute Mariahalden (am Züricher See, Gemeinde Erlenbach), wo er seit 1818 wohnte. Unter seinen satirischen Romanen ist der bedeutendste: „Das goldene Kalb" (1802–1804); andere Romane: „Der steinerne Gast" (1808); „Der alte Adam" (1819). Von seinen übrigen zahlreichen Schriften seien hervorgehoben: „Pygmäen Briefe" (1806); „Gespräche im Labyrinth" (1805, 1806). Er verfaßte auch zahlreiche Dramen, u. a. „Der Geist von Canossa" (1829).

Karl Julius Weber.

Gezeichnet von Weiß 1821, gestochen von C. Letz. Lithographie.

Karl Julius Weber, geb. 21. April 1767 zu Langenburg (Jagstkreis in Württemberg), studierte 1785—1788 Rechtswissenschaft in Erlangen, begann an der Hohenlohischen Kanzlei seiner Vaterstadt die Beamtenlaufbahn, studierte 1789 nochmals in Göttingen, war 1790, 1791 Erzieher in der Schweiz, 1792 Privatsecretär des Grafen von Erbach, bis 1802 in Erbachschen Verwaltungsdiensten, 1802—1804 gräfl. Isenburg-Büdingischer Erzieher und Reisebegleiter, erhielt den Titel eines Isenburgischen Hof- und Regierungsrathes, lebte dann als Privatmann, zuletzt in Kupferzell, wo er den 19. Juli 1832 starb. Webers schriftstellerischer Ruhm gründete sich auf das noch jetzt viel gelesene, erst nach seinem Tode (1832–1840) herausgegebene Sammelwerk: „Demokritos, oder hinterlassene Papiere eines lachenden Philosophen". Von seinen anderen Schriften ist die bekannteste: „Deutschland, oder Briefe eines in Deutschland reisenden Deutschen" (1826—1828).

August Wilhelm von Schlegel (1767—1845), Karl Wilhelm Friedrich von Schlegel (1772—1829).

August Wilhelm von Schlegel.
Gemalt von Hohneck, gestochen von C. Gonzenbach. Ausschnitt.

August Wilhelm von Schlegel, Sohn des Johann Adolf Schlegel (S. 148), geb. 8. September 1767 zu Hannover, studierte seit 1786 in Göttingen Theologie, Philologie und schöne Litteratur; hier war Bürgers Bekanntschaft von großem Einflusse. Nachdem er 1791—1795 in Amsterdam Hauslehrer gewesen, zog er nach Jena, wurde hier Privatdocent, heiratete 1796 Karoline Böhmer, geb. Michaelis (S. 246), wurde 1798 außerordentlicher Professor der Litteratur, erhielt den Hofratstitel, verließ Jena 1801 und wandte sich nach Berlin, wo er Vorlesungen hielt. Seit 1804 lebte er mit Frau von Staël teils auf deren Gute Coppet am Genfersee, teils auf großen Reisen. 1809 wurde er zum Schwedischen Legationsrathe ernannt; 1813, 1814 war er Secretär des Kronprinzen von Schweden und für ihn auch vielfach publicistisch thätig. Durch ihn erhielt er die Erneuerung seines Adels; mit Frau von Staël weilte er wieder in Coppet und Paris bis zu deren Tode (1817). 1818 wurde er Professor der Litteratur, Archäologie und Kunstgeschichte in Bonn, wo er den 12. Mai 1845 starb. Schriften: Übersetzung von 16 Shakespeareschen Dramen (1796—1810), von 5 Dramen Calderons im „Spanischen Theater" (1803—1809); „Blumensträuße italienischer, spanischer und portugiesischer Poesie" (1803); „Vorlesungen über dramatische Kunst und Litteratur" (1809—1811) (1808 in Wien gehalten); „Theorie und Geschichte der bildenden Künste" (1827); „Charakteristiken und Kritiken" (1801); „Gedichte" (namentlich Sonette) (1800, 1811). Von großer Bedeutung sind Schlegels Sanskritstudien („Indische Bibliothek" 1823—1830).

Karl Wilhelm Friedrich von Schlegel, Bruder August Wilhelms, geb. 10. März 1772 in Hannover, erlernte Anfangs die Kaufmannschaft in Leipzig, studierte dann seit 1788 in Göttingen und Leipzig Philosophie und Geschichte. Nach abwechselndem Aufenthalte in Jena, dem damaligen Hauptlager der Romantiker, und Berlin, gieng er 1802 mit Mendelssohns Tochter Dorothea, der geschiedenen Gattin des Berliner Kaufmanns Simon Veit, nach Paris, studierte hier romanische und indische Sprachdenkmäler und hielt Vorlesungen, trat 1808 in Köln mit seiner Gattin zur katholischen Kirche über, lebte dann viel auf Reisen, bis er 1808 in Wien Hofsecretär der Staatskanzlei, 1815 Legationsrath wurde, als welcher er der Österreichischen Gesandtschaft am Frankfurter Bundestage beigegeben war. 1819 kehrte er nach Wien zurück. Privatangelegenheiten hatten ihn im Winter 1828 nach Dresden reisen lassen, wo er den 11. Januar 1829 starb. Schriften: „Goethe, ein Fragment" (1798); „Lucinde, ein Roman" (1799) (Schleiermacher ließ 1799 seine „Vertrauten Briefe über Fr. Schlegels Lucinde" erscheinen); „Über die Sprache und Weisheit der Indier" (1808); „Vorlesungen über die neuere Geschichte, gehalten im Winter 1810 in Wien" (1811); „Geschichte der alten und neuen Litteratur, Vorlesungen gehalten zu Wien 1812" (1815). Seine Zeitschrift „Concordia" (1820—1823) erstrebte Vereinigung aller christlichen Confessionen in der römischen Kirche. „Gedichte" (1809).

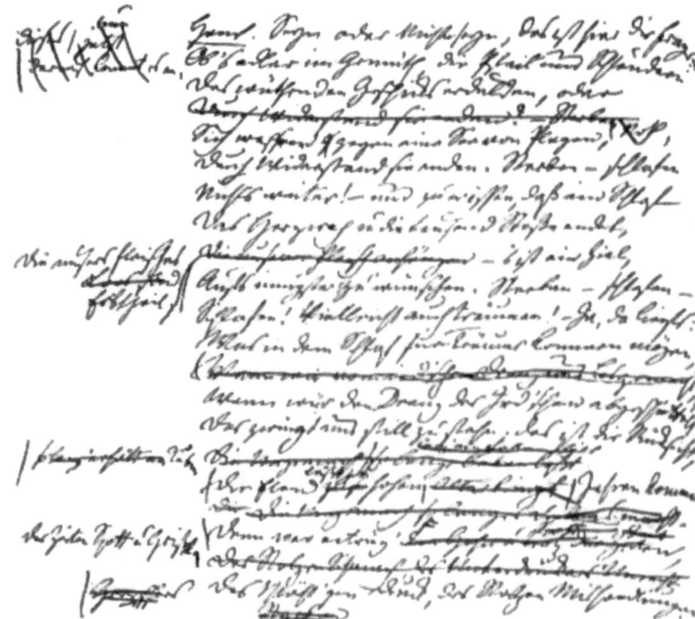

Anfang des Monologes Hamlets „Sein oder Nichtsein" aus A. W. von Schlegels Shakespeare-Übersetzung.
Nach der eigenhändigen Niederschrift Schlegels auf der Königl. Bibliothek zu Dresden.

Karl Wilhelm Friedrich von Schlegel (1772—1829), **Georg Philipp Friedrich von Hardenberg (Novalis)** (1772—1801), **Bernd Heinrich Wilhelm von Kleist** (1777—1811), **Johann Ludwig Tieck** (1773—1853).

Friedrich von Schlegel.

Gezeichnet von Auguste von Buttlar, gestochen von J. Axmann. Ausschnitt.

Friedrich von Hardenberg.

Kupferstich von Eduard Eichens 1845. Ausschnitt.

Georg Philipp Friedrich von Hardenberg (Novalis), ist geb. 2. Mai 1772 zu Oberwiederstedt bei Mansfeld, studierte 1790—1794 in Jena, Leipzig und Wittenberg Rechtswissenschaft, bildete sich in Freiberg, nachdem er seit 1795 in Weißenfels im Salinendepartement und auf verschiedenen Salinen praktiziert hatte, im Bergfache aus (1797—1799), arbeitete praktisch wieder in der Salinenverwaltung und starb am 25. März 1801 in Weißenfels im elterlichen Hause als Assessor der Localsalinen. Die von Schlegel und Tieck 1802 herausgegebenen „Schriften“ enthalten sein Romanenfragment: „Heinrich von Ofterdingen“, „Geistliche Lieder“, „Die Lehrlinge zu Sais“. Diese Ausgabe wird namentlich durch den dritten 1846 herausgegebenen Band und die 1857 und 1859 herausgegebenen Gedichte ergänzt. Unter seinen geistlichen und weltlichen Liedern sind bekannt geblieben: „Wenn alle untreu werden“, „Wenn ich ihn nur habe“, „Fern im Osten wird es helle“, das Weinlied „Auf grünen Bergen ward geboren“, das Bergmannslied „Der ist der Herr der Erde“.

L. Tieck.

Ludwig Tieck.

Nach C. Vogel gestochen von Eduard Eichens.

Johann Ludwig Tieck, geb. 31. Mai 1773 zu Berlin, studierte 1792 bis 1795 in Halle, Göttingen, Erlangen Anfangs Theologie, später Philologie und neuere Sprachen, lebte schriftstellernd in Berlin, 1799—1800 im Kreise der Romantiker, deren Richtung er seit 1797 vertrat, in Jena, war 1801, 1802 mit Fr. Schlegel in Dresden, wohnte seit 1803 wieder in Berlin oder auf Ziebingen, einem bei Frankfurt a. O. gelegenen Gute seines Freundes, des Grafen von Finkenstein, machte 1804—1806 eine Reise nach Italien, namentlich nach Rom, wo er altdeutsche Handschriften des Vatican studierte, versuchte 1808 in Wien und München Anstellung zu erhalten, lebte während des Kriegsjahres 1813 in Prag, machte 1817 eine größere Studienreise nach England und Frankreich, namentlich um Shakespeare zu studieren, und wählte 1818 Dresden zum Wohnsitze, wo er zum Hofrathe ernannt wurde und 1825 die Intendantur des Hoftheaters erhielt. 1841 folgte er einem Rufe Friedrich Wilhelms IV., der ihm einen Jahrgehalt aussetzte, nach Berlin, wo er am 28. April 1853 als geheimer Hofrath starb. Hauptschriften: „Peter Lebrecht“ (1795, 1796); „William Lovell“ (1795, 1796); „Der blonde Eckbert“, Märchen (1796); „Der gestiefelte Kater, ein Kindermärchen“ (dramatisiert) (1797); „Herzensergießungen eines kunstliebenden Klosterbruders“ (zusammen mit H. Wackenroder) (1797); „Franz Sternbalds Wanderungen“ (1798); „Prinz Zerbino, oder die Reise nach dem guten Geschmacke“ (1799); „Der getreue Eckhart“ (1799); „Leben und Tod der heil. Genoveva“, Trauerspiel (1800); „Kaiser Octavian“, Lustspiel (1804); „Altenglisches Theater, oder Supplement zum Shakespeare“ (1811); „Die Elfen“, „Der Pokal“, Märchen (1811); „Dichterleben“, Novelle (1826); „Der Aufruhr in den Cevennen“, Novelle (1826); „Waldeinsamkeit“, Novelle (1841). Er übersetzte den „Don Quixote“ (1799—1801), ergänzte und erklärte Schlegels Shakespeare-Übersetzung (seit 1825), gab „Die Insel Felsenburg“ (1827) (s. oben Seite 161) und „Altdeutsche Dichtungen“ (König Rother, Minnelieder, Ulrich von Lichtenstein) heraus.

H v Kleist.

Heinrich von Kleist.

Nach dem von August Krüger gefertigten Miniaturgemälde, welches Kleist am 9. April 1801 seiner damaligen Braut Wilhelmine v. Zenge übersandte. Stich von H. Sagert. Aus: „H. v. Kleists Leben und Briefe“ 1848. Ausschnitt.

Bernd Heinrich Wilhelm von Kleist, geb. 18. October 1777 zu Frankfurt a. O., trat 1792 in preußische Militärdienste, machte den Feldzug 1793 mit, trat als Secondelieutenant aus, studierte 1799—1800 in Frankfurt Philosophie und Mathematik, wurde in Berlin (1800) vorläufig im Zolldienste beschäftigt, ging auf Reisen (April 1801 bis Juni 1804), namentlich nach Frankreich und der Schweiz, wurde 1805—1806 in Königsberg als Diätar an der Domänenkammer beschäftigt und erhielt von der Königin Louise eine Pension, verließ den Staatsdienst, gerieth 1807 in französische Gefangenschaft, lebte 1807 bis 1809 in Dresden als Schriftsteller (Herausgeber des „Phöbus“), verließ Dresden beim Ausbruche des Krieges 1809, um in Prag für die deutsche Sache zu wirken, und kehrte nach dem Unterliegen Österreichs im Herbst 1809 nach Berlin zurück. Am 21. November 1811 erschoß er sich in der Dreilindenschen Haide bei Stahnsdorf unweit von Potsdam. Schriften: „Die Familie Schroffenstein“, Trauerspiel (1803); „Penthesilea“, Trauerspiel (1808); „Das Käthchen von Heilbronn“ (1810); „Der zerbrochene Krug“ (1811); „Der Prinz von Homburg“, geschrieben Frühjahr 1810 (1821); „Die Hermannsschlacht“, geschrieben Frühjahr 1809; Erzählungen: „Michael Kohlhaas“ (1808); Hymne: „Germania an ihre Kinder“; „Das letzte Lied“ (Mai 1809).

Karl Joachim Friedrich Ludwig Freiherr von Arnim (1781—1831), **Friedrich Karl Heinrich Baron de la Motte Fouqué** (1777—1843), **Clemens Brentano** (1778—1842), **Ernst Friedrich Konrad Schulze** (1789—1817).

Ludwig Joachim Freiherr von Arnim.

Gemalt von [illegible], [illegible] 1827 [illegible]. Das Originalgemälde befindet sich jetzt im Besitze [illegible], des Freiherrn von Arnim-Bärwalde in Wiepersdorf.

Karl Joachim Friedrich Ludwig Freiherr von Arnim (Achim von Arnim), geb. 26. Januar 1781 zu Berlin, studierte in Göttingen Naturwissenschaft, machte große Reisen, auf denen er namentlich Volkslieder sammelte, welche er zusammen mit Brentano — dessen Schwester Bettina (s. Seite 2[illegible]) er 1811 heiratete — bearbeitete und herausgab. Er lebte in behaglicher Muße seinen Studien theils in Berlin, theils auf seinem Gute Wiepersdorf im Ländchen Bärwalde, wo er den 21. Januar 1831 als Erb-, Lehn- und Gerichtsherr des Ländchens starb. Hauptschriften: Die Volksliedersammlung: „Des Knaben Wunderhorn, alte deutsche Lieder“ (1806—1819); „Tröst Einsamkeit, alte und neue Sagen, Wahrsagungen, Geschichten und Gedichte“ (1808, erschien zuerst unter dem Titel „Zeitung für Einsiedler“ 1808); „Armuth, Reichthum, Schuld und Buße der Gräfin Dolores, eine wahre Geschichte“ (1810); „Die Kronenwächter. Erster Band. Bertholds erstes und zweites Leben, ein Roman“ (leider unvollendet 1817). Unter den Novellen seien hervorgehoben: „Kaiser Karl V. erste Jugendliebe“ (1811); „Der tolle Invalide auf dem Fort Ratonneau“ (1818); „Die Majoratsherren“ (1820); „Die Kirchenordnung“ (1822); „Die Verkleidungen des französischen Hofmeisters und seines deutschen Zöglings“ (1824).

Ernst Schulze.

Gezeichnet von [illegible], gestochen von [illegible]. Etwas verkleinert, mit Fortlassung der [illegible] und der [illegible].

Friedrich Baron de la Motte Fouqué.

Gemalt von W. Hensel 1818, gestochen von Fr. Fleischmann. Verkleinert. — Dieses ganze Bild mit seinem romantischen Beiwerk, dem [illegible], altertümelnd sein sollenden Gedicht, dem damals [illegible] ist charakteristisch für die historisch falsche altertümelnde Stimmung, in welche sich die meisten Romantiker hineingeredet hatten.

Clemens Brentano.

Gezeichnet von Ludwig Emil Grimm den 18. Juli 1837, radiert von demselben. Ausschnitt. Heliogravüre [illegible].

Friedrich Karl Heinrich Baron de la Motte Fouqué (Baron de Tonnay-Charente), geb. 12. Februar 1777 zu Brandenburg a. d. H., trat 1794 in das Kürassierregiment Herzog von Weimar ein, nahm als Lieutenant am Rheinfeldzuge Theil, lebte in den Garnisonen Aschersleben und Bückeburg, heiratete 1803 die auch als Romanschriftstellerin bekannte Karoline von Rochow, geb. von Briest, verließ den Militärdienst, lebte seiner Dichtkunst, machte die Befreiungskriege als freiwilliger Jägerlieutenant mit, trat nach dem Frieden als Rittmeister aus, lebte in Berlin und auf dem Gute seiner Frau, Nennhausen, gerieth allmählich in schlechte Vermögensverhältnisse, nahm nach dem 1831 erfolgten Tode seiner Frau in Halle seinen Wohnsitz, wo er, pecuniär von König Friedrich Wilhelm IV. unterstützt, Vorlesungen über Geschichte hielt; von ihm wurde er 1842 nach Berlin berufen, wo er am 23. Januar 1843 starb. Von seinen sehr zahlreichen Romanen, Märchen, Sagen, Erzählungen hat sich auf unsere Tage nur „Undine“ (1811) gerettet; unter seinen nicht weniger zahlreichen Dramen war seinerzeit „Sigurd, der Schlangentödter, ein Heldenspiel in sechs Abentheuern“ (1808) das bekannteste. Er dichtete 1813 für die Freiwilligen das Kriegslied: „Frisch auf zum fröhlichen Jagen“.

Clemens Brentano La Roche, geb. 9. September 1778 zu Frankfurt a. M., sollte Kaufmann werden, zeigte sich unbrauchbar dazu, studierte auf verschiedenen Universitäten, seit 1797 in Jena, wo er mit den Vertretern der Romantik in Beziehungen kam, welchen er durch die Schilderungen in seinem Romane „Godwi“ (1801, 1802) einen schlechten Dienst erwies. Ein mehrjähriger Aufenthalt in Heidelberg, welcher sein unstätes Wanderleben unterbrach, ließ ihn Gelegenheit finden, mit Arnim „Des Knaben Wunderhorn“ herauszugeben und an der „Einsiedlerzeitung“ zu arbeiten (1806—1809). Cassel, Landshut, Prag, ein Familiengut in Böhmen, Wien, dann wieder Berlin (1816) dienten ihm zu vorübergehendem Aufenthalte, bis er bei der stigmatisierten Jungfrau Katharina Emmerich in Dülmen einen ihn 1818—1824 fesselnden Aufenthaltsort fand, welcher seiner nicht lange vorher stattgehabten Bekehrung zusagte. Nach dem Tode der Katharina Emmerich fing er das frühere Wanderleben wieder an und starb geistesverwirrt bei einem Gesinnungsgenossen, seinem Bruder Christian, in Aschaffenburg den 28. Juli 1842. Schriften (außer den genannten): „Geschichte vom braven Kasperl und dem schönen Annerl“ (1817); „Gockel, Hinkel, Gackeleia, Märchen“ (1838); „Des Uhrmachers Bogs wunderbare Geschichte“ (zusammen mit Görres) (1807); „Die drei Nüsse“, Volkserzählung (1834); „Die mehreren Wehmüller und ungarischen Nationalgesichter“ (1817). Er erneuerte auch Georg Wickrams „Goldfaden“ (1809) und F. von Spees „Trutz-Nachtigall“ (1817). Von ihm ist das Lied: „Nach Sevilla, nach Sevilla“ (aus seinem Lustspiele „Ponce de Leon“, 1801).

Ernst Friedrich Konrad Schulze, geb. 22. März 1789 zu Celle, studierte in Göttingen seit 1806 Theologie und Philologie, habilitierte sich daselbst, machte als Freiwilliger den Befreiungskrieg mit (1814), nahm nach dem Feldzuge seine akademische Thätigkeit wieder auf, starb im väterlichen Hause zu Celle den 29. Juli 1817. Hauptwerke: „Die bezauberte Rose, romantische Erzählung in drei Gesängen“ (1818); „Cäcilia, ein romantisches Gedicht“ (1818). Letzteres ist eine Verherrlichung seiner früh verstorbenen Braut Cäcilie Tychsen.

Joseph Karl Benedikt Freiherr von Eichendorff (1788—1857), **Ernst Theodor Amadeus Hoffmann** (1776—1822),
Friedrich Ludwig Zacharias Werner (1768—1823), **Amadeus Gottfried Adolf Müllner** (1774—1829).

Joseph Freiherr von Eichendorff.

Nach Originalphotographie der im Besitze einer seiner Töchter befindlichen Zeichnung, welche von der Familie für das beste Bild des Dichters erklärt wird.

Joseph Karl Benedikt Freiherr v. Eichendorff, geb. 10. März 1788 auf Schloß Lubowitz bei Ratibor, wo er auch seine Erziehung genoß, bis er 1801 auf das katholische Gymnasium in Breslau kam, das er 1804 absolvierte. 1805, 1806 studierte er in Halle die Rechte, 1807, 1808 setzte er seine Studien in Heidelberg fort, wo er mit Arnim, Brentano, Görres nahe bekannt wurde. Nach längeren Reisen lebte er auf dem väterlichen Schlosse, wo viele seiner Lieder entstanden. 1809 war er in Berlin, wo er Fichte hörte. 1810—1813 lebte er in Wien, trat bei Beginn des Befreiungskrieges in die Preußische Armee und 1816 als Referendar bei der Regierung in Breslau in den Preußischen Staatsdienst, war 1819 Hülfsarbeiter im Cultusministerium in Berlin, 1820 katholischer Schulrath in Danzig, 1821 Regierungsrath daselbst, 1824 Oberpräsidialrath in Königsberg, 1831 Rath im Cultusministerium zu Berlin, trat 1841 wegen Differenzen mit dem Ministerium Eichhorn in Ruhestand, lebte bis 1846 in Danzig, wohin er schon 1843 committiert war, um über die Marienburg zu schreiben. Seitdem privatisierte er in Wien, Berlin, Cöthen, Dresden, war von 1850—1855 wieder in Berlin und Sommers auf seinem Gute Sedlnitz im Kuhländchen; seit 1855 wohnte er in dem Landhause St. Rochus bei Neisse, wo er den 26. November 1857 starb. Roman: „Ahnung und Gegenwart“ (1815). Novellen: „Das Marmorbild“ (1819); „Aus dem Leben eines Taugenichts“ (1826); „Dichter und ihre Gesellen“ (1834). Übersetzungen: „Geistliche Schauspiele von Don Pedro Calderon de la Barca“ (1846, 1853, 11 Stücke). Von seinen innigen, stimmungsvollen Liedern sind viele bald zu Volksliedern geworden, z. B. „In einem kühlen Grunde“, „Wem Gott will rechte Gunst erweisen“, „Wer hat dich, du schöner Wald“.

Hoffmann und sein Freund, der Schauspieler Ludwig Devrient (geb. 1784, gest. 1832), am Weintische bei Luther und Wegener in Berlin.

Federzeichnung Hoffmanns unter einem Briefe, worin er den zum Besuche ... durch die ... gemeinsamen Weinstube auffordert. — Original in der Sammlung des Herrn R. Geibel in Leipzig.

Friedrich Ludwig Zacharias Werner, geb. 18. Nov. 1768 in Königsberg i. Pr., studierte daselbst seit 1784, wurde 1793 Secretär in Petrikau, später in Warschau, wo er mit E. T. A. Hoffmann verkehrte. 1805 erhielt er eine Stellung in Berlin, welche ihm zu poetischem Schaffen die nöthige Muße gewährte; 1807 gab er die Stelle auf und reiste, in Gotha, Jena, Weimar längeren Aufenthalt nehmend. Das Jahr 1808 sah ihn wieder in Berlin, in der Schweiz, Paris und in Weimar. 1809 erhielt er eine Pension vom Fürstprimas Dalberg und wurde Hessendarmstädtischer Hofrath. Werner begab sich 1809 nach Rom, trat dort am 19. April 1811 zum Katholicismus über, studierte Theologie, blieb bis 1813 in Rom, ließ sich 1814 ins Seminar zu Aschaffenburg aufnehmen, wurde zum Priester geweiht und begab sich nach Wien, hielt dort und in Österreich viel besuchte Predigten, unterbrach diese Thätigkeit 1817 durch Aufenthalt in Podolien, wurde zum Ehrendomherrn von Kamieniec ernannt, kehrte nach Wien zurück, wo er seit 1819 im Hause des Erzbischofs lebte, und starb daselbst in der Nacht vom 16. auf den 17. Januar 1823. Das berühmteste seiner Schicksalsdramen ist: „Der vierundzwanzigste Februar“ (verfaßt in Weimar unter Goethes Auspicien 1809, gedruckt zuerst 1815). Seinem „Martin Luther, oder die Weihe der Kraft“ (1807) setzte er nach seiner Bekehrung „Die Weihe der Unkraft“ (1813) entgegen. Ferner: „Die Söhne des Thals“, Drama (1803); „Das Kreuz an der Ostsee“, Trauerspiel (1806); „Wanda, eine romantische Tragödie“ (1810); „Die Mutter der Makkabäer“, Tragödie (1820).

Ernst Theodor Amadeus Hoffmann.

Gezeichnet von W. Hensel, gestochen von Passini. Kupferstich.

Ernst Theodor Amadeus (mit seinen Taufnamen Ernst Theodor Wilhelm) Hoffmann, geb. 24. Januar 1776 in Königsberg i. Pr., studierte daselbst Rechtswissenschaft und bildete dabei seine musikalischen und malerischen Talente weiter aus. 1795 wurde er als Auscultator bei der Regierung in Königsberg angestellt, kam in gleicher Eigenschaft 1796 an die Oberamtsregierung nach Glogau und 1798 an das Kammergericht nach Berlin als Referendar. 1800 ward er in Posen Regierungsassessor, 1802 in Plock, 1804 in Warschau Regierungsrath. 1806 hörte diese Stellung bei der Veränderung der politischen Lage auf. 1807 versuchte er vergeblich in Berlin beschäftigt zu werden; von 1808—1814 führte er ein abenteuerliches Künstlerleben als Musikdirector an den Theatern in Bamberg, Dresden, Leipzig. 1816 wurde er wieder am Kammergerichte zu Berlin angestellt, wo er den 25. Juni 1822 als Kammergerichtsrath starb. Hauptschriften: „Fantasiestücke in Callots Manier“ (1814, 1815) (enthält u. a. „Die Kreisleriana“, „Der goldene Topf“); „Die Elixiere des Teufels“ (1815, 1816); „Nachtstücke“ (1817) (enthält u. a. „Ignaz Denner“, „Das Sanctus“, „Das steinerne Herz“); „Klein Zaches, genannt Zinnober, ein Märchen“ (1819); „Die Serapions-Brüder“ (1819—1821) (enthält von früher erschienenen Erzählungen u. a. „Meister Martin, der Küfer und seine Gesellen“, „Der Artushof“, „Doge und Dogaresse“; zuerst gedruckt hierin erschienen u. a.: „Nußknacker und Mausekönig“, „Die Automate“, „Erscheinungen“); „Lebensansichten des Katers Murr“ (1820, 1822); „Meister Floh, ein Märchen“ (1822).

Zacharias Werner.

Radierung von Johann Endes. (Etwas verkleinerter Kupferstich.)

Amadeus Gottfried Adolf Müllner, geb. 18. October 1774 zu Langendorf bei Weißenfels, war 1789—1793 auf der Schule in Schulpforta, studierte 1793—1797 in Leipzig die Rechte, wurde 1798 Advocat in Weißenfels, wo er den 11. Juni 1829 starb. Er begann seine dramatische Schriftstellerei mit dem Trauerspiele „Der neunundzwanzigste Februar“ 1812. Seine am meisten aufgeführte Schicksalstragödie ist „Die Schuld“ (1813, gedr. 1816); „König Yngurd“ (1817), „Die Albaneserin“ (1820) gehören zu derselben Klasse von Tragödien.

Adolf Müllner.

Lithographie aus der lithograph. Anstalt von Rud. Weber in Leipzig. Kupferstich.

Ernst Freiherr von Houwald (1778—1845), Adam Oehlenschläger (1779—1850), Dietrich Christian Grabbe (1801—1836).

Adam Oehlenschläger.

Gemalt von J. V. Gertner 1846. Lithographiert von J. W. Tegner. Verkleinerter Ausschnitt.

Christian Grabbe.

Gezeichnet von W. Pero, lithographiert von W. Severin. Verkleinerter Ausschnitt.

Ernst Freiherr von Houwald.

Lithographie von Krüger in Berlin. Nach dem im Besitze seines Enkels, des Herrn Grafen von Houwald zu Lübben befindlichen Exemplare. Verkleinerter Ausschnitt.

Christoph Ernst Freiherr von Houwald, geb. 29. November 1778 zu Straupitz in der Lausitz. Zu Hause vorgebildet, erhielt er auf dem Pädagogium zu Halle seit 1793 weiteren Unterricht und bezog 1799 die dortige Universität, wo er bis 1802 Rechtswissenschaft studierte. Die Verwaltung seiner Güter ließ ihm genug Zeit für seine poetischen Arbeiten. Um 1821 hatte er die Wahl der Stände des Markgrafenthums der Niederlausitz zum Landessyndicus angenommen, als welcher er seinen Amtssitz in Neuhaus bei Lübben hatte. In dieser Stadt starb er auf einer Reise den 28. Januar 1845. Houwalds berühmtestes Stück ist das Trauerspiel „Das Bild“ (1821). Andere Tragödien (Rührstücke): „Der Leuchtthurm“ (verfaßt 1811, gedruckt 1821); „Die Feinde“ (geschrieben 1823, gedruckt 1825). Sehr glücklich war er in seinen für die Jugend geschriebenen Erzählungen und Dramen: „Bilder für die Jugend“ (1828) u. a.

Adam Gottlieb Oehlenschläger, geb. 14. November 1779 zu Frederiksberg, wollte Schauspieler werden, studierte jedoch seit 1800 Rechtswissenschaft in Kopenhagen, machte sich auf großen Reisen 1805—1809 namentlich mit deutscher Dichtung und deutschen Dichtern (Goethe und den Romantikern) bekannt, wurde 1810 außerordentlicher, 1827 ordentlicher Professor der Aesthetik in Kopenhagen, als welcher er den 20. Januar 1850 starb. 1829 hatte ihn Tegner in der Domkirche zu Lund zum Dichter gekrönt; 1839 hatte er den Rang und Titel eines Staatsraths, 1847 den eines Conferenzraths erhalten. Oehlenschläger hat einige seiner Werke ursprünglich deutsch geschrieben und die meisten ins Deutsche übersetzt. Unter seinen zahlreichen Werken seien hervorgehoben: „Correggio“, Trauerspiel (1816); „Palnatoke“, Trauerspiel (1819); „Axel und Walburga“, Tragödie (1810); „Die Inseln im Südmeer, ein Roman“ (1826). Er übersetzte auch Holbergs Lustspiele ins Deutsche (1822—1823).

Dietrich Christian Grabbe, geb. 11. December 1801 zu Detmold, betrieb seit 1819 in Leipzig und 1822 in Berlin juristische Studien, beschäftigte sich aber, namentlich in Berlin, mehr mit dramatischen Arbeiten und beabsichtigte Theaterdichter oder Schauspieler zu werden. Versuche in Leipzig, Dresden, Braunschweig bei der Bühne anzukommen schlugen fehl; er zog es vor in Detmold das Advocatenexamen zu machen (1824) und zu practicieren; nebenbei versah er noch (seit 1827) die Stelle eines Regimentsauditeurs. Grabbe eignete sich nicht für ein solches bürgerliches Beamtenleben; auch nahm seine Neigung zum Trunke immer mehr zu. Er verließ 1834 Detmold, lebte in Frankfurt und Düsseldorf (bei Immermann), kehrte schließlich nach Detmold zurück, wo er den 12. September 1836 starb. Von seinen Tragödien seien hier hervorgehoben: „Heinrich VI.“ (1830), „Don Juan und Faust“ (1829), „Hannibal“ (1835), „Die Hermannsschlacht“ (1838; einzelne Scenen schon gedruckt 1836 und 1837).

Ernst Raupach (1784—1852), **Amalie Heiter** (1794—1870), **Michael Beer** (1800—1833), **Louis Angely** (1787—1835).

Ernst Raupach.

Holzschnitt aus der Illustrirten Zeitung, Nr. 2193 nach einer nicht nachweisbaren Vorlage.

Ernst Benjamin Salomon Raupach, geb. 21. Mai 1784 zu Straupitz (Reg.-Bez. Liegnitz), bezog schon 1801 die Universität Halle, um Theologie zu studieren, war 1804—1822 in Rußland, erst als Privaterzieher, dann als Professor der Geschichte und deutschen Litteratur an der kaiserl. Hauptbildungsanstalt für Pädagogen in Petersburg und als kaiserl. Hofrath. Seit 1824 lebte er in Berlin, wo er mit seinen Familien- und Rührstücken die Bühne über ein Jahrzehnt beherrschte, bis ihn Rötschers Kritik stürzte. Er starb am 18. März 1852 in Berlin. Von der großen Menge seiner zum Theile schon in Rußland verfaßten Stücke seien genannt: „Die Leibeigenen oder Isidor und Olga“ (Trauerspiel, aufgeführt 1826); der aus 16 Stücken bestehende Tragödiencyklus „Die Hohenstaufen“; „Die Schleichhändler“ (Lustspiel, aufgeführt 1828); „Der Zeitgeist“ (Lustspiel); „Der versiegelte Bürgermeister“ (Lustspiel, aufgeführt 1828); „Die Schule des Lebens“; „Robert der Teufel“ (Romantisches Schauspiel, 1834); „Der Müller und sein Kind“ (Volksdrama, 1835).

Amalie Heiter.

Kupferstich vor den 1873 im Verlage des Herrn Bernhard Tauchnitz erschienenen Werken. Mit Erlaubnis des Herrn Verlegers. Verkleinert.

Amalie Marie Friederike, Herzogin zu Sachsen, Tochter des Herzogs Maximilian, Schwester König Johanns, geb. 10. August 1794 zu Dresden, gest. daselbst unvermählt den 18. September 1870. Unter dem Namen Amalie Heiter schrieb sie seinerzeit beliebte bürgerliche Lustspiele und Familienstücke: „Lüge und Wahrheit“, „Der Oheim“, „Der Landwirth“, „Der Majoratserbe“, „Das Fräulein vom Lande“, „Der Unbelesene“, „Die Stieftochter“.

Michael Beer.

Lithographie von Hanfstängl. Verkleinert.

Michael Beer, geb. 19. Juni 1800 in Berlin, dichtete im Alter von 18 Jahren seine „Klytämnestra“ (1819 im Berliner Schauspielhause aufgeführt), trieb auf der Berliner Universität philologische und historische Studien, war in der glücklichen Lage große Reisen zu machen und sich in Städten wie Paris, Neapel, Berlin, München, Düsseldorf längere Zeit nach Belieben in schriftstellerischen und künstlerischen Kreisen zu bewegen; König Ludwig von Baiern, Platen, Immermann, Zedlitz, Grillparzer standen ihm nahe. Er starb zu München den 22. März 1833. — Trauerspiele: „Der Paria“ (zuerst aufgeführt 1823); „Die Bräute von Aragonien“ (1823); „Struensee“ (zuerst aufgeführt 1828).

Louis Angely.

Angely als Maurerpolier Kluck in: „Das Fest der Handwerker“. Nach farbiger Lithographie aus dem lithogr. Institute von L. Sachse und Comp. in Berlin, etwa aus dem Jahre 1830. Verkleinert.

Jean Jacques Louis Angely, der Schöpfer des deutschen Vaudeville, geb. 1. Februar 1787 in Leipzig, gieng jung zur Bühne, war seit 1822 Schauspieler in Berlin, seit 1828 Schauspieler und Regisseur am dortigen Königstädtischen Theater. 1830 zog er sich von der Bühne zurück und starb in Berlin den 16. November 1835. — Noch heute werden gern gesehen (von seinen „Vaudeville und Lustspiele für das Königstädter Theater“ 1828—1834): „Das Fest der Handwerker“; „Sieben Mädchen in Uniform“; „List und Phlegma“; „Von sieben die häßlichste“; „Die Reise auf gemeinschaftliche Kosten“; „Die beiden Hofmeister“; „Schülerschwänke“.

Theodor Körner.

Nach Originalphotographie der im Körnermuseum zu Dresden aufbewahrten Kreidezeichnung seiner Schwester Emma [illegible].

Theodor Körner im Tode.

Gezeichnet von seinem Waffengefährten Dr. v. Ottmer den 27. August 1813. — Nach der vom Professor v. Donner angefertigten Durchzeichnung des jetzt fast verblichenen Originales, welches durch Herrn Dr. Emil Peschel seit 1876 mit 41 anderen Bildnissen von Körners Waffengefährten für das Dresdener Körnermuseum erworben wurde. Diese hier gegebene Nachbildung bringt zum ersten Male dieses berühmte Körnerbildnis in getreuer Wiedergabe.

Karl Theodor Körner, Sohn Christian Gottfried Körners, geb. 21. September 1791 zu Dresden, der Sänger und Heldenjüngling der Freiheitskriege. Im väterlichen Hause, der klassischen Pflegestätte der Poesie, Kunst und Musik, aufgewachsen und durch treffliche Privatlehrer gebildet, bezog er, nachdem er kurze Zeit die Dresdener Kreuzschule besuchte, die Freiberger Bergakademie, deren Schüler er vom 1. Juni 1808 bis 28. Juni 1810 war. Er studierte auf der Leipziger Universität seit dem 8. October 1810 weiter, mußte aber, in studentische Händel verwickelt, Leipzig den 23. März 1811 heimlich verlassen. Seine Absicht, an der neuen Universität Berlin seine Studien fortzusetzen, wurde durch eine Krankheit vereitelt. In Karlsbad geheilt, gieng er im Herbste 1811 nach Wien, an W. v. Humboldt und Fr. Schlegel empfohlen. Hier gab er sich fast ausschließlich seinen dichterischen Arbeiten hin und wurde vom 1. Januar 1813 auf drei Jahre zum Theaterdichter am Hofburgtheater ernannt. Aber noch bevor Friedrich Wilhelms III. Aufruf an mein Volk (17. März) erschien, gab Körner seine Stellung auf und eilte (15. März) nach Breslau, um mit den Lützowern in den Kampf für die Befreiung Deutschlands zu ziehen. Er wurde bald Lieutenant und Lützows Adjutant. Im Überfalle bei Kitzen (17. Juni) wurde er schon schwer verwundet; kaum wieder geheilt, eilte er seinem Freicorps nach. Im Gefechte bei Gadebusch den 26. August 1813 starb er den Heldentod. Unter der Eiche bei Wöbbelin wurde er von seinen Kameraden begraben. — Von seinen Dichtungen sind in erster Linie seine Kriegslieder aufzuführen, welche er seit dem Frühjahre 1813 sang: „Das Volk steht auf, der Sturm bricht los", „Frisch auf, mein Volk, die Flammenzeichen rauchen", „Hör' uns, Allmächtiger", „Vater, ich rufe dich", „Was glänzt dort vom Walde im Sonnenschein", „Ahndungsgrauend, todesmuthig", „Du Schwert an meiner Linken". Als erste Sammlung seiner Freiheitslieder erschienen: „Zwölf freie deutsche Gedichte" (1813), umfangreicher ist die Sammlung: „Leyer und Schwert" (1814). Von Körners Dramen, die er mit unglaublicher Schnelle während seines Wiener Aufenthaltes schrieb und welche meist mit großem Beifalle zuerst in Wien aufgeführt wurden, sind zu nennen: 1811: „Die Braut" (Lustspiel), „Der grüne Domino" (Lustspiel), „Das Fischermädchen" (Oper); 1812: „Der Nachtwächter" (Lustspiel), „Toni", „Die Sühne", „Rosamunde" (Trauerspiel), „Hedwig"; 1812 bis 1813: „Die Gouvernante", „Der Vetter aus Bremen", „Josef Heyderich", „Zriny" (Trauerspiel). Verschiedene ungedruckte dramatische Arbeiten besitzt in eigenhändiger Niederschrift Körners Herr Künzel in Leipzig und das Körnermuseum in Dresden. Körners erste im Drucke erschienene Gedichtsammlung sind die „Knospen" (1810). Außer seinen „Freiheitsliedern" wird sein Lied „Es blinken drei freundliche Sterne" noch heute gesungen.

Theodor Körners Geburtshaus in der Neustadt Dresden.

Älteste erhaltene Abbildung, welche das Haus mit Nebenbau noch als [illegible] in dem Zustande zeigt, in welchem es zur Zeit war, als Körners hier wohnten, Schiller hier verkehrte und Theodor Körner hier geboren wurde. Jetzt tragen drei Fenster des unteren und sechs Fenster des oberen Stockes das von Herrn Dr. Emil Peschel [illegible] Theodor Körner [illegible] und lange Jahre [illegible] Körnermuseum, welches jetzt in den Besitz der Stadt Dresden übergegangen ist. [illegible] im Besitze des Körnermuseums.

Antonie Adamberger.

[illegible] im Körnermuseum zu Dresden, gestochen von [illegible].

Antonie Adamberger, geb. 30. December 1790 in Wien, Tragödin des Hofburgtheaters, Theodor Körners Braut, mit welcher er seit dem Sommer 1812 verlobt war, vermählt 1817 mit dem bekannten Numismatiker und Archäologen Josef Ritter von Arneth, starb in Wien den 25. December 1867. Körner schrieb für sie die „Hedwig" im „Zriny" und nannte nach ihr sein Drama „Toni".

Theodor Körner (1791—1813), Max von Schenkendorf (1783—1817).

An einen jungen Mann.

Treu hingst du deinem alten Fürsten an,
Treu wolltest du dein altes Gut verfechten;
Der Freiheit gegen Fremde Bund zu flechten
Betratst du kühn die blut'ge Heldenbahn.
Und schnell kam auch dein Volk zu dir heran,
Als sie der Väter Glück erkämpfen möchten,
Doch um mit Gottes Hand zu rechten,
Die schöne Hoffnung war ein schöner Wahn! —

Es fangen dich die Schergen des Tyrannen,
Doch wie zum Tanze blickst du himmelwärts;
„Der Freiheit Weg geht durch des Todes Schmerz!“
Und ruhig siehst du ihre Büchsen spannen,
Sie schlagen an, die Kugel trifft dein Herz,
Und deine freie Seele fliegt von dannen!

. . . .

Sonett auf Andreas Hofers Tod. Eigenhändige Niederschrift von Theodor Körner.

Zuerst gedruckt in „12 freie deutsche Gedichte“ (1813) — Original auf dem Körnermuseum in Dresden. — Die eigenhändigen Niederschriften der berühmtesten Freiheitslieder, wie „Lützows wilde Jagd“, „Du Schwert an meiner Linken“ sind nicht mehr vorhanden.

Schenkendorf.

Max von Schenkendorf.

Unbekannter Stahlstich, welchen der Biograph Schenkendorfs, Professor A. Hagen in Königsberg, nach nicht angegebener Vorlage fertigen ließ.

Gottlob Ferdinand Maximilian Gottfried von Schenkendorf, geb. 11. December 1783 in Tilsit, bezog fünfzehnjährig die Universität Königsberg, um die Rechte zu studieren, zeigte sich noch nicht reif dazu, so daß es seine Mutter vorzog, ihn erst noch in Schmauch (bei Preuß. Holland) bei einem Landpfarrer einige Jahre in Unterricht zu geben, worauf er wieder (1804) zum Studium nach Königsberg zurückkehrte. Hier begann er auch seinen Staatsdienst als Regierungsreferendar. 1812 gieng er in Folge der politischen Verhältnisse nach Karlsruhe. Beim Ausbruche des Krieges trat er in das preußische Heer und war im Kugelregen der Leipziger Schlacht. Da ihm früher (1809) in einem Duell die rechte Hand zerschossen war, so konnte er seinem Vaterlande mehr mit der Feder als mit dem Schwerte dienen. Nach dem Kriege ward er Regierungsrath in Koblenz und starb daselbst am 11. December 1817. Er dichtete die Vaterlandslieder: 1813: „Freiheit, die ich meine“, „Erhebt euch von der Erde“, „In dem wilden Kriegestanze“; 1814: „Es klingt ein heller Klang“, „Als der Sandwirth vom Passeier“, „Wenn alle untreu werden“, „Wie mir deine Freuden winken“. Seine „Gedichte“ erschienen zuerst gesammelt 1815, „Poetischer Nachlaß“ 1832.

Leyer und Schwerdt

von

Theodor Körner

Lieutenant im Lützow'schen Freykorps.

Einzige rechtmäßige, von dem Vater des Dichters veranstaltete Ausgabe.

Berlin, 1814.

In der Nicolaischen Buchhandlung.

Titel der ersten Ausgabe von Theodor Körners „Leyer und Schwert“, 1814.

Ernst Moriz Arndt (1769—1860).

E. M. Arndt.

Ernst Moriz Arndt.

Arndt etwa aus den Jahren der Freiheitskriege. (Wenig verkleinerter Nachschnitt aus dem Kupferstiche von H. Lips.) Das älteste erhaltene Bild Arndts.

Ernst Moriz Arndt, geb. 26. Dezember 1769 zu Groß Schoritz auf Rügen, widmete sich dem Studium der Theologie in Halle und Jena (1791—1794), gab die Theologie auf, wurde Privatdocent der Geschichte in Greifswald (1800), 1805 außerordentlicher Professor, flüchtete bei Napoleons siegreichem Vordringen wegen des ersten Bandes seines Werkes „Geist der Zeit“ (gedr. 1806) nach Stockholm, der zweite Band dieses Werkes (gedr. 1809) hatte seine Ächtung zur Folge. 1809 lebte er bei den Patrioten in Berlin, 1810—1811 war er wieder Professor in dem Schwedischen Greifswald, nahm seine Entlassung und wirkte seit 1812 in Berlin, Breslau, St. Petersburg mit Stein, Scharnhorst, Gneisenau für die Befreiung des Vaterlandes. Damals sang er seine begeisterten Freiheitslieder und schrieb seine mächtigen Flugschriften. Seit 1817 in Bonn und seit 1818 Professor der dortigen Universität, kämpfte er namentlich im vierten Bande seines Werkes „Geist der Zeit“ (erschienen 1818) unerschrocken für seine lieben Deutschen weiter, und er, der königstreueste, ehrlichste Patriot, wurde als Demagoge in Untersuchung gezogen und von seinem Amte suspendiert (10. Februar 1820). Erst Friedrich Wilhelm IV. gab ihm 1840 die Professur wieder. 1848 war er im Frankfurter Parlamente, trat 1849 den 30. Mai mit seinen Parteigenossen aus. 1854 nahm er den Ruhestand und starb zu Bonn den 29. Januar 1860. — Patriotische Lieder: „Was ist des Deutschen Vaterland“, „Was blasen die Trompeten“, „Der Gott, der Eisen wachsen ließ“, „Wer ist ein Mann“, „Frisch auf, ihr deutschen Schaaren“, „Wo kommst du her in dem rothen Kleid“, „Sind wir vereint zur guten Stunde“, „O du Deutschland, ich muß marschieren“. Der Nachklang seiner Freiheitslieder ist sein 1858 gedichtetes „Eisenlied“: „Könnt' ich Löwenmähnen schütteln“. — Flugschriften aus 1813—1814: „Katechismus für den deutschen Kriegs- und Wehrmann“ (1813), „Was bedeutet Landsturm und Landwehr?“, „Der Rhein Deutschlands Strom, aber nicht Deutschlands Grenze“ (1813), „Über künftige ständische Verfassung in Teutschland“ (1814). Von seinen übrigen Schriften und Liedern sei hervorgehoben: „Wanderungen und Wandelungen mit dem Freiherrn v. Stein“ (1858); „Aus Feuer ward der Geist geschaffen“ (1816); „Bringt mir Blut der edlen Reben“ (1817); „Juchhei Blümelein, dufte und blühe“ (1813); „O lieber heil'ger frommer Christ“ (1810); „Geht nur hin und grabt mein Grab“

E. M. Arndt.

Vater Arndt
im Greisenalter.

Die drei L.

Licht Liebe Leben,
Das göttliche Drei,
Sie fliegen, sie schweben
So hoch und so frei;
Sie fliegen, sie schweben —
O himmlischer Schein! —
Zum seligen Streben
Himmelauf, himmelein.
Ihr Adler und Tauben,
Laßt mit euch zu fliegen
Zum muthigen Glauben

Mit euch es zu wagen,
Von ewigen Flügeln getragen
Zu schweben, zu singen
Wonnlich göttlich behagen!
Ihr Kinder der Sonne
Wonnlich seligen Schmerzen,
Wonnlich spielen zum Herzen
Den Brand der Liebe,
Der ewigen Wonne,
Des seligen Lichtes!

A.

Heinr. Steffens (1773—1845), **Heinr. Zschokke** (1771—1848), **H. Clauren (Heun)** (1771—1854), **Christoph v. Schmid** (1768—1854).

Heinrich Steffens, geb. 10. Mai 1773 zu Stavanger in Norwegen. Sein Vater war Deutscher. Seit 1790 studierte er in Kopenhagen Naturwissenschaften, las 1796 an der Kieler Universität, ward 1798 in Jena Schellings Schüler, studierte 1800—1802 an der Freiberger Bergakademie, kehrte 1802 nach Kopenhagen zurück, hielt daselbst philosophische Vorlesungen, wurde 1804 Professor der Philosophie in Halle, 1811 in Breslau, wo er die Befreiung Deutschlands mit vorbereiten half. Er machte den Feldzug 1813—1814 mit. In Breslau trat er zum Katholicismus über, jedoch bald wieder zum Protestantismus zurück. Seit 1831 war er Professor in Berlin und starb daselbst 13. Febr. 1845. — Romane: „Die Familie Walseth und Leith“ (1826—1827), „Die vier Norweger“ (1828). — Selbstbiographie: „Was ich erlebte“ (1840—1845). — „Grundzüge der philosophischen Naturwissenschaft“ (1806), „Carricaturen des Heiligsten“ (1819—1821).

Johann Heinrich Daniel Zschokke, geb. 22. März 1771 in Magdeburg, studierte seit 1790, nach abenteuerndem Leben, in Frankfurt a. O. Theologie, gieng 1796 nach der Schweiz, wo er Direktor des Seminars zu Reichenau in Graubünden war. 1798—1801 war er politisch thätig, zuletzt als helvet. Statthalter in Basel. Den Winter auf 1802 lebte er in Bern, wo H. v. Kleist bei ihm weilte, hierauf bis 1807 auf Schloß Biberstein bei Aarau, dann in Aarau selbst und seit 1817 in seinem Landhause „Blumenhalde“ bei Aarau, wo er den 27. Juni 1848 starb. — Novellen und Romane: „Abällino der große Bandit“ (1793), „Alamontade“ (1811), „Das Loch im Ermel“ (1812), „Das Abenteuer der Neujahrsnacht“ (1818), „Der Feldweibel“, „Das Goldmacherdorf“ (1817), „Die Branntweinpest“ (1837). — Populärphilosophische, populärreligiöse Schriften: „Stunden der Andacht“ (1809—1816), „Eine Selbstschau“ (1842). — Historisch-geographische: „Des Schweizerlands Geschichte“ (1822), „Die klassischen Stellen der Schweiz“ (1835 ff.).

Heinrich Steffens.

Gezeichnet von Fr. Krüger, lithographiert von Jentzen. Ausschnitt.

Heinrich Zschokke.

Gezeichnet vom 3. Aug. 1835, gestochen von Martin Eßlinger. Die Wiedergabe empfohlen von einem der Söhne, Herrn Prediger Emil Zschokke in Aarau.

Karl Gottlieb Samuel Heun.

Anonyme Lithographie etwa aus dem Jahre 1825. Ausschnitt.

Karl Gottlieb Samuel Heun (als Schriftsteller H. Clauren), geb. 20. März 1771 zu Dobrilugk (Lausitz), Jurist, war 1792 Privatsecretär beim Minister von Haugwitz, dann Assessor bei der Preußischen Bergwerksverwaltung, 1801—1811 (außer von 1803—1805) Treskow'scher Güterverwalter, fand bei Hardenberg in Berlin Stellung, machte mit dem Hauptquartiere den Feldzug 1813—1814 mit und war bei dem Wiener Congresse und den Sächsischen Auseinandersetzungen beschäftigt. 1820—1823 redigierte er die „Preuß. Staatszeitung“ als geh. Hofrath und Ministerialsecretär. Seit 1821 war er im Generalpostamt in Berlin angestellt und starb daselbst den 2. August 1854. — Claurens zahlreiche Romane und Erzählungen, welche erst seit 1815 eine den Frauen günstige Tendenz verfolgen (Abschluß mit glücklicher Heirat), beherrschten lange Zeit die Leihbibliotheken. Namentlich beliebt waren: „Mimili“ (1816), „Die graue Stube“ (1820), „Liesli und Elsi“ (1821), „Die Kartoffeln in der Schale“ (1822), „Das Mädchen aus der Fliedermühle“ (1822), „Gräfin Cherubim“ (1821). Auch seine Lustspiele waren gerne gesehen, z. B.: „Das Vogelschießen“ (1822), „Der Bräutigam aus Mexiko“ (1824).

Christoph von Schmid.

Nach der Natur auf Stein gezeichnet im August [illegible] von M. Zeßler. Ausschnitt.

Johann Nep. Christoph Friedrich v. Schmid, der Jugendschriftsteller, geb. 15. Aug. 1768 in Dinkelsbühl, war in Dillingen ein Schüler Sailers, 1796—1816 Pfarrer in Thannhausen, wo er die besten seiner Geschichten den Kindern erzählte und aufschrieb, 1827 Domcapitular in Augsburg, wo er den 18. Juli 1854 starb. — Erzählungen: „Die Ostereier“, „Heinrich von Eichenfels“, „Genovefa“, „Rothkehlchen“, „Rosa von Tannenburg“, „150 kurze Erzählungen für die Jugend“.

Wilhelm Hegel (1770–1831), Friedr. Herbart (1776–1841), Arthur Schopenhauer (1788–1860), David Friedr. Strauß (1808–1874).

Wilhelm Hegel.

Gemalt von Xeller, gestochen von Bollinger. Verkleinerter Ausschnitt.

Georg Wilhelm Friedrich Hegel, geb. 27. August 1770 zu Stuttgart, studierte im Stifte zu Tübingen 1788–1790 im philosophischen, 1790–1793 im theologischen Cursus, war dann Hauslehrer in Bern (bis 1797) und Frankfurt, habilitierte sich 1801 in Jena, wirkte mit Schelling zusammen, bis ihr Gegensatz durch Hegels „Phänomenologie des Geistes" (1806) scharf hervortrat; 1805 außerordentlicher Professor, 1807–1808 Zeitungsredacteur in Bamberg, 1808–1816 Rector des Ägidien-Gymnasiums in Nürnberg, wurde 1816 Professor in Heidelberg, 1818 in Berlin, wo er den 14. November 1831 an der Cholera starb. — Hauptschriften: „Phänomenologie des Geistes" (1807); „Wissenschaft der Logik" (1812–1816); „Encyklopädie der philosophischen Wissenschaften im Grundriß" (1817); „Vorlesungen über die Ästhetik" (Bd. X der Werke, 1835–1838); „Über die Philosophie der Religion" (Werke XI–XII, 1832); „Grundlinien der Philosophie des Rechtes" (Werke VIII, 1833).

Friedrich Herbart.

Gezeichnet von C. H. Steffens, gestochen von C. Geyer, aus Bd. I der von G. Hartenstein bei Leopold Voß in Leipzig seit 1850 herausgegebenen Werke Herbarts. Verkleinerter Ausschnitt.

Johann Friedrich Herbart, geb. 4. Mai 1776 zu Oldenburg, in Jena 1794–1797 auf der Universität, wo er Fichte hörte; 1797–1800 Hauslehrer in Bern, habilitierte sich 1802 in Göttingen, wurde daselbst 1805 außerordentlicher Professor, erhielt 1809 die ordentliche Professur für Philosophie und Pädagogik in Königsberg, 1833 dasselbe Amt in Göttingen, wo er am 14. August 1841 starb. — Hauptwerke: „Allgemeine Pädagogik" (1806); „Allgemeine praktische Philosophie" (1808); „Hauptpunkte der Metaphysik" (1808); „Hauptpunkte der Logik" (1808); „Lehrbuch zur Einleitung in die Philosophie" (1813); „Lehrbuch der Psychologie" (1816); „Psychologie als Wissenschaft" (1824–1825); „Allgemeine Metaphysik" (1828–1829).

Arthur Schopenhauer.

Radierung von W. Hecht. Ausschnitt. Aus dem Werke: Leben Schopenhauers von Gwinner. Verlag von F. A. Brockhaus in Leipzig. Mit Genehmigung des Verlegers.

Arthur Schopenhauer, geb. 22. Februar 1788 in Danzig (Sohn von Johanna Schopenhauer), war zum Kaufmanne bestimmt, studierte seit 1809 in Göttingen, 1811 in Berlin, promovierte 1813 in Jena, lebte im Winter 1813–1814 in Weimar im Verkehre mit Goethe und trieb Studien über indische Philosophie, arbeitete 1814–1818 zu Dresden an seinen optischen und philosophischen Hauptwerken, unternahm dann längere Reisen, war 1820–1831 in Berlin ohne Erfolg als Privatdocent habilitiert, zog nach Frankfurt a. M. über, wo er am 21. September 1860 starb. Hauptwerke: „Die Welt als Wille und Vorstellung" (1819). Fast noch mehr wirkten für Verbreitung der Schopenhauerschen Philosophie die „Parerga und Paralipomena" (1851). Andere Schriften: „Über den Willen in der Natur" (1836); „Die beiden Grundprobleme der Ethik" (1841).

David Friedrich Strauß.

Nach einer Photographie lithographiert von F. [illegible] 1874. Verkleinerter Ausschnitt. Mit Bewilligung des Verlegers Herrn Emil Strauß.

David Friedrich Strauß, geb. 27. Januar 1808 zu Ludwigsburg, studierte seit 1825 im theologischen Stifte zu Tübingen, war 1831 Professoratsverweser in Maulbronn, 1832 Repetent am Tübinger Stifte, 1835 dieser Stelle enthoben, war er bis 1836 Lehrer am Lyceum zu Ludwigsburg, 1839 Professor der Dogmatik und Kirchengeschichte in Zürich, mußte als solcher pensioniert werden, lebte an verschiedenen Orten (Stuttgart, Heidelberg, München, Berlin, Darmstadt), zuletzt in seiner Vaterstadt, wo er am 8. Februar 1874 starb. — Kritisch-theologische Schriften: „Das Leben Jesu" (1835); „Streitschriften" (1837); „Die christliche Glaubenslehre" (1840–1841); „Der alte und der neue Glaube" (1872). Biographische: „Schubarts Leben" (1849); „Christian Märklin" (1851); „Nicodemus Frischlin" (1855); „Ulrich von Hutten" (1858–1860); „Hermann Samuel Reimarus" (1862); „Voltaire" (1870). Ferner: „Poetisches Gedenkbuch"; „Gedichte aus dem Nachlasse" (1878).

Friedr. Christ. Schlosser (1776—1861), **Barth. Georg Niebuhr** (1776—1831), **Friedr. Christ. Dahlmann** (1785—1860), **Karl Ritter** (1779—1859).

Friedrich Christoph Schlosser.

Nach Ölbild gezeichnet von H. Baumgärtner und lithographiert von Herm. Eichens [illegible]

Friedrich Christoph Schlosser, getauft 17. November 1776 zu Jever, studierte Theologie in Göttingen, bekleidete verschiedene Hauslehrerstellen, bis er 1808 Conrector in seiner Vaterstadt wurde; 1812 erhielt er die Stelle des Professors der Geschichte und Philosophie am Lyceum zu Frankfurt a. M., wurde 1814 daselbst Stadtbibliothekar und 1817 Professor der Geschichte in Heidelberg, wo er den 23. September 1861 starb. — „Weltgeschichte in zusammenhängender Erzählung" (1815—1841); „Geschichte des XVIII. Jahrhunderts" (1823); „Geschichte des XVIII. und XIX. Jahrhunderts" (1836—1848); „Weltgeschichte für das deutsche Volk" (fortgesetzt von Kriegk, 1843—1856).

Barthold Georg Niebuhr.

Gezeichnet von Julius Schnorr von Carolsfeld 18[illegible], gestochen von [illegible] 1831. [illegible]

Barthold Georg Niebuhr, geb. 27. August 1776 zu Kopenhagen (nicht in Meldorf, trotz der dort am angeblichen Geburtshause angebrachten Gedenktafel), bezog 1792 die Büsch'sche Handelsakademie in Hamburg, kehrte nach wenigen Monaten ins Vaterhaus zurück, gieng 1794 auf die Kieler Universität, war 1796 Secretär des Grafen Schimmelmann, 1797 Bibliothekarsecretär in Kopenhagen, 1800 Secretär des Commerzcollegs in Kopenhagen, 1804 Director an demselben, 1806 trat er in preußische Dienste als Director der Seehandlung. In dieser Stellung hat er, in Preußens schwerster Zeit, im Finanzfache wichtige treue Dienste geleistet. 1808 ward er zum geh. Staatsrathe ernannt, gab seine Stellung in der Finanzverwaltung auf und hielt 1810—1812 an der neuen Universität Berlin Vorlesungen über römische Geschichte. 1813—1814 war er im Hauptquartiere (als Redacteur der Zeitung: „Der preußische Correspondent"), 1816—1823 als Gesandter in Rom thätig. Seit 1824 lebte er als Privatgelehrter in Bonn und hielt Vorlesungen an der Universität. Er starb hier den 2. Januar 1831 als königl. geh. Staatsrath. — Hauptwerk: „Römische Geschichte" (1812 ff.); „Karsten Niebuhrs Leben" (1817). Aufsätze im „Rheinischen Museum" (1827—1829); „Griechische Heroengeschichten" (1842); „Geschichte des Zeitalters der Revolution" (1845).

Friedrich Christian Dahlmann, geb. 13. Mai 1785 in Wismar, studierte in Kopenhagen und Halle (1804) Philosophie, habilitierte sich in Kopenhagen 1811, wurde 1812 nach Kiel berufen und dort 1813 außerordentl. Professor der Geschichte. Als Secretär der Schleswig-Holsteinischen Prälaten und der Ritterschaft machte er sich durch Vertreten des national-deutschen Standpunktes unbequem, so daß ihm 1829 eine ordentliche Professur in Göttingen (für Politik, Cameral- und Polizeiwissenschaft) gelegen kam. Beim Hannoverschen Verfassungsbruche stand er an der Spitze der Göttinger Sieben, wurde entlassen und des Landes verwiesen (1837). Ohne öffentliche Stellung verbrachte er die Jahre 1837—1838 in Jena, 1838—1842 in Leipzig. 1842 wurde D. in Bonn Professor der deutschen Geschichte und der Staatswissenschaften. 1848—1850 war seine akademische Wirksamkeit unterbrochen durch seine politische Thätigkeit im Bundestage, in der Siebzehnercommission, im Verfassungsausschusse des Parlaments (bis zum Austritte der 65 am 21. Mai 1849), in der ersten Kammer zu Berlin und im Erfurter Parlamente. Doch sollte D. nicht mehr erleben, was er durch Leben, Lehren und Leiden vorbereitet hatte; er starb 5. Dec. 1860 zu Bonn. — Schriften: „Politik auf den Grund und das Maß der gegebenen Zustände zurückgeführt" (1835); „Geschichte Dänemarks" (1840—1843); „Geschichte der englischen Revolution" (1844); „Geschichte der französischen Revolution" (1845).

Karl Ritter, geb. 7. Aug. 1779 in Quedlinburg, kam mit seinem Hauslehrer Gutsmuths als erster Schüler in Salzmanns Erziehungsinstitut nach Schnepfenthal, 1796 bezog er von hier aus auf Kosten der Frankfurter Familie Hollweg die Universität Halle, war von 1798 an Erzieher im Hause Hollweg, besuchte seit 1814 mit seinen Zöglingen die Universitäten Göttingen und Berlin, wurde 1819 Lehrer am Gymnasium zu Frankfurt a. M., 1820 außerordentlicher Professor für Geographie an der Universität und für Statistik an der Kriegsschule zu Berlin, dann Studiendirector an derselben und Mitglied der Akademie. Er starb in Berlin den 28. Sept. 1859. Ritter ist der Schöpfer der vergleichenden wissenschaftlichen Erdkunde (neben A. v. Humboldt). — Hauptwerk: „Erdkunde im Verhältnis zur Natur und Geschichte des Menschen, oder allgemeine vergleichende Geographie" (seit 1817, 1822).

Friedrich Christian Dahlmann.

Nach einer [illegible] des Herrn [illegible] in Marburg, befindlichen [illegible] aus dem Jahre 18[illegible] [illegible]

Karl Ritter.

Nach Photographie gestochen von [illegible], aus Bd. I des Werkes von Kramer: Karl Ritter, ein Lebensbild. Halle, Waisenhausbuchhandlung.

Friedrich Rückert.

Im Alter von ungefähr 45 Jahren. Kreidezeichnung von Barth, welche Rückert seiner Tochter Anna zur Hochzeit schenkte. Verkleinerter Ausschnitt, direkt nach der Originalzeichnung gemacht.

Du bist die Rose meiner Liebe,
Die Ros' auf meines Herzens Flur.
Ich nannte andre Blumen Liebe,
Vorahnung meiner Rose nur.
Es kam der Sturm, daß er zerstiebe,
Verschwinden müßte ihre Spur,
Daß Raum für meine Rose bliebe,
Die nur zu bleiben würdig schwur.

Eigenhändiges Gedicht Rückerts aus dem „Liebesfrühling".
Original im Besitze der Familie Rückerts (LXIX, Frankfurter Ausgabe von 1868; I, 6[illegible]).

Spruch.
Hat dir ein Stoß von Ungefähr
Dein Lebensglück zerrüttet;
Gott hat gelenkt, es war nicht Er,
Er hat dich nicht erschüttert.
Und hoffe das nur zu bau'n den
Sinn!
Da sind die alten [illegible]
Es [illegible] auf [illegible],
Die nur das [illegible].

Eigenhändiges Gedicht von Rückert.
Original im Besitz der Verlagshandlung.

Johann Michael Friedrich Rückert, geb. 16. Mai 1788 zu Schweinfurt; sein Vater war der Advocat Rentamtmann Johann Adam Rückert, seine Mutter Maria Barbara geb. Schoppach. Seit 1792 wuchs er in freier ländlicher Umgebung in Oberlauringen auf; 1802 bis Herbst 1805 besuchte er die lateinische Schule in Schweinfurt, von da bis Ostern 1809 die Universität Würzburg. Anfangs studierte er Jurisprudenz, dann Philologie und Litteratur. Seinen beabsichtigten Eintritt in die österreichische Armee, um gegen Napoleon mitzukämpfen, verhinderte der Frieden (1809). Er nahm bei seinen Eltern in Ebern (bei Coburg), wo der Vater inzwischen Rentamtmann geworden war, Aufenthalt. Ostern 1811 bis Ostern 1812 war er in Jena habilitiert; 1812 folgte er einer Aufforderung von Johannes Schulze als Lehrer an das Gymnasium nach Hanau, blieb jedoch nur bis zum Herbste 1813 in dieser Stellung. Den Feldzug gegen Frankreich durfte er seiner schwächlichen Constitution wegen nicht mitmachen. Bis er Ende 1815 als Redacteur des „Morgenblattes" in Stuttgart ein Unterkommen fand, hielt er sich in der Heimat und bei Freunden, namentlich auf der Bettenburg beim Freiherrn von Truchseß auf. 1817 verließ er Stuttgart, machte eine Reise nach der Schweiz und Italien, eignete sich hier die Formen der italienischen Poesie an; für seine weitere poetische Entwicklung war ein Besuch bei Josef von Hammer in Wien wichtig, welcher ihn in die orientalischen Dichtungen näher einführte (1818—1819). Seine orientalischen Studien setzte er namentlich in Coburg (seit 1819) fort; hier heiratete er den 26. December 1821 Luise Wiethaus-Fischer, mit welcher er den „Liebesfrühling" erlebte. 1826 machte ihn König Ludwig zum außerordentlichen Professor der orientalischen Sprachen in Erlangen. 1841 berief ihn Friedrich Wilhelm IV. als Professor und geh. Regierungsrath nach Berlin. Bei Ausbruch der Märzrevolution 1848 verließ er Ort und Stellung, die ihm nie behagt hatten. Er zog dauernd auf seinen Landsitz Neuseß bei Coburg, wo er von Berlin aus schon häufig die Sommermonate zugebracht hatte. Hier starb er den 31. Januar 1866; seine Luise war ihm am 26. Juni 1857 vorangegangen.

Rückert

Friedrich Rückert.

Gemalt von Bertha Froriep, Neuses 1864. Nach einer von der Malerin zur Verfügung gestellten Originalphotographie ihres Gemäldes
Verkleinerter Ausschnitt

Die Liebe hielt die Welt im Arm,
Da lag das Kind so still und warm;
Das Kind entfloh der Mutterbrust,
Sie sah ihm nach mit stillem Harm.
Die Kindeseinfalt war so reich,
Die Mannesklugheit ist so arm.
Gedanken ohne Königin,
Wie ein entflogner Bienenschwarm.
Weltmüder, Liebe, komm zurück,
Und deines Kindleins dich erbarm!

Eigenhändiges Gedicht von Rückert
Original im Besitze der Verlagshandlung

Traurigkeit ist immer Sünde,
Immer Unrecht ist der Unmuth,
Undank gegen Gottes Güte,
Ein Verleugnen seiner Güte.

Schäme dich der finstern Launen,
Schäme deiner trüben Blicke
Auf den Gott und deine Lieben,
Die es dir so gut gemacht.

Eigenhändiges Gedicht von Rückert
Original im Besitze der Verlagshandlung

Rückerts hauptsächlichste Werke: I. Sammlungen und größere Dichtungen: „Deutsche Gedichte von Freimund Raimar“ (1814, hierin „Geharnischte Sonette“); „Kranz der Zeit“ (1817); „Östliche Rosen“ (1822); „Amaryllis“ (geschrieben 1812, gedruckt 1825); „Die Verwandlungen des Abu Seid von Serug oder die Makamen des Hariri, in freier Nachbildung“ (1826, vervollständigt 1837); „Nal und Damajanti“ (1828); „Schi-King, Chinesisches Liederbuch“ (1833); „Gesammelte Gedichte“ (Erlangen 1834 ff., hierin „Der Liebesfrühling“ von 1821); „Die Weisheit des Brahmanen“ (1836 ff.); „Sieben Bücher morgenländischer Sagen und Geschichten“ (1837); „Erbauliches und Beschauliches aus dem Morgenlande“ (1837—1838); „Rostem und Suhrab“ (1838); „Brahmanische Erzählungen“ (1839); „Gedichte“, Auswahl des Verfassers (a 1841 und öfter, b 1846 und öfter); „Hamâsa oder die ältesten arabischen Volkslieder“ (1846); „Ein Dutzend Kampflieder für Schleswig-Holstein“ ([illegible]). — II. Einzelne Gedichte: „Aus der Jugendzeit, aus der Jugendzeit“; „Ich stand auf Berges Halde“; „Die Liebe hielt die Welt im Arm“; „Um Mitternacht“; „O süße Mutter, ich kann nicht spinnen“; „Er ist gekommen, in Sturm und Regen“; „Der alte Barbarossa“; „O Magdeburg, du Veste“; „Eine deutsche Stadt möcht' ich erbauen“; „Chidher, der ewig junge sprach“; „Es ging ein Mann im Syrerland“; „Es kamen grüne Vögelein“; „Es lauft ein fremdes Kind“; „Vom Bäumlein, das andre Blätter hat gewollt“; „Vom Büblein das überall hat mitgenommen sein wollen“; „Zu Ostern auf der Wiese“; „Saat, von Gott gesät, zu reifen“

Graf August von Platen.

Stahlstich von C. Barth. Ausschnitt.

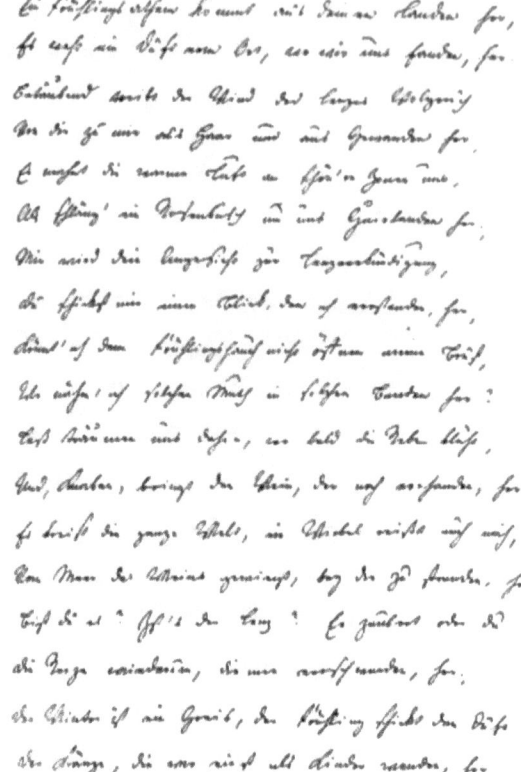

Eigenhändige Ghasele Platens

Gedruckt in den „Neuen Ghaselen" 1824. Original im Besitze der Verlagshandlung.

Karl Georg August Maximilian Graf von Platen-Hallermünde, geb. 24. October 1796 zu Ansbach. Im Cadettenhause zu München wurde er 1806—1810 erzogen; dann in der dortigen königl. Pagerie bis zu seiner Ernennung zum Lieutenant (21. März 1814). Als solcher machte er den Rest des Feldzuges mit (April bis December 1815), erhielt darauf Urlaub zum Reisen (seit 1816) und zum Studieren, bezog 1818 Würzburg, 1819 Erlangen, wo er sich Schelling anschloß. Eine Stelle an der Erlanger Bibliothek hielt ihn, bis er im September 1826 Deutschland verließ, um dauernd nach Italien zu gehen, das er schon vorher über seinen Urlaub hinaus besucht hatte. Er hielt sich namentlich in Florenz, Rom, Neapel auf, war noch zweimal (1832 und im Winter 1833 bis 1834) in Deutschland und starb den 5. December 1835 in Syracus. 1828 war er Mitglied der bairischen Akademie geworden. — „Ghaselen" (1821); „Der gläserne Pantoffel, eine heroische Comödie" (verfaßt October 1823, gedruckt 1824); „Neue Ghaselen" (1824); „Sonette aus Venedig" (1825); „Die verhängnißvolle Gabel, ein Lustspiel" (1826), gegen die Schicksalstragödie; „Der romantische Oedipus, ein Lustspiel" (1829), namentlich gegen Immermann, welcher mit der literarischen Tragödie: „Der im Irrgarten der Metrik umhertaumelnde Cavalier" (1829) antwortete; „Die Abbassiden", ein Gedicht in neun Gesängen (1835); „Gedichte" (1828, 1834 und öfter). — Einzelne Gedichte: „Schwalben ziehen, Blätter fallen" (1811); „Nacht ist's und Stürme sausen für und für" (1818); „Wie raffst' ich mich auf in der Nacht, in der Nacht" (1820); „Nächtlich am Busento lispeln" (1820); „Schon war gesunken in den Staub" (1830).

König Ludwig I. von Baiern.

Gemalt von J. Stieler, gestochen von J. [illegible]. Verkleinerter Kupferstich.

Ludwig I. König von Baiern, geb. 25. August 1786 zu Straßburg, studierte in Landshut und Göttingen (1803), gab während der Fremdherrschaft seine patriotische Gesinnung häufig offen kund, folgte 12. October 1825 seinem Vater als König von Baiern nach, wechselte im Regierungssysteme nach der Julirevolution 1830, legte die Regierung freiwillig nieder den 20. März 1848 und starb zu Nizza den 29. Februar 1868. Wie er schon als Kronprinz für Kunst und Wissenschaft in großartiger Weise gewirkt hat, wie er zur Kräftigung deutschen Wesens in seiner ersten Regierungszeit so viel gethan, daran muß in jedem Werke, welches sich die Geschichte einzelner Erscheinungen der deutschen Culturentwicklung zur Aufgabe stellt, erinnert werden. Hier sein Bild zu bringen ist um so mehr geboten, als auch er „niederlegend in Aufnahmen seines Innern Leben" gefüllt hat Gedichte vier Bände" (I 1829, II 1829, III 1839, IV 1847). Auch schrieb er: „Walhallas Genossen. Die Lebensbeschreibungen der in der Walhalla aufgestellten großen Deutschen" (1843), und übersetzte aus dem Spanischen ein seiner Zeit vielgegebenes einaktiges Lustspiel: „Recept gegen Schwiegermütter".

Karl Immermann.

Gemalt von Th. Hildebrandt 1839, gestochen von J. Keller. Verkleinertes Facsimile.

Wilhelm Müller.

Nach Originalphotographie des im Besitze seines Sohnes, des Herrn Professor Max Müller in Oxford befindlichen Originalbildes von Hensel. — Dies ist das erste echte Bildnis Müllers, welches veröffentlicht wird.

Wer hat Recht?

Die Mutter spricht: das Küssen muß
Ein Mädchen nie erlauben;
Beleidigung ist jeder Kuß,
Den Leute wollen rauben.

Der Pfarrer lehrt: ein echter Christ
Weiß Kränkung zu ertragen;
Wenn seine Wange wunde ist,
Läßt er die andre schlagen.

Und Lottchen denkt: was christlich ist,
Das werd' ich dulden müssen;
Wenn Fritz mir eine Wange küßt,
So soll er beide küssen.

Eigenhändiges Gedicht von Immermann aus dem Jahre 1812.

Original im Besitze der Verlagshandlung.

Schnelle Brüderschaft.

Im Krug zum grünen Kranze
Da kehrt' ich heute ein,
Da saß ein Wandrer drinnen,
Er saß bei kühlem Wein.

Ein Glas war eingegossen,
Das wurde nimmer leer,
Sein Haupt ruht' auf dem Bündel,
Als wär's ihm viel zu schwer.

Ich thät mich zu ihm setzen,
Ich sah ihm ins Gesicht,
Das schien mir gar befreundet,
Und kannt' es dennoch nicht.

Da sah auch mir ins Auge
Der fremde Wandersmann
Und füllte meinen Becher
Und sah mich wieder an.

Ei, was die Becher klangen,
Wie brannte Hand in Hand:
„Es lebe die Liebste deine,
Herzbruder, im Vaterland!"

Wilhelm Müller

Wilhelm Müllers vielgesungenes bekanntestes Lied: „Im Krug zum grünen Kranze".

Eigenhändige Niederschrift im Besitze der Verlagshandlung.

Karl Lebrecht Immermann, geb. 24. April 1796 zu Magdeburg, machte die Befreiungskriege mit, wurde 1818 Auskultator, 1819 Referendar, kam als Divisionsauditeur nach Münster, 1824 als Criminalrichter nach Magdeburg, 1827 wurde er als Landgerichtsrath nach Düsseldorf versetzt. 1834—1837 war er Leiter des dortigen Stadttheaters und starb in Düsseldorf den 25. August 1840. — Hauptwerk: Der Roman „Münchhausen, eine Geschichte in Arabesken" (1838 bis 1839, hierin die Idylle „Der Oberhof"). Ferner: „Die Epigonen", Familienroman (1836); „Merlin", eine Mythe (1832); „Tulifäntchen", ein Heldengedicht (1830); „Das Trauerspiel in Tyrol", ein dramatisches Gedicht (1827); „Die schelmische Gräfin", Lustspiel (1828); „Cardenio und Celinde", Trauerspiel (1826); „Das Auge der Liebe", Lustspiel (1824).

Johann Ludwig Wilhelm Müller, geb. 7. October 1794 zu Dessau, dort erzogen, studierte seit 1812 in Berlin Theologie und Geschichte, machte die Feldzüge 1813—1814 mit, studierte seit 1815 wieder in Berlin, namentlich Germanistik (bis 1817), hielt sich längere Zeit (1817—1819) in Italien auf, wurde Gymnasiallehrer in Dessau (1819) und Assistent an der herzogl. Bibliothek, 1820 herzogl. Bibliothekar. 1821 verheiratete er sich mit einer Enkelin Basedows, erhielt 1824 den Titel Hofrath und starb am 30. September 1827 zu Dessau. Sein Sohn ist der berühmte Gelehrte Max Müller in Oxford. — Sammlungen seiner Lieder: „Siebenundsiebzig Gedichte aus den hinterlassenen Papieren eines reisenden Waldhornisten" (1821); „Gedichte aus den hinterlassenen Papieren eines reisenden Waldhornisten" (1824, hierin „Die Winterreise", „Wanderlieder"); „Lyrische Reisen und epigrammatische Spaziergänge" (1827, hierin „Frühlingskranz aus dem Plauenschen Grunde"); „Vermischte Schriften", herausgegeben von Schwab (1830, hierin „Die schöne Müllerin"). Einzelne Lieder, a. aus den Müllerliedern: „Das Wandern ist des Müllers Lust", „Ich hört' ein Bächlein rauschen", „Ich schnitt es gern in alle Rinden ein", „Ihr Blumen alle"; b. aus der Winterreise: „Am Brunnen vor dem Thore", „Von der Straße her ein Posthorn klingt", „Drüben hinterm Dorfe steht ein Leiermann". — Andere viel gesungene Lieder: „Das Essen nicht das Trinken", „Der Mai ist auf dem Wege", „Es lebe was auf Erden stolziert in grüner Tracht", „Guckt nicht in Wasserquellen", „Im Krug zum grünen Kranze", „In Grün will ich mich kleiden", „Lustig leben, lustig sterben", „Von allen Tönen in der Welt", „Wenn wir durch die Straßen ziehen". Aus den Griechenliedern: („Lieder der Griechen" I 1821, II 1822; „Neue Lieder der Griechen" 1822—1823; „Neueste Lieder der Griechen" 1824), „Alexander Ypsilanti saß in Munkacs hohem Thurm", „Ich bin der kleine Hydriot".

Adalbert von Chamisso (1781—1838).

Andersens Ballade: „Der Müllerbursch", in Chamissos eigenhändiger Übersetzung

Original in der Königl. Bibliothek zu Berlin. (Vers 1—7 auf der ersten, Vers 8—13 auf der zweiten Seite des Originals.)

Adalbert von Chamisso.

Gezeichnet von [illegible], lithographiert von [illegible].

Louis Charles Adelaide de Chamisso (Adalbert von Chamisso, wie er sich selbst nannte), ist geb. 27. Januar 1781 auf Schloß Boncourt (verherrlicht im Liede: „Ich träum' als Kind mich zurücke"). Die Revolution vertrieb die Familie; nach manchem Umherirren fand sie 1796 in Berlin ein Asyl, wo Adalbert Edelknabe der Königin wurde. 1798 wurde er Fähnrich, 1801 Lieutenant im Regiment v. Götze in Berlin, 1805 rückte sein Regiment aus, 1806 wurde er in Hameln Kriegsgefangener der Franzosen, und konnte erst 1808 aus dem Regimente austreten. Er nahm seinen Aufenthalt wieder in Berlin, machte Reisen, studierte seit 1812 Naturwissenschaften, machte 1815—1818 eine russische Reise um die Welt als Naturforscher mit. Er kehrte nach Berlin zurück, wurde 1819 Ehrendoctor der Universität, erhielt die Stelle eines Custos am botanischen Garten, wurde 1835 Mitglied der Akademie, trat 1838 krankheitshalber in Ruhestand und starb zu Berlin den 21. August 1838. — „Peter Schlemihls wundersame Geschichte" (1814); „Gedichte" (zuerst gesammelt 1831); „Berangers Lieder, Auswahl in freier Bearbeitung" (1838). Einzelne Gedichte: „Es geht bei gedämpfter Trommel Klang"; „'s war einer, dem's zu Herzen ging". — Das Wort Schlemihl (aus Schlemiel) gehört der Gaunersprache an und bedeutet Unglücksvogel, Pechvogel.

Franz Bernhard Heinrich Wilhelm Freiherr von Gaudy, geb. 19. April 1800 zu Frankfurt a. O., trat 1818 in das Potsdamer Garderegiment ein, wurde 1821 nach Breslau versetzt, nahm 1833 seinen Abschied, kehrte nach Berlin zurück, wo er durch die Gunst des Kronprinzen Friedrich Wilhelm einen Jahresgehalt genoß und starb am 5. Februar 1840. — Von seinen Gedichten sind am bekanntesten geworden seine Napoleon verherrlichenden „Kaiserlieder" (1835). Reisebeschreibung: „Mein Römerzug" (1836). Novelle: „Aus dem Tagebuche eines wandernden Schneidergesellen" (1836).

Franz Theodor Kugler, Kunsthistoriker und Dichter, geb. 18. Januar 1808 zu Stettin, studierte Philologie und Kunstgeschichte, machte sein Bauexamen 1829 in Berlin, wo er auch 1831 promovierte und sich seit 1833 habilitierte, 1835 wurde er Professor an der Akademie der Künste zu Berlin, 1843 Referent für Kunstangelegenheiten im Cultusministerium, 1849 Regierungsrath und vortragender Rath, 1857 geh. Oberregierungsrath, starb zu Berlin den 18. März 1858. — Bahnbrechend auf dem Gebiete der Kunstgeschichte war von Schriften: „Handbuch der Geschichte der Malerei" (1837), „Handbuch der Kunstgeschichte" (1842), „Geschichte der Baukunst" (1856 ff.). Sammlungen seiner Gedichte: „Skizzenbuch" (1830), „Liederbuch für deutsche Künstler" (1833, zusammen mit R. Reinick), „Gedichte" (1840). Seine „Geschichte Friedrich des Großen" (1840—1842), mit seinen prächtigen Illustrationen von Menzel, ist Volksbuch geworden. Er schrieb auch Dramen und Erzählungen. Von ihm ist das Lied: „An der Saale hellem Strande" (1826).

Franz von Gaudy (1800—1840), **Franz Kugler** (1808—1858), **Robert Reinick** (1805—1852), **August Kopisch** (1799—1853).

Franz von Gaudy.

Gemalt von H. Kretschmar, Rom 1839, lithographiert von Rohrbach. Verkleinerter Nachbildung.

Franz Kugler.

Gezeichnet von Adolf Menzel, geschnitten von E. Kretzschmar. Holzschnitt.

Robert Reinick.

Gezeichnet und radiert von Franz Kugler 1828. Holzschnitt.

August Kopisch.

Nach einer von der Familie zur Verfügung gestellten Originalphotographie gezeichnet.
Hier zum ersten Male veröffentlicht.

Robert Reinick, geb. 22. Februar 1805 zu Danzig, bildete sich in Berlin und Düsseldorf zum Maler aus, war 1838—1841 in Italien, lebte seit 1844 als Historienmaler in Dresden, wo er den 7. Februar 1852 starb. — Lyriker, Verfasser von Kinderliedern: „Liederbuch für deutsche Künstler" (1833, mit Kugler zusammen), „Lieder und Bilder" (1837—1844), „Lieder und Fabeln für die Jugend" (1844), „Gesammelte Lieder" (1852), hierunter: „Maiglöckchen thut läuten", „Es waren einmal drei Käferknaben".

August Kopisch, geb. 26. Mai 1799 zu Breslau, wurde Maler, ging 1822 nach Italien, wo er namentlich auch Volkspoesie studierte. Bei längerem Aufenthalte in Neapel entdeckte er die blaue Grotte von Capri. Er kehrte 1828 nach Deutschland (Breslau) zurück, wurde 1833 vom Kronprinzen Friedrich Wilhelm IV. im Hofmarschallamte in Berlin angestellt, erhielt 1844 den Titel Professor und nahm 1847, um die ihm aufgetragene Geschichte der Schlösser und Gärten bei Potsdam zu schreiben, dauernden Aufenthalt in Potsdam. Er starb auf einer Besuchsreise in Berlin den 6. Februar 1853. — „Gedichte" (1836), „Die göttliche Comödie des Dante Alighieri metrisch übersetzt" (1842), „Agrumi, volksthümliche Poesien aus Italien" (1838), „Allerlei Geister, Gedichtsammlung" (1848). Von seinen launigen Gedichten ist „Als Noah aus dem Kasten war" (1824) das bekannteste geblieben.

Ludwig Uhland (1787—1862).

Ludwig Uhland.

Frühestes Jugendbild, gemalt 1818 von Morff. Ausschnitt aus dem Stiche von A. [illegible]

L. Uhland

Ludwig Uhland.

Zeichnung von G. Schuler. Verlag von J. G. Cotta in Stuttgart. Ausschnitt.

Johann Ludwig Uhland, geb. 26. April 1787 in Tübingen, Sohn des dortigen Universitätssecretärs, studierte seit Michaelis 1801 Rechtswissenschaften in seiner Vaterstadt, pflegte dabei in einem Kreise gleichgesinnter Freunde (darunter Kerner, K. Mayer) die Dichtkunst. Sein Facultäts- und das Advocatenexamen absolvierte er 1808 und promovierte 1810. Im Mai d. J. trat Uhland eine längere Reise an, namentlich um in Paris altfranzösische und altdeutsche Handschriften zu studieren. 1812 kehrte er nach Tübingen zurück, nahm im December d. J. die Stelle eines Secretärs im Justizministerium zu Stuttgart an, die er 1814 wieder aufgab. In Stuttgart blieb er als Advocat und nahm eifrigen Antheil am Verfassungskampfe. Uhland war seit 1819 Mitglied der Ständeversammlung. Eine außerordentliche Professur für deutsche Litteratur, welche er 1830 in Tübingen erhielt, gab er wieder auf, als er 1833 keinen Urlaub zur Theilnahme an der Ständeversammlung erhielt. Bis 1838 gehörte er noch der Ständeversammlung an; von dieser Zeit ab lebte er in Tübingen. Das Jahr 1848 führte ihn wieder auf den politisch-parlamentarischen Schauplatz. Das liberale württembergische Ministerium schickte ihn als Vertrauensmann nach Frankfurt; er gehörte dem Parlamente bis zur Auflösung des Rumpf-Parlamentes an. Hinfort lebte er in seinem Tübingen nur wissenschaftlichen Arbeiten und starb daselbst den 13. November 1862. — Uhlands fruchtbarste Periode ist die Zeit 1805—1814. Die erste Sammlung seiner „Gedichte" erschien 1815; die vollständigste, von L. Holland besorgte, zuerst 1863. Es würde zu weit führen, alle Gedichte Uhlands, welche geistiges Eigenthum unseres Volkes geworden sind, hier aufzuführen. Erwähnt seien: Lieder: „Der König auf dem Thurme" (1805), „Lied eines Armen" (1805), „Gesang der Jünglinge" (1805), „Die Capelle" (1805), „Die sanften Tage" (1805), „Schäfers Sonntagslied" (1805), „Des Knaben Berglied" (1806), „Morgenlied" (1811), „Nachtreise" (1811), „Einkehr" (1811), „Frühlingslieder" (1812), „Freie Kunst" (1812), „Metzelsuppenlied" (1811), „Trinklied: Wir sind nicht mehr beim ersten Glas" (1816). Vaterländische Gedichte: „Am 18. October 1816". — Balladen und Romanzen: „Der Kranz" (1805), „Der Schäfer" (1805), „Der blinde König" (1804 und 1814), „Das Schloß am Meere" (1805), „Abschied" (1805), „Drei Fräulein" (1806), „Die Lieder der Vorzeit" (1807), „Der junge König und die Schäferin" (1807), „Klein Roland" (1808), „Des Goldschmieds Töchterlein" (1809), „Der Wirthin Töchterlein" (1809), „Der gute Kamerad" (1809), „Das Schifflein" (1810), „Die Rache" (1810), „Der weiße Hirsch" (1811), „Junker Rechberger" (1811), „Roland Schildträger" (1811), „Märchen" (1811), „Siegfrieds Schwert" (1812), „König Karls Meerfahrt" (1812), „Taillefer" (1812), „Sängerliebe" (1814), „Liebesklagen" (1814), „Unstern" (1814), „Von den sieben Zechbrüdern" (1814), „Des Sängers Fluch" (1814), „Graf Eberstein" (1814), „Schwäbische Kunde" (1814), „Graf Eberhard der Rauschebart" (1815), „Der Schenk von Limburg" (1816), „Der Waller" (1829), „Die Ulme zu Hirsau" (1829), „Münstersage" (1829), „Der Graf von Greiers" (1829), „Ver sacrum" (1829), „Bertran de Born" (1831), „Die Bidassoabrücke" (1834), „Das Glück von Edenhall" (1834), „Lerchenkrieg" (1847), „Graf Richard Ohnefurcht" (1810). — Dramen: „Ernst Herzog von Schwaben" (gedr. 1816—1817), „Ludwig der Baier" (1818). — Gelehrte Werke: „Walther von der Vogelweide" (1822), „Sagenforschungen" (1836), „Alte hoch- und niederdeutsche Volkslieder" (1844 bis 1845), „Schriften zur Geschichte der Sage und Dichtung", 8 Bde. (1865—1873).

Des Knaben Berglied.

Ich bin vom Berg der Hirtenknab,
Seh' auf die Schlösser all herab.
Die Sonne strahlt am ersten hier,
Am längsten weilet sie bei mir:
Ich bin der Knab vom Berge.

Hier ist des Stromes Mutterhaus,
Ich trink ihn frisch vom Stein heraus,
Er braust vom Fels in wildem Lauf,
Ich fang ihn mit den Armen auf:
Ich bin der Knab vom Berge.

Der Berg, der ist mein Eigenthum,
Da ziehn die Stürme rings herum,
Und heulen sie von Nord und Süd,
So überschallt sie doch mein Lied:
Ich bin der Knab vom Berge.

Sind Blitz und Donner unter mir,
So steh' ich hoch im Blauen hier,
Ich kenne sie und rufe zu:
Laßt meines Vaters Haus in Ruh,
Ich bin der Knab vom Berge.

Und wann die Sturmglock einst erschallt,
Manch Feuer auf den Bergen wallt,
Dann steig ich nieder, tret ins Glied,
Und schwing mein Schwert und sing
mein Lied:
Ich bin der Knab vom Berge.

„Des Knaben Berglied", eigenhändige Niederschrift Uhlands.

Original im Besitze der Verlagshandlung. (Vers 1—4 auf Seite 1, Vers 5 auf Seite 2 des Originals.)

Justinus Kerner (1786—1862), Karl Mayer (1786—1870).

Justinus Kerner.

Gezeichnet und gestochen von A. Dittenhofer. Verkleinerter Ausschnitt.

Was ein Liebes dir der Tod
Aus den Augen fortgerückt,
Such's nicht im Morgenroth,
Nicht im Stern, der Abends blickt.

Such' es nirgends fern und weit
Als im Herzen immerfort.
Was man so geliebet, geht
Nimmermehr aus diesem Ort.

Justinus Kerner.

Eigenhändiges Gedicht Kerners aus dem Jahre 1837.

Original im Besitze der Verlagshandlung.

Justinus Andreas Christian Kerner, geb. 18. September 1786 zu Ludwigsburg, trat in der dortigen herzogl. Tuchfabrik als Lehrling ein, studierte 1804—1808 in Tübingen Medicin, machte größere Reisen (1809—1810), war praktischer Arzt in Dürrmenz, Wildbad, Welzheim, wurde 1815 in Gaildorf, 1819 in Weinsberg Oberamtsarzt, wo er 1822 sein gastliches Dichterhaus am Thurme Weibertreu baute. 1851 mußte er fast erblindet Amt und Praxis aufgeben, erhielt vom König Ludwig I eine Pension, starb in Weinsberg den 21. Februar 1862. — Seine ersten Gedichte erschienen in Seckendorfs „Musenalmanach“ 1807, die erste Sammlung der „Gedichte“ 1826, die letzte (fünfte) Auflage der „Lyrischen Gedichte“, welche er selbst herausgab, 1854. 1852 wurde gedruckt: „Der letzte Blüthenstrauß“, 1859 „Die Winterblüthen“. Sein humoristisches Buch „Reiseschatten“ erschien zuerst 1811, das „Bilderbuch aus meiner Knabenzeit“ 1849. Kerners Schriften über Geisterspuk und Geisterkunde übergehen wir gern und erinnern lieber an seine Lieder und Romanzen, wie: „Wohlauf, noch getrunken“, „Dort unten in der Mühle“, „Preisend mit viel schönen Reden“, „Auf der Burg zu Germersheim“, „Zu Augsburg steht ein hohes Haus“.

Gesang erschallt, [illegible] ringt der Wald
In dumpfen Melodieen,
Hinsehen die [illegible] muß Wandersmann
Mit düstrer Wolke ziehen.

Nun wieder, Sonne! aus Wolken grau
Dich sehnt die Blume in Thau!
Sonne! Weil' zurück im Tannenblatt,
Macht Blumen [illegible] und [illegible]!

[illegible] durch den Wald Gesang erschallt
Die kleinsten Vöglein singen
Der Mensch allein der trägt den [illegible]
[illegible] tief im kranken Herzen
Licht sucht der Bach den Blumen nach
Ihm ist so leicht und hell,
Durch Menschenherz die Sehnsucht mit Schmerz
Der frischen Blüthen Welle.

Eigenhändiges Gedicht Kerners aus einer Novelle, 1819.

Original im Besitze der Verlagshandlung.

Mayer.

Karl Mayer.

Nach einer im Besitze seiner Tochter Fräulein Emilie Mayer in Tübingen befindlichen Originalzeichnung [illegible]. Hier zum ersten Male veröffentlicht.

Karl Friedrich Hartmann Mayer, geb. 22. März 1786 in Neckarbischofsheim, studierte 1803—1807 die Rechte in Tübingen, ward Uhlands treuer Freund, war 1809—1817 Advocat in Heilbronn, 1818 Assessor in Ulm, dann in Eßlingen, 1824—1843 Oberamtsrichter in Waiblingen, 1843—1857 Oberjustizrath in Tübingen, wo er den 25. Februar 1870 starb. — Seine stimmungsvollen Gedichte, wahre Perlen sauberer Kleinmalerei, sind leider zu wenig bekannt. Erste Sammlung derselben: „Lieder“ (1833); vollständigste: „Gedichte“ (zuletzt 1864). Litterarhistorisch wichtig sein Werk: „Ludwig Uhland, seine Freunde und Zeitgenossen“ (1867).

Wilhelm Hauff (1802—1827), **Gustav Schwab** (1792—1850), **Albert Knapp** (1798—1864).

Wilhelm Hauff.

[illegible] farbige Originalzeichnung im Besitze der Verlagshandlung. [illegible] Hier zum ersten Male veröffentlicht.

a.

b.

Vorderseite (a) und Rückseite (b) eines eigenhändigen Stammbuchblattes Hauffs aus seiner lustigen Tübinger Studentenzeit, 1824.

Das auf der Rückseite mit [illegible] Originalzeichnung von Hauff versehene Original ist im Besitze der Verlagshandlung.

Wilhelm Hauff, geb. 29. November 1802 zu Stuttgart, studierte 1820 bis 1824 in Tübingen Theologie und Philologie, wurde Hauslehrer in Stuttgart bis 1826, machte in diesem Jahre größere Reisen, übernahm 1827 die Redaction des „Morgenblattes“, starb aber schon in demselben Jahre am 18. November in seiner Vaterstadt. — Gelesenstes Werk: „Lichtenstein, Romantische Sage aus der württembergischen Geschichte“ (1826). Andere Schriften: „Märchenalmanach für 1826, 1827, 1828“; „Der Mann im Mond, oder der Zug des Herzens ist des Schicksals Stimme“ (1825, Persiflage Claurens); „Phantasien im Bremer Rathskeller“ (1827); „Mittheilungen aus den Memoiren des Satans“ (1826, 1827). Unter seinen Novellen seien erwähnt: „Othello“ (1826), „Jud Süß“ (1827), „Die Bettlerin vom Pont des Arts“ (1826). Er dichtete die Lieder: „Steh' ich in finst'rer Mitternacht“ und „Morgenroth, Morgenroth“.

Albert Knapp

Nach [illegible] Knapp [illegible]; nach [illegible] des Herrn Stadtpfarrers Josef Knapp in Stuttgart, das beste Bild seines Vaters.

Albert Knapp, geb. 25. Juli 1798 zu Tübingen, bezog 1816 die Hochschule daselbst, verwaltete, bevor er 1831 nach Kirchheim unter Teck als Prediger kam, verschiedene Vicariate, erhielt 1836 die Stelle des Diaconus an der Spitalkirche zu Stuttgart, 1837 die des Oberhelfers an der Stiftskirche daselbst, 1845 folgte er Gustav Schwab als Stadtpfarrer und Decan an der St. Leonhardskirche nach. Er starb als solcher zu Stuttgart den 18. Juni 1864. — Sammlungen seiner meist geistlichen Gedichte: „Christliche Gedichte“ (1829), „Neuere Gedichte“ (1834), „Gedichte“ (1843), „Herbstblüthen Gedichte“ (1859). Unter dem Cyklus von Liedern und Gedichten: „Hohenstaufen“ (1839), das Gedicht: „Spielmann“, „Wer zum Hohenstaufen reitet und nun auf der Höhe steht“.

Gustav Benjamin Schwab, geb. 19. Juni 1792 zu Stuttgart, studierte 1809—1814 in Tübingen Theologie und Philologie, wo er sich mit Uhland und Kerner befreundete. 1815 wurde er Repetent am Tübinger Stifte, 1817 Gymnasialprofessor in Stuttgart, wo sein Haus der geistige Mittelpunkt literarischen Verkehrs war. 1837 zog er die Stelle eines Pfarrers in Gomaringen dem vielseitigen Stuttgarter Leben vor, kehrte jedoch 1841 nach Stuttgart, und zwar als Stadtpfarrer zu St. Leonhard und Decan zurück. 1845 wurde er Oberconsistorialrath und Oberstudienrath daselbst; er starb hier den 4. November 1850. — Unter Schwabs „Gedichten“ (zuerst 1828—1829) sind es namentlich die „Romanzen“, welche seinen Dichterruhm begründeten. Andere Schriften: Das treffliche Prosawerk „Die schönsten Sagen des klassischen Alterthums“ (1838—1840); „Buch der schönsten Geschichten und Sagen. Für Jung und Alt“ (1836—1837); „Wanderungen durch Schwaben“ (1837—1838); „Schillers Leben“ (1840). Als Redacteur des poetischen Theiles des „Cotta'schen Morgenblattes“ (1827—1838) und Herausgeber des „Deutschen Musenalmanachs“ (1833—1838) war er namentlich von großem Einflusse auf die jüngere Generation unserer Dichter.

Gustav Schwab.

Nachbildung aus der Lithographie von [illegible] 1834. [illegible]

Eduard Mörike (1804—1875). **Ottilie Wildermuth** (1817—1877).

E. Mörike

Eduard Mörike.

Nach einer Originalphotographie ausgezeichnet.

Eduard Mörike, geb 8. September 1804 zu Ludwigsburg, 1822—1826 auf der Universität Tübingen, wo er mit L. Bauer, Waiblinger, Th. Vischer, Strauß befreundet wurde. Nachdem er an verschiedenen Orten vicariert, wurde er Pfarrer in Clever-Sulzbach bei Heilbronn; 1843 gab er diese Stelle auf, lebte namentlich in Schwäbisch-Hall und Mergentheim, seit 1851 in Stuttgart (vorübergehend 1870—1871 in Nürtingen), starb in Stuttgart den 4. Juni 1875. Im Jahre 1852 hatte ihn die Universität Tübingen zum Ehrendoctor ernannt; 1855 hatte er den Titel Hofrath erhalten. Mörike ist namentlich von seinen Landsleuten vielfach überschätzt, welche ihn als Lyriker Goethe gleichzustellen geneigt waren. — Seine „Gedichte“ erschienen zuerst 1838 (hierin das humoristische Idyll: „Der alte Thurmhahn“ und das populär gewordene Lied: „Ach wenn's nur der König auch wüßt'“). „Maler Nolten“, Novelle (1832); „Der Bauer und sein Sohn“, Novelle (1839); „Das Stuttgarter Hutzelmännlein“, Märchen (1853); „Mozart auf der Reise nach Prag“, Novelle (1856). Übersetzte zusammen mit Notter: „Theokrits Idyllen“ (1854—1856).

Ottilie Wildermuth.

Ottilie Wildermuth.

Nach einer von der Tochter der Dichterin, Fräulein Adelheid Wildermuth in Tübingen, zur Verfügung gestellten Originalphotographie ausgezeichnet.

Ottilie Luise Wildermuth, geb Rooschüz, geb. zu Rottenburg am Neckar 22. Februar 1817. Sie heiratete 1843 den Gymnasialprofessor Dr. Wildermuth in Tübingen, wo sie am 12. Juli 1877 starb. — „Bilder und Geschichten aus dem schwäbischen Leben“ (1852); „Neue Bilder und Geschichten aus Schwaben“ (1854); „Aus dem Frauenleben“, fünf Erzählungen (1855—1857); „Die Heimat der Frau“ (1859); „Lebensräthsel“ (1863); „Perlen aus dem Sand“ (1867); „Zur Dämmerstunde“ (1871). — Gedichte: „Mein Liederbuch“ (1877).

Heimweh.

Anders wird die Welt mit jedem Schritt,
Den ich weiter von der Liebsten mache,
Mein Herz, das will nicht weiter mit.
Andre Menschen, andre Sprache!
Sogar die Blumen am Bache!
Hat jede Sache
So fremd eine Miene, so falsch ein Gesicht!
Das Bächlein murmelt wohl und spricht
Armer Knabe, komm' an mein Ufer,
Siehst auch hier Vergißmeinnicht!
– Ja, die sind schön an jedem Ort,
Aber nicht wie dort!
Fort, nur fort!
Die Augen gehen mir über!

Eigenhändiges Gedicht von Mörike aus dem Jahre 1828.

Aus einer im Besitze der Verlagshandlung befindlichen eigenhändigen Liedersammlung desselben.

Laß dir die letzten Blümchen binden
Zum Gruß auf deinen stillen Pfad,
[illegible]
[illegible]
[illegible]
[illegible]

[illegible]
[illegible]
[illegible]
Den Himmel für deinen [illegible]
O, zieh mit Gottes Segen aus,
Dein harrt ein selig Vaterhaus!

„Mit dem Todtenkranze für eine verstorbene Freundin.“

Eigenhändiges Gedicht von Ottilie Wildermuth. — Original im Besitze der Familie.

Franz Grillparzer.

Gezeichnet und lithographiert von Kriehuber 1841. Verkleinerter Ausschnitt. Nach dem Exemplare der k. k. Familienfideikommiß-Bibliothek in Wien.

Franz Grillparzer, geb. 15. Jänner 1791 in Wien, studierte daselbst die Rechte, 1811 Hauslehrer, seit 1813 im Staatsdienste, 1832 Archivdirector der k. k. Hofkammer, 1847 Mitglied der k. k. Akademie, 1856 im Ruhestande mit dem Titel Hofrath, starb zu Wien am 21. Jänner 1872. — Sein Erstlingswerk: „Die Ahnfrau" (1817) gehört zu den Schicksalstragödien. Trauerspiele: „Sappho" (1818); „Das goldene Vließ" (I. „Der Gastfreund", II. „Die Argonauten", III. „Medea") (1822); „König Ottokars Glück und Ende" (1825); „Des Meeres und der Liebe Wellen" (1831); „Der Traum ein Leben" (1834); „Libussa" (1840); „Ein Bruderzwist im Hause Habsburg" und „Die Jüdin von Toledo" (beide in dem „Nachlasse", Sämmtl. Werke, 1872 ff.). „Melusine", romantische Oper (1833), Musik von Kreutzer; „Weh dem, der lügt", Lustspiel (1838).

Joseph Christian Freiherr von Zedlitz.

Lithographie von Kriehuber 1840. Verkleinert.

Philipp Gotthart Joseph Christian Karl Anton Freiherr von Zedlitz, geb. 28. Februar 1790 zu Johannesberg in Österr.-Schlesien, 1806—1809 im Militärdienste, 1810 k. k. Kammerherr, lebte abwechselnd in Ungarn und Wien, trat 1837 ins k. k. Ministerium des Äußern, um in der Presse im Metternichschen Sinne zu wirken, war daneben Sachsen-Weimarischer und Nassauischer Ministerresident, starb zu Wien den 16. März 1862. — „Todtenkränze" (1827); „Gedichte" (1832); „Soldatenbüchlein" I (1849), II (1850); „Waldfräulein, ein Märchen" (1843); „Altnordische Bilder" (1850). Er übersetzte Byrons „Ritter Harolds Pilgerfahrt" (1836). — Dramen. — Am bekanntesten blieb seine „Nächtliche Heerschau".

Anastasius Grün (Anton Graf Auersperg).

Gezeichnet und lithographiert von Kriehuber 1842. Verkleinerter Ausschnitt. Nach dem Exemplare der k. k. Familienfideikommiß-Bibliothek in Wien.

Gedicht von Anastasius Grün: „Gondelfahrt".

Original im Besitze des Herrn Professors M. Bernays in München.

Maria Anton Alexander Joseph Siegfried Leo Graf von Auersperg (Anastasius Grün), geb. 11. April 1806 zu Laibach, studierte Jurisprudenz und Philosophie, wirkte als Mitglied der Krainischen Stände (seit 1832), des Frankfurter Vorparlaments und Parlaments und durch seine Dichtungen („Spaziergänge", „Schutt") für freie nationale Entwicklung. Seit den Reactionsjahren trat er vom öffentlichen Leben zurück, nahm aber, 1861 in den verstärkten Reichsrath berufen, 1861 zum lebenslänglichen Mitgliede des Herrenhauses, 1863 zum geh. Rathe ernannt, seine politische Thätigkeit wieder auf. Er starb zu Graz den 12. September 1876. — „Der letzte Ritter" (1830); „Spaziergänge eines Wiener Poeten" (1831); „Schutt" (1835); „Gedichte" (1837; darunter: „Der letzte Dichter", „Das Blatt im Buche", „Der Ring"); „Nibelungen im Frack" (1843); „Der Pfaff vom Kahlenberg" (1850); „Volkslieder aus Krain" (übersetzt, 1850); „Robin Hood" (übersetzt, 1864).

Nikolaus Lenau (1802—1850), Johann Gabriel Seidl (1804—1875).

Johann Gabriel Seidl

Johann Gabriel Seidl.

Gezeichnet von M. Stöhrer, gestochen von C. Kotterba. Etwas verkleinert. Nach dem Exemplare der k. k. Familienfideicommiß-Bibliothek in Wien.

Johann Gabriel Seidl, geb. 21. Juni 1804 in Wien, 1829 Gymnasiallehrer, dann Professor in Cilli, 1840 Custos am k. k. Münz- und Antikencabinete, daneben Censor (bis 1848) und (seit 1856) Hofschatzmeister, 1867 Regierungsrath, 1871 im Ruhestand, starb in Wien den 18. Juli 1875. — „Dichtungen" (Wien 1826—1828); „Flinserln, Öst'reichische G'sangeln, G'sangeln und G'schicht'ln" (1828—1837); „Gedichte in niederösterreichischer Mundart" (1844). — Novellen und Dramen.

Nicolaus Niembsch von Strehlenau

Nikolaus Lenau.

Gezeichnet und lithographiert von Kriehuber 1841. Verkleinerter Ausschnitt. Nach dem Exemplare der k. k. Familienfideicommiß-Bibliothek in Wien.

Nikolaus Lenau (Nikolaus Franciscus Niembsch von Strehlenau), geb. 13. August 1802 zu Csatad bei Temesvar, studierte seit 1819 auf verschiedenen Hochschulen Österreichs Philosophie, Rechtswissenschaft, Landwirthschaft, Medicin, kam durch Erbschaft in unabhängige äußere Lage, knüpfte auf Reisen (1831, 1832) intime Beziehungen zu den Schwäbischen Dichtern an, ging 1832 europamüde nach Amerika, kehrte im Juni 1833 enttäuscht zurück und lebte meist in Wien und Stuttgart. Seine krankhafte Unthätigkeit und Schwermuth nahm immer mehr zu; am 29. September 1844 bekam er einen Schlaganfall, bald stellte sich Tobsucht ein; er wurde in eine Irrenheilanstalt, zuerst nach Winnenthal, am 15. Mai 1847 nach Oberdöbling bei Wien gebracht, wo er den 22. August 1850 starb. — Erste Sammlung seiner „Gedichte" (1832), „Neuere Gedichte" (1838). Größere Dichtungen: „Faust" (1836), „Savonarola" (1837), „Die Albigenser" (1842). — „Dichterischer Nachlaß" (herausgegeben von A. Grün 1851). — Einzelne Gedichte: „Das Posthorn", „Schilflieder", „Die drei Zigeuner", „Einsamkeit", „Liebesfeier"; „Der Lenz".

Auf ferner fremder Aue
Da liegt ein todter Soldat,
Ein ungezählter, vergessner,
Der brav gekämpft auch hat.

Es reiten viel Generale
Mit Kreuzen an ihm vorbei,
Denkt keiner, daß, der da lieget,
Auch werth eines Kreuzleins sei.

Es ist so manchem Gefallnen
Viel Freud' und Jammer dort,
Für den armen todten Soldaten
Gibt's weder Thräne, noch Wort.

Doch ferne, wo er zu Hause,
Da sitzt, im Abendroth,
Ein Vater voll banger Ahnung,
Und sagt: „Gewiß, er ist – todt!"

Da schluchzt eine weinende Mutter,
Und schluchzet laut: „Gott helf'!
„Er hat sich angemeldet,
„Die Uhr blieb stehn um elf!" –

Da starrt ein blasses Mädchen
Hinaus ins Dämmerlicht:
„Und ist er Allen gestorben,
„Meinem Herzen stirbt er nicht!"

Drei Augenpaare schicken,
So heiß es ein Aug' nur kann,
Für den einen todten Soldaten
Ihr' Thränen zum Himmel hinan.

Und der Himmel nimmt die Thränen
In einem Wölkchen auf,
Und trägt es zur fernen Aue
Hinüber in raschem Lauf.

Und gießt aus dem Wölkchen die Thränen
Auf's Haupt des Todten als Thau,
Daß er unbeweint nicht liege
Auf ferner fremder Au'.

Seidls bekanntes Gedicht: „Der todte Soldat" in seiner eigenhändigen Niederschrift

Original im Besitze der Verlagshandlung. (Vers 1—5 stehen auf der einen, 6—9 auf der anderen Seite der Handschrift.)

Ignaz Friedrich Castelli (1781—1862), Johann Nepomuk Vogl (1802—1866), Karl Herloßsohn (1802—1849), Ernst Freiherr von Feuchtersleben (1806—1849).

Ignaz Friedrich Castelli.

Gezeichnet und lithographiert von Kriehuber 1846. Verkleinerter Ausschnitt. Nach dem Exemplare der k. k. Familienfideikommiß-Bibliothek in Wien.

Ignaz Friedrich Castelli, geb 6 März 1781 in Wien, studierte Rechtswissenschaft, seit 1801 Beamter der Niederösterreichischen ständischen Buchhaltung, wurde wegen seiner patriotischen Gedichte („Kriegslied für die österreichische Armee") proscribiert, seit 1815 wieder im ständischen Dienste, wurde Landschaftssekretär, Herrenstandsagent, ständischer Bibliothekar, seit 1842 im Ruhestande, lebte auf seinem Gute Lilienfeld, seit 1849 wieder in Wien, wo er den 5. Februar 1862 starb. — „Poetische Kleinigkeiten" (in dem dritten Bändchen (1819) das einst viel gesungene Lied: „Wenn ich ein Blümlein schau"); „Gedichte in niederösterreichischer Mundart" (1828); Text zu Weigls „Schweizerfamilie" (1809); „Die Schwäbin", Lustspiel (1834); „Abneigung aus Liebe", Lustspiel (1817).

Johann Nepomuk Vogl.

Gezeichnet von [illegible], gestochen von C. Kotterba. Ausschnitt. Nach dem Exemplare der k. k. Familienfideikommiß-Bibliothek in Wien.

Johann Nepomuk Vogl, geb 2 November 1802 in Wien, anfangs Kaufmann, seit 1828 Beamter der Niederösterreichischen Stände, starb zu Wien den 16 November 1866. — „Balladen und Romanzen" (1835 ff.); „Volksmärchen" (1837); „Klänge und Bilder aus Ungarn" (1839); „Deutsche Lieder" (1840); „Soldatenlieder" (1849); „Schnadahüpfle" (1850); „Neue Gedichte" (1856); „Twardowski, der polnische Faust" (1861); „Aus dem alten Wien" (1865). — Einzelne Lieder: „Ade du liebes Waldesgrün" (1856), „Gegrüßt du Land der Treue" (1844).

Karl Herloßsohn.

Gezeichnet von A. Kilian, gestochen von W. C. Wrankmore. Aus der Zeitschrift [illegible] Jahrgang VIII. 1840. Verkleinert.

Georg Karl Reginald Herloßsohn (eigentlich Herloß), geb 2 September 1802 in Prag, hatte Rechtswissenschaft studiert, lebte seit 1825 in Leipzig als Litterat, wo er den 10 Dezember 1849 starb. — Seine Erzählungen: „Emmy" und „Venilliebchen" (1827) persiflierten Claurens Manier; später vielgelesene Romane: „Stefan Maien" (1828), „Der Venetianer" (1829), „Der Ungar" (1832), „Der letzte Taborit" (1834). Von seinen „Lyrischen Gedichten" (gesammelt zuerst 1842) werden die beiden sentimentalen: „Wenn die Schwalben heimwärts zieh'n" und „Ob ich dich liebe, frage die Sterne" nach Abts Melodien noch jetzt viel gesungen.

Ernst Freiherr von Feuchtersleben.

Gezeichnet von J. [illegible], gestochen von [illegible]. Beilage zur „Wiener Zeitschrift" Nr. 158 vom 3. Oktober [illegible]. Ausschnitt.

Ernst Freiherr von Feuchtersleben, der Dichter des Liedes: „Es ist bestimmt in Gottes Rath", geb zu Wien 29 April 1806, seit 1833 promovierter Arzt, 1840 Secretär der k. k. Gesellschaft der Ärzte, 1844 Docent der Wiener Universität, 1847 Vicedirector der medizinisch-chirurgischen Studien, 1848 eine Zeitlang (bis Oktober) Unterstaatssekretär im (nationalen) Unterrichtsministerium, starb zu Wien den 3 September 1849. — „Gedichte" (1836). Bleibend wertvoll ist sein Buch: „Zur Diätetik der Seele" (1838).

Ferdinand Raimund (1790–1836), **Johann Nepomuk Nestroy** (1802–1862), **Friedrich Halm (Münch-Bellinghausen)** (1806–1871), **Johann Ladislaus Pyrker** (1772–1847).

Johann Nepomuk Nestroy.

Gezeichnet und lithographiert von Kriehuber. Verkleinerter Nachschnitt.

Johann Nepomuk Nestroy, geb. 7. December 1802 zu Wien, sollte Jurist werden, gieng zur Bühne (1822), wurde, nachdem er an verschiedenen Bühnen gewirkt hatte, am Volkstheater an der Wien engagiert, gieng 1845 mit an das Theater in der Leopoldstadt, dessen Director er 1854–1860 war. Er setzte sich in Graz zur Ruhe, wo er den 25. Mai 1862 starb. Er cultivierte als Theaterdichter die Posse (deren Hauptrollen er selbst spielte) und verdrängte durch seine nicht immer ganz harmlosen Producte die gemüthvollen Raimund'schen Volksstücke. — Von seinen Localpossen sind noch heute gegeben: „Das liederliche Kleeblatt, oder der böse Geist Lumpacivagabundus" (1833), „Der Talisman" (1843), „Einen Jux will er sich machen" (1844), „Zu ebener Erde und im ersten Stock" (1838), „Eulenspiegel" (1841), „Der Zerrissene" (1845), „Die Freiheit in Krähwinkel" (1849).

Ferdinand Raimund.

Gezeichnet und lithographiert von Kriehuber 1830. Verkleinerter Nachschnitt. Nach dem Exemplare der k. k. Familienfideicommiss-Bibliothek in Wien.

Ferdinand Raimund, geb. 1. Juni 1790 zu Wien, 1805–1808 Conditorlehrling, gieng zur Bühne, 1813 am Wiener Theater in der Josefstadt, 1817–1830 am Theater in der Leopoldstadt (Karltheater), seit 1828 dessen Director. Nachdem er Kunstreisen gemacht, setzte er sich 1834 auf seinem Gute Gutenstein in N.-Österreich zur Ruhe, erschoss sich 5. September 1836 in Pottenstein auf der Reise nach Wien. — Von seinen Wiener Volksstücken sind die beliebtesten die anmuthigen, gemüthvollen Zauberspiele: „Der Barometermacher auf der Zauberinsel" (1823), „Der Diamant des Geisterkönigs" (1824), „Das Mädchen aus der Feenwelt, oder der Bauer als Millionär" (1826), „Der Alpenkönig und der Menschenfeind" (1828, hierin: „So leb' denn wohl, du stilles Haus"), „Der Verschwender" (1834, hierin: „Da streiten sich die Leut' herum").

Johann Ladislaus Pyrker.

Lithographie von Kriehuber 1834. Verkleinert.

Johannes Ladislaus Pyrker (geadelt als Pyrker von Felsö-Eör), geb. 2. November 1772 in N.-Láng (bei Stuhlweißenburg), 1812 Abt von Lilienfeld, 1818 Bischof von Zips, 1820 Patriarch von Venedig und Primas von Dalmatien, 1827 Erzbischof von Erlau, starb auf einer Reise in Wien den 2. December 1847. — Epen, Nachahmungen Klopstocks und Vergils: „Tunisias" (1819); „Rudolf von Habsburg" (1825); — „Perlen der heiligen Vorzeit" (1821); „Legenden der Heiligen" (1842); „Lieder der Sehnsucht nach den Alpen" (1845).

Friedrich Halm.

Gezeichnet von J. Lanzedelli, in Stein gestochen von Jo. Stöber 1841. Verkleinerter Nachschnitt. Nach dem Exemplare der k. k. Familienfideicommiss-Bibliothek in Wien.

Eligius Franz Joseph Freiherr von Münch-Bellinghausen (Friedrich Halm), geb. 2. April 1806 zu Krakau, studierte Jurisprudenz, trat 1826 in den Staatsdienst, wurde 1840 Regierungsrath, 1845 erster Custos, 1867 Präfect der Hofbibliothek, 1861 Herrenhausmitglied, war 1867–1870 Generalintendant der Wiener Hoftheater, starb zu Wien den 22. Mai 1871. — Bedeutendste Dramen: „Griseldis" (1837), „Camoens" (1838), „Der Sohn der Wildnis" (1843), „Der Fechter von Ravenna" (1857), „Wildfeuer" (1864). — Ferner: „Der Adept" (1838); „Imelda Lambertazzi" (1842); „König und Bauer" (1842); „Ein mildes Urtheil" (1857); „Eine Königin" (1857); „Verbot und Befehl" (1857); „Iphigenie in Delphi" (1857); „Begum Somru" (1863). — „Gedichte" (zuerst 1850), „Neueste Gedichte" (1872). — „Novellen" (1873).

Heinrich Heine (1799—1856).

Heinrich Heine.
Zeichnung von L. E. Grimm, angefertigt im November 1827. Verkleinerte Nachbildung. Das früheste der erhaltenen Bilder Heines.

H Heine

Heinrich Heine.
Modelliert von David d'Angers etwa im Sommer 1834. Nach einer von der Verlagshandlung der Herren Hoffmann und Campe überlassenen Originalphotographie, nach dem im Besitze des Herrn Campe befindlichen Abgusse des in Bronze ausgeführten Originalmedaillons.

Heinrich Heine.
Gemalt von Professor M. Oppenheim im April 1831, lithographiert von Vogel in Frankfurt. Verkleinerte Nachbildung.

I.

Entflieh mit mir und sey mein Weib,
Und ruh' an meinem Herzen aus;
Im fremden Land sei dir mein Herz
Als Heimath u. als Vaterhaus.

Und fliehst du nicht, so sterb' ich hier,
Und du bist einsam und allein;
Und bleibst du auch im Vaterhaus,
Wirst doch wie in der Fremde seyn.

—

II.

(altes Volkslied)

~~Ein Jüngling hatt' ein~~
Es fiel ein Reif in der Frühlingsnacht,
Er fiel auf die zarten Blaublümelein,
Sie sind verwelket, verdorret.

Ein Jüngling hatte ein Mädchen lieb,
Sie flohen heimlich von Hause fort,
Es wußt' weder Vater noch Mutter.

Sie sind gewandert hin und her,
Sie haben gehabt weder Glück noch Stern,
Sie sind verdorben, gestorben.

—

III.

Auf ihrem Grab da wächst eine Linde,
Drin pfeifen die Vögel und Abendwinde,
Und drunter sitzt, auf dem grünen Platz,
Ein Müllersknecht mit seinem Schatz.

Die Winde wehen so süß und so lieblich,
die Vögel singen so bang und betrüblich,
Die schwatzenden Buhlen, die werden stumm,
Sie weinen und wissen selbst nicht warum.

Heines eigenhändige Niederschrift der „Tragödie".
Original im Besitze des Herrn Kammerherrn v. Donop.

Heinrich Heine (sein jüdischer Vorname ist Harry, seine späteren Taufnamen sind: Christian Johann Heinrich), geb. in Düsseldorf 13. Dezember 1799, lernte 1817—1818 in Frankfurt, dann bei seinem Onkel Salomo in Hamburg das Bankgeschäft, hatte daselbst 1818—1819 ein eigenes Bankgeschäft, studierte 1819 in Bonn, 1820 in Göttingen, dann in Berlin, 1824 wieder in Göttingen die Rechte, promovierte 1825, nachdem er kurz zuvor (28. Juni) in Heiligenstadt sich protestantisch hatte taufen lassen. Mit einer Advokatur in Hamburg (1825) nahm er es nicht ernst; von seinem Onkel Salomo unterstützt, konnte er sich einem wandernden Litteratenleben hingeben, das ihn nach London, München, Berlin, Hamburg, in verschiedene Badeorte führte. 1831 nahm er seinen bleibenden Aufenthalt in Paris; nur 1843 war er vorübergehend wieder in Deutschland. 1835 waren auch seine Schriften in Deutschland verboten; er fuhr von Paris aus fort, deutsche Personen und Zustände seiner schneidenden Kritik zu unterwerfen. 1836—1848 bezog er eine jährliche Pension von 4800 Francs aus geheimen französischen Fonds. Als sein Onkel 1844 starb, hörte der Bezug des ihm von diesem gewährten Jahrgeldes auf, dessen er damals um so mehr bedurft hätte, als sich bedenkliche Anfänge eines schlimmen Nervenleidens zeigten. Diese Krankheit nahm derart zu, daß er seit Frühjahr 1848 an das Zimmer gefesselt war. In seiner Matratzengruft ertrug er seine Leiden mit bewunderungswürdiger Geduld, ohne seinen Humor zu verlieren. Der Tod erlöste ihn erst am 17. Februar 1856. — Es ist hier nicht der Ort, die Vorwürfe der Frivolität, des Cynismus, der Charakterlosigkeit, des religiösen und politischen Renegatentums zu diskutieren, welche dem Dichter des „Buches der Lieder", der „Neuen Gedichte", des „Romanzero", der ersten beiden Bände der „Reisebilder", des „Rabbi von Bacharach" gemacht sind. Daß bei dem Meister der neuen Lyrik nicht alles Lüge war, beweist wohl am besten die große Zahl seiner volkstümlich gewordenen Lieder und Romanzen, wie: „Auf Flügeln des Gesanges", „Aus alten Märchen winkt es", „Aus meinen Thränen sprießen", „Das Meer erglänzte so weit hinaus", „Der Herbstwind rüttelt die Bäume", „Die Lotosblume ängstigt", „Du bist wie eine Blume", „Du hast Diamanten und Perlen", „Du schönes Fischermädchen", „Ein Fichtenbaum steht einsam", „Es fällt ein Stern herunter", „Hoch am Himmel stand die Sonne" (und die andern Nordseebilder), „Ich weiß nicht, was soll es bedeuten", „Im wunderschönen Monat Mai", „König ist der Hirtenknabe", „Leise zieht durch mein Gemüt", „Und wüßten's die Blumen, die kleinen"; ferner: „Die Wallfahrt nach Kevlaar", „Belsazar", „Die Schlacht bei Hastings", „Die Grenadiere". Von der bibliographischen Aufführung anderer Werke Heines wird hier abgesehen

Ludwig Börne (1786—1837), **Moriz Saphir** (1795—1858), **Karl Gutzkow** (1811—1878).

Ludwig Börne.

Gemalt von M. Oppenheim, lithographiert bei J. C. Vogel in Frankfurt a. M. Verkleinerter Ausschnitt.

Ludwig Börne (vor seiner 1818 erfolgten Taufe: Löb Baruch), geb. zu Frankfurt a. M. 6. Mai 1786, studierte Medicin (seit 1802) und Rechtswissenschaft (1807—1808), war unter dem Fürstprimas Dalberg großherzogl. Polizeiactuar in Frankfurt, wurde aber, als Frankfurt wieder freie Stadt wurde, als Jude mit Pension entlassen. Börne wandte sich ganz dem Journalismus zu („Die Wage", Frankfurt 1818—1821; „Zeitung der freien Stadt Frankfurt", 1819; „Die Zeitschwingen", Offenbach 1820); ein Anerbieten Österreichs, in das Ministerium als Publicist zu treten, schlug er aus (1824). Seit 1830 nahm er seinen dauernden Aufenthalt in Paris (wo er schon früher vorübergehend gewohnt hatte); er starb daselbst den 13. Februar 1837. — Hauptwerke: „Briefe aus Paris 1830—1833" (erschienen 1831—1834); „Menzel der Franzosenfresser" (1837); „Gesammelte Schriften" (1829—1834; einzelne Aufsätze darin: „Der Eßkünstler", „Die deutsche Postschnecke", „Der Narr im weißen Schwan", „Denkrede auf Jean Paul"); „Briefe an Henriette Herz 1802—1807" (1861). — Börne (und Saphir) haben dem modernen Deutschen Journalismus vorgearbeitet; trotz seiner beißenden, nichts verschonenden Satire und seines einseitigen Fanatismus darf Börne die edle Absicht, dem Vaterlande redlich zu helfen, nicht abgesprochen werden.

Karl Gutzkow.

Gezeichnet von Lauterbach, gestochen von A. Weger. Ausschnitt.

Moriz Saphir.

Federzeichnung von Fr. Kaiser, im Besitze des Herrn Dr. Constant Ritter von Wurzbach in Wien, welcher es „das ähnlichste Porträt dieses Menschenwitzes" nennt, der unter ein gelungenes seiner Porträts selbst schrieb: „zum Sterben ähnlich". — Hier zum ersten Male veröffentlicht.

Moriz Gottlieb Saphir, der Schöpfer des modernen Wortwitzes, geb. zu Lovasberény (Ungarn) 8. Februar 1795. Er sollte Rabbiner, dann Kaufmann werden, war seit 1822 Mitarbeiter an Bäuerles Theaterzeitung in Wien, von wo er seiner journalistischen Rücksichtslosigkeiten wegen ausgewiesen wurde, kam 1825 nach Berlin, wo er die „Schnellpost" (1826—1827) und den „Berliner Courier" (1827—1829) herausgab und sich auch unmöglich machte. In München setzte er seine journalistische Thätigkeit fort („Bazar, ein Frühstücksblatt" 1830, 1834, 1833; „Der deutsche Horizont, ein humoristisches Sopha- und Toilettenblatt" 1832—1833), wurde auch hier ausgewiesen, kehrte jedoch zurück und trat (1831) zum Protestantismus über, stellte sich der Reaction zur Verfügung, wurde Hoftheaterintendanzrath, kehrte 1834 nach Wien zurück, wo er namentlich den „Humorist" (1837—1858) redigierte. Auf Kunstreisen und in humoristischen Soireen mit wohlthätigem Zwecke vertrieb er seine Witze in weiten Kreisen. Er starb in Baden bei Wien den 5. September 1858. — Die meisten seiner Witze sind in den genannten Zeitschriften enthalten; 1832 erschienen „Gesammelte Schriften", 1828 „Der getödtete und dennoch lebende Saphir" (Skandalgeschichte aus seiner Berliner Zeit), 1834 „Dumme Briefe", 1838—1841 „Humoristische Damenbibliothek" (hierin die meist hochsentimentalen Gedichte „Wilde Rosen").

Karl Gutzkow.

Holzschnitt der „Leipziger Illustrierten Zeitung" nach einer Originalphotographie. Verkleinerter Ausschnitt.

Karl Ferdinand Gutzkow, geb. 17. März 1811 zu Berlin, studierte (seit 1829) Theologie, wandte sich, anfangs unter Wolfgang Menzels Leitung (1831 in Stuttgart), der Journalistik zu, dessen Kritik seiner „Wally" (1835) ihm und dem „jungen Deutschland" das Verbot ihrer Schriften seitens des Bundestages und ihm noch Gefängnisstrafe (in Mannheim) eintrug. Ein litterarisches Wanderleben, das ihm in Hamburg (1837—1842) längere Rast gewährte, füllte die Zeit bis zu seiner Seßhaftigkeit in Dresden aus, wo er 1847—1850 Dramaturg des Hoftheaters war, und wo er, einen einjährigen Aufenthalt in Frankfurt a. M. abgerechnet, bis 1861 weilte. Als Generalsecretär der Schiller-Stiftung war er bis 1864 in Weimar. Seine äußeren Verhältnisse waren keine gesicherten, seine Nervosität eine krankhaft gereizte; am 15. Januar 1865 machte er in Friedberg einen Selbstmordversuch. Eine von seinen Freunden gesammelte Ehrengabe schützte ihn vor fernerer Noth. Nach seiner Genesung setzte er sein Wanderleben wieder fort, und starb den 16. December 1878 in Sachsenhausen bei Frankfurt. — Hauptschriften, I. Periode: „Briefe eines Narren an eine Närrin" (1832); „Maha Guru", Roman (1833); „Wally, die Zweiflerin", Roman (1835). II. Periode, Dramen: „Zopf und Schwert" (1844); „Werner, oder Herz und Welt" (1840); „Uriel Acosta", Tragödie (1846); „Das Urbild des Tartüffe" (1847); „Jürgen Wullenweber", Tragödie (1848); „Der Königslieutenant" (1849). — Romane: „Der Ritter vom Geist" (1850); „Der Zauberer von Rom" (1858—1861); „Hohenschwangau" (1867—1868); „Die Söhne Pestalozzi's" (1870).

Heinrich Laube (1806—1884), Georg Herwegh (1817—1875).

Heinrich Laube im 42. Lebensjahre.

Gezeichnet und lithographiert von Kriehuber 1848. Verkleinerter [illegible]. Nach dem Exemplare der k. k. Familienfideikommiß-Bibliothek in Wien.

Heinrich Laube.

Nach einer von Laube kurz vor seinem Tode für den [illegible] überlassenen Originalphotographie [illegible].

Heinrich Rudolf Constanz Laube, geb. 18. September 1806 zu Sprottau, studierte Anfangs Theologie, wandte sich noch auf der Universität Breslau der Litteratur und dem Drama zu, promovierte, war seit 1832 in Leipzig Schriftsteller, wurde von den gegen die Schriften des jungen Deutschlands gerichteten Bundesbeschlüssen (1835) betroffen, hatte als früherer Burschenschafter Untersuchungshaft (1835) und Festungshaft (1836—1837) zu dulden, war seit 1842, nach längeren Reisen, wieder als Litterat in Leipzig, wurde Mitglied der Nationalversammlung, war 1850—1866 artistischer Director des k. k. Hofburgtheaters, 1867—1870 Director des Leipziger Stadttheaters, leitete 1872—1874 und 1875—1879 das Stadttheater in Wien und starb daselbst den 1. August 1884. — Schauspiele: „Die Karlsschüler" (1847), „Prinz Friedrich" (1859), „Der Statthalter von Bengalen" (1868). Trauerspiele: „Monaldeschi" (1845), „Struensee" (1847), „Graf Essex" (1856), „Montrose" (1859). Lustspiele: „Rococo" (1846), „Gottsched und Gellert" (1847), „Böse Zungen" (1868), „Der Hauptmann von der Scharwache" (1878). Romane und Erzählungen: „Die Bandomire" (1842), „Gräfin Chateaubriand" (1843), „Der belgische Graf" (1845). Schilderungen: „Französische Lustschlösser" (1840), „Drei Königsstädte im Norden" (1845), „Der deutsche Krieg (1863—1866). Litterarhistorisch-ästhetische Schriften: „Geschichte der deutschen Litteratur" (1839—1840), „Das Burgtheater" (1868), „Das norddeutsche Theater" (1872), „Das Wiener Stadttheater" (1875). Ferner: „Jagdbrevier" (1841); „Lebenserinnerungen" (1875 ff.).

Georg Herwegh, Jugendbild.

Gemalt von C. Hig, gestochen von [illegible]. Ausschnitt.

Georg Herwegh im Alter.

Holzschnitt aus der „Illustrirten Zeitung" [illegible] nach einer Originalphotographie gezeichnet von A. Neumann.

Georg Herwegh, geb. 31. Mai 1817 zu Stuttgart, studierte 1835 Theologie, 1836—1837 die Rechte, zog ein freies Litteratenleben dem Studium vor, entzog sich dem Militärdienste durch Flucht in die Schweiz (1839), wurde in Folge seines Briefes, an den ihm entgegenkommenden König Friedrich Wilhelm IV. gerichteten Briefes auch aus Preußen ausgewiesen (1842), lebte dann meist in Frankreich, führte 1848 eine Schar Deutscher und Französischer Arbeiter zum Kampfe nach Baden, floh nach dem Zusammensturze bei Niederdossenbach (27. April) nach Frankreich, durfte infolge der Amnestie von 1866 nach Deutschland zurückkehren, starb, von der Mitwelt fast vergessen, den 7. April 1875 zu Lichtenthal bei Baden. — Am bekanntesten wurde Herwegh durch die erste Sammlung seiner revolutionären Lieder: „Gedichte eines Lebendigen" (1841), zweite Sammlung erschien 1843. [illegible] „Neuen Gedichte". Er übersetzte für die [illegible] Shakespeare-Ausgabe [illegible] Stücke, für die [illegible] „Einundzwanzig Bogen aus der Schweiz" (1843) [illegible] eine Sammlung politischer Aufsätze. [illegible]

Nur die Hoffnung fest gehalten!
Wanke nicht bei Gram und Qual!
Alles wird sich schön gestalten:
Frühling wird es doch einmal!

Magst die linden Winde fragen,
Wenn sie wehn um Berg und Thal,
Und sie werden dir es sagen:
Frühling wird es doch einmal!

Bächlein rauscht den Berg hernieder,
Blumen blühn am Sonnenstrahl,
Alle Vögel singen wieder:
Frühling wird es doch einmal!

Alles wird sich schön gestalten!
Wanke nicht bei Gram und Qual!
Nur die Hoffnung fest gehalten:
Frühling wird es doch einmal!

Eigenhändiges Gedicht von Hoffmann v. Fallersleben.

August Heinrich Hoffmann von Fallersleben, geb. 2. April 1798, gest. 19. Januar 1874 (Bildnis siehe bei den Germanisten). — Sammlungen politischer Lieder: „Deutsche Lieder" (1815), „Unpolitische Lieder" I (1840), II (1841), „Deutsche Lieder aus der Schweiz" (1843), „Deutsche Gassenlieder" (1843), „Hoffmann'sche Tropfen" (1844), „Maitrank" (1844), „Deutsche Salonlieder" (1844), „Diavolini" (1845), „Schwefelhölzer" (1847), „37 Lieder für das junge Deutschland" (1848), „Spitzkugeln" (1849). — Sonstige Liedersammlungen: „Lieder und Romanzen" (1821), „Allemannische Lieder" (1826), „Maikäferiade" (1826), „Kirchhofslieder" (1827), „Weinbüchlein" (1829), „Gedichte" (1827, 1834, 1837, 1843), „Kinderlieder" (unter verschiedenen Titeln 1827, 1843, 1845, 1853, 1855), „Loverkens" (1830, von Hoffmann gedichtete niederländische Lieder, welche jahrelang für echte alte niederländische Volkslieder galten), „Buch der Liebe" (1869). Von seinen Liedern sind viele volksthümlich geworden und werden vielfach gesungen, so: „Zwischen Frankreich und dem Böhmerwald" (1824), „Morgen müssen wir verreisen" (1826), „Das Glas in der Rechten" (1829), „Deutschland, Deutschland über alles" (1841), „Nachtigall, Nachtigall, wie sangst du so schön" (1841).

Franz Freiherr von Dingelstedt.

Nach Originalphotographie, welche wenige Jahre vor seinem Tode gemacht wurde. Von seinem Sohne, dem k. k. Hauptmann Wilhelm Freiherrn von Dingelstedt, für den Bilderatlas übersendet und von ihm als besonders ähnlich erklärt. Ausgewählt.

Franz Ferdinand Freiherr von Dingelstedt, geb. 30. Juni 1814 in Halsdorf bei Marburg, war 1836—1838 in Cassel, dann in Fulda Gymnasiallehrer, 1841 Mitarbeiter der „Augsburger Allgemeinen Zeitung", 1843 Vorleser und Bibliothekar des Königs von Württemberg mit dem Titel Hofrath, 1846 Legationsrath und Dramaturg des Stuttgarter Hoftheaters, 1851 Intendant des Münchener Hoftheaters, wurde geadelt, 1857 Intendant des Weimarer Hoftheaters, 1867 Director des Hofoperntheaters in Wien, 1875—1880 auch des Hofburgtheaters, starb den 15. Mai 1881 in Wien. Er war in den k. k. Freiherrenstand und zum k. k. Hofrathe erhoben. — Die freisinnigen „Lieder eines kosmopolitischen Nachtwächters" erschienen 1841. „Gedichte" (1838, 1845); „Nacht und Morgen", Gedichte (1851); „Eine Faust-Trilogie" (1876); „Litterarisches Bilderbuch" (1878).

Robert Eduard Prutz, Jugendbild.

Gezeichnet von [illegible], gestochen von [illegible]. Verkleinerter Ausschnitt.

Robert Eduard Prutz.

Nach Originalphotographie, welche von seinem Sohne, Herrn Professor Dr. Prutz, als besonders gut und ähnlich bezeichnet wurde, eingesendet.

Robert Eduard Prutz, geb. 30. Mai 1816 in Stettin, versuchte nach Beendigung seiner Studien die akademische Laufbahn, wurde aber wegen seiner freisinnigen Schriften abgewiesen, war 1847 Dramaturg in Hamburg, 1849—1859 außerordentlicher Professor für Litteraturgeschichte in Halle, lebte dann in seiner Vaterstadt, wo er den 21. Juni 1872 starb. — Lyrische und Balladendichtungen enthalten die Sammlungen: „Gedichte" (1841), „Aus der Heimat" (1858), „Aus goldenen Tagen" (1861), „Herbstrosen" (1864). — Vorwiegend radikal politisch sind die „Neuen Gedichte" (1843) und die „Politische Wochenstube" (1843). — Litterarhistorische Schriften: „Der Göttinger Dichterbund" (1841), „Vorlesungen über die Geschichte des deutschen Theaters" (1847), „Geschichte des deutschen Journalismus" (1845), „Die deutsche Litteratur der Gegenwart" (1859), „Menschen und Bücher" (1862).

Gottfried Kinkel (1815—1882), Ferdinand Freiligrath (1810—1876).

Gottfried Kinkel.

Holzschnitt nach Originalphotographie aus Nr. 2056 der „Leipziger Illustrierten Zeitung" vom 25. November 1882.

Eigenhändiges Gedicht von Kinkel.

Original im Besitze des Herrn Kammerherrn von Donop in Frankfurt a. M.

Johann Gottfried Kinkel, geb. 11. August 1815 zu Oberkassel bei Bonn, habilitierte sich 1837 als Theologe, 1844 als Kunsthistoriker in Bonn, wo er 1846 außerordentlicher Professor wurde. 1848 Mitglied der äußersten Linken der Nationalversammlung, betheiligte sich am Badischen Aufstande, wurde 29. Juni 1849 gefangen, verurtheilt, entfloh 1850 im November (aus Spandau) nach England, wurde 1866 Professor der Kunstgeschichte in Zürich, wo er den 14. November 1882 starb. — „Gedichte" (1843); „Otto der Schütz", lyrisches Epos (1846).

Ferdinand Freiligrath, Jugendbild.

Ausschnitt aus einer seltenen Lithographie.

Ferdinand Freiligrath.

Nach einer Originalphotographie wiedergegeben.

Ferdinand Freiligrath, geb. 17. Juni 1810 zu Detmold, erlernte 1825 die Kaufmannschaft in Soest, war 1831—1836 in Amsterdam, 1837 in Barmen als Kaufmann beschäftigt, gab sich, durch den Erfolg seiner ersten Sammlung „Gedichte" (1838) bewogen, ganz litterarischem Schaffen hin, erhielt 1842 einen Ehrengehalt von Friedrich Wilhelm IV., auf den er aus politischen Gründen verzichtete (1844). Nach Versuchen, in Belgien und in der Schweiz festen Fuß zu fassen, nahm er 1846 eine Stelle in einem Londoner Geschäfte an, kehrte 1848 nach Deutschland zurück, kam wegen seines Gedichtes „Die Todten an die Lebendigen" in Untersuchung, wurde jedoch vom Düsseldorfer Schwurgerichte freigesprochen. Er übernahm die Redaction der „Rheinischen Zeitung" in Köln, gieng wieder nach England, als ihm wegen seiner „Neuen politischen und socialen Gedichte" (I 1849, II 1851) Verhaftung bevorstand. Bei der allgemeinen Amnestie kehrte er 1868 in die Heimat zurück; seine Freunde hatten inzwischen dafür gesorgt, daß der greise Dichter sorgenfrei leben konnte. Er sah noch das, was er unter dem Drucke einer aufgeregten Zeit wie erträumt und ersehnt hatte: ein einheitliches mächtiges Vaterland. Wenngleich die Ereignisse in historischer Nothwendigkeit sich anders entwickelt hatten, als er es früher sich gedacht, so begrüßte er mit seinen Liedern doch freudig die neue Zeit. Er starb zu Cannstatt den 18. März 1876. — Einzelne Gedichte: „Mitten in der Wüste war es", „Wüstenkönig ist der Löwe", „Der Blumen Rache", „O lieb', so lang du lieben kannst", „Mein Herz ist im Hochland".

Ferdinand Freiligrath (1810—1878), **Moritz Hartmann** (1821—1872), **Alfred von Meißner** (1821—1885).

1844.

Eigenhändiges Gedicht von Freiligrath aus dem Jahre 1844.
Original im Besitz der Verlagshandlung.

Moritz Hartmann.
(Holzschnitt aus seinem Todesjahre 1872. Nach Originalphotographie. Ausschnitt.)

Moritz Hartmann, geb. 15. October 1821 zu Duschnik in Böhmen, studierte 1838—1840 in Wien, lebte als Litterat, 1848—1849 Mitglied des Frankfurter Parlaments und des Rumpf-Parlaments, betheiligte sich am Badener Aufstande, flüchtete in die Schweiz, lebte in Frankreich, Belgien, England, war Berichterstatter der „Kölnischen Zeitung" im Kriege 1854—1855, 1860 Professor der Deutschen Litteratur in Genf, seit 1863 in Stuttgart, seit 1868 in Wien Redacteur, wo er den 13. Mai 1872 starb. — „Kelch und Schwert" (Dichtungen, 1845); „Neuere Gedichte" (1847); „Reimchronik des Pfaffen Maurizius" (1849); „Zeitlosen" (Gedichte, 1858); „Adam und Eva" (Idyll, 1851); „Bretonische Volkslieder" (1859); „Tagebuch aus Languedoc und Provence" (1853). — Novellen und Romane: „Der Krieg um den Wald" (1850), „Von Frühling zu Frühling" (1861), „Erzählungen meiner Freunde" (1860), „Novellen" (1863), „Nach der Natur" (1866), „Die letzten Tage eines Königs" (1866).

Alfred von Meißner.
Nach Originalphotographie angefertigt, welche Meißner kurze Zeit vor seinem Tode für den Bilderatlas übersandte.

Alfred Eduard Ernst von Meißner, geb. 15. October 1821 in Teplitz, 1846 Arzt daselbst, gieng nach Leipzig, um als Censurflüchtling seinen „Ziska" drucken zu lassen, hielt sich dann in Paris auf, kehrte 1848 nach Prag zurück, lebte dann in Frankfurt, London, Paris, seit 1869 in Bregenz, wo er den 29. Mai 1885 starb. 1884 war er durch Verleihung des Maximiliansordens geadelt. — „Gedichte" (1845); „Ziska" (1846); „Werinherus", Epos (1872); „König Sadal", Epos (1873). — Romane und Novellen: „Zwischen Fürst und Volk" (1859), „Schwarzgelb" (1862—1864), „Der Bildhauer von Worms" (1874), „Auf und nieder" (1882), „Norbert Norson" (1883).

Friedrich von Sallet.

Ausschnitt aus anonymer Lithographie nach Zeichnung von Reich

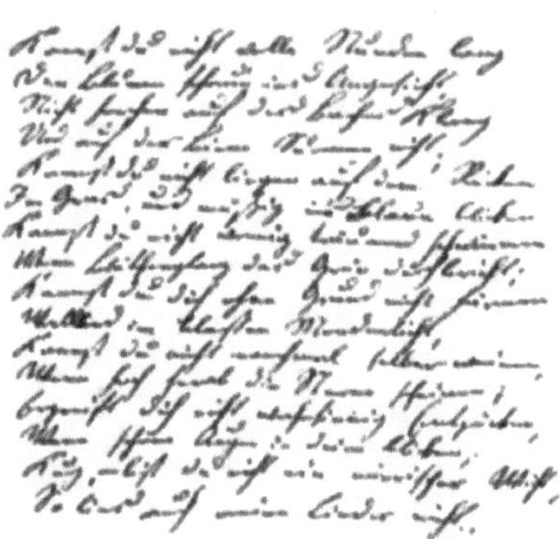

Einleitungsgedicht von F. v. Sallet zu seinen 1835 zuerst erschienenen „Gedichten"

Eigenhändiges Original im Besitz der Verlagshandlung

Friedrich Karl Ernst Wilhelm von Sallet, geb. 20. April 1812 zu Neisse, wurde, im Cadettencorps zu Potsdam und Berlin erzogen (1824—1829), 1829 Secondelieutenant im 30. Infanterieregimente zu Mainz, war 1834—1837 auf Kriegsschule in Berlin, nahm 1838 seinen Abschied, da sich die freie Vertretung seiner Ansichten mit seinem Berufe nicht vereinigte, zog nach Breslau, starb zu Reichau bei Nimptsch den 21. Februar 1843, wo er von Breslau aus vorübergehend sich aufhielt. — „Gedichte" (1835); „Funken", Gedichte (1838); „Die wahnsinnige Flasche", Epos (1838); „Schön Irla", Märchen (1838); „Laien-Evangelium" (1842).

Leopold Schefer.

Nach einer von seiner Tochter, Fräulein Hilda Schefer, überlassenen Originalphotographie umgezeichnet

Gottlieb Leopold Immanuel Schefer, geb. 30. Juli 1784 zu Muskau (Oberlausitz), wurde durch äußere ungünstige Verhältnisse an systematischer wissenschaftlicher Ausbildung gehindert, arbeitete eifrig für sich, wurde von seinem Freunde, dem Grafen, späteren Fürsten Pückler-Muskau zu seinem Generalinspector und Bevollmächtigten ernannt (1813) und in den Stand gesetzt, große Reisen zu seiner Ausbildung zu machen (1816—1821). Zu dieser Wanderzeit studierte er auch in Wien Musik und Medicin. Er starb in Muskau den 13. Februar 1862. — Seine zahlreichen Novellen und Gedichte sind heute fast vergessen; bekannt geblieben ist sein „Laienbrevier" (1834).

Philipp Spitta.

Stahlstich der „Nachgelassenen geistlichen Lieder von Ph. Spitta, Leipzig 1862". Mit Erlaubnis des Herrn Verlegers [illegible].

Johann Karl Philipp Spitta, geb. 1. August 1801 in Hannover, verwaltete seit 1830 verschiedene Pfarreien (Hameln, 1837 Wechold bei Hoya, 1847 Wittingen, 1853 Peine), wurde 1859 Pastor primarius und Superintendent in Burgdorf bei Hannover, wo er den 28. September 1859 starb. — Geistliche Liedersammlungen: „Psalter und Harfe" I (1833), II (1843); darin das Lied: „Es zieht ein stiller Engel".

Nebenstehend:

Der Anfang von König Johanns eigenhändiger Dante-Übersetzung.

Aus der auf der Königl. Bibliothek zu Dresden aufbewahrten Originalhandschrift.

König Johann von Sachsen.

Holzschnitt von Professor Bürkner nach einer Albert'schen Photographie. Aus dem bei Wilhelm Baensch in Dresden erschienenen Werke: „Johann König von Sachsen von Dr. v. Falkenstein". Nach dem Urteile des langjährigen Privatbibliothekars des Königs, des Herrn Hofrathes Dr. J. Petzholdt, das beste Bild des Königs.

Johann König von Sachsen, Sohn des Prinzen Maximilian, geb. 12. December 1801 zu Dresden, folgte seinem Bruder Friedrich August II. am 9. August 1854 als König nach, starb zu Pillnitz bei Dresden den 29. October 1873. — Sein poetisches Hauptwerk ist die Übersetzung „Dante Alighieri's Göttliche Comödie", welche er unter dem Namen Philalethes seit 1828 herausgab.

Anna Elisabetha Franziska Adolfine Wilhelmine Luise Marie Freiin von Droste-Hülshoff, geb. 12. Januar 1797 auf dem väterlichen Gute Hülshoff bei Münster, erhielt hier und auf Rüschhaus, dem Witwensitze der Mutter, eine umfassende wissenschaftliche Erziehung, hatte Gelegenheit, auf Reisen vielfache litterarische Beziehungen anzuknüpfen, lebte im letzten Jahrzehnt ihres Lebens fast ausschließlich bei ihrem Schwager, dem als Germanisten bekannten Freiherrn von Laßberg (Meister Sepp von Eppishusen) auf Schloß Meersburg am Bodensee, wo sie am 24. Mai 1848 starb. — „Gedichte" (1838, 1844); „Das geistliche Jahr" (1851); „Letzte Gaben" (1860). Hierunter: „Gewitter", „Haidebilder", „Der Geierpfiff", „Die Vergeltung", „Der Fundator", „Der Graue", „Die Schlacht im Loenerbruch", „Die Woche eines Landgeistlichen".

Annette von Droste-Hülshoff.

Nach Originalphotographie eines im Besitze ihres [illegible] befindlich gewesenen Ölgemäldes [illegible]. [illegible]

C. v. Holtei

Karl von Holtei.

Nach Originalphotographie des im Besitze des Schlesischen Kunstvereines zu Breslau befindlichen Ölgemäldes von E. Kretzer umgezeichnet. Ausschnitt.

Meine Lieder klingen
In dem deutschen Land;
Denen die sie singen
Bin ich kaum bekannt.

Manche Freunde nennen
Meinen Namen nur,
Wenig Freunde kennen
Meines Lebens Spur.

Soll dies Herz nun brechen,
Das kein Glück erwarb,
Klirrt wohl einer scharfen
Scherbe, daß es starb.

Eigenhändiges Gedicht von Holtei.

Original im Besitze der Verlagshandlung. — Wohl selten hat ein Dichter in so wenig Zeilen sein Leben und Scheiden so viel und mehr charakterisiert.

Karl von Holtei, geb. 24. Januar 1798 zu Breslau, sollte Landwirth werden, machte 1815 den Feldzug mit, studierte in Breslau, gieng 1819 zum Theater. Es ist nicht möglich, ihn auf seinem Wanderleben, welches ihn als Theaterdichter, Schauspieler, Vorleser, Schriftsteller durch Deutschland und Österreich führte, zu verfolgen; namentlich in Berlin, Breslau, Darmstadt, Wien hielt er sich auf. Auch bei Goethe war er 1827, 1828, 1829 in Weimar, welcher ihn sehr schätzte. 1847—1870 lebte er meist in Graz, seit 1870 in Breslau, wo er im Kloster der Barmherzigen Brüder den 12. Februar 1880 starb. — Seine beliebtesten Liederspiele sind: „Die Wiener in Berlin" (1825), „Die Berliner in Wien" (1826), „Der alte Feldherr" (1829, hierin die Lieder: „Fordere Niemand mein Schicksal zu hören", „Denkst du daran, mein tapfrer Lagienka"). — „Lenore", Vaterländisches Schauspiel (1829, hierin das Mantellied: „Schier dreißig Jahre bist du alt"); „Lorbeerbaum und Bettelstab", Schauspiel (1840); Roman: „Die Vagabunden" (1851). — „Schlesische Gedichte" (1830). — Biographie: „Vierzig Jahre" (1843—1844).

Die letzten Zehn vom 4. Regiment.

Zu Warschau schwuren Tausend auf den Knieen:
Kein Schuß im heil'gen Kampfe sei gethan!
Tambour schlag an! zum Blachfeld laßt uns ziehen,
Wir greifen nur mit Bajonetten an!
Und ewig denkt das Vaterland und nennt
Mit stillem Schmerz sein 4tes Regiment.

Erster Vers von Mosens Liede: „Die letzten Zehn vom 4. Regiment."

Eigenhändige Niederschrift. Original im Besitze der Verlagshandlung.

J. Mosen

Julius August Mosen (so lautet der Name seit Verordnung der Zwickauer Kreisdirection vom 14. September 1847, ursprünglich hieß er Moses), geb. 8. Juli 1803 zu Marieney im Voigtlande, Sohn eines Schulmachers, wurde nach Ablegung seines juristischen Examens (1826) Advocat, lebte als solcher seit 1834 in Dresden, wurde 1841 zum Dramaturgen des Hoftheaters in Oldenburg und zum Hofrathe ernannt, wurde von einem, seine amtliche und dichterische Wirksamkeit lähmenden Leiden befallen, welchem er erst am 10. October 1867 zu Oldenburg erlag. — Dramen: „Heinrich der Finkler" (1836), „Otto III." (1839), „Der Sohn des Fürsten" (18..). — Epen: „Das Lied vom Ritter Wahn" (1831), „Ahasver"

Friedrich Hebbel (1813—1863), **Otto Ludwig** (1813—1865), **Roderich Benedix** (1811—1873), **Salomon von Mosenthal** (1821—1877).

Friedrich Hebbel.

Holzschnitt aus „Westermanns Illustrierten deutschen Monatsheften" 1860, Band VIII, 114. Nach dem Bildnisse des Herrn Dr. Constant von Wurzbach das beste Bild Hebbels. Ausschnitt.

Christian Friedrich Hebbel, geb. 18. März 1813 in Wesselburen (Norddithmarschen), Sohn eines armen Maurers. Seit 1827 Kirchspielschreiber, zog ihn nach Veröffentlichung einiger Gedichte Amalie Schoppe nach Hamburg, wo er 1835, 1836 verweilte. Bis 1839 studierte er in München, lebte wieder in Hamburg, erhielt ein Dänisches Stipendium, welches er zu Reisen durch Frankreich und Italien benützte. Auf der Heimreise kam er 1845 im November nach Wien, heiratete die Hofschauspielerin Chr. Enghaus und konnte jetzt ganz seiner Kunst leben. Ein Plan, ihn nach Weimar zu ziehen (1861), zerschlug sich. Er starb zu Wien den 13. December 1863. — Hauptdramen: „Judith" (1841), „Genoveva" (1843), „Maria Magdalena" (1844), „Herodes und Mariamne" (1850), „Agnes Bernauer" (1855), „Julia" (1851), „Ein Trauerspiel in Sicilien" (1851), „Gyges und sein Ring" (1856), „Die Nibelungen", Trilogie (1862). — Episches Gedicht: „Mutter und Kind" (1859). — „Gedichte" (1842, 1857; darin: „Liebeszauber", „Der Brahmine", „Der Wanderer").

Otto Ludwig.

Gezeichnet und radiert von Th. Langer 1844. Ausschnitt.

Otto Ludwig, geb. 12. Februar 1813 zu Eisfeld (Sachsen-Meiningen), trat 1832 in das Kaufmannsgeschäft eines Onkels in Hildburghausen, mußte den Besuch des Lyceums in Saalfeld wegen Kränklichkeit aufgeben, kehrte in das Geschäft des Onkels zurück, erhielt 1839 vom Herzoge von Sachsen-Meiningen ein Stipendium, um in Leipzig unter Mendelssohn Musik zu studieren, gab krankheitshalber dieses Studium auf, zog 1843 nach Dresden, lebte 1844—1850 in Gasseboda und Meißen, dann wieder in Dresden, wo er seinen Leiden am 25. Februar 1865 erlag. — Dramen: „Der Erbförster" (1850), „Die Makkabäer" (1854). Viele seiner dramatischen Pläne blieben Entwürfe. — Novellen: „Die Heiterethei und ihr Widerspiel", Dorfgeschichte (1857); „Zwischen Himmel und Erde" (1856). — „Shakespeare-Studien", aus dem Nachlasse herausgegeben von seinem Freunde Mor. Heydrich 1871.

Roderich Benedix.

Lithographie nach einer Zeichnung von [illegible] 1852. Ausschnitt.

Salomon von Mosenthal.

Zeichnung von Kriehuber 1850, Stahlstich von J. Axmann.

Salomon Hermann Ritter von Mosenthal, geb. 14. Januar 1821 in Cassel, besuchte 1836 das Polytechnikum in Karlsruhe, promovierte 1842 in Marburg, ging als Erzieher nach Wien, wurde dort 1850 im Ministerium für Cultus und Unterricht angestellt, war Vorstand des Archivs dieser Behörde, wurde 1867 Regierungsrath, 1871 geadelt, starb in Wien den 17. Februar 1877. — Dramen: „Deborah" (1850), „Der Sonnenwendhof" (1857), „Die deutschen Komödianten" (1863), „Der Schulz von Altenbüren" (1868), „Das gefangene Bild", romantisches Drama (1858). — „Gedichte" (1847), „Gesammelte Gedichte" (1866).

Roderich Julius Benedix, geb. 21. Januar 1811 in Leipzig, ging 1831 zur Bühne, war als Schauspieler und Sänger bei verschiedenen Theatern, bis er mit einigen Unterbrechungen 1842—1861 in Köln als Theaterdirector, dann als Lehrer der dramatischen Kunst und Schriftsteller lebte. 1855—1859 war er Director des Frankfurter Stadttheaters gewesen, seit 1861 hielt er sich als Schriftsteller in Leipzig auf, wo er den 26. September 1873 starb. — Seine „Gesammelten dramatischen Werke" (1846—1875) enthalten über 100 Dramen, darunter die bekanntesten: „Das bemooste Haupt", „Doctor Wespe", „Die Dienstboten", „Die Hochzeitsreise", „Der alte Magister", „Der Störenfried", „[illegible]", „Ein Lustspiel", „Die Eifersüchtigen", „Der Weiberfeind", „Die zärtlichen Verwandten", „Aschenbrödel", „Der Hagestolz", „Das Stiftungsfest". Andere Schriften: „Bilder aus dem Schauspielerleben" (1847), „Die Lehre vom mündlichen Vortrag" (1852), „Das Wesen des deutschen Rhythmus" (1862), „Shakespearomanie" (1873).

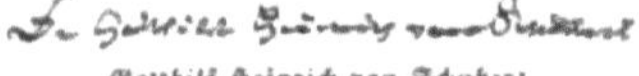

Gotthilf Heinrich von Schubert.
Gezeichnet nach der Natur von Schnorr, lithographiert von Schreiner. Nachschnitt.

Alexander von Humboldt.
Verkleinerter Ausschnitt des beim Hofbuchhändler Alex. Duncker in Berlin erschienenen ächten Humboldt-Bildnisses, gemalt von Emma Gaggiotti-Richards, gestochen von P. Habelmann.

Gotthilf Heinrich v. Schubert, der Naturphilosoph und popularisierende Naturforscher, geb. 26. April 1780 in Hohenstein (Sächs. Erzgebirge), hatte Theologie, Medicin, Naturwissenschaften, Philosophie (1801 in Jena bei Schelling) studiert, war Arzt in Altenburg, Freiberg, Dresden, 1809—1816 Director der Realschule in Nürnberg, 1816—1819 Erzieher der Kinder des Erbgroßherzogs von Mecklenburg-Schwerin, 1819—1827 Professor der Naturwissenschaften in Erlangen, dann in gleicher Stellung in München. Hier wurde er geadelt und zum geh. Rathe ernannt. 1853 trat er in Ruhestand und starb auf dem Gute Laufzorn bei München den 1. Juli 1860. — Aus seinen naturgeschichtlichen Büchern ist vieles in die Volkslesebücher übergegangen. „Handbuch der Naturgeschichte“ (1813 ff.), „Lehrbuch der Naturgeschichte für Schulen“ (1823), „Allgemeine Naturgeschichte“ (1826), „Das Weltgebäude“ (1852). Er verfaßte auch „Erzählungen“ (1840 ff.) und das vielgelesene Werk: „Erinnerungen aus dem Leben der Herzogin Helene von Orleans“ (1859).

Justus von Liebig.
Facsimile aus der „Leipziger Illustrirten Zeitung“ vom 26. Juni [illegible] (Nr. [illegible]), nach einer Photographie.

Friedrich Wilhelm Heinrich Alexander v. Humboldt, geb. 14. September 1769 in Berlin, wurde mit seinem Bruder Wilhelm (siehe Seite 285) erzogen, besuchte die Universitäten Frankfurt (1787), Göttingen (1789), machte mit Georg Forster größere Reisen (1790), schloß seine Studien mit dem Besuche der Freiberger Bergakademie ab (1791—1792), verwaltete als Oberbergmeister 1792—1797 das Bergwesen in Ansbach-Bayreuth. In diese Zeit fallen einige diplomatische Missionen und Forschungsreisen. Unter den Vorbereitungen zu der großen geplanten wissenschaftlichen Reise vergingen die Jahre 1797—1799; in Weimar wurden Beziehungen angeknüpft, Paris, Spanien, Italien bereist. Die große Expedition nach Südamerika und Mexiko fällt in die Zeit vom Juni 1799 bis August 1804; bis 1827 lebte Humboldt, mit der Bearbeitung des gewonnenen Materials beschäftigt, meist in Paris. Seitdem wußte ihn die Gnade seiner Könige Friedrich Wilhelm III. und IV. in Berlin zu fesseln. Schon 1805 war er königl. Preuß. Kammerherr und besoldeter Akademiker geworden. Von Berlin aus machte er verschiedene officielle Reisen nach Paris und 1829 in Russischem Auftrage die Uralexpedition; 1842 ward er zum Kanzler des neu gegründeten Ordens pour le mérite (Friedensclasse) ernannt. Er starb zu Berlin den 6. Mai 1859. — Der Deutschen klassischen Litteratur gehört er an mit den „Ansichten der Natur“ (1808) und dem „Kosmos“ (1845 ff.).

Justus von Liebig, geb. 12. Mai 1803 in Darmstadt, wurde Apotheker, studierte in Bonn, Erlangen, Paris, wurde 1824 außerordentlicher, 1826 ordentlicher Professor der Chemie in Gießen, wurde 1852 in gleicher Eigenschaft nach München berufen, wurde hier in den Freiherrenstand erhoben und war jahrelang Präsident der Akademie. Hier starb er den 18. April 1873. — Das Werk, worin Liebig die Ergebnisse seiner Forschungen in faßlicher Form dem größeren Publicum mitteilte, sind seine „Chemischen Briefe“ (1844; zuerst erschienen in der „Augsburger Allgemeinen Zeitung“).

Jeremias Gotthelf (1797–1854), Hans Christian Andersen (1805–1875), Berthold Auerbach (1812–1882).

Albert Bitzius.

Gemalt von Dietler, gestochen von Gonzenbach. Holzschnitt.

Albert Bitzius (als Schriftsteller Jeremias Gotthelf), geb. 4. October 1797 zu Murten, seit 1832 Pfarrer in Lützelflüh (Kanton Bern), wo er den 22. October 1854 starb. — Volksschriften, Volksromane mit praktischer Tendenz: „Dursli, der Branntweinsäufer" (1839); „Leiden und Freuden eines Schulmeisters" (1838–1839); „Die Wassernoth im Emmenthal" (1838); „Bauernspiegel" (1839); „Die Armennoth" (1840); „Uli der Knecht" (1840); „Käthi die Großmutter" (1847); „Uli der Pächter" (1848); „Geld und Geist" (1850).

Hans Christian Andersen.

Verkleinerter Kupferstich nach [illegible]. Holzschnitt.

Hans Christian Andersen, geb. 2. April 1805 zu Odense (Fünen), wollte zum Theater gehen, studierte auf Staatskosten, hielt sich auf längeren Reisen namentlich in Deutschland (wo er vielfache litterarische Beziehungen anknüpfte), der Schweiz, Italien auf, starb zu Kopenhagen den 4. August 1875. — Von seinen Schriften (die er meist deutsch schrieb oder selbst ins Deutsche übersetzte) sind in Deutschland am bekanntesten: „Der Improvisator", Roman (1835); „Nur ein Geiger", Roman (1838); „Märchen" (1839); „Bilderbuch ohne Bilder" (1841).

Berthold Auerbach.

Verkleinerter Kupferstich nach einer [illegible] 1844. Holzschnitt.

Berthold Auerbach.

Holzschnitt aus einer von seinem Sohne, Herrn Rechtsanwalt Eugen B. Auerbach in Berlin, zur Verfügung gestellten Originalphotographie. [illegible]

Berthold Auerbach (Moses Baruch), geb. 28. Februar 1812 zu Nordstetten im Bad. Schwarzwalde, war zum Rabbiner bestimmt, studierte in Tübingen Rechtswissenschaft und Philosophie und in Heidelberg namentlich Geschichte, lebte als Litterat in Frankfurt, Bonn, Mainz, Weimar, Leipzig, Dresden, Breslau, seit 1859 meist in Berlin (zeitweilig als Vorleser der Kaiserin), seit 1872 auf seiner Villa bei Freiburg i. B. Er starb zu Cannes den 8. Februar 1882 und liegt in seinem Heimatsorte begraben. — „Schwarzwälder Dorfgeschichten" (1843–1854); „Barfüßele" (1856); „Joseph im Schnee" (1860); „Auf der Höhe" (1865); „Das Landhaus am Rhein" (1869); „Nach dreißig Jahren, neue Dorfgeschichten" (1876); „Brigitta" (1880).

Ida Gräfin Hahn-Hahn.

Gezeichnet von Adalbert v. Meyern-Hohenberg, gestochen von [illegible]. Kupferstich.

Ida Gräfin Hahn-Hahn.

Holzschnitt aus der Illustr. Zeitung, nach einer Originalphotographie gezeichnet.

Friederike Gustave Sophie Marie Karoline Luise Ida Gräfin von Hahn, geb. 22. Juni 1805 auf Tressow bei Schwinkendorf in Mecklenburg, geschiedene Ehegattin ihres gleichnamigen Vetters Friedrich Wilhelm Adolf Grafen Hahn, mit welchem sie 1826—1829 vermählt war. Sie lebte meist auf Reisen, bis sie 1850 zur katholischen Kirche übertrat. Dem entsprechend schlug auch die Tendenz ihrer schriftstellerischen Thätigkeit um. Sie starb den 12. Januar 1880 zu Mainz, in dem von ihr gestifteten Kloster zum guten Hirten. — Schriften ihrer weltlichen Periode: „Gedichte“ (1835); „Venetianische Nächte“ (1836); „Jenseits der Berge“ (1840); „Erinnerungen aus und an Frankreich“ (1842). Romane: „Aus der Gesellschaft“ (1838); „Gräfin Faustine“ (1841); „Sigismund Forster“ (1843). Die Schriften ihrer geistlichen Periode wurden mit ihrer Bekehrungsgeschichte: „Von Babylon nach Jerusalem“ (1851) eröffnet.

Maria von Nathusius.

Nach einer im Besitz der Familie befindlichen Originalphotographie umgezeichnet.

Maria Karoline Elisabeth Louise von Nathusius, geb. Scheele, geb. 11. März 1817 in Magdeburg, heiratete 1841 den Gutsbesitzer Philipp Engelhard von Nathusius-Neinstedt, welcher in Neinstedt (bei Quedlinburg) eine Besserungsanstalt für verwahrloste Kinder gegründet hatte, und war mit ihm für dieselbe eifrigst thätig. Sie starb in Neinstedt am 22. December 1857. — Erzählungen: „Tagebuch eines armen Fräuleins“ (1853); „Die alte Jungfer“ (1856); „Elisabeth“ (1858).

Adalbert Stifter

Adalbert Stifter.

Gemälde von B. Szekely. Stahlstich von Josef Axmann 1863. Kupferstich.

Albert (Adalbert) Stifter, geb. 23. October 1805 zu Oberplan am Böhmerwald, erzogen 1818—1826 in der Benediktinerabtei Kremsmünster, studierte in Wien Rechte, Mathematik, schöne Wissenschaften, lebte seit 1848 in Linz, wo er 1850 Inspector des Volksschulwesens von Oberösterreich wurde. 1867 erhielt er den Hofrathstitel und trat in Ruhestand. Am 28. Januar 1868 starb er zu Linz. — Seine Novellen und Idyllen erschienen seit 1844 gesammelt unter dem Titel „Studien“, „Bunte Steine“ (seit 1853); 1869 wurden herausgegeben „Erzählungen aus dem Nachlasse“. Aus diesen stimmungsvollen Novellen sind hervorzuheben: „Abdias“, „Die Narrenburg“, „Der Hochwald“, „Der Hagestolz“, „Der Weihnachtsabend“. Größere Romane: „Der Nachsommer“ (1857), „Witiko“ (1865—1867).

Alban Stolz

Alban Stolz.

Alban Stolz, der popularste katholische Volksschriftsteller, geb. 3. Februar 1808 zu Bühl (Baden), studierte in Heidelberg 1826—1831 Jura und Philologie, 1832 in Freiburg i. B. Theologie, war 1833—1841 Vikar, dann Gymnasiallehrer in Bruchsal, 1842 Repetent in Freiburg i. B., 1847 außerordentl., 1848 ordentl. Professor der Pastoraltheologie und Pädagogik daselbst, wo er am 16. October 1883 starb. — „Kalender für Zeit und Ewigkeit“ (seit 1843); „Legende, oder der christliche Sternenhimmel“ (1851); „Spanisches für die gebildete Welt“ (1853); „Besuch bei Sem, Cham und Japhet“ (1857).

Oertel

W. O. von Horn.

[illegible] Kupferstich. Mit Bewilligung der [illegible] Verlagshandlung benutzt.

Phil. Friedr. Wilhelm Oertel (mit seinem Schriftstellernamen W. O. von Horn), geb. 15. August 1798 zu Horn bei Simmern, wurde 1820 in Mannbach Pfarrverwalter, später Pfarrer, 1835—1863 Pfarrer und Superintendent in Sobernheim, lebte seit 1863 pensioniert in Wiesbaden, wo er den 14. October 1867 starb. — Seine zahlreichen Volks- und Jugendschriften sind weit verbreitet; in seiner „Spinnstube“ (seit 1846) zeigt er sich als ein Hebel ebenbürtiger Erzähler.

Edmund Höfer.

Holzschnitt aus der Illustrirten Zeitung (Nr. 2032 vom 10. Juni 1882), nach einer Originalphotographie.

Andreas Franz Edmund Höfer, geb. 15. October 1819 zu Greifswald, hatte Geschichte und Philologie studiert, lebte als Schriftsteller anfangs bei seinen Eltern, dann in Stuttgart, zuletzt in Cannstatt, wo er den 22. Mai 1882 starb. — Erzählungen, Romane: „Aus alter und neuer Zeit" (1854); „Schwanwiek", Skizzenbuch (1856); „Norien" (1858); „Die Honoratiorentochter" (1861); „Unter der Fremdherrschaft" (1863); „Altermann Ryke" (1865); „In der Welt verloren" (1868); „Stille Geschichten" (1872); „Haus an Haus" (1877).

Willibald Alexis.

Holzschnitt aus der Illustrirten Zeitung (Nr. 1491 vom 27. Januar 1872), gezeichnet von A. Neumann nach einer Originalphotographie.

Georg Wilhelm Heinr. Haering (Willibald Alexis), geb. 29. Juni 1797 in Breslau, gab 1827 seine Richtercarriere auf, lebte als Litterat seit 1852 in Arnstadt, wo er den 16. December 1871 starb. — Historische Romane: „Cabanis" (1832); „Der Roland von Berlin" (1840); „Der falsche Woldemar" (1842); „Die Hosen des Herrn von Bredow" (1846); „Ruhe ist die erste Bürgerpflicht" (1852); „Isegrimm" (1854); „Dorothea" (1856).

Friedrich Gerstäcker.

Stahlstich von Weger und Singer in Leipzig. Nachbildung. Von Gerstäckers Tochter, Frau Marie Huch in Braunschweig, als sehr charakteristisches, vorzügliches Jugendbild ihres Vaters für den Bilderatlas überlassen.

Friedrich Wilhelm Christian Gerstäcker, geb. 10. Mai 1816 in Hamburg, erlernte Ökonomie, machte große Reisen, 1837—1843 nach den Verein. Staaten, 1849—1852 nach Südamerika, Australien, Indien (vom deutschen Reichsministerium unterstützt), 1860—1861 nach Südamerika in deutschen Colonialinteressen, 1862 mit Herzog Ernst von Coburg nach Ägypten und Abessinien, 1867—1868 nach Nordamerika und Westindien. In der Zwischenzeit lebte er namentlich in Leipzig, Gotha, Dresden, Braunschweig. Hier starb er den 31. Mai 1872. — Reisebeschreibung, Romane: „Streifzüge und Jagdzüge durch die Verein. Staaten von Nordamerika" (1844); „Die Regulatoren in Arkansas" (1846); „Die Flußpiraten des Mississippi" (1848); „Reisen um die Welt" (1847—1848); „Amerikanische Wald- und Strombilder" (1849); „Fritz Waldaus Abenteuer" (1851); „Californische Skizzen" (1856); „Unter dem Äquator" (1861); „Heimliche und unheimliche Geschichten" (1862); „Die Missionare" (1868); „Die Blauen und die Gelben" (1870); „Kriegsbilder eines Nachzüglers" (1871).

Wilhelm von Hackländer.

Nach einer von der Familie zur Verfügung gestellten Originalphotographie gezeichnet.

Friedrich Wilhelm von Hackländer, geb. 1. November 1816 zu Burtscheid, sollte Kaufmann werden, wurde Soldat, dann wieder Kaufmann, begleitete den Baron v. Taubenheim auf dessen Reisen, welcher ihn 1843 in württembergische Hofdienste brachte, in denen er als Hofrath bis 1849 blieb; war hierauf Berichterstatter in den Feldzügen 1849, 1850, 1859, kam 1859—1864 wieder in württembergische Hofdienste (als Bau- und Gartendirector), lebte seitdem als Schriftsteller in Stuttgart und in seiner Villa Leoni am Starnberger See, wo er den 7. Juli 1877 starb. 1861 war er in den österreichischen Ritterstand erhoben. — Romane: „Bilder aus dem Soldatenleben im Frieden" (1841); „Wachtstubenabenteuer" (1845); Humoristische Erzählungen (1847); „Handel und Wandel" (1850); „Namenlose Geschichten" (1851); „Eugen Stillfried" (1852); „Europäisches Sklavenleben" (1854). — Lustspiele: „Der geheime Agent" (1851); „Magnetische Kuren" (1853).

Melchior Meyr.

Nach einer Originalphotographie wiedergegeben.

Johann Melchior Meyr, geb. 28. Juni 1810 zu Ehringen (bei Nördlingen), studierte die Rechte, war durch Schelling für philosophische Speculation gewonnen („Religion des Geistes", Gedichte 1871), promovierte 1836, gieng nach Erlangen zu Rückert (1837), lebte als Schriftsteller in München, 1840—1852 in Berlin, seitdem wieder in München, wo er den 22. (23.?) April 1871 starb. — „Erzählungen aus dem Ries" (1856); „Neue Erzählungen aus dem Ries" (1860), II (1869), Neue Folge (1870); „Vier Deutsche", Roman (1861); „Herzog Albrecht", Drama (1862); „Ewige Liebe", Roman (1864); „Gespräche mit einem Grobian" (1866, politisch).

Fritz Reuter.

Nach einer von der Witwe Reuters [illegible] zur Verfügung gestellten Originalphotographie [illegible] wiedergegeben.

Heinrich Ludwig Christian Friedrich Fritz Reuter, geb. 7. November 1810 zu Stavenhagen in Mecklenburg, wurde, weil er in Jena Burschenschafter gewesen, 1833 in Berlin auf einer Reise verhaftet, zum Tode verurtheilt, zu 30jähriger Festungshaft begnadigt und bis 1838 in den Festungen Silberberg, Glogau, Magdeburg, Graudenz, sodann bis 1840 in der Mecklenburgischen Festung Dömitz gefangen gehalten. Nach seiner Begnadigung (1840) wurde Reuter Ökonom, war seit 1850 Privatlehrer in Treptow (Vorpommern), lebte 1856—1863 als Schriftsteller in Neubrandenburg, hierauf bis zu seinem am 12. Juli 1874 erfolgten Tode in seiner Villa bei Eisenach. — Reuter führte sich durch seine plattdeutschen Gedichte „Läuschen un Rimels" (1853) als Schriftsteller ein. Es folgten von plattdeutschen Erzählungen: „De Reis' nah Belligen" (1855) und unter dem Titel „Olle Kamellen": I. „Woans ik tau 'ne Fru kam", „Ut de Franzosentid" (1860); II. „Ut mine Festungstid" (1862); III—V „Ut mine Stromtid" (1862—1864); VI. „Dörchläuchting" (1865); VII „De Reis' nah Konstantinopel" (1868).

Karl Egon Ebert.

[illegible]

Karl Leopold Felix von Ebert (als Schriftsteller Karl Egon Ebert), geb. 5. Juni 1801 zu Prag, Jurist, war in fürstl. Fürstenbergischen Diensten, 1825 bis 1831 Bibliothekar und Archivar, dann Archivdirector und Rath in Donaueschingen, hierauf in der fürstl. Domänenverwaltung angestellt (1832—1858), meist in Prag lebend. 1848 war er fürstl. Hofrath geworden, 1872 in den österreichischen Ritterstand erhoben. Er starb zu Smichow bei Prag den 24. October 1882. — „Wlasta", böhmisches Heldengedicht (1829); „Das Kloster", idyllisches Epos (1833); „Gedichte" (1824).

Christoph Bernhard Levin Schücking, geb. 6. September 1814 in Meppen, gab die juristische Laufbahn auf, lebte als Schriftsteller in Münster und Meersburg, war 1843—1845 Redacteur der Augsburger Allgemeinen, 1845—1852 Mitredacteur der Kölnischen Zeitung. Seitdem wohnte er meist in Schloß Sassenberg und Münster, starb den 31. August 1883 in Bad Pyrmont. Annette von Droste-Hülshoff (siehe Seite [illegible]) war ihm schon seit seiner Münsterischen Gymnasiastenzeit eine treue mütterliche Freundin. — Romane: „Ein Schloß am Meer" (1843); „Die Ritterbürtigen" (1846); „Der Bauernfürst" (1851); „Ein Staatsgeheimnis" (1854); „Die Sphinx" (1856); „Erzählungen und Novellen" (1859—1866, [illegible]); „Der Held der Zukunft" (1874); „Luther in Rom" (1870); „Das Recht des Lebenden" (1880).

Levin Schücking.

Nach einer Originalphotographie wiedergegeben, [illegible]

Franz Wolfgang von Kobell (1803—1882), **Emanuel Geibel** (1815—1884), **Klaus Johann Groth** (geb. 1819), **Josef Viktor von Scheffel** (geb. 1826).

Franz Wolfgang von Kobell.

Holzschnitt aus Nr. 3063 der „Leipziger Illustrierten Zeitung“ vom 1. Mai 1875, gez. nach einer Originalphotographie.

Franz Wolfgang von Kobell, geb. 19. Juli 1803 in München, starb daselbst als Professor der Mineralogie 11. November 1882. Dialektdichter. „Gedichte in oberbairischer und pfälzischer Mundart“ (1839); „Schnaderhüpfeln und Sprüch'ln“ (1846); „G'schpiel“, Volksstücke und Gedichte in oberbairischer Mundart (1868); „Schnaderhüpfeln und G'schicht'ln“ (1872).

Emanuel Geibel.

Nach einem von Geibel für den Bildersaal überlassenen Kupferstiche.

Emanuel Geibel, geb. 18. Oktober 1815 zu Lübeck, 1852—1868 Professor in München, seitdem in Lübeck, wo er am 6. April 1884 starb. Lyrik, Drama, Epos. „Gedichte“ (1840); „König Sigurds Brautfahrt“, Epos (1846); „Juniuslieder“ (1848); „Neue Gedichte“ (1857); „Brunhild“, Tragödie (1857); „Sophonisbe“ Tragödie (1868); „Heroldsrufe“ (1871); „Spätherbstblätter“ (1877); „Echtes Gold wird klar im Feuer“, Einakter (1881). Vielgesungene Lieder: „Der Mai ist gekommen“; „Ein lust'ger Musikante“.

Klaus Johann Groth.

Nach einer Originalphotographie ausgeführt.

Klaus Johann Groth, geb. 24. April 1819 zu Heide im Ditmarschen; Professor der deutschen Litteratur in Kiel. Dialektdichter. „Quickborn“ (1852).

Joseph Viktor von Scheffel.

Nach einer Originalphotographie vom Juni 1883; direkt übertragen.

Joseph Viktor von Scheffel, geb. 16. Februar 1826 zu Karlsruhe, studierte in Heidelberg, vorübergehend Bibliothekar in Heidelberg, 1876 geadelt, lebt als geheimer Hofrath in Karlsruhe. „Der Trompeter von Säkkingen“, ein Sang vom Oberrhein, lyrisches Epos (1855); „Ekkehard“, eine Geschichte aus dem zehnten Jahrhundert (1855). Liedersammlung: „Gaudeamus“ (1867); „Frau Aventiure“, Lieder aus Heinrich von Ofterdingens Zeit (1863). Von seinen Liedern werden, namentlich in Studentenkreisen, viel gesungen: „Als die Römer frech geworden“; „Das war der Zwerg Perkeo“; „Und wieder sprach der Rodenstein“; „Alt Heidelberg, du feine“; „Es ist im Leben häßlich eingerichtet“; „Wohlauf, die Luft geht frisch und rein“.

Adolf Friedrich Graf von Schack (geb. 1815), **Karl Reinhold Julius Sturm** (geb. 1816), **Friedrich Martin von Bodenstedt** (geb. 1819), **Julius Levin Rodenberg** (geb. 1831).

Adolf Friedrich Graf von Schack.

Nach einer Originalphotographie ausgeführt.

Adolf Friedrich Graf von Schack, geb. 2. August 1815 in Schwerin, in diplomatischem Dienste, seit 1852 im Privatleben, machte große Reisen in Italien, Spanien, Orient; von Kaiser Wilhelm I. in den Grafenstand erhoben. Übersetzer, Litterarhistoriker, Lyriker, Kunstfreund. „Geschichte der dramatischen Litteratur und Kunst in Spanien" (1845—1846); „Spanisches Theater" (1845); „Epische Dichtungen des Firdusi" (1851); „Stimmen vom Ganges" (1857); „Romanzen der Spanier und Portugiesen" (1860); „Poesie und Kunst der Araber in Spanien und Sicilien" (1865); „Firdusi", Heldensagen in deutscher Nachbildung (1865); „Gedichte" (1867); „Nächte des Orients" (1874); „Lotosblätter", Gedichte (1883).

Dr. Julius Rodenberg.

Julius Levin Rodenberg.

Nach einer Originalphotographie ausgeführt.

Julius Levin Rodenberg (Jvan Julius Levy), geb. 26. Juni 1831 zu Rodenberg, Doktor beider Rechte, machte viele Reisen, lebt als Redakteur der „Deutschen Rundschau" in Berlin. Lyrik, Roman, Reisebeschreibung, Feuilleton. „König Haralds Todenfeier" (1853); „Pariser Bilderbuch" (1856); „Ein Herbst in Wales" (1857); „Alltagsleben in London" (1860); „Die Harfe von Erin" (1861); „Tag und Nacht in London" (1862); „Die Straßensängerin von London" (1863); „Gedichte" (1864); „Die Grandidiers" (1879).

Karl Reinhold Julius Sturm.

Nach einer Originalphotographie ausgeführt.

Karl Reinhold Julius Sturm, geb. 21. Juli 1816 zu Köstritz, Kirchenrath und Professor, Pfarrer in Köstritz. Religiöse Lyrik. „Gedichte" (1850); „Fromme Lieder" (1852); „Lieder und Bilder" (1870); „Kinderlieder" (1872); „Natur, Liebe, Vaterland" (1881).

Friedrich Martin von Bodenstedt.

Nach einer Originalphotographie ausgeführt.

Friedrich Martin von Bodenstedt, geb. 22. April 1819 zu Peine, machte nach vollendeten Studien viele Reisen in Rußland und im Orient, 1854 Professor für Slavica in München, 1867—1873 Theaterintendant in Meiningen, 1869 geadelt, seit 1876 Herausgeber der „Täglichen Rundschau" in Wiesbaden. Lyrik, Übersetzung, Roman, Dramen. „Lieder des Mirza Schaffy" (1851); „Aus dem Nachlasse Mirza Schaffys" (1874). Übersetzer von Shakespeares „Sonetten" (1862), Übersetzer Lermontows (1852) und Puschkins (1854 ff.).

Karl von Gerok (geb. 1815), **Konrad Ferdinand Meyer** (geb. 1825), **Otto Wilhelm Roquette** (geb. 1824), **Hermann Lingg** (geb. 1820).

Karl von Gerok.

Nach einer Originalphotographie gezeichnet.

Karl Gerok, geb. 30. Januar 1815 zu Stuttgart, geadelt, lebt als Prälat und Oberhofprediger in Stuttgart. Religiöser Lyriker. „Palmblätter“ (1857); „Pfingstrosen“ (1864); „Palmblätter“, Neue Folge (1878).

Konrad Ferdinand Meyer.

Nach einer Originalphotographie gezeichnet.

Konrad Ferdinand Meyer, geb. 11. Oktober 1825 in Zürich, studierte Jurisprudenz, Dr. phil. hon. causa, wohnt in Kilchberg bei Zürich. Epos, Novelle, Lyrik. „Huttens letzte Tage“ (1871); „Jürg Jenatsch“ (1876); „Gedichte“ (1882 83); „König und Heiliger“ (der Heilige) (1880); „Hochzeit des Mönchs“ (1884).

Hermann Lingg.

Nach einer Originalphotographie gezeichnet.

Hermann Lingg, geb. 22. Januar 1820 zu Lindau, bairischer Militärarzt, lebt seit 1851 pensioniert in München. Epos, Lyrik, Drama. „Die Völkerwanderung“, Epos (1866 ff.); „Dunkle Gewalten“, Epos (1872); „Gedichte“ (1854, 1868, 1870).

Otto Wilhelm Roquette.

Nach einer Originalphotographie gezeichnet.

Otto Wilhelm Roquette, geb. 19. April 1824 zu Krotoschin, seit 1869 Professor der deutschen Sprache und Litteraturgeschichte am großherzoglichen Polytechnikum in Darmstadt. Lyrisches Epos, Lyrik, Novellen, Litteraturgeschichte. „Waldmeisters Brautfahrt“ (1851); „Hans Heidekukuk“ (1855).

Maximilian Heinrich Oskar Freiherr von Redwitz (geb. 1823), **Robert Hamerling** (geb. 1830), **Wilhelm Julius Wolff** (geb. 1831), **Eduard von Bauernfeld** (geb. 1802).

Maximilian Heinrich Oskar Freiherr von Redwitz.

Verkleinerter Holzschnitt nach Zeichnung von W. Schubert aus der „Illustrierten Frauenzeitung“ vom 1. Mai 1882. Von Redwitz für den Bilderatlas übersandt.

Maximilian Heinrich Oskar Freiherr von Redwitz, geb. 28. Juni 1823 zu Lichtenau bei Ansbach; vorübergehend 1851—1853 Professor der deutschen Litteratur in Wien, lebt in Meran. Epos, Drama, Lyrik, Roman. „Amaranth“ (1849); „Thomas Morus“, historische Tragödie (1856); „Das Lied vom neuen Deutschen Reich“ (1871); „Haus Wartenberg“, Roman (1884).

Robert Hamerling.

Nach einer Originalphotographie wiedergegeben.

Robert Hamerling, geb. 24. März 1830 zu Kirchberg am Walde bei Zwettl in Niederösterreich; 1855—1866 Professor in Triest, lebt in Graz. Epos, Lyrik, Drama. „Venus im Exil“ (1858); „Schwanenlied der Romantik“ (1862); „Ahasver in Rom“ (1867); „Der König von Sion“ (1869); „Danton und Robespierre“, Tragödie (1871); „Die sieben Todsünden“ (1873); „Aspasia“, Roman (1876); „Amor und Psyche“ (1882).

Wilhelm Julius Wolff.

Nach Photographie einer von ihm zur Verfügung gestellten Abbildung wiedergegeben.

Wilhelm Julius Wolff, geb. 16. September 1834 zu Quedlinburg, lebt als Privatmann in Berlin. Lyrisches Epos, Roman. „Der wilde Jäger“ (1877); „Der Rattenfänger von Hameln“ (1876); „Till Eulenspiegel redivivus“ (1875); „Tannhäuser“ (1880); „Der Sülfmeister“ (1883).

Eduard von Bauernfeld.

Nach einer Originalphotographie wiedergegeben.

Eduard von Bauernfeld, geb. 13. Januar 1802 in Wien, lebt daselbst als Ehrendoktor der Universität Wien und corr. Mitglied der k. k. Akademie der Wissenschaften. Lustspiele: „Das Liebesprotokoll“ (1831); „Die Brautwerber“ (1833); „Die Bekenntnisse“ (1834); „Der literarische Salon“ (1836); „Bürgerlich und romantisch“ (1839); „Krisen“ (1850); „Großjährig“ (1849); „Moderne Jugend“ (1869).

Richard Wagner (1813—1883), **Heinrich Kruse** (geb. 1815), **Gustav Edler zu Putlitz** (geb. 1821), **Adolf Wilbrandt** (geb. 1837).

Richard Wagner.

Nach einer Zeichnung von A. [illegible] in München.

Heinrich Kruse.

Nach einer Originalphotographie umgezeichnet.

Wilhelm Richard Wagner, geb. 22. März 1813 zu Leipzig, studierte 1831 in Leipzig, wandte sich schon damals namentlich der Musik zu, 1833 Dirigent in Würzburg, nach vielfacher sonstiger Thätigkeit 1842 königl. Kapellmeister in Dresden, verließ, 1849 am Aufstande betheiligt, sein Vaterland, 1850—1852 meist in Zürich, 1863—1865 in München bei König Ludwig II., lebte 1867—1869 nachmals in München, dann meist in Bayreuth und in Italien. Er starb in Venedig 13. Februar 1883. — Wagner dichtete die Libretti zu seinen Opern selbst; es sind namentlich: „Cola Rienzi" (1840), „Der fliegende Holländer" (1841), „Tannhäuser" (1845), „Lohengrin" (1848), „Die Meistersinger von Nürnberg" (1862), „Der Ring der Nibelungen" (Rheingold, die Walküre, Siegfried, Götterdämmerung, 1853), „Parzifal" (1879), „Tristan und Isolde" (1859).

Gustav Heinrich Gans, Edler zu Putlitz, geb. 20. März 1821 zu Retzin bei Perleberg, Jurist, machte 1838—1858 größere Reisen in Italien, Frankreich, England, übernahm 1863 die Leitung des Schweriner Hoftheaters, 1867—1868 Hofmarschall Sr. kaiserl. Hoheit des Kronprinzen, seit 1873 Intendant des Karlsruher Hoftheaters. — Schon auf der Schule dichtete er: „Was sich der Wald erzählt" (gedruckt 1850); 1847 wurde sein Drama: „Die blaue Schleife" aufgeführt. Sonstige Dramen: „Das Testament des großen Kurfürsten" (1859), „Don Juan d'Austria" (1863), „Wilhelm von Oranien" (1864), „Waldemar" (1862), „Rolf Berndt" (1881).

Gustav Edler zu Putlitz.

Nach einer Originalphotographie umgezeichnet.

Adolf Wilbrandt.

Nach einer Originalphotographie umgezeichnet.

Dr. Heinrich Kruse, geb. 15. November 1815 zu Stralsund, 1844—1847 Gymnasiallehrer in Minden, 1847—1848 Mitredacteur der „Köln. Zeitung", 1848—1849 Nachfolger von Gervinus als Redacteur der „Deutschen Zeitung", 1849 Mitredacteur, seit 1855 Chefredacteur der „Köln. Zeitung", lebte als Vertreter derselben 1872—1884 in Berlin, seitdem als Privatmann in Bückeburg. — Dramen: „Die Gräfin" (1868), „Wullenwever" (1870), „König Erich" (1871), „Moritz von Sachsen" (1872), „Brutus" (1874), „Marino Faliero" (1877), „Das Mädchen von Byzanz" (1878), „Rosamunde" (1878), „Der Verbannte" (1880), „Witzlaw von Rügen" (1882), „Alexei" (1882). — „Seegeschichten" (1880).

Adolf Wilbrandt, geb. 24. August 1837 zu Rostock, Jurist, 1859—1861 Mitredacteur der „Süddeutschen Zeitung", lebte auf Reisen und in Rostock, Frankfurt a. M., München, seit 1871 in Wien, wo er seit 1. December 1881 Director des k. k. Hofburgtheaters ist. — Außer lyrischen Gedichten und Novellen verfaßte er die Trauerspiele und Schauspiele: „Arria und Messalina" (1874), „Der Graf von Hammerstein" (1870), „Gracchus, der Volkstribun" (1873), „Kriemhild" (1877), „Nero" (1876). — „Die Maler" Lustspiel, 1872).

Gustav Freytag (geb. 1816), **Paul Heyse** (geb. 1830), **Rudolf von Gottschall** (geb. 1832), **Ernst von Wildenbruch** (geb. 1845).

Gustav Freytag.
Nach einer von Friedrich Bruckmann in München angefertigten, im Verlage von Ernst Schlömp in Leipzig und Wilhelm Hoffmann in Dresden erschienenen, zur „Freytag-Galerie“ gehörigen Photographie umgezeichnet.

Gustav Freytag, geb. 13. Juli 1816 zu Kreuzburg in Oberschlesien, habilitierte sich in Breslau 1839 als Germanist, gieng 1845 nach Dresden, 1848 als Redacteur der „Grenzboten“ nach Leipzig, wo er bis zu seiner Übersiedlung nach Wiesbaden (1879) meistentheils lebte. 1854 hatte ihn der Herzog von Koburg-Gotha zum Hofrathe ernannt. — „Die Journalisten“ (unser bestes neueres Lustspiel, 1854), „Die Valentine“ (Schauspiel, 1847), „Die Fabier“ (Trauerspiel, 1859), „Der Gelehrte“ (Trauerspiel, 1844), „Graf Waldemar“ (Schauspiel, 1850). Romane: „Soll und Haben“ (1855), „Die verlorene Handschrift“ (1864), „Die Ahnen“ (1872 ff. I. „Ingo und Ingraban“, II. „Das Nest der Zaunkönige“, III. „Die Brüder vom Deutschen Hause“, IV. „Marcus König“, V. „Die Geschwister“, VI. „Aus einer kleinen Stadt“). „Bilder aus der Deutschen Vergangenheit“ (1859 bis 1862). „Die Technik des Dramas“ (1863).

Rudolf von Gottschall.
Nach einer Originalphotographie umgezeichnet.

Karl Rudolf von Gottschall, geb. 30. September 1823 zu Breslau, promovierte 1846 in Königsberg und übernahm am Stadttheater neben Woltersdorf die Direction. 1849 war er Dramaturg des Hamburger Stadttheaters und lebt seit 1865 in Dresden als Redacteur der „Blätter für literarische Unterhaltung“ und der Monatsschrift „Unsere Zeit“. Seit 1864 ist er Sachsen-Weimarischer Hofrath, seit 1875 Geheimer Hofrath und seit 1877 durch den Deutschen Kaiser in den erblichen Adelsstand erhoben. — Dramen: „Ulrich von Hutten“ (1843), „Robespierre“ (1845), „Der Blinde von Alcalá“ (1846), „Lord Byron in Italien“ (1847), „Die Marseillaise“ (1849), „Lambertine von Méricourt“ (Tragödie, 1850), „Ferdinand von Schill“ (Tragödie, 1850), „Maria Douglas“ (1852), „Die Ausgestoßene“ (1852), „Pitt und Fox“ (Lustspiel, 1855), „Mazeppa“ (Trauerspiel, 1865), „Die Diplomaten“ (Lustspiel, 1865), „Katharina Howard“ (Tragödie, 1866), „König Karl XII.“ (Tragödie, 1866), „Herzog Bernhard von Weimar“ (Tragödie, 1867), „Die Welt des Schwindels“ (Lustspiel, 1871), „Amy Robsart“ (Trauerspiel, 1871), „Der Vermittler“ (Lustspiel, 1880). — Erzählende Dichtungen: „Carlo Zeno“ (1854), „Maja“ (1863). — Romane: „Im Banne des schwarzen Adlers“ (1876), „Welke Blätter“ (1877), „Das goldene Kalb“ (1880), „Die Papierprinzessin“ (1883). — Ästhetisch-literarische Schriften: „Die Deutsche Nationallitteratur in der ersten Hälfte des 19. Jahrhunderts“ (1855), „Poetik“ (1858).

Paul Heyse.
Nach einer Originalphotographie umgezeichnet.

Ernst von Wildenbruch.
Directe Wiedergabe einer Originalphotographie.

Paul Johann Ludwig Heyse, geb. 15. März 1830 zu Berlin, studierte neuere Philologie, machte 1852 eine Italienische Studienreise, lebt seit 1854 in München als Schriftsteller. — Gesammelte Novellen in Versen (zwei Sammlungen), Novellen in Prosa (bis jetzt sechzehn Sammlungen), Dramatische Dichtungen (bis jetzt dreizehn Bände); Romane: „Die Kinder der Welt“ (1873), „Im Paradiese“ (1876). — „Spanisches Liederbuch“ (mit Geibel, 1852), „Italienisches Liederbuch“ (1860), „Skizzenbuch“ (Lieder und Bilder, 1870).

Ernst von Wildenbruch, geb. 3. Februar 1845 in Beirut (Syrien) als Sohn des dortigen Preußischen Consuls, erzogen in Athen und Constantinopel, nach Deutschland zurückgekehrt, in Halle und Berlin. Im Cadettencorps ausgebildet, war er 1863—1865 Offizier. Die beiden Kriege (1866 und 1870—1871) hat er mitgemacht. Studierte, nach Absolvierung des Abiturientenexamens, Rechtswissenschaft, wurde 1877 zum Assessor ernannt und trat in das Auswärtige Amt zu Berlin, wo er jetzt lebt. — „Harold“ (1882), „Die Karolinger“ (1882), „Der Mennonit“ (1882), „Christoph Marlow“ (1884), „Das neue Gebot“ (1886).

Friedr. Spielhagen (geb. 1829), Felix Dahn (geb. 1834), Georg Ebers (geb. 1837), Gottfr. Keller (geb. 1819), Wilh. Raabe (geb. 1831).

F. Spielhagen

Friedrich Spielhagen.

Nach einer Originalphotographie umgezeichnet.

Friedrich Spielhagen, geb. 24. Februar 1829 zu Magdeburg, gab die beabsichtigte akademische Laufbahn auf und lebte als Schriftsteller in Leipzig, Hannover und seit 1862 in Berlin. — Romane: „Problematische Naturen" (1861), mit Fortsetzung: „Durch Nacht zum Licht" (1862), „Die von Hohenstein" (1864), „In Reih' und Glied" (1866), „Hammer und Amboß" (1869), „Allzeit voran" (1871), „Was die Schwalbe sang" (1873), „Sturmflut" (1876), „Angela" (1881), „Uhlenhans" (1884). — Novellen: „Die Dorfkokette" (1868), „Hans und Grete", eine Dorfgeschichte (1867), „Deutsche Pioniere" (1868), „Röschen vom Hofe" (1864), „In der zwölften Stunde" (1862), „Ultimo" (1871), „Clara Vere" (1857).

Felix Ludwig Julius Dahn, geb. 9. Februar 1834 zu Hamburg, aufgewachsen in München, habilitierte sich daselbst 1857 für Deutsche Rechtsgeschichte, wurde 1863 außerordentlicher, 1865 ordentlicher Professor in Würzburg, ist seit 1872 ordentlicher Professor in Königsberg. — Historische Romane: „Sind Götter?" (1874), „Ein Kampf um Rom" (1876), „Felicitas" (1882), „Bissula" (1883), „Odhins Trost" (1880). — Historische Schriften: „Die Könige der Germanen" (1861 ff.), „Procopius von Cäsarea" (1865), „Bausteine" (1879—1883). — Mythologische Schriften: „Walhall, germanische Götter- und Heldensagen" (1884, zusammen mit seiner Frau Therese, geb. Freiin von Droste-Hülshoff). — „Gedichte" (1857), „Balladen und Lieder" (1878), „Der Courier nach Paris" (Lustspiel, 1863).

Felix Dahn

Felix Dahn.

Nach einer Originalphotographie umgezeichnet.

Georg Ebers

Georg Ebers.

Nach einer Originalphotographie umgezeichnet.

Georg Moritz Ebers, geb. 1. März 1837 zu Berlin, ließ sich 1865 in Jena als Privatdocent für Ägyptologie nieder, wurde dort 1868 außerordentlicher Professor, bereiste 1869, 1870 und 1872 Ägypten und ist seit 1875 ordentlicher Professor der Ägyptologie in Leipzig. — Historische Romane: „Eine ägyptische Königstochter" (1864), „Uarda" (1877), „Homo sum" (1878), „Die Schwestern" (1880), „Der Kaiser" (1881), „Die Frau Bürgemeisterin" (1882), „Ein Wort" (1882), „Serapis" (1884).

Dr. Gottfr. Keller

Gottfried Keller.

Nach einer Originalphotographie umgezeichnet.

Gottfried Keller, geb. 19. Juli 1819 zu Zürich, bildete sich in München zum Maler aus, gab sich später ganz litterarischen Studien hin und ließ 1846 einen Band „Gedichte" erscheinen. Erst 1848 besuchte er einige Deutsche Hochschulen als Hörer philosophischer Fächer. Später bekleidete er in Zürich 15 Jahre lang ein öffentliches Amt, das er 1876 niederlegte, um wieder ausschließlich litterarischen Werken zu leben. — Romane und Erzählungen: „Der grüne Heinrich" (1854), „Die Leute von Seldwyla" (1856), „Züricher Novellen", „Das Sinngedicht" (1882), „Die Hochzeit des Mönchs" (1883). — „Gesammelte Gedichte" (1883), „Sieben Legenden" (1872).

Wilhelm Karl Raabe (Jakob Corvinus), geb. 8. September 1831 zu Eschershausen bei Braunschweig, 1849—1853 Buchhändler, studierte seit 1855 in Berlin, wohnte dann als Schriftsteller in Wolfenbüttel, Stuttgart und seit 1870 in Braunschweig. — Romane und Erzählungen: „Die Chronik der Sperlingsgasse" (1857), „Die Kinder von Finkenrode" (1859), „Nach dem großen Kriege" (1861), „Unsers Herrgotts Kanzlei" (1862), „Die Leute aus dem Walde" (1863), „Der Hungerpastor" (1864), „Abu Telfan", oder: „Die Heimkehr vom Mondgebirge" (1867), „Der Schüdderump" (1870), „Der Dräumling" (1872), „Horacker" (1876), „Alte Nester" (1880), „Pfisters Mühle" (1884).

Wilh. Raabe

Wilhelm Raabe.

Nach einer Originalphotographie umgezeichnet.

Leopold von Ranke (1795—1886).

Franz Leopold von Ranke, geb. 21. December 1795 zu Wiehe bei Eckartsberge (Preuß.-Thüringen), wurde in Schulpforte zur Universität vorgebildet, studierte in Leipzig Philologie und Geschichte, war seit 1818 Oberlehrer am Gymnasium zu Frankfurt a. d. Oder, wurde 1825 außerordentlicher, 1834 ordentlicher Professor der Geschichte an der Berliner Universität, an welcher er bis zum Schlusse des Sommersemesters 1871 als Lehrer thätig war. 1832 war er Mitglied der Berliner Akademie geworden, wurde 1841 zum Historiographen des Preußischen Staates, 1854 zum Mitglied des Staatsrathes ernannt. 1859 wurde er Vorsitzender der vom König Maximilian von Baiern gegründeten historischen Commission, 1865 in den erblichen Adelsstand erhoben, 1867 Kanzler des Ordens pour le mérite; 1882 folgte seine Ernennung zum wirklichen Geheimen Rathe mit dem Prädicate Excellenz. Er starb zu Berlin den 23. Mai 1886. — Werke: „Geschichte der romanischen und germanischen Völker von 1494—1535" (1824), „Zur Kritik neuerer Geschichtsschreiber" (1824), „Fürsten und Völker von Südeuropa im 16. und 17. Jahrhundert" (1827; später neu bearbeitet als: „Die Osmanen und die Spanische Monarchie im 16. und 17. Jahrhundert", 1878), „Die serbische Revolution" (1829; später umgearbeitet als: „Serbien und die Türkei im 19. Jahrhundert", 1879), „Die Verschwörung gegen Venedig im Jahre 1618" (1831; später umgearbeitet als: „Zur Venetianischen Geschichte", 1878), „Vorlesungen zur Geschichte der Italienischen Poesie" (1837), „Die römischen Päpste, ihre Kirche und ihr Staat im 16. und 17. Jahrhundert" (1834—1837), „Deutsche Geschichte im Zeitalter der Reformation" (1839 bis 1847), „Neun Bücher Preußischer Geschichte" (1847—1848; später vermehrt als: „Zwölf Bücher Preußischer Geschichte", 1874 ff.), „Französische Geschichte, vornehmlich im 16. und 17. Jahrhundert" (1852 bis 1861), „Englische Geschichte, vornehmlich im 17. Jahrhundert" (1859—1867), „Geschichte Wallensteins" (1869), „Zur Deutschen Geschichte, vom Religionsfrieden bis zum dreißigjährigen Kriege" (1869), „Der Ursprung des siebenjährigen Krieges" (1871), „Die Deutschen Mächte und der Fürstenbund" (1871), „Abhandlungen und Versuche" (1872), „Aus dem Briefwechsel Friedrich Wilhelms IV. mit Bunsen" (1873), Ursprung und Beginn der Revolutionskriege 1791 und 1792" (1875), „Zur Geschichte von Österreich und Preußen zwischen den Friedensschlüssen zu Aachen und Hubertusburg" (1875), „Denkwürdigkeiten des Staatskanzlers Fürsten von Hardenberg" (1876—1877), „Historisch-biographische Studien" (1878; Consalvi, Savonarola, Filippo Strozzi und Cosimo, erster Großherzog von Toscana, Don Carlos). Sein letztes Werk ist die „Weltgeschichte", erschienen seit 1881. Bei seinem Tode waren 6 Theile in 12 Bänden erschienen. Der letzte Band (erschienen 1885) schließt mit der Geschichte des Kaisers Otto I. ab.

Ranke

Leopold von Ranke.

[illegible] dem Gemälde des Professors Julius Schrader; directe Wiedergabe einer [illegible] Photographie.

Leopold von Ranke im 91. Lebensjahre.

[illegible] aus einer Originalphotographie.

Johann Gustav Droysen (1808—1884), **Max Duncker** (1811—1886), **Georg Waitz** (1813—1886), **Heinrich von Sybel** (geb. 1817).

Johann Gustav Droysen.

Ausschnitt aus einer Originalphotographie

Johann Gustav Droysen, geb. 6. Juli 1808 zu Treptow a. d. Tollense, 1833 Privatdocent, 1835 außerordentlicher Professor der Geschichte in Berlin, 1840 ordentlicher Professor in Kiel, Mitglied der Frankfurter Nationalversammlung, 1851 in Jena, 1859 in Berlin Professor, war auch Mitglied der dortigen Akademie, starb in Berlin den 19. Juni 1884. — Geschichtliche Werke: „Geschichte Alexanders des Großen" (1833), „Geschichte des Hellenismus" (1836—1843), „Leben des Feldmarschalls Grafen York von Wartenburg" (1851—1852), „Geschichte der Preußischen Politik" (1855—1884; unvollendet). — Übersetzungen: „Die Tragödien des Aschylos" (1832), „Die Komödien des Aristophanes" (1835—1838).

Max Duncker.

Ausschnitt einer Kreidezeichnung

Maximilian Wolfgang Duncker, geb. 15. October 1811 zu Berlin, wurde als Mitglied der Burschenschaft zu sechsjähriger Festungshaft verurtheilt, aber bald begnadigt, 1839 Privatdocent der Geschichte in Halle, 1842 außerordentlicher Professor daselbst, Mitglied der Frankfurter Nationalversammlung und des Erfurter Volkshauses und des ersten Preußischen Landtages, 1857 ordentlicher Professor in Tübingen, 1859 als Geheimer Regierungsrath ins Ministerium nach Berlin berufen, wurde 1861 Vortragender Rath beim Kronprinzen, 1866 zeitweise Civilcommissar in Kurhessen, 1867 Director der Staatsarchive und trat 1874 als Geheimer Oberregierungsrath in den Ruhestand, setzte jedoch seine Lehrthätigkeit an der Berliner Kriegsakademie fort. Am 21. Juli 1886 starb er auf der Reise in Bayreuth. Er war Mitglied der Berliner und Münchener Akademie und Historiograph des Preußischen Staates. — Hauptwerk: „Geschichte des Alterthums" (1852 ff.), „Die Krisis der Reformation" (1845), „Zur Geschichte der Reichsversammlung in Frankfurt" (1849), „Heinrich von Gagern" (1850), „Vier Monate auswärtiger Politik" (1851), „Feudalität und Aristokratie" (1858), „Aus der Zeit Friedrichs des Großen und Friedrich Wilhelms III." (1876).

Georg Waitz.

Verkleinerter Ausschnitt aus einer Radierung von Hans Meyer vom Jahre 1883 nach einem Gemälde von Ludwig Knaus

Heinrich von Sybel.

Ausschnitt aus einer Originalphotographie

Georg Waitz ist geb. 9. October 1813 zu Flensburg. Er wandte sich zuerst der Jurisprudenz zu, wurde aber in Rankes Seminare (1833—1834) ganz für die Geschichte gewonnen. Seit 1836 war er in Hannover als Mitarbeiter an den Monumenta Germaniae historica, 1842 wurde er außerordentlicher Professor der Geschichte in Kiel. Er nahm sehr entschieden gegen Dänemark Stellung, wurde Abgeordneter der Nationalversammlung, nahm 1849 eine ihm schon 1847 angebotene Professur in Göttingen an, wurde 1875 nach Berlin als Geheimer Regierungsrath an die Spitze der Herausgabe der Monumenta Germaniae historica berufen, wurde Mitglied der Berliner Akademie, starb zu Berlin den 24. Mai 1886. — Hauptwerk: „Deutsche Verfassungsgeschichte" (1844 ff., sieben Bände), „Schleswig-holsteinische Geschichte" (1851—1854), „Lübeck unter Jürgen Wullenwever und die Europäische Politik" (1855—1856). Im Jahre 1842 entdeckte er die Merseburger Zaubersprüche (siehe Seite 6) und im Jahre 1840 in der Pariser Bibliothek wichtige Lebensnachrichten über Ulfilas.

Heinrich von Sybel, geb. 2. December 1817 zu Düsseldorf, studierte seit 1834 in Berlin unter Ranke, promovierte 1838, habilitierte sich 1840 in Bonn für Geschichte, wurde dort 1844 außerordentlicher, 1845 in Marburg ordentlicher Professor, war Mitglied des Frankfurter Parlamentes, wurde 1856 als Professor nach München, 1861 nach Bonn berufen. Er war wiederholt Mitglied des Preußischen Abgeordnetenhauses und Reichstages. 1875 wurde er Director der Preußischen Staatsarchive, als welcher er mit dem Range eines Rathes erster Klasse und dem Titel eines Wirklichen Geheimen Oberregierungsrathes in Berlin lebt. Den Akademien von Berlin und München gehört er als Mitglied an; 1886 wurde er an Rankes Stelle Vorsitzender der Münchener historischen Commission. — Hauptwerke: „Geschichte der Revolutionszeit von 1789 bis 1795" (1853 ff.), „Geschichte der Revolutionszeit von 1795—1800" (1879). — „Geschichte des ersten Kreuzzugs" (1841), „Der heilige Rock zu Trier und die anderen zwanzig ungenähten Röcke Christi" (1844, zusammen mit Gildemeister), „Die Entstehung des deutschen Königthums" (1844), „Die Erhebung Europas gegen Napoleon" (1860), „Prinz Eugen von Savoyen" (1861), „Die Deutsche Nation und das Kaiserreich" (1862), „Kleine historische Schriften" (1863—1881), „Historische Zeitschrift" (1859).

Wilhelm von Giesebrecht.
Nach einer Originalphotographie.

Theodor Mommsen.
Nach einer Originalphotographie ausgeführt.

Friedrich Wilhelm Benjamin von Giesebrecht, geb. 5. März 1814 zu Berlin, machte hier seine Schul- und Universitätsstudien, wurde 1837 ordentlicher Lehrer am Joachimsthalschen Gymnasium daselbst, erhielt 1857 eine ordentliche Professur für Geschichte in Königsberg, wurde 1862 in gleicher Eigenschaft nach München berufen; 1872 wurde er Geheimrath; auch wurde er in den Adelstand erhoben. Er ist Mitglied der Akademieen zu München, Berlin, Wien, Turin u. a. — Hauptwerk: „Geschichte der Deutschen Kaiserzeit" Bd. I—V, 1 (1855—1885). „Deutsche Reden" (1871).

Christian Mathias Theodor Mommsen, geb. 30. November 1817 zu Garding (Schleswig-Holstein), studierte 1838 bis 1843 in Kiel Rechtswissenschaft, Geschichte und Philologie, war 1844 bis 1847 auf wissenschaftlichen Reisen, 1848 Redacteur der „Schleswig-Holsteinischen Zeitung", in demselben Jahre außerordentlicher Professor der Rechtswissenschaften in Leipzig, wurde 1850 wegen seiner politischen Haltung von seinem Amte entsetzt, erhielt 1852 eine ordentliche Professur für Römisches Recht in Zürich, ging 1854 in gleicher Eigenschaft nach Breslau und 1857 als solcher nach Berlin. — Von seinen fachwissenschaftlichen juristischen, epigraphischen, philologischen, antiquarischen Arbeiten muß hier abgesehen werden; hierher gehört seine „Römische Geschichte" (seit 1854).

Heinrich Gotthard von Treitschke, geb. 15. September 1834 zu Dresden, studierte Geschichte und Staatswissenschaften, war 1858 Docent in Leipzig, 1863 Professor zu Freiburg i. B., ging bei Badens deutschfeindlicher Haltung 1866 nach Berlin an die Redaction der „Preußischen Jahrbücher", wurde 1866 in Kiel, 1867 in Heidelberg, 1874 in Berlin Professor, erhielt 1875 den Titel Geheimer Regierungsrath. — Hauptwerk: „Deutsche Geschichte im 19. Jahrhundert" (I. 1879, II. 1882, III. 1885). — „Historische und politische Aufsätze" (1865), „Zehn Jahre Deutscher Kämpfe" (1874), „Vaterländische Gedichte" (1856).

Heinrich von Treitschke.
Nach einer Originalphotographie ausgeführt.

Wilhelm Heinrich von Riehl.
Nach einer Originalphotographie ausgeführt.

Wilhelm Heinrich von Riehl, geb. 6. Mai 1823 zu Biebrich am Rhein, studierte Theologie, und nach Absolvierung des theologischen Examens Kunst und Geschichte. 1845—1851 redigierte er verschiedene Zeitungen in Frankfurt, Karlsruhe, Wiesbaden, war hier auch als Leiter des Hoftheaters beschäftigt, war 1848 Mitglied der Deutschen Nationalversammlung, 1851—1854 Mitredacteur der „Augsburger Allgemeinen Zeitung". Er wurde 1854 Professor der Staatswissenschaft, 1859 Professor der Kulturgeschichte in München, 1862 Mitglied der Münchener Akademie, 1883 in den Adelstand erhoben. — Kulturhistorische Werke: „Naturgeschichte des Volkes, als Grundlage einer Deutschen Socialpolitik" (1851—1869), „Die Pfälzer" (1857), „Kulturstudien aus drei Jahrhunderten" (1859), „Die Deutsche Arbeit" (1861). — Novellen und Romane: „Kulturgeschichtliche Novellen" (1856), „Geschichten aus alter Zeit" (1863—1865), „Aus der Ecke" (1874), „Burg Neideck" (1876), „Am Feierabend" (1881). — „Musikalische Charakterköpfe" (1853 ff.).

Anton Springer (geb. 1825), **Wilhelm Lübke** (geb. 1827), **Alfred Woltmann** (1841—1880), **Wilhelm Roscher** (geb. 1817).

Anton Springer.

Nach einer Originalphotographie umgezeichnet.

Anton Springer, geb. 13. Juli 1825 in Prag, studierte in Prag, München und Berlin Geschichte und Kunstgeschichte, 1848 Privatdocent für Geschichte in Prag, gab aus politischen Gründen seine Stelle auf und machte größere Reisen zu kunsthistorischen Zwecken, 1852 Privatdocent für Kunstgeschichte in Bonn, 1860 Professor daselbst, 1872 Professor in Straßburg, 1873 Professor in Leipzig. — Geschichtliche Werke: „Geschichte des Revolutionszeitalters" (1849), „Geschichte Österreichs seit dem Wiener Frieden" (1863—1864), „Friedrich Christoph Dahlmann, Biographie" (1870—1872). — Kunstgeschichtliche Werke: „Handbuch der Kunstgeschichte" (1855), „Geschichte der bildenden Künste im 19. Jahrhundert" (1858), „Bilder aus der neueren Kunstgeschichte" (1867), „Raffael und Michel Angelo" (1877), „Geschichte der alten niederländischen Malerei" (Übersetzung des Werkes von Crowe und Cavalcaselle; 1875).

Wilhelm Lübke.

Radierung von T. Raab. Von Herrn Prof. Lübke für den Bilderatlas überlassen.

Wilhelm Lübke, geb. 17. Januar 1827 zu Dortmund, studierte Anfangs Philologie, dann Kunstgeschichte, wurde 1857 Professor der Kunstgeschichte an der Berliner Bauakademie, kam 1861 in gleicher Eigenschaft nach Zürich, 1866 nach Stuttgart, 1885 nach Karlsruhe, wo er auch Director der Gemäldegallerie ist. — Kunsthistorische Schriften: „Geschichte der Architectur" (1855), „Grundriß der Kunstgeschichte" (1860), „Abriß der Geschichte der Baukunst" (1861), „Geschichte der Plastik" (1863), „Geschichte der Italienischen Malerei vom 4. bis 16. Jahrhundert" (1878), „Geschichte der Deutschen Renaissance-Architectur" (1873).

Alfred Woltmann.

Ausschnitt aus einem Holzschnitte in Lützows „Zeitschrift für bildende Kunst", 1880, Seite 233.

Alfred Woltmann, geb. 18. Mai 1841 zu Charlottenburg, war erst in Carlsruhe, 1874 in Prag, 1878 in Straßburg Professor der Kunstgeschichte, starb zu Mentone den 6. Februar 1880. — Hauptwerk: „Holbein und seine Zeit" (1866—1868). — „Geschichte der Deutschen Kunst im Elsaß" (1876), „Aus vier Jahrhunderten niederländisch-deutscher Kunstgeschichte" (1878), „Geschichte der Malerei" (1878 ff.; unvollendet).

Wilhelm Roscher.

Nach einer Originalphotographie umgezeichnet.

Wilhelm Roscher, einer der Hauptvertreter der historischen Methode der Nationalökonomie, geb. 21. October 1817 zu Hannover, studierte 1835—1839 in Göttingen und Berlin, 1840 Privatdocent, 1843 außerordentlicher, 1844 ordentlicher Professor der Nationalökonomie in Göttingen, seit 1848 Professor in Leipzig, 1855 auch Hofrath. — „System der Volkswirthschaft" (I. „Die Grundlagen der Nationalökonomie", 1854; II. „Nationalökonomie des Ackerbaues und der verwandten Urproductionen", 1860; III. „Nationalökonomie des Handels und Gewerbefleißes", 1881), „Geschichte der Nationalökonomie in Deutschland" (1874), „Ansichten der Volkswirthschaft aus dem geschichtlichen Standpunkte" (1861).

Friedrich Theodor von Vischer (geb. 1807), **Kuno Fischer** (geb. 1824), **Eduard von Hartmann** (geb. 1842).

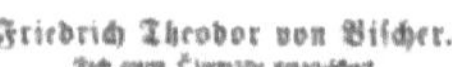

Friedrich Theodor von Vischer.

Nach einem Gemälde ausgeführt.

Kuno Fischer.

Nach einer Originalphotographie ausgeführt.

Friedrich Theodor von Vischer, der Ästhetiker, geb. 30. Juni 1807 zu Ludwigsburg, bezog 1825 die Universität Tübingen als Theologe, 1830 war er Vikar in Horrheim, 1831 Repetent in Maulbronn, machte 1832 bis 1833 (wie auch namentlich 1839—1840 und 1843) große Reisen zum Studium der Kunst, wurde 1833 Repetent in Tübingen, habilitierte sich daselbst 1836, wurde 1837 außerordentlicher, 1844 ordentlicher Professor der Ästhetik und Litteraturgeschichte. 1845—1847 war er wegen seiner politischen Richtung von seinem Amte enthoben, gehörte dem Frankfurter und dem Rumpfparlamente an, gieng 1855 als Professor an das Polytechnikum in Zürich, kehrte 1866 als solcher nach Tübingen zurück, wurde 1867 in gleicher Eigenschaft an das Polytechnikum nach Stuttgart berufen und 1870 in den Adelstand erhoben. — Hauptwerk: „Ästhetik oder Wissenschaft des Schönen" (1847 ff.), „Über das Erhabene und Komische" (1837), „Kritische Gänge" (1844 ff.), „Altes und Neues" (1881 ff.), „Auch Einer" (eine Reisebekanntschaft; 1879), „Mode und Cynismus" (1879), „Faust, der Tragödie dritter Theil von Deutobold Symbolizetti Allegoriowitsch Mystifizinsky" (1862), „Goethes Faust" (Neue Beiträge zur Kritik; 1875), „Lyrische Gänge" (Gedichte, 1882), „Epigramme aus Baden-Baden" (1867). Seine Balladen, die er als „Schartenmayer" sang, sind schnell bekannt geworden. Als Schartenmayer dichtete er auch: „Der deutsche Krieg" (1871).

Dr. E. v. Hartmann

Eduard von Hartmann.

Nach einer Originalphotographie.

Kuno Berthold Fischer, geb. 23. Juli 1824 zu Sandewalde bei Herrnstadt in Schlesien, 1850 Privatdocent in Heidelberg, 1855 Professor der Philosophie in Jena, seit 1872 in gleicher Eigenschaft in Heidelberg, Geheimer Hofrath daselbst, seit dem Heidelberger Universitäts-Jubiläum (August 1886) wirklicher Geheimer Hofrath mit dem Prädikate Excellenz. — Hauptwerk: „Geschichte der neueren Philosophie" (1852 ff.). — „Kants Leben und die Grundlage seiner Lehre" (1860), „Franz Baco von Verulam" (1856), „Baruch Spinozas Leben und Charakter" (1865). — „Akademische Reden" (1862), „System der Logik und Metaphysik oder Wissenschaftslehre" (1852), „Über die Entstehung und die Entwicklungsformen des Witzes" (1871). — „Schillers Selbstbekenntnisse" (1858), „Schiller als Philosoph" (1858), „Lessings Nathan der Weise" (1864), „Goethes Faust" (1878), „Lessing als Reformator der Deutschen Litteratur" (1881).

Eduard von Hartmann, geb. 23. Februar 1842 zu Berlin, absolvierte das Gymnasium, trat 1858 in die Armee, schied 1865 (in Folge eines Knieleidens) mit dem Charakter eines Premierlieutenants aus, lebt seitdem seinen Studien in Berlin, seit 1885 in Lichterfelde bei Berlin. — Hauptwerk: „Philosophie des Unbewußten" (1869). — „Kritische Grundlegung des transcendentalen Realismus" (1875), „Phänomenologie des sittlichen Bewußtseins" (1879), „Philosophische Fragen der Gegenwart" (1885). — „Aphorismen über das Drama" (1870). Unter dem Namen Karl Robert verfaßte er „Dramatische Dichtungen" („Tristan und Isolde", „David und Bathseba", Trauerspiele, 1871).

Alphabetisches Register.

Abbt 172.
Abraham a Sancta Clara 112.
Adamberger, Antonie 266.
Adelung XX.
Agricola 90.
Turmair von Aist 21.
Albert H. 124.
Albertinus 114, 115.
Alberus 91.
Albrecht, Dichter des jüngeren Titurel 47.
Albrecht von Eybe 65.
Albrecht von Kemenaten 29.
„Alexanderlied" des Pfaffen Lamprecht 16.
(Alexis W.) Haering 299.
„Almanac des muses" 187.
„Alpharts Tod" 27.
„Altnordisches" 4.
„Altsächsisches" 10.
„Amadis aus Frankreich" 107.
Amalia, Herzogin von Sachsen-Weimar 237.
Amalia, Herzogin von Sachsen (Amalia Heiter) 265.
„Ammonius" 9.
Andersen 297.
(Angelus Silesius) Scheffler 128.
Angely 265.
„Annolied" 16.
Anton Ulrich, Herzog von Braunschweig 137.
von Archenholz 217.
Arndt, E. M. 268.
von Arnim, Achim 262.
von Arnim, Bettina 270.
„Athis und Prophilias" 32.
Hartmann von Aue 33, 34.
Auerbach 297.
von Auersperg, Graf (Anastasius Grün) 292.
(Aventinus) Turmair 92.
Baggesen 253.
Bahrdt 172.
Barthusen 70.
Basedow 184.
von Bauernfeld 304.
Becker, N. J. 192, 257.
Beer 265.
Behaim 82.
„Bremer Beiträge" 148.
Benedix 295.
Benecke XXII.
von Bengel-Sternau, Graf 250.
„Beowulf" 3.
„Bergkreyen" 88, 89.
von Bernstorff, Graf 159.
Berthold von Regensburg 49.
von Besser 142.
„Bibelübersetzungen":
Gothische 2, 3,
erste gedruckte (1466) 63.
Luthers Septemberbibel 85,
„ erste vollständige 87.
„Biterolf" 68.
von Birken (Betulius) 120.
Bitzius (Jeremias Gotthelf) 297.
Blumauer 251.
[Blumenorden] 125.
Bode 239.
von Bodenstedt 312.
Bodmer 147.
Böhme 115.
Börne 287.
Boie 187.
Bonet 51.
Bopp XXII.
von Branconi geb. von Elsner 204.
Brant 73.
Breitinger 147.
„Bremer Beiträge" 148.
Brentano 262.
Brion, Friederike 197.
Brockes 144.
Buchholz 137.
Bürger 189.
Buff, Lotte 198, 199.
Büttner 167.
Campe 212.
von Canitz, Freiherr 142.
Castelli 284.
Celtes 72.
von Chamisso 276.
Claius 126.
Claudius 193.
(Clauren) Heun 269.
„Claus Narr", Volksbuch 107.
von Collin, H. J. 259.
von Cotta, Freiherr 257.
von Cronegk 168.
Dach 124.
Dahlmann 271.
Dahn 307.
von Dalberg, K. Th., Reichsfreiherr (Fürst Primas) 208.
von Dalberg, W. H. (der Intendant) 220.
Dedekind 101.
Denis 251.
Devrient, L. 283.
[Deutschgesinnte Genossenschaft] 125.
[Insignien der Dichterkrönung] 72.
Dietmar von Aist 21.
„Dietrichs Flucht" 28.
„Dietrich und seine Gesellen" 29.
„Dietrichs Drachenkämpfe" 29.
„Dietrichs erste Ausfahrt" 29.
von Dingelstedt, Freiherr 299.
von Droste-Hülshoff, Annette, Freiin 292.
Droysen 309.
Duncker 309.
(Dunkelmänner) Obscuri viri 84.
von Ebert, Egon 300.
Ebert, Johann Arnold 148.
„Edda" 4.
„Eckenlied" 29.
von Eichendorff, Freiherr 268.
„Straßburger Eide" 11.
Eike von Repgow 50.
Eilhard von Oberge 31.
von Einsiedel 237.
Ekhof 218.
Ekkehard I. 14.
Ekkehard IV. 14.
[Elbschwanenorden] 127.
Rudolf von Ems 45.
Engel 213.
„Englische Komödien" 112.
„Epistolae obscurorum virorum" 84.
„Herzog Ernst" 19, 106.
Wolfram von Eschenbach 35—37, 47.
„Eulenspiegel", Volksbuch 71.
„Exhortatio ad plebem Christianam" 8.
Albrecht von Eybe 65.
„Faust", Volksbücher 108, 109.
von Feuchtersleben, Freiherr 284.
Feyerabend 106.
Fichte 245.
„Finkenritter", Volksbuch 109.
Fischart 102—105.
Fischer, Kuno 312.
Flemming 122.
„Flos und Blanscheflur" 19.
„Flugblatt, politisch-satirisches" 117.
Folz 61.
Forster, Georg (Musiker) 89.
Forster G. 250.
Forster R. 250.
„Fortunatus", Volksbuch 71.
Fouqué 262.
Franckfurter 96.
Franziska von Hohenheim 218.
(Frauenlob) Heinrich von Meißen 48.
Freidank 41.
Freiligrath 290, 291.
Frey 101.
Freytag 306.
Friedrich von Hausen 22.
Friedrich V., König von Dänemark 159.
Friedrich II., König von Preußen 156.
Friedrich, Kurfürst von Sachsen 72.
Friedrich, Herzog von Schleswig 228.
Frischlin 100.
von Fritsch, Henriette 237.
[Fruchtbringende Gesellschaft] 118, 119.
Konrad von Fußesbrunnen 32.
Wernher der Gärtner 44.
Garve 213.
von Gaudy, Freiherr 277.
„Wessobrunner Gebet" 5.
Geibel 301.
Geiler von Kaisersberg 74.
Gellert 150.
„Millstätter Genesis" 18.
[Deutschgesinnte Genossenschaft 125.]
Geraldus 11.
Gerhardt 129.
von Gerok 303.
Gerstäcker 299.
von Gerstenberg 251.
Gervinus XXIV.
[Fruchtbringende Gesellschaft] 118, 119.
Gesner, Konrad XIX.
Geßner, Salomon, V, 155.
„Gesta Romanorum" 66.
von Giesebrecht, W. 310.
Gleim 151, 152.
Heinrich der Glichezare 19.
von Göchhausen, Luise 237.
von Goeckingk 191.
Göschen 257.
Goethe III, 194—215, 237.
Goethes Vater 194.
Goethes Mutter 194.
Goethes Schwester 194.
Goeze 166.
„Gotisches" 2, 3.
Gottfried von Neifen 42.
Gottfried von Straßburg 34.
(Jeremias Gotthelf) A. Bitzius 297.
von Gottschall 306.
Gottsched 146.
Gottschedin 146.
Grabbe 264.
Gratius 84.
Gretchen, Goethes Jugendfreundin (?) 195.
Grillparzer 282.
Grimm, Jacob XXI.
Grimm, Wilhelm XXI.
von Grimmelshausen 132, 133.
Groth 304.
(Anastasius Grün) Graf Auersperg 292.
Gryphius, Andreas 134.
Gryphius, Christian 135.
„Gudrun" 26.
Günther 143.
(Gutkel von Bosiewitz) 224.
Gutzkow 287.
von Hackländer 299.
Hadamar von Laber 51.
Haering (W. Alexis) 299.
von Hagedorn 145.
von der Hagen, XX.
Reinmar von Hagenau 22.
Hahn-Hahn, Ida, Gräfin 298.
von Haller 145.
(Halm) Münch-Bellinghausen 285.
Hamann 178.
Hamerling 304.
von Hardenberg (Novalis) 261.
Harsdörffer 126.
Hartlieb 64.
Hartmann von Aue 33, 34.
von Hartmann, Ed. 312.
Hartmann, Moritz 290.
Hauff 280.
Haug 256.
Haupt XXV.
Friedrich von Hausen 22.
Hebbel 295.
Hebel 258.
Hegel 270.
Konrad von Heimesfurt 32.
Heine 286.
Heinrich Julius, Herzog von Braunschweig 112.
Heinrich der Glichezare 19.
Heinrich von Laufenberg 61.
Heinrich von Meißen (Frauenlob) 48.
Heinrich von Morungen 32.
Heinrich von Ofterdingen 47.
Heinrich von Veldeke 31, 32.
Heinrich der Vogler („Rabenschlacht") 28.
Heinse 185.
(Amalia Heiter), Amalia, Herzogin von Sachsen 265.
„Heldenbuch" 68, 69.
„Heliand" 10.
Herbart 270.
Herder 178—183, 237.
Herders Frau 179.
Herloßsohn 284.
Hermann, Pfalzgraf von Sachsen, Landgraf von Thüringen 47.
Hermes 218.
Herwegh, 288.
Herzlieb, Minchen 210.
„Herzog Ernst" 19, 106.
Heun (Clauren) 269.
Heyse 306.
„Hildebrandslied", altes 6, 7.
„Hildebrandslied", neueres 68.
von Hippel 249.
Höfer 299.
Hölderlin 254.
Hölty 187.
Hoffmann, E. T. Amadeus 263.
Hoffmann, Heinrich (von Fallersleben) XXIII. 289.
von Hoffmannswaldau 135.
von Hohenheim, Franziska 218.
von Holtei 298.
(von Horn) W. Oertel.
Holtzmann XXV.
von Houwald 264.
„Hugdietrich" 29, 69.

Alphabetisches Register.

Hugo von Trimberg 51.
Hugo Graf von Montfort 53.
(Humanismus) 72.
von Humboldt, Alexander 286.
von Humboldt, Wilhelm 245.
von Hutten 82, 83.
Iffland 211
Immermann 275.
(Insignien der gekrönten Dichter) 72.
Jacobi, F. H. 213.
Jacobi, J. G. 153.
(Jean Paul) Richter 258.
Jerusalem 198, 199.
Johann von Montevilla 67.
Johann, König von Sachsen 282
John, Goethes Sekretär 213
Jung Stilling 183
Janus XIX
Kästner 202
„Kaiserchronik" 17
Geiler von Kaisersberg 74
von Kalb Charlotte 223.
„Pfaff vom Kalenberg", Volksbuch 66.
Kant 244.
Karl August, Herzog von Sachsen-Weimar 238
Karl der Große („Monatsnamen") 9.
Karsch, Anna Louise 153
Kaspar von der Roen 68.
Kehrein 56.
Keller, Gottfried 307.
Alberich von Kemenaten 29
Kerner 279.
Kestner 198, 199
Kinkel 280
Kirchhof 101.
„Die Klage" 24.
Klaj 128
von Kleist, Ewald 154, 155.
von Kleist, Heinrich 261.
von Klettenberg, Susanne 197
von Klinger 184
Klingsor von Ungarland 17
„Klopfan" 56
Klopstock 156—164
Klopstocks Mutter 158
Klopstocks Frau, Meta 158
Klotz 166
Knapp 288
von Knebel 239
von Knigge, Freiherr 218
von Kobell 303
Koberstein IV
„König Rother" 17
Körner, Gottfried 224.
Körner, Theodor 266, 267.
Pfaffe Konrad 16.
Konrad von Fußesbrunnen 32.
Konrad von Heimesfurt 32
Konrad von Würzburg 16
Konradin 13
Kopisch 277.
Kortüm 262
von Kotzebue 241
Kretschmann 251.
Krummacher 259.
Kruse 305.
Der Kürenberger 21.
Kugler 277.
Hadamar von Laber 51
Lachmann XXIII.
„Lamentationes obscurorum virorum" 81.
Pfaffe Lamprecht 16.
von La Roche, Sophie 249
von Laßberg, Freiherr XX
Orlando di Lasso 89.
Laube 298.
Heinrich von Laufenberg 63.
Lauremberg 131.
„Laurin" 27.
Lavater 183.
von Leibniz 139.
Leisewitz 192.
Lenau 283.
von Lengefeld, Charlotte 225.
von Lengefeld, Karoline 225.
Lenz 185.
Lessing 161—171
Lessings Frau, Eva 166.
Lessings Bruder, Theophilus 164.
von Levetzow, Ulrike 212.
„Lex Salica" 9
Lichtenberg 252.
Ulrich von Lichtenstein 43.
Lichtwer 153.
von Liebig 296.
Lingg 303.
Liscow 145.
Lobwasser 108.
von Logau 123.
„Lohengrin" 47.
von Lohenstein 136, 137.
Ludwig der Deutsche 9, 11
Ludwig, Fürst von Anhalt 118.
Ludwig I., König von Bayern 274.
Ludwig, Otto 295
„Ludwigslied" 11.
Lübke 311.
Luise, Herzogin von Sachsen-Weimar 283
Luther 84—87
„Schöne Magelone", Volksbuch 89, 106.
Manuel 83.
„Mahnung wider die Türken" 58.
Marco Polo 67
„Marienklage" 80
Der Marner 44
von Matthisson 255
Johann von Mandeville 67.
Maximilian 78, 79.
Mayer, Karl 279
„Medicinisches Lehrbuch", erstes deutsches gedrucktes 67.
Meistersänger, ungenannter 61
(Meistersänger, Kleinod der Nördlinger) 99.
(Meistersingschule, Einladungszettel) 98
Heinrich von Meißen (Frauenlob) 18
von Meißner, Alfred 291
Melanchthon 84
(Paulus Melissus), Schede 109
„Schöne Melusine", Volksbuch 70.
Mendelssohn 172.
Merck 185.
„Merseburger Zaubersprüche" 5
„Erster Meßkatalog" 106.
Meyer, Joh. Heinr. (Kunstmeyer) 237.
Meyer, Konrad Ferdinand 303.
Meyr, Melchior 300
Miller 192.
Mörike 281.
Moser 217.
Mommsen 310
„Monatsnamen Karls des Großen" 9
Johann von Montevilla 67
Graf Hugo von Montfort 53
Heinrich von Morungen 32
Moscherosch 130.
Mosen 284.
von Mosenthal 285.
Müllenhoff XXVI
Müller, Friedr. (Maler Müller) 186
von Müller, Johannes 247.
Müller, Wilhelm (Griechenmüller) 273.
Müllner 263.
von Münch-Bellinghausen (F. Halm) 285
Münster 92
Murner 80, 81.
Musäus 239.
„Musenalmanach", erster Deutscher 187.
„Musenalmanach", erster Französischer 187.
„Muspilli" 11
„Narrenbeschwörungen" 58, 79
Nas 104
von Nathusius, Marie 298.
Neidhart von Reuenthal 42
Gottfried von Neifen 42.
Neukirch 285
Neuberin, Karoline 140
Neumark 119
„Nibelungenlied" 25—28.
Nicolai 173, 199.
Niebuhr 271.
„Nordendorfer Spange" 1
(Novalis), von Hardenberg 261
Nithart 65.
Eilhard von Oberge 31.
„Obscuri viri" 81.
Oeglin 74.
Oelenschläger 264
Oertel, W. (W. O. von Horn) 288.
Oeser, Friederike 196.
Heinrich von Ofterdingen 17.
Opitz 120, 121.
„Orendel" 19.
Orlando di Lasso 89.
„Ortnit" 30, 69
„Osterspiel" 20, 54, 55.
Oswald von Wolkenstein 52
Otfried von Weißenburg 12, 13.
(Palmenorden) 118, 119.
„Deutsche Passion" 65
„Passionsspiel" 20, 54, 55.
Pauli 75.
(Pegnitzschäfer) 129.
Perthes 257
Pestalozzi 215.
„Pfaff vom Kalenberg", Volksbuch 66
Pfaffe Konrad 16
Pfaffe Lamprecht 16
Pfeffel 253
Pfeiffer XXVI
Pfinzing 78.
von Plate 66.
„Physiologus", prosaischer 17.
„Physiologus", in Reimprosa, Millstätter 18.
von Platen, Graf 274
Marco Polo 67.
„Priamel" 56
Prutz 289
Puschmann 97, 99
von Putlitz 305
Pückler 285
Raabe (J. Corvinus) 307
Rabener 149
„Rabenschlacht" 28
Rachel, Joachim 131
„Rätsel" 56
Raimund 285
Ramler 152
von Ranke 308
Rask VI
Raupach 263
„Salisches Recht" 9.
von der Recke, Elise 256
von Redwitz 304
Regenbogen, „Meistergesang in seinem Tone" 61
Berthold von Regensburg 49
„Regimen sanitatis" 67
Reimarus 166
„Reineke de Vos", Volksbuch 106
Reinick 277.
Reinmar von Hagenau (d. A.) 22
Reinmar von Zweter 42
Reinwald 221.
Eike von Repgow 36.
Neidhart von Reuenthal 42
Reuter, Christian 141
Reuter, Fritz 306
Richter (Jean Paul) 258
von Riehl 310
Rist 127
Ritter, Karl 271
Roberthin 124
Rodenberg 302
Kaspar von der Roen 68
Rollenhagen 113
„Roman, der älteste, Ruodlieb" 15
Roquette 303
Roscher 311
Rosenblüt 66
„Rosengarten" 28, 29, 69
(Rosengesellschaft) 125
Roswitha 14, 72
„König Rother" 17
Rousseau 184
Rudolf von Ems 15
Rückert 272, 273
Rüdiger von Müggelingen 70
„Runen" 1
„Ruodlieb" 15
Sachs 93—98
„Sachsenspiegel" Eike's von Repgow 36.
„Sächsisches Taufgelöbnis" 8.
„Sächsische Weltchronik" 36.
von Salis 255
„Salisches Recht" 9
von Sallet 282.
„Salman und Morolf" 19
Saphir 287.
(Scenerie von Osterspielen) 55.
von Schack, Graf 302
Schede (Paulus Melissus) 109.
Schefer 292.
von Scheffel 301.
Scheffler (Angelus Silesius) 128
Scheidt 101.
Schelling, Karoline 246
von Schelling, Joseph 246
von Schenkendorf 267
Scherer XXVI
Schiller 216—236
Schillers Frau, Lotte 226, 231
Schillers Vater 216
Schillers Mutter 216
Schillers Schwester Fine 216
Schillers Schwester Louise 217.
Schillers Schwester Nannette 217.
Schillers Söhnchen Karl 231
Schillers Söhnchen Ernst 231
Schillers Tochter Emilie (vermählte Freifrau von Gleichen Rußwurm) 235
„Schildbürger", Volksbuch 109.
von Schimmelmann, Graf 228.
„Schlacht bei Pavia", historisches Volkslied 88.
„Schlacht bei Ravenna" (Rabenschlacht) 28
von Schlegel, August Wilhelm 260
von Schlegel, Friedrich 260, 261
Schlegel, Joh. Adolf 148.
Schlegel, Joh. Elias 148
Schlegel, Karoline 246
Schleiermacher 246.
Schlosser, F. Ch. 271.
Schmeller XXII
von Schmid, Christoph 269
Schmidt (von Werneuchen) 255
Schnabel 143
Schönemann, Lili 200
Schönkopf, Käthchen 196.
Schopenhauer 270.
Schottelius XIX
Der tugendhafte Schreiber 17.
Schröder 200.
Schröter, Corona 210.
Schubart 186.
von Schubert 296
Schücking 304
Schulze, Ernst 262
Schupp 131
Schwab 280
„Schwabenspiegel" 36
Schwan, Margarethe 222
(Schwanenorden) 127
Seidl 283.
Seume 253
„Sigenot" 29
Simrock XXIV
Sleidanus 92
von Spee 128
Spervogel 20
Spielhagen 307
Spohr 290.
Spitta 292
von Spittler 247
„Sprichwörter" 57, 77, 90
Springer 311
Steffens 260
von Stein, Charlotte 203
von Stein, Fritz (ihr Sohn) 204
Steinhöwel 67.
Stieler 208.
von Stolberg, Christian, Graf 188.
von Stolberg, Friedrich Leopold, Graf 188
Stolz 298
„Straßburger Eide" 11
Strauß 270
Der Stricker 44
Sturm 302

Süßkind von Trimberg 48
Sulzer 243.
von Sybel 309.
Tacitus 1.
Tannhäuser 41
„Lied vom Tannhäuser" 77
„Tatian" 9.
„Sächsisches Taufgelöbde" 8.
Tauler 49
„Deutscher Terenz (Eunuch)" 65.
„Theophilus" 54
Thomasin von Zerclaria 10, 41
Thomasius 139.
von Thümmel 242
Tieck 291
Tiedge 256
„Der jüngere Titurel" 47
„Goldenes Runenhorn von Tondern" 1.
von Treitschke 310
Hugo von Trimberg 51
Süßkind von Trimberg 48
Türing von Ringgeltingen 78
Tundalus 77.
Turmayr (Aventinus) 62
Uhland 278
Ulfilas 2, 3
Ulrich von Lichtenstein 43.
Usteri 253.
Uz 151.
Heinrich von Veldeke 31, 32.
Vilmar XXIV.
von Vischer, Theodor 312.
Walther von der Vogelweide, Titelbild, 37—40, 47.
Vogl 284.
Heinrich der Vogler („Rabenschlacht") 28.
Volksbücher 66, 70, 71, 106, 107, 108, 109.
Volkslieder und Volksliedersammlungen 29, 56, 70, 77, 88, 89, 110, 111, 117.
Voltaire 156.
Voß 190, 193.
Vulpius, August 250.
Vulpius, Christiane 206.
Wackernagel XXV.
Wagner, Heinr. Leopold 185.
Wagner, Richard 305.
Waitz 309.
Waldis 90.
„Waltharilied" Ekkehards 14.
Walther von der Vogelweide, Titelbild, 37—40, 47.
„Wartburgkrieg" 47.
Weber, K. J. 259
Weckherlin, G. R. 114
„Der Weinschwelg" 48
„Weinsegen" 37.
Weise, Chr. 140, 141.
Weiße, Chr. Fel. 212
Otfried von Weißenburg 12, 13
„Sächsische Weltchronik" 50
von dem Werder 118, 119
Werner 295.
„Wernher der Gärtner" 44
Wernicke 141
„Wessobrunner Gebet" 5
Wickram 100.
Widmann 109
Wieland 171—177
Wielands Frau und Kinder 175
Wilbrandt 305.
von Wildenbruch 306.
Wildermuth, Ottilie 281.
von Willemer, Marianne 232
Williram 15
Winckelmann 169
Windsbeke 41
„Windsbekin" 41
„Wolfdietrich A. B. D" 30.
„Wolfdietrich" 69.
von Wolff, Christian 139.
Wolff, Julius 304.
Wolfram von Eschenbach 35—37, 47
Oswald von Wolkenstein 52.
Woltmann, Alfred 311.
von Wolzogen, Charlotte 221.
von Wolzogen, Henriette 221.
von Wolzogen, Karoline geb. Lengefeld 226.
Konrad von Würzburg 46.
Zachariä 178.
„Merseburger Zaubersprüche" 5.
von Zedlitz, Freiherr 292.
„Erste neue Zeitung" 77.
„Erste periodische Zeitung" 116.
(Zeitungsjunge) 116
von Zesen 125.
von Ziegler und Kliphausen 138.
(Zuider-Zwaan) 137.
von Zimmermann, Ritter J. G. 172.
Thomasin von Zirclaria 10, 41.
Zschokke 240.
Reinmar von Zweter 42.
Zwingli 81.

Verzeichnis

der für die Abbildungen des Bilderatlas benutzten öffentlichen und privaten Sammlungen sowie der Besitzer einzelner benutzter Stücke.

Abterode: Pfarreirepositur (durch Herrn Pfarrer Schimmelpfeng).
Ahrensburg, Schloß: Frau Gräfin Schimmelmann.
Basel: Herr Staatsarchivar Dr. R. Wackernagel.
Berlin: Königl. geh. Staatsarchiv (durch die Herren Archivräthe Dr. Friedländer und Prof. Dr. Lehmann); königl. Bibliothek (durch Herrn Director Dr. Val. Rose); Universitätsbibliothek (durch Herrn geh. Reg.-Rath Prof. Dr. Koner und Herrn Rath Reimer); königl. Museum (durch Herrn Director W. Bode; Kupferstichkabinet (durch Herrn Director Dr. Lippmann)); Herr Rechtsanwalt Auerbach; Herr Rentier Bernd; Duncker'sche Hofbuchhandlung; Herr Landgerichtsdirector Lessing; Herr Privatdocent Dr. Schröder; Frau Hofstaatssecretär Sundelin; Herr Prof. Dr. Suphan; Herr geh. Rechnungsrath Fr. Warnecke; Weidmann'sche Buchhandlung.
Bern: Museum (durch Herrn Bezberger).
Bezdekau: Pfarreirepositur (durch Herrn Pfarrer Zahorweck).
Bonn: Universitätsbibliothek; Strauß'sche Buchhandlung.
Braunschweig: Museum (durch Herrn Archivar Dr. Paul Zimmermann in Wolfenbüttel); Westermann'sche Verlagsbuchhandlung.
Bremen: Stadtbibliothek (durch Herrn Bibliothekar Dr. Bulthaupt).
Breslau: Stadtarchiv und Stadtbibliothek (durch Herrn Prof. Dr. H. Markgraf); Herr Stadtrath Geh. Kopisch.
Budapest: Herr Advocat Elischer.
Cassel: Ständische Landesbibliothek (durch Herrn † Oberbibliothekar Dr. Duncker).
Celle: Ministerial-Kirchenbibliothek (durch Herrn Reichwage).
Darmstadt: Großherzogl. Hofbibliothek (durch die Herren Hofrath Walther, Dr. Maurer, Dr. Nick); Herr Museumsdirector Schleiermacher; Herr Dr. M. Rieger.
Donaueschingen: Fürstl. Fürstenbergische Hofbibliothek (durch die Herren Bibliothekare Dr. Baumann und Dr. Tumbült).
Dresden: Hauptstaatsarchiv (durch die Herren Archivdirector Dr. Hassel, Archivrath Dr. Posse); königl. Bibliothek (durch die Herren Oberbibliothekar Prof. Dr. Förstemann, Bibliothekar Prof. Dr. Schnorr von Carolsfeld); Körnermuseum (durch dessen Gründer und Director Herrn Dr. E. Peschel); Bach'sche Verlagsbuchhandlung; Herr Legationsrath Kestner; Herr Kupferstecher Langer; Herr Hofrath Dr. Petzold.
Efferding: Fürstl. Starhembergische Bibliothek (durch Se. Durchlaucht den reg. Fürsten Herrn Camillo Heinrich von Starhemberg und Herr Archivar Planck).
Elberfeld: Herr Prof. Dr. W. Crecelius.
Erlangen: Universitätsbibliothek (durch Herrn Bibliothekar Dr. Zucker).
Ermlitz: Herr Rittergutsbesitzer Dr. jur. H. Apel.
Florenz: Mediceische Bibliothek (durch Herrn Bibliothekar Nicol. Anziani).
Frankfurt a. M.: Stadtarchiv (durch Herrn Dr. H. Grotefend); Stadtbibliothek (durch die Herren Stadtbibliothekar Dr. Ebrard und Dr. A. Keller); Freies deutsches Hochstift in Goethes Vaterhause (durch Herrn Dr. L. Heitkof); Herr Kammerherr Major von Donop; Herr Dr. A. Keller.
Freiburg: Herder'sche Verlagsbuchhandlung; Herr Prof. Dr. Max Schottelius.
Fürstenstein: Reichsfreiherrl. Hochbergische (fürstl. Pleßische) Majoratsbibliothek (durch Herrn Frenzel, Custos der Breslauer Stadtbibliothek, und Herrn Ulbre).
Göttingen: Universitätsbibliothek (durch Herrn geh. Rath Prof. Dr. Wilmanns und Herrn Oberbibliothekar Prof. Dr. Dziatzko); Herr Prof. Dr. Henneberg.
Gotha: Herzogl. Bibliothek (durch Herrn Prof. Dr. Pertsch und Herrn Dr. Georges); Perthes'sche Verlagsbuchhandlung.
Graz: Histor. Verein für Steiermark (durch Herrn Landesarchivar Prof. Dr. von Zahn).
Greifenstein: Schillerarchiv (durch Herrn Freiherrn Ludwig von Gleichen-Rußwurm).
Halberstadt: Gleim'sche Sammlungen (durch Herrn Custos Rector Hey).
Halle: Waisenhausbuchhandlung.
Hamburg: Stadtbibliothek (durch Herrn Bibliothekar Eulenhardt); Frau Rath Arnemann; Campe'sche Buchhandlung; Herr Director Dr. Redlich.
Hannover: Königl. Staatsarchiv (durch Herrn geh. Archivrath Dr. Janicke und Herrn Archivar Dr. Sattler); königl. Bibliothek (durch Herrn Rath Dr. Bodemann); Herr Hauptmann von Issendorf.
Heidelberg: Universitätsbibliothek (durch Herrn Oberbibliothekar Prof. Dr. Zangemeister und Herrn Bibliothekar A. Koch).
Jena: Universitätsbibliothek (durch Herrn Oberbibliothekar Prof. Dr. Hartenstein).
Kamenz: Lessingstift und Stadtbibliothek (durch Herrn Rector Klix).
Karlsruhe: Großherzogl. Bibliothek (durch die Herren Oberbibliothekar Dr. Brambach und Bibliothekar Dr. A. Holder); Herr Dr. A. Holder.
Klagenfurt: Archiv des Kärntner Geschichtsvereines (durch Herrn Max Ritter von Moro).
Kochberg: Herr Freiherr von Stein.
Köln: Marzellenbibliothek (durch Herrn Stadtarchivar Dr. Höhlbaum).
Königsberg: Universitätsbibliothek (durch Herrn Bibliothekar Dr. Reicke); Herr Dr. Reicke.
Köthen: Herzogl. Bibliothek (durch Herrn Bibliothekar Oberlehrer Blume).
Kopenhagen: Reichsarchiv (durch Herrn geh. Archivar Jørgensen); königl. Bibliothek (durch Herrn Director Bruun); Universitätsbibliothek (durch Herrn Bibliothekar Dr. Kaalund).
Leipzig: Universitätsbibliothek (durch Herrn Oberbibliothekar Dr. Krehl und Herrn Bibliothekar Dr. Förstemann); Stadtbibliothek (durch Herrn Stadtarchivar und Stadtbibliothekar Dr. Wustmann); Herr Verlagsbuchhändler Karl Geibel; Herr Verlagsbuchhändler H. Hirzel; Fräulein Thea Thieding; Herr geh. Hofrath Prof. Dr. Zarncke; die Verlagsbuchhandlungen Breitkopf und Härtel, Brockhaus, Dürr, S. Hirzel, Seemann, B. Tauchnitz, J. J. Weber (Illustrierte Zeitung).
London: British Museum (durch die Herren Ed. A. Bond und E. Thomson).
Lübben: Herr Landrath Graf Houwald.
Lübeck: Stadtbibliothek (durch Herrn Bibliothekar Dr. Curtius).
Mainz: Stadtbibliothek, Dom (durch Herrn Bibliothekar Dr. Velke).
Mannheim: Alterthumsverein (durch Herrn Director Dr. Walleser).
Marbach: Schillerverein (durch Herrn Stadtschultheißen Haffner).
Marburg: Königl. Staatsarchiv; Universitätsbibliothek (durch Herrn † Oberbibliothekar Prof. Caesar, Herrn Bibliothekar Dr. Bensen und die Herren Custoden Dr. Otto Bickel, Dr. Falckenheiner, Dr. Rörrenberg); Frau Prof.

Arnold; Herrn Landgerichtsdirector Dahlmann; Herr Prof. Dr. von Drach; Herr † Bankier Ferd. Bang; Herr Archivar Dr. E. Joachim; Herr Prof. Dr. Ferd. Justi; Herr Gutsbesitzer von Knoblauch; Herr Prof. Dr. M. Koch; Herr Prof. Dr. Lucae; Herr Prof. Dr. E. Ranke; Herr Archivar Dr. H. Reimer; Herr Prof. Dr. E. Stengel; Herr Prof. Dr. Ludw. von Sybel; Herr Archivar Dr. G. Winter; die Sammlungen der Elwert'schen Verlagsbuchhandlung.

Merseburg: Bibliothek des Domstiftes (durch Herrn Procurator Klingenstein).

Miltenberg: Herr Kreisrichter a. D. Conrady.

Möckmühl: Herr E. Krieger.

München: Königl. Hof- und Staatsbibliothek (durch Herrn Director Dr. Laubmann); königl. Reichsarchiv (durch Herrn geh. Rath Prof. Dr. v. Löher); königl. Kupferstichcabinet (durch Herrn Dr. Schmidt); Herr Prof. M. Carrière; Herr † Hofrath E. Förster; Rieger'sche Universitäts-Buchhandlung.

Münden: Herr Oberlehrer Dr. Althof.

Neiße: Graveur'sche Buchhandlung.

Nördlingen: Beck'sche Buchhandlung.

Nürnberg: Germanisches Nationalmuseum (durch Herrn Director Dr. Essenwein und Herrn Secretär Hans Bösch); Stadtbibliothek (durch Herrn Bibliothekar H. Joh. Priem und Herrn Stadtarchivar Dr. Mummenhoff); Herr Antiquar Gender; Herr Hof-Buch- und Kunsthändler Sig. Soldan.

Oxford: Herr Prof. Dr. Max Müller.

Paris: Nationalbibliothek (durch Herrn Director Dr. Leop. Delisle).

Pisa: Staatsarchiv (durch Herrn Director Leop. Tanfani Centofanti).

Primkenau: Herzogl. Schlesw.-Holstein. General-Direction.

Rom: Vaticanische Bibliothek (durch Herrn Prof. Dr. Helbig, Herrn Dr. Stangl) und die Löscher'sche Buchhandlung.

Schleswig: Königl. Staatsarchiv (durch Herrn Archivrath Dr. Hille).

Steele: Herr Apotheker Grevel.

St. Gallen: Stiftsbibliothek (durch Herrn Bibliothekar Kaplan Idensohn).

Stolberg: Gräfl. Stolbergische Bibliothek (durch Herrn † Archivrath Dr. Bauer).

Straßburg: Stadtarchiv (durch Herrn Stadtarchivar Brucker); kaiserl. Universitäts- und Landes-Bibliothek (durch Herrn Oberbibliothekar Dr. Barack); Ministerium der Neuen Kirche (durch Herrn Consistorialpräs. Lediais).

Stuttgart: Königl. öffentliche Bibliothek (durch Herrn Oberbibliothekar Dr. Heyd); Cotta'sche Buchhandlung (durch Herrn A. Koch); Henninger'sche Verlagsbuchhandlung; Herr Diakon Knapp; Frau Freifrau Mathilde von Schiller.

Tiefurt: Schloß, großherzogl. Sammlungen (durch Herrn Hofrath Ruland).

Trier: Stadtbibliothek (durch Herrn Bibliothekar Dr. Keuffer).

Tübingen: Universitätsbibliothek (durch Herrn Bibliothekar Dr. Klüpfel und Herrn Dr. Zeiß); Laupp'sche Verlagsbuchhandlung; Fräulein Emilie Maier; Fräulein Wildermuth.

Ulm: Stadtbibliothek (durch Herrn Bibliothekar Prof. Dr. Veesenmeyer); Herr Landgerichtsrath Miller.

Unkel: Herr Ingenieur Hunstirn (als Vertreter der Familie Rückert).

Upsala: Universitätsbibliothek (durch Herrn Dr. Bygden).

Valenciennes: Öffentliche Bibliothek.

Vorau: Stiftsbibliothek (durch Herrn k. k. Hof- und Universitätsbuchdrucker Ad. Holzhausen in Wien).

Wallerstein: Fürstl. Bibliothek (durch Herrn Director Freiherrn W. Colberg von Löffelholz).

Weimar: Sammlungen Seiner königl. Hoheit des Großherzogs Karl Alexander (durch Herrn Museumsdirector Hofrath Ruland); großherzogl. Museum (durch denselben); großherzogl. Bibliothek (durch denselben und Herrn Bibliothekar Dr. R. Köhler); Staatsarchiv (durch Herrn Oberarchivar Dr. Burkhardt und Herrn Archivar Dr. Ernst Wülcker); Frau Dr. Voss; Frau von Fritsch, geb. von Herda; Fräulein Bertha Froriep; Herr Freiherr Ludwig von Gleichen-Rußwurm; Seine Excellenz Herr Staatsminister Dr. Stichling; Herr Sanitätsrath Dr. Vulpius.

Werneuchen: Pfarrrepositur (durch Herrn Pfarrer Voß).

Wernigerode: Gräfl. Bibliothek (durch Herrn Bibliothekar Archivrath Dr. Ed. Jacobs).

Wien: Albertina (durch Herrn Director Dr. Leschitzer); Ambraser-Sammlung (durch Herrn Director Dr. Ilg); k. k. Familienfideicommiß-Bibliothek (durch Herrn Director k. k. Hofrath Dr. Becker, Herrn Scriptor Zoerczel, Herrn Custos W. Schaffer); k. k. Hofbibliothek (durch Herrn Director k. k. Hofrath Dr. Birk; Herrn Scriptor Dr. A. Göldlin Ritter von Tiefenau); Braumüller'sche Hofbuchhandlung; Redaction des „Herold"; Herr Dr. Constant Ritter von Wurzbach.

Wiesbaden: Königl. Staatsarchiv (durch Herrn Archivrath Dr. Sauer); Herr Kammerherr von Goeckingk; Niedner'sche Verlagsbuchhandlung.

Wolfenbüttel: Herzogl. Bibliothek (durch Herrn Oberbibliothekar Prof. Dr. von Heinemann und Herrn Bibliothekar Dr. Gustav Milchsack); Herzogl. Landesarchiv (durch Herrn Archivar Paul Zimmermann); Herr Archivar Dr. Paul Zimmermann.

Zittau: Stadtbibliothek (durch Herrn Bibliothekar Fischer).

Zürich: Staatsarchiv (durch Herrn Staatsarchivar Dr. Paul Schweizer); Stadtbibliothek (durch Herrn Bibliothekar Dr. Herm. Escher); Pestalozzistübchen (durch Herrn Schuldirector Paul Hirzel).

Zwickau: Rathsbibliothek (durch Herrn Oberlehrer Dr. Edm. Goetze in Dresden).

Verbesserungen, Zusätze und Erläuterungen.

Veränderungen in ästhetischem Sinne mußten stattfinden an Nr. 385 auf Seite 75, Nr. 402 auf Seite 101. Die Originale der im Texte schwarz gedruckten Miniaturen sind farbig; ebenso sind von den einfarbig wiedergegebenen Initialen mittelalterlicher Handschriften bunt die Nrn. 70, 125, 131, 135, 141, 162, 212, 229, 240. In den alten Drucken Nr. 244, 245, 280, 284, 285 sind die Striche des Rubricators an den einzelnen gedruckten Buchstaben nicht getilgt, weil sonst die Typen ungenau wiedergegeben wären. — Aus secundären Quellen wurden entlehnt: Nr. 53 aus Dietrichs Lithographie, Nr. 57 aus der Publication der Early Text Society, Nr. 719 aus Kurz' Litteraturgeschichte, Nr. 978 aus dem Buche von Lucas. — Seite 2, Ulfilas. Das Resultat fast dreijähriger Verhandlungen war die Erwerbung einer photographischen Platte und in Purpur, Gold und Silber angelegten Copie einer Seite, welche einige Jahre vorher schon in einem anderen Deutschen Verlagswerke nachgebildet ist. Seite 93, am Bilde des Hans Sachs (von Zeichen) ist der Linienrand abgeschnitten. Seite 102, das Bild von Fischart ist von Christoph Maurer geschnitten (Andresen Nr. 2, III, 247). Seite 131, Text zu Schuppius, Zeile 2 v. u. ist zu lesen: Corinna, statt: Coramna. Seite 143, Text zu Schnabel, letzte Zeile, ist zu lesen: Tieck, statt: Tinck. Seite 145, Text zu Liscow, Zeile 4 v. u. ist zu lesen: gegen Gottsched — Werke, statt: gegen Gottscheds Werke. Seite 152, zu Gleim, rechte Spalte, 1. Zeile ist zu lesen: Halladat, statt: Hallabat. Seite 171: Da die betreffende Bibliothek nicht den ersten Druck der

Emilia Galotti.

Ein Trauerspiel

in

fünf Aufzügen.

Von

Gotthold Ephraim Lessing.

Berlin,

bey Christian Friedrich Voß, 1772.

„Emilia Galotti" vom Jahre 1772, sondern den zweiten an den Photographen zur Aufnahme ausgeliefert hat, so ist leider das Cliché des zweiten Druckes fälschlich in den Text gekommen; um diesen Fehler wieder gut zu machen, wird hier nach dem Exemplare des Herrn Directors Dr. Redlich der Titel der wirklichen ersten Ausgabe der „Emilia Galotti" gebracht. Seite 180, vorletzte Zeile, statt 1757 und 1758 ist zu lesen: 1767 und 1768. Seite 185: Obgleich die Frage schon öfter erörtert wurde, ob das aus Lavater stammende, hier gebrachte Bild wirklich dasjenige von Merck sei, so muß doch zunächst an dessen Echtheit noch festgehalten werden. Seite 192, Text zu Leisewitz, Zeile 3, statt Braunschweig ist zu lesen: Hannover. Seite 195: Die Zweifel an der Echtheit des Bildes von Gretchen werden durch ihre Kleidung noch bestärkt. Seite 199: Text unter den „Freuden des jungen Werthers" ist zu lesen: F. Nicolais, statt: A. Nicolaus. Seite 211, rechte obere Textspalte, statt 110—112 ist zu lesen: 210—212. Seite 253: Usteri ist nicht auch der Componist des Liedes „Freut euch des Lebens". Seite 258, Text zu Richter, Zeile 6 v. u., statt Blumenfrucht ist zu lesen: Blumen-Frucht. Seite 281, Text zu Mosen: Mosens Vater war Schulmeister und die Familie nannte sich Mosen auch schon vor der angegebenen Verordnung der Kreisdirection. Seite 286, Unterschrift unter Humboldts Bilde, statt achten ist zu lesen: beiden. Seite 301: Victor von Scheffel starb den 9. April 1886 in Karlsruhe; statt Niederrhein ist hier im Texte Zeile 6 zu lesen: Oberrhein.